Herausgegeben von David Klemm und Hartmut Frank

Alexis de Chateauneuf 1799 – 1853
Architekt in Hamburg, London und Oslo

Schriftenreihe des Hamburgischen Architekturarchivs
Herausgegeben von Hartmut Frank und Ullrich Schwarz

Dölling und Galitz Verlag

Katalogbuch zur Ausstellung „Alexis de Chateauneuf 1799–1853. Architekt in Hamburg, London und Oslo“ im Museum für Kunst und Gewerbe Hamburg, vom 24.9. bis 19.11.2000 im Rahmen des Hamburger Architektur Sommers 2000.
Die Publikation erscheint in der Schriftenreihe des Hamburgischen Architekturarchivs, herausgegeben von Hartmut Frank und Ullrich Schwarz.

Hamburger
Architektur Sommer
2000

Umschlagabbildung vorne: Früher Entwurf Chateauneufs für die Alsterarkaden in Hamburg, 1842
Umschlagabbildung hinten: Überarbeiteter Entwurf, 1843
Frontispiz: Portrait Alexis de Chateauneufs. Lithographie von Otto Speckter, 1854, nach einem Gemälde von Robert Schneider

Die Deutsche Bibliothek - CIP-Einheitsaufnahme

Alexis de Chateauneuf : Architekt in Hamburg, London und Oslo ; 1799 - 1853 / hrsg. von David Klemm und Hartmut Frank. - Hamburg : Dölling und Galitz, 2000
(Schriftenreihe des Hamburgischen Architekturarchivs)
ISBN 3-933374-75-8

Impressum

Ehrenbergstraße 62, 22767 Hamburg, Tel. 040/389 35 15
Gestaltung: Wilfried Gandras, Herstellung: Sabine Niemann
Lithos: abg satz und bild GmbH, Altenburg, Druck: DZA Druckerei zu Altenburg
1. Auflage 2000, ISBN 3-933374-75-8

Inhalt

Für Rat und Hilfe danken wir:

Kurt Abendroth, Hamburg
Dorothea Barfknecht, Berlin
Neil Bingham, London
Ole Petter Bjerkek, Oslo
Agnes von der Borch, Köln
Hanno Brockhoff, Karlsruhe
Kirsten Bugge, Oslo
Edmund de Chapeaurouge, Hamburg
Sabine Christians, Hamburg
Jean-Louis Cohen, Paris
Jane Collings, London
Karin Curilla, Hamburg
Peter-Justus Deppe, Hamburg
Mehmet Dogu, Hamburg
Harald Dubau, Hamburg
Detlev Ellmers, Bremerhaven
Evelyn Erichsen, Hamburg
Wolfgang G. Fischer, Hamburg
Joachim W. Frank, Hamburg
Ines Fricke, Hamburg
Karl Gervin, Oslo
Jörn Grabowski, Berlin
A. Grassmann, Lübeck
Christine Griem, Hamburg
Wolfgang Gross, Hamburg
Ulf Grønvold, Oslo
Uta Grützmacher, Hamburg
Nils Hansen, Hamburg
Hanna Hohl, Hamburg
Rita Hoitz, Hamburg
Irmgard Hunecke, Lübeck
Gisela Jaacks, Hamburg
Gerhard Kabierske, Karlsruhe
Gerhard Kegel, Buchholz
Aloys Kiefer, Hamburg
Anne Kleinow, Hamburg
Wilfried Kruse, Hamburg
Wolfgang Kühnel, Lübeck
Monika Kukling, Hamburg
Ingeborg Landgraf, Hamburg
Günther Lange, Ahrensburg
Eberhard Lauer, Köln
Michael Lewis, Williamstown, MA
Hans-Dieter Loose, Hamburg
Marita Ludwig, Hamburg
Christiane Lukatis, Kassel
Eva Madshus, Oslo
Andrea Mielke, Lübeck
Annegret Möhlenkamp, Lübeck
Klaus Mühlfried, Tornesch
Wiebke Müller, Hamburg
Jürgen Neubacher, Hamburg
Eva Marie Neumann, Montréal
Sergio Pace, Turin
Volker Reißmann, Hamburg
Klaus Richter, Hamburg
Thorsten Rodiek, Lübeck
Petra Roettig, Hamburg
Karen Röver, Hamburg
Lambert Rosenbusch, Hamburg
Jorunn Sanstøl, Oslo
Carl Graf Scheel-Plessen, Sierhagen
Sigrid Schellenberg, Hamburg
Friedhelm Schneider, Kiel
Robert Schweitzer, Lübeck
Therese Schweizer, Zürich
Dagmar Seidel, Hamburg
Hinrich Sieveking, München
Karl Sieveking, Hamburg
Marion Sommer, Hamburg
Barbara Spieß, Hamburg
M. Jürgen Strokarck, Hamburg
Werner Thöle, Hamburg
Maria Thrun, Hamburg
Leif Tingsrud, Oslo
Stephan Tschudi-Madsen, Oslo
Michaela Völkel, Hamburg
Friederike Völkers, Berlin
Hildegard Vogeler, Lübeck
Uwe Wilck, Hamburg
Johanna Wulf, Hamburg
Helga Wunderlich, Hamburg
David van Zanten, Evanston
Michael Zapf, Hamburg

Vorwort

Alexis de Chateauneuf (1799–1853) zählt unbestritten zu den herausragenden Baumeistern der Hamburger Architekturgeschichte. Um so erstaunlicher ist es, daß sein vielfältiges Lebenswerk bislang – abgesehen von einer kleinen Gedenkveranstaltung aus Anlaß seines 100. Geburtstages – niemals in einer umfassenden Schau präsentiert worden ist. Ein wesentlicher Grund dafür mag darin liegen, daß ein Großteil seines Nachlasses 1943 bei einem Bombenangriff auf Hamburg vernichtet wurde. Ungeachtet dieser ungünstigen Ausgangslage hat sich das Museum für Kunst und Gewerbe entschlossen, dem großem Architekten im Rahmen des Hamburger Architektur Sommers 2000 eine umfassende Ausstellung seines Lebenswerkes zu widmen. Das Haus am Steintorplatz fühlt sich zu diesem Vorhaben besonders aufgefordert, verfügt es doch mit dem Balkonzimmer aus dem Stadthaus Abendroth und dem Kabinett aus dem Landhaus Sieveking über zwei von Chateauneuf entworfene Innenräume.

Die hier vorgelegte, von David Klemm und Hartmut Frank konzipierte und in Zusammenarbeit mit internationalen Autoren realisierte Monographie baut auf der 1965 erschienenen und seinerzeit grundlegenden Werkübersicht von Günther Lange sowie wichtigen Forschungen von Ole Petter Bjerkek, Evi Jung-Köhler, Johannes Spallek und Stephan Tschudi-Madsen auf. Ein besonderes Anliegen dieses Buches ist es, Chateauneuf als einen Architekten herauszustellen, der weit über Hamburgs Grenzen hinaus Wertschätzung erfuhr und Wirkung entfaltete. Neben einem Aufsatzteil mit der Analyse verschiedener Aspekte seines Schaffens enthält der Band ein von David Klemm im Auftrag des Museums erarbeitetes umfassendes Werkverzeichnis. Beide Teile zusammen bieten eine Fülle von neuen Erkenntnissen, die das bisherige Bild von Chateauneuf bereichern und differenzieren.

Zahlreiche Museen, Bibliotheken und Archive haben die Realisierung von Ausstellung und Katalog ermöglicht. Besonderer Dank gilt an dieser Stelle Hans-Dieter Loose, Joachim W. Frank, Volker Reißmann und Helga Wunderlich vom Hamburger Staatsarchiv sowie Ole Petter Bjerkek und Günther Lange. Ferner gebührt allen Autoren, die ihre Forschungsergebnisse zum Thema beigesteuert haben, großer Dank. Die Drucklegung des umfangreichen Buches wäre in der vorliegenden Form kaum möglich gewesen ohne die großzügige Unterstützung der Hamburger Feuerkasse und der Hamburgischen Architektenkammer. Zur Realisierung der Ausstellung haben die Sprinkenhof AG, die Hamburgische Handelskammer, die Patriotische Gesellschaft, HanseMerkur Versicherungsgruppe, das Kgl. Norwegische General-Konsulat sowie Nils Hansen und Uwe Wilck mit bedeutenden finanziellen Beiträgen beigetragen. Ihnen allen, wie den zahlreichen Leihgebern zwischen Hamburg und Oslo, die sich in kollegialer Weise von ihren Schätzen getrennt haben, sei von Herzen gedankt.

Es ist eine Freude, daß diese Publikation auf Anregung von Hartmut Frank und Ullrich Schwarz in die Schriftenreihe des Hamburgischen Architekturarchives aufgenommen wird.

Wilhelm Hornbostel

David Klemm

Alexis de Chateauneuf – Architekt in Hamburg, London und Oslo

Wechselvoller Lebenslauf

Alexis de Chateauneuf wurde als Sohn eines französischen Emigranten am 18. Februar 1799 in Hamburg geboren.[1] Nach einer Zimmererlehre ging er für kurze Zeit in das Atelier des Pariser Architekten Achille Leclère. Von dort wechselte er für etwa drei Jahre zu Friedrich Weinbrenner, einem renommierten Vertreter des Klassizismus, nach Karlsruhe.[2] Nach einer anschließenden ausgedehnten Studienreise durch Süddeutschland, Österreich und Italien kehrte er um 1821/1822 als vielseitig ausgebildeter Architekt in seine Heimatstadt zurück.[3]

In Hamburg waren seine beruflichen Aufstiegschancen begrenzt. Die öffentlichen Bauämter waren auf lange Zeit durch Carl Ludwig Wimmel und Hinrich Anton Christian Koch besetzt. Dennoch versuchte Chateauneuf, durch zahlreiche ambitionierte Projekte (WV 8) an öffentliche Bauaufträge zu gelangen. Doch es war vor allem sein ehemaliger Lehrer Carl Ludwig Wimmel, der, kraft seiner starken Position im städtischen Bauwesen, konsequent den Aufstieg des ihm künstlerisch überlegenen Chateauneuf behinderte. Wiederholt gelang es Wimmel, bereits vom Senat genehmigte Projekte Chateauneufs zum Scheitern zu bringen.[4]

Da er keine feste Anstellung bei der Baudeputation erlangen konnte[5], war er – abgesehen von kürzeren Aufenthalten in London und Christiania (Oslo) – in den folgenden drei Jahrzehnten als freier Privatarchitekt in der Hansestadt tätig. Hier trat er zunächst mit kleineren Wohn- und Nutzbauten in Erscheinung. Die um 1826 unter anderem für Senator Hudtwalcker in der ABC-Straße errichteten Wohnhäuser (WV 9) ließ er ganz entgegen dem gängigen Zeitgeschmack in unverputztem Backstein errichten. Seine zahlreichen damals entworfenen Projekte – so z.B. für eine Hamburger Börse oder für die Bebauung des Domplatzes (WV 11) – zerschlugen sich allesamt. Erst um 1830 konnte Chateauneuf bei dem umfassenden Umbau des Landhauses Sieveking in Hamm (WV 23) sein vielfältiges gestalterisches Können zeigen. Bei diesem Auftrag arbeitete er erstmals mit dem Maler Erwin Speckter zusammen. Auch mit dem Umbau des Hauses der Familie Chapeaurouge am Harvestehuder Weg (WV 30) und dem Neubau der Hamburger Stadtpost am Neuen Wall hatte Chateauneuf zur selben Zeit bemerkenswerte Proben seines Könnens gegeben.

Stets war der noch junge Architekt darum bemüht, seinen künstlerischen Horizont zu erweitern. Bereits damals schloß sich Chateauneuf eng an jene Hamburger Kreise an, die die Kunst- und Kulturpolitik der Stadt prägten.[6] 1823 trat Chateauneuf auf Vermittlung Georg Ernst Harzens in den Hamburger Kunstverein

Entwurf für ein Stadthaus (**WV 38**)

ein und erlangte dort in den folgenden Jahren eine bedeutende Position. Wiederholt wurde er in den Vorstand gewählt und mit der Durchführung der Kunstausstellungen betraut. Auf seine Anregung hin wurde auch in Hamburg ein Verlosungsverein gegründet, wie es in anderen Orten Deutschlands bereits geschehen war.[7]

Seit Ende der zwanziger Jahre unternahm Chateauneuf umfangreiche Bildungsreisen. 1828 ging er nach England, für ihn der „Gipfel moderner Cultur". Die auf dieser Fahrt und während seines späteren Aufenthaltes 1838–1839 gesammelten vielfältigen Eindrücke prägten Chateauneuf zutiefst. In zahlreichen seiner Bauten finden sich englische Einflüsse (z.B. WV 23, 94, 119, 120).[8] Daneben ließ sich Chateauneuf auch von den herausragenden Kunstleistungen Italiens inspirieren. Unmittelbar nach einer 1832 gemeinsam mit der Familie Sieveking durchgeführten Reise durch Frankreich und Italien errichtete er im Auftrag des Advokaten August Abendroth ein opulentes Stadthaus am Neuen Jungfernstieg (WV 36), das starke Renaissance-Einflüsse aufweist. Dieses Gebäude ist in seiner vorzüglichen Verbindung von Architektur, Skulptur und Malerei stets als sein Meisterwerk im Wohnbau bezeichnet worden.

In den dreißiger Jahren trat Chateauneuf auf vielfältige Weise als engagierter Stadtbürger in Erscheinung. Besonders eng waren seine Verbindungen zur „Gesellschaft zur Beförderung der Künste und Nützlichen Gewerbe". Mehrere Jahre hindurch war er Vorsteher der Zeichenschule und aktives Mitglied verschiedener Gremien. Das von den „Patrioten" initiierte Denkmal für Johann Georg Repsold (WV 32) scheint Chateauneuf unentgeltlich entworfen zu haben. Darüber hinaus setzte er sich bereits 1835 für eine Verbesserung des Brandschutzes ein.

Chateauneuf hätte 1836 nach Fertigstellung des Stadthauses Abendroth als umfassend ausgebildeter und praktisch bewährter Baumeister eine glänzende Karriere offenstehen müssen. Doch es gelang ihm nicht, eine größere Gruppe finanzkräftiger Auftraggeber aus der Hamburger Kaufmannschaft für sich zu gewinnen.[9] Kunstsinnige Bauherren wie Sieveking oder Abendroth blieben die Ausnahme; doch immerhin konnte Chateauneuf um 1837 für den Syndicus Buchholz nördlich von Lübeck ein an der Trave gelegenes Sommerhaus (WV 60) ausführen. Davon abgesehen verschwendete der hochbegabte Künstler sein Talent allzu lange an Nebenaufgaben wie Stallgebäude, Remisen und Gartenhäuser.

Da in den dreißiger Jahren zudem seine ideenreichen und künstlerisch überzeugenden Vorschläge für ein Ausstellungsgebäude an der Außenalster (WV 40), für die Domplatzbebauung (WV 46) und schließlich 1837 auch seine langjährigen Bemühungen um den Hamburger Börsenbau erfolglos blieben, kehrte er seiner Heimatstadt enttäuscht den Rücken. Bereits im Februar 1837 hatte er dem Kunsthistoriker Kugler offenbart: „Unter uns gesagt, da Infamie u die verhaßte Spießbürgerbrutalität mich disen Sommer für immer von größeren Arbeiten wegschieben wollte, dachte ich daran nach England oder Frankreich auszuwandern ..."[10] Und an den befreundeten Karl Friedrich Schinkel schrieb er resignierend: „Die hiesige mindre Gesinnung aber, eines gänzlich geistlosen Stadtregiments, die wenige Aussicht, daß reichere Leute hier etwas ordentliches zu bauen denken, mußte mich auf den Gedanken bringen meiner Thätigkeit auswärts ein Feld zu eröffnen ... Ich denke nämlich nach London zu gehen, ein Terrain, wo meines Erachtens ein nicht ungeschickter Deutscher Architect mit seinen Formen etwa(s) Anklang finden kann. Um dort vorläufig Fuß zu fassen, beabsichtige ich eine Architecturschule zu eröffnen, wozu ich ziemlich gesettelt zu seyn glaube, aber keineswegs dieses zur ausschließende(n) Beschäftigung machen mögte."[11]

Anfang 1838 ging Chateauneuf tatsächlich nach England, wo er bereits drei Jahre zuvor korrespondierendes Mitglied des Royal Institute of British Architects geworden war. In London errang er gemeinsam mit dem englischen Architekten Arthur Patrick Mee einen beachtlichen zweiten Rang im Wettbewerb um die Londoner Börse (WV 69). Trotz dieses größten internationalen Erfolgs seiner Laufbahn gelang es ihm aber nicht, wie erhofft, dauerhaft in der britischen Hauptstadt Fuß zu fassen.

1839 kehrte er endgültig nach Hamburg zurück, in der Hoffnung, daß der in England erlangte Erfolg die anglophilen Hamburger Auftraggeber nicht unbeeindruckt lassen würde. Tatsächlich folgte nun die weitaus erfolgreichste Phase seiner Laufbahn – sie stand in direktem Zusammenhang mit der bis dahin größten Katastrophe der Stadtgeschichte.

Vom 5. bis 8. Mai 1842 wurde ein Großteil der Hamburger Innenstadt durch einen verheerenden Brand zerstört. Sogleich wurde von Rat und Bürgerschaft eine „Technische Kommission" zur Festlegung der Pläne für den Wiederaufbau eingesetzt. Neben Chateauneuf waren die drei Baubeamten Wimmel, Heinrich und Hübbe, die Privatarchitekten Ludolf, Klees-Wülbern und Reichardt sowie zeitweilig der Ingenieur Lindley und der gebürtige Altonaer Gottfried Semper als Mitglieder vertreten. Es spricht für die hohe Wertschätzung Chateauneufs, daß er zum Vorsitzenden dieses Gremiums ernannt wurde.

Nachdem er über zwei Jahrzehnte hindurch zahlreiche städtebauliche Projekte – unermüdlich, aber stets erfolglos – vorgetragen hatte, waren ihm ganz unverhofft umfangreiche Aufgaben und Machtmittel zugefallen. So wurde die Zerstörung des alten Hamburg zum Wendepunkt in einer fast schon gescheiterten Architektenlaufbahn. Chateauneuf hat diese Chance seines Lebens mit Entschlossenheit ergriffen und in den folgenden Monaten und Jahren Herausragendes für Hamburg geleistet. Dies betrifft vor allem seine städtebaulichen Planungen. So gehen die Unverwechselbarkeit des Hamburger Rathausmarktes (WV 86) und die Position des heutigen Rathauses ganz wesentlich auf seine Ideen zurück. Es gehört zur Tragik der wechselvollen Laufbahn des Architekten, daß er sich aufgrund seines frühen Todes nicht mehr am 1854 durchgeführten Rathauswettbewerb hat beteiligen können. Zahlreiche Skizzen und Briefnotizen belegen, wie intensiv er sich mit dieser wichtigen Bauaufgabe befaßt hatte (WV 87).

Mit großem Geschick gelang es ihm 1842, die Beteiligung Gottfried Sempers am Wiederaufbau einzuschränken.[12] Chateauneuf hatte erkannt, daß zwei hochbegabte, eigenständige Städteplaner schwerlich gemeinsam in einer Kommission arbeiten konnten. So schrieb er Semper am 11. Oktober 1842: „Jeder thue das Seine. Um miteinander zu gehen, brauchen wir beyde wohl zu viel Platz. Und die Wege woher wir gekommen sind mögen lang genug seyn, wenigstens haben wir sie uns selbst durchhauen müssen doch sind sie nicht vorher bezeichnet gewesen. Lassen Sie uns so fortfahren um einmal gewonnene Achtung aufrecht zu erhalten, u uns ... durch Dritte Secours schicken, wenn wir uns gegenseitig selbst helfen wollten würde Jeder von uns doch nur das halbe Ziel erreichen."[13]

In den Jahren nach dem Großen Brand erhielt Chateauneuf zahlreiche herausragende öffentliche und private Bauaufträge – so für den Wiederaufbau der St.-Petri-Kirche, für das Posthaus oder das Geschäftshaus für Schulte und Schemmann –, die ihn für manche Enttäuschung entschädigten. Als Meisterleistung des Wiederaufbaus gilt der gemeinsam mit Carl Friedrich Reichardt erarbeitete Entwurf für die Alsterarkaden (WV 100).

Mit den erfolgreich durchgeführten prestigeträchtigen Aufträgen im Zuge des Wiederaufbaus befand sich Chateauneuf Mitte der vierziger Jahre auf dem Höhepunkt seines nationalen und internationalen Ansehens. Die Heirat mit der Norwegerin Kaspara Möller im Jahre 1846 schien auch sein privates Glück sicherzustellen. Für sein damaliges Renommée spricht, daß ihm in Christiania (Oslo) innerhalb weniger Jahre die Umgestaltung der dortigen Erlöserkirche (WV 128) und der Neubau der Dreifaltigkeitskirche (WV 130) anvertraut wurden.[14]

Doch Chateauneuf konnte sich der allgemeinen Anerkennung nicht lange erfreuen. Der nachlassende Bauboom führte in Hamburg zu einem Rückgang der Aufträge. 1850/1851 mußte er, inzwischen von seiner Frau getrennt lebend, in die von ihm um 1845 erbauten Hornheimer Anstalten bei Kiel (WV 112) eingeliefert werden. Schon seit längerer Zeit hatten sich deutliche Zeichen einer Gemütskrankheit gezeigt. Möglicherweise hatten die jahrelange Überarbeitung und der unaufhörliche Ärger mit Kollegen und Behörden zu einer geistigen Erschöpfung geführt. Schließlich mußte er die Vollendung der Dreifaltigkeitskirche seinem Meisterschüler Wilhelm von Hanno überlassen. Da sich sein Nervenleiden nicht kurieren ließ, kehrte Chateauneuf nach Hamburg zurück. Dort starb er, durch einen Schlaganfall zusätzlich geschwächt, am Silvestertage des Jahres 1853.

Das Werk

Chateauneuf hat in seiner knapp drei Jahrzehnte währenden wechselvollen Laufbahn nach heutiger Kenntnis 132 Projekte und Bauten entworfen und ausgeführt.[15] Dabei blieben in den ersten beiden Jahrzehnten von 84 Werknummern 41 unausgeführt. Unverkennbar ist, daß er infolge des Großen Brandes von 1842 deutlich mehr konkrete Bauaufträge erhalten hat. Doch wurden selbst in dieser erfolgreichsten Phase seiner Karriere nur zwei Drittel seiner Entwürfe realisiert.

Überblickt man das Oeuvre des Architekten, so fällt auf, daß sich Chateauneuf eine erstaunliche Sachkompetenz in zahlreichen Baufächern erarbeitete.[16] Zweifelsfrei war dabei der Wohnbau sein Hauptbetätigungsfeld, mit dem er sich abgesehen von den letzten fünf Jahren seiner Laufbahn kontinuierlich befaßte. Auch im Bereich der Stadtplanung lassen sich über mehrere Jahrzehnte hinweg immer wieder Projekte nachweisen.[17] Wie kaum ein anderer Privatarchitekt widmete er seine Aufmerksamkeit Fragen der städtebaulichen Entwicklung Hamburgs. Mit Kirchenbauten beschäftigte sich Chateauneuf verstärkt erst seit 1842, dabei bilden die vielfältigen Projekte in Hamburg und Christiania (Oslo) einen Hauptteil seines Spätwerks. Auch der Bereich der Geschäftsbauten erschloß sich erst nach dem Großen Brand. Mit mehreren Bahnhofsgebäuden sowie Entwürfen für die Hamburger Wasser- und Gaswerke setzte Chateauneuf sogar auf dem seit dem frühen 19. Jahrhundert immer bedeutsamer werdenden Gebiet der Industriebauten Maßstäbe. Seine Vielseitigkeit kommt auch darin zum Ausdruck, daß er für viele seiner Bauten die Innenausstattung einschließlich der Möbel entwarf.[18] Zudem kreierte er Denk- und Grabmäler sowie Brunnen. Weniger bekannt ist, daß er auch wiederholt kunstgewerbliche Arbeiten wie Rahmen und Diplome entworfen hat.

Das breite Spektrum von Chateauneufs Tätigkeit findet in Deutschland in der ersten Hälfte des 19. Jahrhunderts allenfalls bei so bedeutenden Architekten wie Schinkel oder Klenze Parallelen. Doch anders als diese vorwiegend klassizistisch geprägten Kollegen war Chateauneuf stilistisch freier.[19] Er gehörte bereits zu jener Generation von Architekten, für die kein für alle Bauaufgaben verbindlicher Stil mehr zur Verfügung stand. Chateauneuf hatte natürlich keine Patentlösung für dieses architektonische Grundproblem des 19. Jahrhunderts parat. Doch wichtiger als der Stil war für ihn der „Charakter" eines Kunstwerks.[20] Von diesem Grundsatz ausgehend, fühlte er sich berechtigt, aus der vielseitigen Überlieferung der europäischen Architekturgeschichte je nach Bauaufgabe gezielt auszuwählen. Chateauneuf verwendete dementsprechend z.B. für die von ihm entworfenen Wohngebäude häufig Renaissanceformen, während seine Kirchenbauten stets an gotischen Vorbildern orientiert sind.[21] Martin Haller hat die verstärkte Hinwendung des von ihm hoch verehrten Chateauneuf zur Gotik bedauert, da er die größere Meisterschaft des Architekten auf dem Gebiet des Antiken und Klassischen sah.[22] Doch der St.-Petri-Kirchbau belegt nachdrücklich, daß der Architekt auch in nicht-klassischen Baustilen Herausragendes vollbrachte.

Generell ist die hier skizzierte Vielfältigkeit des Architekten keineswegs als künstlerische Schwäche zu bewerten, sondern sie ist Ausdruck einer sensiblen Aufgeschlossenheit gegenüber den Anforderungen unterschiedlicher Bauaufgaben.

Chateauneuf ist bei seinen Entlehnungen zumeist weit davon entfernt, ein bloßer Kopist zu sein. Plumpe Nachahmungen bekannter Gebäude finden sich in seinem Oeuvre nicht. 1838 erklärte er in bezug auf seinen Entwurf für eine Börse auf dem Hamburger Adolphsplatz, daß er versucht habe, „jenem verbrauchten Zuge der Formung einer entschwundenen Zeit auszuweichen, welcher, als Nachahmung beibehalten, dem ungünstigen Schicksal jeglicher Copie nicht entgehen würde.“[23]

Bei aller stilistischen Vielseitigkeit entwarf Chateauneuf seine Bauten keineswegs in völlig zwangloser Beliebigkeit. In seinem Oeuvre finden sich einige Konstanten, von denen hier die Idee des Gesamtkunstwerks und sein Eintreten für materialgerechtes Bauen beispielhaft vorgestellt werden sollen.

Chateauneuf trat für ein Zusammenwirken von Architektur, Malerei und Skulptur ein – viel stärker als dies im Klassizismus üblich gewesen war. Bereits bei den Arbeiten für den Hammerhof der Familie Sieveking (WV 23) wandte er dieses Prinzip an; für das 1836 vollendete Stadthaus Abendroth (WV 36) entwarf er ein Raumensemble, das den glanzvollsten zeitgenössischen Leistungen in Berlin oder München keineswegs nachstand. Bei öffentlichen Bauten konnte er wohl einzig beim prachtvollen Festsaal des Schneideramtshauses (WV 99) eine vergleichbare Ausstattung realisieren. Seine umfassenden gestalterischen Vorstellungen für den Innenraum von St. Petri ließen sich gegen den Willen der zuständigen Kirchenbaukommission dagegen nicht durchsetzen.

Während seiner gesamten Laufbahn hat sich Chateauneuf für den Backstein als künstlerisches Gestaltungsmittel eingesetzt.[24] Seine ersten in diesem Material errichteten Privatbauten wurden noch als „rothes ABC“ (WV 9 und 11) verspottet. Sein 1833 entworfenes, weitgehend aus unverputztem Backstein gedachtes Museum für Kunst- und Gewerbeausstellungen an der Alster (WV 40) gelangte nicht einmal mehr zur Ausführung. Doch unbeirrt von diesen Rückschlägen sah er vor, daß auch bei der von ihm geplanten Börse auf dem Adolphsplatz sämtliche Mauern des Gebäudes sowie alle Gesimse und Ornamente in hellfarbigen Ziegelbacksteinen gestaltet werden sollten. Chateauneuf verzichtete ganz bewußt auf die „Bewurf- und Tünchkünste“, da er die Konstruktion offenlegen und die Textur des Materials als „lebendigste ewig dauernde Farbe“[25] einsetzen wollte.

Erst mit dem 1840 vollendeten Amalie-Sieveking-Stift (WV 70) fand ein Backsteinbau des Architekten breitere Zustimmung in der Öffentlichkeit.[26] Diese positive Entwicklung setzte sich nach dem Großen Brand fort, als es Chateauneuf gelang, eine Vielzahl von Gebäuden in unverputztem Backstein zu errichten. Er scheint über diese Entwicklung seiner Gestaltungsmöglichkeiten selbst erstaunt gewesen zu sein, denn im August 1842 teilte er seinem Freund Karl Sieveking in einem Brief mit: „Wie hätte der 20jährige dacht, daß der Vierziger den Backstein in so geistiger Bedeutsamkeit einst zu handhaben berufen seyn würde ...“[27]

Nach dem Großen Brand setzte Chateauneuf beim Wiederaufbau der St.-Petri-Kirche (WV 91), dem Neubau der Post (WV 115) und den Speichergebäuden der Firma Schulte und Schemmann (WV 94) mit seiner meisterhaften Handhabung des Backsteins wegweisende Maßstäbe. Dabei ist von großem Interesse, daß die Bauherrn damals keineswegs den heute so populären roten Backstein favorisierten. So entwickelte sich z.B. beim Bau der Kirchenhäuser der St.-Petri-Gemeinde in der zuständigen Kirchenbaukommission „eine längere Discussion darüber, ob die Aussenseite dieser Häuser aus rothen oder von gelben Steinen zu erbauen sey ...“[28] Mehrere Mitglieder befürworteten die Verwendung von gelben Steinen, da sie befürchteten, „daß eine so bedeutende Masse solcher Häuser die Gegend hinter der Kirche und die Pagentwiete gar zu sehr verdunkeln würde“[29]. Man kam am Ende überein, „die 3 Häuser in der Paulstraße außerhalb mit gelben, die Kirchenschreiberey aber ganz mit rothen Steinen zu mauern“[30].

Daß derartige Überlegungen keinen Einzelfall darstellen, belegt die Beobachtung, daß damals nicht nur die Kirchenhäuser, sondern auch das Geschäftshaus von Schulte und Schemmann (WV 94), das Mobilienmagazin des Tischleramtes (WV 99), das Schneideramtshaus (WV 99) oder das Geschäftshaus Davenport (WV 103) in gelben Backsteinen errichtet wurden.

Daß Chateauneuf relativ viele unverputzte Backsteinbauten errichten konnte, war keineswegs selbstverständlich; denn 1840/1850 war in Hamburg die Nachfrage nach derartigen Bauten gering. Dies lag nicht zuletzt in dem damals häufig noch unzulänglichen Baumaterial begründet. Um diesen Mangel abzustellen, hatte sich Chateauneuf bereits in den dreißiger Jahren nachdrücklich für eine Verbesserung der Ziegelsteinproduktion eingesetzt.[31] Im Sommer 1843 regte er eine von der Patriotischen Gesellschaft ausgelobte Preisaufgabe zur „Fabricirung und Lieferung von Ziegelsteinen vorzüglicher Güte und Schönheit“ an.[32]

Nimmt man all diese Aktivitäten zusammen, so hat sich Chateauneuf von allen damals tätigen Hamburger Architekten am stärksten und erfolgreichsten für die Verwendung von unverputztem Backstein eingesetzt. Bedenkt man, wie selbstverständlich nur wenige Jahrzehnte später die Vertreter der „Hannoverschen Schule“ oder nach 1900 Albert Erbe, Fritz Schumacher und Fritz Höger den Backstein in ihren Hamburger Bauten verwendeten, so kommt Chateauneuf – wesentlich stärker als etwa Theodor Bülau[33] – die wegweisende Rolle des Schrittmachers in der erneuten Etablierung des Backsteins als „echtes“, unverhüllt zu zeigendes Gestaltungsmaterial zu.

Arbeitsorganisation, Mitarbeiter und Kollegen

Chateauneuf gehörte zu denjenigen Architekten, die sich in größter Intensität mit ihren Projekten auseinandersetzten. Die von ihm erhaltenen Schreiben und Zeichnungen belegen, daß er seine Arbeiten minutiös vorbereitete und durchführte.[34] Als ihm der Wiederaufbau der St.-Petri-Kirche (WV 91) übertragen wurde, unternahm er beispielsweise mehrere Reisen durch Norddeutschland und ins Rheinland. Er studierte die mittelalterlichen Backsteinkirchen von Magdeburg, Stendal, Havelberg, Tangermünde und Lübeck und ließ sich durch die mit der Erhaltung und Restaurierung dieser Kirchen beauftragten Architekten beraten.

Generell suchte Chateauneuf bei geschätzten Kollegen Rat und Unterstützung. So bat er z.B. Karl Friedrich Schinkel wiederholt um Gutachten.[35] Beim Wiederaufbau der Petri-Kirche berücksichtigte er die von Martin Gensler, einem „gründlichen Kenner Gothischer Architectur“, eingebrachten Verbesserungsvorschläge.

Zu seiner individuellen Entwurfspraxis zählte auch die eigenwillige Gewohnheit, seine bereits gebilligten Wettbewerbszeichnungen umfassend zu überarbeiten. Er betrachtete einen Beitrag zu einer Konkurrenz zumeist nur als einen „allgemeinen Entwurf“, der Grundgedanken zum Ausdruck bringe und daher auf keinen Fall detailliert sein dürfe.[36]

Erstaunlich wenig Quellen finden sich zu Chateauneufs Arbeitsorganisation. Sein Büro befand sich offensichtlich von Beginn an im Verlags- und Druckereigebäude seines Stiefvaters Meissner am Schopenstehl 1. Dort wird er in den schwierigen Anfangsjahren seiner Karriere auch aus Kostengründen zumeist allein gearbeitet haben. Hier wurden auch die Gespräche und Verhandlungen mit den Bauherren durchgeführt.

Nach dem Großen Brand war es für Chateauneuf jedoch unerläßlich, aufgrund der vielfältigen Belastungen und vorzüglichen Auftragslage auf versierte Hilfskräfte zurückzugreifen. Wie schwierig die Suche nach geeigneter Unterstützung damals war, belegt ein Brief an Semper vom 11. Oktober 1842. Darin berichtete Chateauneuf, daß es ihm an „tauglicher Zeichenhilfe" fehle, da „jetzt alle selbständige Architecten"[37] werden wollten.

Spätestens seit Mitte der vierziger Jahre verfügte Chateauneuf über eine Reihe von begabten Mitarbeitern. Zu ihnen zählten der später in Bremen erfolgreich tätige Heinrich W. Müller, der englische Architekt Charles Fowler jr. und Johann Conrad Marchand. Häufig griff Chateauneuf auf Heinrich Wilhelm Burmester als Bauführer zurück. Sein engster und wohl auch bedeutendster Schüler war Wilhelm von Hanno, der sich beim Bau von St. Petri in Hamburg als hochbegabter Bildhauer ausgewiesen hatte.[38] Chateauneuf erkannte das vielseitige künstlerische Talent des gebürtigen Hamburgers und förderte dessen zeichnerische und architektonische Ausbildung nach Kräften. Als Chateauneuf um 1850 schwer erkrankte, übernahm Hanno die Bauführung der Dreifaltigkeitskirche in Christiania (Oslo).[39]

Chateauneuf pflegte intensiven Kontakt zu zahlreichen Architekten im In- und Ausland. Mehrfach hat er Arbeitsgemeinschaften gebildet.

Der für ihn wichtigste Kollege war zweifelsfrei der dreizehn Jahre ältere Hermann Peter Fersenfeldt (1786–1853), der in Hamburg als anerkannter Professor eine eigene Bauschule unterhielt. Seit den Anfang der zwanziger Jahren gemeinsam unternommenen Forschungen zur mittelalterlichen Architektur Lübecks verband die beiden Architekten eine enge Freundschaft. Als sich Chateauneuf im Sommer 1838 in England aufhielt, schlug er vor, daß Fersenfeldt an seiner Stelle die Bauaufsicht für das Amalie-Sieveking-Stift übernehmen könne.[40] Vor allem nach dem Großen Brand treten sie bei den Wiederaufbauplanungen für St. Petri (WV 91) und St. Gertruden (WV 92) gemeinsam auf; darüber hinaus errichteten sie aber auch zahlreiche Stadthäuser (WV 93) und verschiedene Nutzbauten (WV 108-110). Fersenfeldt war offensichtlich mehr für den organisatorischen Teil, für die technischen Belange und die Überwachung am Bau zuständig, während Chateauneuf als Entwerfer tätig war. Der im Vergleich zu ihm weniger impulsive Fersenfeldt trat wiederholt als geschickter Verhandlungsführer gegenüber den oft engstirnigen und knauserigen Auftraggebern in Erscheinung.

Ein weiterer wichtiger Partner Chateauneufs war der englische Ingenieur William Lindley (1808–1900).[41] Dieser herausragende Städteplaner und Ingenieur modernisierte Hamburgs Stadtgestalt und Infrastruktur von 1840 an binnen zweier Jahrzehnte umfassend und ebnete somit den Weg der Hansestadt ins Industriezeitalter.[42] Chateauneuf und Lindley arbeiteten nachweislich beim Bau der ersten Hamburger Bahnhöfe zusammen (WV 76 und 122) und haben mit großer Wahrscheinlichkeit auch bei den Bauten für die Stadtwasserkunst (WV 120) und das Gaswerk (WV 124) kooperiert.[43] Dabei sind die jeweiligen Anteile beider zumeist wegen fehlender Quellen schwer zu trennen. Die für Chateauneuf eindeutig gesicherte Halle des „Berliner Bahnhofs" von 1846 und auch der Wasserturm von Rothenburgsort belegen nachdrücklich, wie stark der Architekt bemüht war, den neuartigen Nutzbauten würdevolle Bauformen zu verleihen.[44]

Chateauneuf hat darüber hinaus aber auch vereinzelt mit anderen Architekten zusammengearbeitet. 1838 tat er sich für den Londoner Börsenwettbewerb (WV 69) mit dem Engländer Arthur Patrick Mee zusammen, der kurz zuvor in Dockenhuden bei Blankenese ein Landhaus errichtet hatte. Wiederum übernahm Chateauneuf auch hier die Aufgabe des künstlerischen Entwurfs. Beim Projekt der

Alsterarkaden (WV 100) war anfangs Carl Friedrich Reichardt beteiligt. Die einzigartige Sonderform der Zusammenarbeit einer größeren Gruppe von Architekten bildete die bereits beschriebene, von Chateauneuf über drei Jahre lang geleitete Technische Kommission (vgl. WV 86). Chateauneuf bewährte sich als souveräner Vorsitzender, dem es gelang, die persönlichen Animositäten, ästhetischen und technischen Differenzen sowie die liberalen und konservativen Grundhaltungen der beteiligten Architekten auf ein Ziel einzuschwören.

In diesem Zusammenhang sei auf eine Architektenfreundschaft verwiesen, die für Chateauneuf von herausragender Bedeutung gewesen ist. Denn das große künstlerische Vorbild für ihn war nicht einer seiner Architekturlehrer Wimmel, Weinbrenner und Leclère, sondern Karl Friedrich Schinkel. Obgleich dieser bedeutendste deutsche Architekt der 1. Hälfte des 19. Jahrhunderts Anfang der zwanziger Jahre zwei frühe Projekte Chateauneufs heftig kritisiert hatte (WV 1 und 8), verehrte ihn Chateauneuf auch weiterhin und publizierte 1829 sogar eine fast hymnische Besprechung von dessen Entwürfen.[45] Wiederholt suchte der fast zwanzig Jahre jüngere Hamburger den Rat des anerkannten Architekten (WV 22). Aus diesem Gedankenaustausch entwickelte sich eine von aufrichtiger Wertschätzung geprägte Freundschaft, die bis zu Schinkels frühem Tod anhielt. Chateauneuf führte ihn und seine Familie mehrere Tage durch Hamburg und war deren Gast in der Berliner Bauakademie.

Trotz mancher generationenbedingter Unterschiede in den Formvorstellungen verband beide Baumeister die künstlerische Aufgeschlossenheit gegenüber allen Bereichen der Kunst, das Interesse an modernen technischen Entwicklungen und nicht zuletzt das stets erkennbare Streben nach dem Gesamtkunstwerk.[46]

Probleme des freiberuflichen Architekten

Während für die städtischen Baubeamten eine kontinuierliche Fülle von Bauaufgaben anstand, bot sich für einen freien Architekten wie Chateauneuf eine gänzlich andere Situation dar.[47] Wollte er im Beruf Erfolg haben, mußte er in der Öffentlichkeit präsent sein und seine Entwürfe permanent an mögliche Bauherren herantragen. Chateauneuf hat sich als einer der ersten Architekten in Deutschland intensiv mit dieser von Zunft- und Hofzwängen losgelösten beruflichen Situation auseinandersetzen müssen. Er selbst hat die damit verbundenen Probleme treffend charakterisiert: „Wir Architekten setzen heutzutage alles Mögliche an unser Studium, und weil der Stand noch nicht ein bürgerlich hergebrachter ist, müssen wir vorerst viele Jahre Pläne als Empfehlungskarten umsonst machen. Dafür gibt's leider weder Käufer noch Verleger, wie Maler und Poeten sie finden, und nachher, wenn's etwas auszuführen gibt, haben die Summen einen zu großen Klang, nur weil wir unglücklicherweise Künstler geworden sind.“[48] Trotz dieser Schwierigkeiten stellte sich Chateauneuf entschlossen und zielstrebig den Herausforderungen seines Berufes. Denn ihm dürfte nicht entgangen sein, daß auch die scheinbar abgesicherten Hofbeamten – wie z.B. Klenze oder Gärtner – mit großen Problemen wie der herrschaftlichen Willkür und unwürdiger menschlicher Behandlung zu kämpfen hatten.

Mit erstaunlicher Umsichtigkeit hat Chateauneuf denn auch alle sich ihm damals bietenden Möglichkeiten genutzt, Marktanteile zu erlangen und Eigenwerbung zu betreiben. Als freiberuflich tätiger Architekt war er besonders auf die Gunst privater Auftraggeber angewiesen. Während seiner Laufbahn hatte er das Glück, wiederholt sehr kunstsinnige Bauherrn und Förderer kennenzulernen.

Der ohne Zweifel bedeutendste aus dieser Gruppe war Karl Sieveking (1787–1847), der als hochrangiger Staatsbeamter für Hamburg in verschiedenen diplomatischen Missionen und seit 1830–1847 am Bundestag in Frankfurt am Main tätig war. Der Syndicus war vielseitig interessiert und sammelte einen Kreis von Künstlern und Kunstinteressierten um sich.[49]

Sieveking gab dem in der Praxis noch unerfahrenen Chateauneuf zahlreiche kleinere Bauaufträge für seinen Landsitz, den Hammerhof (WV 23). Darüber hinaus hat er für Chateauneuf vor allem in den zwanziger und dreißiger Jahren in vielfältiger Weise geworben. So sind mehrere Aufträge seiner Schwester Amalie Sieveking oder seines Schwagers Ami de Chapeaurouge sicherlich durch Sievekings Vermittlung zustande gekommen. Darüber hinaus wollte Sieveking seinem Schützling auch für dessen Karriere prestigeträchtige öffentliche Bauaufträge vermitteln. Dank seines hohen Senatsamts vermochte er es, Chateauneuf wiederholt mit wichtigen Hintergrundinformationen zu versorgen. Allerdings scheiterten fast sämtliche dieser Vorhaben, da es der Baubehörde immer wieder gelang, bereits vom Senat genehmigte Projekte Chateauneufs rückgängig zu machen.

Über all diese direkten beruflichen Belange hinaus war Sieveking Chateauneuf stets ein treuer und hilfsbereiter Freund. Da der Architekt auch in Sievekings Frau Caroline, geb. de Chapeaurouge, eine kluge Beraterin und warmherzige Freundin fand[50], bildete das Landhaus der Familie einen wichtigen Ruhepol in Chateauneufs wechselvollem Leben.

Carl Friedrich von Rumohr (1786–1843) förderte Chateauneuf vor allem in dessen Anfangsjahren. Die in der „Architectura domestica" ausgesprochene Zueignung verdeutlicht die große Dankbarkeit Chateauneufs gegenüber dieser so kunstsinnigen wie menschlich schwierigen Persönlichkeit.[51] Leider sind bislang nur wenige der durch Rumohr vermittelten Aufträge exakt nachweisbar, doch dürften der Umbau des Herrenhauses Sierhagen (WV 10) und der Rahmen für das Overbeck-Gemälde „Einzug Christi in Jerusalem" (WV 4) durch seine Fürsprache zustande gekommen sein. Zudem wird Rumohr Chateauneufs Interesse für zeitgenössische Malerei und die mittelalterlichen Denkmäler und Kirchen Norddeutschlands geweckt haben.[52]

Spätestens Anfang der dreißiger Jahre lernte Chateauneuf mit August Abendroth (1796–1867) seinen idealen Bauherrn kennen. Abendroth war in der ersten Hälfte des 19. Jahrhunderts ein Connaisseur und herausragender Förderer der Künste in Hamburg. Er war Mitglied des Kunstvereins und einer der Gründer der Galerie in den Börsenarkaden. Unter seinem Vorsitz wurden die in Hamburg dringend ersehnten Bauten für eine Kunsthalle und eine Musikhalle vorangetrieben. In Abendroth verbanden sich ausgeprägter Kunstsinn, Repräsentationsfreude und großer Wohlstand. So konnte Chateauneuf bei der Planung für das noble Stadthaus am Neuen Jungfernstieg seine hohen gestalterischen Ziele mit kostbarsten Materialien umsetzen. Später hat sich Abendroth als Mitglied zahlreicher Aufsichtsräte und Gremien wiederholt für Chateauneuf einsetzen können.

Während seiner gesamten Laufbahn versuchte dieser, durch Teilnahme an Wettbewerben seinen Bekanntheitsgrad zu steigern und an Aufträge zu gelangen. Allerdings waren die Bedingungen derartiger Konkurrenzen damals noch keinen festen Regeln unterworfen. Häufig waren sie – so z.B. durch zu enge Terminsetzung – für die Architekten denkbar ungünstig. Als sich die Baudeputation 1837 beim Börsenwettbewerb das Recht vorbehielt, die eingegangenen Beiträge eigenmächtig abzuändern, boykottierte Chateauneuf mit zwölf anderen Architekten die Ausschreibung, so daß diese wichtigste Hamburger Konkurrenz der dreißiger Jahre ohne Beteiligung der bedeutendsten Privatarchitekten stattfand.

Insgesamt war Chateauneufs Bilanz seiner Wettbewerbsteilnahmen zufriedenstellend. Neben einigen empfindlichen Rückschlägen – so beim Hamburger Schauspielhaus, dem Gebäude der Patriotischen Gesellschaft (WV 116) oder dem Londoner Nelson-Denkmal (WV 68) – fand er bemerkenswerte Anerkennung.

Herausragend war dabei unstrittig sein zweiter Platz beim offenen Wettbewerb für die Londoner Börse (WV 69), der sicher zu den größten internationalen Erfolgen eines Hamburger Architekten im 19. Jahrhundert überhaupt zählt.[53] Ein weiterer großer Erfolg gelang ihm bei der Konkurrenz um die Dreifaltigkeitskirche in Christiania (Oslo), dem ersten großen Architekturwettbewerb in Norwegen überhaupt (WV 130). Auch gingen der erste Hamburger Bahnhof und das Posthaus (WV 115) auf Siege in Konkurrenzen zurück.

Mehrfach beteiligte sich Chateauneuf an den unregelmäßig durchgeführten Ausstellungen des Hamburger Kunstvereins.[54] Doch er nutzte auch überregionale Vergleichsschauen als Forum. So stellte er 1829 gemeinsam mit Heinrich Hübsch und Friedrich Eisenlohr in München eine Reihe von Architekturentwürfen im Rundbogenstil aus. Es handelte sich wohl um die erste Schau dieses damals progressiven Stils.[55] Sein bedeutender Entwurf für ein Hamburger Museumsgebäude wurde 1834 auf der Berliner Akademieausstellung gezeigt.

Vor allem in den Anfangsjahren seiner Laufbahn versuchte Chateauneuf, auch durch Eigeninitiative an Aufträge zu gelangen. An seinen Förderer Rumohr schrieb er im Mai 1826: „Ich zeichne jetzt, den ohne Anlaß entstandenen Entwurf eines kleinen Landhauses, etwa an der hohen Seite der Hammer Landstraße zu stellen; aus, der Ihnen u ich glaube auch dem Geschmack des Zeitgeistes gefallen wird, mein Streben geht wenigstens dahin ..."[56] Darüber hinaus bemühte er sich aber auch mit erstaunlicher Hartnäckigkeit um die beiden prestigeträchtigsten Bauaufträge, die es vor dem Großen Brand in Hamburg zu vergeben gab: die Bebauung des Domplatzes und die Errichtung der Börse. Gerade für das Handelszentrum der Hansestadt unternahm Chateauneuf erstaunliche gestalterische Anstrengungen. Ob für Nikolaifleet, Johannis- oder Adolphsplatz, ob als freier Hof oder mit einem Glasdach versehen, ob in Anklängen an spanische Gotik oder italienische Renaissance – Chateauneuf ließ nichts unversucht, um die zuständigen Behörden durch attraktive Eingaben für sich zu gewinnen (WV 22, 57, 58, 64).

Diese Vielseitigkeit war für einen freien Architekten geradezu zwingend notwendig. Denn in je mehr Baugattungen und Stilarten er überzeugend entwerfen konnte, desto bessere Chancen besaß er, Aufträge zu erhalten. Dies galt um so mehr in Hamburg, wo die Auftraggeber ohne einengende Vorschriften frei nach ihrem Geschmack bauen durften.

Seit Ende der dreißiger Jahre bemühte sich Chateauneuf auch darum, durch die Publikation eigener Werke seinen Bekanntheitsgrad zu steigern. Zunächst veröffentlichte er Anfang 1838 auf eigene Kosten seinen kurz zuvor fertiggestellten „Entwurf für eine Boerse auf dem Adolphsplatze".[57] Mit spitzer Feder berichtete er seinem Freund Schinkel von diesem Ereignis: „Gestern ist dann endlich das Börsenheft hier vom Stapel gelaufen, mit so rednerischen Künsten begleitet als wäre sie dem Marc Anton entlehnt – Die Brandfackel wird deßhalb aber nicht erhoben werden – Unsere feisten Regenten (schrecken ?) denn wohl einigemal im Schlaf auf und legen sich wieder ruhig auf die andere Seite."[58]

Wenige Monate später begann Alexis de Chateauneuf die Realisierung des bereits lang gehegten Plans für eine Werkausgabe ausgewählter Projekte und Bauten.[59] Nach langwierigen Verhandlungen konnte Chateauneuf das Werk im Juni 1839 gleichzeitig in London, Paris und Hamburg veröffentlichen. Es war mit achtzehn Kupferstichtafeln und knappen Erläuterungen ausgestattet. Die Edition ist künstlerischer Rechenschaftsbericht und Werbeschrift zugleich und festigte den europäischen Ruf des damals wenig beschäftigten vierzig Jahre alten Architekten. Unverkennbar stellte er diese Edition in eine Reihe mit den zuvor publizierten Werkausgaben Karl Friedrich Schinkels, Georg Mollers oder Leo von Klenzes.[60]

Chateauneuf hat seit Mitte der zwanziger Jahre kontinuierlich Aufsätze zur Kunst veröffentlicht. Bei seinen Rezensionen fällt die thematische Vielfalt auf, die vom Wettbewerb um das englische Parlamentsgebäude bis hin zu Pückler-Muskaus Gartenkunst reicht. Daneben ließ er eine Reihe von Broschüren erscheinen, in denen er zu Problemen des Hamburger Bauwesens Stellung nahm. Dabei sind seine Vorschläge etwa zur Reformierung der Bauorganisation oder zum Bau einer neuen Börse auf dem Johannis- oder Adolphsplatz natürlich stets mit der Absicht verfaßt, solche bedeutenden Aufträge zu bekommen.

Auffallend an diesen Publikationen ist die knappe Form: selten äußert sich Chateauneuf ausführlich über seine architektonischen Grundsätze. Anders als seine Kollegen Schinkel oder Hübsch dachte er offensichtlich niemals daran, ein „Architektonisches Lehrbuch“ oder eine Art Programmschrift zu verfassen.[61] Einzig mit seinen Beiträgen für die von Lady Mary Fox edierte Schrift „The Country House“ vermittelte er – im übrigen auf höchst undogmatische und unterhaltsame Art – eine Reihe kunsttheoretischer Prinzipien (WV 77). In den vierziger Jahren hat er wegen der extrem hohen Arbeitsbelastung beim Wiederaufbau Hamburgs und in Oslo offensichtlich keine Zeit mehr für das Schreiben von Aufsätzen gefunden.

Trotz dieser vielfältigen Aktivitäten und der Unterstützung einflußreicher Auftraggeber gelang es Chateauneuf einzig während der kurzen Phase des Baubooms nach dem Großen Brand sich als Architekt durchzusetzen. Dies verwundert nicht zuletzt deshalb, weil damals keine wirklich herausragenden Privatarchitekten im Hamburger Raum tätig waren. Christian Frederik Hansen hatte Altona bereits Anfang des Jahrhunderts verlassen. Gottfried Semper, der einzige Chateauneuf künstlerisch überlegene Architekt, war bereits 1834 einem Ruf nach Dresden gefolgt.[62]

Die Laufbahn Chateauneufs zeigt anschaulich, daß im zweiten Viertel des 19. Jahrhunderts selbst hochbegabte und international anerkannte Architekten große Schwierigkeiten hatten, ihre Existenz als Künstler auf dem freien Markt zu behaupten.

Nachruhm und bauliches Erbe

Alexis de Chateauneufs herausragende Bedeutung für die Hamburger Architektur des 19. Jahrhunderts war nie strittig. Nach seinem Tod geriet er nicht wie zahlreiche nachfolgende Vertreter des Historismus in Vergessenheit. Bereits 1868 würdigte ihn Franz Andreas Meyer als einen Architekten, der „von allen vergangenen Baumeistern Hamburgs, mit Einschluss Sonnin's, der bedeutendste zu sein scheint“[63]. Martin Haller hat seine Leistungen gepriesen und seine Entwürfe dem eigenen Handeln als Maßstab und Vorbild zugrunde gelegt. 1899 fanden anläßlich Chateauneufs 100. Geburtstages eine Festveranstaltung des Architekten- und Ingenieurvereins sowie eine kleine Ausstellung seiner Zeichnungen statt. Schumacher, der in Chateauneuf den wesensverwandten Künstler verehrte, bezeichnete ihn gar als einen „der interessantesten Baumeister“[64] des 19. Jahrhunderts.

Trotz dieser hohen Wertschätzung ist sein Werk stark dezimiert überliefert. Noch vor 1914 fielen einige seiner wichtigsten Bauten den sich wandelnden Wohnbedürfnissen und der Bodenspekulation zum Opfer. Nahezu vollständig verloren sind daher seine zahlreichen Stadt- und Landhäuser, wobei vor allem der 1905 erfolgte Abriß des Stadthauses Abendroth zu beklagen ist. Im Zuge der Erneuerung der städtischen Infrastruktur wurde seine herausragende Hallenkonstruktion des „Berliner Bahnhofs“ (WV 122) Anfang des 20. Jahrhunderts abgebrochen.

Weitreichend waren auch die Verluste seiner Bauten während des Zweiten Weltkriegs. Mehrere Stiftsgebäude, die Speicher für Schulte und Schemmann, der Hammerhof mit seinen Nutzbauten und die Hornheimer Anstalten bei Kiel wurden zerstört.

Was die Bomben verschont hatten, wäre in den sechziger und siebziger Jahren beinahe einer zweifelhaften Fortschrittsgläubigkeit zum Opfer gefallen. Nur mit Glück konnten damals die Alte Post und der Wasserturm in Rothenburgsort vor dem Abriß gerettet werden.

Zur substantiellen Schädigung der Chateauneufschen Bauten trug auch manch eigenwillige denkmalpflegerische Maßnahme bei. So wurden z.B. bei der Wiederherstellung der Alsterarkaden die erhaltenen Säulen durch Pfeiler ersetzt, um damit eine Angleichung an die übrigen Bogen zu erreichen. Die Alsterarkaden erscheinen seitdem in einer zuvor niemals vorhandenen Einheitlichkeit. Umstritten ist auch der denkmalpflegerische Umgang mit der Farbgebung. Obgleich zumindest für einige Bereiche ockergelbe Farbspuren nachgewiesen wurden, ist das Ensemble heute einheitlich weiß gestrichen.

Auch die Halle der St.-Petri-Kirche, in Hamburg der einzige Innenraum Chateauneufs an originaler Stelle, erlitt Einbußen. So wurde der im Krieg weitgehend zerstörte Hochaltar durch eine Altarlösung ersetzt, durch die Chateauneufs ursprüngliche Raumkonzeption stark beeinträchtigt wird. Noch rigoroser wurde um 1950 in der Osloer Erlöserkirche (WV 128) die Innenraumgestaltung Chateauneufs beseitigt, bezeichnenderweise ohne daß sie zuvor fotografisch dokumentiert worden wäre. Bedauerlicherweise wurde der Bergedorfer Bahnhof (WV 81) – eines der ältesten erhaltenen Bahnhofsgebäude Deutschlands überhaupt – 1990/92 in fragwürdiger Weise „runderneuert“, so daß von der bis dahin noch vorhandenen Originalsubstanz kaum noch etwas erhalten blieb.

Aufgrund dieser Serie von Fehlentwicklungen läßt sich das Werk Chateauneufs heute nur noch eingeschränkt wahrnehmen. Immerhin sind mit der St.-Petri-Kirche, der Alten Post und dem Wasserturm in Rothenburgsort drei seiner Hauptwerke erhalten geblieben. Zudem sind zwei seiner Raumgestaltungen im Museum für Kunst und Gewerbe originalgetreu rekonstruiert worden. Deutlich erkennbar ist auch noch seine Leistung als Stadtplaner; denn der von ihm maßgeblich geprägte Bereich um den heutigen Rathausmarkt mit der Kleinen Alster und den Alsterarkaden ist weitgehend bewahrt. Diese Werke werden seit langem denkmalpflegerisch sorgfältig betreut. Der engagierte Wiederaufbau der 1990 bei einem Brand schwer beschädigten Teile der Alsterarkaden belegt die hohe Wertschätzung, die Chateauneufs Architektur heute genießt.[65]

Dennoch ist stete Wachsamkeit geboten, damit der bereits schmale Bestand an Chateauneuf-Bauten nicht weiter aus dem Stadtbild verschwindet. Die seit einiger Zeit intensiv geführten Planungen zur Überbauung der Ferdinandstraße bedrohen ein Kernstück der Wiederaufbauplanungen von 1842 und verdeutlichen unmißverständlich, daß Fragen des Denkmalschutzes nach wie vor allzu häufig gegen geballte ökonomische Interessen zurückstehen müssen.

Quellenlage und Forschungsstand

Die wissenschaftliche Erforschung von Chateauneufs Werk hat lange auf sich warten lassen. Dies verwundert um so mehr, als der reiche Nachlaß des Architekten auf Initiative von Martin Haller und dem Architekten- und Ingenieurverein 1901 angekauft worden war und in der Bibliothek der Patriotischen Gesellschaft für die Hamburger Architekturforscher zugänglich war. Es handelte sich dabei um 16 großformatige Bände, in denen Hunderte von Zeichnungen, Briefen und Verträgen eingeklebt waren.[66] Bis zu ihrer Zerstörung im Zweiten Weltkrieg blieben diese Materialien weitgehend unausgewertet. Lediglich Fritz Schumacher sichtete die Dokumente für seine Untersuchungen zur Hamburger Architektur des 19. Jahrhunderts.[67]

Günther Lange gebührt das große Verdienst, 1965 erstmals eine Gesamtdarstellung von Leben und Werk Chateauneufs erarbeitet zu haben.[68] Die Monographie legte mit ihrer klaren Gliederung, den treffenden Analysen und der umfangreichen Bebilderung einen wichtigen Grundstein für jede weitere Beschäftigung mit dem Architekten. Nahezu gleichzeitig publizierte Stephan Tschudi-Madsen eine Studie, die vor allem Chateauneufs Wirken in London und Oslo darstellt.[69]

Seit diesen beiden grundlegenden Schriften wurden mehrere wichtige Untersuchungen zu einzelnen Werkbereichen des Architekten erarbeitet. Hervorgehoben seien die Arbeiten von Renata Klée-Gobert und Peter Wiek zur St.-Petri-Kirche[70] und von Johannes Spallek über die Technischen Bauten[71]. Evi Jung-Köhler gelang in ihrer herausragenden Untersuchung über den Hamburger Wiederaufbau eine Präzisierung der gewichtigen Anteile Chateauneufs.[72] Für das norwegische Spätwerk hat vor allem Ole Petter Bjerkek die in Oslo umfangreich erhaltenen Materialien in zahlreichen aufschlußreichen Untersuchungen erforscht.[73]

Ausgehend von dieser Forschungslage wurde die hier vorgelegte Monographie konzipiert und erarbeitet. Durch intensives Studium der in Hamburg, Lübeck, Berlin, London und Oslo überraschend zahlreich vorhandenen Schriftquellen konnte die bisherige Kenntnis von Chateauneufs Leben und Werk erheblich erweitert werden.[74] So werden hier erstmals eine Vielzahl unbekannter Projekte vorgestellt. Bei den bislang bekannten Werken konnten zahlreiche Datierungen korrigiert und die jeweilige Baugeschichte präzisiert werden.

Mit der hier vorgelegten umfassenden Monographie wird somit erstmals seit der Pionierarbeit Günther Langes versucht, eine neue Bilanz von Chateauneufs Leben und Schaffen zu ziehen und ihn als einen der bedeutendsten und international angesehensten deutschen Architekten seiner Zeit zu würdigen.

Anmerkungen

1 Zu seinem Leben vgl. auch die ausführliche Biographie in diesem Band.
2 Zu Chateauneufs Architekturlehrern vgl. den Beitrag von E. Hannmann in diesem Band.
3 Trotz intensiver Nachforschungen ließen sich über Chateauneufs Anfangsjahre nur sehr wenige neue Fakten ermitteln.
4 Zur Situation des Hamburger Bauwesens um 1820/1840 vgl. die grundlegenden Ausführungen bei Hannmann 1975 und seinen Beitrag in diesem Band.
5 Chateauneuf bewarb sich 1828 vergeblich um die Stelle eines Baukondukteurs. Vgl. StaH 321-2 Baudeputation; B 98, Bd. 6, Protokoll vom 28.04.1828.
6 Für Hinweise zu diesem Abschnitt sei Silke Reuther herzlich gedankt.
7 Jedes Jahr wurde eine Anzahl von Gemälden bei Nachwuchskünstlern bestellt und an die Mitglieder des Vereins verlost.
8 Zu Chateauneufs Aufenthalt in London vgl. den Beitrag von S. Tschudi-Madsen in diesem Band.
9 In dieser Hinsicht war der ihm so wesensverwandte Martin Haller eindeutig erfolgreicher.
10 Brief von Chateauneuf an Kugler vom 13.02.1837. Berlin, Staatsbibliothek, Handschriftensammlung.
11 Chateauneuf an Schinkel. Brief vom 20.08.1837; Berlin, Schinkel-Archiv.
12 Grundlegend dazu Franck 1989.
13 Franck 1989, S. 235.
14 Der Magistrat von Christiania verteidigte seine Entscheidung mit dem ausdrücklichen Hinweis, daß Chateauneuf einen europäischen Namen habe. Vgl. WV 130. Zu Chateauneufs Tätigkeit in Christiania vgl. auch den Beitrag von O. P. Bjerkek in diesem Band.
15 Vgl. das Werkverzeichnis auf den Seiten 149-323 in diesem Band.
16 Vgl. das Verzeichnis der Werke nach Sachgruppen im Anhang auf S.334.
17 Zu den städtebaulichen Konzepten Chateauneufs vgl. den Aufsatz von H. Frank in diesem Band.
18 Vgl. ausführlich den Beitrag von J. Lessmann in diesem Band.
19 Schinkel blieb trotz seiner gelegentlichen Hinwendung zur Gotik in seiner Grundhaltung Klassizist.
20 Vgl. hierzu das WV 77 und den Beitrag von H. Frank in diesem Band.
21 Eine Ausnahme bildet sein Entwurf für einen jüdischen „Tempel", der orientalische Züge aufweist. Vgl. WV 79.
22 Haller 1899.
23 Chateauneuf, Börse, 1838, S. 3.
24 Vgl. Lange 1965, S. 79.
25 Vgl. Chateauneuf, Börse, 1838.
26 Zur Diskussion vgl. Eissenhauer 1987.
27 Frank 1989, S. 233.
28 StaH 512-2 St. Petri A x b 2 a Bd. 1, S. 25.
29 Ebd.
30 Ebd.
31 Maurer 1987, S. 43.

32 Ebd.
33 Trotz seines Sieges beim Wettbewerb um das Gesellschaftshaus der Patriotischen Gesellschaft hatte Bülau insgesamt deutlich weniger Erfolg. Seine reaktionäre politische Haltung diskreditierte den Backstein offensichtlich bei den liberalen Auftraggebern. Zu Bülau vgl. grundlegend Maurer 1987.
34 Vgl. z.B. WV 87 und Abb. S. 246.
35 Vgl. WV 22.
36 Vgl. hierzu die Wettbewerbe um das Hamburger Schauspielhaus (WV 8) und für die Dreifaltigkeitskirche in Christiania (WV 130).
37 Zit. nach Franck 1989, S. 236.
38 Zu Hanno vgl. auch Bjerkek 1982.
39 Hanno ehrte seinen Meister durch die Aufstellung von Gedenktafeln in der Dreifaltigkeitskirche in Christiania und in der Hamburger Petri-Kirche.
40 Vgl. WV 70.
41 Grundlegend Spallek 1978.
42 Zu Lindley vgl. Jung-Köhler 1994.
43 Zum Verhältnis Chateauneuf-Lindley vgl. grundlegend Spallek 1978. Bei Chateauneufs Bauten traten relativ häufig technische Probleme auf (z.B. Stadtpost, „Berliner Bahnhof"). Dies könnte darauf hindeuten, daß der traditionell ausgebildete Architekt im Laufe des 19. Jh. zunehmend auf die Unterstützung der Ingenieure angewiesen war. Dieses Dilemma sollte binnen kurzer Zeit zu einer beruflichen Auseinanderentwicklung von Architekt und Ingenieur führen. Zu diesem Problem vgl. grundlegend Pfammatter 1997.
44 Vgl. auch Lange 1965, S. 80.
45 Vgl. Chateauneuf, Schinkel, 1829.
46 Eine Untersuchung über das Verhältnis von Chateauneuf und Schinkel wäre lohnend. Zu Schinkels Einfluß auf Chateauneufs Innenraumgestaltung und Möbelentwürfe vgl. den Beitrag von J. Lessmann in diesem Band.
47 Lange 1965, S. 78. Zur Baukultur in Hamburg vgl. auch den Beitrag von M. Lewis in diesem Band.
48 Zit. nach Lange 1965, S. 26-27.
49 Vgl. hierzu Martius 1939.
50 Vgl. hierzu den Briefwechsel im Staatsarchiv Hamburg.
51 Die Zueignung lautet:
„DEM /
KÖNIGLICH DÄNISCHEN KAMMERHERRN, FREIHERRN /
CARL FRIEDRICH VON RUMOHR.
Als ich meine Kunst auszuüben begann wurde mir das Glück /
zu Theil Ihre Bekanntschaft zu machen. Seitdem war mir Ihr frey waltendes /
Urtheil ein Sporn für jeden nächsten Anlauf. So möge mir denn ver- /
gönnt seyn, die gegenwärtige Sammlung, welche für einige Arbeiten einen /
weiteren Kreis, als den ihrer örtlichen Bestimmung zu ineressiren /
versucht, unter den Schutz Ihres Namens zu stellen. /
ALEXIS DE CHATEAUNEUF."
52 Eine umfassende Monographie über Rumohr wird von G. Kegel vorbereitet.
53 Die heute fast selbstverständlich gewordenen internationalen Erfolge Hamburger Architekturbüros waren im 19. Jahrhundert ganz ungewöhnlich.
54 Die Teilnahme von Architekten an den Ausstellungen des Kunstvereins war von Beginn an relativ gering und wurde seit den vierziger Jahren ganz eingestellt.
55 Die Ausstellung wurde in Schorns Kunstblatt besprochen. Vgl. Schorn 1829; dazu auch Curren 1992, S. 186.
56 Brief vom 5.05.1826 von Chateauneuf an Rumohr. Landesbibliothek Dresden. Auf den Brief wies mich freundlicherweise Gerhard Kegel, Buchholz, hin.
57 Chateauneuf, Börse, 1838.
58 Brief von Chateauneuf an Schinkel vom 19.02.1838. Berlin, Schinkel-Archiv.
59 Die Edition sollte vor allem dazu dienen, Chateauneufs Berufsstart in London zu verbessern.
60 Während die „Architectura domestica" vornehmlich Wohn- und Nutzbauten für private Auftraggeber enthielt, sollte ein zweiter Band über die öffentlichen Bauten Chateauneufs Auskunft geben. Aufgrund seiner Krankheit konnte dieser die Edition nicht mehr selbst fertigstellen. Sie wurde erst 1860 auf Wunsch seiner Mutter und seiner Witwe als „Architectura publica" in Berlin und Hamburg herausgegeben. Vgl. dazu das Vorwort in Chateauneuf, Publica, 1860. Darüber hinaus erschienen vereinzelt Berichte über Bauten Chateauneufs in den Bauzeitungen; doch ist in diesen Fällen nicht eindeutig zu klären, ob die Initiative dazu vom Architekten oder den Redakteuren ausging.
61 Dies läßt sich auch daraus schließen, daß Chateauneuf die zeitlichen Freiräume in den Jahren, in denen er wenige Bauaufträge hatte, nicht zur Abfassung einer theoretischen Arbeit nutzte.
62 Auffallend ist, daß sich lange Zeit kein persönlicher Kontakt nachweisen läßt, obgleich beide Anfang der dreißiger Jahre zeitgleich in Hamburg tätig waren.
63 Hamburg 1868, S. 143.
64 Schumacher 1955, S. 53.
65 Vgl. ausführlich Alsterarkaden 1991. Wie groß die Gefahr für das Ensemble nach wie vor ist, zeigen die zum Teil allzu großen Dachaufbauten an der Schleusenbrücke.
66 Im Hanno-Nachlaß im Osloer Stadtmuseum fand sich ein Dokument, in dem die Titel der Bände verzeichnet sind: „1. Arbeiten von 1825–32 / 2. Schneider-Amtshaus / 3. Irrenanstalt in Kiel, Amalienstift in Hamburg / 4. Postgebäude in Hamburg / 5. Landhäuser bei Hamburg 1830–1842 / 6. Privatgebäude in Hamburg / 7. Die Börse in Hamburg / 8. Synagoge und patriotisches Gesellschaftsgebäude in Hamburg / 9. Skizzen und Entwürfe zur Londoner Börse / 10. Studien in Carlsruhe / 11. Bahnhofsarbeiten 1840–46 / 12. Skizzen zum Hamburger Rathaus, zu Alster- und Börsenarkaden, Gertrudencapelle und Waisenhaus / 13. Probeabdrücke und Zeichnungen / 14. Carlsruhe / 15. Landhaus bei London, Briefe und Baucontracte / 16. Monumente / 17. ohne Titel."

Da die zweite Hälfte des 17. Bandes einige Entwürfe von Hanno enthält, blieb der Band in Oslo und entging somit der Vernichtung. Dies trifft auch für einen größeren Bestand des 12. Bandes zu, der aus ungeklärtem Grund vor 1943 ins Hamburger Staatsarchiv gelangte.

67 Vor allem in seiner Studie über den Hamburger Backsteinbau (= Schumacher 1923) publizierte Schumacher eine Reihe von Entwürfen Chateauneufs, die sonst heute nicht mehr nachweisbar wären.

68 Lange 1965.

69 Tschudi-Madsen 1965.

70 Klée-Gobert/Wiek 1970.

71 Spallek 1978.

72 Jung-Köhler 1991.

73 Grundlegend Bjerkek 1977.

74 Ein langfristiges Forschungsprojekt würde mit großer Sicherheit vor allem in den reichen Aktenbeständen des Hamburger Staatsarchivs zu weiteren Erkenntnissen und Wiederentdeckungen führen.

Michael J. Lewis

Die Hamburger Baukultur in der ersten Hälfte des 19. Jahrhunderts

> „Hamburg hat Baukünstler und überhaupt Bautechniker wie wenige andere Städte, wir wollen hier nur Chateauneuf, Fersenfeldt, Stammann, Forsmann, Averdieck, einführen, und es ließen sich hier noch viele Künstler nennen, die durch den großen Brand nach Hamburg übersiedelten … es läßt sich daher erwarten, daß immer mehr und mehr den englischen Architekten und Ingenieuren die öffentlichen Arbeiten übertragen werden. Hamburg hat als Republik den Vorzug, keinen König zu haben, aber den Nachteil, viel regiert zu werden." Zeitschrift für praktische Baukunst, 1846[1]

Die Stadt Hamburg, eine der reichsten und größten deutschen Städte, gehörte im 19. Jahrhundert zu den wichtigsten Zentren der deutschen Architektur. Nur Berlin und München reichten in der Bedeutung und im Bauvolumen an Hamburg heran. Doch es gilt, Hamburgs Bedeutung genauer zu benennen. Als unabhängig regierter „freier" Stadt fehlte ihr die gezielte herrschaftliche Kunstförderung, die eine städtische Mitte voller Monumentalbauten hervorbrachte und die Karriere so bedeutender Staatsarchitekten wie Schinkel oder Klenze ermöglichte. Auch gab es in Hamburg keine königliche Bauakademie, in der ein architektonischer Geschmack hätte geschult und zu einer akademischen Disziplin werden können. Desgleichen fehlte eine zentrale Bauverwaltung, um einen architektonischen Standard allgemein durchzusetzen. Hamburgs Baudeputation, die von Carl Ludwig Wimmel geleitete städtische Baubehörde, achtete auf die Befolgung von Vorschriften, gab Hinweise zur Nützlichkeit und interessierte sich kaum für eine ästhetischen Einheit der Stadt.[2] Kurz, es fehlte in Hamburg völlig an dem engen Zusammenspiel zwischen Auftraggeber, Architektenausbildung und Bauverwaltung, die gemeinsam erst jene bedeutenden Staatsgebäude hervorbringen, von denen im allgemeinen die Geschichten der Architektur handeln.

Dennoch liegt gerade im Fehlen eines zentralen königlichen Auftraggebers die architektonische Bedeutung dieser Stadt, denn an ihrer Stelle entwickelte sich eine Baukultur, die sich völlig von derjenigen in Residenzstädten unterschied. Zum ersten Mal wurde eine deutsche Stadt von privaten Auftraggebern und den für sie tätigen Architekten gestaltet. In keiner anderen deutschen Stadt wäre eine Karriere wie die des Alexis de Chateauneuf möglich gewesen. Die Besonderheit der Hamburger Baukultur war von einem robusten Wirtschaftsleben und einer ungewöhnlich weltoffenen Bevölkerung der Hafenstadt geprägt. Funktion und Form der Architektur wurden weitgehend vom Handel bestimmt. Die einzigen monumentalen

Historische Ansicht des Posthauses (WV 115)

Gebäude, die die dichte Reihe von Speicher- und Kontorhäusern – sieht man einmal von den mittelalterlichen Kirchen ab – unterbrachen, waren das Rathaus, die Börse und wenige Vereinsgebäude, die von privaten Trägerschaften errichtet wurden.

In diesen eher nüchternen Gebäuden drückten sich der Geschmack und die Wertvorstellungen einer bürgerlichen Handelsgesellschaft aus. Pomp und übertriebene Zurschaustellung wurden mit Stirnrunzeln betrachtet und architektonischer Schmuck lediglich so weit toleriert, als er Wohlstand, Stabilität und sozialen Status vermittelte. Hamburgs öffentlicher Geschmack war stärker praktisch als theoretisch ausgerichtet und stellte den Realismus in der Architektur über einen Idealismus. Daher verwundert es nicht, daß die Stadt in der architektonischen Theoriediskussion nie eine bedeutende Rolle spielte. Die von ihren Erfahrungen geprägten Kaufleute sahen theoretische Feinheiten und eine Philosophie der Ästhetik als nebensächlich an.

Aus diesen besonderen Wertvorstellungen heraus erhielt Hamburg seinen einheitlichen architektonischen Charakter. Es war nicht die von oben verordnete Einheit eines offiziellen Stils, aber dennoch eine organische Einheit, die aus einer Gesamtheit zahlreicher architektonischer Entscheidungen entstand, getroffen von einer Bevölkerung mit gemeinsamen Wertvorstellungen, unter vergleichbaren Bedingungen und ähnlichen Voraussetzungen. Die Situation ähnelte weniger derjenigen anderer deutscher Städte als vielmehr der englischen oder amerikanischen Kultur, wo die Architektur ebenfalls eine ausschließlich private Angelegenheit war, den Schwankungen wechselnder Moden und des sich ändernden Geschmacks unterworfen.

Hamburgs Beitrag zur deutschen Architektur bestand in dieser privaten Baukultur. Drei Besonderheiten seien hervorgehoben: erstens ein stilistischer Eklektizismus von ungewöhnlicher Vielfalt, geschaffen von einer internationalen Schar von Architekten und Auftraggebern, die fast ohne städtische Auflagen arbeitete; zweitens eine Tradition kühner und selbstsicherer Handelsgebäude, ausgeführt als sparsame Backsteinbauten, in einer Tradition, die von Theodor Bülau und Georg Gottlob Ungewitter über Fritz Höger und Fritz Schumacher verläuft und bis in unsere Tage anhält; drittens eine öffentliche Meinung, die sich der gotischen Architektur zuwandte – hier geschah es wohl zum ersten Mal, daß der Geschmack der Bevölkerung die Ansichten der führenden Architekten überstimmte. Auf allen diesen Gebieten spielte Chateauneuf eine entscheidende Rolle.

Wie die Bevölkerung selbst, so waren auch die Hamburger Architekten durch eine außerordentliche Vielfalt in Herkunft und Ausbildung voneinander unterschieden.[3] Obwohl Hamburg in geographischer Hinsicht Dänemark am nächsten lag und es einen beachtlichen dänischen Einfluß auf die Architektur der Stadt gab, spielte zu Beginn des Jahrhunderts Frankreich die entscheidende Rolle.[4] In der Folge der französischen Revolution strömten zahlreiche französische Flüchtlinge in die Stadt, viele von ihnen aus einem gehobenen Milieu kommend, wie etwa Joseph-Jacques Ramée (1764–1842), ein in Paris ausgebildeter Architekt, der sich 1794 in Hamburg niederließ.[5] Kurz darauf kam Chateauneufs Vater, ein Diplomat und Botschafter von hohem gesellschaftlichen Rang. 1799 wurde Alexis de Chateauneuf in Hamburg geboren.

Die ausländische Herkunft schien kein Hindernis zum Erfolg zu sein, da viele von Hamburgs reichsten Bürgern selbst im Ausland geboren waren, so etwa John Parish, der Begründer des Hauses Parish, Hamburgs reichstem Unternehmen.[6] Kaufleute von internationalem Format wußten offenbar die Anpassungsfähigkeit und den Erfahrungsschatz dieser Architekten zu schätzen. Vermutlich deshalb schickte die Parish-Familie Ramée in die Vereinigten Staaten, um dort ausgedehnte Bautätigkeiten von ihm überwachen zu lassen. Eine solche Weltläufigkeit zeichnete Hamburgs Architekten besonders in der ersten Jahrhunderthälfte aus, da das Reisen auf See im Gegensatz zum Reisen über Land vergleichsweise einfach war und ein Hamburger Architekt sich London oder New York näher gefühlt haben mag als Berlin.

Die Jahre um 1800 standen sehr unter französischem Einfluß, und es lag nahe, daß Hamburger Architekten ihre Ausbildung in Paris suchten. Chateauneuf war nicht allein, als er sich 1817 im Atelier von Achille Leclère (1785–1853) einschrieb. Etwa zur gleichen Zeit lernte dort auch der spätere Hamburger Baupolizeiinspektor Jacob Heinrich Ludolff (1793–1873). Leclère schien damals einer der vielversprechendsten jungen Architekten in Paris, und ihn als Lehrer zu wählen, war eine verständliche und weitsichtige Entscheidung für einen nach Neuem strebenden, angehenden Architekten. Als Schüler des gefeierten Percier war Leclère gerade aus Rom zurückgekommen, wo er sich seit 1808 als Gewinner des Prix-de-Rome aufgehalten hatte. Dort hatte er eine atemberaubende Reihe von Zeichnungen zur Rekonstruktion des Pantheon geschaffen. Mehr ein Akademiker als ein praktizierender Architekt baute er vergleichsweise wenig und wird heute noch am ehesten als Lehrer von Viollet-le-Duc genannt. Offensichtlich hielt Leclère Kontakt zu seinen Hamburger Schülern, denn wenig später sandte er den Schweizer Auguste de Meuron (1813–1898) nach Hamburg, um ihn hier Erfahrungen sammeln zu lassen. Kein anderes französisches Atelier war so wichtig für Hamburg wie das von Leclère.[7]

Leclère schien seinen vielversprechenden Anfängen nicht gerecht zu werden. Nach nur einem Jahr verließ Chateauneuf ihn, um seine Ausbildung in Deutschland fortzusetzen. Zu dem Zeitpunkt hatten Berlin und München noch nicht ihre späteren Führungsrollen eingenommen, und es erschien folgerichtig, daß Chateauneuf sich nach Karlsruhe wandte, um sich dort in der privaten Architekturakademie von Friedrich Weinbrenner (1766–1826) einzuschreiben. Dort lernte er den auf Schicklichkeit bedachten, eher spröden Klassizismus Weinbrenners kennen, der damals über Baden hinaus großen Einfluß ausübte. Der ehrgeizige Carl Ludwig Wimmel (1786–1845) hatte bereits bei Weinbrenner gelernt, desgleichen Hermann Peter Fersenfeldt (1786–1853), bei dessen Vater Chateauneuf seinerzeit die Lehre begonnen hatte.

Weinbrenner war eine der führenden Persönlichkeiten der deutschen Architektur, wenn auch seine Theorien bei weitem mehr Einfluß ausübten als seine Bauten. Vom Stil her ein Klassizist, war Weinbrenner in seiner Praxis ein durchaus versierter Baumeister, der sein Handwerk als Zimmermann erlernt hatte. Das Verhältnis von Konstruktion und Material zur architektonischen Form war ihm besonders wichtig, und er widmete diesem Punkt in seinem „Architektonischen Lehrbuch" besondere Aufmerksamkeit. Obwohl dieses Buch im wesentlichen der Rechtfertigung des eigenen Stiles diente, enthält es einen theoretisch-philosophischen Kern, der sich auf jede Architektur anwenden ließ, auch auf solche, die den Regelkanon der fünf klassischen Ordnungen verläßt.[8]

Der erste, der die logischen Folgerungen aus Weinbrenners Lehren zog, war Heinrich Hübsch (1795–1863), der Direktor der neugegründeten Polytechnischen Schule in Karlsruhe. Hübsch bewahrte Weinbrenners fortschrittlichen Ansatz – die architektonische Form habe mit dem Material und der Struktur in Einklang zu stehen –, hielt aber nicht mehr am Glauben an die klassischen Ordnungen als Fundament aller Architektur fest. Das äußerte sich in seinem 1828 publizierten Traktat „In welchem Style sollen wir bauen?", der ersten theoretischen Begründung des Rundbogenstils. Für Hübsch war der Rundbogenstil ein objektivierendes

Hilfsmittel, weniger ein Stil als eine Gestaltungsmethode, bei der sich die Formen direkt aus den bautechnischen und handwerklichen Bedingungen ergaben, ohne daß sie zuvor den Konventionen einer architektonischen Tradition unterworfen waren.

Die Schüler, die bei Weinbrenner in den Jahren um 1810 lernten, wurden später zu eifrigen Verfechtern des Rundbogenstils. Neben Hübsch gehörten Friedrich von Gärtner dazu, der den Stil nach München brachte, und August Andreae, der dasselbe für Hannover tat. Chateauneuf gehörte in dieselbe Generation, und sein Stil der späten zwanziger Jahre vollzog einen ähnlichen Wandel. Häuser wie die an der ABC-Straße Nr. 31–33 (um 1826)[9] und das nicht realisierte Kunstmuseum von 1833[10] gehören zu den frühesten Beispielen des Rundbogenstils – typisch die Absage an die klassischen Ordnungen, die Verbindung von mittelalterlichen und klassischen Vorbildern und das Gespür für die konstruktiven Realitäten.

Selten paßte ein Stil besser in eine Stadt als der Rundbogenstil nach Hamburg. Mehr pragmatisch ausgerichtet als einer ästhetischen Doktrin gehorchend, setzte der Rundbogenstil kein archäologisches Vorwissen oder intellektuelles Feingefühl voraus, um geschätzt werden zu können. Jede planerische Aufgabe ließ sich durch eine rechteckige Anordnung von Öffnungen und Stützen lösen, die dann in ein materialgerechtes architektonisches Gewand gekleidet wurde. Hamburgs bürgerliche Auftraggeber wußten sofort die Nützlichkeit, den Pragmatismus und vor allem die Wirtschaftlichkeit dieser Kunstform zu schätzen.

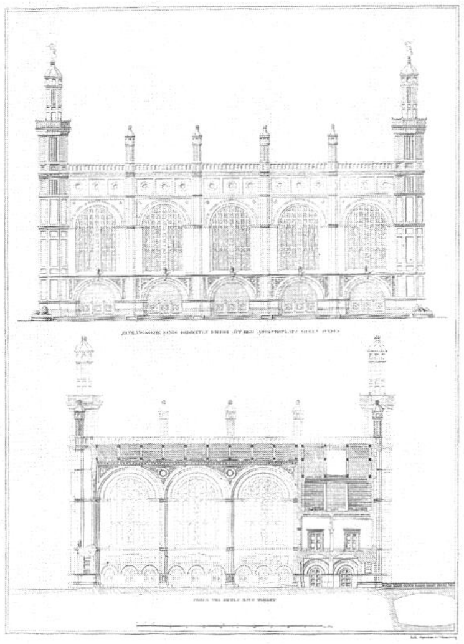

Entwurf für eine Börse am Adolphsplatz, 1838 (**WV 64**)

Die Generation der Hamburger Architekten, die nach 1800 geboren wurde, bevorzugte den Rundbogenstil, auch wenn sie sich eher in München als in Karlsruhe ausbilden ließ. Der erste unter ihnen war Franz Gustav Forsmann (1795–1878), schon bald gefolgt von Theodor Bülau (1800–1861), Gottfried Semper (1803–1879), Friedrich Stammann (1807–1880), Eduard Averdieck (1810–1882), Jean-David Jollasse (1810–1876), Gustav Martens (1818–1872) und Georg Gottlob Ungewitter (1820–1864), um nur einige zu nennen. In München erlebten sie den toleranten Stilpluralismus des genialen Friedrich von Gärtner, dessen Werk den wichtigsten Beitrag zum Rundbogenstil in Deutschland darstellt.

Da Hamburg keine eigene Architekturakademie hatte, entwickelte es sich bald zu einem loyalen Außenposten der Münchner Schule. Der Wettbewerb für die Hamburger Börse bestätigte 1837 die Vorherrschaft des Rundbogenstils. Es gab 26 Einsendungen, darunter Sempers würdevollen Renaissance-Entwurf; gewonnen haben den Wettbewerb Wimmel und Forsmann mit einem Plan im Stil des florentinischen Cinquecento. Für mehrere Jahre sollte es das bedeutendste weltliche Gebäude der Stadt sein und den Geschmack nachhaltig prägen. Den spektakulärsten Beitrag zur Debatte um den Börsenbau lieferte Chateauneuf als direkte Reaktion auf das Wettbewerbsergebnis. Es dürfte sich dabei vielleicht um den großartigsten Einfall seiner Laufbahn handeln (Abb. links). Klar akzentuiert durch Pilaster und fein gezeichnete Lisenen, bestand Chauteauneufs Börse aus einem geschlossenen Körper, dessen Wechselhalle nach außen hin durch schlanke Folgen von Säulen hervorgehoben wurde. Anders als Wimmels Plan, dessen monumentaler, von Arkaden überwölbter Eingang an ein Theater erinnert, suchte Chateauneuf den Charakter eines öffentlichen Versammlungsortes auszudrücken. Er griff dabei nicht auf Formen der Palast- oder Theaterarchitektur zurück, sondern ließ sich von der Idee einer Loggia beeinflussen. Er hatte das Bild eines offenen, der Zusammenkunft und dem Handel gewidmeten Raumes vor Augen, der auf eine zeremoniale Mittelachse verzichtet. Chateauneufs Entwurf drückte auf wunderbare Weise die Klarheit und Öffentlichkeit des Bautyps aus. Wäre er ausgeführt worden, hätte in ihm die besondere Art des Hamburger Bürgerlebens besser als anderswo ihren Ausdruck gefunden.

In den 1830er Jahren hatte sich in Hamburg eine Gruppe freier Architekten herausgebildet, 20 bis 30 an der Zahl, die ihren Lebensunterhalt ausschließlich aus Entwürfen für private Auftraggeber bezogen. Hier bildete sich das erste Mal die Praxis heraus, Architekten – im Gegensatz zu Baumeistern – anteilig an den Baukosten zu bezahlen, wobei ihr Anteil in der Regel bei fünf Prozent lag (für das Haus der Patriotischen Gesellschaft erhielt Bülau vier Prozent).[11] Dies brachte die ganzen Unwägbarkeiten privaten Unternehmertums mit sich: Konkurrenzverhalten gegenüber Kollegen, Unsicherheit in der Existenz, Abhängigkeit vom wirtschaftlichen Wohlergehen der Auftraggeber und eine Tendenz, sich mit auffälligem oder gar exzentrischen Entwürfen hervorzutun. Sind dies die Nachteile einer Architektur unter wirtschaftlichen Gesichtspunkten, so gibt es doch durchaus auch Vorteile. Sie liegen in einem reichen und durch Konkurrenz beflügelten Leben, einer Offenheit gegenüber architektonischen Neuerungen und einer Freiheit von akademischen oder bürokratischen Vorschriften. Sowohl die Vorteile als auch die Nachteile sollten sich auf Hamburgs Architektur auswirken.

Die modernen Gebäude der Stadt waren von großem Interesse für Architekten, Auftraggeber und Theoretiker im ganzen Land. Dafür gibt es keinen besseren Zeugen als Johann Andreas Rombergs „Zeitschrift für praktische Baukunst“, die seit 1841 in Leipzig erschien.[12] Romberg war kein dogmatischer Verfechter eines bestimmten Stiles, sondern sah sich als Sprachrohr einer von ihm so genannten „freien deutschen Kunst“.[13] Hamburgs architektonische Entwicklung schlug sich mannigfach in Rombergs verlegerischen Tätigkeiten nieder. Da er mehrere Jahre in Hamburg gelebt hatte, besaß er dort ausgedehnte Verbindungen zur Stadt und befaßte sich regelmäßig mit den jüngst errichteten Gebäuden von Bülau, Ungewitter und Semper.

Durch Rombergs Publikationen vermochten Hamburgs junge Architekten einen überregionalen Ruf zu gewinnen. Vor allem Ungewitter gelang es, eine erfolgreiche Karriere als Autor von Musterbüchern aufzubauen, indem er häufiger Beiträge für die Zeitschrift verfaßte.[14] Daß ein Entwerfer von Bürgerhäusern und Geschäftsfassaden als Architekt nationale Anerkennung erlangte, war ein neuartiges Phänomen. Aber vor allem war es die ungeheure Bautätigkeit in Hamburg, die nach dem Großen Brand ausbrach, die die Stadt regelrecht zu einem Labor neuer Impulse werden ließ.

Der Große Brand vom Mai 1842 änderte nicht so sehr die grundsätzliche Baukultur der Stadt, sondern beschleunigte vielmehr bereits vorhandene Tendenzen. Indem er weite Teile der engen mittelalterlichen Ziegel- und Fachwerkbebauung vernichtete, gestattete er die Errichtung einer ansehnlichen bürgerlichen Handelsstadt, die vom Rundbogenstil geprägt war. Anders als in München mit seinem florentinischen Charakter griff man in Hamburg eher auf mittelalterliche, im besonderen auf hansische oder auch lombardische Beispiele zurück, und dies geschah häufig – besonders bei Speicherbauten – in unverputztem Backsteinbau. Diese Bauweise ließ die Konstruktionsweise sichtbar hervortreten, so beispielsweise in dem kühnen Einsatz von Eisenträgern bei den aus Backstein gefügten Bogensegmenten der Alsterarkaden, einem der frühesten Beispiele dieser fortschrittlichen Technik im öffentlichen Raum.

Der Große Brand trug außerdem dazu bei, daß Hamburgs kleine Architektengemeinde einen kosmopolitischeren Charakter bekam, da Dutzende von Architekten auf der Suche nach Arbeit in die Stadt strömten. Unter ihnen gab es eine Reihe von Engländern, so Thomas Witlam Atkinson (1799–1861) und Isaiah Wood (1811–1876), desgleichen William Lindley (1808–1900), der als Ingenieur schon früher in der Stadt tätig gewesen war. Andere wie George Gilbert Scott fühlten sich ermutigt, sich aus der Ferne an Architekturwettbewerben zu beteiligen. Auch aus den USA kamen Architekten, darunter Jollasse und Carl F. Reichardt (1803–1871). Jollasse hatte von 1834 bis 1842 in Cincinnati, Ohio, einer Stadt mit hohem deutschen Bevölkerungsanteil, gearbeitet. Reichardt war seinerzeit in Berlin ausgebildet worden, in den frühen 1830er Jahren nach New York emigriert und dort zu einem der führenden Architekten aufgestiegen. Beide Männer hatten die Prinzipien der amerikanischen Architektur verinnerlicht: eine Bautradition, die vom Holz ausgeht, das Fehlen aller Vorschriften und ästhetischen Regeln sowie die Bedeutung des Zeitfaktors für das Bauen in einer Gesellschaft, in der jede Bautätigkeit von Profit und Spekulation bestimmt war. Ein solcher Ansatz, obwohl der allgemeinen deutschen Praxis völlig fremd, wurde in den Jahren nach dem Großen Brand willkommen geheißen.

Der Wiederaufbau der Stadt bot das erste Mal die Möglichkeit, die Hamburger Architektur auch theoretisch zu betrachten. Die Debatte, die einsetzte und an der sich die Technische Kommission für den Wiederaufbau der Stadt und ihre verschiedenen Kritiker beteiligten, zeigte die Grenzen des Hamburger Pragmatismus und seines Strebens nach Nützlichkeit auf. Lindley schlug ein einfaches Raster von rechtwinklig sich kreuzenden Straßen vor – die vernunftbestimmte Lösung eines Ingenieurs –, wohingegen Chateauneuf den trockenen Pragmatismus zu durchbrechen suchte, indem er größeren Raum für öffentliche Plätze vorsah. Auch Semper, der vorübergehend in seine Geburtsstadt Hamburg zurückgekehrt war und als ein außerordentliches Mitglied der Kommission beistand, schlug Änderungen an Lindleys Plan vor und wies auf Venedig als ein angemessenes Vorbild für eine Handelsrepublik hin.[15] Aber es gab eine weitere Handelsrepublik, die als Vorbild genannt wurde: Carl Reichardt, gerade aus Amerika zurückgekehrt, wünschte sich die amerikanischen Erfahrungen in Hamburg umgesetzt und veröffentlichte hierüber ein Pamphlet.[16]

Während Chateauneuf, Semper und Reichardt Lindleys Entwurf aus ästhetischen Gründen, vor allem wegen seiner Monotonie und dem rechtwinkligen Raster kritisierten, war es allein Bülau, der den Plan inhaltlich angriff. Während andere Lindleys Raster als zu modern und funktional empfanden, bezeichnete Bülau es als reaktionär. Er wies darauf hin, daß lange gerade Straßen ein Symbol des Absolutismus seien, und schrieb: „Hamburg ist ein Freistaat, und darf nicht aussehen, wie eine Residenz."[17] In den turbulenten Zeiten des Vormärz, so zeigte Bülau, konnten selbst Architekturpläne mit gesellschaftspolitischen Inhalten befrachtet werden.

Bülau sah auch in der Wahl des Stiles politische Absichten und plädierte für einen ausschließlichen Gebrauch der Gotik. Dabei unterschied sich seine Argumentation durchaus von früheren Verfechtern dieses Stils. Während der Napoleonischen Kriege und unter dem Einfluß der Romantik wurde die Gotik als pangermanischer Stil betrachtet und als Symbol der deutschen Nation gesehen. Aber in den Jahren nach 1830, die auf die politische Reaktion und die Unterdrückung des Nationalismus folgten, sah Bülau in der Gotik die Verwirklichung des unabhängigen Bürgers und damit einen fortschrittlichen Stil: „Die gotische Architektur ist ganz republikanischer Art, sie ist das Erzeugnis freier Völker germanischen Stammes und daher in Frankreich, England, Schweden und Deutschland zu finden. Die Deutschen des Reichs und der Hanserepubliken haben sie erfunden ..."[18]

Solche Gedanken verliehen dem romantischen Aufgreifen der Gotik eine neue Richtung und wurden wegweisend für zukünftige Verfechter der Neugotik wie den Politiker und Journalisten August Reichensperger, der Bülau in seiner Betonung der Gotik als eines republikanischen Stils folgte.[19] Aber Bülau war mehr als nur ein Polemiker. Dies bewies er beim Bau des Hauses der Patriotischen Gesellschaft (1844–1849), eines modernen gotischen Gebäudes als Sitz einer unabhängigen, privaten Vereinigung. Es war kein klassizistischer Bau, dem Spitzbogen und Maßwerk vorgeblendet wurden, sondern der erste deutsche Bau von Bedeutung, der den Besonderheiten der gotischen Architektur Rechnung trug: Er nutzte die vergleichsweise große Freiheit in der gesamten Anordnung, er wählte den Backstein als ein sowohl für die Region als auch für den Stil passendes Material, und er schöpfte die Möglichkeiten, die Raumnutzung außen sichtbar zu machen, aus. Darüber hinaus war die Patriotische Gesellschaft selbst so etwas wie eine mittelalterliche Institution, ein freiwilliger Zusammenschluß von Bürgern, die sich gemeinnützigen und kulturellen Aufgaben verpflichtet sahen. In jeder Hinsicht daher – in Stil, Funktion und Konstruktion – war das Haus der Patriotischen Gesellschaft ein typisch hamburgisches Gebäude.

Ironischerweise jedoch sollte Bülau nie den Einfluß von Chateauneuf erlangen, den er privat als einen „Windbeutel" beschimpfte.[20] Seinem Wesen nach war Bülau ein Exzentriker, schwierig im Charakter, und sein fanatisches Bestehen auf der Gotik und dem unverputzten Backsteinbau stieß bei Hamburger Auftraggebern mit ihrer Ablehnung von ästhetischen Dogmen auf wenig Gegenliebe. Auch fehlte der Stadt ein institutionalisierter Mechanismus, um Bülaus Vorstellungen allgemein als Stil durchzusetzen. Dies überließ man Hannover, wo Conrad Wilhelm Hase die stilistischen und theoretischen Neuerungen Bülaus aufgriff und sie zu einer architektonischen Schule ausweitete – und in ihr, Ironie des Schicksals, eben die Architekten ausbildete, die später das markanteste Element von Hamburgs Industrielandschaft errichten sollten, die Speicherstadt.[21]

Bülaus Sieg beim Wettbewerb für das Haus der Patriotischen Gesellschaft leitete Hamburgs Umdenken vom Rundbogenstil zur Gotik ein, das sich kurz darauf in dem skandalösen Ausgang des Wettbewerbs für die Nikolaikirche 1845/46 manifestieren sollte.[22] Die überwiegende Mehrheit der 45 Einsendungen waren im Rundbogenstil gehalten, vor allem in dessen dominanter Münchner Version, und dies stieß bei den Architekten unter den Jurymitgliedern auf große Gegenliebe. Wimmel, Forsmann, Maack, Averdieck, Meuron und Johann Heinrich Schlösser (1802–1887) waren alle Verfechter des Rundbogenstils – Chateauneuf hatte sich geweigert, an der Jury teilzunehmen, vielleicht weil er den Streit vorhersah. Nur Bülau mit seinem kämpferischen Einsatz für die Gotik als einen „republikanischen Stil" propagierte einen mittelalterlichen Geschmack, aber in diesem Fall war er zugunsten seines Freundes Semper bereit, seine gotischen Prinzipien aufzugeben und dessen Entwurf im Rundbogenstil zu unterstützen. Erwartungsgemäß entschied sich die Jury im Februar 1845 für Sempers Entwurf.

Die Entscheidung für Semper löste einen vielzitierten Pamphletenstreit und zahlreiche Intrigen aus, die schließlich zur Bildung einer zweiten Jury führten, in der die Befürworter der Gotik, vor allem die Vertreter einer katholischen, rheinländischen Gotik die entscheidende Rolle spielten.[23] Der daraufhin erfolgte Sieg des Beitrags von George Gilbert Scott war ein Meilenstein in der Geschichte der Neugotik. Sein Entwurf im Stil der Gotik des 14. Jahrhunderts ließ die erste bedeutende neugotische Kirche in Deutschland entstehen, die mit einigermaßen historisch-stilistischer Glaubwürdigkeit aufwarten konnte. Sie sollte das ganze Jahrhundert hindurch einen enormen Einfluß ausüben.

Der Ausgang des Wettbewerbs für die Nikolaikirche hätte so in keiner anderen Stadt zustande kommen können: Es gab eine ökumenische Allianz zwischen Protestanten und Katholiken zugunsten der Gotik; die bedeutendste Kommission der Stadt sprach sich für einen ausländischen Architekten aus; und schließlich lehnte die Bevölkerung die einhellig vorgetragene Meinung ihrer eigenen arrivierten Architekten ab. Zum ersten Mal in Deutschland änderte die öffentliche Meinung, die fast ausschließlich durch Nichtfachleute vorgetragen wurde, den Ausgang eines

Architekturwettbewerbs. Obwohl es in der deutschen Bevölkerung ein allgemeines Interesse an der Gotik gab, wurde es andernorts oft durch die Kontrolle von Baubehörden und akademischen Institutionen reglementiert. Daher kam es, daß Hamburg schon früh eine führende Rolle in der Neugotik übernehmen konnte.

Mit Scotts Sieg erreichte die Vorherrschaft der englischen Architekten in Hamburg ihren Höhepunkt. Während Scott selbst nur einmal im Jahr zur Überwachung des Baus der Nikolaikirche nach Hamburg kam, war es John Burlison, sein Bauleiter, der den Fortgang der Arbeiten vor Ort leitete. Schon sehr bald gab es Beschwerden über den wachsenden Einfluß englischer Architekten. Rombergs „Zeitschrift für praktische Baukunst" schrieb bereits 1846: „Von einigen Seiten wird sehr über Bevorzugen der Engländer bei den hiesigen Staatsbauten geklagt, ob mit Recht oder Unrecht, wagen wir hier nicht zu entscheiden."[24]

Der Wettbewerb der Nikolaikirche bildete den Höhepunkt von Hamburgs großem Zeitalter der architektonischen Weltoffenheit. Chateauneufs Tod 1853 bedeutete den Abschluß dieses Abschnitts, und nur wenige Jahre später setzte eine große Ablehnung des ausländischen Einflusses ein. Als Scott im selben Jahr den Wettbewerb um das Hamburger Rathaus gewann, sein zweiter herausragender Auftrag in dieser Stadt, kehrte sich die öffentliche Meinung heftig von ihm ab. Obwohl er auch vor Ort Befürworter hatte, grollte die Gemeinschaft der ortsansässigen Architekten verbittert darüber, daß ein Ausländer zum zweiten Mal den bedeutendsten Auftrag der Stadt erlangen sollte. Hamburg war immer tolerant gegenüber Einwanderern gewesen – aus Frankreich, England, Dänemark oder andernorts –, aber nun fiel es der Stadt schwer, einen ausländischen Architekten zu akzeptieren, der seine Hamburger Tätigkeiten aus der Entfernung regelte. Scotts Projekt wurde stillschweigend zu Grabe getragen – obwohl das Gebäude, das schließlich 20 Jahre später seinen Anfang nahm, sehr wohl als eine Interpretation von Scotts Gedanken begriffen werden kann.

Vielleicht könnte man in Scotts Rathausprojekt Chateauneufs letzten Beitrag zu Hamburgs Architekturgeschichte sehen, wenngleich es ein posthumer Beitrag war. Scotts Entwurf zeigt ein nordeuropäisches Rathaus von spätmittelalterlichem Typ, einen von Arkaden aufgelockerten Block, symmetrisch im Konzept und bekrönt von einem zentralen Turm. Aber dies war letztendlich nicht mehr als die Weiterentwicklung von Skizzen, die Chateauneuf um 1845 ausgeführt hatte. Scott kannte diese Skizzen durch seine Freundschaft mit Chateauneuf und dem Hamburger Syndicus Karl Sieveking.[25] So kam es, daß Chateauneuf mit diesem letzten Beitrag die Weltoffenheit der Hamburger Baukultur auf geradezu symbolische Weise in sich verkörpert: Ein Architekt französischer Herkunft und französisch-deutscher Ausbildung sucht den Ideenaustausch mit einem englischen Architekten, um ein deutsches Rathaus zu planen.

Während die architektonische Bedeutung der großen deutschen Residenzstädte wie Berlin und München längst allgemein anerkannt ist, braucht es etwas länger, um die Rolle Hamburgs wertzuschätzen. Ohne einen königlichen Hof und die damit einhergehenden Behörden fehlte Hamburg der akademische und kulturelle Apparat, um seine eigenen Leistungen angemessen zu würdigen. Eine private Baukultur verfügt schlichtweg nicht über das institutionalisierte Gedächtnis, das eine bürokratische oder eine königliche Einrichtung entwickelt. Es erscheint daher nur folgerichtig, daß der erste ernsthafte Versuch, Hamburgs Beitrag zur Architekturgeschichte herauszustellen, nicht von einem Akademiker, sondern von einem Hamburger Architekten verfaßt wurde, der sehr bewußt in eben der Tradition arbeitete, die er beschrieb: Fritz Schumacher. Sein Werk „Die neuen Regungen des Hamburger Backsteinbaus in der Mitte des 19. Jahrhunderts" erschien 1923.

In den letzten Jahren allerdings findet der umfassende Beitrag Hamburgs für die deutsche und auch europäische Architekturgeschichte endlich Anerkennung. Diese Ausstellung, die mit einiger Verspätung Günther Langes bahnbrechender Dissertation von 1965 folgt, ist ein entscheidender Schritt in dieser Neubewertung. *(aus dem Englischen von Hiltburg und Jürgen Döring)*

Anmerkungen

1 Zeitschrift für practische Baukunst 1846, S.46-47.
2 Das Amt des Stadtbaumeisters wurde sogar 1824 eingestellt, ein Zeichen für die geringe Bedeutung, die man ihm beimaß. Vgl. Lange 1965, S.29; Hannmann 1975.
3 Die biographischen Angaben wurden u.a. folgenden Quellen entnommen: Hamburgisches Künstler-Lexikon 1854; Melhop 1908; Thieme-Becker.
4 Zu den Architekten mit dänischer Ausbildung gehörten Christian Frederik Hansen, sein Schüler Johann Heinrich Klees-Wülbern (1800–1845), Franz Georg Stammann (1799–1871), der bei Hetsch in Kopenhagen lernte, und Max Koppel, ein Emigrant aus Kopenhagen. Zur abnehmenden Bedeutung von Kopenhagen vgl. auch den Beitrag von E. Hannmann in diesem Band.
5 Turner 1996.
6 Ehrenberg 1925.
7 Auch andere Hamburger Architekten lernten in Frankreich, darunter Franz Gustav Forsmann (1795–1878) und Albert Rosengarten (1810–1893), der um 1840 in der Werkstatt von Henri Labrouste arbeitete.
8 Lewis 1986, S.35-40.
9 Vgl. WV 9, 12.
10 Vgl. WV 40.
11 Maurer 1987, S.71.
12 Rombergs Zeitschrift ist als unmittelbarer Nachfolger der Architekturjournale um 1790 anzusehen. Vgl. Philipp 1997.
13 Zeitschrift für praktische Baukunst 1847, S.379. Romberg pries in seinen eigenen Beiträgen vor allem den Rundbogenstil, so etwa das neuerbaute Polytechnikum in Hannover, entworfen von Ernst Ebeling. Siehe Zeitschrift für praktische Baukunst 1848, S.91-96.
14 Zu Ungewitter vgl. David-Sirocko 1997.
15 Mallgrave 1996, S.134–136. Zu den Wiederaufbauplänen vgl. auch WV 86.
16 Reichardt 1842, S.18-24.
17 Theodor Bülau, „Über das Altmodischwerden der Häuser und Straßen“, Hamburger Neue Zeitung (30.11.1842), zitiert nach Maurer, S.41.
18 So Theodor Bülau an Gottfried Semper in einem Brief vom 12.06.1835; Semper-Archiv der Eidgenössischen Technischen Hochschule in Zürich.
19 Lewis 1993.
20 So Bülau in einem Brief an Semper am 10.05.1845, Semper-Archiv, ETH Zürich.
21 Kokkelink/Lemke-Kokkelink 1998.
22 Vgl. grundlegend Franck 1989.
23 Franck 1989, Faulwasser 1926; Mallgrave 1996, S.137–149; Lewis 1993, S.99–108.
24 Zeitschrift für practische Baukunst 1846, S.384.
25 Lewis 1993, S.183–185.

Eckart Hannmann

Chateauneuf und seine Architekturlehrer

Carl Ludwig Wimmel und Friedrich Weinbrenner

Um 1800 verlor die Königliche Akademie der Schönen Künste in Kopenhagen als Ausbildungsstätte für Hamburger Architekten ihre Anziehungskraft. Noch im späteren 18. Jahrhundert waren aus dieser Kunstakademie, deren Bauklasse 1754 von dem Hofbaumeister Nicolai Eigtved gegründet worden war, zahlreiche auch in Hamburg wirkende Architekten hervorgegangen, die den in jener Zeit als Reaktion gegen den barocken Formenkanon sich entwickelnden neuen Stil, den Klassizismus, vertraten. In diesem Zusammenhang sei nur auf den 1804 von Altona wieder nach Kopenhagen zurückgekehrten Christian Frederik Hansen (1756–1845), den fast gleichaltrigen, verhältnismäßig früh verstorbenen Johann August Arens (1757–1806) oder den Dänen Axel Bundsen (1768–1832) verwiesen, der sich schließlich ganz in Hamburg niedergelassen hatte.

Warum eine jüngere Hamburger Architektengeneration um die Jahrhundertwende die Kopenhagener Akademie offensichtlich mied, obwohl sie ja sozusagen vor der Haustür lag und die Hansestadt selber keine auch nur annähernd vergleichbaren Studienmöglichkeiten bieten konnte, ist bislang noch nicht eingehend untersucht worden, so daß man auf Spekulationen angewiesen ist. Wahrscheinlich waren hierfür die politischen Zeitumstände, die durch Napoleon verursachten Verwerfungen der europäischen Landkarte verantwortlich. Vielleicht hängt es aber ganz einfach auch damit zusammen, daß andere Ausbildungszentren wegen ihrer besseren Lehr- und Lerninhalte für attraktiver gehalten wurden.

Zu dieser jüngeren Generation gehörten u.a. die leider noch zu wenig bekannten Johann Diedrich Stegmester (1775–1813) und Christian Ludwig Grüning (1788–1814). Da beide früh verstarben, sind nur wenige Arbeiten von ihnen überliefert. Von einem Studium in Kopenhagen berichten die erhaltenen Quellen jedenfalls nichts, wohl aber davon, daß sich beide, wie es damals durchaus üblich war, längere Zeit in Italien aufgehalten haben: Stegmester von 1805 bis 1807 und Grüning von 1809 bis 1811.

Im Gegensatz zu Stegmester und Grüning konnte der dritte hier zu nennende Architekt, Carl Ludwig Wimmel (1786–1845), in drei Jahrzehnten ein außerordentlich reiches und vielgestaltiges architektonisches Werk schaffen, von dem heute allerdings nur noch sehr wenig erhalten ist.[1] Wichtig aber ist, daß Wimmel nachweislich nicht in Kopenhagen studiert hat, sondern zunächst an die Bauschule von Friedrich Weinbrenner in Karlsruhe gegangen war, anschließend wahrscheinlich zu Jean-Nicolas Durand an die Polytechnische Schule in Paris und dann von

Alexis de Chateauneuf, Säulenhof (Theaterdekoration), Aquarell, 1817

1810 bis 1814 ebenso wie Stegmester und Grüning zuvor nach Italien, um hier seine Ausbildung abzuschließen. In Rom übrigens sind Wimmel und Grüning einander begegnet.

Ein geregeltes Architekturstudium, so wie wir es heute kennen, hat es zur damaligen Zeit bekanntlich noch nicht gegeben. Häufig erlernten die angehenden Architekten zunächst einen handwerklichen, vor allem einen bauhandwerklichen Beruf, wie Maurer, Steinmetz oder Zimmermann, und bildeten sich dann, wenn sie nicht eine Akademie oder Schule besuchen wollten, durch Selbststudium oder bei einem renommierten Architekten weiter aus. Sowohl Friedrich Weinbrenner als auch Carl Ludwig Wimmel hatten eine Zimmermannslehre absolviert, und auch Alexis de Chateauneuf hat bei dem Ratszimmermeister Fersenfeldt 1817 eine entsprechende Lehre begonnen, die er allerdings nicht abschloß.

Neben seiner hauptamtlichen Tätigkeit als Stadtbaumeisteradjunkt – einen Stadtbaumeister oder Baudirektor gab es seinerzeit in Hamburg nicht – leitete Wimmel eine Abendschule, an der jungen Bauhandwerkern die Grundlagen der Architektur vermittelt wurden. Zu ihnen gehörte auch der achtzehnjährige Chateauneuf. Eine in dieser Zeit entstandene Zeichnung Chateauneufs, die einen arkadenumschlossenen, eingeschossigen Innenhof darstellt, zeigt deutlich die stilistische Abhängigkeit von seinem ersten Architekturlehrer Wimmel (Abb. S.36).[2]

Dem Einfluß Wimmels auf den jungen Chateauneuf wird auch der weitere Lebensweg Chateauneufs zu verdanken sein, denn ihre Ausbildung gestaltete sich auffallend ähnlich. Ein Studium in Kopenhagen jedenfalls war für beide nicht in Frage gekommen. Vielmehr orientierte sich Chateauneuf an Wimmel, der als erster Hamburger Architekt um 1809 bei Weinbrenner in Karlsruhe und später in Paris studiert hatte, nur daß Chateauneuf diese Reihenfolge umkehrte. Möglicherweise wurde Chateauneuf in seinem Vorhaben, seine eigentliche Ausbildung bei Weinbrenner fortzusetzen, auch durch Hermann Peter Fersenfeldt (1786–1853) bestärkt, dessen Vater als Ratszimmermeister sein Lehrherr gewesen war. Hermann Peter Fersenfeldt kam 1818 von einer längeren Studienreise, die ihn auch zu Weinbrenner geführt hatte, zurück, und noch im selben Jahr begab sich Chateauneuf nach Karlsruhe, wo er drei Jahre bleiben sollte.

Friedrich Weinbrenner (1766–1826) galt damals in Deutschland als einer der besten Architekturlehrer. Mehr als einhundert Schüler Weinbrenners sind namentlich bekannt, die an seiner Bauschule in Karlsruhe studiert haben, darunter so bedeutende Architekten wie Georg Moller, Friedrich von Gärtner oder Heinrich Hübsch. Aus dieser Bauschule entwickelte sich später die älteste Technische Hochschule Deutschlands und heutige Universität.

Weinbrenner, dem als Oberbaudirektor das gesamte Bauwesen im Großherzogtum Baden unterstand und der selber als entwerfender Architekt und Stadtplaner ein außerordentlich breites Spektrum von Bauaufgaben zu bewältigen hatte, war eine offenbar mit großen pädagogischen Fähigkeiten ausgestattete Persönlichkeit, die in nahezu idealer Weise Theorie und Praxis miteinander verband, In seiner stilistischen Grundhaltung ist er stets Klassizist geblieben. Seine architektonischen Vorbilder fand er in der antiken Baukunst, wobei seine Spielart des Klassizismus nicht ganz unbeeinflußt von der französischen Revolutionsarchitektur eines Boullée oder Ledoux war. Weinbrenner hatte lange Jahre in Rom verbracht und vermittelte seinen Schülern ein an der Antike orientiertes Weltbild.

In seinem vielgelesenen, seit 1810 in mehreren Lieferungen herausgekommenen „Architektonischen Lehrbuch" umreißt Weinbrenner sein sehr umfassendes Unterrichtskonzept u.a. mit folgenden Worten: „Der Stufengang, auf dem ein Baukunst Beflissener zu der Höhe seiner Bestimmung sich zu erheben hat, ist dieser. Ausser den nöthigen Sprachen, der Erdbeschreibung, der Geschichte, vorzüglich der älteren, der römischen und griechischen Alterthümer, nebst der Mythologie, studire er zuvörderst die Hülfswissenschaften der Baukunst: Arithmetik, Geometrie, Mechanik, auch die übrigen Theile der angewandten Mathematik, die Naturlehre“

Aus diesem Vorhof der Baukunst, trete der Jüngling in die Schule eines theoretisch-praktischen Baumeisters ... Zugleich widme er sich den mit der Baukunst verwandten Wissenschaften, dem encyklopädischen Studium der schönen Künste, besonders der mit der Baukunst verschwisterten plastischen Künste, der Bildner- und Malerkunst, der schönen Gartenkunst, der schönen Schrift- und Münzkunst, dem Studium der Aesthetik und der Geschichte der Baukunst ... So gereift zu höherer Vervollkommnung, trete er, nicht vor dem zwei- bis vier und zwanzigsten Jahre, seine architektonische Reise in das In- und Ausland an. Den ächten Jünger architektonischer Plastik, empfange zuerst Italien, die heilige Mutter, die treue Pflegerin der Kunst unter heiterem Himmel. Hier erhalte er die höchste Weihe der Kunst, durch Beschauen, durch rastloses, ernstes Studium der herrlichen Ueberreste des Alterthums. An diesen köstlichen Reliquien nähre sich seine Einbildungskraft, ergötze sich seine Geschmacklust, bestimme seine artistische Urtheilskraft sich zur Festigkeit, auf dass er nie einem blossen Modegeschmack fröhne, wie gross auch die Versuchung sey, welche Ansehen des Ortes, der Nation, der Machthaber, ihm bereiten. An Italien schließe sich, zu Vergleichung der schönen Baukunst, Griechenland ... Auf beide folge, in Absicht auf Bequemlichkeit, Frankreich; dann, hauptsächlich wegen der landwirtschaftlichen Bauart und der HolzConstruction, Teutschland und England.“[3]

Die Prägung auf antike Baukunst in ihrem späteren Schaffen war beim älteren Wimmel ungleich größer als bei Chateauneuf, der sich schon in den zwanziger Jahren des 19. Jahrhunderts aus der antiken Vorstellungswelt löste und sich dem in dieser Zeit entwickelnden sogenannten Rundbogenstil zuwandte, den er erstmals konsequent 1826 bei den von ihm gebauten Häusern in der ABC-Straße realisierte (Abb. S.163).[4]

Wie häufig bei allem Neuen konnte die Öffentlichkeit wenig mit diesem Architekturstil anfangen. Die Zeitungen sprachen daher damals abschätzig nur von dem „Rothen ABC“, weil der Anblick dieser Sichtbacksteinhäuser noch ungewohnt war, denn das zeitgenössische Auge orientierte sich noch an glatten klassizistischen Putzfassaden, wie wir sie etwas von Hansens Bauten her kennen.

Aus dem sicheren Gefühl heraus, daß die Kunstauffassung der Antike auch künftig das unverrückbare Maß aller Dinge sei, hat Weinbrenner seine Schüler davor gewarnt, sich dem Modegeschmack zu unterwerfen. Schon wenige Jahre nach Beendigung seiner Studien hatte Chateauneuf also diese Warnung in den Wind geschlagen, sicherlich in dem Bewußtsein, daß Architektur nie etwas Statisches, sondern stets, wie ein Blick in die Geschichte lehrt, Veränderungen unterworfen ist, zumal sich ja auch die gesellschaftlichen Verhältnisse und damit auch die Bedingungen für Architektur immer wieder ändern. Der ältere und deshalb viel stärker der Tradition des Klassizismus verhaftete Wimmel tat sich erheblich schwerer, aus dem Schatten des gemeinsamen Lehrers Weinbrenner herauszutreten.

Chateauneuf hatte demnach seinen früheren Lehrer Wimmel, was die stilistische Entwicklung anlangt, schon überholt, obwohl Wimmel nur wenige Jahre später, gegen 1830, ebenfalls auf diese neue Architekturentwicklung einschwenkte und aufgrund seiner beamteten Stellung dann wichtige Bauten in dieser Stilrichtung errichten konnte, so daß er in Deutschland mit zu den frühen Vertretern dieses Stils zu zählen ist. Chateauneuf hingegen hatte als freier Architekt in der fraglichen Zeit nur sehr wenige Aufträge und konnte sich mit seinen Entwürfen nur selten gegen die Konkurrenz des Baubeamten durchsetzen. Dies führte beinahe zwangsläufig zwischen beiden zu einem gespannten Verhältnis. Um seine Auftragslage zu verbessern, versuchte Chateauneuf 1828 es daher Wimmel gleichzutun und in die Hamburger Bauverwaltung einzutreten. Dies mißlang ihm, und noch 1837 überlegte er deshalb, Hamburg zu verlassen.

Der Klassizismus, den ein Christian Frederik Hansen beispielsweise niemals überwunden hat, war also in den zwanziger Jahren schon obsolet geworden. Es war dies eine außerordentlich interessante Zeit, weil sich in der Architektur etwas Neues entwickelte, von dem anfänglich noch nicht deutlich wurde, in welcher Form es sich endgültig durchsetzen würde. In diesem Zusammenhang muß kurz auf einen anderen Schüler Weinbrenners aufmerksam gemacht werden, den schon erwähnten, 1795 geborenen, also altersmäßig zwischen Wimmel und Chateauneuf liegenden Heinrich Hübsch (1795–1863), der später als Architekturlehrer und Baudirektor Nachfolger Weinbrenners in Baden wurde. Hübsch hatte Weinbrenners Anregungen befolgt und bereiste nach Beendigung seines Studiums 1817 jahrelang Griechenland und Italien. Aber schon während seiner Ausbildungszeit bei Weinbrenner plagten ihn Zweifel an der Antikenorientierung seines Lehrers. 1838 schreibt er: „Meine erste Überzeugung, dass die antike Architectur auch bei der freiesten Behandlung für unsere heutigen Gebäude unzulänglich sey, und denselben als Kunstwerken den organischen Zusammenhang ihrer Theile benehme, fällt schon in das Jahr 1815, wo ich mich auf dem Atelier Weinbrenner's befand. Aber ich war natürlich damals noch zu unreif, um etwas Anderes an die Stelle des Bisherigen setzen zu können."[5]

Schon 1828 hatte Hübsch seine berühmte, auch in der heutigen Zeit nicht ganz unaktuelle Schrift „In welchem Style sollen wir bauen?" veröffentlicht, in der er den latenten Bestrebungen, sich von der Antike stilistisch zu lösen und etwas Neues, Eigenständiges zu entwickeln, Ausdruck verleiht. Gewidmet hat er diese Schrift bezeichnenderweise den Künstlern, die sich zur Säkular-Feier Albrecht Dürers am 6. April 1828 in Nürnberg versammelt hatten. Im Vorwort schreibt er: „Liebe Freunde und Kunstgenossen! Geschäfte halten mich ab, Euerer Zusammenkunft persönlich beizuwohnen. So möge denn gegenwärtige Schrift meinen guten Willen beweisen. Sie handelt – so gedrängt als es die Gründlichkeit erlaubt – über einen Gegenstand, der von allgemeinem Kunstinteresse ist. Euch insbesondere, die Ihr bei der Befreiung der Malerei und Bildhauerei von den Fesseln der Antike mitgewirkt habt, kann diese Schrift nicht unwillkommen sein, indem sie dasselbe mit der Architectur beabsichtiget."[6]

Wie bereits erwähnt, trübten wohl nicht nur unterschiedliche stilistische Auffassungen von zeitgemäßer Architektur, sondern auch eine schlechte Auftragslage und ein Gefühl von Zurücksetzung das Verhältnis von Chateauneuf zu seinem früheren Lehrer Wimmel. Beim Bau der Stadtpost am Neuen Wall eskalierten dann diese Spannungen, weil sich die an sich zuständige Baudeputation durch den Vorsitzenden der Postkommission Sieveking, der zu Chateauneufs Förderern zählte und ihn direkt mit dem Bau des Postgebäudes beauftragt hatte, übergangen fühlte (Abb. S.177). Nach Einschaltung des Senats wurde schließlich ein Kompromiß gefunden. Unter der Oberaufsicht Wimmels führte Chateauneuf 1831 diesen Bau aus, wobei Wimmel strikt darauf achten sollte, daß die Bestimmungen des Bauvertrages genauestens eingehalten werden.[7]

Das Besondere an diesem Gebäude war nicht so sehr die Architektur, sondern die technische Art der Gründung. Chateauneuf als kreativer, Neuerungen stets aufgeschlossener Geist hatte, angeregt durch englische Vorbilder, keinen Pfahlrost, wie es in Hamburg üblich war, in den schlammigen Untergrund treiben lassen, sondern die Fundamente so verbreitert, daß der Bau gleichsam auf dem schwierigen Untergrund schwamm. Als kurze Zeit später erhebliche Risse auftraten, kam es zwischen Chateauneuf und Wimmel über die Schuldfrage zu schweren Auseinandersetzungen, die das zukünftige Verhältnis nachhaltig belasten sollten. Während Wimmel die Ursachen für die Bauschäden in der von Chateauneuf gewählten neuartigen Konstruktion sah, machte Chateauneuf seinerseits den beauftragten Maurermeister verantwortlich. Jedenfalls war Chateauneufs Ansehen durch diesen Vorgang schwer angeschlagen, und noch 1899 ging Martin Haller in einem Festvortrag zum einhundertsten Geburtstag Chateauneufs hierauf mit folgenden Worten ein: „Das dem Stadthause gegenüber hart am Fleth belegene Gebäude erhielt eine damals für Hamburg neue Fundirungsart, nämlich eine Betonlage ohne Pilotage, die sich nicht besonders bewährt zu haben scheint und dazu beigetragen haben mag, daß das Haus schon Ende der fünfziger Jahre wieder beseitigt wurde.“[8]

Als freiberuflich tätiger Architekt hatte es Chateauneuf nicht einfach, sich gegen den Sachverstand der beamteten Architekten, insbesondere Wimmel, durchzusetzen. In zahlreichen Konkurrenzen, etwa bei der als Prachtstraße angelegten Esplanade (WV 18) , beim Bau des Johannisklosters (WV 43), des Johanneums auf dem ehemaligen Domplatz (WV 46) oder der Börse (WV 64), um nur einige zu nennen, zog er den kürzeren. Kein Wunder also, daß sich Chateauneuf überlegte, Hamburg zu verlassen. In einem Brief an Karl Friedrich Schinkel schreibt er 1837: „Die hiesige mindre Gesinnung aber, eines gänzlich geistlosen Stadtregiments, die wenige Aussicht, daß reichere Leute hier etwas ordentliches zu bauen denken, mußte mich auf den Gedanken bringen meiner Thätigkeit auswärts ein Feld zu eröffnen ...“ [9] Ein Jahr zuvor hatte Chateauneuf in einer Druckschrift öffentlich die Struktur der hoffnungslos veralteten Hamburger Bauverwaltung heftig kritisiert und sich damit natürlich wenig Freunde gemacht.[10] Vor allem bemängelte er, daß das geltende Reglement dazu geeignet sei, gerade schöpferisch tätige Architekten durch eine kleinliche Bürokratie zu knebeln. Zwei Beispiele mögen das angespannte Verhältnis zwischen Wimmel und Chateauneuf beleuchten.

Seit 1825 hatte sich Chateauneuf auf Anraten seines Freundes und Förderers Sieveking mit Plänen zum Bau des Johanneums befaßt und mehrfach Entwürfe gezeichnet, deren letzter 1836 schließlich vom Senat angenommen wurde.[11] Daraufhin kam es wiederum zum Konflikt mit der Baudeputation, weil die zuständige Fachbehörde praktisch übergangen worden war. Als der Senat dann bemerkenswerterweise nachträglich doch um eine Begutachtung der Pläne Chateauneufs bat, lobte Wimmel mit seinem Kollegen Koch im März 1836 die gestalterische Entwurfsqualität. Sie billigten der Fassade der Bibliothek und des Gymnasiums „schöne richtige Verhältnisse, dem Character des Gebäudes entsprechend“[12] zu und lobten die Eingangshalle und Aula. Auch die aus carrarischem Marmor geplante Treppe sei „in einem großartigen Stiel entworfen“[13]. Daneben wiesen sie jedoch auf viele Mängel hin. Zur Hauptsache wandten sie sich dagegen, daß Chateauneuf das Gefälle des Domplatzes falsch berechnet habe, weil er bei der Bibliothek und dem Gymnasium nur eine Neigung von etwa 1,50 Meter statt richtigerweise 3,50 Meter angenommen habe. Das Projekt sei also in dieser Form nicht ausführbar. Die Baudeputation bestätigte diesen Sachverhalt und nahm Wimmels Gutachten zum Anlaß, dem Senat mitzuteilen: „daß übrigens, da diejenige Direction, welche bei dem Baue des Posthauses statt gefunden, zu manchen Inconvenienzen geführt habe, die Bau-Deputation wünschen müsse, in der alleinigen Direction eines künftigen Neubaues der Schulgebäude zu verbleiben.“ [14]

Chateauneuf, der sich nach dem Senatsbeschluß schon seines Auftrages zum Bau des Johanneums so gut wie sicher fühlte, sah plötzlich seine langjährige Arbeit gefährdet und verteidigte sich gegen seinen früheren Lehrer Wimmel, den er ironisch als „ehrenwerten Kunstcollegen“[15] bezeichnete, mit scharfen Worten. Die Replik Wimmels ließ nicht lange auf sich warten: „Was wir schon von einem jeden Architekten erwarten, sollte man bei dem voraussetzen, der sich selbst als einen Priester der Kunst ankündigt. Die Unterzeichneten erinnern sich keines großartigen Bauwerkes weder aus der alten, mittleren noch neuern Zeit bei welchem die Hauptfront auf einem Planum, wie das des Domplatzes gestellt worden (ist)."[16] Der terrassenartige Gehsteig, der nur über zahlreiche Stufen zu erreichen wäre, würde nicht benutzt werden und die Treppe vor dem Haupteingang „das unästhetische Ansehen einer gewöhnlichen Fleettreppe gewähren".[17] Der Senat revidierte daraufhin seinen Beschluß, und das Bauprojekt wurde Wimmel unter Mitarbeit von Forsmann übertragen.

Auch für den Bau einer neuen Börse hat Chateauneuf mehrfach Entwürfe gefertigt. 1835/36 konzipierte er zwei leicht differierende Projekte. Konzipiert für den alten Platz am Nikolaifleet, zeigen sie einen bedeckten mehrgeschossigen Börsentrakt, verbunden mit einem offenen, an drei Seiten von eingeschossigen Säulengängen umschlossenen Hof, den im Winter ein Glasdach schützen sollte.[18] Ein Gutachten von den Baubeamten Wimmel, Koch und Heinrich bezeichnete wegen der unterschiedlichen Gebäudehöhe und der Ecktürmchen den Entwurf als pittoresk. Über das Glasdach hieß es: „Uns möchte überhaupt die ganze Idee, das Börsenpublicum in einem Treibkasten zu stecken, eher als gutmütiger Scherz als ein ernstgemeinter Vorschlag erscheinen."[19] Chateauneuf seinerseits revanchierte sich selbstbewußt mit der Veröffentlichung seiner sehr bemerkenswerten Börsenpläne und bildet im zugehörigen Text als schlechtes Beispiel für ein Börsengebäude einen Querabschnitt ab, bei dem das Licht, wie beim ausgeführten Bau, von oben über seitliche Fenster einfällt.[20]

Erst nach dem Großen Brand von 1842 besserte sich für Chateauneuf seine berufliche Situation. Als Vorsitzender der nach dem Brand gebildeten Technischen Kommission, die bis 1845 tagte, nahm er entscheidenden Einfluß auf die Wiederaufbaumaßnahmen. Nun konnte er seine Vorstellungen von zeitgenössischer Architektur verwirklichen und der Stadt auch unter städtebaulichen Gesichtspunkten eine Reihe von bemerkenswerten Glanzlichtern aufsetzen.[21] Sein stärkster Konkurrent Wimmel war erkrankt und verstarb 1845.

Wimmel und Weinbrenner haben Chateauneuf den Weg zur Architektur gewiesen. Beide Lehrer, insbesondere der ältere Weinbrenner, gehörten einer Architektengeneration an, die noch ganz in der allgemeinverbindlichen Sicherheit des an der Antike orientierten Klassizismus mit seiner Strenge und Einfachheit, mit seinen klaren Proportionsgesetzen, seiner Geradlinigkeit aufgewachsen waren. Eine jüngere Generation versuchte, sich von den Fesseln der Antike zu lösen und etwas Eigenständiges zu entwickeln, wobei dieses Neue aber durchaus wieder Reminiszenzen vergangener Stile erkennen läßt. Wimmel nahm in dieser Auseinandersetzung der Generationen als nüchterner, realitätsbezogener und unter ökonomischen Zwängen stehender Baubeamter sozusagen eine Mittelstellung ein, während der jüngere Chateauneuf in vielem freier seine architektonischen Vorstellungen formulieren konnte, zumal es ihm weder an schöpferischer Gestaltungskraft noch an dem nötigen Selbstbewußtsein fehlte. Hätte er vor dem Großen Brand die Möglichkeiten gehabt, wie sie Wimmel durch seine beamtete Stellung besaß, wäre die Architekturentwicklung in Hamburg ohne Zweifel anders verlaufen.

Anmerkungen

1 Hannmann 1975.
2 Lange 1965, Abb. 3.
3 Zit. nach Ausst.-Kat. Karlsruhe 1977, S.131–132.
4 Vgl. WV 9 und 12.
5 Zit. nach Schirmer 1984, S.1.
6 Ebd., S.1.
7 Vgl. auch WV 28 in diesem Band.
8 Haller, Chateauneuf, 1899. Das Gebäude wurde erst 1874 abgerissen.
9 Berlin. Schinkel-Archiv. Brief von Chateauneuf an Schinkel vom 20.08.1837.
10 Chateauneuf, Bauwesen, 1836.
11 Vgl. WV 11 und 46.
12 Zit. nach Hannmann 1975, S.86.
13 Ebd.
14 Ebd.
15 Zit. nach Hannmann 1975, S.87.
16 Ebd.
17 Ebd.
18 Vgl. WV 58.
19 Zit. nach Hannmann 1975, S.95.
20 Vgl. Chateauneuf, Börse, 1838, S.2.
21 Vgl. ausführlich WV 86.

Volker Plagemann

Alexis de Chateauneufs Mittelalterrezeption

Chateauneufs Gewöhnung an die Hamburger Abrißpolitik

Als der Abriß des größten und charakteristischen Bauwerks der mittelalterlichen Hansezeit, des Hamburger Doms, 1805 beschlossen wurde, waren schon vor Ausräumung und Abriß im Jahre 1804 die bedeutendsten Architekten des norddeutschen Klassizismus, Johann August Arens (1757–1806) und Christian Frederik Hansen (1756–1845), damit beschäftigt gewesen, Pläne für die Wiederbebauung des Domplatzes zu entwerfen. Von diesen Plänen ist leider nichts überliefert.

Die einzige aus den Jahren vor einer Bauausführung erhaltene Entwurfszeichnung stammt von Alexis de Chateauneuf.[1] Zwar war er nicht am Abriß beteiligt gewesen wie Arens und Hansen. Aber auch er stellte Überlegungen an zur Bebauung des durch den Abriß entstandenen zentralen Platzes. Sein Entwurf sah ein Bildungs- und Wissenschaftszentrum des Johanneums mit Bibliothek und Museum an dieser Stelle vor. Die Bauten der Schulen des Johanneums, der Stadtbibliothek und der Räume für historische und naturhistorische Sammlungen, die erst 1839–1841 von den Hamburger Baubeamten Carl Ludwig Wimmel (1786–1845) und Franz Gustav Forsmann (1795–1878) ausgeführt wurden, entsprachen in den Funktionen und Baukörpern den gleichen Vorstellungen. Vermutlich geht deren aufklärerische, klassizistische Tradition auf Arens' und Hansens Vorstellungen von 1804 zurück.

Der Ersatz eines Bauwerks mittelalterlicher Frömmigkeit durch einen Gebäudekomplex, der rationalen wissenschaftlichen und Bildungszwecken dienen sollte, war geradezu charakteristisch für die Haltung der Aufklärung. Die Überwindung des gewachsenen mittelalterlichen Baukonglomerates durch die rationale Anlage eines geometrischen Platzes mit Baukörpern und Fassaden, die nach Art antikischer Vorbilder gegliedert waren, entsprach den Formvorstellungen des Klassizismus von einer republikanisch gedachten Antike.

Die Beseitigung von mittelalterlichen Kirchen nach der Reformation (des Harvestehuder Klosters und der Scharkapelle) oder während des protestantischen Barock (der St. Georger Kirche) hatte ihre Ursache noch in den Überzeugungen der protestantischen Konfession. Der Abriß des Domes hatte besondere politische Gründe.

Aber Auftraggeber, Architekten und Stadtbevölkerung sprachen sich mit dem Domabriß auch sowohl gegen Frömmigkeit und Geist des Mittelalters wie gegen deren Widerspiegelung und Anmutung in mittelalterlichen Bauformen aus, die ihnen formal wie politisch überwunden erschienen.

Alexander Gascard, Innenansicht der Johanniskirche in Hamburg vor dem Abbruch, Lithographie 1829

In den Abrissen der Kirche des Heiligen-Geist-Spitals, der beiden Stadtklöster St. Marien Magdalenen und St. Johannis, die alle keine Gemeinde mehr hatten, wiederholte sich solche aufklärerische Verachtung mittelalterlicher Frömmigkeit und mittelalterlicher Unterwerfung unter das „Papsttum“ sowie deren mittelalterlichen architektonischen Ausdrucks.

Eine positive Beachtung dieser mittelalterlichen Architektur durch Architekten, Ästheten oder gebildetes Publikum fand zu dieser Zeit in Hamburg nicht statt. Die Aufklärung und ein Klassizismus, der sich an der republikanischen Antike orientierte, wollten mittelalterliche Architektur überwinden.

Eine Ausnahme machte allenfalls die Hochschätzung des Novum Aedificium Magnum oder Neuen Gebäudes, später „Schappendom“ genannt, durch die Architekten Arens und Hansen: Der „Schappendom“, eine zweischiffige Halle mit Sterngewölbe über fünf monolithischen Säulen von 1520, erinnerte an den Remter jener Marienburg, die auch Friedrich Gilly schätzte. Bereits 1794 hatte Gilly zehn Ansichten der Marienburg gezeichnet, die 1799–1802 als Aquatintaradierungen von Friedrich Gilly und Friedrich Frick veröffentlicht worden waren.[2] Bei der Begutachtung der Teile des Domes um 1804 hatten Arens und Hansen die Radierungen also schon gekannt. Sie mögen sie dazu bewegt haben, wenigstens den „Schappendom“ für erhaltenswert zu erklären. Sie mögen diese Architektur außerdem für deutsch oder nordisch genommen haben, aber von „Herzensergießungen kunstliebender Klosterbrüder“ hielten die Architekten wie die übrige Bevölkerung in Hamburg in dieser Zeit nichts. Schnell wurde der „Schappendom“ ebenfalls abgerissen.

Jess Bundsen, Abrißdarstellung des Hamburger St.-Marien-Doms, 1806

Die Mittelalterrezeption außerhalb Hamburgs

Das rezeptive Verhalten gegenüber mittelalterlicher Architektur, vor allem der gotischen, hatte sich andernorts inzwischen geändert. Goethes Betrachtung des Straßburger Münsters, 1771–1773, Tiecks und Wackenroders „Herzensergießungen ...“ von 1797, die Interpretation solcher Architektur als „vaterländisch“ verbreitete sich in Form von freundlicheren Emotionen gegenüber mittelalterlicher Architektur. Auch die formale Übernahme von Gotizismen, wie in der Leipziger St.-Nikolai-Kirche, oder die ideologiegetragene Restaurierung besonderer Burgen, wie das preußische Prestigeprojekt der Marienburg, gehören in diesen Zusammenhang. Aber dieses anfängliche Wetterleuchten beeinflußte weder die grundsätzliche Ablehnung realer mittelalterlicher Architekturrelikte, noch führte es zur Beeinflussung des Konzeptes des republikanischen Klassizismus oder der Durandschen Rationalität in der Architektur.

Die Ablehnung mittelalterlicher Bauten in Hamburg, aber auch die ersten freundlichen Äußerungen zur Erhaltung mittelalterlicher Kirchen in Hamburg hat Joist Grolle differenziert nachgezeichnet.[3]

Schinkels Hinwendung zu mittelalterlicher Architektur

Am Beispiel Karl Friedrich Schinkels (1781–1841) läßt sich darstellen, wie sich in dieser Zeit andernorts die Mittelalterrezeption durch die Architekten vollzog. Sein Beispiel eignet sich deswegen so gut, weil kein anderer Architekt dieser Zeit nach umfassender Ausbildung und Reisezeit so vielseitig wirksam werden konnte und keiner so gut erforscht ist, aber auch, weil er Alexis de Chateauneuf darin beeinflußt hat.

Schinkel traf schon 1798 als Schüler David Gillys auf dessen Sohn Friedrich, der 1794 die Ansichten der Marienburg gezeichnet und ihre Veröffentlichung vorangetrieben hatte. Gleich am Anfang der Architektenausbildung Schinkels stand also eine Begegnung mit einer konkreten, noch dazu für Preußen ideologisch aufgeladenen mittelalterlichen Architektur. Von nun an befaßte Schinkel sich immer wieder mit mittelalterlichen Bauten, er erfand in seinen Zeichnungen und Malereien fiktive mittelalterliche Architekturen oder setzte dem Anschein nach mittelalterliche Formen gezielt in seinen architektonischen Entwürfen ein.

1812 versuchte er Rekonstruktionsentwürfe zum Straßburger Münster und zum Mailänder Dom. 1813 versuchte er einen Wiederherstellungsentwurf für die Klosterkirche Berlin. 1815 gutachtete er über „Grundsätze zur Erhaltung alter Denkmäler und Altertümer unseres Landes". Nachdem er 1816 sein erstes Gutachten „Über den Zustand des Doms zu Köln" abgegeben hatte, befaßte er sich immer wieder mit dem Kölner Dom. 1817 äußerte er sich zur Erhaltung der Klosterkirche Chorin. Im gleichen Jahr beteiligte er sich an der Wiederherstellung der Marienburg. Schinkel engagierte sich also von Anfang an als Architekturstudent, als junger Architekt und als Baubeamter für die denkmalpflegerische Reaktion auf vorhandene mittelalterliche Bauten. Nicht von ungefähr waren dies mittelalterliche Bauten von besonderer Bedeutung für die deutsche und die preußische Geschichte. Nicht von ungefähr fiel Schinkels frühe Beschäftigung damit in die Zeit nationaler Erregung vor und nach den Befreiungskriegen. Seine „Grundsätze zur Erhaltung alter Denkmäler und Altertümer unseres Landes" sind sogar im Jahre 1815 verfaßt. Schinkel ging es um eine politisch motivierte Hinwendung zu „Denkmälern und Altertümern", die eine lange nationale Geschichte dokumentierten.[4]

In seinen Bühnenbildern demonstrierte er, wie sehr er in bestimmten Zeiten spielende Stücke durch architekturgeschichtliche Milieus zu charakterisieren suchte: die „Zauberflöte", 1815, durch ägyptische Architektur, „Fernando Cortez", 1818, durch indianische Tempel, „Die Jungfrau von Orléans", 1818, durch die französische Gotik der Kathedrale von Reims.

Auch bei seiner Übernahme von Anmutung, bestimmten Architekturtypen oder einzelnen dekorativen Details von mittelalterlichen Bauten in seine eigenen architektonischen Entwürfe ging es ihm um den Ausdruck, die Bedeutung, die Botschaft, die solche Übernahmen vermitteln konnten.

Der früheste Entwurf mit mittelalterlicher Anmutung wurde durch den Tod der Königin Luise 1810 angeregt. Für den offiziellen Bau gab der König eigene Skizzen in der Form eines dorischen Prostylos-Tempels vor, der auch vom Hofbauamt unter Heinrich Gentz ausgeführt wurde. Schinkel dagegen entwarf einen 1810 in der Akademie-Ausstellung gezeigten Alternativentwurf in der Form einer dreischiffigen „gotischen" Begräbniskapelle.[5] Keineswegs betrachtete Schinkel diese als „Gotik-Kopie". „... das Bedeutsame dafür mußte neu geschaffen werden, wozu mir das religiöse Mittelalter einen Fingerzeig gab ..."[6] Er kritisierte, daß sich in „den wenigsten Werken dieser Zeit" das Prinzip ganz rein entwickelte, so daß es neu entworfen werden müsse. Seinen Entwurf betrachtete er als „liebliche Palmenhalle" – „Ein mannigfach gewölbter Raum, dessen Bögen sich auf freistehende Säulen zusammenziehen, so angeordnet, daß die Empfindung eines schönen Palmenhains erregt wird"[7] – und verzierte die Vasen mit Akanthus-Formen, die Gewölberippen mit Palmenblättern.[8] Damit nahm er die Dekorationsformen der Leipziger St.-Nikolai-Kirche wieder auf. Keineswegs wollte er mittelalterliche Architektur oder deren Konstruktionsprinzipien womöglich generell für seine Architektur übernehmen oder imitieren. Es ging ihm um die Inszenierung wie der Anmutung einer gotischen Kapelle so der eines Palmenhaines für eine ganz spezifische Bauaufgabe mit Monumentcharakter.

Auch bei weiteren Anklängen an mittelalterliche Architektur in Schinkels Werken ging es immer um ganz spezifische Aufgaben. Sie ziehen sich durch alle Perioden seiner Entwurfstätigkeit, gruppieren sich zeitlich aber besonders dicht um die Phase der nationalen Erregung um 1815. Keineswegs sind sie Ausdruck bestimmter „Stilperioden“ und bestimmen etwa den Charakter eines architektonischen „Stilwillens“. Fast immer ging es um Bauten sakralen Charakters oder Kirchen, um Monumente, die an Vergangenes erinnern sollten, um Botschaften mit nationalen Motiven.

Schinkel hat ein eigenes architekturtheoretisches Werk nicht vollenden können. Aber er hat zahlreiche Texte hinterlassen, Zeichnungen und Bauten eine theoretische Erläuterung gegeben. Auch sie bestätigen, daß gerade in der Zeit vor und nach 1815 vaterländische Emotionen und Ideologien die Mittelalterrezeption des Architekten Schinkel bestimmten.

Chateauneufs klassizistische Anfänge

Der 1799 in Hamburg geborene Alexis de Chateauneuf hat den Abriß des Hamburger Doms im Knabenalter erlebt. Als er sich 1817 für den Architektenberuf entschied und deshalb Zimmerlehrling beim Amts- und Kirchspielmeister Fersenfeldt wurde und zugleich Schüler der Abendschule, die Stadtbaumeister Carl Ludwig Wimmel leitete, mag er vom Kirchspielmeister auf die Kirchenabrisse hingewiesen worden sein; der Weinbrenner-Schüler Wimmel orientierte ihn aber wohl auf klassizistische Maximen. Die vaterländischen Emotionen um 1815, die sich auf „vaterländische“ Architektur richteten, erreichten Hamburg und Alexis de Chateauneuf kaum. Auch ein kurzer Studienaufenthalt in Paris bei Achille François Leclère (1785–1853) um 1817 und ein Aufenthalt bei Friedrich Weinbrenner (1766–1826) in Karlsruhe sensibilisierten Chateauneuf in dieser Hinsicht vermutlich wenig. Es mag sein, daß Chateauneuf sich 1821 erstmals näher mit Schinkel und dessen Eingehen auf das Mittelalter befaßt hat; in diesem Jahr schwang er sich – zurückgekehrt nach Hamburg – zu einem Gegenentwurf zu Schinkels Singakademie in Berlin auf. Der Entwurf des 22jährigen Chateauneuf jedoch war ein klassizistischer in der Weinbrenner-Tradition, den der 40jährige Schinkel harsch kritisierte.[9]

Chateauneufs Hinwendung zur Baukunst des Mittelalters

1822, ein Jahr nachdem Chateauneuf als Konkurrent auf Schinkel getroffen war, konnte man auf „Einige Gedanken über die Herausgabe der Alterthümer aus dem Mittelalter, nebst der Ankündigung eines Werks von altdeutschen Denkmälern, herausgegeben von den Architekten Prof. Hermann Fersenfeldt, Alexis de Chateauneuf und Adolf Weissenburg“ in „Schorn's Kunstblatt“ stoßen.[10] Weissenburg kündigte darin ein Projekt der Herausgabe Lübecker Baudenkmäler an und begründete dessen Notwendigkeit: Künstler hätten die Aufgabe, „Kunstwerke zu erhalten und sie vor dem Untergang zu schützen“.[11] Bei Werken der Baukunst aber sei des Künstlers „heilige Pflicht“, dafür zu sorgen, daß diese, wenn sie schon nicht erhalten werden könnten, „durch die Zeichnung der fernsten Nachkommenschaft in ewigem Andenken bleiben mögen“.[12] Weissenburg weist auf Georg Mollers „Denkmäler der deutschen Baukunst“ hin und möchte dessen Publikation eine von „altdeutschen Denkmälern“ nachfolgen lassen, „welche sich meist in Norddeutschland vorfinden“.[13] Er erläutert die Bedeutung der mittelalterlichen Bauten Lübecks und die Anlage des geplanten Werkes, das bei Hoffmann und Campe hätte erscheinen sollen.

Weissenburg mag die treibende Kraft dieses unausgeführten Projektes gewesen sein. Fersenfeldt und Chateauneuf teilten aber offenbar seine Anschauung: Lübecks mittelalterliche Bauten schätzten sie hoch ein, offenbar die damals noch erhaltenen Hamburger weniger. Es kam ihnen auf deren zeichnerische Überlieferung an. Den Möglichkeiten der Erhaltung der Originale aber standen sie offenbar noch skeptisch gegenüber; das Verdikt Chateauneufs gegenüber Kirche und Kloster St. Johannis macht dies nur allzu deutlich.

1827 äußerte er sich nämlich in seinen anonymen „Betrachtungen über den zweckmäßigsten Platz zum Bau einer neuen Börse“ sogar ausgesprochen verächtlich über die damals noch stehende St.-Johannis-Kirche und das zugehörige Kloster, die für diesen Bau weichen sollten: „Daß diese Kirche zum Gottesdienste wieder herzustellen sey, ohne das die Reparaturkosten, fast diejenigen eines Neubaus erreichen würden, dem widersprechen, darum befragte Bauverständige, dass endlich die Passage hinter den breiten Giebel durch dieses baufällige Gemäuer nicht länger in seiner lebensgefährlichen Enge erhalten würde, wünscht jedermann.“[14] Offenbar erkannte er weder die Qualität des bedeutendsten mittelalterlichen Kirchenraumes in Hamburg noch des anschließenden Klosterkreuzganges, durch die hindurch immerhin alle Gebildeten der Stadt als Schüler den Weg in die Schulen des Johanneums nehmen mußten.

Auch seinem klassizistischen Entwurf für den Domplatz von 1826 scheint keinerlei Verunsicherung seiner architektonischen Produktion durch die Begegnung mit realer mittelalterlicher Architektur vorangegangen zu sein. Chateauneuf gehörte demnach keineswegs zu den Architekten, die sich früh für den Erhalt mittelalterlicher Architektur engagierten. Die zeitliche Verspätung solcher Intentionen Chateauneufs gegenüber denen Mollers und Schinkels ist auffällig.

Mit den eigenen Worten Chateauneufs kann man erst 1829 in einem „Schreiben eines Architekten über die Werke Schinkels“ in „Schorn's Kunstblatt“[15] erfahren, daß dieser sich intensiv mit Schinkel befaßt hat und dabei auch dessen Hinwendung zur mittelalterlichen Baukunst differenziert nachvollzogen hat, „die neu verbreitete Liebe für das Gothische“.[16] Allerdings ist dies eingebaut in Hinweise auf die zeitgenössische Architekturproduktion von Charles Percier (1764–1838), Pierre François Léonard Fontaine (1762–1853), Friedrich Weinbrenner, Christian Frederik Hansen und Schinkel. Unter den klassizistischen Werken Schinkels erscheint auch ein Absatz über „Entwürfe zu Kirchen“, in dem sich Chateauneuf ausführlicher mit der Vorbildhaftigkeit historischer christlicher Kirchen befaßt. Dabei attestiert er Schinkel, er habe „gewiss sehr recht, wenn er in seinen Plänen zu zeigen sucht, daß die verschiedensten Motive für christliche Kirchen zu allen Zeiten zu benutzen sind“.[17] In diesem Zusammenhang spricht sich Chateauneuf jedoch mit einiger Deutlichkeit sowohl gegen die Spitzbögen an Schinkels St.-Gertrauds-Kirche wie überhaupt bei aller Wertschätzung mittelalterlicher Bauten gegen die Übernahme von Spitzbögen aus. „Die Vergleichung der im Ganzen ähnlichen Paläste, einerseits im sienesischen Style mit gothischer Beymischung, und andererseits im florentinischen Style, in durchaus eigenthümlicher Durchformung, wird diese Behauptung deutlich machen.“[18] Die offenbare Grundüberzeugung wendet er schließlich noch einmal gegen den Schinkelbau: „Ich wage es daher getrost zu behaupten, dass die sonst so schöne Gertraudskirche Schinkels z.B. nach dem Vorbild der Loggia dei Lanzi des Orgagna, mit Ausmerzung des Spitzbogens, als etwas sowohl außen wie innen durchaus Unwesentlichen und der massigen Breite des ganzen Widerstreitenden, zu einem vollendeteren Musterbilde umzuformen sein würde.“[19]

Diese nirgendwo so deutlich geäußerte Grundüberzeugung bestimmte die architektonischen Entwürfe Chateauneufs etwa bei seinem 1838 publizierten Entwurf für die Hamburger Börse, in dem kein Wort über die dafür abzureißenden Gebäude des St.-Marien-Magdalenen-Klosters fällt.[20]

Bis zum Brand von 1842 interessierte sich Chateauneuf offenbar nicht für in Hamburg existierende mittelalterliche Architektur. Deren Abriß verschaffte ihm Platz für Neuplanungen. Seine Entwürfe und Bauten aber orientierten sich an der im Schinkelaufsatz formulierten Grundüberzeugung: Vorbildhaftigkeit von mittelalterlicher Architektur vor allem für Kirchen, aber nur im Sinne seiner Auffassung von mittelalterlicher florentiner Baukunst ohne Spitzbogen.

Sein 1845–1847 ausgeführtes Postgebäude ist noch einmal ein deutliches Beispiel für diese Auffassung. Abgesehen von dessen Grundriß, in dem er den Prinzipien der Durandschen Rationalität folgt, verwendet Chateauneuf Rundbogenfenster im von ihm so verstandenen „Florentinischen Style"; allenfalls für ein Paar Zierfenster im Turm setzt er in einigen Entwürfen Spitzbogen ein.[21]

Chateauneufs Begegnung mit mittelalterlichen Bauten nach dem Brand von 1842

Vor 1842 hatte Chateauneuf sich ein einziges Mal mit einer existierenden mittelalterlichen Kirche in Hamburg befaßt. Als Anfang der zwanziger Jahre der Neubau des 1810 abgebrannten Turmhelms von St. Jacobi anstand, fertigte er eine eigene Zeichnung der Westfassade der Kirche mit einem Turmentwurf und einigen Varianten an.[22] Die Zeichnung wiederholt den gotischen Bau mit den Verstärkungen von Johann Nikolaus Kuhn im 18. Jahrhundert, verliert sich in der Spitze dann aber in Phantasien. Sie zeigen, daß er sich in dieser Zeit noch wenig mit gotischer Architektur befaßt hatte.[23]

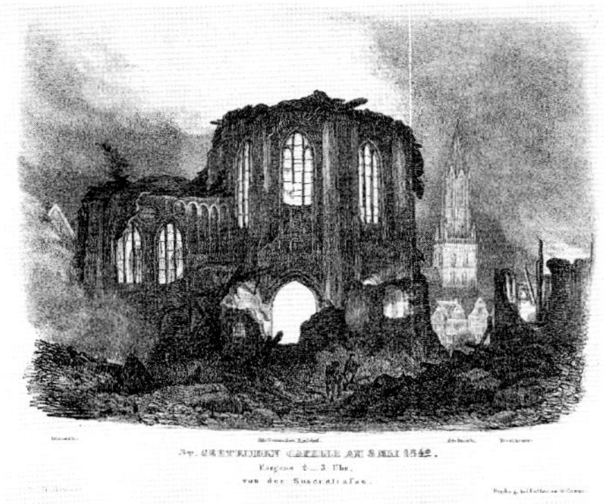

Otto Speckter, Ansicht der zerstörten Gertrudenkapelle, Lithographie 1842

Während des Hamburger Brandes von 1842 ging bereits am ersten Tag, dem 5. Mai, die St.-Nikolai-Kirche in Flammen auf, ohne daß Feuerlöschmaßnahmen Erfolg hatten oder eine Rettung von Ausstattungsstücken versucht werden konnte. Am zweiten Tag, dem 6. Mai, erreichten die Flammen die St.-Petri-Kirche; hier konnten bis dahin erfolgreich Ausstattungsstücke geborgen werden. Am dritten Tage, dem 7. Mai, brannte schließlich St. Gertruden ab, aus der ebenfalls einige Ausstattungsstücke gerettet werden konnten (Abb. links). Nach dem Brand blieben von allen drei gotischen Kirchen eindrucksvolle Ruinen erhalten.[24]

Alexis de Chateauneuf engagierte sich in der nach dem Brand vom Senat eingesetzten Technischen Kommission für eine Erneuerung der Stadtanlage. Vor allem wurde er zu einem der Planer der künstlerischen Konzeption des neuen Stadtzentrums um den sogenannten Staatsbautenplatz und der Architektur des ganzen Stadterneuerungsgebietes.

Dennoch löste bei ihm die Zerstörung des mittelalterlichen Stadtkernes und der bedeutenden mittelalterlichen Kirchenbauten, die nach den Abrissen von Dom, Bettelordenskirchen und Heiligengeistspitalkirche noch übrig geblieben waren, ein neues, neben seiner übrigen Inanspruchnahme erstaunliches Engagement auch für die Erhaltung der zerstörten Kirchen aus. Chateauneuf wurde nach dem Brand von 1842 der eigentliche Fürsprecher für die Erforschung, die zeichnerische Aufnahme, die Erhaltung der Baureste und den Wiederaufbau von St. Nikolai, St. Gertruden und St. Petri.[25]

Erst zu diesem Zeitpunkt zeigt sich diese Entwicklung. Leider hatte Chateauneuf nur im Falle der St.-Petri-Kirche einen beispielhaften Erfolg. Aber die Begegnung auch mit den beiden anderen Kirchen in ihrem ruinösen Zustand hat sich fortan auf die künstlerische Aktivität Chateauneufs als Kirchenarchitekt ausgewirkt. Offenbar hat erst der Eindruck der Zerstörung dieser drei konkreten historischen Bauten und die Beschäftigung mit ihnen diesen späten Wandel in der Auffassung Chateauneufs ausgelöst.

Die St.-Nikolai-Kirche

Die St.-Nikolai-Kirche wurde vom Brand am stärksten betroffen, weil sie schon sehr früh von den Flammen angegriffen wurde und nicht mehr leer geräumt werden konnte. Im Turm entstand ein riesiger Feuerkamin, der das Zimmerwerk verzehrte und das Mauerwerk ausglühte. Das Feuer im Schiff ließ die Gewölbe einstürzen, die Fenster schmelzen und verbrannte fast alle künstlerischen Ausstattungsstücke. Dennoch setzten sich Künstler für Erhalt und Wiederaufbau ein. Als dies verworfen wurde, plädierte Chateauneuf noch einmal für den Erhalt des Turmes. Aber auch dies ließ sich wegen dessen beschädigter Bausubstanz nicht durchsetzen.[26] Bereits 1844 wurden alle Reste der Kirche beseitigt. Der Architekt Heinrich Wilhelm Burmester (1805–1849) hat noch Aufmaße der Kirche machen können. Für den Neubau wurde ein neuer Platz gewählt. Obwohl Semper in der Konkurrenz den ersten Preis erhielt, wurde der Entwurf von George Gilbert Scott zur Ausführung bestimmt. Der sehr viel später realisierte Bau von Scott hatte nichts mit dem Altbau gemein. Lediglich ein metallenes Kruzifix mit Maria und Johannes, um 1500, das gerettet worden war, wurde am Außenbau des Ostchores angebracht.[27]

Im Falle der St.-Nikolai-Kirche richtete sich die Pietät der entscheidenden Kommission einzig auf das eine Kruzifix. Weder der Erhalt des Standortes noch der des Bauwerkes und seiner Teile, noch ein Anklang an alte Formen im Neubau war mehrheitsfähig. Chateauneufs Überzeugung wurde aber anfangs offenbar vom Erhalt des Ortes, des Bauwerkes oder mindestens des Turmes bestimmt, im Sinne denkmalpflegerischer Gedanken.

St. Gertruden

Auch der mittelalterliche Zentralbau der St. Gertrudenkapelle zeigte das typische Bild der ausgebrannten mittelalterlichen Kirchenruine (Abb. S. 50). Das Zimmerwerk des Daches war verbrannt, die Gewölbe eingestürzt, die Fenster geschmolzen, die Mauern aber standen. Chateauneuf und Fersenfeldt gutachteten, daß die Gebäudereste erhalten werden könnten, und empfahlen einen denkmalpflegerischen Wiederaufbau. Allerdings verzichteten sie auf eine Rekonstruktion der barocken Veränderungen. In ihrem Gutachten schrieben sie: „Es ist also die Aufgabe unserer zum Bewußtsein der alten Kunst wiedergekommenen Zeit das Ursprüngliche in der Reinheit seines Styls wieder herzustellen und die nöthigen neuzuschaffenden Theile dem übereinstimmend zu machen, in den ferneren Anordnungen aber dem jetzigen Bedürfniß der Kircheneinrichtungen zu entsprechen."[28] In diesem Fall kam es jedoch lange zu keiner Entscheidung. 1847 wurden die Reste als baufällig abgerissen. Chateauneuf hat selbst Aufmaße und Zeichnungen der Kirche machen können. „Hamburgs schönstes Monument des Mittelalters, die zierlichste Blüthe unserer gothischen Architektur ...", schrieb der Brand-Biograph Schleiden 1845.[29]

Carl Beer, Schaubild der geplanten St.-Petri-Kirche, Lithographie 1845

Die St.-Petri-Kirche

Von der St.-Petri-Kirche brannten der Turmhelm und das Dach ab. Der Turmunterbau blieb jedoch stehen. Das Mauerwerk und die Stützen des Langhauses standen ebenfalls zunächst noch. Die Gewölbe stürzten jedoch größtenteils ein. Dadurch wurde das Innere verwüstet.

Vor diesen Zerstörungen sicherte eine dokumentierte Rettungsaktion unter dem Wilhelmsburger Pfarrer Friedrich Wilhelm Helms einen Großteil der Innenausstattung. Außerdem wird in der Überlieferung der Familie Speckter von Rettungsaktionen der Künstler berichtet.[30]

Nach dem Brand sicherten Aufräumungsarbeiten weitere Gegenstände, dezimierten Sprengungsmaßnahmen allerdings auch den erhaltenen Baubestand.

Bereits am 7. Juli beschloß das Kirchenkollegium den Wiederaufbau und wählte dafür die Architekten Hermann Peter Fersenfeldt und Chateauneuf. Dies läßt darauf schließen, daß diese beiden sich als erste für einen solchen Wiederaufbau eingesetzt hatten. Eine Äußerung im Protokoll der Baukommission vom 16. Juli bestätigt es: Die Architekten berichteten, daß, „nachdem sie am gestrigen Tage die Fundamente untersucht und dieselben ganz vortrefflich ... befunden, sie nur ihre früher geäußerte Meinung wiederholen könnten, dass die Mauern des Thurmes, die Nordseite der Kirche und des Chores sowie die Pfeiler der Kirche stehen bleiben könnten ...“[31] Chateauneuf war es, der nach genauen Aufmaßen Grundriß und Querschnitte der Ruine zeichnete. Zu deren Ergänzung liegen Zeichnungen verschiedener Künstler mit Ansichten des Äußeren und Inneren der Ruine vor.

Schon 1843 legte Chateauneuf Entwurfszeichnungen mit West- und Ostansicht sowie eines Querschnittes vor. Fersenfeldt verantwortete die technische Durchführung. Bis 1846 arbeitete Chateauneuf an detaillierten Entwurfszeichnungen des Inneren, bis 1850 an denen des Turmhelms. Schon 1845 wurde eine Lithographie von Carl Beer verbreitet, der ein Gemälde von Johann Martin Gensler nach Chateauneufs Zeichnungen zugrunde lag.

Im Laufe der Vorbereitungen löste sich Chateauneuf allerdings immer mehr vom konkreten Altbaubestand. Johann Martin Gensler, der als „gründlicher Kenner gothischer Architectur“ galt, riet ihm zu „Vereinfachungen und Weglassungen“.[32]

Der Architekt Heinrich Wilhelm Burmester (1802–1849) fertigte in seinem Auftrag Abgüsse von Ornamenten verschiedener Lübecker Kirchen. Er selbst untersuchte gotische Kirchen in Magdeburg, Stendal, Havelberg und Tangermünde. Unter diesen Einflüssen wurde die Abkehr von der Wiederverwendung zahlreicher erhaltener Teile der Kirche beschlossen. Die neuen Pfeilerproportionen sollten nun denen von St. Marien in Stendal und St. Elisabeth in Marburg entsprechen. Unterdessen genehmigte der Senat bereits am 16. Juni 1843 die vorgelegten Pläne.

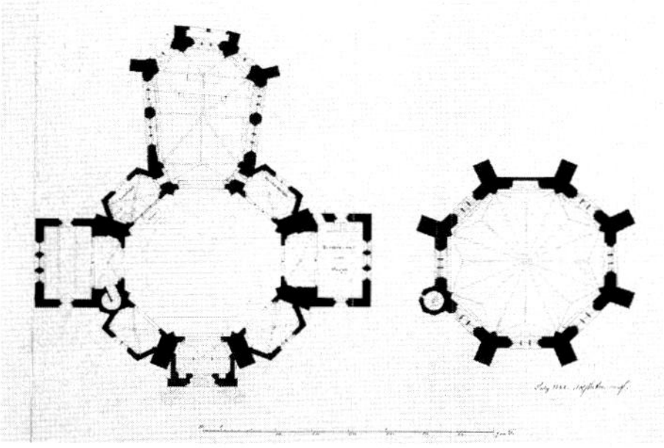

Rekonstruktionsvorschlag für die Gertrudenkapelle, 1842 (**WV 92**)

Bis auf den Turmhelm konnten alle Teile der Kirche zu Lebzeiten Chateauneufs ausgeführt werden. Trotz der ursprünglichen Hinwendung zur Erhaltung der konkreten Ausprägungen dieses historischen Bauwerkes verwandelte sich die Planung unter dem Einfluß der herkömmlichen Umformung im Sinne historistischer Gepflogenheiten. Das Gebäude wurde zu einer begradigten, geschönten, mit eklektischen Ergänzungen versehenen Schöpfung seiner Zeit.

Ähnlich entwickelte sich die Inneneinrichtung: Die geretteten Ausstattungsstücke wurden sorgfältig wieder verwendet und soweit möglich – wie die alte Kanzelbekrönung – am historischen Ort angebracht. Aber diese historischen Originale wurden mit neu entworfenen Ausstattungsstücken kombiniert. Es entstand auch im Inneren ein neu konzipiertes Kunstwerk der eigenen historistischen Zeit.

Und doch zeichnet sich die wiedererstandene St.-Petri-Kirche gegenüber allen Neubauten durch ihre besondere Nähe zum alten Vorgängerbau aus und ist damit ein Sonderfall im Kirchenbau ihrer Zeit und auch im Werk des Architekten Alexis de Chateauneuf.

St. Gertruden als Vorbild für die Dreifaltigkeistkirche (Apostelkirche) in Christiania

Der tiefe Eindruck, den reale mittelalterliche Baukunst mit dem Erlebnis der Brandzerstörungen bei Chateauneuf auslöste, zeigt sich auf andere Weise im Entwurf der Dreifaltigkeitskirche (Apostelkirche) in Christiania. Chateauneuf verarbeitete darin seine Untersuchungen der abgebrannten St. Gertrudenkapelle. Wie Schleiden hatte er erkannt, was vor und nach diesem niemand ausgedrückt hatte, daß die St. Gertrudenkapelle „Hamburgs schönstes Monument des Mittelalters, die zierlichste Blüthe unserer gothischen Architectur“ gewesen war.

Außer seinen Aufmessungen der Ruine von St. Gertruden hatte sich Chateauneuf unmittelbar nach dem Brand auch mit Entwurfszeichnungen für den Wiederaufbau von St. Gertruden beschäftigt (Abb. links).

Chateauneuf erkannte nicht, daß der ursprünglich kurze Chor des Zentralbaus von 1392–1399 über die ganze Höhe einer der Achteckarkaden gegangen war, und nahm den einige Jahrzehnte später angefügten niedrigeren unregelmäßigen Chor für den ursprünglichen. Insgesamt versetzte er den gotischen Zentralbau mit späteren gotischen Anbauten, der durch Dachreiter und Anbauten in barockem

Sinne umgeformt war, in den Zustand einer der Entstehungszeit nachempfundenen Gotik. Danach sollte der achteckige Zentralbau mit Gewölbestern, dem charakteristischen Dach und seinem gotischen Dachreiter wiedererstehen, ebenso ein mittelhoher insgesamt begradigter Chor, niedrige Einsatzkapellen sowie gotisierte Anbauten im Westen, Norden und Süden. Chateauneuf vollzog also den hochrangigen Kernbau und die späteren mittelalterlichen An- und Aufbauten nach, versetzte aber alles in eine einheitliche gotische Formensprache: „Im Äußeren haben wir sowohl bei dem Neubau der Kreuzarme als bei dem Portal möglichst die Einfachheit und den Adel des 14. Jahrhunderts zu erreichen gesucht und dasselbe bei der Form der Kuppel erstrebt, welche hinter den aufsteigenden Mauergiebeln emporstrebt um ein durchbrochenes Glockenthürmchen zu tragen."[33] (Abb. Tafel 33)

Diese Entwurfsvorschläge nahm Chateauneuf in seinen Entwürfen für die Apostelkirche in Christiania um 1847/1850 wieder auf (Abb. Tafel 34, S. 304).[34] Gelegenheit dazu gab ihm seine Tätigkeit für den Ausbau der Erlöserkirche in Christiania (1847–1850), die dort große Akzeptanz fand.[35]

Ort, Funktion und Dimensionen wurden verändert. Aber auch in diesem Fall wurde ein konkretes mittelalterliches Bauwerk zum Vorbild genommen. Seine Pläne setzten sich in einem Wettbewerb durch. Da er aber schon 1850 erkrankte, führte sein ehemaliger Mitarbeiter Wilhelm von Hanno sie verändert und vereinfacht aus.[36]

Aus der kleinen Kapelle, die als Grabkapelle an die Grabeskirche Christi erinnern sollte und deshalb – im Unterschied zu den Hamburger Hallenkirchen – als Zentralbau angelegt war, wurde ein weit größer dimensionierter Bau, dessen Zentralität seine Nutzung als protestantische Predigtkirche mit 1850 Sitzplätzen ermöglichte. Aber die Anlage blieb eine Übersetzung der St.-Gertruden-Kirche: achteckiger Kernbau mit Kuppel, dem charakteristischen Dach und Dachreiter, nun allerdings zweistöckigen umliegenden Anbauten sowie Chor, Westanbau, Nord- und Südanbau.

Eine solche Übersetzung eines konkreten mittelalterlichen Bauwerks in eine große protestantische Kirchenanlage ist ungewöhnlich. Die Veränderungen im Sinne von – industriell hergestellter – Vereinfachung und Vereinheitlichung sind die charakteristischen Verfahren der Zeit.

Rathausskizzen von Chateauneuf

Chateauneuf hat in den frühen Sitzungen und Planungen der Technischen Kommission wesentlich beigetragen zur Anlage des „Staatsbautenplatzes" und der Situierung des Rathauses.[37]

Ein im Juli 1842 entstandener Entwurf zeigt noch ein an der Kleinen Alster quergelegtes Gebäude. Chateauneuf skizzierte es in den für ihn geläufigen Formen des „Florentiner Styles" entsprechend der Rundbogenarchitektur der Wiederaufbauzeit (Abb. Tafel 13).

In diesen Jahren gab es zwischen Senatssyndicus Karl Sieveking, Semper und Chateauneuf aber auch weitere Diskussionen über einen Rathausbau, die u.a. durch Chateauneufs Skizzen von 1844–1845 dokumentiert sind. In diese hat er offenbar seine neuen Erfahrungen mit gotischer Architektur eingebracht. Seine Erkrankung 1850 und sein Tod 1853 machten sein weiteres Mitwirken an der Rathausentwicklung unmöglich.

Den Skizzen läßt sich entnehmen, daß Chateauneuf die Gesamtanlage des Rathauses mit einem hohen Mittelturm vorweggenommen hat. Im einzelnen spielt er mit Formen des Dogenpalastes von Venedig und des Rathauses von Ypern. Erstmals setzt er hier gotische Einzelformen für einen Profanbau ein (Abb. S. 246).

George Gilbert Scott, der 1854 im ersten Rathauswettbewerb den ersten Preis für einen Bau erhielt, der sich an das Rathaus von Ypern anlehnte, schrieb 1855:

„Ich hatte die Ehre, in Begleitung des Verstorbenen, höchst talentvollen Herrn Syndicus Sieveking oft mit Herrn Chateauneuf über das zu errichtende Rathaus zu verkehren, und ich trage keine Bedenken, dass jene Unterredungen einen bedeutenden Einfluss auf den von mir gelieferten Entwurf gehabt haben."[38]

Alexis de Chateauneuf erscheint vielen geläufig als früher Verfechter des Interesses für mittelalterliche Architekturen. Tatsächlich ist er dies aber erst zu einem sehr späten Zeitpunkt in der allgemeinen und seiner persönlichen Entwicklung geworden. Gerade in seinen Auffassungen spiegelt sich die hamburgische Verspätung dieses Interesses wider. Er hat die Abrisse mittelalterlicher Architektur in seiner Jugend offenbar ebenso klaglos hingenommen wie die übrige hamburgische Öffentlichkeit. Er gehörte zu der Generation von Architekten, die wahrnahmen, welche Chancen der Abriß zentraler mittelalterlicher Sakralbauten der innerstädtischen Planung bot, und die diese genutzt haben. Wie die Baubeamten unter dem Weinbrenner-Schüler Wimmel war auch Chateauneuf ein Klassizist, der die Entwicklung zum hamburgischen „Rundbogenstil" mitvollzogen und mitgeprägt hat. Noch 1829 äußerte er sich ausdrücklich gegen von Schinkel verwendete Spitzbögen und bekannte sich zu einem von ihm formulierten „Florentiner Styl". Diesen hielt er auch für den Wiederaufbau der Profanbauten nach 1842 durch, den „Rundbogenstil", der für den Wiederaufbau der Stadt in ganz Europa charakteristisch wurde.

Offenbar hat ihn aber die Zerstörung der konkreten gotischen Kirchenbauten 1842 so sehr beeindruckt, daß er nun noch als 40jähriger eine Wandlung durchmachte. Sein Wiederaufbau der St.-Petri-Kirche wie seine Übersetzung des kleinen Kapellenzentralbaus von St. Gertruden in die viel größere Apostelkirche in Christiania sind daraufhin einzigartige Sakralbauten dieser Zeit geworden. Daß sich seine Überlegungen zum Einsatz mittelalterlicher Vorbilder für den Rathausbau nicht mehr nachvollziehen lassen, ist deshalb um so bedauerlicher.

Anmerkungen

1 Das Blatt ist auf den 6..11.1826 datiert. Vgl. Lange 1965, S.27-29; WV 11.
2 Ausst.-Kat. Hamburg 1982, S.26. Nach dem frühen Tod von Gilly vollendete Frick die Herausgabe allein.
3 Grolle 1999, S.325-333.
4 Angaben und Literatur zu Schinkels Werk in: Ausst.-Kat. Hamburg 1982.
5 Vgl. Ausst.-Kat. Hamburg 1982, S.60 und Abb. S.43.
6 Zit. nach Ausst.-Kat. 1982, S.60.
7 Ebd., S.61.
8 Ebd. 1982, S.59-61.
9 Lange 1965, S.25 f. Vgl. auch WV 1.
10 Weissenburg 1822, S.158–160.
11 Ebd.
12 Ebd.
13 Ebd.
14 Chateauneuf, Börse, 1827, S.6.
15 Kunstblatt 1829, S.35-40, 43-44.
16 Ebd.
17 Ebd.
18 Ebd.
19 Ebd.
20 Vgl. WV 64.
21 Lange 1965, S.37. Vgl. WV 115.
22 Vgl. WV 3. Den Auftrag erhielt nach langen Diskussionen Hermann Peter Fersenfeldt.
23 Ebd., S.43, Bild 68.
24 Die mittelalterlichen Bauten bei Plagemann (II) 1999, S.69-81, 82-98, 152–156.
25 Vgl. WV 91, 92, 97.
26 Franck 1989; WV 102.
27 Plagemann (II) 1999, S.85; Lange 1965, S.48f.

28 Kall 1888, S.64-65.
29 Plagemann (II) 1999, S.154; Lange 1965, S.44.
30 Plagemann (II) 1999, S.70-74; Lange 1965, S.45-48; Klée-Gobert/Wiek 1968, S.43–100.
31 Zit. nach Klée-Gobert/Wiek 1968, S.52.
32 Nach Klée-Gobert/Wiek 1968, S.52-55.
33 Zit. nach Lange 1965, S.44ff; Bilder 70-72.
34 Lange 1965, S.51-53; Bjerkek 1977 u. 1979; WV 130.
35 Lange 1965, S.49-51; Bilder 88-91.
36 Vgl. grundlegend Bjerkek 1977; auch WV 130.
37 Vgl. WV 86; 87.
38 Zit. nach Lange 1965, S.37.

Alexis de Chateauneuf in London 1838–1839[1]

Obwohl es Chateauneuf nicht gelungen war, den Auftrag für die Hamburger Börse zu erlangen, wurde sein Entwurf dennoch von dem renommierten Kunst- und Architekturkritiker Franz Kugler hoch gelobt. Kugler schrieb: „Seine Entwürfe gehören zu den gediegensten Leistungen der modernen Architektur; ihre Ausführung würde der Vaterstadt des Architekten die edelste Zierde, das würdigste Andenken der Gegenwart für die folgenden Geschlechter gegeben haben."[2]

Einer der überraschendsten Aspekte des Börsenentwurfs ist aus heutiger Sicht seine ausgezeichnete Proportionierung und der geschlossene durchgebildete Corpus des eigentlichen Gebäudes. Sein Haupteindruck ist eher der einer sorgfältig modellierten kubischen Masse als der des mehr oder weniger lombardischen Stiles, dem seine Formensprache zugeordnet werden könnte.

Für Chateauneuf ist es charakteristisch, daß er von der Gotik gerade deren konstruktive Grundpinzipien and ihre Materialgerechtigkeit entlieh und nicht lediglich ihre äußerliche Formensprache. In Deutschland war er einer der ersten, wenn nicht der erste überhaupt, der diese Auffassung vertrat, und er könnte in diesem Sinne als ein Vorläufer der Hannoverschen Schule gesehen werden.

Chateauneufs Zeitgenosse in England war Augustus Welby Pugin, und bei seinem entwickelten Interesse für fortschrittliche Theorien war es für ihn nur natürlich, sich nach England zu wenden. So wie viele seiner Landsleute mit ähnlichen Auffassungen – von Semper bis Muthesius – besuchte er England, und tatsächlich war er einer der ersten, der dies unternahm. England war zu seiner Zeit das Land, in dem der Konflikt zwischen der Tradition und der Suche nach neuen Ansätzen besonders augenscheinlich war. Hier jedoch begründen seine Projekte und nicht seine Theorien ein weitergehendes Interesse.

Der Wettbewerb um die Londoner Börse

Kaum hatte Chateauneuf seine theoretischen Beobachtungen über Beleuchtung, Material und Konstruktion im Dezember 1837[3] abgeschlossen, als ihm die Ereignisse in London neue Perspektiven eröffneten. Hier sollte auch erwähnt werden, daß der englische Architekt Arthur Patrick Mee (1802–1868), ein Schüler Soanes, 1837 gerade eine sogenannte „englische Villa" für Richard Godeffroy an der Elbe, in der Nähe von Hamburg, fertiggestellt hatte.[4] Es ist mehr als wahrscheinlich, daß Mee und Chateauneuf sich im Laufe des Jahres 1837 getroffen haben, möglicherweise schon früher, und es war Mee, der im folgenden Jahr in London mit Chateauneuf eine Partnerschaft eingehen sollte.

Wettbewerbsentwurf für ein Nelson-Denkmal in London, 1839 (**WV 68**)

Als eines bitterkalten Januarabends des Jahres 1838 in der Alten Börse in London Feuer ausbrach, waren Pumpen und anderes Löschgerät so tief gefroren, daß längere Zeit verging, bevor wirksame Rettungsarbeiten organisiert werden konnten. Zu diesem Zeitpunkt war das Schicksal des Gebäudes bereits besiegelt. Am folgenden Tag war der von Edward Jerman 1667–1669 fertiggestellte Bau mit seinen vier Flügeln, die um einen offenen Hof gruppiert waren, nur noch ein Haufen schwelender Ruinen.[5] Böse Zungen ließen verlauten, daß das stattliche alte Gebäude ganz großartig gewesen sei, aber nur bei einer einzigen Gelegenheit, nämlich als es in Flammen stand.[6]

Bald wurde ein Wettbewerb für den Entwurf einer neuen Börse ausgeschrieben, für den Chateauneuf Zeichnungen einreichte, die wahrscheinlich eine veränderte Version seines Entwurfs für die Hamburger Börse darstellten. Eine Jury wurde berufen. Ihr Bericht über die 88 eingereichten Entwürfe wurde bereits im November 1839 vorgelegt und noch im selben Jahr publiziert.[7]

Nehmen wir uns einen Augenblick Zeit, die Jurymitglieder in Augenschein zu nehmen, die über Alexis de Chateauneuf urteilen sollten. Unter ihnen war Sir Robert Smirke, der Architekt des British Museum und der London Bridge, ein überzeugter Anhänger der klassischen Schule; neben ihm saß Joseph Gwilt, der als Schriftsteller und vor allem als Autor der „Elements of Architectural Criticism“ bekannt geworden war, und schließlich Philip Hardwick, berühmt wegen seiner großartigen griechischen Propyläen an der Euston Station. Die Jury war unverkennbar ausgesprochen klassisch orientiert.

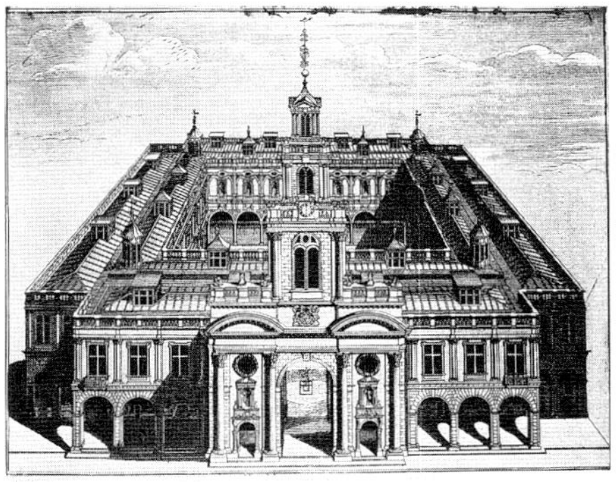

Ansicht der alten Londoner Börse

Das Komitee hatte fünf Entwürfe, deren Ausführung möglich schien, ausgewählt und sie als „erstklassig“ dargestellt. Der erste mit £ 300 dotierte Preis ging an William Grellier, während Chateauneuf den zweiten Preis von £ 200 erhielt (die umgekehrte Reihenfolge scheint nicht korrekt zu sein[8]) und Sidney Smirke, ein jüngerer Bruder Sir Roberts, den dritten Preis zugesprochen bekam. Auf der Liste folgten dann als nächste drei Entwürfe, deren Kosten bei weitem die verfügbaren Mittel für den Wiederaufbau der Royal Exchange überschritten hätten. Zu den ersten Preisen bemerkte die Jury das Folgende: „Auch Mr. Grelliers Zeichnungen, Nr. 36, die den ersten Preis erhielten, haben unsere Aufmerksamkeit nur mäßig erregt, jedenfalls haben sie sich unserem Gedächtnis nicht sehr eingeprägt, ...; im Gegensatz zu denen von Mr. Chateauneuf (Nr. 43), die den zweiten Preis erhielten und die unser Interesse stark weckten, ... Wir nehmen an, daß wir sie Mr. Chateauneuf zuschreiben können, denn wir vermuten, daß sein Partner Mr. Mee – soweit es den Entwurf betrifft – nur wenig Anteil daran hatte. Obwohl der Stil italienisch ist, ist der Ausdruck ganz eindeutig deutsch. Der Entwurf zielt weniger auf Grandeur, als vielmehr auf Eleganz und eine gewisse Feinheit des Geschmacks. Die Ostseite ist erheblich großartiger als der Rest; daher sind die Fassaden der nördlichen und südlichen Fronten nicht durchgehend von gleicher Höhe, sondern haben ein zusätzliches Geschoß an diesem Ende. Die Westfassade ist ausgesprochen geschmackvoll und wurde, wie wir verstanden, insofern einem großen Portikus in einer einzigen Ordnung vorgezogen, weil sie dem Zentrum der Bank weniger Konkurrenz machen sollte.“[9]

Kaum war das Ergebnis des Wettbewerbs verkündet, als ein Sturm der Kritik losbrach, der ebenso heftig war wie im Falle des Denkmals für Nelson, dessen Wettbewerb und Beurteilung nahezu parallel verliefen. Der Jury wurde jetzt Vetternwirtschaft unterstellt, weil sie Bekannten oder Verwandten Preise zugesprochen habe.[10] Im Dezember wurden zwei Architekten hinzugezogen, um die Angelegenheit zu untersuchen und das Auswahlkomitee zu beraten. Dabei handelte es sich um William Tite und George Smith.[11] Die Tatsache, daß Grellier ein Schüler von Smith[12] war, trug wenig dazu bei, die Kritiker zum Schweigen zu bringen, noch verbesserte sich die Lage, als der zweite Berater kurz darauf beauftragt wurde, das neue Gebäude zu entwerfen.

Offensichtlich wurden die Gewinner dazu ermuntert, ihre Projekte weiter auszuarbeiten. Chateauneufs modifizierter Entwurf (Abb. rechts und S.219) ist als Lithographie erhalten[13], während Grelliers Zeichnungen leider nicht mehr auffindbar sind.[14]

Chateauneuf scheint die trapezförmige Grundfläche sehr geschickt ausgenutzt zu haben. Er hat der kurzen Fassade, die dem Mansion House und der Bank of England gegenüberliegt, eine offene, von zwei Türmen flankierte Lobby gegeben, ähnlich der Loggia dei Lanzi in Florenz. Hinter diesem bescheidenen, aber geschmackvollen Eingang liegt das zweigeschossige Gebäude selbst und wird durch einen höheren Block abgeschlossen. Dies läßt den Bau offen, einfach und licht erscheinen, im Gegensatz zu der architektonischen Verwirrung, die den Platz beherrscht, während die schweren, massigen Formen erst dort zunehmen, wo das Grundstück breiter wird.

Ohne Zweifel war der Kritiker, der von dem „ausgesprochen deutschen Ausdruck“ gesprochen hatte, zum Kern des Problems vorgedrungen. Mit seiner ruhigen, klaren Verteilung der Massen, dem flachen Reliefeffekt der Mauern, dem Zusammenspiel von horizontalen und vertikalen Gliederungselementen und den flachen Pilastern erinnert das Gebäude den Betrachter unfreiwillig an Schinkel. Insgesamt gesehen ist der Bau typisch für Schinkels Spätklassizismus, wie er im deutschen Kulturkreis und in Skandinavien verbreitet war. Dieser Stil unterscheidet sich stark von der Palladianischen Tradition Englands und von der eher plastischen Herangehensweise und dem säulenreichen Klassizismus der Architektur der Regency-Periode. Während die Engländer auf ihre geliebten freistehenden toskanischen oder korinthischen Säulen zurückgreifen, ziehen die Deutschen es vor, sie in die Mauer einzubinden, sie in Pilaster zu verwandeln und mit der Maueroberfläche zu verschmelzen, um einen gänzlich anderen Effekt zu erzielen.

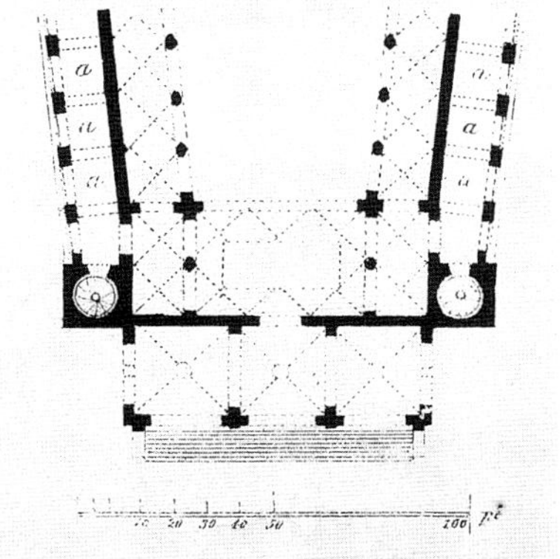

Detail vom Grundriß des überarbeiteten Börsenentwurfs von Chateauneuf und Mee (**WV 69**)

Chateauneufs Aufsatz über Schinkel[15], sein spezielles Interesse an Belichtungsfragen und diese bemerkenswerte Beziehung zu Schinkels Architektur rücken einen Aspekt in Chateauneufs Arbeiten in den Vordergrund, der möglicherweise noch nicht genügend Beachtung gefunden hat. Doch die Details des Entwurfes stammen von Chateauneuf selbst. In der italienischen Form des Daches, in dem florentinisch inspirierten Gesims, den zwei romanisch anmutenden Türmen und vor allem in der architektonischen Behandlung der Mauer wird seine Vorliebe für norditalienische Architektur deutlich.

Ein Vergleich dieses Entwurfs mit seinem Hamburger Projekt läßt zunächst annehmen, daß Chateauneuf in seinem Londoner Projekt etwa mit dem offenen Hof lokale Tradition aufgegriffen und damit die Belichtungsprobleme einen Moment beiseite gelassen habe, die ihn zuvor so sehr beschäftigt hatten. Es gibt jedoch dennoch Anzeichen dafür, daß die für den Wettbewerb eingereichten Zeichnungen einen geschlossenen Hof vorsahen und so dem Hamburger Plan ähnlicher waren.[16] Darüber hinaus ist die mittelalterliche Anmutung verschwunden und einer klassischen gewichen. Tatsächlich gibt es in stilistischer Hinsicht wenig Ähnlichkeiten zwischen den beiden Entwürfen. Merkwürdigerweise ist Chateauneuf in seinem deutschen Entwurf eher italienisch und wird erst in seinen Londoner Zeichnungen deutsch![17]

Die von der englischen Jury anerkannten besonderen Qualitäten lagen zweifelsohne in der Einfachheit, Harmonie und der majestätischen Ruhe, die das Gebäude ausstrahlt, sowie in der meisterhaften Art, wie es sich in seine bauliche Umgebung einfügt, und schließlich in der etwas ungewöhnlichen Fassade, die zugleich repräsentativ und monumental erscheint. Man bleibt mit dem sicheren Eindruck zurück, die Jury habe die Absicht gehabt, Chateauneuf und Mee den ersten Preis zuzusprechen, dann aber bei dem Gedanken gezögert, deren Pläne auch zu realisieren.

Wie dem auch sei, es war William Tite (1798–1873), der als Berater für das Auswahlkomitee benannt 1841–1844 für den Bau der Royal Exchange verantwortlich wurde. In der Zeit vor dem Wettbewerb hatte Tite mit Cockerell zusammengearbeitet, und es ist nicht unwahrscheinlich, daß dessen Einfluß auf die Jury schließlich dazu geführt hat, Tite mit der Aufgabe zu betrauen. Daß Tite zu allem Überfluß auch noch ein hartnäckiger Klassizist war, wird sicherlich in gewissen Kreisen zu zusätzlicher Zufriedenheit geführt haben.

So wie es jetzt steht, liegt das Gebäude mit seiner enormen Säulenfassade zum Platz wie ein griechischer Tempel. Der Effekt eines auf einer trapezförmigen Grundfläche gebauten Tempels ist allerdings kein ganz glücklicher. Da der Grundriß ein Rechteck um einen offenen Hof vorsieht, wurde die Verbindung zum traditionellen Börsentyp mit seinem offenen Zugang und der Möglichkeit zum Passieren erhalten. Es bleibt allerdings zu bezweifeln, ob dies von den Londonern wirklich geschätzt wurde. In einem Brief an „The Builder" klagt ein Leser: „Beinahe könnte man glauben, daß der 'offene Hof' von einer Regenschirmfirma geplant worden sei."[18] Wie auch immer, der offene Hof wurde 1880 mit Glas überdacht.

Die Royal Exchange ist in stilistischer Hinsicht vollkommen klassisch; mit seinen korinthischen Säulen, seinen massiven Fensterrahmen und schweren Girlanden ist das Gebäude beinahe eine Paraphrase auf den Barock und den Klassizismus des 18. Jahrhunderts. Man ist geneigt, es als Vorboten der viktorianischen Ära zu sehen, und es gibt gute Gründe, Nikolaus Pevsners Auffassung zuzustimmen, daß „dieser Bau das Ende des Classic Revival in England markiert".[19]

Verglichen mit Chateauneufs Zeichnung besitzt der Bau keine Spur der nüchternen Schlichtheit, die dessen Entwurf so prägt, noch dessen Originalität, seine Massenverteilung oder Zurückhaltung. In Tites Bau mußte diese für Chateauneuf so typische Zurückhaltung oberflächlichem Pomp und Prunk weichen.

Es ist schwer zu sagen, ob Chateauneufs Bau im gegebenen architektonischen Ambiente Londons passender gewesen wäre, aber es ist sicher, daß der englische Viktorianismus eine hervorragende Gelegenheit verpaßt hat, mit einem der wichtigsten stilistischen Trends der 1840er Jahre auf dem Kontinent in Berührung zu kommen, nämlich mit Schinkels nüchternem deutschen Spätklassizismus.

Der Wettbewerb um das Nelson-Denkmal

„Ein großartiger Raum, umgeben von hohen, häßlichen Häusern, mit einer häßlichen Kirche an der Ecke und einem nichtssagenden, häßlichen Kuppelbau in meinem Rücken; auf der Straße überfüllt von einer erhitzten und aufgeregten Menge, überragt von Omnibussen voller Gaffer. In der Mitte ein gepflasterter Platz mit Fontänen, bevölkert von nur wenigen blau gekleideten Männern und einer ganzen Menge außerordentlich häßlicher Bronzefiguren (eine davon oben auf einer Säule)."[20]

Diese Beschreibung des Trafalgar Square findet sich in dem von William Morris 1890 geschriebenen Roman „News from Nowhere". Seine Darstellung mag von seinen bitteren Erfahrungen während der sozialistischen Demonstrationen beeinflußt worden sein, die hier 1887 stattfanden[21], aber es sind genau diese Aspekte, die dem Platz seine besondere Atmosphäre verleihen. Er ist nicht nur ein von Menschen wimmelndes Nervenzentrum im pulsierenden Londoner Verkehr des 19. und 20. Jahrhunderts, sondern ein fester Bestandteil der Londoner Szenerie und des Lebens und der Atmosphäre der Hauptstadt. Dies war bereits seit Jahrhunderten so, und es war nicht anders, als Chateauneuf 1838 nach London kam. Hier trifft die große Ost-West-Achse, die durch Fleet Street und The Strand gebildet wird, auf die Nord-Süd-Achse, die sich ihren Weg an Whitehall vorbei sucht. Jede dieser beiden Achsen findet ihren Abschluß in einem monumentalen Gebäude, St. Paul's und Westminster Abbey.

1647 wurde das 1290 von Edward I. für Königin Eleanor errichtete Gedenkkreuz entfernt, später wurde dort die Reiterstatue von Karl I. aufgestellt. Dennoch wurde der Ort immer weiter als Charing Cross bezeichnet.

In seinen späteren Lebensjahren hatte Englands großer Regency-Architekt, John Nash, diesem Platz des öfteren seine Aufmerksamkeit zugewandt. Er hätte gern den Erfolg der Regent Street wiederholt, die auf so brillante Weise die zentralen Plätze der Hauptstadt mit den weiter auswärts liegenden Stadtteilen verband. Mit geschultem Stadtplanerauge zog er eine gerade Linie von diesem Platz zum British Museum[22], das Robert Smirke zwischen 1823 und 1847 erbaut hatte. Dadurch wäre ein Kreuzungspunkt entstanden, der die wichtigsten Arterien, die von zentralen Teilen der Hauptstadt ausgingen, verbunden hätte – vonWhitehall zu den Houses of Parliament; dann The Mall auf Buckingham Palace, Londons konstitutionellen Mittelpunkt, zulaufend; zur City, dem ökonomischen und finanziellen Zentrum Londons, The Strand, und schließlich eine neue Achse, die das kulturelle Zentrum rund um das British Museum den anderen wichtigen Stadtteilen näher gebracht hätte. Leider wurde dieser Teil des Plans nie verwirklicht. Dieses Versäumnis hat der Stadt Verkehrsprobleme hinterlassen, unter denen das moderne London noch heute stark zu leiden hat. Schließlich wurde die Charing Cross Road geplant und in den 1880er Jahren fertiggestellt, jedoch „unzureichend und ohne Würde!“.[23]

So stammt die eigentliche Idee des Trafalgar Square von Nash. Aber als er 1834 starb, war der Platz nichts anderes als ein Stück Land, das von den zu jener Zeit für den Abriß vorgesehenen Royal Mews im Norden zur Reiterstatue Karls I. hin abfiel. Nash hatte auch an Plänen für die National Gallery auf der Nordseite des Platzes gearbeitet, wo die königlichen Ställe standen, aber es blieb William Wilkins überlassen, das heutige Gebäude zwischen 1834 und 1838 zu vollenden. Der Name Trafalgar wurde dem Platz offiziell im Jahr 1830 verliehen, 25 Jahre nach dem Tod des Helden der britischen Marine, und während der 1830er Jahre wurden Pläne zu einem Denkmal für Lord Nelson in Gang gebracht.

Im Juli 1838 traf sich das Komitee für das Nelson-Denkmal mit dem Duke of Wellington als seinem Vorsitzenden und kam überein, Trafalgar Square als Ort für das geplante Denkmal vorzuschlagen.[24] Kurz darauf wurden die Bedingungen für den offiziellen Wettbewerb bekanntgegeben, mit dem 30. Juni 1839 als offiziellem Abgabetag. Die Aufforderung, sich am Wettbewerb zu beteiligen, endete mit einer den Umständen angepaßten Variante von Nelsons berühmter Parole: „England erwartet, daß jeder Architekt seiner Pflicht genügen möge.“[25]

Leider brachte das Ergebnis keinen vergleichbaren Sieg – weder für die Jury noch für den ausgewählten Architekten. Das Komitee war weder verpflichtet, einen bestimmten Entwurf zu wählen, noch, Preise zu vergeben. Im Frühjahr 1839 wurden die Modelle und Zeichnungen in einer Ausstellung vorgestellt.[26]

Wir wissen nicht, ob Chateauneuf zusammen mit Mee am Wettbewerb teilnahm. In den Quellen finden sich nur wenige Einzelheiten über den Wettbewerb[27], aber es deutet vieles darauf hin, daß er einen eigenen Entwurf einreichte.[28] Leider wissen wir viel zu wenig über das Leben einer so temperamentvollen Person, wie es Chateauneuf war, und seine Erfahrungen in dieser etwas erhitzten Atmosphäre, in der heftige Anschuldigungen und lebhafte Auseinandersetzungen um die zwei wichtigsten Londoner Architekturprojekte an der Tagesordnung waren. Da die Jury sich nicht über eine Preisvergabe einigen konnte, wurde die Entscheidung auf der Grundlage einer Art geheimer Wahl getroffen, die zu gegebener Zeit der Öffentlichkeit bekanntgegeben werden sollte.

Inzwischen stieg die Flut der Kritik am Auswahlgremium, an seiner Kompetenz, seiner Entscheidung und seinen Methoden, die als „derart MONSTRÖS" angesehen wurden, daß sie „kaum zu glauben"[29] seien. Die Kritik erreichte im Herbst 1839 ihren Höhepunkt. Die beste Sammlung kritischer Bemerkungen und anderer Gefühlsausbrüche findet sich wahrscheinlich in dem Pamphlet aus der Feder eines vernachlässigten Architekten namens John Goldicutt, das 1841 unter dem Titel „The Competition for the Erection of the Nelson Monument critically examined" erschien.

Betrachten wir zunächst kurz die Lösung, die der Gewinner des Wettbewerbs, William Railton (1801–1877)[30] einreichte, sowie einige der interessantesten Entwürfe, um einen möglichst sinnvollen Hintergrund für eine Beurteilung von Chateauneufs Vorschlag zu schaffen.

Trafalgar Square mit Railtons Vorschlag für das Nelson-Monument, 1839

Der Entwurf, mit dem William Railton gewann, stellt im wesentlichen das heutige Denkmal dar, abgesehen von der Tatsache, daß die geplante Höhe statt der realisierten 145 Fuß 193 Fuß betragen sollte. Railtons Vorschlag bestand aus einer korinthischen Säule mit einem aus dem Metall alter Kanonen gegossenen Bronzekapitell, auf dem Nelson stand. Ursprünglich war die Säule hohl mit einer innen liegenden Wendeltreppe geplant. Während die tatsächliche Säule in den Jahren zwischen 1839 und 1842 errichtet wurde, mit einer 17 Fuß hohen Statue Nelsons, ausgeführt von Bailey, fügte man die Löwen am Fuß des Denkmals, eine Arbeit Landseers, erst in den Jahren 1858–1867 hinzu. Auf dem viereckigen Sockel sind in vier Reliefs die vier wichtigsten Schlachten Nelsons dargestellt: St. Vincent, Kopenhagen, Abukir und Trafalgar.

Die eigentliche Idee einer Gedenksäule ist natürlich von der Antike inspiriert und war im 19. Jahrhundert populär. Die Bevölkerung von Paris, die bereits ihre Napoleon-Säule besaß, errichtete ungefähr zu dieser Zeit auf der Place de la Bastille ihre Colonne de Juillet. Weder die Idee noch die tatsächliche Ausführung der Nelson-Gedenksäule war damals ungewöhnlich. Es gibt nichts, abgesehen vom Platz selbst, das diesem Denkmal eine besondere Bedeutung verleihen oder es zu einem der ungewöhnlichsten in Europa machen könnte. In der Zeit vor und während der Errichtung des Monuments riß deshalb die Kritik nicht ab.

„Sollte diese Säule – und wir hoffen sehnlichst, daß dies nicht geschieht – jemals errichtet werden, dann sollte in jedem Fall oben drauf noch eine Statue, die den kollektiven Geschmack der Jury personifiziert, gepappt werden."[31]

Auch die lokalen Spötter regte die Säule an. So finden wir zum Beispiel „Anti Stylitis," der 1840 im „Civil Engineer and Architect's Journal" reimt:

„Nelson spricht:
Seht, ich bleibe auf meinem Posten,
oben auf 'nem Pfosten steck ich keck,
hatte ich zuvor nur einen Arm,
läßt man mich nun mit einem Bein nicht weg.
Aber nicht auf einem Bein aus Holz gemacht,
Oh nein! – es is'n Bein aus Stein;
und so wundervoll lang es ist,
daß ich steh 'hoch oben und allein'."[32]

Während der Entwurf des Siegers ziemlich harmlos war, gab es unter den etwa einhundert anderen Wettbewerbsbeiträgen einige, die durch ihre Originalität auffallen. Insgesamt liefert die Konkurrenz einen ausgezeichneten Querschnitt des englischen Geschmacks am Ende der Regency-Periode, mit ihren strengen und eleganten Normen und im Übergang zum stilistischen Chaos und Reichtum des viktorianischen Zeitalters. Der Architekt Parkinson reichte einen Plan für einen ca. 100 Quadratfuß großen Triumphbogen ein, der einen korinthischen Rundtempel umrahmen sollte. Unabhängig voneinander schlugen sowohl Hopper als auch Morrison einen Tempel für die Marine vor, eine Idee, die Napoleons Denkmal der Grand Armée ähnelte, das sich etwa zu dieser Zeit rasch seiner Vollendung näherte.[33] Tottie und Pitt reichten beide Entwürfe für eine gigantische, einige hundert Fuß hohe Statue ein, während Foggo vorschlug, den Mast eines Kriegsschiffes mit Trophäen und einer Statue Nelsons zu schmücken.

Mehrere schlugen Obelisken vor, eine der würdevolleren der in dieser Epoche beliebten Denkmalsformen, aber sehr viele spielten mit Plänen zu einer hohen Säule. Einige Architekten schlugen eine Säule aus Gußeisen vor, dem Material der Epoche. Der originellste Vorschlag war zweifelsohne der von John Goldicutt.[34] Er reichte die Zeichnung eines riesigen Globus ein, der einen Umfang von 30 Fuß hatte, mit Nelson zuoberst und mit Ruhm, Neptun, Viktoria und Britannia als Schmuck des 25 Fuß hohen Ziegelsockels, der den Eindruck von Stabilität vermitteln sollte.[35] In seinem Erläuterungsbericht schreibt Goldicutt: „Ich erdreiste mich zu fragen, ob es für ein Denkmal zu Ehren eines so herausragenden Seefahrerhelden wie Nelson irgendeinen ausdrucksstärkeren Gegenstand gibt als einen Erdglobus, über den er so triumphierend gesegelt ist? Gibt es irgendeine andere in sich selbst so großartige und allumfassende geometrische Figur oder architektonische Form?“[36]

Verglichen mit diesem Potpourri von Entwürfen unterschiedlichen und zweifelhaften Geschmacks, ist Chateauneufs Vorschlag äußerst bemerkenswert. Sein Plan hatte die Form eines Gedenkhaines in klassischem Stil und war auf drei Seiten von immergrüner Bepflanzung umfaßt.[37] In die Mitte stellte er einen Sockel mit Nelson in voller Körpergröße, aufrecht vor einer niedrigen ionischen Säule und von zwei Löwen flankiert, die den löwengleichen Mut seiner Matrosen symbolisieren sollten. Vor ihm ruht Neptun. Die zentrale Gruppe wird auf beiden Seiten von einer Reihe Säulen mit weiblichen Torsi in der Form von Schiffsbugen flankiert, die Nelsons Flotte symbolisieren. Die Säulenreihe wird nach hinten durch Statuen von Europa und Afrika abgeschlossen, während die Stufen vorne durch den Nil und Trafalgar flankiert werden. Das Ganze sollte mit Fontänen und fließendem Wasser belebt werden, und, wie Chateauneuf sagt: „Die reichen Wasserbecken sollen beitragen dem Mangel abzuhelfen, den London an Springbrunnen hat.“[38]

Das ganze Ensemble ist mit einer Arkade von Laubbäumen gesäumt. Dies verleiht dem Denkmal und dem ganzen Ort eine friedliche Stimmung und erfüllt damit auf würdevolle Art eine der Hauptabsichten des Denkmals. Es ist wohl bezeichnend, daß sich ein Ausländer darum bemüht, die übertrieben nationalistischen Elemente und das allegorische Pathos zu bändigen. Chateauneuf wollte Trafalgar Square in einen Gedenkhain verwandeln – aber vielleicht war diese Idee für die Londoner doch etwas zu deutsch.

Das Besondere an Chateauneufs Entwurf war die Tatsache, daß er den ganzen Trafalgar Square umfaßte. Dieser sollte nicht nur eine Säule oder ein Tempel, sondern eine Anzahl von allegorischen Figuren enthalten. Er sollte ein Park werden und beinahe den ganzen Platz ausfüllen. Chateauneufs Absicht war es, eine architektonische Einheit zu schaffen, die solcher Eigenschaften besonders bedurfte. Ein weiterer Vorteil war, daß die Höhe des Denkmals nicht den Eindruck der National Gallery stören würde.[39] Mit anderen Worten: Chateauneuf dachte ebenso sehr an den Platz wie an das Denkmal selbst.

Hätte man Alexis de Chateauneufs Pläne angenommen, Trafalgar Square wäre vielleicht eine Oase geworden – und nicht eine Steinwüste. Das Schicksal des Platzes gibt reichlich Stoff zum Nachdenken: Man sieht, wie er sich langsam und durch zufällige Hinzufügungen ohne einen erkennbaren festen Plan fortentwickelt und ständig seinen Charakter verändert.

Während die Säule unter Railtons Anleitung und Führung errichtet wurde, vollendete der Architekt der Houses of Parliament, Charles Barry, die Nordterrasse mit ihren beiden Treppen an jedem Ende. Im Gegensatz zu Chateauneufs Vorschlag, das südliche Ende zu erhöhen, um den Höhenunterschied von 16 Fuß auszugleichen, wurde nun auf der Nordseite des Platzes gegraben. Barry beaufsichtigte auch den Bau der Fontänen, jede mit zwei Bassins, die 1845 fertiggestellt wurden. 1939 ließ man diese typischen späten Empire-Fontänen jedoch entfernen. Aufgrund eines Fehlers des Arbeitsministers wurde eines der Bassins verkauft und dann auf dem Parliament Hill in Ottawa aufgestellt![40] Die neuen Bassins entwarf Lutyens.[41]

Der heterogene Charakter des Platzes spiegelt sich unverkennbar in seinem Figurenschmuck wider.[42] Ist dies bloßer Zufall, oder zeigt sich hier bereits der Verfall des klaren Formempfindens im Regency-Stil und das Aufkommen des Viktorianismus mit seinem Gefallen an Asymmetrie und verschiedenen Stilperioden? Es ist ganz typisch, daß Nash ein klassisches akademisches Gebäude ins Zentrum des Platzes gestellt hätte. Aber weil Trafalgar Square im eigentlichen Sinne kein architektonischer Ort ist, spielt die Position der einzelnen Skulpturen in Beziehung zueinander keine große Rolle. Auch hier beruht Chateauneufs Entwurf, bei dem die Proportion der Skulpturen einen wichtigen Faktor im architektonischen Ganzen darstellt, auf einem klaren und logischen Plan.

Es gibt keinen Zweifel daran, daß Chateauneuf einige der umstrittensten architektonischen Probleme der frühviktorianischen Epoche entschlossen in Angriff genommen hat und daß die Ideen seines Vorschlages originell und künstlerisch umsetzbar waren. Sie waren voll von Einfällen, die die englische Baukunst hätten inspirieren können.

Nachbemerkung des Verfassers

Es ehrt mich sehr, daß die Kuratoren der Ausstellung und Herausgeber des Kataloges beschlossen haben, einen Auszug meines Buches „Works of Chateauneuf in London and Oslo", das bereits 1965 erschien, zu übersetzen und in den Katalog aufzunehmen. Über den großen Architekten ist seither in Deutschland und in Norwegen viel geforscht worden, aber es scheint, daß über seine Arbeit in London wenig neues Material zutage getreten ist. Das mag die erneute Publikation über seine ziemlich einmalige Karriere in England rechtfertigen.

Es könnte gefährlich werden, 35 Jahre in der eigenen Forschung zurückzugehen. Man wird mit dem Alter kritischer. Deshalb habe ich mich entschlossen, meine Jugendschrift über Chateauneuf unverändert zu lassen. Ich möchte nur eines anmerken – was ich mich damals nicht getraute –, und das betrifft die architektonische Qualität des Trafalgar-Square-Projektes. Heute noch mehr als 1964–1965 bin ich sicher, daß Chateauneufs Entwürfe London ein besseres Denkmal gegeben hätten und aus Trafalgar Square einen angenehmeren Aufenthaltsort gemacht hätten. *Oslo, im Juni 2000 (aus dem Englischen von Gesa Stedman und Hartmut Frank)*

Anmerkungen

1 Auszug aus: Stephan Tschudi-Madsen, Works of Alexis de Chateauneuf in London and Oslo, Edited by Foreningen til norske fortidsminnesmerkers bevaring, Oslo 1965 (= Tschudi-Madsen 1965).

2 Kugler 1854, S.299.

3 Diese Jahresangabe findet sich in der Einleitung zu Chateauneuf, Börse, 1838, S.4.

4 Colvin 1951. Es handelt sich um das heute noch in Dockenhuden oberhalb der Elbe stehende Landhaus „In de Bost" (Anm. der Herausgeber). Vgl. auch Klée-Gobert 1970, S.220-222.

5 The Civil Engineer and Architect's Journal, Bd. I, 1838/39, S.117f.
6 Ebd., S.131.
7 Royal Exchange Report 1839, S.436-437.
8 The Gentleman's Magazine, London, Band CLXVII, 1840, S.33-37, schrieb, daß Chateauneuf den ersten Preis gewonnen hatte. Es sprechen aber Gründe für die Richtigkeit des architect's report. Vgl. The Civil Engineer and Architect's Journal, Bd. I, 1838/39, S.144.
9 Ebd. Die Bank von England wurde von John Soane 1788–1833 errichtet.
10 „Der erste Preis wurde einem Angestellten des dem Gresham Komitee beigeordneten Architekten und der Mercer's Company verliehen; der dritte Preis ging an den Partner und Bruder eines der anderen Jurymitglieder; und der fünfte an einen weiteren Angestellten des beigeordneten Architekten." Zit. nach dem Morning Herald vom 12.11.1839 in Goldicutt 1841, S.14.
11 The Civil Engineer and Architect's Journal, Bd. II, 1839, S.473-74.
12 Colvin 1951.
13 Guildhall Library and Art Gallery, Corporation of London. Der Autor möchte Herrn A. M. Hall für seine Hilfe danken.
14 Ich habe in den Archiven der folgenden Institutionen recherchiert, allerdings ohne Erfolg: Architectural Association, Commissioner of the Crown Land, Guildhall Library and Art Gallery, London County Council, National Building Record, The Records of the Corporation of the City of London, Royal Institute of British Architects.
15 Chateauneuf, Schinkel, 1829.
16 Royal Exchange Report 1839, S.436-37 wird ein Projekt erwähnt, dessen detailliertes Interesse an Belichtungsfragen auf Chateauneuf als Autor hinzuweisen scheint. Das Projekt wird beschrieben als „ein extremer Fall in einem Entwurf von großer äußerer architektonischer Pracht, bei dem eine hundert Fuß hohe Mauer eine Fläche umschließt, die für die Zusammenkunft von Kaufleute vorgesehen ist. In diesen Breiten würden, abgesehen von der Sommersonnenwende und auch dann nur für wenige Tage, die Sonnenstrahlen nie auf den Boden dieser Fläche treffen und während der Wintersonnenwende würden sie kaum das obere Ende der Arkaden erreichen." Die Mauerhöhe für das Hamburger Projekt betrug 80 Fuß.
17 Anm. d. Herausgeber: Eine inzwischen aufgefundene Entwurfszeichnung Chateauneufs für eine Börse in Hamburg aus dem Jahr 1836 läßt den Schluß zu, daß der Architekt für seinen Londoner Entwurf auf dieses Projekt zurückgriff. Vgl. WV 58.
18 The Builder, Bd. I, 1843, S.71.
19 Pevsner 1957, S.179.
20 William Morris, Collected Works of William Morris, London, Band XVI, 1912, S.41.
21 William Morris schrieb anläßlich der Unruhen ein Pamphlet, das er wegen Alfred Linnells Tod während der Kämpfe am Trafalgar Square am 20. November 1887 „A death song" (Totenlied) nannte. Vgl. H. Buxton Forman, The Book of William Morris, London 1879, S.99f.
22 Summerson 1935, S.179.
23 Pevsner 1957, S.326.
24 Civil Engineer, Bd. I, 1838-39, S.265.
25 „England expects every architect to do his duty". Ebd., S.205.
26 Für eine Beschreibung der Modelle und Zeichnungen, die beim Wettbewerb für das Nelson-Denkmal eingereicht wurden, siehe Civil Engineer, Bd. II, 1839, S.133-34, 290-96.
27 Es war weder möglich, die Originalzeichnungen aufzuspüren, die von Chateauneuf oder anderen Architekten für den Wettbewerb eingereicht wurden, noch ließen sich detaillierte Informationen über den Wettbewerb in den Archiven der folgenden Einrichtungen finden: Commissioner of the Crown Land; Guildhall Library and Art Gallery; London County Council; Architectural Association; National Building Record; The Records of the Corporation of the City of London; Royal Institute of British Architects.
28 In der posthumen Veröffentlichung der „Architectura publica" (= Chateauneuf, Publica, 1860) wird Mees Name in der kurzen Beschreibung nicht erwähnt. Die Angabe, daß Chateauneuf einen Preis erhielt, findet sich auch im Thieme-Becker 1912 und Anders Bugges Artikel in Norsk Biografisk Leksikon (1925). Vgl. hierzu auch WV 68.
29 Siehe „Argus", „The Nelson Monument", Civil Engineer, Bd. II, 1839, S.279-81.
30 Railton war ein Altertumsforscher, der 1830 in Korfu das Buch „Account of the newly discovered Temple at Caldachio" veröffentlichte. Er arbeitete außerdem als Kirchenarchitekt, insbesondere im normannischen Stil.
31 Civil Engineer, Bd. III, 1840, S.355.
32 Ebd., S.379. „Nelson loquitur: / You see that I stick to my post, / stuck up here on the top of a peg, / and having before but one arm, / I am now left to stand on one leg. / Though not on a leg made of wood, / oh no, -t'is a leg built by stone; / and so wondrous tall too it is, / that I stand all 'aloft and alone'."
33 Vignons Pläne aus dem Jahr 1816 wurden nach seinem Tod von Huvé vollendet und der Tempel 1842 eingeweiht.
34 John Goldicutt (1793–1842), ein Schüler Henry Hakewills, und ein Architekt mit ausgeprägtem Hang zum Klassizismus, nahm regelmäßig an öffentlichen Wettbewerben teil, so auch an der Konkurrenz für die Royal Exchange.
35 Goldicutt 1841, S.13.
36 Ebd., S.10.
37 Chateauneuf, Publica, 1860, Abb. I-II.
38 Ebd., S.1.
39 In der Einladung wurde die Aufmerksamkeit auf das Denkmal gelenkt. Civil Engineer, Bd. I, 1838/39, S.352.
40 Archive des National Building Record, Trafalgar Square.
41 Pevsner 1957, S.328.
42 Es wurde bereits erwähnt, daß die Nelson-Statue und die Löwen das Werk unterschiedlicher Künstler waren. Es ist charakteristisch, daß die Reliefs am Fuß der Säule von vier verschiedenen Künstlern stammten. John Flaxmans Minerva an der Ostseite zur National Gallery war ursprünglich als Britannia für Marble Arch ausgeführt worden; Grinling Gibbons' Jakob II. wurde 1686 für Whitehall fertiggestellt; das Denkmal für Karl I. wurde von Le Sueur im Jahr 1633 geschaffen und befand sich ursprünglich an einem anderen Ort, während der Sockel eine Arbeit von Joshua Marshall darstellte. Die Reiterstatue von Georg IV. von Francis Legatt Chantrey und Earle (1829–1843) sollte die Fassade des Buckingham Palace zieren, und die Nelson-Statue selbst ist nur eine Kopie, da sich das Original im britischen Marineministerium, in der Admiralty, befindet.

Ole Petter Bjerkek

Alexis de Chateauneufs Wirken in Christiania

„Chateauneuf, der von Weinbrenner herkommt, ist bisher von der Kunstgeschichte nicht genügend gewürdigt worden; und doch ist er wohl die einzige architektonische Persönlichkeit, die in der Jahrhundertmitte mit Semper an Begabung wetteifern kann." Fritz Schumacher[1]

Als Karl Friedrich Schinkel im Jahr 1835 seinen guten Freund Alexis de Chateauneuf (1799–1853)[2] bat, zusammen einen Rundgang durch Hamburg zu machen, haben sie sicher auch das damals im Bau befindliche prachtvolle Stadthaus Abendroth besichtigt.[3] Keiner von beiden konnte damals ahnen, daß einige Jahre später eine Paraphrase davon in Christiania[4] errichtet werden sollte, und keiner von ihnen konnte sich vorstellen, daß sie beide Hervorragendes für die norwegische Hauptstadt leisten würden.[5]

Als der talentierte Baumeister des Schloßgebäudes, Hans Ditlev Franciscus Linstow (1787–1851)[6], im Jahr 1838 einen Vorschlag für eine Verbindung zwischen dem Schloßgebäude und der Stadt Christiania[7] veröffentlichte, wurde zwei bedeutenden Planaspekten für die Entwicklung der Stadt mit überzeugender Weitsicht vorgegriffen. In erster Linie ging es darum, entlang der neuen Schloßallee als Tangente zum alten Stadtkern Monumentalbauten als Ausdruck der neuen konstitutionellen Rolle der Hauptstadt nach 1814 zu errichten. Zweitens galt es, ausgehend vom Schloßgebäude auf der Bellevue-Anhöhe, eine Straße auf die herrliche Anhöhe von Hammersborg, wo eine neue Kirche erbaut werden könnte, ausstrahlen zu lassen.[8]

Im gleichen Jahr teilte der Stadt-Baudirektor von Christiania, Christian Heinrich Grosch (1801–1865)[9], dem Oberbaudirektor Schinkel in Berlin u.a. folgendes über seine Pläne für die neuen Universitätsgebäude mit: „Es ist zu erwarten, dass das Schloss-Gebäude schon lange vollendet seyn wird, bevor der ganze Platz mit Gebäuden umgeben ist, um so viel mehr, da es zweckmässig zu seyn scheint, denselben nur mit öffentlichen oder doch wenigstens mit bedeutenden Bauten zu umschliessen ..."[10] Kurz darauf griff Schinkel maßgeblich in die Entwürfe Groschs für die Universität ein, wobei vor allem die Treppenhalle des Domus Media auf ihn zurückzuführen ist.

Ungefähr zum gleichen Zeitpunkt bezeichnete Linstow Chateauneuf als „einen Mann mit ausgezeichneten Talenten".[11] Er bedauerte zutiefst, daß es „die Hamburger nicht verstanden haben, welcher Mann unter ihnen weilt".[12] Sie seien auch „nicht die ersten, die den günstigen Augenblick nicht zu nutzen wussten.

Entwurfsstudien für die Dreifaltigkeitskirche in Christiania (Oslo) (**WV 130**)

Chateauneuf hat sich jetzt nach England begeben, wo er auch dank seines eigenen Könnens ein weites Feld für sein Talent findet ..."[13] 1841 kritisierte er die Hamburger erneut, daß sie durch eine fragwürdige Ausschreibung „einen schönen Börsenbau verfehlten"[14]. Er betonte, daß Chateauneuf für ihn „vielleicht der talentierteste aller zeitgenössischen Architekten"[15] sei.

Auch Grosch war in hohem Maße von den künstlerischen Qualitäten seines Freundes Chateauneuf überzeugt, als er ihn 1846 bat, die drei Restaurierungsprojekte für die Erlöserkirche zu beurteilen.[16] Im gleichen Jahr heiratete Chateauneuf die 20 Jahre jüngere vermögende Kaspara Möller aus Christiania.[17]

Die Restaurierung der Erlöserkirche

„... weshalb fassen sie beide Bauabsichten nicht in einem Gesichtspunkt zusammen?" Aus einem Brief Chateauneufs vom 5. Juli 1847.

Als Christiania 1814 Hauptstadt Norwegens wurde, änderten sich der Charakter der Stadt und die Haltung der Einwohner. Besonders durch die wachsende Bebauung wurden ständig stärkere Forderungen nach einem höheren Wachtturm für eine bessere Sicht auf die Stadt laut. Es fehlte auch nicht an Plänen, die Domkirche völlig abzureißen und neu zu errichten, um sie mehr mit dem Stilgefühl der Zeit in Einklang zu bringen. Die erste ernsthafte Initiative für die Restaurierung der Erlöserkirche wurde durch die Gesellschaft zur Förderung der Stadt Christiania in Person des Baumeisters Benthien[18] ergriffen. Daraufhin arbeitete Linstow 1835 einen Vorschlag aus, der stark von der klassizistischen Kopenhagener Domkirche Christian Frederik Hansens geprägt war. Obwohl dieser Entwurf durch politische und wirtschaftliche Gegensätze zwischen den Vertretern von Kirche und Stadt nicht zur Ausführung kam, wurde Linstow dennoch von Probst Munch gedrängt, 1838 ein noch umfassenderes Projekt vorzulegen. Diese Planungen riefen den vehementen Protest des Kunstmalers und Denkmalsschützers Johann Christian Clausen Dahl hervor. Er wollte nicht akzeptieren, daß eines der wenigen historischen Denkmäler der Stadt umgebaut werden solle. Somit wurde eine Entscheidung verhindert, bis das Amt für Kirchenaufsicht (Magistrat und Priester) Grosch und Nebelong (1817–1871)[19] um Entwürfe für die Umgestaltung der Kirche bat. Von den beiden Architekten konnte jedoch nur Grosch, allerdings mit insgesamt drei Projekten teilnehmen.[20]

Schaublatt der Erlöserkirche in Christiania nach dem geplanten Umbau (**WV 128**)

Obwohl Groschs Planungen die zur Verfügung stehende Summe von 612.000 Spd. (Speciedaler, Specietaler, Anm. d. Übers.) drei- bis viermal übertrafen, sollten sie zwecks Beurteilung zu Chateauneuf nach Hamburg gesandt werden. In seinem Gutachten kam er zu dem Schluß, daß der bewilligte Finanzrahmen eingehalten werden sollte und es nicht ratsam wäre, die vorgeschlagenen Galerien innerhalb der alten Kirchenmauern zu errichten.

Chateauneuf legte seinem Gutachten einen sorgfältig ausgeführten Alternativentwurf bei, mit dem er der bereits erkannten Notwendigkeit einer neuen Kirche in Christiania vorgriff. In Übereinstimmung mit dem Amt für Kirchenaufsicht konnte Chateauneuf auf elegante Art eine Entscheidung zwischen notwendigen Verbesserungen für eine kleinere Summe von 10.000 Spd. oder einer Ausschreibung eines neuen Wettbewerbs vorschlagen. Er riet der Stadt zur Koordinierung ihrer Bewilligungen, so daß die Pläne für die Restaurierung der Erlöserkirche und die Errichtung einer neuen Pfarrkirche für die wachsende Bevölkerung in einem Gesichtspunkt[21] betrachtet werden konnten.

Chateauneuf erklärte sich bereit, Zeichnungen zur Restaurierung der alten Kirche der Stadt anzufertigen.[22] Das Innere der Kirche wecke bei ihm Erinnerungen an den praktischen holländischen Geist des 17. Jahrhunderts und somit ein ehrwürdiges Gefühl[23]. Wahrscheinlich wurde er auf der Heimreise nach Hamburg[24] dazu angeregt, sich intensiv mit Stennwinckels Turmlösungen beim Schloß Frederiksborg zu befassen.[25] Bereits 1848 lag ein neuer Satz Zeichnungen für die Restaurierung der Erlöserkirche vor.

Ausgehend von den bisherigen Geschehnissen legte das Amt für Kirchenaufsicht endlich den Vorschlag für die Restaurierung und den Umbau der Erlöserkirche vor. Diese Mitteilung erhielt auch die Direktion der Kunstvereinigung mit Professor Johan Sebastian Welhaven als Vorsitzendem. Im Zusammenhang mit der öffentlichen Ausstellung anläßlich der Marktwoche wurde Bürgermeister Bretteville gebeten, das Blatt mit der Außenansicht der Kirche nach dem Umbau ausleihen zu dürfen, da diese Arbeit von großem Allgemeininteresse ist. [26] Das wurde auch ausführlich im „Morgenbladet“ kommentiert, das auch zu berichten wußte, daß unter den aufzuzählenden Kunstwerken auf der Ausstellung zwei Zeichnungen des Architekten Hr. Chateauneuf aus Hamburg wären ... Die eine zeigt das Exterieur der Kirche, die andere das Interieur, wie sie, falls die Restaurierung zur Ausführung kommt, einmal aussehen werden, befreit von allem Beiwerk ... und Geschmacklosigkeiten, die derzeit das Interieur dieses Bauwerkes in hohem Maße entstellen. Diese Entwürfe, die so wohlwollend dem Vorstand der Vereinigung von der entsprechenden Person für die Ausstellung überlassen wurden, werden zweifelsohne von jedem mit wahrem Vergnügen betrachtet, der sich für diese für das Antlitz unserer Stadt keineswegs unwesentliche Angelegenheit interessiert[27]. In dieser Situation veranlaßte der tatkräftige Bürgermeister Bretteville die Christiania Sparebank (deren Vorstandsvorsitzender er war!), durch einen Beschluß 25.000 Spd. für die Restaurierung der Erlöserkirche zu bewilligen. Im Gegenzug hatte die Stadt die Gesamtkosten für eine neue Kirche zu übernehmen. Schließlich wurde Chateauneuf der Auftrag zur Umgestaltung erteilt, während Grosch, der sich so intensiv um die Kirche bemüht hatte, leer ausging.

Als Chateauneuf am 17. Mai 1850 zum letzten Mal in Christiania ankam, war die Restaurierung der Erlöserkirche unter der erfahrenen Bauleitung des Architekten Heinrich Ernst Schirmer (1814–1887)[28] fast abgeschlossen. Trotz knapp bemessener Mittel war es Chateauneuf gelungen, der bis dahin überladenen Kirche ein würdiges Interieur mit neuem Gestühl für König, Regierung und dem Obersten Gericht zu geben. Am vierten Advent 1850 wurde die umgestaltete Kirche eingeweiht.[29]

1948 bis 1950 wurde Chateauneufs Innenraumgestaltung anläßlich einer Restaurierung vom Architekten Arnstein Arneberg weitreichend verändert. Erhalten blieb jedoch der von Chateauneuf geschaffene großartige monumentale Turm, der auch heute die Silhouette der Stadt schmückt.[30]

Die Errichtung einer neuen Kirche

Chateauneufs 1847 gemachter Alternativvorschlag zu Groschs Projekten für die Erlöserkirche wurde zum Ausgangspunkt seiner städtebaulichen Planungen für die Errichtung einer neuen Pfarrkirche in Christiania.[31] Aufgrund seiner praktischen Erfahrungen beim Großen Brand in Hamburg 1842[32] trug Chateauneuf dazu bei, die festgefahrene Diskussion zu beleben. Das betraf nicht nur den Vorschlag für den Standort einer neuen Pfarrkirche und seine brillante Argumentation für die Bodennutzung, sondern auch in hohem Maße die eigentliche Grundlage für die endgültige Teilung der Kirchengemeinde. Dazu empfahl er den Behörden der Stadt die Erstellung genauester Vermessungskarten, da so die künftige Stadterweiterung im Hinblick auf Erschließungsarbeiten für Gas, Wasser, Abwässer und Straßen möglicherweise schneller vonstatten gehen könnte. Zudem war er der Meinung, daß die Stadtplanung in aller Öffentlichkeit vorgenommen werden sollte, um die Erschleichung von Vorteilen zu vermeiden. In diesem Zusammenhang verwies er auf die Stadt Altona, die mit dieser Vorgehensweise die besten Erfahrungen gesammelt hatte.

Davon ausgehend fertigte Chateauneuf im Sommer 1847 ein längeres Gutachten über vier verschiedene Grundstücke an, die für die Errichtung der neuen Pfarrkirche in Frage kommen sollten. Als fünften Standort stellte er sich die Anhöhe mit dem Bakkehof (Bakkehuset) auf Meyerlökka als geeigneten Standort für die neue Kirche der Stadt vor. Im Rahmen der neuen Pfarrgrenzen gelangte Chateauneuf zu folgenden Einschätzungen:

Tullinlökken, hinter der Universität, lag zu niedrig. Eine Kirche würde an dieser Stelle von den umliegenden höheren Privatbauten verdeckt werden. Der Garten und die Bauten in Klingenberg erhoben sich zwar über die Umgebung, aber bei einer Absenkung würde die Anhöhe unbedeutend. Außerdem war das Grundstück zu kostspielig. Auf dem Platz zwischen Möllersgaden und Grubbegaden würde eine Kirche beschränkt in der orientierten Längenausdehnung[33], und vom projektierten Marktplatz aus wäre nur der Chor sichtbar. Überhaupt würde die Kirche dem Tal zugewandt liegen, das zur Erlöserkirche gehört, so daß dieser Standort besser geeignet sei für ein öffentliches Bauwerk oder zum äußerst vorteilhaften Verkauf an private Interessenten. 1862 wurde hier tatsächlich das neue Polizeipräsidium errichtet.

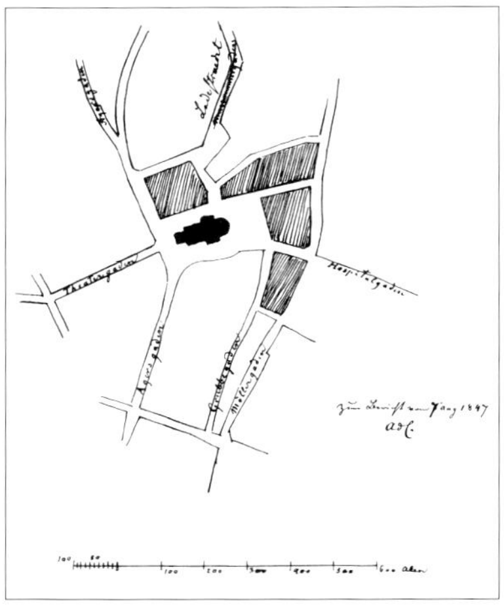

Studienblatt zum städtebaulichen Gutachten für die Errichtung einer neuen Pfarrkirche in Christiania (Oslo), 1847 (**WV 129**)

Hammersborg mit seinem schön gelegenen Soldaten-Friedhof (Christ-Friedhof) „welcher in seinem oberen Theile auf der Wasserscheide der Höhe, nach dem Thale des Akerflußes abfällt" [34] ist nach Chateauneufs Meinung das am verwirrtesten bebaute Terrain der ganzen Stadtregion.[35] Nach Knadden bei Sorgenfri hinunter drängen sich ärmliche Gebäude in engen, steilen Straßen. Zusammen mit den aus Holz errichteten Speichern wären sie eine Brandfackel für die Stadt.[36] Wenn dieser Ort aber so hergerichtet werden könnte, daß er einer Kirche Platz machen würde, so wäre er von allen Seiten durch ein besseres Straßennetz zugänglich. Außerdem wäre es ein vortrefflicher Standort, hoch oben über der Stadt. Auf der Grundlage einer Karte vom Dezember 1844[37] skizzierte Chateauneuf den Standort der neuen Kirche und legte diese Skizze dem Gutachten bei (Abb. links). Der westliche Teil des Turms würde demnach auf die Akers- und Hospitalstraße zeigen. Der nördliche Teil des Chores befände sich gegenüber von Ladestredet und dem Soldaten-Friedhof.

Sollte die neue Kirche in Hammersborg errichtet werden, müßte die Stadt dort das gesamte Gebiet erwerben. Erst dann wäre es möglich, die Umgebung der Kirche mit schönen Straßen und prächtigen Häusern mit reich ausgestatteten Fassaden zu gestalten. Chateauneuf betonte, daß sich nach der Erschließung von Straßen und Plätzen der Grundstückskauf reichlich bezahlt machen würde, und verwies auf seine in Hamburg gemachten Erfahrungen. Das wäre der Fall bei allen prosperierenden Städten und würde „in pecuniarer Hinsicht"[38] desto vorteilhafter ausfallen, je größer solche Käufe und Verkäufe ausgeführt würden.[39] Linstow hatte zehn Jahre zuvor ähnliche Überlegungen angestellt, indem er vom Zusammenhang zwischen der zunehmenden Bebauung der Stadt und der Nachfrage nach Grundstücken und dem steigenden Wohlstand ausging.

Direkt nach dem Beschluß der Stadtverordnetenversammlung am 16. April 1849 wurde Chateauneuf in einem freundschaftlichen Brief von Bürgermeister Bretteville gefragt, ob er sich vielleicht ... auch dafür entscheiden könnte, Zeichnungen für die neue Kirche zu liefern und diese zu errichten[40]. Chateauneuf erwiderte, daß es für ihn eine Ehre sei, Pläne vorlegen und diese dann auch noch ausführen zu können. Zwei Monate später wurde jedoch entschieden[41], zu einer geschlossenen Ausschreibung einzuladen, an der neben Chateauneuf auch Grosch, Linstow, Nebelong und Schirmer teilnehmen sollten.[42]

Wie es dazu kam, ist unklar. Folgt man den von Wilhelm von Hanno in seiner Autobiographie gemachten Andeutungen, so könnte die Initiative dazu sogar von Chateauneuf selbst ausgegangen sein.

Vor der Ausschreibung hatte sich nicht nur Grosch, sondern auch Chateauneuf intensiv mit Entwürfen befaßt. Auf der Rückseite einer Entwurfszeichnung für die Erlöserkirche vom Juni 1848 hatte er offensichtlich auf der Grundlage der Zentralkirchenform von St. Gertruden Skizzen für ein Konzept für die neue Kirche in Christiania angefertigt.[43] Hier hatte er nicht nur die Form der Kirche im Verhältnis zur topographischen Situation gelöst, sondern auch seine endgültige Ansicht über die protestantische Predigtkirche dargelegt. Zum einen läßt er den Raum vom Eingangsbereich bis zum Altar allmählich ansteigen. Zum anderen erlebt der Besucher eine immer stärkere Lichtintensität nach dem Dunkel der Eingangspartie, hin zum nüchternen Licht unter den Galerien und zum hellerleuchteten Altar. Jedoch schienen die statischen Probleme verbunden mit den konstruktiven Y-Formen im äußeren Oktogon in dieser Entwurfsphase ungelöst zu bleiben. So beschäftigte sich Chateauneuf auch in der Folgezeit mit der Idee einer Kuppelkirche; dabei war er stark beeinflußt von der Marienkirche in Gelnhausen, der St. Gertrudenkapelle und seinen eigenen Entwürfen für die St.-Nikolai-Kirche sowie von der Gewölbeproblematik bei St. Petri in Hamburg.

Der erste bedeutende Architektenwettbewerb in Norwegen

„... weil Alles weit deutlicher gezeichnet ist, als Millionen Worte, noch so geschickt gestellt, dieselben erklären können." Aus einem Brief Chateauneufs vom 28. November 1849.

Bei der Übersendung der Entwürfe für die neue Stadtkirche teilte Chateauneuf Bürgermeister Bretteville unter Bedauern mit, daß eine weitere Beschreibung nachgeschickt werden müsse.[44] Er entschuldigte sich damit, daß er bis zum letzten Augenblick mit der Fertigstellung der Zeichnungen beschäftigt gewesen sei. Er habe tagein und tagaus versucht, Formulierungen für die Beschreibung seiner Entwürfe zu finden, ohne zufrieden zu sein, „weil Alles weit deutlicher gezeichnet ist, als Millionen Worte, noch so geschickt gestellt, dieselben erklären können. Jede Frage, welche Sie thun können beantwortet die Zeichnung in vollkom(m)ner Klarheit. Nehmen Sie einen gut zeichnenden Ingenieur Offizier der jedes Maaß, der Breite u Höhe, sowohl der Straßen, als des Aeußeren und Innern der Kirche nach dem Plan Ihnen vermessen kann, oder durch Linien Ihnen zeigen kann, ob von jedem Platze der Prediger u der Altar zu sehn sey, usw usw."[45] Auf diese Weise wäre es für ihn leichter, ein sicheres Urteil zu bekommen als durch schriftliche Erklärungen[46]. Er unterstrich nachdrücklich, daß er sich selbst nicht als irgendeinen Marktschreier betrachte, der seine Ware anpreise. Zudem betonte er, daß er sein Projekt nicht als endgültig und fertig gestaltet betrachte, sondern bestrebt sei, einen Grundgedanken zu verdeutlichen, der etwas von bedingtem Charakter zusammenfügt. Deshalb wolle er den Eindruck künftiger Individualität, welche während der Ausführung noch manche weitere Ausbildung der Form verleihen muß, nicht vorwegnehmen. Der allgemeine Entwurf „kann u darf noch nicht detailreich sein".

Chateauneuf verwies darauf, da seine Grundidee zu einem Zentralkirchenbau vor allem entstanden ist durch die besondere Lage des gegen Osten steil ansteigenden Platzes und daß das Konzentrische vortrefflich für eine Apostelkirche ist, und weil sie mit schwerem Material jegliche Bedingungen im Interieur und Exterieur entfalten kann ...[47] Er fügte hinzu, wenn der Bürgermeister dies den Zeichnungen entnehmen könne, werde er sicher nicht der Unbescheidenheit beschuldigt!

Noch immer ist es schwierig herauszufinden, ob Grosch aus persönlichen Gründen oder wegen tatsächlicher Arbeitsüberlastung von dem ehrenvollen Auftrag zurückgetreten ist. Ohne Zweifel hatte er bereits viel Zeit für praktische Vorbereitungen, Inspektionen, Messungen und Aufrißzeichnungen verwendet.

Nebelong war der einzige in Christiania tätige Architekt, der wirklich in der Lage war, mit Chateauneuf zu konkurrieren. Ausgehend von früheren Initiativen gegenüber der Stadtverordnetenversammlung war es für ihn sicher schwieriger als für Linstow, seinen Standpunkt zu verlassen. Es ist auch noch immer unklar, ob Nebelong sich an die Bedingung gehalten hat, die Sorgenfri-Anhöhe nicht zu benutzen, oder ob er alternative Lösungen angeboten hat. Aus den Entwurfserläuterungen Nebelongs an den Magistrat[48] geht hervor, daß „andererseits nichts dagegen spricht, die neue Kirche auch auf die Sorgenfri-Anhöhe" zu legen. Das würde auf jeden Fall nur unbedeutende Änderungen seines erarbeiteten Projekts zur Folge haben.

Noch weniger wissen wir über Schirmers Entwürfe. In einem Begleitbrief erläuterte er: „Da die erforderlichen Bemerkungen auf den Zeichnungen angeführt sind und die Lage auf der Karte angegeben ist, betrachte ich es als nicht notwendig, eine spezielle Beschreibung beizulegen." Im Gegensatz zu Nebelong legte er allerdings einen ausführlichen Kostenvoranschlag des Projektes bei.[49]

Wettbewerbsentwurf für die Dreifaltigkeitskirche (**WV 130**)

Die ideale protestantische Predigtkirche

Chateauneuf war in besonderem Maße an der Form der Zentralkirche interessiert, denn sie berücksichtigt vor allem die Bedürfnisse des protestantischen Gottesdienstes, der sich auf die Kanzel konzentriert.[50] Beeinflußt haben ihn damals sicher die intensiven Studien und Debatten im Zusammenhang mit dem Wiederaufbau der Hamburger St.-Nikolai-Kirche[51] sowie ganz allgemein die intensiv geführte Diskussion über die am besten geeignete Kirchenform, die schließlich u.a. zum Eisenacher-Regulativ von 1861 führte.[52] Die verschiedenen Stadien von den Skizzen 1848 über die Ausschreibungszeichnungen 1849 bis zur endgültigen Form 1850 der Apostelkirche in Christiania charakterisieren einen Prozeß des bewußten Suchens nach einer idealen Form für die protestantische Predigtkirche.[53]

Chateauneufs Beitrag ging weit über den eigentlichen Wettbewerb hinaus.[54] Sein Denken und seine kreativen Fähigkeiten liefern auf diese Weise einen selbständigen Beitrag zur Geschichte der europäischen Architektur, nicht nur in bezug auf die zweckmäßige Bauform der protestantischen Kirche, sondern auch die großen Herausforderungen betreffend, die an der Schnittstelle zwischen den architektonischen und ingenieurfachlichen Lösungen entstehen. Hierzu gehören die statischen Berechnungen der Kuppelform, der Säulen, der Druckentlastung der Wände und die Berücksichtigung der technologischen Entwicklungen der damaligen Zeit beim Einsatz von Warmluft, Gasbeleuchtung, Asphalt[55], glasiertem Ziegelstein, kombiniert mit einer sicheren und gut gestalteten künstlerischen und architektonischen Form.

Unter diesem Gesichtspunkt können die Wettbewerbszeichnungen als Prototyp der Apostelkirche betrachtet werden, wo die innere Kuppel wie ein großes Ei zusammen mit den anderen statischen Berechnungen mit genialer Einfachheit gestaltet ist. Der Druck der äußeren leichten Dachkonstruktion und des inneren Ziegelsteingewölbes wird auf die Seitenwände abgeleitet, wo die Form des griechischen Kreuzes durch die Strebebogen ersetzt wird. Alles scheint in seiner Form fertig überprüft und feingeschliffen zu sein, wobei Details und immer größere konstruktive Einheiten in einem umfassenden und zum Himmel strebenden Ganzen übereinstimmen.[56]

Errichtung der Dreifaltigkeitskirche

Der Architekt H. E. Schirmer, der Chateauneufs Bauleiter bei der Erlöserkirche gewesen war, ergriff nicht nur die Initiative, dessen 24 Jahre alten Meistergesellen Wilhelm von Hanno (1826–1882)[57] sofort nach seiner Ankunft 1850 in Norwegen zu engagieren, sondern trug wesentlich dazu bei, daß von Hanno die Rolle des verantwortlichen Architekten bei der Errichtung der Dreifaltigkeitskirche übernehmen konnte.[58] Mit großem Eifer muß sich dieser allen Anforderungen der Bauausführung gestellt haben. Hauptsächlich hielt man sich an Chateauneufs Wettbewerbsentwürfe. Die von diesem selbst noch vorgeschlagene Verwendung von polierten Granitsäulen und Marmor hätten zwar die Kirche geschmückt[59], doch die Finanzierung des Baus grundsätzlich in Frage gestellt. In zwei Etappen wurden Kompromißlösungen auf der Grundlage der Ausschreibungszeichnungen ausgearbeitet, um sich dem Budget von 95.000 Spd. zu nähern. Der Grundstein wurde am 20. April 1853 gelegt. Bei der Einweihung am 28. April 1858 lagen die Baukosten dennoch bei fast 150.000 Spd, d.h. zehnmal höher als 1856 bei der St.-Olavs-Kirche.

Eine nazarenische Altartafel

Es ist anzunehmen, daß Chateauneuf dem Vorstand der Kunstvereinigung Christiania auf deren Sitzung am 9. Juni 1849 Skizzen für eine neue Altartafel für die Erlöserkirche in Christiania vorgelegt hat. Auf Vorschlag Chateauneufs wurden die vier deutschen Maler Ernst Deger (1809–1885), Karl Müller (1818–1893), Alfred Rethel (1816–1858) und Jacob Eduard von Steinle (1810–1886) zu einer Konkurrenz eingeladen. Letzterer gewann den Wettbewerb, bei dem das Motiv „Christus in Gethsemane“ vorgegeben war.[60] Auf diese Weise beendete Chateauneufs kurzer Aufenthalt in Christiania ganz unerwartet den Streit um die Altartafel[61] und die neuen Impulse nazarenischer Tradition in der norwegischen Altarmalerei, deren schöpferischer Vertreter Christen Brun (1828–1905)[62] war. Bemerkenswert ist auch die Haltung des Malers Adolph Tidemand (1814–1876)[63], der so seinen Auftrag für die Erlöserkirche verlor, gegenüber den nazarenischen Traditionen, als er als älterer Mann den Auftrag für das Gemälde „Die Taufe Christi“ für die Erlöserkirche (1868) erhielt.

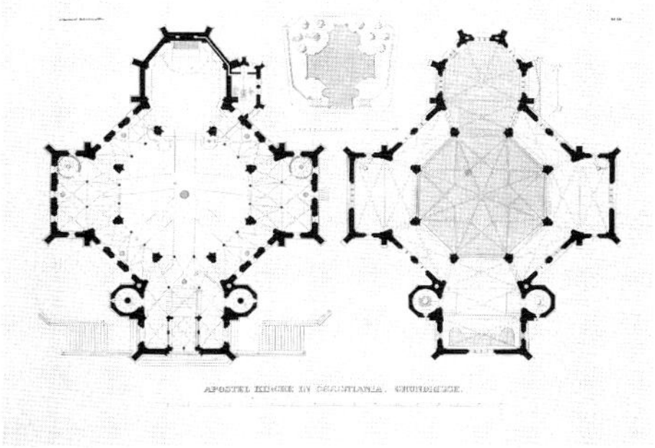

Grundrisse des überarbeiteten Wettbewerbsentwurfs für die Dreifaltigkeitskirche in Christiania (Oslo) **(WV 130)**

Das Stortinggebäude

Kurz vor seiner endgültigen Abreise aus Christiania im August 1850 beschäftigte sich Chateauneuf intensiv mit einem Projekt für das Stortinggebäude.[64] Sein Entwurf zeigt den Einfluß der funktionellen Gestaltung des britischen Parlaments, wobei der Saal des Parlaments die Form eines Langschiffs mit von beiden Langseiten einfallendem Licht aufweist. Zum Vergleich ließen Linstow und Grosch in ihren Projekten den Saal vom Baukörper umschließen. Bei der endgültigen Lösung des schwedischen Architekten Langlet wird eine Kombination dieser zwei Hauptkonzepte für den Standort des Parlaments vorgeschlagen. Entsprechend den Entwürfen für das Hamburger Rathaus von 1845 ist Chateauneuf am Eingangsbereich des Bauwerks interessiert, wo eine oktogonal erhöhte Kuppel über einem breit angelegten repräsentativen Treppenaufgang eine symbolträchtige Bedeutung für Bauwerk und Stadt versinnbildlicht. Wie bei der Dreifaltigkeitskirche schlägt er ein rautengemustertes Schieferdach vor, während die Fassaden lombardische Züge mit breiten horizontalen Bändern[65] aufweisen sollen.

Der Hauptbahnhof

Bei den von Chateauneuf 1842–1846 in Hamburg und dem Vorort Bergedorf errichteten Bahnhofsgebäuden wird Hanno sicher nützliche Erfahrungen und Eindrücke gesammelt haben.[66] Dennoch konnte Arne Brenna nicht konkret nachweisen, ob Hanno 1852–1854 bei der Errichtung des Hauptbahnhofs von Christiania eine bedeutende Rolle gespielt hat, wo Hanno eine Teilhaberschaft mit Schirmer eingegangen war. Unter Hinweis auf Günther Lange unterstreicht deshalb Brenna, daß Alexis de Chateauneuf wahrscheinlich allein mit seinem Plan für die Errichtung einer ehrgeizigen, historischen Architektur für eine Bahnhofshalle in Hamburg steht. Nach dem Muster englischer Baukunst zur Zeit der Gotik wird die Bahnhofshalle als einheitlicher Raum ohne inwendige Säulen oder Pfeiler gestaltet.[67]

Entwürfe für Möbel

Bei seinen drei Besuchen in Christiania 1847–1850 entwarf Chateauneuf auch Möbel für ein Speisezimmer der Familie Carl Collett. Diese Möbelgarnitur besteht aus zwölf Stühlen, einem Speisezimmertisch, einem Teetisch und einem Büffet, das sich heute im Besitz der Familie Isachsen befindet.[68]

Stephan Tschudi-Madsen[69] machte eine bemerkenswerte Entdeckung, die einen Vergleich des Wirkens von Chateauneuf mit der Arts & Craft-Bewegung um 1900 zuläßt, indem der Künstler ein zusammenhängendes Design von Interieur und Möbeln schuf, wie es auch für das Stadthaus Abendroth in Hamburg angenommen werden kann. *(aus dem Norwegischen von Ingrid Galgerud)*

Anmerkungen

1 Schumacher 1955, S.53.
2 Die 1965 publizierten Arbeiten von Lange und Tschudi-Madsen stellen die ersten und grundlegenden Studien über Leben und Werk des Architekten dar.
3 Freundlicher Hinweis von David Klemm.
4 Aslaksby 1998, S.552, gibt Beispiele für den Einfluß deutscher Publikationen. Vgl. Chateauneuf, Domestica, 1839.
5 Bjerkek 1982.
6 Eldal 1983.
7 Linstow 1838.
8 Linstow meinte wohl eine neue Garnisonskirche und nicht die spätere katholische Kirche. Vgl. Bjerkek 1976. Als Antwort auf einen Diskussionsbeitrag von Thm. Thiis-Evensen, siehe auch Bjerkek 1977 (III).
9 Eldal 1982.
10 Aslaksby/Hamran 1986, App. I, Sp. 37, S.62. Die von Grosch an Schinkel gesandte Beschreibung ist datiert auf den 28.02.1838.
11 Morgenbladet, 14. Sept. 1838, S.2.
12 Ebd.
13 Ebd.
14 Constitutionelle, 7. Nov. 1841, Nr. 311, S.3. Vgl. dazu WV 64.
15 Ebd.
16 Als Grosch 1846 vom Amt für Kirchenaufsicht ersucht wurde, seine Projekte für die Erlöserkirche einzureichen, reiste er als Stipendiat nach England und Deutschland. Es ist wahrscheinlich, daß er bei dieser Gelegenheit das Ehepaar Chateauneuf in Hamburg besuchte.
17 Brandt, W.: Ahnentafel der Stifterin Baronesse Kaspara von Rachnitz, die gemäß ihrem Testament (ebenso ihren Vorfahren mütterlicherseits) vorzugsweise an ihren Stiftungen berechtigt ist, Christiania im Februar 1902 (Nationalbibliothek Oslo).
18 Zu Benthien vgl. Bjerkek 1982 (II).
19 Myklebust 1986.
20 Grosch zufolge war eines der drei Projekte das Werk eines anonymen Architekten. Aller Wahrscheinlichkeit stammte es jedoch von Grosch selbst. Es kann aber nicht ausgeschlossen werden, daß es in enger Zusammenarbeit und Absprache mit seinem Verwandten Heinrich Voss in Hamburg ausgeführt wurde. Denkbar ist auch, daß er auf seinen Studienreisen nach England und Deutschland Kontakt zu den Berliner Architekten Friedrich August Stüler oder Johann Heinrich Strack hatte.
21 Brief von Chateauneuf an den Rat der Stadt Christiania vom 05.07.1847.
22 Dabei setzte er voraus, daß er genaue Vermessungszeichnungen, natürlich von Grosch, erhalten würde.
23 Schreiben von Chateauneuf an den Rat der Stadt Christiania vom 07.08.1847. Stadtarchiv Oslo, Archiv des Amtes für Kirchenaufsicht.
24 Insgesamt hielt sich Chateauneuf dreimal in Christiania auf:
1. Seine junge Ehefrau kam allein in Christiania am Freitag, dem 04.06.1847, an, während Chateauneuf zum ersten Mal am Freitag, dem 23.07.1847, eintraf. Nach zwei Wochen verließ das Ehepaar die Stadt am Samstag, dem 07.08.1847.
2. Chateauneuf kam zum zweiten Mal zusammen mit seiner Ehefrau nach Christiania am Freitag, dem 25.05.1849. Nach vierwöchigem Aufenthalt verließen sie die Stadt am 29.09.1849.
Zum dritten und letzten Mal kam Chateauneuf mit seiner Ehefrau am Freitag, dem 17.05.1850, nach Christiania. Nach drei Monaten verließ er die Stadt allein bei nichtregistrierter Abreise, wahrscheinlich am 17.08.1850.
25 Dieser Zusammenhang wurde durch Tschudi-Madsen 1965, S.43, aufgezeigt, und läßt Chateauneufs Abreise am 07.08.1847 nach Korsör auch im Hinblick auf Schloß Frederiksborg interessant erscheinen.

26 Schreiben von J. S.Welhaven an Bürgermeister Bretteville am 03.02.1849. Stadtarchiv Oslo, Archiv des Amtes für Kirchenaufsicht. Vgl. Morgenbladet, 6. Februar 1849, Nr. 37, S.1-2.
27 Morgenbladet, 8. Februar 1849, Nr. 39, S.3.
28 Bjerkek 1986.
29 Anläßlich des Richtfestes hatte Professor Welhaven ein Huldigungsgedicht verfaßt, das vom Zimmermeister Bielenberg vorgetragen wurde.
30 Bjerkek, 1978.
31 Bjerkek, 1979, S.64.
32 Über die große Feuersbrunst in Hamburg wurde u.a. in Morgenbladet 1842, Nr. 133, 134 und 136 berichtet.
33 Gutachten von Chateauneuf vom 7.08.1847.
34 Ebd.
35 Ebd.
36 Dieses Argument benutzte auch das Amt für Kirchenaufsicht in seinem Vorschlag an den Magistrat vom 26.02.1849. Stadtarchiv Oslo, Archiv des Amtes für Kirchenaufsicht.
37 Diese Karte ist bisher noch nicht aufgefunden worden.
38 Ebd.
39 Chateauneuf erwähnt natürlich nicht, daß das Grundstück für die neue Kirche direkt oberhalb des Gartens des Apothekers Peter Möller in der Akersstraße 67 liegen würde. Peter Möller war der Onkel seiner Ehefrau Kaspara. Zu Linstow vgl. auch Anmerkung 7.
40 Stadtarchiv Oslo, Archiv des Amtes für Kirchenaufsicht. Brief des Bürgermeisters Bretteville an Chateauneuf vom 20.04.1849.
41 Gemäß Dokumenten der Gemeinde Christiania vom 23.04.1851.
42 Leider konnten nur die Ausschreibungszeichnungen von Chateauneuf nach der letzten großen Kulturausstellung auf der Festung Akershus anläßlich der 300-Jahrfeier von Oslo 1924 wiedergefunden werden.
43 Es handelt sich um ein Studienblatt für eine Konsole (Lit. L).
44 Stadtarchiv Oslo, Archiv des Amtes für Kirchenaufsicht. Brief von Chateauneuf an Bürgermeister Bretteville vom 22.10.1849.
45 Das ist eine unbeachtete, aber wichtige Einschätzung und Erklärung darüber, wie eine protestantische Kirche am besten gestaltet sein sollte, um Funktionen und Zeremoniell eines Gottesdienstes wahrnehmen zu können.
46 Stadtarchiv Oslo, Archiv des Amtes für Kirchenaufsicht. Brief von Chateauneuf an Bürgermeister Bretteville vom 22.10.1849.
47 Das sind die ersten und klaren Äußerungen Chateauneufs darüber, daß seine Wettbewerbsentwürfe von 1849 als der Beginn einer notwendigen Weiterentwicklung des Kirchenprojekts der Apostelkirche in Christiania zu betrachten sind.
48 Stadtarchiv Oslo, Archiv des Amtes für Kirchenaufsicht. Brief von Chateauneuf an Bürgermeister Bretteville vom 22.10.1849.
49 Stadtarchiv Oslo, Archiv des Amtes für Kirchenaufsicht. Schreiben Nebelongs an den Magistrat vom 30.10.1849; beliegend Zeichnungen und ein kurzgefaßter Kostenvoranschlag.
50 Stadtarchiv Oslo, Archiv des Amtes für Kirchenaufsicht. Schreiben von Schirmer an Bretteville vom 30.11.1849.
51 Dieser Zusammenhang wird besonders unterstrichen von Norberg-Schulz 1958, S.251; vgl. auch Hartmann 1931.
52 Als Ergebnis dieser Diskussionen vgl. u.a.: Entwürfe zu Kirchen, Pfarr- und Schul-Häusern. Zum Amtlichen Gebrauche bearbeitet und herausgegeben von der Königlich Preussischen (Technischen) Ober-Bau-Deputation, Potsdam 1844, 1852 und Berlin 1859. Die Diskussion, die zum Eisenacher-Regulativ von 1861 führte, begann wahrscheinlich als Alibi für die groß angelegte Restaurierung des Kölner Doms durch König Friedrich Wilhelm IV. Mit dem umfassenden Werk des Theologen Ch. C. J. Bunsen über „Die Basiliken des christlichen Roms nach ihrem Zusammenhange mit Idee und Geschichte der Kirchenbaukunst" (München 1843) wurde der Langschiffkirche gegenüber der Zentralkirche deutlich der Vorrang eingeräumt. Zu den wichtigen Punkten des Eisenacher-Regulativ vgl. Fritsch 1893, S.238 ff. Vgl. auch Brathe 1906.
53 Vg. das Vorwort in Chateauneuf, Publica, 1860.
54 Vgl. grundlegend Bjerkek 1977.
55 Bjerkek 1977 (II). Es war eine technologische Innovation, Asphalt 30 Jahre vor der Anwendung auf Straßen zu benutzen. Da Asphalt doppelt so teuer war wie Holz, wurde er nur in den Gängen verwendet. In diesem Artikel wird die entsprechende Anwendung von Asphalt in der St.-Petri-Kirche 1850 bestätigt, erwiesen und dokumentiert von Wolfgang Gross.
56 Bjerkek 1978.
57 Bjerkek 1983.
58 Schirmer und von Hanno gründeten 1853 eine Arbeitsgemeinschaft. Sie wurde 1862 kurz vor der Ausschreibung für die Grönland-Kirche aufgelöst, als Hanno für die Form der Langschiffkirche eintrat, während Schirmer eine Zentralkirche favorisierte.
59 Stadtarchiv Oslo, Archiv des Amtes für Kirchenaufsicht. Schreiben Chateauneufs vom 26.07.1850 an den Magistrat.
60 Bjerkek 1979. Das Gemälde von Steinle blieb von 1850–1950 in der Erlöserkirche und befindet sich heute in der Kirche Asak im Bezirk Östfold, in der Nähe der Stadt Halden.
61 Der Streit um die Altartafel war entstanden, nachdem Professor J. S.Welhaven 1843 Vorsitzender der Kunstvereinigung Christiania geworden war und es zu einem Bruch mit dem Kunstmaler Adolph Tidemand kam.
62 Thomsen 1982.
63 Malmanger/Sørensen 1986.
64 Vgl. ausführlich WV 132.
65 Vgl. Chateauneuf, Parlamentshäuser, 1836.
66 Zit. nach Lange 1965, S.38ff.
67 Brenna 1997, S.24.
68 Drei der Skizzen von Chateauneuf für die Möbel befinden sich im Staatsarchiv Oslo.
69 Tschudi-Madsen 1965, S.69.

Innenraum und Ausstattung

Als der bedeutende Kunstverständige und Gründungsdirektor des ersten Königlichen Museums in Berlin, Gustav Friedrich Waagen, 1835 seine Vaterstadt Hamburg auf der Reise nach London besuchte, fand er hier zu seiner großen Freude in Alexis de Chateauneuf nicht nur einen sehr guten Cicerone, sondern auch Zeichen eines „neuen Kunstlebens" vor. In dem damals Achtunddreißigjährigen sah er „nicht allein einen der Architecten, welche in dieser Kunst einen gediegenen Geschmack in Hamburg begründet haben, sondern (der) auch von dem lebhaftesten Interesse für jegliche Kunst erfüllt ist. ... Mit besonderem Vergnügen gewahrte ich aber zwei Eigenschaften, welche die Begründung und höchste Ausbildung des Architecten bedingen. Die erste ist die solide Durchbildung des Handwerks, welche ich hier durch alle Theile, vom rohen Mauerwerke und Gebälk bis zu den letzten Verkleidungen, verfolgen konnte. ... Die zweite Eigenschaft besteht darin, daß der Architect sich sein Werk sogleich mit dem Schmuck der Bildhauerei und Malerei denkt, welche sich dazu verhalten, wie die Blüthe zum Baume."[1] Aus der Anschauung von Chateauneufs Hauptwerk im privaten Wohnbau, dem Haus Abendroth, hat Waagen das künstlerische Anliegen des Architekten treffend so charakterisiert, wie es dieser selbst definiert hat. Dieses Selbstverständnis des Künstlers spiegelt sich in seinen Korrespondenzen wie in seinen Veröffentlichungen, der „Architectura domestica" (1839) und der in London publizierten Schrift „The Country House" (1843).[2] Vor allem die Interpretation von Architektur als Gesamtkunstwerk, ihre Verbindung mit den „Schwesterkünsten" Malerei und Skulptur war sein immer wieder verfochtenes Credo: „Ich beneide wahrlich keinen meiner Collegen, welcher ohne Hilfe der Schwesterkünste dem starren Element der eigenen Kunst allein seine Triumphe verdanken will."[3] In einigen seiner Privatbauten, die im folgenden Beitrag in einer Auswahl behandelt werden, konnte er dieses Konzept dank des Kunstverstandes seiner Auftraggeber, wie z.B. Karl Sieveking, und ihrer finanziellen Mittel, die allerdings nur für das Haus August Abendroths fast uneingeschränkt verfügbar waren, umsetzen. Zweckmäßigkeit, Bequemlichkeit und repräsentative Funktionen waren bestimmende Kriterien für seine Bauten. Er besaß ein besonderes Geschick, sie in gelungenen, auch originellen Lösungen miteinander zu vereinen. Seine Klientel war das hanseatische Großbürgertum, vor allem in Hamburg, aber auch in Lübeck, in Städten, deren kaufmännischer, auf Prosperität gerichteter Geist sowohl der Kunst wie den Zeugnissen der Vergangenheit selten eigenständigen Wert zugemessen hat. Deshalb, aber auch aufgrund der Kriegszerstörungen sind in Hamburg heute wenige seiner Bauten erhalten. Von den Privatbauten Chateauneufs ist allein

Treppenhaus des Stadthauses Abendroth vor dem Abbruch, Photographie um 1905 (**WV 36**)

das Herrenhaus Sierhagen im Außenbau wie in der Inneneinrichtung nahezu unverändert geblieben. Da Chateauneufs Bauten sehr lückenhaft dokumentiert sind, die Innenräume fast nur durch seine eigene Veröffentlichung „Architectura domestica" in einer Auswahl, die meisten Entwürfe verbrannt und kaum durch beschreibende Texte und Fotos faßbar sind, läßt sich über die Raumdisposition hinaus von der Ausstattung seiner Häuser oft nur ein unvollkommenes Bild gewinnen. Vermutlich beschäftigte er sich vorrangig mit den Repräsentationsräumen. Auf seine Entwürfe dürfte nur ein Teil der mobilen Ausstattung, sei es raumweise oder als Einzelstück, zurückgehen, was aber selten gesichert ist, wie teilweise für den Sievekingschen Hammerhof oder das Haus Abendroth. Das Erhaltene ist auch in diesen Fällen meist Fragment. Eine glückliche Ausnahme sind zwei vollständige Innendekorationen, die vor dem Abbruch der Häuser ausgebaut werden konnten und sich heute im Museum für Kunst und Gewerbe befinden: das Kabinett aus dem Hammerhof und das Eckzimmer des Hauses Abendroth.[4] Chateauneuf wird wohl auch die Wahl des ausführenden Tischlers getroffen und die handwerkliche Qualität der Arbeit überwacht haben. Sehr wahrscheinlich gab er Aufträge und, vielleicht auch unabhängig davon, Entwürfe an das Hamburger Tischleramt, das im ersten Drittel des 19. Jahrhunderts überregional einen ausgezeichneten Ruf besaß.[5] Auf seine guten Beziehungen zu dieser Institution läßt der Auftrag für den Neubau des 1819 gegründeten Mobilienmagazins, des Schau- und Verkaufsraumes, nach dem Großen Brand von 1842 schließen.[6] Seine Entwurfstätigkeit für ein Einzelstück ist nur einmal belegt. Gegenüber dem Maler Julius Milde (1803–1875), der im neuerworbenen Haus von Christian Adolf Nölting 1835–1837 Zimmer ausgemalt hatte, schwärmte dessen Gattin, Henriette Nölting, am 27. Dezember 1837 von einem Möbel, das sie vermutlich zu Weihnachten geschenkt bekommen hatte: „... welch schönen Schrank habe ich von Ad. bekommen. ... Chateauneuf hat Fuß und Krönung dazu gezeichnet, u. Schumann es ausgeführt. Nie sah ich in Holz was schöneres an Glut und Feuer der Farben."[7]

Stuckdetail aus dem Speisezimmer des Herrenhauses Sieveking (**WV 10**)

Daß die Auftraggeber eines von Chateauneuf umgebauten oder auch neu errichteten Hauses nicht eine vollständig neue Ausstattung anfertigen ließen, sondern Möbel aus ihrem bisherigen Wohnsitz dorthin überführten oder andernorts erwarben, ist am Beispiel des Landhauses für den Lübecker Senatssyndicus Dr. Carl August Buchholz nachzuvollziehen.[8] Ein um 1840 entstandenes Aquarell zeigt den Saal mit der Wanddekoration Chateauneufs, aber wie üblich bestückt mit nicht unmittelbar zusammengehörigen Möbeln, darunter keines, das sich dem Architekten zuschreiben ließe.[9] Noch heute sind zwei große Wiener Leuchter aus dem Landhaus erhalten.[10] Ähnlich war die Situation im Abendrothhaus, aus dem nach Familientradition französische Möbel in Privatbesitz erhalten sind.[11] Ähnlich Karl Friedrich Schinkel in Berlin oder Leo von Klenze in München umfaßte seine Tätigkeit aber auch Bereiche der Ausstattung, die in Zusammenarbeit mit ganz anderen Gewerken, etwa dem Eisenguß, ausgeführt werden mußten.[12]

Chateauneufs erster bedeutender Auftrag war der Umbau des Herrenhauses Sierhagen.[13] Für Mogens (Magnus) Joachim Scheel Plessen (1782–1853), der es 1809 geerbt hatte, sollte er das Haus in einen angemessenen Sitz für die Ansprüche eines in dänischen Diensten aufsteigenden Herren verwandeln. Wir kennen die Raumstruktur des nach der Mitte des 18. Jahrhunderts zu einem ansehnlichen Schlößchen vereinheitlichten Vorgängerbaus nicht und wissen auch nicht, ob Mogens Scheel-Plessen schon bald nach Antritt seines Erbes Veränderungen vornahm.[14] Chateauneuf schuf ein um ein Stockwerk erhöhtes Gebäude von schlichtem Äußeren, das bis auf das Portal und die feine Einfassung des Giebels am leicht vorspringenden Mitteltrakt der Zufahrtsseite, ohne architektonisch-ornamentale Gliederungselemente, ausschließlich vom Verhältnis von Wand und Fensteröffnung bestimmt und darin ganz aus dem Innenbau heraus entwickelt ist (Abb. S.160). Er hatte Vorhandenes zu berücksichtigen, dennoch entstand ein großzügiges und zweckmäßiges Wohnhaus mit einer Folge von Gesellschaftsräumen im Erdgeschoß, die Repräsentation und Wohnlichkeit glücklich miteinander verbinden und zudem durch die noch immer dominierende Ausstattung aus dem frühen 19. Jahrhundert beeindrucken.

Anders als im typischen schleswig-holsteinischen Herrenhaus betritt man nicht als erstes eine große, oft zweigeschossige Halle, von der aus sich das Haus erschließt. Ein T-förmiges, schmales Vestibül, begleitet von Nebenräumen und der Treppe, führt gegenüber dem Eingang in den Saal des Hauses, den Roten Salon. Seine Südlage entspricht Chateauneufs Forderung nach Rücksichtnahme auf das Klima des Nordens und die Bequemlichkeit der Bewohner, die durch einen mit einem Figurenfries geschmückten Portikus den Park betreten konnten. Zugleich schließen sich an die Schmalseiten die weiteren, durch eine kleine Enfilade verbundenen Gesellschaftsräume an: links Grauer Salon, Billard- und Teezimmer.[15] An der Westseite sind es der Gelbe Salon und das Blaue Speisezimmer sowie nach Süden die auf zwei kleine, grün gestrichene Kabinette verteilte Bibliothek, von denen der kreuzgratgewölbte Raum mit einer Ofennische älteren Baubestand enthält.

Schrank aus dem Herrenhaus Sierhagen

Repräsentativ-festlichen Charakter verleihen dem Saal die karmesinrote Wandbespannung[16], weiß-golden gefaßte Zweiflügeltüren und an der Parkseite ebensolche Konsolen und Spiegel, die mit den hohen Öffnungen alternieren, durch die das Licht einfällt (Abb. S.161). Die leicht wirkende, feingliedrig stuckierte Decke ist in großformatige, vielfältig ornamentierte Kassetten gegliedert, zurückhaltend akzentuiert durch Vergoldung; in seiner plastischen Durchbildung ist das Relief vergleichsweise flach, wenn auch im Werk Chateauneufs eines der ausgeprägtesten. Alle anderen Räume erhielten lediglich eine Art Gebälk in der Formensprache des Klassizismus und eine meist aus Palmetten gebildete Rosette in der Deckenmitte.[17] Herausgehoben ist der elegante, aber auch intime Gelbe Salon, wie der Saal mit Spiegelkonsole zwischen den Fenstern, Seidentapete und abschließendem Konsolfries sowie einer Ofennische (Abb. S.161).

Die Spiegelkonsolen und Sitzmöbel in weiß-goldener Farbfassung waren damals sehr teuer und galten als exklusive Ausstattung für hochrangige Persönlichkeiten. Vielleicht deuten sie auf hochfliegende Zukunftspläne des Auftraggebers: 1829 wurde er in den dänischen Lehnsgrafenstand erhoben.[18] Diese Wanddekoration spricht eine andere Sprache als die, die wir aus den wenig später ausgeführten Innenräumen des Hammerhofes und des Landhauses Chapeaurouge kennen. Die Formen sind robuster, die Ornamentik weniger differenziert, sie korrespondieren darin mit Möbeln im Haus. In merkwürdigem Kontrast stehen dazu die zarten Stuckdekorationen, die dem Saal wie allen Räumen Leichtigkeit und vornehme Eleganz verleihen. Dieses Gestaltungsprinzip kehrt oft wieder. Dabei hat der Architekt die Kassetten der Decken auch diagonal gestellt, um den Raum größer wirken zu lassen, so im Landhaus Buchholz[19] und der gemalten Decke des Kabinetts im Hammerhof (Abb. Tafel 4).[20]

Die Autorschaft Chateauneufs für das Mobiliar ist nicht dokumentiert, aber nicht unwahrscheinlich.[21] Es ist nicht auszuschließen, daß Mogens Scheel Plessen, noch bevor er den Umbau veranlaßte, für seinen neuen Besitz andernorts Möbel bestellt oder erworben hat. In Farbigkeit und Stil korrespondieren mit der auf Weiß und Gold abgestimmten Wanddekoration des Saales mehrere Sitzmöbel, bilden aber damit kein Ensemble (Abb. S.161). Armlehnstühle von ungewöhnlichen Proportionen mit sehr hoher Rückenlehne, ein Kastensofa sowie Tabourets knüpfen an französische Empiremöbel von 1800 – 1820, an den von François H. G. Jacob-

Desmalter entwickelten Stil an, den auch Leo von Klenze um 1820 für das Palais Leuchtenberg in München gewählt hatte.[22] Für Chateauneuf beansprucht wurden bisher nur die Mahagoni-Armsessel des Gelben Salons (Abb. Tafel 7).[23] Sie erweisen sich als Varianten des Spätbiedermeier zu einem von Charles Percier popularisierten Empiremodell (Abb. links).[24] In Sierhagen ist das Ornamentale stark reduziert, das Konstruktive, anders als bei Percier, deutlich betont und verweist auf den Entwurf eines Architekten aus den Jahren 1825–1830. Die handwerkliche Ausführung ist qualitätvoller als bei den gefaßten Möbeln. Trotz des Kontrastes zwischen dem Prunk der plastischen Gestaltungselemente und der strengen Konsequenz des Aufbaus besitzt der Armsessel eine Leichtigkeit und eine Eleganz, die sich auch an den ebenfalls Chateauneuf zugeschriebenen Möbeln, z.B. des Abendrothschen Hauses, finden. Die weiß gefaßte Sitzgarnitur würde im Frühwerk des Architekten französische Kunst, der er in Paris während des Studiums bei Leclère, einem Percier-Schüler, direkt begegnet sein wird, vielleicht auch in der Variante Leo von Klenzes reflektieren. Der Armsessel zeigt eine sehr viel selbständigere Auseinandersetzung mit dem französischen Empire. Mit Chateauneuf läßt sich auch ein zweitüriger Kleiderschrank von schlichter, kraftvoller Eleganz verbinden (Abb. S.69). Seine Fronten gliedern großflächige Rahmenformen, die lebhafte Maserung eines feurigen Mahagonifurniers bestimmt seine Wirkung. Mit dem leicht vorspringenden Sockel korrespondiert der obere Abschluß als flacher Giebel auf einem reduzierten Konsolfries.

Charles Percier, Entwurf eines Armsessels

Der Hammerhof

Als der Syndicus Dr. Karl Sieveking (1787–1847) Chateauneuf 1829 mit dem Ausbau des Hammerhofes betraute, einem als Schule und Pächterwohnung umgebauten Bauernhaus, das er im Frühjahr 1829 geerbt hatte, waren sie etwa sieben Jahre miteinander bekannt.[25]

Karl und Caroline Sieveking führten ein lebhaftes geselliges Leben. Der Syndicus bekleidete hohe politische Ämter, die zu Repräsentation verpflichteten, und er nahm sehr lebendigen Anteil am Geistesleben, vor allem den bildenden Künsten; mit Carl Friedrich von Rumohr, der Künstlerfamilie Speckter, Otto Sigismund Runge und Carl Julius Milde war er befreundet.[26]

Das Haus sollte auch ihnen und der großen Familie ein Ort des Wohlbehagens sein. Im Herbst 1829 umriß Sieveking knapp sein Konzept: „Hauptsache wäre, das gänzlich verbaute Pächterhaus durch Ausbau des oberen Stockwerkes, des zur Schule und zur Haushaltung benutzen Teiles oder durch den Anbau einer Treppe und einer Veranda bewohnbar zu machen und mit der Gartenanlage zu verbinden.“[27] Er dachte sogar an die Erschließung seines großen Landbesitzes als Gartenstadt und appelliert an den Architekten: „Da haben Sie einigen Stoff, welchen ich Sie ersuche, aus Freundschaft für mich mit der Wärme Ihrer durch so viel neue Eindrücke belebten Imagination auszubeuten ...“ Seit August 1828 hatte Chateauneuf eine Studienreise unternommen, in England neue Materialien und Techniken studiert sowie Zweckmäßigkeit und Bequemlichkeit in den Privathäusern bewundert. Er reiste dann nach Paris, nach München, wo Klenze wirkte, und Berlin, zu seinem Freund Schinkel. Ein Jahr zuvor hatte Sieveking Paris und London besucht, durchaus mit dem Blick des zukünftigen Bauherrn auch für private Zwecke.[28] Im Frühjahr 1830 präzisierte er: „Ich möchte gern, daß das Haus nicht bloß Spuren ordnender Menschenhand, sondern auch mannigfacher ersonnener Benutzung an sich trüge, ... der Art, daß ich die vier Himmelsgegenden eines anständigen Pächterhauses durch Liebhabereien künstlerisch ausgestattet zu sehen wünsche.“[29] Für Chateauneuf bot sich hier wohl zum ersten Mal die so ersehnte Möglichkeit, seine Auffassung von der Verbindung zwischen Architektur, Malerei und Skulptur umzusetzen, und zwar zunächst an dem einzigen neu zu errichtenden Teil, dem oktogonalen „Turm der Winde“ an der Südseite des Hauses. Das auf die Winde bzw. die Zeit bezogene Programm einer plastischen Dekoration beschäftigte den gebildeten und phantasievollen Bauherrn lange, bis er die Idee aufgab.[30]

Im Äußeren blieb der Charakter des Bauernhauses mit tief herabreichendem Reetdach erhalten (Abb. S.173). Der östliche Teil wurde anderweitig genutzt, im westlichen aber nahm Chateauneuf eine Umstrukturierung vor, deren Ergebnis Günter Lange treffend charakterisiert hat: „Ähnlich den vorherigen Bauten (Herrenhaus Sierhagen und Landhaus Buchholz in Lübeck) ergab sich ein innen sehr bewegter und differenzierter Grundriß mit hohem Wohnwert, dessen Räume sehr ins Einzelne gehend auf die Bedürfnisse der Familie abgestimmt waren.“[31] Er verlegte den Eingang von der Nord- an die Schmalseite im Westen und stellte durch große Fenster und eine asymmetrisch vorgesetzte Veranda den Bezug zur Natur her, wie er es 1843 in der Schrift „The Countryhouse“ postulierte.[32] Nach englischem Vorbild war sie aus Gußeisen; sie führte ins Haus und an dessen Längsseite, wo sich eine Ansicht des Landschaftsgartens bot, zu einer Treppe ins Freie.

Von dem kleinen Vestibül aus erreichte man links ein Frühstückszimmer und den Saal, gegenüber ein Zimmer an der Veranda und in kurzer Enfilade ein Wohnzimmer sowie ein kleines Kabinett (Abb. Tafel 4). Wie später von Chateauneuf in seinem „Countryhouse“ gefordert, war das Vestibül mit Skulpturen, mit klassischen Büsten und einem Relief vom Parthenon ausgestattet, die Treppe durch eine Säulenreihe, einen „screen“, verborgen und als Übergang von außen und innen nicht sehr hell beleuchtet, so daß sich darauf ein Effekt vergleichbar der Wirkung Rembrandtscher Gemälde ergab.[33] Zugleich stimmte es den Besucher auf den Saal und das Kabinett als künstlerische Höhepunkte des Hauses ein, über das sich im übrigen auch eine bedeutende Gemäldesammlung verteilte.[34]

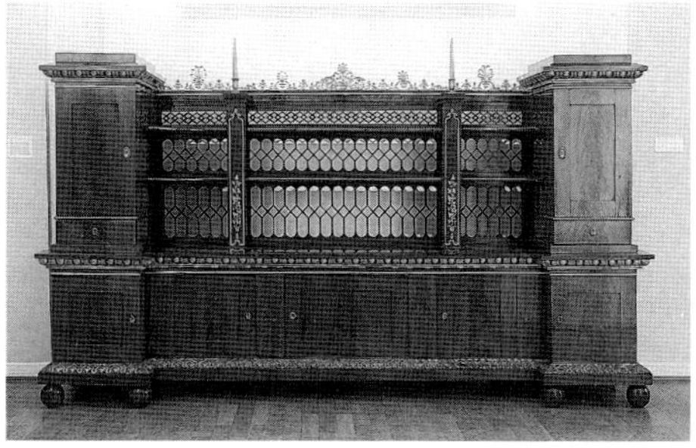

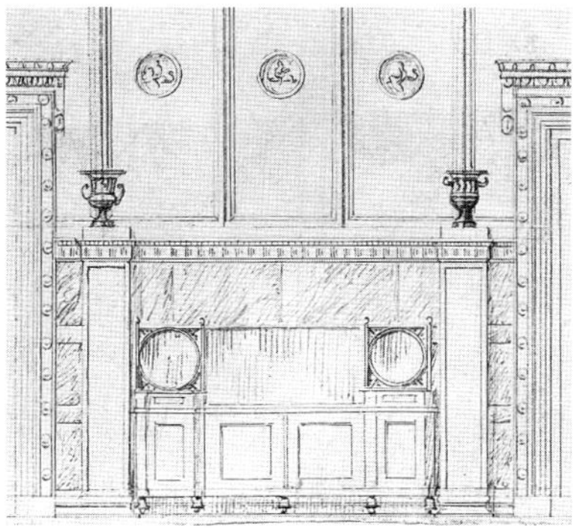

Alexis de Chateauneuf (?), Büffet, um 1820–1825 (oben), Entwurf für ein Büffet für das Landhaus der Familie Sieveking (unten)

Sieveking hatte sich den Saal in rustikalem Stil gewünscht: holzverkleidete Wände, ohne Schnitzwerk, „doch etwas gegliedertes Profil mit der Zimmeraxt gehauen, oben an den Balkengabeln etwa Hirschgeweihe um Laternen zu halten“; die Decke sollte rohe Balkenkassetten haben, die Wände in heiteren Farben gestrichen sein, als Schmuck schlug er einen Bildzyklus zu „Reinicke de Voß“ vor.[35] Doch hat Chateauneuf den Syndicus überzeugt, dem Klassizismus den Vorzug zu geben.[36]

Eigenhändige, farbig aquarellierte Aufrißzeichnungen, vielleicht Präsentationszeichnungen, und die „Architectura domestica“ überliefern uns die vornehm zurückhaltende Innenarchitektur des Saales (Abb. Tafel 3).[37] Klarheit, strenge Eleganz und eine heitere Farbigkeit zeichneten die zweigeschossige Wandgliederung aus: Die hellgrauen Paneele bildeten eine Zone der Ruhe über der gequaderten, blaß ziegelroten Sockelzone. In die Wandfelder waren Medaillons mit Götterdarstellungen eingelassen.[38] An drei Seiten des Raumes waren jeweils zwei Flügeltüren, an der Nordseite drei hohe Fenster eingeschnitten.[39] Aber als entscheidend für Eindruck und Charakter des Saales definierte der Architekt: „In diesem Saale wünschte der Bauherr, in besonderer Vorliebe für die Perikleische Kunstepoche, den Fries von Phigalia gemalt zu haben. Um in dieser gemalten Copie der Sculptur die verwirrenden Schlagschatten zu vermeiden, ordnete ich für den Grund der Relief-Figuren eine dunkel braunrote Farbe an. Obschon auf diese Weise der Fries durchbrochen genug erscheint, erforderte dennoch diese Darstellung eine nicht weniger kräftige Modelirung (sic) der Wände. Die pilasterartigen Träger der mit dem Fries harmonierenden dunkelfarbigen Vasen, mußten dazu aushelfen.“[40] Die Amazonen- und Kentaurenkämpfe der Metopen aus dem Apollontempel von Phigalia (Bassae) in Arkadien hatten Sieveking in London hingerissen. Das prachtvolle Stichwerk des Barons von Stackelberg zu diesen Skulpturen der griechischen

Klassik war damals bereits in seinem Besitz.[41] Ausgeführt hat den Fries Carl Julius Milde.[42] Chateauneufs Wandsystem ist nicht unverwandt Schinkels Ausstattung für die Wohnung des Kronprinzenpaares im Berliner Schloß von 1824–1827 oder dem Antikensaal im Schlößchen Tegel, ausgeführt 1821–1824.[43] Doch ist Chateauneuf strenger, in den Einzelformen aber feiner. Effektvolle Akzente bildeten aber auch die zwischen die hellen Pfeiler gesetzten, in strahlendem Blau bezogenen und mit goldenen Posamenten geschmückten schlichten Sofas. Unmittelbar in die Wandgliederung komponiert war auch an einer der Schmalseiten ein Schrank, wohl ein „Schenktisch".[44] Zweigeschossig, fast ohne Beschlagwerk, war dieses Möbel einfach, aber von monumentaler Wirkung. Als mobile Ausstattung ist ein Kupferstichtisch in der großen Fensternische überliefert.[45]

Schmuckstück des Hauses war das kleine Kabinett als Abschluß der Enfilade an der Gartenseite mit Malereien des jungen hochbegabten Hamburger Malers Erwin Speckter (1806–1835), den Chateauneuf und Sieveking förderten (Abb. Tafel 4 und 5).[46] Es befindet sich heute im Museum für Kunst und Gewerbe im Kontext eines ebenfalls von Speckter dekorierten Raumes aus dem Abendrothhaus und eines Zimmers aus Lübeck, das Carl Julius Milde ausgemalt hat. Sieveking hatte sich diesen Raum in Erinnerung an jene Schiffskabine gewünscht, in der er 1827 in diplomatischer Mission knapp drei Monate auf der „Marchioness of Salisbury" nach Rio de Janeiro glückliche Tage verbracht hatte.[47] Die geringe Deckenhöhe, die Proportionen wie die warmtonige Wandvertäfelung, das eingepaßte, schlichte Sofa und die verspiegelte Wand darüber dürften der Schiffskabine eng entsprechen. Die durch das große Fenster erreichte Helligkeit wurde durch die Spiegel erhöht, die das Kabinett zugleich größer wirken ließen. Die Spiegelfläche erhielt ihren besonderen Reiz durch die drei aufgesetzten, vergoldeten kandelaberartigen Motive, die dem Kabinett mit den Malereien Erwin Speckters Eleganz und Heiterkeit verliehen. Diese Dekoration verweist auf den Stil von Robert Adam (1728–1792), den Wegbereiter des Klassizismus in England. Ganz ähnliche Spiegeldekorationen hat er z.B. ab 1767 in der Bibliothek von Kenwood House, London, geschaffen.[48]

Erwin Speckter, Detail der Wandbemalung im Kabinett des Landhauses Sieveking in Hamm (**WV 23**)

Zum ersten Mal konnte Chateauneuf hier eine vollkommene Synthese von Architektur und Malerei realisieren. „Mein leider so früh dahingeschiedener Freund Erwin Speckter hat durch seine hohe Kunst diesen kleinen Raum zum reizendsten Aufenthalte gemacht. Ich beneide wahrlich keinen meiner Collegen, welcher ohne Hilfe der Schwesterkünste dem starren Elemente der eigenen Kunst allein seine Triumphe verdanken will."[49] Wahrscheinlich hatte Sieveking das Motto „Amor vincit omnia" vorgegeben. Für die Deckenmalerei entwarf Chateauneuf eine filigrane Dekoration im Geist Robert Adams in zwei Farbfassungen: Amor auf dem Pegasus, Symbol der Liebe als Beherrscherin der Künste, in der Mitte ist umgeben von den vier Elementen und diagonal gestellten Kassetten, in deren Dekor Attribute der Künste und phantastisch-groteske Wesen einbezogen sind.[50] Speckter arbeitete seit Anfang 1830 an Studien für die Wandmalereien, im Spätsommer schloß er seine Arbeit ab und zog nach Italien. Auf den großen Paneelen des zweigeschossigen, durch das Vorbild gegebenen Systems der Rahmenfelder ließ er Amor und Psyche, allein sowie als vereintes Liebespaar zu Seiten der Tür, und, unter dem Eindruck Philipp Otto Runges (1777–1810), die Personifikationen der Tageszeiten als Einzelfiguren schweben. Ihnen sind kleine querformatige Idyllen zugeordnet (Abb. links). Im Stil ist der Nazarener um Friedrich Overbeck in der Betonung des Umrisses und den starken, kompakten Farben deutlich, wobei auch formale Anregungen aus der pompejanischen Wandmalerei eingeflossen sind.

Ungewöhnlich ist die Technik, polychrom in Ölfarben auf hölzerne Wandfelder zu malen. Auch hierin könnte englischer Einfluß liegen. Für die beiden kleinen Möbelstücke, die Chateauneuf für das Kabinett entwarf, einen kleinen Schrank und den originellen Schreibtisch, kann dies vorausgesetzt werden (Abb. Tafel 4). Wir wissen nicht, inwieweit sie direkt auf die Ausstattung der Schiffskabine zurückgehen. Seit Robert Adam erhielten kostspielige Möbel mit fein strukturiertem Holz oft einen solchen preziösen Dekor. In Deutschland verwendete man selten Sepiamalerei[51], eine ähnliche Wirkung erzielte man in Süddeutschland mit der schwarzer Schablonenmalerei oder schwarzem Druck.[52]

Für den Hammerhof ist durch Entwurfszeichnungen Chateauneufs gesichert, daß er zumindest einen Teil der Möbel entworfen hat. Die auf die Architektur bezogenen, halbrunden Sofas im Frühstückszimmer und im Wohnzimmer zum Garten sind nicht erhalten. Als Typus ist der ebenfalls verlorene „Schenktisch" bemerkenswert (Abb. Tafel 4). Im Untergeschoß wurden zwei quadratische Felder von hochrechteckigen flankiert. Oben war der breite, zurückgesetzte Mittelteil von Aufsätzen gerahmt, deren Front als dominierendes Motiv über einer Schubalde jeweils eine einbeschriebene, große kreisrunde Form zeigte; ihren Kanten waren Säulen vorgesetzt, die in Pinienzapfen über dem Gesims endeten. Es handelte sich um eine Frühform des Büffets, das als in England entwickeltes Behältnismöbel damals über den Norden in Deutschland Fuß zu fassen begann. Die Kombination eines in mehrere Kompartimente aufgeteilten Schrankes mit einer Abstellfläche oder einem Regal war zweckmäßig und eignete sich zugleich zum Repräsentieren. Ein zweites, Chateauneuf zugeschriebenes Büffet von eindrucksvollen Dimensionen, als Leihgabe im Museum für Kunst und Gewerbe, dürfte früher entstanden sein (Abb. S.81).[53] Eindeutig tragen die eleganten Stühle in Privatbesitz seine Handschrift (Abb. Tafel 6).[54] Familientradition und ein Aquarell von Hermann Haase belegen ihre Herkunft aus dem Hammerhof.[55] Eine großzügige, fließende Linienführung zeichnet sie aus und läßt in der stark zurückgebogenen Rückenlehne den Typus des Klismos, aber auch des Gondelstuhls anklingen. Die Rückenlehne zieren Perlenmotive, das Brett ein feiner Faden aus Ahorn. In flachem, sehr differenzierten Relief sind an der Zarge und unter dem Brett der Rückenlehne Voluten und stilisierte Blattmotive in das Mahagoniholz geschnitzt. Die nahezu organische Lebendigkeit des Möbels findet sich, weniger ausgeprägt, an einem Stuhlmodell Schinkels für das Prinz-Albrecht-Palais.[56]

Anonym, 1834, Knowle Cottage, Sidmoth, Devon

Der Hammerhof mit dem Kontrast zwischen Bauernhaus und anspruchsvoll luxuriöser, großbürgerlicher Wohnkultur fand die Bewunderung der Zeitgenossen. Ein Festsaal mit antikisierender Wanddekoration, kostspielig ausgestattete Salons unter dem bäuerlichen Reetdach entsprachen einem in England unter dem Einfluß des „Picturesque" um 1800–1810 entwickelten Landhaustyp, dem „cottage orneé" (Abb. rechts).[57] Der berühmteste Schöpfer solcher oft bizarren „cottages", John Nash (1753–1835), forderte „natürliche Häuser" in einer „natürlichen" Landschaft, in der Regel auf asymmetrischem Grundriß, mit Ausblicken in den Park und gegebenenfalls einer aufwendigen Inneneinrichtung, und kreierte damit in Englands begüterten Kreisen eine Mode. Bauherr wie Architekt dürften solche Landhäuser gekannt haben.

Landhaus Chapeaurouge

Kurze Zeit, nachdem Chateauneuf den Hammerhof umzugestalten begonnen hatte, erhielt er von Ami de Chapeaurouge (1800–1860), wohl auf Empfehlung von Karl Sieveking und seiner Frau, der Schwester des Bauherrn, den Auftrag, das 1830 erworbene Sommerhaus des Senators am Harvestehuder Weg 27 zu einem herrschaftlichen Landhaus umzubauen (Abb. Tafel 2 und S. 178).[58] Es entstand ein zweigeschossiges, schlichtes Gebäude mit einem Walmdach. An der Hauptfassade ergab sich aus der Anordnung der gerahmten Öffnungen eine risalitähnliche Akzentuierung der Mitte, vor die Gartenfront, zur Alster hin, setzte Chateauneuf eine breite

Veranda, die im 1. Stock einen kleinen Altan trug. In seiner nahezu symmetrisch um den Saal in der Mitte geordneten Raumstruktur des Erdgeschosses ähnelt es dem Herrenhaus Sierhagen.[59] Anders als dort, lagen im 1. Stock an einem über die gesamte Breite des Hauses laufenden Korridor mehrere, untereinander verbundene, meist quadratische Zimmer sowie zwei gefangene Raumeinheiten.[60] Das unprätentiöse, schmale Vestibül, neben dem sich ein Empfangsraum und die Treppe befanden, öffnete sich in die weite, von der Gartenseite her lichtdurchflutete Halle mit der überraschenden, über einem Halbkreis eingestellten Säulenreihe korinthischer Ordnung (Abb. S.178). Durch die Säulenreihe kaum wahrnehmbar, mündeten acht Türen in den Saal. Die Zweischichtigkeit des Raumes betonte eine auf den wahrscheinlich mit Seide ausgeschlagenen Wänden umlaufende helle Blende, die die Türen miteinander verband und dem Raumgefüge Halt gab. Rechts lagen, getrennt durch ein kleines Kabinett, zwei quadratische Gesellschaftsräume, links der Speisesaal und an der Gartenseite ein Kabinett. Der langgestreckte Speisesaal, dessen Ecken abgerundet waren, besaß an einer Schmalseite eine rechteckige Nische für einen „Schenktisch“. Als Schmuck hatte Chateauneuf an den Längsseiten einen Jagdfries vorgesehen. Ein Entwurf, wohl von Erwin Speckter, zeigt, in eine fortlaufende Volutenranke komponiert, Diana, eine Amazone, eine Dornauszieherin, Kentauren und Faune sowie Tiere der Jagd.[61] Das Landhaus Chapeaurouge gehörte zu den schönsten und originellsten in Hamburg. Enthusiastisch schrieb Karl Sieveking seiner Frau: „Das Haus ist wirklich geschmackvoll ausgebaut und dekoriert. Die Halle mit dem Halbkreis von corinthischen Säulen, der Eßsaal mit dem reichen Schenktisch, goldenen Leisten und leichten herkulaneischen Verzierungen werden in unserer Nähe schwerlich übertroffen.“[62]

Die Idee, dem quadratischen Saal im Halbkreis eine Säulenreihe einzustellen, war außerordentlich originell. Es entstand ein komplexes Raumgefüge von großem ästhetischen Reiz, in dem sich zwei geometrische Formen durchdringen. Die Stuckdekoration der Decke verdeutlicht die Komplexität; der Mittelpunkt ihres radialen, an das Halbrund führenden Systems liegt nicht an der Peripherie des Raumes, sondern ist nach innen verlegt, um den Eindruck von Weite und Großzügigkeit zu verstärken. Es ergaben sich jedoch auch problematische Lösungen, wenn die Säulenreihe an der Gartenseite mit einem Eckpilaster in die Umfassungswände zurückgeführt wird und die flankierten Türen deshalb keine gleichartige Rahmung erhalten. Dies mag Kritik gefunden haben. In diesem Sinne hatte Karl Friedrich Schinkel 1821 dem Entwurf Chateauneufs für die Singakademie in Berlin eine nicht befriedigende oder falsche Anwendung architektonischer Elemente vorgeworfen.[63]

Die Säulenreihe als Kolonnade hat als raumdurchlässiges Gestaltungselement eines Innenraumes nach der Mitte des 18. Jahrhunderts Eingang in die Profanarchitektur gefunden, in Speisesälen, Schlafzimmern und anderen repräsentativen großen Räumen. Das Motiv des „screening“ hat zuerst Robert Adam in England mehrfach zur Steigerung der Raumwirkung verwendet, im „Great Room“ (Bibliothek) in Kenwood House, London (ab 1764), und in Syon House, Middlesex (1760–1761).[64] Chateauneuf hat das Motiv auch im Hammerhof und im Haus Abendroth in Hamburg sowie seinem Entwurf für ein Countryhouse, jeweils im Vestibül bzw. dem Treppenhaus (Abb. S.76 und 189), verwendet.[65] Als erster scheint er die Säulenreihe, weniger raumteilend als raumfüllend, in einem Halbkreis angeordnet zu haben. Letzten Endes steht auch das im heute bekannten Werk Chateauneufs ungewöhnliche und in den Formen reiche Dekorationssystem der Stuckdecke in der Tradition Adams. Er wird entweder dessen Schöpfungen in England oder seine Publikationen gekannt haben.[66] Ganz in der Tradition der Mitte des 18. Jahrhunderts besonders spürbaren Orientierung der Hansestädte an England hat Ami de

Chapeaurouge, bestärkt von Karl Sieveking, einen englisch geprägten Stil gewählt. Eleganz und Bequemlichkeit waren ausschlaggebend.

Das Inventar des Hauses ist wohl vollständig verloren; ein Foto überliefert nur einige Möbel der Halle (Abb. S. 179). Leichte, grazile, fast fragil wirkende, aber bequeme Armsessel mit einer großen Sitzfläche zeigten, wie die 1828 nach seinem Englandaufenthalt entstandenen Möbel Karl Friedrich Schinkels für das Wohn- und Arbeitszimmer im Prinz-Karl-Palais, Berlin, deutlich den Einfluß englischer Vorbilder.[67] Ob die Möbel Chapeaurouges von Chateauneuf entworfen worden waren, aus England oder aus Berlin stammten, ist ungeklärt.

Das Stadthaus Abendroth

Als Hauptwerk seines Schaffens sahen der Architekt und seine Zeitgenossen das 1832–1836 in Hamburg errichtete Stadthaus für Dr. August Abendroth (1796–1867) am Neuen Jungfernstieg an.[68] Das immer vielbewunderte Haus ist aus der Begegnung eines kunstinteressierten und vermögenden Auftraggebers und eines Künstlers hervorgegangen, der hier die Gelegenheit zu einem Gesamtkunstwerk in großem Maßstab erhielt. „Glücklich kann ich mich preisen, dass es mir vergönnt war die Wahl der Materialien vornehmer als gewöhnlich treffen zu dürfen, und selbst dem höheren Walten der Sculptur und Malerei, Veranlassung zu verschaffen, sich in diesen Räumen geltend zu machen."[69] Im Gegensatz zu dem vornehmen, aber unprätentiösen Äußeren mit seiner an der italienischen Renaissance inspirierten Formensprache war die Innenarchitektur vielgestaltig und im Stil des Spätklassizismus gehalten. Es schien den Rahmen eines repräsentativen Wohnhauses in einer Bürgerstadt zu sprengen und ist den für hochrangige Aristokraten wie die preußischen Prinzen geschaffenen Palais Schinkels in Berlin oder dem Palais Leuchtenberg für Eugène Beauharnais in München an die Seite zu stellen. Für die Ausmalung zog Chateauneuf erneut Erwin Speckter hinzu. Den Ruhm des Hauses mehrten sicher auch die Skulpturen von Bertel Thorvaldsen (1770–1844), der nach dem Tod Canovas (1757–1822) als der genialste Bildhauer seiner Zeit galt.

Rechteckiges Sofa mit antikisierenden Wangen

Geschickt schuf Chateauneuf auf der unregelmäßigen Grundstücksfläche für jedes der drei Stockwerke eine schlüssige Disposition. Er verband Funktionalität und Variabilität der einzelnen Raumtypen und deren gestalterischen Reichtum zu einem harmonischen Ganzen. Für viele Räume gibt es keine Hinweise auf ihre Ausgestaltung, selbst von der Beletage, zu der Chateauneufs „Architectura domestica", Zeichnungen Speckters und Korrespondenzen Material enthalten, ist nur partiell ein Bild zu gewinnen, zumal das Haus vor seinem Abbruch 1905 Eingriffe erfuhr. Erhalten ist nur der Ecksalon, heute im Museum für Kunst und Gewerbe.

Das unauffällige Portal an der Alsterfront öffnete sich in ein Entrée, in dem eine Treppe auf das Niveau des Vestibüls führte (Abb. S. 187). Diese Achse teilte das Erdgeschoß in die südlichen, fensterlosen Funktionsräume des Personals, die sich im Keller fortsetzten, und den herrschaftlichen Trakt an der Großen Theaterstraße mit Audienz- und Billardsaal sowie dem zum Jungfernstieg hin gelegenen gefangenen Arbeitszimmer des Hausherrn über sechseckigen Grundriß. Jeder Bereich besaß eine halbrunde Treppe, die im herrschaftlichen Teil bis ins zweite Stockwerk reichte. Im Zentrum des Hauses lag das prunkvolle Treppenhaus.

Die Beletage nahmen die Gesellschaftsräume ein (Abb. S. 185f.). An der Rückfront des Hauses lag der große Festsaal, gegenüber, mit Aussicht auf die Binnenalster, Eß- und Wohnzimmer, deren Ausstattung wir nicht kennen. Von hier aus wie durch ein kleines Vestibül erreichte man drei durch eine Enfilade verbundene, aber in ihrer Grundrißgestaltung und Dekoration sehr verschiedenartige Gesellschaftszimmer. Der sechseckige Ecksalon ist im pompejanischen Stil ausgestattet, über das Empfangszimmer wissen wir nichts, der dritte Raum diente als Gesellschaftszimmer und „Vorsaal“ zum großen Fest- oder Speisesaal.[70] Eine große Exedra oder „Tribuna“ dominierte den Raum, bis zur Fensterwand gegenüber blieb ein kurzes Wandstück, jeweils durchbrochen von einer Tür. Von hier aus erstreckten sich über Einfahrt und Nebengebäuden das wohl gläserne „Blumenzimmer“, später Gemäldegalerie, und bis zur Grundstücksgrenze eine Terrasse. Fast alle Räume waren ebenso wie im Erdgeschoß mit unterschiedlichen Kassettendecken ausgestattet, intimere Zimmer mit fein strukturierten, sparsamen Stuckdekorationen. Statt eines voll ausgebildeten Gebälks bevorzugte Chateauneuf zurückhaltende kleinteilige, reich ornamentierte Gesimse, die den Winkeln zwischen Wand und Decke ihre Schärfe nahmen.

Im zweiten Stockwerk waren Schlaf-, Kinder- und Fremdenzimmer, nach Osten ein Frühstückszimmer untergebracht. Louis Asher (1804–1878) hatte das Eckkabinett mit Szenen aus dem italienischen Volksleben dekoriert.

Das großzügig angelegte Haupttreppenhaus als Zugang zur Beletage besaß als Raum eine hohe Eigenständigkeit (Abb. S. 76 und 189). In beiden Geschossen mündeten die breiten, von drei Podesten unterbrochenen Treppenläufe in ein Vestibül, das sich gegen den Treppenschacht jeweils in einer Kolonnade dorischer bzw. ionischer Ordnung öffnete, wobei eine an eine Tempelfassade anspielende Schauseite entstand. Darin geht Chateauneuf über Schinkel hinaus, der 1830 im Palais Prinz Albrecht in Berlin dem Piano nobile des Treppenhauses eine Tempelfront als Relief vorgesetzt hatte.[71] Sie war Zitat, nicht tektonischer Teil des Raumes. Obwohl Chateauneufs Treppenhaus in der Mitte des Hauses lag, war es lichtdurchflutet: Die kassettierte Decke des flach ansteigenden Pultdaches war zum First hin mit einem gläsernen Velum gedeckt, bemalt mit zartfarbigen Planeten und Sternkreiszeichen nach Zeichnungen Speckters.[72] Die Wandfelder des Piano nobile schmückten kolossale antikisierende Götterbüsten des Hamburger Bildhauers Christian Heinrich Siegel (1808–1883) (Abb. S. 76).[73] Wahrscheinlich ist der weitere Skulpturenschmuck, den Chateauneuf in der „Architectura domestica“ nicht zeigt und den wir aus Fotos der Zeit um 1900 teilweise kennen, erst nach 1835 hinzugefügt worden. In die Sockelzone waren Reliefs von Bertel Thorvaldsen gesetzt: der „Musentanz“ von 1816[74], flankiert von der Komposition „Bacchus reicht Amor eine Trinkschale“[75] und „Amor weckt die schlafende Psyche“[76], womit die Themen Kunst und Liebe unter dem Schutz der Götter angeschlagen waren.

Der imposante Festsaal beeindruckte weniger durch seine Höhe als durch seine strenge Kassettendecke und vor allem den skulpturalen Schmuck. Als hoher Fries umzog ihn der „Alexanderzug“ Thorvaldsens. Mehr als zehn Jahre zuvor hatte auch Leo von Klenze geplant, einen Abguß in den Großen Speisesaal des Palais Leuchtenberg oder Beauharnais in München einzubeziehen.[77] Das mehr als 35 Meter lange Relief mit dem Einzug Alexanders des Großen in Babylon hatte der Bildhauer 1812 mit deutlich allegorischer Komponente für Napoleons Residenz in Rom bestimmt, der beabsichtigte, sich im Petersdom nochmals zum Kaiser krönen zu lassen. Unter den deutschen Künstlern und Rombesuchern fand der Fries außerordentliche Bewunderung, sein Schöpfer als gleichrangig mit Phidias und Polyklet. Abendroth erwarb den Abguß, als er 1834/1835 ein Jahr in Italien lebte.[78]

Für drei Gesellschaftszimmer plante Chateauneuf eine malerische Dekoration, und zwar für die ineinandergehenden Salons vom Vorzimmer des Festsaales bis zum Eckzimmer.[79] Den Auftrag bot er im Herbst 1833 Erwin Speckter an, der damals seit drei Jahren im Umkreis der Nazarener in Rom lebte. Begeistert schrieb er an Chateauneuf: „... dann wissen Sie auch wie ich nichts mehr wünschte, als einmal auf diese Weise beschäftigt zu sein, da mir diese Malerei das eigentliche Leben und Wesen der Kunst scheint. Hier wird sie nützlich und das Leben erheiternd und verschönernd greift sie in dasselbe ein ...“[80] Um mit Chateauneuf gemeinsam im

Sinne einer Erneuerung der Kunst arbeiten zu können, lehnte er ehrenvolle Aufgaben ab.[81] Im Folgenden soll nur auf wenige Punkte eingegangen werden.

Die Ausmalung sollte thematisch einheitlich sein.[82] Aber die Themen waren strittig. An der Debatte um den Vorsaal läßt sich der Konflikt verfolgen. Die Hamburger wünschten etwas aus der neueren Dichtung. Speckter plädierte für die antike Mythologie oder einen romantischen Stoff und überzeugte schließlich: Der Malerei in allen drei Räumen sollten Themen der Antike zugrunde liegen.

Das innenarchitektonische Konzept Chateauneufs, das Speckter erbat, ist nicht erhalten. Aber wir wissen, daß der Architekt eine malerische Dekoration des gesamten Vorsaales plante. Aus den Briefen Speckters erfahren wir, daß ein Sockelgeschoß mit Medaillons und Arabesken vorgesehen war, darüber in der „Tribuna" große Wandfelder.[83] Speckter schlug vor: „Die Grazien sollen den Eingang segnen, dann werden Amor und die Musen gern bei den Sterblichen wohnen und ihnen die Freundschaft der hold gesinnten Götter zuziehen und selbst die Parzen werden langsamer den Lebensfaden spinnen. Über der einen Thür also die drei Grazien, gegenüber die drei Parzen; dann in der Tribune herum Göttergruppen und in den kleinen Feldern darunter diese Gottheiten in ihrem liebevollen Umgang mit den Menschen ..."[84] Im Frühjahr 1834 schickte er aus Rom die ersten Skizzen, die aquarellierten Entwürfe für die beiden Supraportenfresken des Liebesgottes mit den drei Grazien und mit den Parzen, wenig später wohl die „Erziehung des Bacchus".[85] Im Sommer 1834 nach Hamburg zurückgekehrt, verblieb dem Schwindsüchtigen nur noch wenig Zeit. Vollendet hat er nur das große Fresko mit der Übergabe des Pegasus durch die Grazien an Minerva, das sich zwischen den Fenstern befand.[86] Über der Ausführung des Freskos „Amor und die drei Grazien" starb er, im Alter von 29 Jahren.[87] Nach seinen Kartons führten Carl Julius Milde (1803–1875) und Louis George Boppo (1809–1868) das Gegenstück „Amor und die Parzen" sowie das kleine Fresko unter dem Pegasusbild mit dem Wettstreit zwischen Minerva und Amor aus. Gegenüber den heiteren Entwürfen hat Speckter die monumentalen Fresken ins Pathetische gewendet, die Palette, soweit sie sich erkennen läßt, hielt er gedeckt. Diese vier Fresken kamen 1905 beim Abbruch des Hauses in die Kunsthalle, seit ihrer Restaurierung durch das Denkmalschutzamt 1990 sind sie im Museum für Kunst und Gewerbe ausgestellt.[88]

Karl Friedrich Schinkel, Innenansicht des Palais Redern in Berlin

Das Dekorationssystem des Vorsaales ist Lösungen Schinkels in Berlin vergleichbar. Im Palais für den Grafen Redern hatte dieser 1828/1829 den tonnengewölbten, in einer Exedra schließenden Festsaal mit einer zweigeschossigen Wandgliederung im pompejanischen Stil ausgestattet.[89] Wie im Vorsaal Chateauneufs war in der oberen Zone eine gemalte, später auch mit Skulpturen vermischte monumentale Architektur vorgesehen, in die große Blumenarrangements bzw. Einzelfiguren eingestellt waren (Abb. rechts). Auch der Ovale Speisesaal des Palais Prinz Albrecht, mit dem sich Schinkel seit 1831 beschäftigte, zeigt verwandte Elemente, wobei er auch hier zwischen einer ausschließlich malerischen und einer skulpturalen Dekoration geschwankt zu haben scheint.[90]

Als Speckter im November 1835 starb, lagen weder ein vollständiges Programm noch Entwürfe vor.[91] Vielleicht deshalb hat sich Abendroth mit dem Gedanken getragen, die Fresken abschlagen zu lassen, wie David Klemm nachgewiesen hat.[92] Der „Saal mit Fresco-Bildern und Statuen" in der „Architectura domestica" gibt einen neuen Entwurf Chateauneufs wieder (Abb. S. 188). Die Fresken über den Türen sind zwar an Ort und Stelle verblieben. Die Tribuna ist nun auf einer hohen gequaderten Wandverkleidung als Sockel mit einer imposanten Kolonnade ausgestattet, die eine reich stuckierte Decke trägt. In der Mitte wird sie von einer hohen Tür hinter schweren Portieren unterbrochen, die in den Festsaal führt.[93] In den Interkolumnien sind monumentale Repliken antiker Statuen aufgestellt. Es sind (von links nach rechts): der sogenannte Antinous Albani (Kapitol, Rom, und Museo Nazionale Archeologico Neapel, Sammlung Farnese), Apollon im Adonistyp (Neapel); rechts der Tür der „Doryphoros", Apollon Kitharodos (Uffizien, Florenz) und Antinous.[94] Frei im Saal war auf einem Sockel inmitten eines großen Polstersitzes der marmorne „Amor als Lyraspieler" von Bertel Thorvaldsen aufgestellt. Thorvaldsen schuf den kindlichen Leierspieler 1819 als Einzelfigur.[95] Ob er zum ursprünglichen Programm gehörte, ist ebenso unbekannt wie der Zeitpunkt seiner Erwerbung und Aufstellung.[96] In der Plazierung der Skulptur dürfte sich Schinkels Idee für die Aufstellung der „Amazone" von August Kiss widerspiegeln.[97] In dieser Fassung Amors floß seine Rolle als Liebesgott mit der des Apollon zusammen. Die Statuen vertreten die Welt Apolls, im Fresko an der gegenüberliegenden Fensterwand ist Pegasus die zentrale Figur, Symbol künstlerischen Schaffens unter dem Schutz Athenas und der Grazien. Die Fresken der Supraporten setzen Amor in Beziehung zu den Grazien und den Parzen.

Das Eck- oder Balkonzimmer mit Aussicht auf die Alster ist als einziger Raum erhalten (Abb. S.185 unten).[98] Chateauneuf fand, daß „die Wände durch einen breiten Fensterbogen und die Kuppel über einen geräumigen Divansitz sehr architektonisch geworden waren".[99] Die Konstellation von Exedra mit eingepaßtem Sofa und gegenüberliegendem Blick ins Freie hatte Schinkel 1824/1825 im Gartensalon des Neuen Pavillons in Charlottenburg zum ersten Mal inszeniert (Abb. links).[100] Unter der raffiniert und sparsam stuckierten Decke und einer Fülle von zartgliedrigen Ornamentbändern umzieht im Abendroth-Haus ein von Pilastern gerahmtes Attikageschoß friesartig den Salon. Über der einfarbigen Wandbespannung entfaltete Speckter in einer bunten Groteskenmalerei auf weißem Grund die heitere Welt der Antike. Die Ausführung lag bei Carl Julius Milde. In der Fensterlaibung zieren kleine schwarzgrundige Bildfelder, umgeben von vielfältigen Ornamenten, den Bogen; das mittlere Medaillon zeigt wieder Apoll als Gott der Musen. Die Nischenkalotte ist antikisierend als Schirmkuppel ausgemalt, die Supraporten zeigen Ideallandschaften.

Karl Friedrich Schinkel, Gartensalon des Neuen Pavillons in Charlottenburg

Chateauneuf hat auch für dieses Haus Möbel entworfen.[101] In unmittelbarem Zusammenhang mit der Innenarchitektur und deshalb für ihn zu beanspruchen ist das Rundsofa des Eckzimmers im Museum für Kunst und Gewerbe, das der fast halbkreisförmigen Nische angepaßt ist (Abb. S.185 unten). Das Mahagonimöbel auf grazilen Kreiselfüßen wirkt streng durch die beiden Pfosten mit Basis, den mit Rundstäben belegten Schaft und den kapitellartigen, mit Palmetten relieferten Abschluß, zwischen die die gerundete, doppelte Polsterung eingespannt ist[102]. In Chateauneufs Stichwerk ist der Vorsaal ebenfalls mit einem Rundsofa in der Exedra ausgestattet. Es war in der Mitte durch den Zugang zum Festsaal geteilt (Abb. S.188). Reliefierte Wangen mit antikisierenden Ornamenten und einer weiblichen Herme an der Front bildeten den seitlichen Abschluß, eine Form, die auf steinerne Bänke der Antike zurückging. Übereinstimmende Wangen eines rechteckigen Sofas im Hamburger Museum scheinen Relikte der Sofas zu sein (Abb. S.85).[103] Karl Friedrich Schinkel hatte 1828 das Ecksofa im Gelben Salon des Palais für Prinz Karl in Berlin ähnlich gestaltet, die Ornamente jedoch strenger gefaßt (Abb. S.89).[104] Auf um 1900 entstandenen Fotos lassen sich zwei Sitzmöbelmodelle nachweisen, die traditonell Chateauneuf zugeschrieben werden. Zwei bequeme Armlehnstühle des Museums mit tiefer Sitzfläche und niedrigem Rückenpolster zeigen englischen Einfluß (Abb. Tafel 8).[105] Beine und Armlehnen, in S-Schwüngen rückwärtig in Volute und Blattmotiv auslaufend, sowie die Palmetten zwischen zwei Voluten an den Ecken der oben und unten konkav geschweiften Rückenlehne geben ihnen starke plastische Akzente und lassen die Qualität der handwerklichen Ausführung erkennen. Drei Stühle mit offener Rückenlehne dürften aus demselben Zusammenhang stammen.[106] In Aufbau und Ornamentik kennen wir noch zwei Versionen. Dazu gehören zwei Armsessel, deren Seitenlehnen zurückgesetzt sind und hoch an der offenen Rückenlehne ansetzen.[107] Vielleicht erklärt sich dieser Variantenreichtum aus Nachlieferungen für Abendroth oder aus der Beliebtheit des Grundmodells (Abb. Tafel 9).

Innenraum und Ausstattung haben im Werk Alexis de Chateauneufs aufgrund seines Architekturverständnisses eine besondere Bedeutung besessen. Dies gilt auch für seine öffentlichen Bauten. Beides ist bisher entweder anhand der Grundrißdisposition wie in der verdienstvollen Arbeit von Günther Lange oder ausschließlich unter dem Gesichtspunkt der Zusammenarbeit mit dem Maler Erwin Speckter untersucht worden. Hier wurde versucht, verstreute Quellen zur Rekonstruktion eines vielfältigen Mosaiks im Hinblick auf ausgewählte Privatbauten zusammenzutragen. Deshalb stehen in diesem Beitrag die Häuser und ihre Ausstattung selbst im Vordergrund. Ausgewählt wurden das nahezu unbekannte Herrenhaus Sierhagen als Frühwerk; der Hammerhof Karl Sievekings steht für ein ausgesprochen individuell auf den Auftraggeber bezogenes Projekt, für einen kunstbegeisterten und zur Auseinandersetzung herausfordernden Bauherren, wie ihn Chateauneuf sehr schätzte und der ihm zum ersten Mal Architektur als Gesamtkunstwerk umzusetzen ermöglichte. Das Landhaus Chapeaurouge wie teilweise der Hammerhof demonstrieren den Einfluß Englands. Als Höhepunkt des Privatbaus im Werk Chateauneufs und zugleich in Hamburg wurde das imposante Haus Abendroth behandelt, bei dessen Gestaltung der Künstler sein Konzept fast uneingeschränkt insbesondere die Verbindung von Architektur, Malerei und Skulptur realisieren konnte. Interessant wäre es, die Einbindung Chateauneufs in die Architektur seiner Zeit, die hier nur angedeutet worden ist, genauer zu beleuchten; auch die Möbel sollten eine eingehendere Behandlung erfahren. Seine Auseinandersetzung mit Karl Friedrich Schinkel, mit dem ihn eine fruchtbare Freundschaft verband, ist dabei besonders wichtig, aber auch seine Beschäftigung mit England findet in seinem Werk ein Echo.

Karl Friedrich Schinkel, Ecksofa im Gelben Salon des Prinz-Karl-Palais in Berlin

Anmerkungen

1 Waagen 1837–1839, Bd. I, S.3f.
2 WV 77.
3 So Chateauneuf in seiner „Architectura domestica" 1839, S.3. Über die Zusammenarbeit mit dem von ihm geförderten jungen Maler und Freund Erwin Speckter bei der Ausmalung des Kabinettes im Hammerhof.
4 Zum Schicksal dieser Räume Grundmann 1957, S.295-310.
5 Meier-Oberist 1925, S.78f.
6 WV 98. Von den für Chateauneuf beanspruchten Möbeln trägt keines den Stempel des Amtes.
7 Stadtbibliothek Lübeck, Milde-Nachlaß, Briefe 1837, Nr. 72. Für den Hinweis auf diesen Brief danke ich David Klemm. Schumann war freier Tischler in der Engelsgrube.
8 WV 60.
9 Museum für Kunst und Kulturgeschichte, Lübeck.
10 Im Drägerhaus des Museums für Kunst und Kulturgeschichte, Lübeck. Für diese Auskunft danke ich Hildegard Vogeler, Lübeck.
11 Diese Information verdanke ich Dr. Kurt Abendroth, Hamburg.
12 So wurden z.B. für das Stadthaus Abendroth gußeiserne Kandelaber angefertigt; Klée-Gobert 1970, S.214.
13 WV 10, mit neuen Erkenntnissen zur Baugeschichte.
14 Die Errichtung des Portikus an der Südseite verbindet von Rumohr 1973, S.381f., ohne Quellenangabe, mit dieser Zeit. Herkunft und Datierung des Figurenfrieses aus Pappmaché, dessen Thematik sich nach freundlicher Auskunft der heutigen Eigentümer auf das Landleben bezieht, konnten bisher nicht geklärt werden. Für Auskünfte zur Pappmachémanufaktur Ludwigslust bin ich Karin Müller, Schwerin, dankbar.
15 Die wohl in der Überlieferung begründeten Funktionsbezeichnungen nach Lange 1965, S.64f.
16 Möglicherweise stammt die Farbigkeit aus der Zeit, als Wulf Scheel-Plessen (1809–1876) Sierhagen zum Hauptsitz der Familie machte. Im gleichen Karmesinrot ist eine um 1850/1860 zu datierende Sitzmöbelgarnitur in Sierhagen bezogen.
17 Im Eßzimmer sind das Gebälk mit den feinen Palmetten im Fries und die Deckenrosette von Chateauneuf erhalten, die blaugrau gestrichenen Wandflächen haben um 1900 eine stuckierte Feldergliederung und verspielte, dezente Blumenfriese erhalten.
18 Rumohr 1973, S.382.
19 WV 60.
20 WV 23.

21 Lange 1965, S.65, und Rumohr 1973, S.382, scheinen Chateauneuf als Entwerfer für gesichert zu halten, ohne allerdings eine Quelle zu nennen. Meier-Oberist 1925, S.85, spricht von Zuschreibung.

22 Ledoux-Lebard 1989, S.330ff.; Langer 2000, S.156-173.

23 Meier-Oberist 1925, S.85; Lange 1965, S.65; Kreisel/Himmelheber 1983, III, S.117 und Abb. 502.

24 Percier 1801, Taf. 5.

25 WV 23.

26 Martius 1939, S.211-252.

27 Dieses und das folgende Zitat bei Sieveking 1928, S.157.

28 Aus Paris beschrieb er seiner Frau die Vorzüge der dortigen Salons, die sie der quadratischen Form und dem Kamin verdanken, und: „Mach doch Chateauneuf darauf aufmerksam, wie wichtig der Einfluß ist, den die Form der Zimmer auf die Geselligkeit äußert." Sieveking 1928, S.66.

29 Sieveking 1899, S.114.

30 Sieveking 1899, S.115ff.

31 Lange 1965, S.66.

32 Fox 1843, S.27 und 36.

33 Fox 1843, S.35f.

34 Zur Gemäldesammlung Sieveking 1899, S.148ff.

35 Dafür war ein kleines Bauernhaus des Freiherrn vom Stein in Nassau Vorbild, wo er „aus rohem Holz geschnitzt" Fabeln von Aesop und Szenen aus der Bibel als Schmuck gesehen hatte; Sieveking 1928, S.158f.

36 Ein ähnliches ländliches, ebenfalls unausgeführtes Projekt hat Chateauneuf noch einmal beschäftigt und wurde in der „Architectura domestica" veröffentlicht: das Projekt einer „Diele einer holsteinischen Scheune mit den daran stossenden Kuhställen", die „zu einem Saale mit umgebenden Zimmern umgeschaffen werden" und zwischen den hölzernen Konstruktionselementen Landschaftsbilder erhalten sollte. Chateauneuf , Domestica, 1839, Pl. V und S.3. Vgl. auch WV 24.

37 Hamburger Kunsthalle, Kupferstichkabinett, Inv. Nr. 149/195a-c, Feder und Aquarell. H. 8,4 cm, Br. 18,4 cm; H. 8,6 cm, Br. 18,5 cm; H. 8,6 cm, Br.16,4 cm. Dazu auch Sieveking 1899, S.119; Meier-Oberist 1925, S.83; Sieveking 1928, Abb. S.160/161; Martius 1939, S.226 und Abb. 4; ferner Chateauneuf, Domestica, 1839, Pl. III.

38 Auf den Zeichnungen ist nur deutlich gemacht, daß es sich um Reliefs, nicht um Malerei handeln sollte; die nur selten entzifferbaren Motive – Kentauren und Hippokampen – entstammten einem mehr oder weniger neutralen Repertoire antiker Thematik. Auf dem Stich der „Architectura domestica" sind von links nach rechts dargestellt: Europa auf dem Stier, Neptun, Pallas Athene, Herkules und eine nicht bestimmbare Frauengestalt; Chateauneuf, Domestica, 1839, Pl. III. Das Material – Marmor oder Gips – kennen wir nicht.

39 Bemerkenswert ist auch die damals neuartige Fensterverglasung in großflächigen, in eisernen Leisten gefaßten Feldern, die auf einer 1840 entstandenen Zeichnung von Elisabeth Sieveking, einer Tochter, zu sehen ist; Martius 1939, S.250 und Abb. 15. Dazu auch ein undatierter Brief Sievekings an Chateauneuf im Staatsarchiv Hamburg, Nachlaß Sieveking, auf den mich David Klemm hinwies.

40 Chateauneuf , Domestica, 1839, Pl. IV und S.2. Es waren antike – oder wahrscheinlicher – antikisierende Vasen.

41 Nach der Schilderung seiner begeisterten Eindrücke vom Parthenonfries schwärmt Sieveking: „Noch lebensvoller erschien mir der kleinere Fries des Tempels zu Bassae in Arcadien. Der Ankauf des Prachtwerks, welches ein Universitätsbekannter von mir, der Baron Stakelberg (sic), herausgegeben hat, ist eine meiner letzten Hamburgischen Torheiten." Sieveking 1928, S.75.

42 Chateauneuf, Domestica, 1839, Pl. III gibt eine Andeutung des Frieses; Lange 1965 publiziert in Abb. 139 und 140 zwei Fotos, die seine Wirkung ahnen lassen. Auf den Aufnahmen ist die Wandverkleidung bereits verändert, das von Chateauneuf entworfene Mobiliar entfernt. Zur Geschichte des Saales auch Sieveking 1899, S.119f.

43 Ausst.-Kat. Berlin 1981, Kat. Nr. 61b und 43c.

44 Hamburger Kunsthalle, Kupferstichkabinett, Inv. Nr. 149/194, Feder. Maße H. 8 cm, Br. 17,2 cm. Sieveking 1928, Abb. S.160/161. In Sievekingschem Familienbesitz befindet sich ein Büffet aus dem Hammerhof, das mit diesem nicht identisch ist und wohl auch nicht auf einen Entwurf Chateauneufs zurückgeht. Für ein Foto bin ich Karl R. Sieveking, Hamburg, sehr zu Dank verpflichtet. Als „Schenktisch" wurde im Landhaus Chapeaurouge ein vermutlich entsprechendes Möbel des Speisesaales bezeichnet.

45 Sieveking 1899, S.119f.

46 WV 23. Grundmann 1957, S.295ff.; Stubbe 1970, S.174f.; B. Doering in Ausst. Kat. Hamburg 1995, Kat. Nrn. 122-126.

47 Sieveking 1928, S.82ff. Interessante Hinweise verdanke ich Detlev Ellmers, Deutsches Schiffahrtmuseum, Bremerhaven, nach dessen Auskunft in dem Kabinett die bisher älteste bekannte Kabinenausstattung überliefert ist.

48 Bryant 1990, S.17f.

49 Chateauneuf, Domestica, 1839, S.3.

50 Hamburger Kunsthalle, Kupferstichkabinett, Inv. Nr. 1949/196. Maße 29,5 x 22,1 cm. Die zweite Version enthält in der Ornamentik Veränderungen und ist kühler gestimmt, Blau die dominierende Farbe. Zu der Ausmalung Stubbe 1970, S.174ff.; Leppien 1977; B. Doering in Ausst. Kat. Hamburg 1995, S.124ff.

51 Sievers 1954, Abb. 130, 131.

52 Kreisel/Himmelheber 1983, III, Abb. 386 und 385.

53 Ebd., S.125 und Abb. 541, bezeichnet es nur als norddeutsch, um 1830/1835. Dazu zuletzt B. Doering in Ausst.-Kat. Hamburg 1995, Kat. Nr. 117.

54 Mahagoni mit Ahorneinlagen. H. 81cm, Br. 50 cm, T. 46 cm. In zwei Familien haben sich 8 bzw. 2 Exemplare erhalten. Nach Auskunft von Karl R. Sieveking wurde der Bestand sehr viel später noch einmal ergänzt.

55 Museum für Kunst und Gewerbe Hamburg, Graphische Sammlung, Inv. Nr. Haase 868, Aquarell, datiert 1915. H. 34 cm, Br. 41 cm.

56 Sievers 1954, Abb. 133.

57 Girouard 1984, S.228; Engel 2000, S.14-55, hierzu S.48.

58 WV 30.

59 Lange 1965, S.67.

60 Lange 1965, Abb. 146.

61 Hamburger Kunsthalle, Kupferstichkabinett. Feder und Sepia sowie Weiß. H. 10,6 cm, Br. 158 cm. Auf bräunlichem Papier,

in Sepia schattiert und weiß gehöht. Die Zuschreibung des unter Carl Julius Milde klassifizierten Blattes von David Klemm.
62 Sieveking 1928, S.188.
63 WV 1. Chateauneuf hat trotz aller Originalität das Landhaus Chapeaurouge nicht in seine „Architectura domestica" aufgenommen.
64 Bryant 1990, S.4, 18 und 47 und Stillman 1966, S.7.
65 Siehe Fox 1843, S.35f. und Grundriß.
66 Adam 1773ff.
67 Ausst.-Kat. Berlin 1981, Kat. Nr. 244 und 245.
68 WV 36.
69 Chateauneuf, Domestica, 1839, S.5. Säulen und Stufen des Treppenhauses waren z.B. aus Carraramarmor; Speckter 1846, S.410.
70 Speckter bezeichnete ihn als „Vorsaal eines Speise- oder Gesellschaftszimmers"; Speckter 1846, S.349.
71 Sievers 1954, S.154ff. und Abb. 123.
72 Speckter 1846, S.410. Vorzeichnungen sind in der Hamburger Kunsthalle erhalten, wahrscheinlich zeitgenössische Kopien im Museum für Kunst und Gewerbe.
73 Chateauneuf, Domestica, 1839, S.6.
74 Hartmann 1979, S.113 und Abb. Taf. 54,3.
75 Hartmann 1977, S.143f. und Abb. 96. Dieses Relief im Thorvaldsen-Museum, Kopenhagen, entstanden 1810, zeigt eine motivisch etwas andere Fassung als rechteckiges Relief auf flachem Grund.
76 Hartmann 1977, S.139 und Abb. 73.
77 Dazu und zum Folgenden Linnenkamp 1992, S.165ff. und Abb. 20.
78 Speckter 1846, S.410. Danach war der Abguß direkt von den Modellen abgenommen. Es ist unzutreffend, daß der Fries durch Karl Sieveking nach Hamburg gelangte und ihn Abendroth dann erwarb; Drees 1992, S.108.
79 Dies läßt sich aus einer Äußerung Speckters vom 8. März 1834 über seine Arbeitsmethode schließen: „Gewiß, wäre ich ein Anderer, ich könnte schon für drei Zimmer Zeichnungen machen; aber so will ich es nicht." Speckter 1846, S.362.
80 Speckter 1846, S.316.
81 Aus Hannover, Mailand und München. Er versicherte dem Architekten, „daß ich lieber mit Ihnen gemeinschaftlich wirkte, als unter Cornelius und Klentze stehe". Speckter 1846. S.356. Dazu und zum Folgenden Stubbe 1970, S.149-210, hierzu S.172ff., zuletzt auch B. Doering in Ausst.-Kat. Hamburg 1995, Kat. Nrn. 123-126.
82 Er schrieb: Außerdem „erschwert mir noch Eins die erste Anforderung meines Auftrages, nämlich auf so wenig Raum ein so reiches Thema zu beschränken, oder vielmehr daß für so viele enge Räume aus demselben Thema die passendsten Ausfüllungen ohne Wiederholungen und verkleinlichende Ueberladungen zu schöpfen, ohne den verschiedenen Rücksichten, die ich auf das Publikum zu nehmen habe, zu nahe zu treten". Speckter 1846, S.362.
83 Chateauneuf 1839, S.6. Daß der Architekt eine Bemalung der Decke erwog, wie Speckter sich vorstellte, scheint unwahrscheinlich; Speckter 1846, S.355.
84 Ebd., S.354.
85 Speckter 1846, S.368; Stubbe 1970, S.172ff. und Abb. 17.; Leppien 1977 (ohne S.) bildet das letztgenannte Aquarell ab.
86 Nach Chateauneuf stellt das darunter befindliche kleine, Ton in Ton gemalte Fresko den Wettgesang zwischen Minerva und Amor, den die Musen entscheiden sollen, dar; Speckter 1846, S.410.
87 Speckter 1846, S.410. Chateauneuf hat die Arbeit an den Fresken, ihr Schicksal und den Tod Speckters im Nachwort der Briefausgabe Leipzig 1846 festgehalten.
88 Doose 1990. Dazu auch zuletzt B. Doering in Ausst.-Kat. Hamburg 1995, Nrn. 123-126.
89 Börsch-Supan 1975, S.237-246, Abb. 1 und 2. Dazu auch Ausst.-Kat. Hamburg 1982, Kat. Nr. 8.34.
90 Sievers 1954, S.159ff. und Abb. 125-128.
91 Im März 1834 hatte er noch nicht alle Figuren thematisch festgelegt; Speckter 1846, S.368. Über die Arbeit vor Ort ab Herbst 1834 berichtete Chateauneuf: „Erst einige kleine Entwürfe für die Arbeit des nächsten Sommers waren vorhanden. Die Cartons mußten alle erst gemacht und theils erst entworfen werden"; Speckter 1846, S.408.
92 WV 36.
93 In Chateauneufs „Architectura domestica" geht der Blick in den Garten, tatsächlich aber gelangte man in den großen Festsaal.
94 Für die Identifikation danke ich Elisabeth Schröter, Mainz.
95 Dazu und zum Folgenden Hartmann 1979, S.168ff. und Taf. 57, 58,3 und 59,1.
96 In der Thorvaldsenliteratur ist sie bisher nicht berücksichtigt: Ihr Verbleib ist unbekannt, um 1900 ist sie fotografisch für das Haus dokumentiert.
97 Ausst.-Kat. Berlin 1982, Kat. Nrn. 404, 405 und 507
98 Grundmann 1959, S.303ff. und zuletzt B. Doering in Ausst.-Kat. Hamburg 1995, Kat. Nr. 126.
99 Speckter 1846, S.410.
100 Ausst.-Kat. Hamburg 1981, Kat. Nr. 60 und Abb. S.11.
101 Das Inventar wurde spätestens 1905 verstreut. Als Brinckmann den Ecksalon im Museum aufbaute, war nur das Rundsofa im Besitz des Museums.
102 Mahagoni, teilweise furniert, geschnitzt. H. 106 cm. Jedding 1985, S.992, Abb. 9.
103 Pappelholz, die Büste Zinkguß, beides bronziert. H. 110 cm, Br. 210 cm, T. 65 cm (T. der Wangen selbst 60 cm). Bank und Polsterung sind nicht original. Jedding 1985, S.993, Abb. 12 und 13. Die Provenienz des Möbels ist unbekannt.
104 Jedding 1985, S.99 z.B. 3; Sievers 1954, Abb. 74.
105 Palisander. H. 85 cm, Br. 59 cm, T. 70 cm. Ein Exemplar auf einem Foto des Eckzimmers (um 1900?). Meister/Jedding 1978, Nr. 572; Kreisel/Himmelheber 1983, III, S.127, Abb. 562; Jedding 1985, S.992 und Abb. 10; B. Doering in Ausst.-Kat. Hamburg 1995, Kat. Nr. 116.
106 Jedding 1985, S.993, Abb. 11, ohne Materialangabe. Damals im Besitz eines Abendroth-Nachfahren, heute verschollen. Drei Stühle im Museum für Kunst und Gewerbe, Palisander. H. 84 cm, Br. 47 cm, T. 41 cm, haben vereinfachte Pfostenbeine; Lessmann 1992/93, S.182ff. Für den Hinweis auf vier in der geschnitzten Ornamentik vereinfachte Mahagonistühle, die am 15./16. September 1995 in Schloß Ahlden (Kat. Nr. 1940) waren, danke ich Hermann Jedding.
107 Palisander, H. 84 cm, Br. 56 cm, T. 49 cm; Lessmann 1992, S.182.

EINE TREPPE HOCH SÆLE UND ZIMMER DES HANDELSGERICHTS

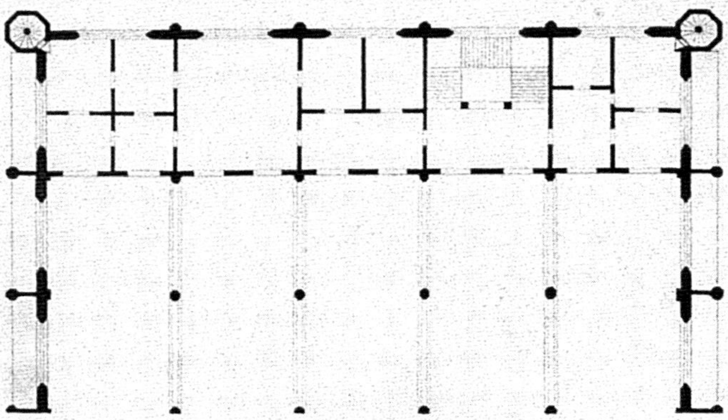

ZWEY TREPPEN HOCH BIBLIOTHECK DES COMMERZIUMS

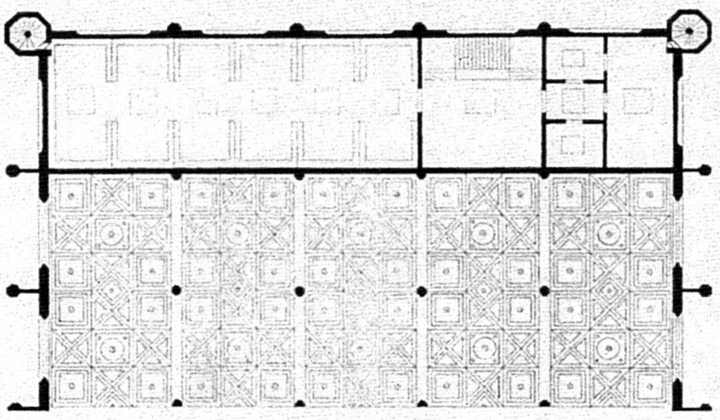

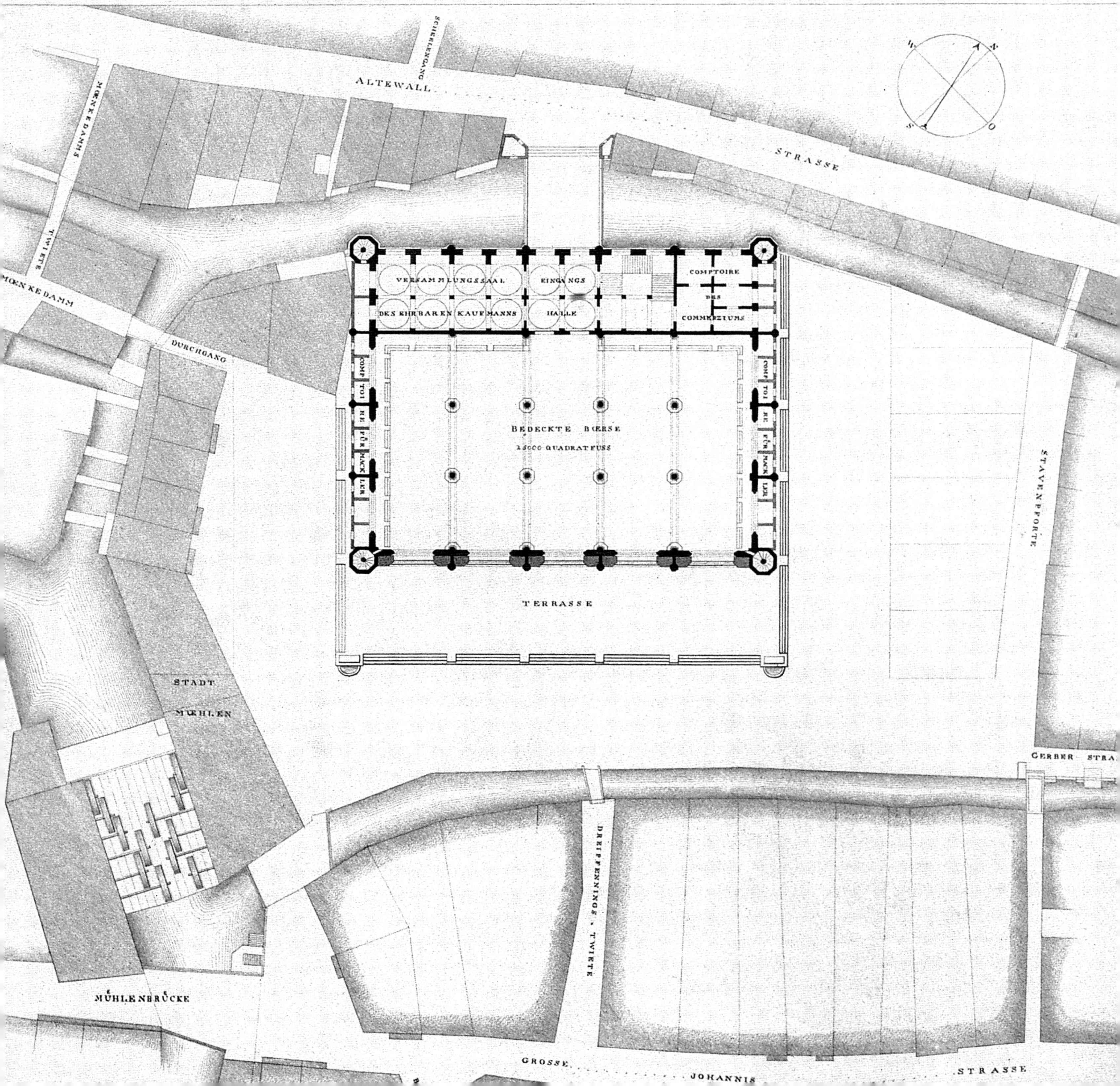

Hartmut Frank

Architektur und Stadtraum

„Das Kunstwerk Hamburg"

Als einen „der interessantesten Baumeister des Jahrhunderts" bezeichnet Fritz Schumacher in seinen Strömungen deutscher Baukunst Alexis de Chateauneuf[1] und beklagt die ungenügende Beachtung, die dieser bisher durch die Kunstgeschichte gefunden hat. Tatsächlich ist Schumacher selbst einer der wenigen, der bereits ein halbes Jahrhundert vor der verdienstvollen Wiederentdeckung des Chateauneufschen Werkes in der Mitte der sechziger Jahre durch Günther Lange[2] und Stephan Tschudi-Madsen[3] dieses in wichtigen Teilen studiert und mehrfach der Öffentlichkeit vorgestellt hat. Hierbei richtete er in seiner Städtebaustudie „Wie das Kunstwerk Hamburg nach dem großen Brand entstand"[4] und in der Aufsatzserie „Die neuen Regungen des hamburger Backsteinbaus in der Mitte des 19. Jahrhunderts"[5] einmal sein Augenmerk auf Chateauneufs Vorreiterrolle für den künstlerischen Städtebau und zum anderen auf seine Bemühungen um eine materialgerechte, eher von künstlerischer Individualität als von Stildogmen geprägte Architektur.

Wir bemühen Schumacher hier, weil wir uns von seiner Chateauneuf-Rezeption Hinweise zur Beantwortung einiger Fragen erhoffen, die das seltsame Vergessen dieses auch uns außerordentlich bedeutsam erscheinenden Architekten aufwirft. Schumachers historische Studien über Chateauneuf scheinen ungewöhnlich für einen Architekten, der die akademische Welt gerade zehn Jahre zuvor hinter sich gelassen hatte[6], um mit den Mitteln der Architektur in der städtebaulichen Praxis einer modernen Großstadt einer neuen „harmonischen Kultur"[7] zum Siege zu verhelfen. Aber sie werden verständlich, wenn man ihn als einen der wenigen Vertreter seiner Disziplin in Deutschland nimmt, der während seiner gesamten Karriere versucht, die fast zur Regel gewordene Trennung zwischen Theorie und Praxis zu überwinden, indem er zum einen seine eigene Arbeit an den drängenden Fragen der Architektur seiner Zeit ausrichtet und zum anderen mit Hilfe permanenter theoretischer Reflexion die eigene bauliche und planerische Praxis kritisch hinterfragt und zugleich in einen historischen Kontext stellt. Er interessiert sich für Chateauneuf, weil er in ihm einen Vorkämpfer für seine eigenen Konzepte erkennt. Sowohl mit der Propagierung der Backsteinarchitektur als auch bei seinem Einsatz öffentlicher Bauten als sozialer Monumente zur Struktuierung des städtischen Raumes stellt er sich bewußt in die Nachfolge dieses Architekten des frühen 19. Jahrhunderts.

Entwurf für eine Börse auf dem Adolphsplatz, Lageplan und Grundrisse (**WV 64**)

Im Gegensatz zu den „Strömungen deutscher Baukunst", die erst nach der Beendigung seiner bauplanerischen Tätigkeit entstanden sind, lassen sich die beiden genannten Texte Schumachers über das Kunstwerk Hamburg und über die Hamburger Backsteinarchitektur durchaus als Argumente in tagespolitischen Kämpfen lesen, in Schumachers Auseinandersetzung mit einer in Hamburg überwiegend konservativen Heimatschutzbewegung und mit einer überkommenen Behördenstruktur, die seinen Vorstellungen von moderner Großstadtarchitektur und künstlerischem Städtebau nur wenig Bewegungsraum ließ. Das schmälert nicht die Qualität seiner wissenschaftlichen Recherchen, zeigt aber Grenzen ihrer Aussagekraft. Primär handelt es sich also nicht um Analysen der architektonischen Arbeiten Chateauneufs, sondern in dem einen Fall um die Darstellung einer charakteristischen Entwicklung der hamburgischen Architektur, an der Chateauneuf bereits zu einem frühen Zeitpunkt maßgeblichen Anteil hatte, und im anderen um die Analyse eines sehr komplexen kollektiven Planungsprozesses, in dem er, wie schlüssig gezeigt wird, neben William Lindley, Gottfried Semper und anderen eine letzlich entscheidende Rolle spielte.

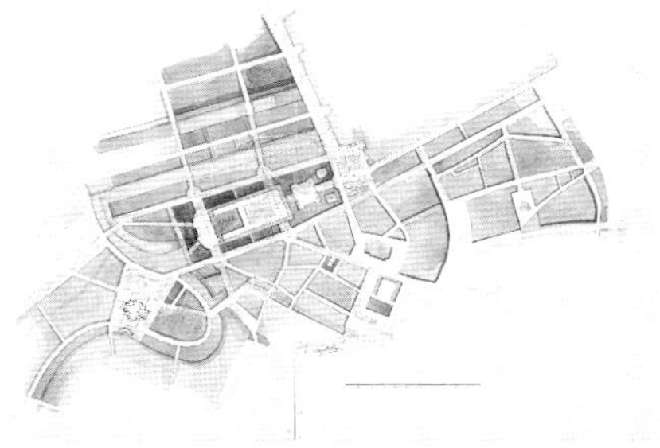

Wiederaufbauplan von Gottfried Semper vom 26. Mai 1842

In der Technik des klassischen Detektivromans fügt Schumacher in „Wie das Kunstwerk Hamburg nach dem großen Brande entstand" Indiz an Indiz, um die Entstehungsgeschichte des städtebaulichen Ensembles aus Alsterbecken, Kleiner Alster, Rathausplatz, Rathaushof und Adolphsplatz im Herzen Hamburgs lebendig nachzuzeichnen. Er versteht dieses qualitätvolle Raumgefüge als ein städtebauliches Kunstwerk, das an diesem Orte nach dem Brand von 1842 ohne Rücksicht auf historische Spuren neu geschaffen wurde und dennoch die Kraft hatte, dem modernen Hamburg Sinn und Gestalt zu geben. Er entwickelt auf diese Weise nicht nur einen bauhistorisch bedeutsamen und für das Verständnis der gesamten Epoche exemplarischen Fall, in den die Rolle unseres Helden an zentraler Stelle eingebettet ist, sondern verschafft auch zugleich seiner eigenen planerischen Intervention in das bestehende Gefüge Hamburgs eine historische Legitimation. Er stellt sich selbstbewußt in die Nachfolge von Semper und Chateauneuf als Protagonisten des modernen künstlerischen Städtebaus und konstruiert um ihr Wirken so etwas wie den mythischen Ursprung seiner eigenen Bemühungen um den Weiterbau des Kunstwerkes Hamburg.

Immer unter Verwendung sorgfältig recherchierter Originaldokumente, die uns auf Grund der Kriegszerstörungen zum Teil heute nicht mehr zugänglich sind[8], entwirft Schumacher das Gestaltungsdrama einer städtebaulichen Idee, das sich 1842 durch das mehr oder weniger glückliche Zusammentreffen einiger großer Geister auf der Tabula rasa der abgebrannten Hamburger Innenstadt entfaltete. Um den dramatischen Faden sich nicht zu sehr verwirren zu lassen, muß eine solche Darstellung notwendigerweise Verkürzungen vornehmen, die einige unserer oben angerissenen Fragen tangieren. Unter den handelnden Personen muß eine Auswahl getroffen werden und eine Rangordnung hergestellt werden. Einige müssen in den Vordergrund gestellt werden, um der Geschichte Prägnanz zu geben, andere treten kurz ins Rampenlicht, damit überhaupt ein Kontext entsteht, wieder andere bleiben trotz ihrer tatsächlichen historischen Bedeutung im Hintergrund, weil ihr Auftritt den Fluß der Erzählung zu sehr behindern würde.

Die tragende Heldenrolle fällt Semper zu, der am 21. Mai 1842 aus Dresden in seiner Quasi-Vaterstadt[9] erscheint und die gerade eingesetzte Technische Kommission für den Wiederaufbau am 26.5. mit einem ungefragt hergestellten Plan konfrontiert (Abb. links). Dieser Kommission gehören die drei leitenden Baubeamten der Stadt und drei freischaffende Architekten an, darunter Alexis de Chateauneuf.[10] Sempers Plan enthält bereits in nuce den künstlerischen Grundgedanken des kommenden Kunstwerkes Hamburg, eine monumentale Folge geschlossener

Plätze und öffentlicher Bauten zwischen dem Ausfluß der Binnenalster und der zerstörten Nikolai-Kirche. Mit seinem Plan stellte sich Semper gegen den Ingenieur Lindley, der vom Hamburger Senat bereits am 9. Mai[11], einen Tag nach dem Ende des Brandes, mit einer Wiederaufbauplanung beauftragt worden war und zu diesem Zeitpunkt ebenfalls schon einen ersten Plan vorgelegt hatte. Unter Hinweis auf Sir Christopher Wrens berühmten, aber unrealisierten Wiederaufbauplan für London nach dem Feuer von 1666 schlug er eine grundlegende Neuordnung des gesamten Brandgebietes vor, mit einer radikal veränderten Straßenführung und Neuparzellierung, einem modernen Wasserversorgungs- und Sielsystem und einer radikalen Umgestaltung der Uferlinie der zum Betrieb der Stadtmühlen und zur Füllung der nicht mehr benötigten Festungsgräben aufgestauten Binnenalster. Trotz der Semperschen Intervention wurde dieser mit überzeugenden sozialhygienischen Argumenten begründete Plan[12] von der Technischen Kommission am 28.5. gutgeheißen und zur Grundlage der weiteren Planung gemacht. Vorerst wurde die Nützlichkeit der Schönheit vorgezogen.

Schumacher charakterisiert die Lindleysche Planung bezüglich ihrer künstlerischen Qualität zwar als ein gefährliches dilettantisches Machwerk, aber er erkennt an, daß sie die – wenn auch ruppige – Grundlage dafür gelegt hat, daß die für die Realisierung der späteren Pläne notwendigen Infrastrukturveränderungen und die weitreichenden Eingriffe in die Rechte der Grundeigentümer überhaupt vorstellbar und akzeptabel wurden. Die weiteren in den Planungsprozeß eingehenden Vorschläge etwa von Friedrich Stammann oder von Carl Ludwig Wimmel und Paridom Gottlob Heinrich behandelt Schumacher nur am Rande. Für den Fortgang seines Stückes hat erst Chateauneufs Plan vom 3. August 1842 eine besondere Bedeutung, weil dieser erstmals die Wasserfläche der neu geschaffenen Kleinen Alster in das Raumdispositif des Stadtzentrums einbringt und mit dem Semperschen Forumsgedanken zu einer organischen Einheit verbindet.[13] Schumacher feiert die Vermählung der beiden Ideen, ernennt ihre Autoren wortwörtlich zum Elternpaar des Kunstwerkes Hamburg, Semper zum samenspendenden Vater und Chateauneuf zur austragenden Mutter.[14]

Chateauneufs Plan wird am 1. September 1842 vom Hamburger Senat zur Ausführung bestimmt. Semper reagiert aus Dresden noch mit einem detaillierteren Vorschlag für den Forumsbereich und mit Ideenskizzen für ein neues Hamburger Rathaus, was Schumacher als eine Kritik am beschlossenen Plan und an Chateauneuf interpretiert, gewissermaßen als eine erste Ehekrise. In seinem Kapitel „Semper und Chateauneuf" geht er ausführlich auf diesen vermuteten Konflikt ein. Als Beleg dient ihm Chateauneufs in den Kommissionsprotokollen überlieferte Kritik an der zu absichtlichen Betonung des Venezianischen und der Markusplatz-Paraphrase in Sempers Vorschlägen zu Rathaus und Rathausplatz.[15] In zwei ausführlichen Anmerkungen seines Textes legt Schumacher dann aber Dokumente vor, die den Einfluß von Chateauneufs einflußreichstem Gönner, Syndicus Karl Sieveking, auf diese Entwürfe Sempers belegen und zudem von einer direkten Bitte Chateauneufs an Semper um eine gutachterliche Stellungnahme zum beschlossenen Plan berichten.[16]

Diese Angaben lassen sich in Verbindung mit den überlieferten Skizzen Sempers und Chateauneufs zum Platz der Staatsbauten und zum Rathaus statt als Kontroverse durchaus auch als ein durch Sieveking vermittelter intensiver Ideenaustausch der beiden Architekten interpretieren, die in ihrem gesamten Werk vergleichbare architektonische Interessen verfolgt haben. Wenn in der Technischen Kommission Konflikte bestanden, dann einerseits zwischen Lindley und den beamteten Ingenieuren Heinrich und Hübbe über Fragen der Kompetenz und der technischen Machbarkeit und zum anderen der zwischen dem Baudirektor Wimmel und Chateauneuf ebenfalls um die Fachkompetenz und über gestalterische Fragen, dessen Vorgeschichte in den Auseinandersetzungen um die öffentlichen Bauten des Johanneums und der Börse zu suchen ist.

Trotz einer fast als natürlich vorauszusetzenden künstlerischen Konkurrenz dürfte Chateauneuf das Auftauchen Sempers in der Technischen Kommission eher als eine Verstärkung seiner inhaltlichen Position gegenüber Wimmel gesehen haben. Die im Protokoll zitierte Kritik an dem zweiten Gestaltungsvorschlag Sempers ist heftig und direkt. Aber sie wird spätestens dann nachvollziehbar, wenn man einen Blick auf die hierzu überlieferte Skizze Sempers zum Hamburger Rathaus wirft, die in ihrem beliebigen Gemenge von Campanile- und Dogenpalast-Zitaten kaum zu seinen Meisterwerken zählt und wohl doch – wie Schumacher zu Recht in seiner Anmerkung vermutet – eher eine Illustration zu Sievekings weitgefaßtem Raumprogramm für die zentralen Staatsbauten Hamburgs darstellt als eine ernste Entwurfsskizze.

Entwurf für ein Rathaus an der Kleinen Alster, Juli 1842 (**WV 86**)

Vergleicht man dagegen Chateauneufs Rathausskizze, auf der wir einen, von zwei niedrigen Ecktürmchen zur Alster hin betonten, ruhig lagernden Baukörper mit einem plastisch geschmückten Seitenportal in der Achse der Uferstraße erkennen, mit Sempers zweiter, weiter ausgearbeiteter, die einen schloßartigen Palast zeigt, mit einer von hoch aufragenden schlanken Türmen flankierten Fassade zum Rathausmarkt und einem Kuppelbau mit hoher Apsis zur Alster hin, so erweist sich zugleich die Nähe und die Ferne der beiden Architekten. Beide orientieren ihren Bau im rechten Winkel zur Börse zwischen Rathausmarkt und Alster, nur setzt Chateauneuf sein Rathaus am Ende der Kleinen Alster mit einer vorgelagertem kleinen Grünanlage ans Ufer des Alsterkanals und flankiert die Kleine Alster mit profitablen Privatgrundstücken, wogegen Semper seinen Block direkt an die Kleine Alster legt und bis zum Jungfernstieg vorrückt. Verstehen wir Sempers erste Skizze als einen Kommentar zum Plan vom 15. August und Chateauneufs Rathausentwurf als eine Antwort auf Sempers Venedig-Quodlibet, auf die dann Semper mit dem zweiten Rathausentwurf antwortet, der Chateauneuf erneut zu Skizzen veranlaßt[17], so läßt sich die Folge statt als Konflikt als ein durchaus fruchtbarer Dialog interpretieren.

In seinem ersten Entwurf nimmt Semper die Achse der neuen Uferstraße an der Binnenalster auf und führt sie mittig auf die hier bisher nicht vorgesehenen Staatsbauten zu, dann übernimmt Chateauneuf den Vorschlag, an diesem Ort die die Staatsbauten zu plazieren, verschwenkt ihren Baukörper aber um 90 Grad mit Front zum Börsenforum und läßt die Uferstraße auf ein Seitenportal zulaufen, worauf Semper wiederum diese Position aufgreift, aber die im Chateauneuf-Plan für Privatbauten vorgesehenen Blocks beseitigt und das Staatsgebäude bis an den Jungfernstieg vorschiebt, wobei es ihm aber nicht mehr gelingt, die neue Uferstraße der Binnenalster mit der Börse in die direkte Achsenverbindung zu bringen, die er in seinem allerersten Entwurf vorgesehen hatte. Obwohl beider Entwürfe Stilelemente sowohl der italienischen wie der nordalpinen Gotik aufgreifen, interpretieren sie deren Applikation sehr unterschiedlich. Bei Semper dienen sie zur Erzeugung einer pittoresken Formenvielfalt, bei Chateauneuf zu einer feierlichen und strengen Zurückhaltung. Der Gegensatz liegt nicht im Grundsätzlichen, sondern im Graduellen, in der Frage, wie wörtlich man Stilzitate nehmen soll oder darf und wie man mit den Wasserflächen der Alster und der gewünschten Platzfolge umzugehen habe, um für Hamburg ein würdiges Staatsforum zu schaffen.

Beide werden sich auch im Anschluß an die Sommertage des Jahres 1842 noch weiter mit dieser Platzfolge auseinandersetzen, wenn auch nicht mehr in einem solchen intensiven Dialog wie nach dem Großen Brand, als es um die richtige Weichenstellung für die städtebauliche Zukunft Hamburgs ging. Semper versuchte

Betracht! Sonst könnte es sich hier wohl bald ereignen, dass man die Stadt vor lauter Häusern nicht mehr sehen könne."[45]

Wir wissen, welchen großen Wert Weinbrenner in seinen Arbeiten auf das Spiel von Licht und Schatten gelegt hat und wie sehr er es in seiner Architekturlehre betont hat.[46] Es steht außer Frage, daß auch Chateauneuf dort für die entsprechenden Fragen sensibilisiert worden war. Die übertragene Verwendung des Sprichwortes „den Wald vor lauter Bäumen nicht mehr sehen" aber und sein Vergleich einer städtebaulichen Aufgabe mit der Anlage eines Gartes legen noch eine weitere Spur zum Verständnis dieses von ihm mehrfach betonten Aspektes der architekonischen Arbeit. Chateauneuf hatte nur zwei Jahre vor seiner Schrift über den Börsenbau eine ausführliche Besprechung von Fürst Pücklers Buch „Andeutungen über Landschaftgärtnerei" veröffentlicht.[47] Hierin stellt er anhand längerer Originalzitate Pücklers Theorien zur Landschaftgärtnerei vor und zieht mehrfach Parallelen zur Arbeit des Architekten. Von besonderer Wichtigkeit für das Gelingen einer landschaftsgärtnerischen Arbeit sei der Umgang mit Kontrasten und das Eingehen auf den Charakter der vorgefundenen Landschaft.

Bei Pückler heißt es: „Man vertheile überall in dem Gemälde Licht und Schatten zweckmäßig, so wird dadurch die Gruppirung im Großen in der Hauptsache gelungen sein – denn Rasen, Wasser und Fluren, als selbst keinen Schatten werfend, sondern solchen nur von anderen Gegenständen aufnehmend, sind das Licht des Landschaftsgärtners, Bäume, Wald und Häuser dagegen ... müssen ihm als Schatten dienen. Man vermeide also den unangenehmen Effect des Unruhigen und Zerstreuten durch zuviele abwechselnde Einzelheiten, durch zuviel unterbrochenes Licht; man verdunkle auf der anderen Seite auch nicht alles durch einige wenige ungeheure Schattenmassen ... In hohem Grade wichtig ist es, daß Gebäude immer im Charakter der Landschaft erscheinen, mit der sie verwebt sind. Viele unserer deutschen Architecten beobachten dies zu wenig. Gebäude in der Stadt verlangen ganz verschiedne Behandlung als in einem Park. Die einen stehen als Ganzes für sich selbst da, die anderen sind nur ein wesentlicher Bestandteil des Ganzen, und müssen von ihm die malerische Wirkung erhalten, die sie ihm ihrerseits theilweise zurückgeben, daher sie auch eben so sehr auf die Ansicht als die Aussicht, die sie gewähren, berechnet werden müssen."[48]

Chateauneuf geht einige Jahre später noch ein zweites Mal mit dem gleichen Zitat explitzit auf Fürst Pücklers Theorien ein. In seinem von Lady Mary Fox in einer zur Förderung der Royal School of Industry at Kensington, the Potteries and Shepherds' Bush[49] herausgegebenen Buchreihe veröffentlichten Briefwechsel mit dem kunstliebenden Londoner Juristen und Politiker Henry Bellenden Ker[50], für den er einen Landsitz bei Footscray in Kent entworfen hat[51], begründet er mit just dieser Theorie Pücklers über die Lichtwerte in der Landschaftsgärtnerei die Plazierung, innere und äußere Organisation, Gestaltung und Materialität des vorgeschlagenen Gebäudes und seiner Nebenanlagen.[52] Im Anschluß an das Pückler-Zitat schreibt er: „Ist der Hauptgedanke eines Gebäudes bezüglich seiner Haupt- und Nebenteile, seiner Ausdehnung und Anordnung festgelegt, muß ein besonderes Augenmerk auf die räumliche Weite oder Enge der näheren Umgebung gerichtet werden, um hierfür die richtigen Licht- und Schattenverhältnisse zu erzielen und einen passenden Hintergrund zu schaffen. Wie bei einer Skulptur hängt hiervon alles ab. Wie im allgemeinen Statuen sind auch Häuser meist so kalkuliert, von drei Seiten betrachtet zu werden."[53]

Bereits zwei Jahre vor dem Landhaus in Kent, auf das hier im Zusammenhang der städtischen Monumentalanlagen nicht näher eingegangen werden soll, wurde beim Börsenentwurf für den Adolphsplatz deutlich, wie stark Chateauneufs Raumkonzept von den Gedanken Fürst Pücklers zur Landschaftsarchitektur beeinflußt war. Sie spielen in alle wichtigen kompositorischen Entscheidungen dieser Gesamtanlage aus Börsengebäude, Platz, flankierender Neubebauung und rahmender Altbebauung hinein und beschränken sich nicht auf die oben bereits erwähnten belichtungstechnischen Fragen des Börsensaales, wo das von drei Seiten durch die hohen Fenster einfallende Licht durch die nördliche, nur mit kleinen Öffnungen versehene Rückwand noch zusätzlich reflektiert werden sollte.

Hier geht es um mehr als die Quantität des Lichteinfalls und die dadurch verbesserte Nutzbarkeit eines einzelnen Gebäudes, es geht um den gezielten Einsatz der qualitativen Wirkungen von Licht und Schatten, um die Bedeutung eines städtischen Ensembles zu steigern. Das Börsengebäude ist auf drei Seiten freigestellt, um seine plastische Qualität im Ensemble des Platzes besser zur Geltung zu bringen und so seine Monumentalwirkung zu unterstützen. Sein klarer stereometrischer Körper und die mit ihm in der Dimension ihrer Elemente und dem Reichtum schmückender Details kontrastierende Rahmenbebauung sind die schattenwerfenden, die Pflasterung der vorgelagerten Terrasse, die Freiflächen des Platzes und Wasserflächen der Fleete die schattenempfangenden Elemente, mit deren Hilfe das hier gewünschte repräsentative Kolossalgemälde erzeugt werden soll. Für die umgebende Landschaft der Stadt wird so ein besonderer Ort geschaffen, der ihren Charakter bewußt aufgreift und durch die Monumentalisierung eines einzelnen ihrer Elemente gezielt steigert.

Für Chateauneuf ist die Börse der bedeutendste Bau der Kaufmannsstadt, mehr noch, sie ist der bürgerliche Staatsbau par excellence und ein Zeichen der modernen Gesellschaft. Ihr gebührt ein zentraler Standort in der Stadt und eine aus der restlichen Bebauung herausgehobene Stellung und Gestaltung, was beides einer sorgfältigen Begründung bedarf. „Das griechisch-römische Alterthum (versagte mir) seine sonst so reichen Vorbilder“, schreibt er. Und er fährt fort: „Ein ähnliches Bedürfnis, wie die heutige Börse, wurde im Alterthum durch das Forum befriedigt ... dem südlichen Clima entsprechend, ein freier Raum für Fußgänger, mit Colonnaden und den öffentlichen Gebäuden umgeben, und in mancher Beziehung ähnlich der Londoner und Amsterdamer Börse.“

Vorbilder für überdeckte Räume von der notwendigen Größe erkennt er in den spätmittelalterlichen „lombardischen“ Hallenbauten von Vicenza und Padua und in der „unvergleichliche(n) Westminster-Halle in London“, deren komplette Integration in Barrys Parlamentsneubauten er schon an anderer Stelle gelobt hatte. Die jüngeren Pariser und Petersburger Börsenarchitekturen scheiden ihm dagegen wegen ihrer „fehlenden organischen Entwicklung“ als Vorbilder aus, wir würden heute sagen, wegen der Überbetonung formaler Aspekte gegenüber funktionalen. Nur die Gotik war in der Lage, die großfenstrigen Wandflächen zu schaffen, wie sie für die hier gestellte Aufgabe notwendig waren. „Die in jener Baukunst aus der treffendsten Construction entspringende Mannigfaltigkeit der Flächen-Modulation, suchte ich in ihre Grundprinzipien zu zerlegen, und zu reproduzieren; hatte aber dabei behutsam jenem verbrauchten Zuge der Formung einer entschwundenen Zeit auszuweichen, welcher, als Nachahmung beibehalten, dem ungünstigen Schicksal jeglicher Copie nicht entgehen würde.“[54]

Ein Blick auf die Perspektive des Chateauneufschen Börsenentwurfes für den Adolphsplatz belehrt uns, daß seine Distanzierung vom Pariser und Petersburger Klassizismus und die gleichzeitig ausgesprochene Faszination durch gotische Architekturen ihn dennoch nicht zu einer naheliegenden Übernahme gotischer Stilismen verführt hatten. Wie sein Zeitgenosse Semper hält er trotz bester Kenntnisse nicht viel von archäologischer Stilreinheit, sondern komponiert das ihm Genehme frei aus unterschiedlichsten Quellen. Während die dominanten Bogenstellungen der Börsenfassade Vorbilder aus der italienischen Hochrenaissance suggerieren und die Ecktürmchen noch an osmanische Minarette erinnern, haben die großen Fensterflächen keine erkennbaren Vorbilder und erhalten eine nur sehr entfernt noch an Gotisches erinnernde Maßwerk-Rasterung.

Weder das Börsengebäude noch den ihn umgebenden Platz unterwirft Chateauneuf einem vereinheitlichenden Stilkanon. Auf der genannten Perspektive sind westlich der neuen Börse zwei bestehende Bürgerhäuser zu erkennen, das eine ein bescheidener Hamburger „Salbau" aus Holzfachwerk, das andere ein reicheres Bürgerhaus mit hohem vorgeblendeten Barockgiebel. Auf der östlichen Seite findet man den neugeschaffenen Platzrand aus Geschäftshäusern mit einer einheitlichen Fassadengestaltung nach englischem Vorbild, die die Parzellenteilung gestalterisch zum Verschwinden bringt und mit ihrer dichten Bogenstellung im Erdgeschoß bereits das Prinzip der späteren Alsterarkaden anklingen läßt. Der Versuchung, den gesamten Platz mit einer solchen Arkade zu umstellen, wie er es vermutlich in seinem Studium gelernt und wie er es mit der Beschreibung antiker Foren nahezu suggeriert hatte, widersteht er, obwohl er es hier, bei einem nicht mehr zur Ausführung gedachten Idealentwurf, ohne großen Schaden hätte wagen können. Was nur wenige Jahre zuvor noch übliche Manier war, ist offensichtlich einem veränderten Verständnis von städtebaulicher Einheitlichkeit gewichen.

Hier deutet sich bereits die moderne Großstadt an, die eher komplexe Raumbilder kennt als die stilistische Einheitlichkeit der klassischen Harmonie. Das heterogene Gemenge der historisch gewachsenen Stadt wird durch die individuellen Zutaten einer neuen Zeit nicht länger in in Frage gestellt. Im Gegenteil, Einheitlichkeit wird hier nicht mehr wie in vergangenen Epochen durch stilistische Gleichbehandlung und generelle Überformung, sondern durch die Zusammenfassung unterschiedlichster Elemente in einem übergreifenden Raumkonzept erzeugt, das auch dem Überkommenen Qualität zuspricht. Dieses Raumkonzept setzt sich nicht naturhaft durch, sondern bedarf der planmäßigen Steuerung durch den künstlerischen Sinn eines städtebauenden Architekten, der den modernen architektonischen Raum aus der Addition unterschiedlicher Innen- und Außenräume unter Berücksichtigung vorgefundener natürlicher und historischer Elemente frei komponiert. Er zielt auf ein Gesamtkunstwerk, in dem ihrer jeweiligen Aufgabe entsprechend gestaltete Neubauten mit den vorhandenen Bauten der Stadt und den neuen und alten Frei-, Grün- und Wasserflächen quasi naturhaft zueinander finden, durchaus vergleichbar mit dem Verhältnis eines modernen Landschaftsgartens zur vorgefundenen und umgebenden Landschaft.

Wie weit Chateauneuf bei einer Komposition aus heterogenen Elementen zu gehen bereit war, zeigt exemplarisch sein Vorschlag für ein Monument zu Ehren Lord Nelsons, den er 1839 während eines Londonaufenthaltes erarbeitet und möglicherweise wie beim vorangegangenen Londoner Börsenwettbewerb zusammen mit seinem dortigen Partner Arthur Patrick Mee[55] zum Wettbewerb eingereicht hatte. Im Gegensatz zu nahezu allen anderen Teilnehmern des Wettbewerbs schlägt Chateauneuf kein Nelson-Denkmal auf dem vorhandenen Platz, sondern einen neuangelegten Platz zu Ehren Nelsons vor, der sorgfältig gegeneinander abgewogen mit einer Fülle von plastischen, architektonischen und gärtnerischen Elementen in seinem Zentrum auch ein Denkmal des Helden enthalten soll. Sein Nelson steht nicht auf einer Säule, wie bei dem siegreichen und schließlich ausgeführten Entwurf William Railtons, sondern lehnt, wenn auch auf hohem Sockel, am Fuß einer Säule. Er ist zur Rechten und zur Linken von den Denkmälern Europas und Afrikas flankiert, wo Nelson bei Trafalgar und am Nil seine großen Siege errungen hatte, und von einer großen Zahl weiterer allegorischer Figuren umgeben: britanischen Löwen, die Flotte symbolisierenden weiblichen Galionsfiguren und natürlich zu Füßen des Admirals Neptun in einem Wasserbecken. Mit einer durchaus barock zu nennenden Wasserfläche läuft dieses Becken rings um die formenreiche Skulpturengruppe, die den geschichtenerzählenden Kern der Anlage bildet, faßt seine unterschiedlichen Elemente zusammen und steigert ihre Wirkung durch die Reflexion.

Der gesamte, nach Norden zur National Gallery hin ansteigende Trafalgar Square ist von dem quer gelagerten Rechteck der Denkmalsanlage ausgefüllt, gegen die umlaufenden Straßen mit Stützmauern abgegrenzt und nur von Norden und von Süden zugänglich (Abb. links). Zwei übereinandergestaffelte Terrassen nutzen die Geländebewegung aus und öffnen sich nach Süden in ihrer ganzen Breite dem Betrachter und Besucher. Sie sind über eine breite Treppenanlage zur unteren und über drei weitere Treppen zur oberen Ebene erreichbar, wogegen von Norden her der Zugang nur über einige Stufen in der Mittelachse erfolgen kann. Ihre optische Fassung aber erhält die Anlage nicht von der relativ entfernten, durch belebte Straßen zusätzlich entrückten Randbebauung des Trafalgar Square, sondern durch einen Umgang aus streng beschnittenen Laubbäumen, vermutlich Rot- oder Hainbuchen, der den Blick auf das Innere von drei Seiten abschirmt und, von Süden gesehen, den kontrastierenden Hintergrund für die bewegte Skulpturengruppe bildet.

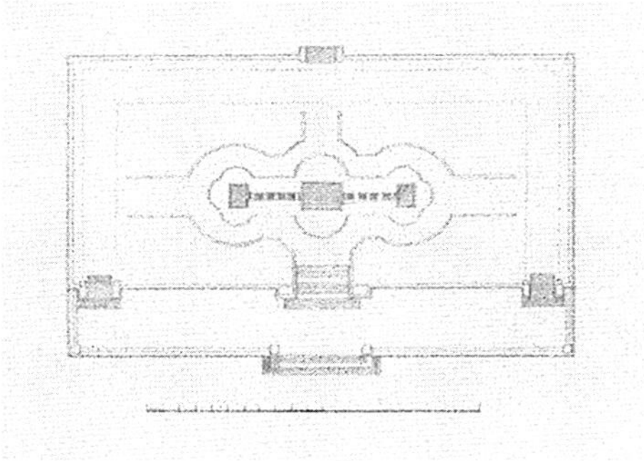

Wettbewerbsentwurf für ein Nelson-Denkmal in London, 1839, Lageplan (**WV 68**)

Wir erkennen sie wieder, die schattenwerfenden und schattenempfangenden Elemente der Komposition, aber in dem Umgang aus beschnittenen Bäumen finden wir dieses aus der Gartenkunst vertraute Element auf neue Art verwendet. Während bei Pückler Architekturen in den Parks als zusätzliche schattenwerfende Akzente zugelassen sind und während Chateauneuf selbst erst beim Domplatz[56] und dann bei der Börse eher steinerne städtische Landschaft entworfen hatte, läßt er hier Vegetatives die Rolle des baulichen Rahmens und eine Ansammlung von Freiplastiken die des zentralen Nutzbaus übernehmen.

Der Geschichtenreichtum der nebeneinander stehenden Plastiken, ihre Vermengung mit architektonischen Elementen, Bildsäulen, Dreifüßen und dergleichen wird weder durch einheitliche Gestaltung noch durch einheitliches Material zusammengehalten. Aber es fällt dennoch nicht auseinander, sondern wird durch fein austarierte Proportionen und den einheitlichen Raum zusammengefügt. Die umlaufende Pflanzung erzeugt den beruhigenden Rahmen des Gemäldes, den die dahinter verborgene Bebauung schon wegen ihrer Entfernung zur Skulpturengruppe und dann wegen ihres eigenen Formenreichtums nicht geben könnte. Die dominante Front und die Kuppel der National-Galerie bestimmen zwar die zentrale Achse der Chateauneufschen Anlage, aber sie können nicht zugleich das Nelson-Monument beherrschen, weil dieses durch den hohen belaubten Heckenumgang optisch abgetrennt ist. In der konkaven Hülle architektonisch gebändigter Naturelemente entwickelt sich das konvexe Arrangement der Denkmäler als eine besondere Welt. Ihre Monumentalität erhält die Anlage weder aus der Größe oder Dominanz einzelner Bauteile noch durch die Bedeutung der zentralen Skulpturengruppe, sondern allein aus der großen geschlossenen Form des Ganzen, die den Tumult der heterogenen Einzelteile zur Ruhe bringt und eine neue Einheit erzeugt.

Ein Blick auf die zahlreichen Denkmalsentwürfe seines Lehrers Weinbrenner zeigt, wie weit Chateauneuf sich in zwei Jahrzehnten von dessen Konzepten entfernt hat, ohne daß er sich je von ihm verbal distanziert hätte, wie wir das von anderen Weinbrenner-Schülern wissen. Weinbrenners Entwürfe repräsentieren das ganze Spektrum von Lösungen für Monumentalaufgaben, das seine von Revolution und Klassik geprägte Generation erprobt hat. Es reicht von frühen, architektonisch abstrakten Monumenten zu Ehren der Französischen Revolution über Architektur und Plastik stärker mischende Denkmäler zur Erinnerung an die Siege über Napoleon bis zu den Bildsäulen zu Ehren deutscher Geistesgrößen wie

Wieland und Goethe mit einer Überfülle erzählerischer plastischer Details[57]. Bei Weinbrenner löst sich die strenge Schwere der frühen, von der französischen Revolutionsarchitektur beeinflußten Arbeiten allmählich zugunsten einer immer stärkeren Konfrontation und schließlich zu einer Überlagerung der reinen stereometrischen Architekturformen durch narrative Plastik auf. Von Chateauneuf kennen wir kein vergleichbar breites Œuvre an Denkmälern, aber sein Nelson-Monument zeigt, daß er die erzählerische Denkmalform akzeptiert, aber sie zugleich wieder in eine architektonische Hülle einbindet, auf diese Weise bändigt und der Architekur unterwirft. Chateauneuf nimmt hier Lösungen vorweg, wie sie erst Jahrzehnte später zur Jahrhundertwende wieder von Architekten wie Bruno Schmitz in Deutschland, Tony Garnier in Frankreich oder H. P. Berlage in Holland versucht werden.

Mit dieser Tendenz zur Großform und zum städtebaulichen Gesamtkunstwerk wird Chateauneuf zu einem interessanten Vorläufer für die Architekten aus Schumachers Generation, die sich um eine künstlerische Gestaltung und Sinngebung der modernen Großstadt und um einen architektonischen Neuanfang ohne Bruch mit der Vergangenheit bemühen. Schumacher zeigt in den genannten Schriften, daß der städtische Raum als Gegenstand künstlerischer Intervention nicht, wie heutige Architekturgeschichte es meist darstellt, mit Camillo Sittes Buch von 1889 entdeckt wird[58], sondern daß dieser Gedanke auch schon in der Architektengeneration der Semper und Chateauneuf voll ausgebildet war. Während uns die Wirkungslinie von Semper zu Sitte und von dort weiter zur Generation Schumachers geläufig ist, bleibt das Vergessen Chateauneufs unverständlich und ist wohl vor allem auf die geringe Verbreitung der Informationen über sein Werk zurückzuführen.

Wenn Chateauneuf überhaupt Eingang in die Architekturgeschichte des 19. Jahrhunderts gefunden hat, dann entweder neben Heinrich Hübsch, Georg Moller oder gar Carl Ludwig Wimmel als einer der Schüler Weinbrenners und Vertreter des sogenanten Rundbogenstils oder gar als ein später Klassizist. Wie fehl alle diese Einordnungen gehen, wird nicht nur in seinem Werk, sondern explizit in seinen Schriften deutlich, wo er an mehreren Stellen darauf hinweist, wie unsinnig, ja unmöglich ihm die Festlegung auf irgendeinen Stil scheine. Eine solche Position nimmt er bereits in seiner Verteidigung des Schinkelschen Stilpluralismus von 1829[59] ein, und er führt sie in seinem Briefwechsel von 1839 über das Landhaus in Kent weiter aus, wo er schließlich fordert, den Begriff des „Stiles“ durch „Charakter“ zu ersetzen.[60] Mit dieser Auffassung löst er sich von der Mehrheit seiner Zeitgenossen, die sich einer engen Antiken-, Gotik- oder Renaissancerezeption verschrieben haben, und nähert sich einer Position, die erst zum Ende des Jahrhunderts an der Schwelle zur Moderne des zwanzigsten Jahrhunderts breiter wirksam wird. Entsprechend gering ist das Verständnis für die Bedeutung seines Werkes zum Zeitpunkt seines Todes. Die wenigen Würdigungen, die er erfährt, können über die außerordentlichen und in die Zukunft weisenden Qualitäten seines Werkes noch nichts aussagen. Weder geht Charles Fowler in seinem Nachruf vor dem Royal Institute of British Architects (RIBA) in London[61] näher auf das Werk ein, noch zeigen die Freunde, die 1860 die nachgelassene Schrift „Architectura publica“[62] veröffentlichen, ein besonderes Verständnis dafür.

César Daly, der in seiner „Revue générale“ die „Architectura domestica“[63], die wichtigste Veröffentlichung des Chateauneufschen Werkes, insgesamt positiv bespricht, distanziert sich wie viele Zeitgenossen von Chateauneufs zu freiem Umgang mit den Stilen der Vergangenheit. Er schreibt: „Man bemerkt manchmal das Studium verschiedener Stile, wo es nicht erkennbar werden sollte. Gerade dort wo Monsieur de Chateauneuf mit seiner Zurückweisung jedes bestimmten Stiles einen neuen Weg einschlagen will, erkennt man manchmal für sehr entfernte Epochen charakteristische Motife von sehr unterschiedlicher Natur, die nicht immer bis zu dem Punkt miteinander verschmolzen sind, daß sie eine wirkliche homogene Einheit bilden ... Übrigens ist das die große Schwierigkeit aller jener pittoresker Kompositionen, die nicht architektonischer Ausdruck eines realen Bedürfnisses sind und nur zustande kommen durch die Kombination disparater Elemente der Vergangenheit, die man zu einem harmonischen Ganzen zusammenzwingen möchte."[64] Daly schätzt den Architekten des Abendrothschen Hauses und den Vorkämpfer der Ziegelarchitektur, aber zeigt sich verständnislos gegenüber dem Experimentator auf der Suche nach einem individuellen Ausdruck seiner Bauten.

80 Jahre später erinnert sich ein ungenannter Autor in „The Architectural Review"[65] an das korrespondierende Ehrenmitglied des Royal Institute of British Architects von 1835. Ganz anders als Daly wirft er ihm kein Schwanken vor, sondern begründet sein Interesse an diesem Architekten des 19. Jahrhunderts umgekehrt mit dessen fester Verankerung in der neoklassizistischen Tradition. Chateauneuf habe seinen Drang nach Neuerungen den gesunderen Theorien der neoklassischen Tradition untergeordnet[66], schreibt er und ernennt ihn so zum Mitkämpfer in seinen eigenen Bemühungen gegen die Bestrebungen der Modernisten seines Jahrhunderts.

Wir möchten hier eine solche Einvernahme Chateauneufs für unsere aktuellen Auseinandersetzungen um die Richtung der Architektur und die Gestalt der Stadt vermeiden und uns darauf beschränken festzustellen, daß es wohl gerade diese parteiischen Beschäftigungen mit unserem Helden waren, die verhindert haben, daß sein Gesamtwerk besser wahrgenommen wurde. Chateauneuf war kein neoklassischer und auch kein neogotischer Architekt, kein Stadtplaner im Sinne der Großstadtreformer der Jahrhundertwende, kein Traditionalist und auch kein nur Hamburger Baumeister, sondern ein europäischer Architekt, der auf der Höhe der Debatten seiner Zeit als Künstler und als Planer weit über die Grenzen seiner Heimatstadt hinaus einen bemerkenswert reichen und qualitätvollen Beitrag zur Weiterentwicklung der Architektur und des Städtebaus der ersten Hälfte des 19. Jahrhunderts geleistet hat.

Anmerkungen

1 Schumacher 1935, S.51.
2 Lange 1965.
3 Tschudi-Madsen 1965.
4 Schumacher 1920.
5 Schumacher 1923.
6 Schumacher lehrte, bevor er die Stelle eines Leiters des Hamburger Hochbauamtes antrat, von 1901 bis 1909 an der Technischen Hochschule Dresden.
7 Schumacher 1907/1908.
8 Der in der Bibliothek der Patriotischen Gesellschaft in Hamburg verwahrte Teil des Chateauneufschen Nachlasses fiel dem Bombenkrieg zum Opfer.
9 Semper war 1803 in Altona geboren, hatte in Neumühlen bei Altona 1834 seinen ersten Bau, den Donnerschen Museumspavillon, errichtet und seine bedeutende Schrift „Vorläufige Bemerkungen über bemalte Architektur und Plastik bei den Alten" veröffentlicht, die ihm im gleichen Jahr den Ruf an die Bauschule der Dresdener Akademie eingebracht hatte.
10 Mitglieder der Technischen Kommission waren: Baudirektor Carl Ludwig Wimmel, Oberingenieur Paridom Gottlob Heinrich, Wasserbaudirektor Heinrich Hübbe sowie die freischaffenden Architekten Alexis de Chateauneuf, Jakob Heinrich Ludolff, Johann Hinrich Klees-Wülbern, später auch Carl Friedrich Reichardt. Als beratender Ingenieur der Stadt nahm zeitweilig auch William Lindley und als Gast Gottfried Semper an den Sitzungen teil. Chateauneuf hatte ab 6.6.42 den Vorsitz der Kommission. Zur Geschichte des Wiederaufbaus insgesamt vgl. Jung-Köhler 1991.
11 Gustav Leo zitiert dieses Datum nach Lindleys Tagebuch, vgl. Leo 1969, S.30.
12 Vgl. Präambel zum Erläuterungsbericht bei Schumacher 1920, S.56, Anm. 1.
13 Die Skizze Chateauneufs vom 25. Mai dagegen interpretiert Schumacher lediglich als Reaktion auf Sempers Vorschlag, obwohl sie bezüglich des Alsterufers und der Verkehrsführung durchaus eigenes einbringt. An der Diskussion des Planes vom August fällt auf, daß die von Chateauneuf vorgeschlagenen Grünanlagen keine Erwähnung finden.
14 Schumacher 1920, S.40.
15 Schumacher 1920, S.38-39.
16 Schumacher 1920, S.69, Anm.14 und 15.

17 Lange 1965 datiert die Rathausskizzen auf „um 1845"; vgl. die Abb. S.246 in diesem Band.
18 Zum Hintergrund des Wettbewerbs für St. Nikolai vgl. Franck 1989.
19 Die Börse entsteht nach einem Entwurf von Wimmel und Forsmann in den Jahren 1837–1841. Die Börsenarkaden werden ebenfalls von Wimmel und Forsmann mit starken Anklängen an Chateauneufs Entwurf nach Wimmels Tod errichtet: die südliche 1845 durch Forsmann, die nördliche in den 80er Jahren durch Hanssen & Meerwein. Durch Überdachung der Zwischenräume werden sie später mit der Börse zu einem Gebäude zusammengefaßt. (Ausführliche Angaben zur Baugeschichte der Hamburger Börse finden sich bei Hannmann 1975.)
20 Schumacher geht explizit auf die Alster- und die Börsenarkaden ein; vgl. Schumacher 1920, S.43f bzw. S.50f.
21 Schumacher 1923, S.52.
22 Sempers bauliche Praxis beginnt nach seinen umfangreichen archäologischen Studien erst 1834, zu einem Zeitpunkt, als Chateauneuf bereits eine bemerkenswerte Reihe gelungener Arbeiten vorweisen kann, die er 1837 in seiner international beachteten „Architectura domestica" veröffentlichen wird.
23 Vgl. Angaben bei Lange 1965, S.27f., sowie Hannmann 1975, S.84f.
24 Hinrich Anton Christian Koch (1758–1840), von 1824 bis 1839 1. Stadtbaumeisteradjunkt und seit dessen Amtsantritt als weiterer Bauadjunkt 1814 nominell Wimmels Vorgesetzter. Wimmel wurde 1841 zum Baudirektor gewählt. Vgl. Hannmann 1975, S.36f.
25 Hannmann 1975, Abb.109.
26 Ältere, in anderem Kontext entstandene Projekte, wie die Entwürfe von Johann Dietrich Stegmeister von 1808 oder von Wimmels Lehrer und Förderer Christian Friedrich Lange von 1822, können hier nicht in die Erörterung einbezogen werden. Beide finden sich bei Hannmann 1975, Abb. 66 und 108. Der von David Klemm zu diesem Projekt im Hamburger Staatsarchiv identifizierte Plan Chateauneufs mit der Bezeichnung „Fischmarkt" war mir beim Schreiben dieses Artikels noch nicht bekannt.
27 Zitiert nach Hannmann 1975, S.84.
28 Vgl. Sieveking 1928, S.31f.
29 Zitiert bei Lange 1965, S.27.
30 Chateauneuf, Börse, 1827.
31 Ebd., S.5.
32 Chateauneufs bedenkenloser Umgang mit der mittelalterlichen Bausubstanz muß überraschen, wenn man bedenkt, daß er 1822 als Mitautor eines nach dem Mollerschen Vorbild angelegten Mappenwerkes über die mittelalterlichen Altertümer Lübecks genannt worden war. Vgl. Weissenburg 1822, S.158ff. Vgl. hierzu den Aufsatz von Volker Plagemann in diesem Band.
33 Schumacher 1923, S.63, Abb.5. Lange 1965, S.30, interpretiert das Blatt als die Aneinanderzeichnung der Vorder- und Hinterfassade, worauf die hinter der Rückansicht zurückgesetzte Darstellung des rechten Eckturmes deuten würde. Ebenfalls lesbar wäre das Blatt als Seitenansicht des gesamten Gebäudes von Norden her, worauf auch die Dachlinie hindeutet. Dann bestünde es aus zwei heterogenen Bauteilen, einem durch eine dreiteilige Bogenstellung hervorgehobenen Vorderteil mit dem monumental verstandenen Börsensaal und einem rückwärtigen, bescheideneren, zweigeschossigen Gebäudeteil zur Aufnahme des Finanzgerichtes, der Bibliothek und der sonstigen Verwaltungsräume. Der Börsensaal wäre durch vier Ecktürme besonders hervorgehoben. Ein fünfter Turm stünde entweder mittig in der Rückfront oder zwei Türme wären hier im Unterschied zur Eingangsfront von der Ecke zur Mitte hin abgerückt angeordnet.
34 So findet sich bei Hannmann 1975, Abb.129 ein Entwurf Chateauneufs von 1835/36 für eine Börse am alten Standort, allerdings unter teilweisem Einbezug des südlich gelegenen Blocks. Das Blatt zeigt eine extreme Zweiteilung des Baukörpers in einen flachen, über die Wasserfläche des Fleets ragenden Börsensaal und einen dreigeschossigen Bürotrakt, der die bestehende Altbebauung in sich aufnimmt.
35 Vgl. die Abbildungen 130 und 131 bei Hannmann 1975.
36 Vgl. die von 13 Hamburger Architekten unterzeichnete Erklärung, in: Staats und Gelehrte Zeitung des Hamburgischen unpartheiischen Correspondenten, 7. Februar 1837.
37 Chateauneuf, Bauwesen, 1836; Chateauneuf, Parlamentshäuser, 1836; Chateauneuf, Börse, 1838.
38 Chateauneuf, Bauwesen, 1836, S.12.
39 Ebd., S.14.
40 Chateauneuf spricht an anderer Stelle vom „so-called Elisabethan style", mit dem sich in England Renaissancetendenzen durchsetzen. Vgl. Fox 1842, S.17.
41 Chateauneuf, Börse, 1838.
42 In nahezu allen städtebaulichen Projekten Chateauneufs finden sich Privatparzellen, um die Wirtschaftlichkeit der Anlage zu erhöhen, ein letztes Mal schließlich beim Lageplan für die Dreifaltigkeitskirche in Oslo. In der Schrift über das Staatsbauwesen benennt er ausdrücklich diese verwertungsorientierte Immobilienwirtschaft als zentrale Aufgabe der Stadtplanung.
43 Hannmann 1975, Abb.130 und 131.
44 Zur Belichtung macht Chateauneuf präzise, auf genauen Berechnungen des Sonnenstandes zu den verschiedenen Jahreszeiten beruhende Angaben und fügt zwei Skizzen bei, von denen die eine unverkennbar den Schnitt durch Wimmels Börsensaal darstellt, dessen Laternenfenster besonders im Winter keine genügende, das heißt bis zum Fußboden reichende, direkte Sonneneinstrahlung erlauben.
45 Chateauneuf, Börse, 1838.
46 Zu Weinbrenner und seiner Schule siehe: Ausst.-Kat. Karlsruhe 1977; Brownlee 1986.
47 Chateauneuf, Pückler-Muskau, 1834.
48 Chateauneuf, Bauwesen, 1836, S.202/203.
49 Die Bedeutung der Schriftenreihe wird in der beigegebenen Liste der Subskribenten deutlich, die, von Queen Victoria und Prince Albert angeführt, zahlreiche für das Londoner Kulturleben der Zeit tonangebende Personen aufführt.
50 Der Band versammelt je fünf Briefe Chateauneufs und seines Bauherrn, der lediglich mit den Initialen H.B. zeichnet, sowie einen Brief des Malers Sir Charles Lock Eastlake. Die Identität Henry Bellenden Ker ergibt sich aus dem zweifachen Hinweis auf einen Pompeijanischen Raum, den Eastlake für Ker 1836 ausgemalt hatte. Vgl. hierzu Robertson 1978, S.44.

Der führende Whig-Politiker Ker hatte zuvor nicht nur ein Werk über Sir Christopher Wren veröffentlicht, sondern sich auch maßgeblich für die Förderung der kunstgewerblichen Ausbildung in England eingesetzt. Vgl. das Stichwort Charles Henry Bellenden Ker (1785?–1871), in: The Dictionary of National Biography, vol. XI, London, o.J.

51 Vermutlich 1839 nach seiner Rückkkehr aus England.

52 Fox 1843, S.30.

53 Ebd., S.31 (Die deutsche Originalfassung der hier veröffentlichten Briefe Chateauneufs ist verschollen. Rückübersetzung H.F.).

54 Chateauneuf, Börse, 1838.

55 Arthur Patrick Mee (1802–1868), ein Schüler von Sir John Soane, hatte in Hamburg gebaut und mit Chateauneuf in London Entwürfe zu den Wettbewerben für die Royal Exchange (2. Preis) eingereicht. Vgl. Colvin 1995, S.650. Eine tatsächliche Beteiligung Mees an den beiden Entwürfen ist nicht belegt. Sie wird sogar mehrfach ausdrücklich bezweifelt. Vgl. hierzu den Beitrag von Stephan Tschudi-Madsen in diesem Band.

56 Die von uns beschriebene Perspektive ist baumlos, aber Schinkel lobt in seiner Stellungnahme von 1836 ausdrücklich die Baumpflanzungen, die wohl für den Platz im südlichen Teil der Anlage vorgesehen waren, von der wir keine Ansicht kennen.

57 Vgl. Lankheit 1979.

58 Sitte 1889.

59 Chateauneuf, Schinkel, 1829.

60 Fox, 1843, letter II, S.6.

61 Fowler 1857, auch in: Chateauneuf, Publica, 1860.

62 Ebd.

63 Chateauneuf, Domestica, 1839.

64 „... s'est qu'on aperçoit parfois ces études de styles divers là où elles ne devrait point se montrer, là justement où M. de Chateauneuf, rejetant tout style particulier, veut se frayer une nouvelle route, on reconnaît parfois des motifs de composition caractéristique d'époques très-différentes et de nature très-distinctes, qui ne sont pas toujour fondus ensemble au point de former une unité bien homogène. ... Cette difficulté, au reste, forme le grand écueil de tout les compositions pittoresques auxquelles l'expression architecturale d'un besoin réel ne sert pas de base, et qui ne se constituent que par la combinaison d'éléments disparates fournis par le passé qu'on s'efforce d'harmoniser." Daly 1840, Band II, Spalte 208/209.

65 Anonym 1919.

66 „... the object of this appreciation of the work of Chateauneuf is to direct attention to the study of buildings which the nineteenth century produced, to show the consistency of an artist who never faltered in the realization of his ideal, and who was content to subordinate his sense of novelty to the sounder theories of the neo-Classical tradition, and one moreover who believed in that species of rich simplicity which is the paramount attribute of great art." In: Anonym 1919.

David Klemm

Alexis de Chateauneuf. *Biographischer Überblick*

1799
Am 18. Februar wird Alexis de Chateauneuf in Hamburg geboren. Sein Vater Pierre Basile François Delespine de Chateauneuf (geb. 1750 in St. Petersburg), französischer Generalkonsul in Tunis und später Gesandter in Genf, kam 1794 nach Hamburg; er wurde Verlagsbuchhändler für fremdsprachige Literatur in Hamburg und verlegte insbesondere Emigrantenliteratur. Die Mutter Marie Elisabeth Schniebes war die Tochter des Ratsbuchdruckermeisters Gottlieb Friedrich Schniebes. 7. oder 9. Mai: Chateauneufs Vater stirbt.

1805
Die Mutter heiratet erneut. Chateauneufs Stiefvater wird der Drucker und Verleger Johann August Meissner (1776–1855).

1817
Zimmerlehrling beim Amts- und Kirchspielmeister Nicolaus Jacob Fersenfeldt.
Abendschule bei Carl Ludwig Wimmel in Hamburg.
Die älteste erhaltene Studienzeichnung zeigt einen Innenhof.

um 1818
Studium bei Achille François Leclère in Paris.

um 1818/1822
Studium bei Friedrich Weinbrenner in Karlsruhe.
Ausgedehnte Europareise. Wohl längere Zeit in Italien. (Abb. S.112)

1821
Erstes nachweisbares Projekt: Entwurf für die Singakademie in Berlin (nicht ausgeführt).

1822
Ältestes erhaltenes städtebauliches Gutachten „Über den besten Platz für ein Hamburger Schauspielhaus“.
Intensives Studium der Lübecker Kirchen. Gemeinsam mit Adolf Weissenburg und Hermann Peter Fersenfeldt Pläne und Vorarbeiten für ein Tafelwerk über mittelalterliche Kunst.
Oktober: Italienreise (?)

1823
10. November: Auf Vorschlag von Georg Ernst Harzen wird Chateauneuf in den Hamburger Kunstverein aufgenommen.

um 1824
Rahmen für das Overbeck-Gemälde „Einzug in Jerusalem“.

1824
Chateauneuf wird erstmals im Hamburger Adreßbuch genannt. Er wohnt beim Schwiegervater, Schopenstehl 1.
Beginn der langjährigen Bemühungen Chateauneufs, den Bauauftrag für die Hamburger Börse zu erlangen.

1825
Januar: Chateauneuf wird in den Ausschuß für die erste Ausstellung des Kunstvereins gewählt.
30. März: Chateauneuf reicht einen Börsenentwurf bei der Commerzdeputation ein.
August: Vorschlag für einen Karlsbrunnen auf dem Domplatz.
Beginn der Umbau- und Ausstattungsarbeiten für das Herrenhaus Sierhagen in Holstein (vollendet 1827).
Oktober/November: Beteiligung am Wettbewerb für ein Hamburger Schauspielhaus. Den Auftrag erhält der zunächst nur als Gutachter vorgesehene Karl Friedrich Schinkel.

1826
Januar: Auf Vorschlag Chateauneufs gründet der Kunstverein einen Verlosungsverein zur Förderung junger deutscher Künstler.
Frühjahr: Beteiligung an der ersten Ausstel-

Carl Julius Milde, Portrait Chateauneufs, 1825

Venedig, Arsenal, 1822 (oben)
Oxford, Christ College, 1828 (unten)

lung des Hamburger Kunstvereins mit einem Börsenentwurf.
Fertigstellung einiger Stadthäuser in unverputztem Backstein. Die Häuser werden in der Öffentlichkeit als „Rothes ABC" verspottet.
Intensive Arbeit an dem Entwurf für die Domplatzbebauung.

1827

Januar: Der Senat genehmigt endgültig den mehrfach überarbeiteten Domplatzentwurf (nicht ausgeführt).
Mai: Veröffentlichung: „Betrachtungen zum zweckmäßigsten Bau einer neuen Börse".
Wettbewerbsentwurf für die Gestaltung der Esplanade und der Lombardsbrücke.
Chateauneuf engagiert sich im Kunstverein.

1828

28. April: Chateauneuf verliert die Wahl zum Baukondukteur gegen F. G. Forsmann. Damit ist er weiterhin gezwungen, als Privatarchitekt tätig zu sein. Erste England-Reise. Er besichtigt u.a. London, Oxford (Abb. links), Cambridge. Er bewundert die Bauten von I. Jones, Chr. Wren und W. Chambers, würdigt aber auch die modernen Industriebauten. Anschließend hält er sich mehrere Wochen in Paris auf.
20. Dezember: Besuch von Sulpiz Boisserée in Köln.

1829

Januar: Aufenthalt in München.
Beginn der umfangreichen Tätigkeit für Familie Sieveking in Hamm: Entwürfe für das Grabmal und für den Umbau des Hammerhofes.
Fast zeitgleich mit dem Abriß der Hamburger Johanniskirche entwirft Chateauneuf einen Neubau des Johanneums auf dem Johannisplatz.
Oktober: Ausstellung von Entwürfen im Rundbogenstil in München gemeinsam mit Heinrich Hübsch und Friedrich Eisenlohr.
Auf der 2. Ausstellung des Kunstvereins ist Chateauneuf mit städtebaulichen Arbeiten vertreten.
Veröffentlichung des „Schreiben(s) eines Architekten über die Werke Schinkels".

1830

Baubeginn der Stadtpost am Neuen Wall (vollendet 1832, bereits 1874 abgerissen).
Projekt für das Johanneum auf dem Johannisplatz.
Bibliotheksentwurf für den Johannisplatz.
Chateauneuf errichtet ein Gärtner- und ein Gewächshaus auf dem Hammerhof. Beginn der Tätigkeit für Ami de Chapeaurouge an der Außenalster (Umbau des Landhauses, Neubau eines Gartenhauses).
Dezember: Chateauneuf wird Vorsitzender der Zeichenschule der Patriotischen Gesellschaft.

1831

Auf der dritten Ausstellung des Hamburger Kunstvereins ist Chateauneuf mit einem Entwurf für ein Clubhaus vertreten.
November: „Über die italienischen Forschungen des C. F. von Rumohr".

1832

19. Januar: Abfahrt zur Italienreise auf Einladung des Ehepaars Sieveking. Chateauneuf erweist sich auf der Fahrt als vorzüglicher Cicerone. Stationen sind u.a.: Freiburg, Basel, Genf; Avignon. Chateauneuf reist allein nach Nimes, Arles, Orange; anschließend wieder mit der Familie Sieveking über Marseille und Nizza u.a. nach Genua, Lucca, Pisa, Siena.
22. Februar: Ankunft in Rom; Besuch zahlreicher Künstler (Speckter, Milde, Nerly, Overbeck, Thorvaldsen, Wagner); Besichtigung zahlreicher Hauptsehenswürdigkeiten, u.a. des Casinos Massimo; Teilnahme am Karneval.
März: Campagna, Neapel; Ausbruch des Vesuvs (11.3.); Pompeji (Alexanderschlacht-Mosaik); Paestum (20.3.; vgl. Abb. Tafel 1), Sorrent, Capri, Aufstieg auf den Vesuv (25.3.).
April: Mittel- und Norditalien, u.a.: Tivoli, Assisi, Florenz, Mantua, Venedig. Rückreise über Innsbruck, München. (Eine Reise nach Athen von Italien aus ist nicht zu belegen.)
Nach der Rückkehr: Auftrag zur Stadtvilla Abendroth am Neuen Jungfernstieg (vollendet 1836, 1905 weitgehend abgerissen).
4. August: Grundsteinlegung zum Repsold-Denkmal.
Heftiger Streit mit dem englischen Ingenieur Smith über die Alsterwasserkunst.
Chateauneuf ist Mitinitiator und Jurymitglied der 1. Kunst- und Industrieausstellung.

1833

5. April: Einweihung des Repsold-Denkmals (Planungen ab 1830).
1. September: Begründung des Rauhen Hauses. Entwurf für ein Idealdorf der Rettungsanstalt. In den folgenden Jahren ist Chateauneuf auf Wunsch Sievekings kostenlos als Baumeister für die Sozialsiedlung tätig.
Entwurf für ein Museum für Kunst- und Gewerbeausstellungen.

1834

Januar: Wettbewerbsbeitrag für den Neubau des St.-Johannis-Klosters.
Projekt für den westlichen Domplatz.
Frühjahr: Auf der 4. Ausstellung des Kunstvereins ist Chateauneuf mit einem Entwurf für die Gestaltung der Esplanade und die Anlage am Lombardswall vertreten.
Auf der Akademieausstellung in Berlin wird sein Museumsentwurf ausgestellt.

16. Januar: Besichtigung der St.-Nikolai-Turmruine durch die Technische Kommission.
31. Januar: Chateauneuf setzt sich in einem Gutachten nachdrücklich für den Erhalt des St.-Nikolai-Kirchturms ein.
5. Februar: Ausführlicher Zustandsbericht und Wiederaufbauplan zur St.-Petri-Kirche.
8. März: Grundsteinlegung für das Möbelmagazin der Tischler in der Paulstraße.
8. März: Lindley entwirft seinen Sielplan für Hamburg.
März: Intensive Beratungen wegen der Gestaltung der Alsterarkaden.
12. April: Nachdrücklicher Einsatz für Lindleys Sielplan.
12. April: Chateauneuf schließt sich dem Votum zahlreicher Hamburger Architekten an, den Nikolai-Kirchturm zu erhalten.
23. April: Pläne für St.-Petri-Kirchenhäuser im „gothischen Styl".
25. April: Beginn des Abbruchs der schwer beschädigten Bauteile von St. Petri. Dabei wird das bedeutende Spätrenaissance-Portal von G. Baumann beschädigt.
3. Mai: Lindleys Sielplan wird gebilligt.
6. Juni: Chateauneuf schlägt einen neuen Standort für St. Nikolai vor.
September: Auf Chateauneufs Vorschlag hin wird ein Preisausschreiben zur „Fabrizierung und Lieferung von Ziegelsteinen vorzüglicher Güte und Qualität" durchgeführt.
11. September: Baubeginn an der Südseite von St. Petri.
27. September: Neueröffnung des Mobilienmagazins der Tischler.
17. Oktober: Änderungen am Bauplan von St. Petri.
Lady Mary Fox veröffentlicht „The Country House" mit einem Briefwechsel zwischen Chateauneuf und dem englischen Liberalen H. B. Ker über den Bau eines Landhauses.

1844

Januar: Teilnahme am Wettbewerb für das Gebäude der Patriotischen Gesellschaft.
Frühjahr: Zahlreiche Sitzungen der Technischen Kommission und der St.-Petri-Kirchenbaukommission.
28. April: Jurymitglied für den Wettbewerb des Hauses der Patriotischen Gesellschaft.
Erneut intensive Entwurfsstudien für das Hamburger Rathaus.
7. Mai: Grundsteinlegung für den Wiederaufbau der St.-Petri-Kirche.
26. Juni: Baubeginn der Wasserkunst in Rothenburgsort.
27. Juli: Chateauneuf gewinnt den Wettbewerb für den Bau des Postgebäudes.
31. Juli: Chateauneuf legt völlig veränderte Pläne für den Postbau vor, die in den folgenden Wochen nochmals variiert werden.
Reise nach Magdeburg, Stendal, Tangermünde, Brandenburg.
Intensive Tätigkeit für die Hornheimer Anstalten bei Kiel (vollendet 1845).

1845

21. Januar: Zweiter Entwurf für eine Baupolizeiordnung.
Februar: Intensive Planungen für den Rathausbau.
16./23. Januar: Chateauneuf und Fersenfeldt lehnen einen Beitritt zur Kommission für den St.-Nikolai-Wettbewerb ab.
16. Februar: Chateauneufs langjähriger Konkurrent C. L. Wimmel stirbt.
20. Februar: Chateauneuf und Fersenfeldt legen überarbeitete Pläne für den Außenbau von St. Petri vor.
Frühjahr: Baubeginn des Postgebäudes (weitgehend vollendet Ende 1847).
August: Studienreise durch Norddeutschland mit H. P. Fersenfeldt und W. v. Hanno.
Stationen sind u.a.: Verden, Minden, Braunschweig, Hildesheim, Goslar, Halberstadt (21.–22. August; Treffen der deutschen Architekten), Magdeburg; Stendal, Tangermünde.
2. Dezember: Erneute Änderung der Baupläne für St. Petri.
17. Dezember: Chateauneufs zweiter Entwurf für die Baupolizeiordnung wird gegen starke Widerstände verhandelt.
28. Dezember: Mit der 121. und letzten Sitzung endet die Tätigkeit der Technischen Kommission.

1846

3. April: Auftrag für den Umbau des Hamburger Bahnhofs.
14. Mai: Wahl in die Prüfungskommission zum Bau des Patriotischen Gebäudes.
3. Juli: Chateauneuf legt detaillierte Pläne für den Bahnhofsausbau vor.
4. Juli: Chateauneuf heiratet die Norwegerin Kaspara Möller.
6. Juli: In der Petri-Kirche sterben bei einem Einsturz von Gewölbeteilen mehrere Handwerker.
Sommer: Intensive Tätigkeit beim Bau des Hamburger Bahnhofsgebäudes.
Chateauneuf schreibt über „Erwin Speckter's letzte Arbeiten".
Oktober: Beitritt zu dem von Wichern angeregten „Verein der Inneren Mission".
24. November: Einsturz eines Portals am Bahnhofsgebäude.
Studien für St. Petri in Lüneburg und im Rheinland.

1847

Chateauneuf legt Entwürfe für die Innenausstattung der Petri-Kirche vor.

Intensive Tätigkeit beim Umbau des Hamburger Bahnhofs.

Juni: Gutachten über Entwürfe zur Umgestaltung der Erlöserkirche in Christiania. Chateauneuf entwirft einen Alternativplan dazu.

1. Juli: Einweihung des Kinderhospitals in der Stiftsstraße.

5. Juli: Gutachten und Alternativplan zur Renovierung der Erlöserkirche.

23. Juli – 7. August: Erster Norwegen-Aufenthalt. Chateauneuf revidiert seinen Umbauplan für die Erlöserkirche. Städtebauliches Gutachten für die Errichtung einer zweiten Pfarrkirche in Christiania.

Herbst: Der Turm und das Maschinenhaus in Rothenburgsort sind weitgehend fertiggestellt.

Publikation einiger seiner nach dem Großen Brand errichteten Gebäude in der „Allgemeinen Bauzeitung".

1848

2. Januar: Stadtpostamt in der Poststraße eröffnet.

20. Juni: Bericht zum Entwurf für die Erlöserkirche in Oslo.

23. Juli: Einweihung des elektromagnetischen Telegrafen auf dem Postturm.

Sommer: Der Wiederaufbau der St.-Petri-Kirche ist im Rohbau abgeschlossen.

Rundreise durch Norddeutschland: Untersuchungen zur Farbfassung mittelalterlicher Backsteinkirchen.

Herbst: Die Wasserkunst von Rothenburgsort liefert Wasser in die Stadt.

Im Hamburger Adreßbuch ist Chateauneuf in der Bergstraße 16 gemeldet.

1849

7. Mai: Einweihung der Petri-Kirche.

April: Chateauneufs Vorschlag für den Umbau der Erlöserkirche wird angenommen. Bauausführung bis 1850 durch H. E. Schirmer.

25. Mai – 20. September: Zweiter Norwegen-Aufenthalt.

Teilnahme am Wettbewerb für die Dreifaltigkeitskirche in Christiania.

1850

Februar: Sieger im Wettbewerb für die Dreifaltigkeitskirche in Christiania. Der Bau wird bis 1858 von seinem Polier Wilhelm von Hanno vereinfacht ausgeführt.

Entwurf für die Turmspitze von St. Petri.

17. Mai – 17. August: Dritter Norwegen-Aufenthalt.

23. Mai: Streit mit der Berliner Eisenbahn-Gesellschaft. Daraufhin bietet Chateauneuf seinen Rücktritt an, der unverzüglich angenommen wird.

Juli/August: Entwurf für das Stortinghaus in Christiania (Oslo).

17. August: Abreise aus Norwegen nach Trennung von seiner Frau, die in Christiania zurückbleibt.

Ende August: Honorarstreitigkeiten mit der Postdeputation.

5. Oktober: Chateauneuf verklagt die Eisenbahngesellschaft wegen Honorarstreitigkeiten.

10. Oktober: Chateauneuf, Lappenberg und Merck schenken Caroline Sieveking eine Büste des verstorbenen Karl Sieveking.

1851

7. Februar: Schreiben an den Bürgermeister von Oslo (letzter erhaltener Brief).

Chateauneuf wird in die von ihm wenige Jahre zuvor errichtete Nervenheilanstalt Hornheim bei Kiel eingewiesen. (Die genauen Daten seines Aufenthaltes sind nicht bekannt.)

1853

Da sich keine Besserung seines Gemütszustandes einstellt, kehrt Chateauneuf nach Hamburg zurück (vielleicht bereits 1852). Nach einem schweren Schlaganfall bedarf er stetiger häuslicher Betreuung durch seine Mutter.

25. September: Fersenfeldt, der langjährige Freund und Partner, stirbt 67jährig.

31. Dezember: Chateauneuf stirbt in Hamburg im Alter von 54 Jahren.

1858

Einweihung der Dreifaltigkeitskirche in Christiania.

1860

Posthume Veröffentlichung „Architectura publica".

1863 – 1864

Bau der Jacobi-Friedhofskapelle durch I. Wood unter Benutzung des bereits um 1847 von Chateauneuf angefertigten Entwurfs.

1899

Gedenkfeier aus Anlaß des 100. Geburtstages. Martin Haller hält die Festrede.

1900

Ankauf großer Teile des künstlerischen Nachlasses auf Veranlassung durch den Architekten- und Ingenieurverein.

1905

Weitreichender Abriß und Umbau des Abendroth-Stadthauses.

1941 – 1945

Zahlreiche Gebäude Chateauneufs werden zerstört.

Im August 1943 verbrennt ein Großteil seines Nachlasses in der Bibliothek der Patriotischen Gesellschaft.

Tafel 1 *Chateauneuf und die Familie Sieveking in den Ruinen von Paestum, Tuschzeichnung Chateauneufs, 1832*

Tafel 2 *F. Meyer, Landhaus Chapeaurouge* (**WV 30**)
Tafel 3 *Entwurf für die Wandgestaltung des Saales im Hammerhof, um 1829* (**WV 23**)

Tafel 4 *Das Kabinett im Landhaus der Familie Sieveking in Hamm, heute im Museum für Kunst und Gewerbe Hamburg* (**WV 23**)

Tafel 5 *Deckenentwurf für das Kabinett* (**WV 23**)

Tafel 6 *Stuhl aus dem Hammerhof der Familie Sieveking (WV 23)*
Tafel 7 *Stuhl aus dem Herrenhaus Sierhagen (WV 10)*
Tafel 8 *(rechts oben) Armsessel aus dem Stadthaus Abendroth (WV 36)*
Tafel 9 *(rechts unten) Variante zu einem Stuhlmodell aus dem Stadthaus Abendroth*

Tafel 10-11 *Entwurf für eine Börse am Nikolaifleet, 1835* (**WV 57**)

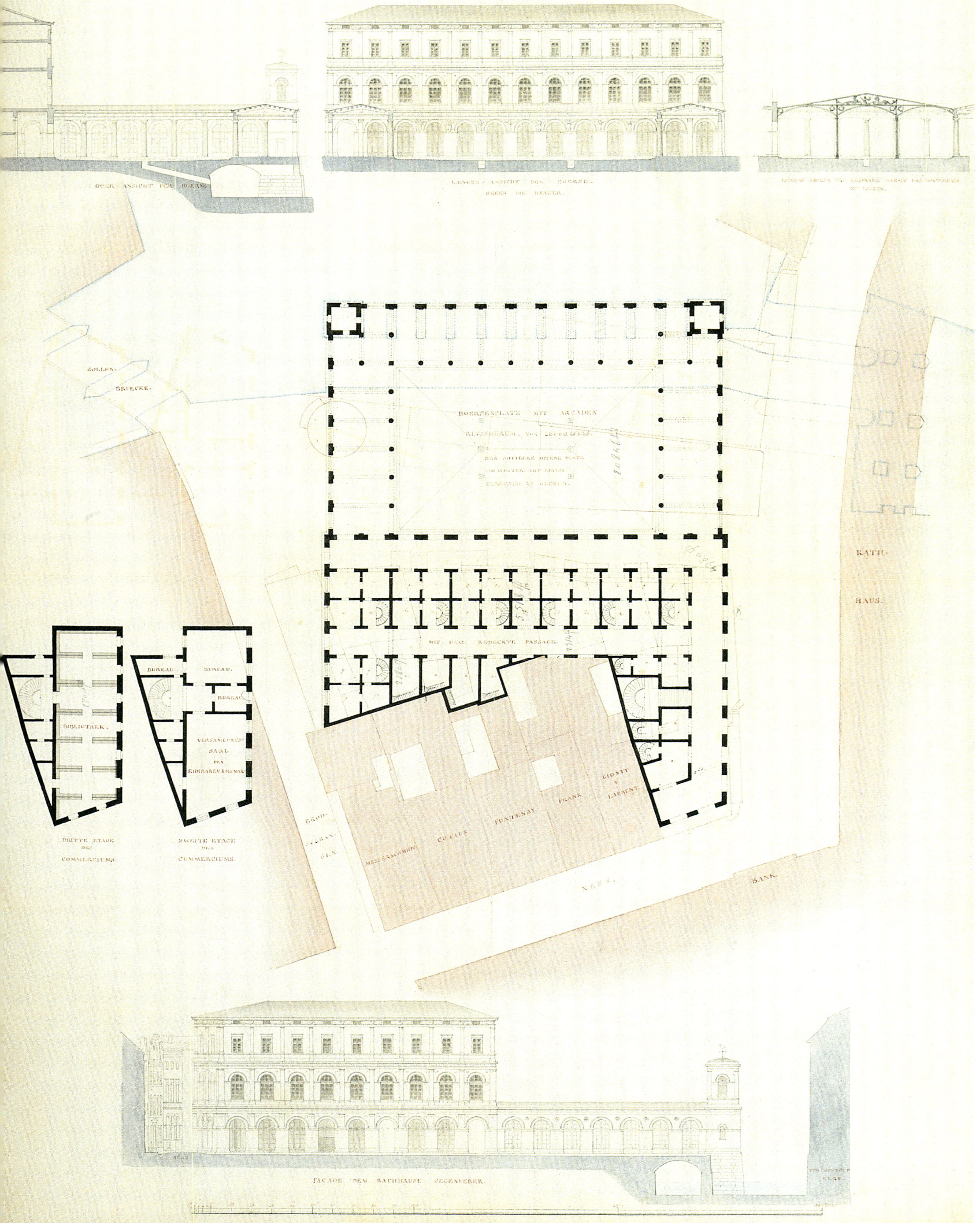
QUER-ANSICHT DER BOERSE
LAENGEN-ANSICHT DER BOERSE.
GEGEN DIE HAEUSER.
ZOLLEN-
BRUECKE.
BOERSENPLATZ MIT ARCADEN
DER MITTLERE OFFENE PLATZ
MIT GLAS BEDECKTE PASSAGE.
RATH-
HAUS.
BUREAU.
BUREAU.
BIBLIOTHEK.
VERSAMLUNGS-
SAAL
DES
EHRBAREN KAUFMANNS
DRITTE ETAGE
DES
COMMERCIUMS
ZWEITE ETAGE
DES
COMMERCIUMS.
FONTENAY
FRANK
NESS.
BANK.
FAÇADE DEM RATHHAUSE GEGENUEBER.

Tafel 12 *Entwurf für eine Börse am Nikolaifleet, 1836 (**WV 58**)*

Tafel 13 *Entwurf für ein Rathaus an der Kleinen Alster, Juli 1842 (**WV 87**)*

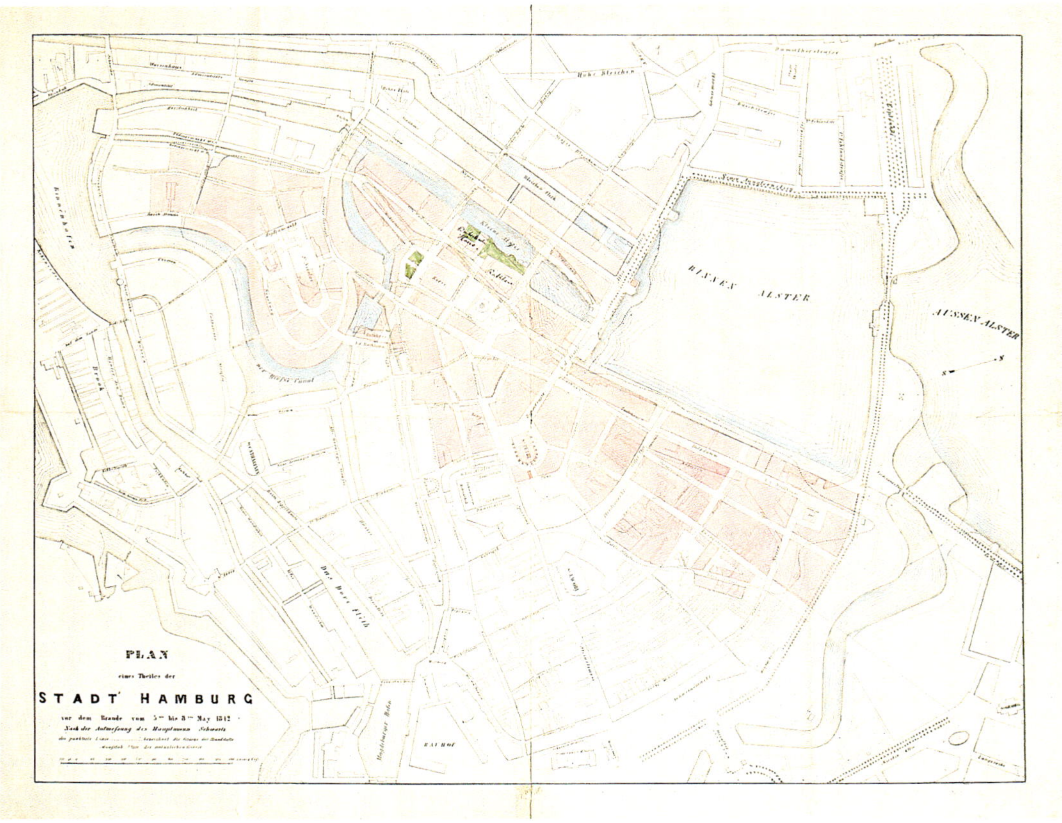
PLAN
eines Theiles der
STADT' HAMBURG
vor dem Brande vom 5ten bis 8ten May 1842
Nach der Aufmessung des Hauptmann Schwartz
BINNEN ALSTER
AUSSEN ALSTER

Tafel 14 *Plan zum Wiederaufbau Hamburgs vom 14. Juli 1842* **(WV 86)**

Tafel 15 *Endgültiger Wiederaufbauplan vom 15. August 1842. Detaillierte Ausarbeitung* **(WV 86)**

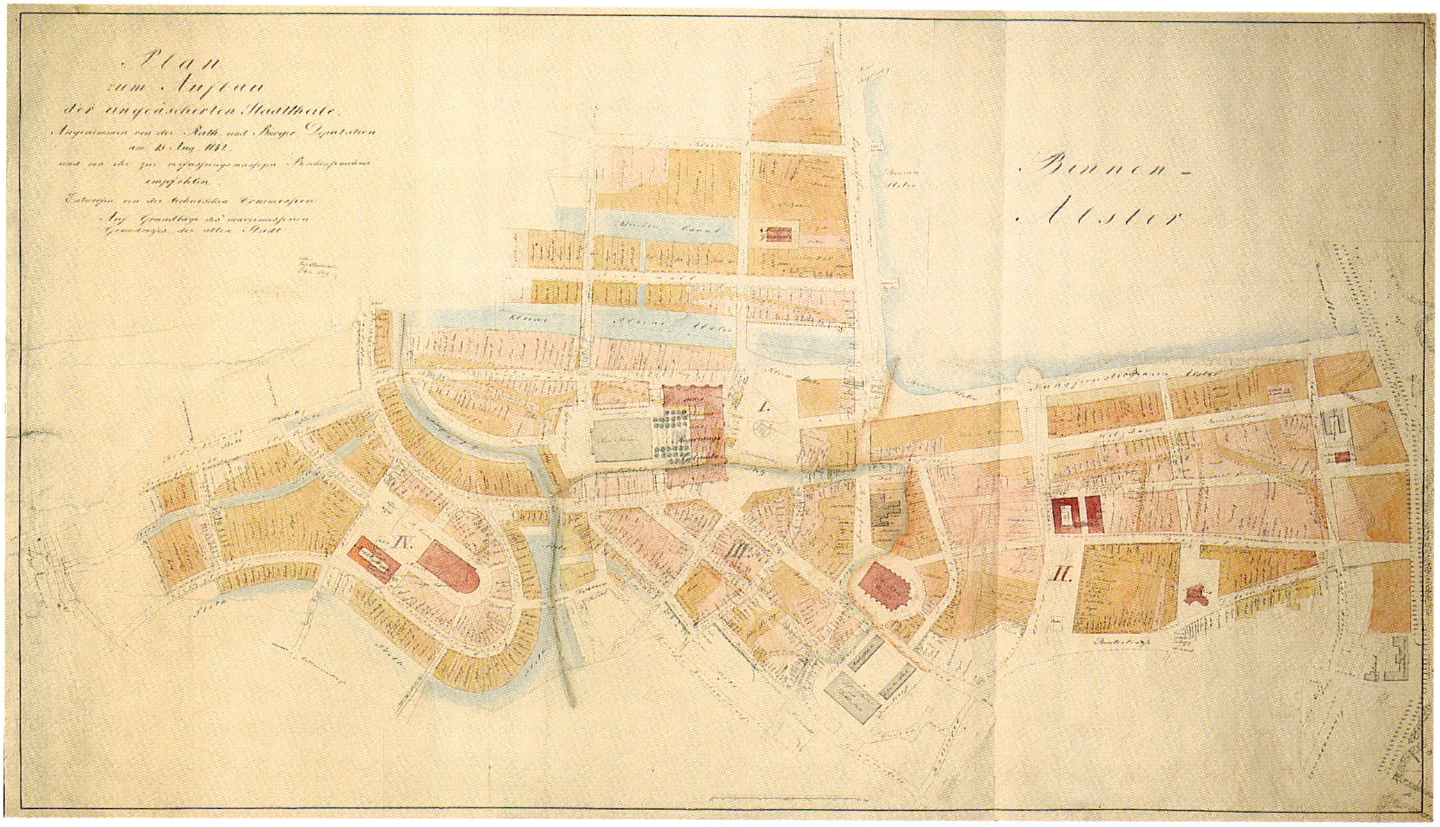

Tafel 16 *Erster Entwurf für die Alsterarkaden* (**WV 100**)
Tafel 17 *Überarbeiteter Entwurf* (**WV 100**)

Tafel 18-19 *Entwürfe für die Börsenarkaden, 1842–1843* **(WV 96)**

DIE VEREINIGTEN POSTHÄUSER GEGEN DIE POSTSTRASSE

Tafel 20 *Wettbewerbsentwurf für das Posthaus, 1845* (**wv 115**)

Tafel 21 *Überarbeiteter Wettbewerbsentwurf, 1845* (**wv 115**)

Tafel 22 *Der Hamburger Bahnhof. Farblithographie von 1900 nach einem Schmuckblatt von Hermann Soltau von 1852* (**WV 76**)
Tafel 23 *Der „Berliner Bahnhof" in Hamburg, Schnitte. Zeichnung von Johann Conrad Marchand nach Chateauneufs Original* (**WV 122**)

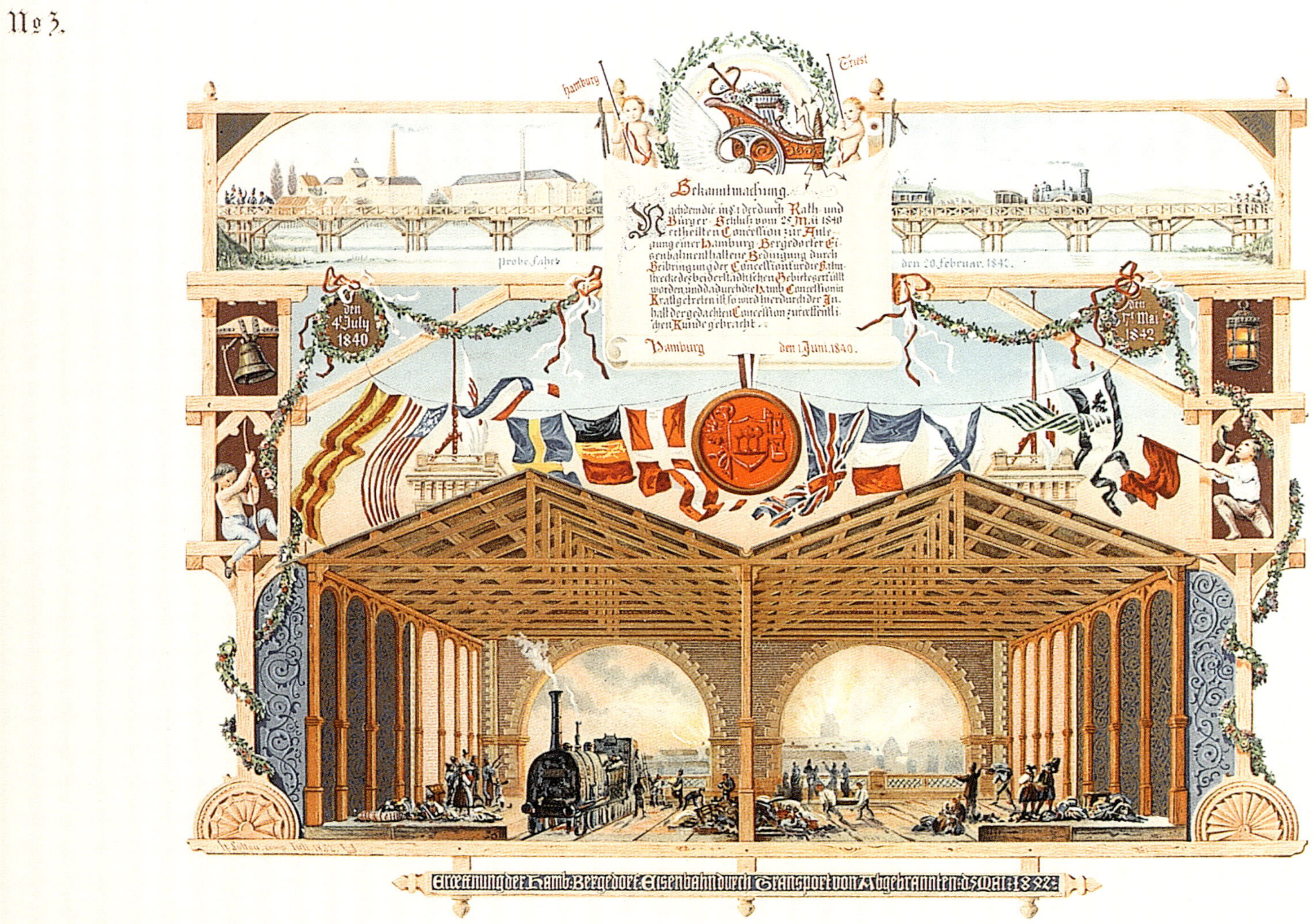

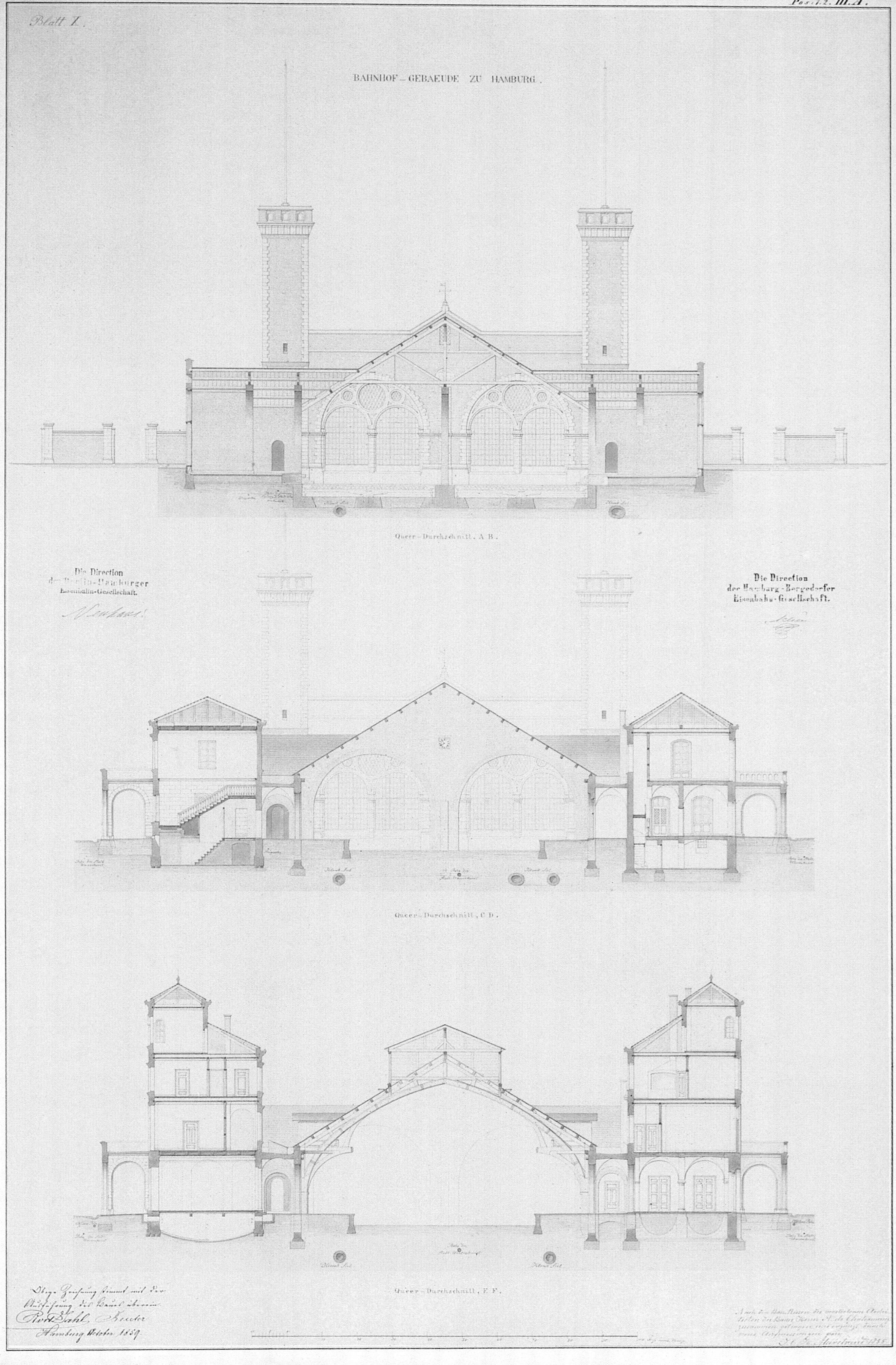
Pos. 1.2. III.A.
Blatt I.
BAHNHOF – GEBAEUDE ZU HAMBURG.
Quer-Durchschnitt, A B.
Die Direction
Eisenbahn-Gesellschaft.
Die Direction
der Hamburg-Bergedorfer
Eisenbahn-Gesellschaft.
Quer-Durchschnitt, C D.
Quer-Durchschnitt, E F.
Hamburg October 1859.

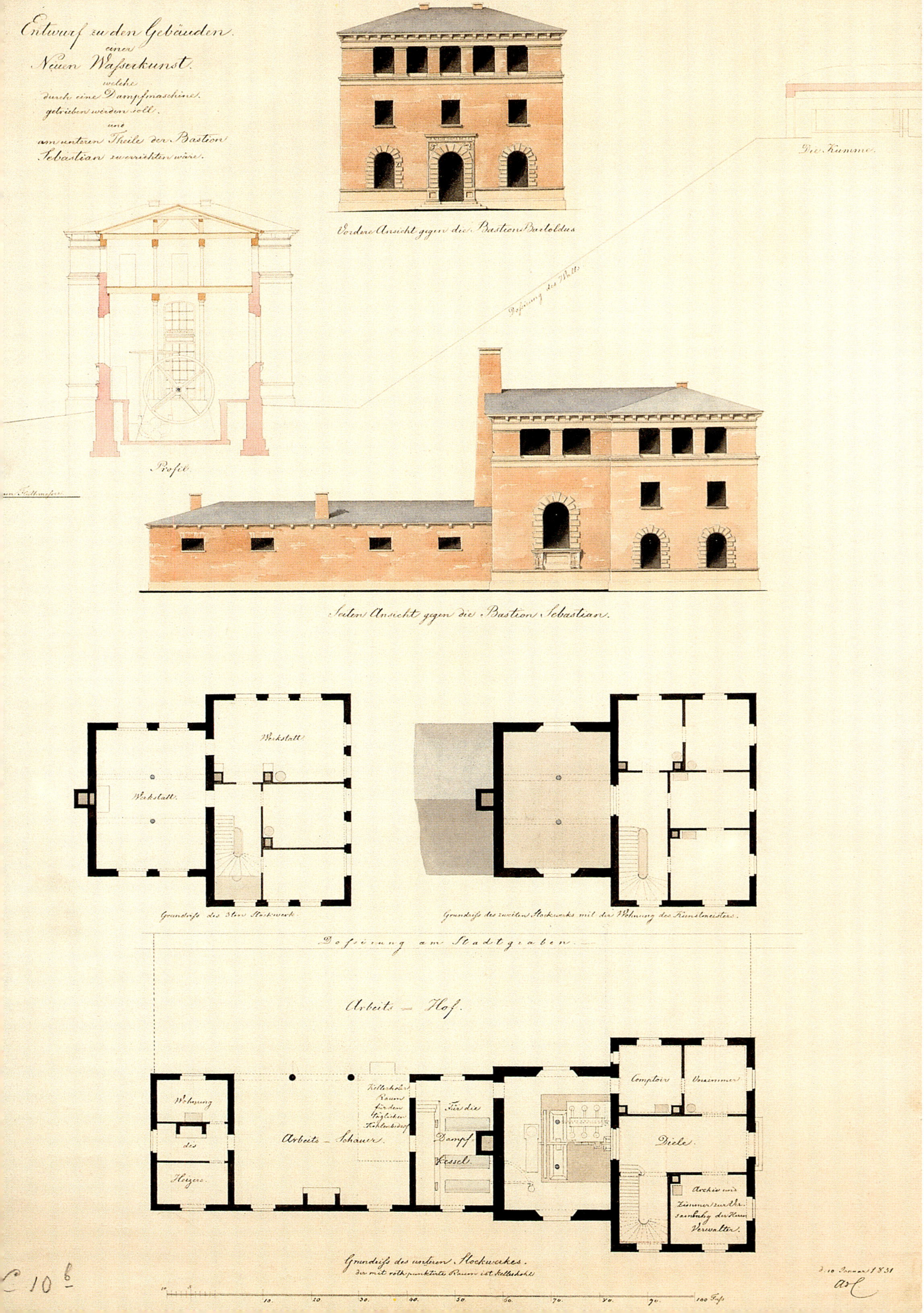
Entwurf zu den Gebäuden
einer
Neuen Wasserkunst.
welche
durch eine Dampfmaschine
getrieben werden soll.
und
am unteren Theile der Bastion
Sebastian zu errichten wäre.
Vordere Ansicht gegen die Bastion Bartoldus
Die Kumme.
Profil.
Seiten Ansicht gegen die Bastion Sebastian.
Werkstatt.
Werkstatt.
Grundriss des 3ten Stockwerk.
Grundriss des zweiten Stockwerks mit der Wohnung des Kunstmeisters.
Dossirung am Stadtgraben.
Arbeits – Hof.
Wohnung
des
Heizers.
Arbeits – Schauer.
Für die
Dampf-
Kessel.
Comptoir
Vorzimmer
Diele.
Archiv und
Zimmer zur Versammlung der Herrn
Verwalter.
Grundriss des unteren Stockwerkes.
der mit roth punktirte Raum ist Kellerhohl
d. 10 Januar 1831
10. 20. 30. 40. 50. 60. 70. 80. 90. 100 Fuss
C 10 b

Tafel 24 *Entwurf für eine Stadtwasserkunst an der ehemaligen Bastion Sebastian, 1830–1831* (**WV 33**)

Tafel 25 *Die Hamburger Gasanstalt auf dem Grasbrook, Farblithographie von 1900 nach einem Schmuckblatt von Hermann Soltau von 1852* (**WV 124**)

Tafel 26 *Die Hamburger Stadtwasserkunst in Rothenburgsort, Farblithographie von 1900 nach einem Schmuckblatt von Hermann Soltau von 1852* **(WV 120)**
Tafel 27 *Entwurf für die Turmspitze der St.-Jacobi-Kirche, um 1823* **(WV 3)**

Tafel 28 *Entwurf für den Choraltar in der St.-Petri-Kirche* (**WV 91**)
Tafel 29 *Entwurf für den Chor der St.-Petri-Kirche, Ostern 1843* (**WV 91**)

[Lfd. № 11]
DAS-HOHE-CHOR-MIT-DEN-NEBEN-
CHÖREN
163

Tafel 30 - 32 *Entwürfe für das Grabmal Sieveking in Hamm, um 1829* (**WV 20**)

July 1842.

Tafel 33 *Entwurf für den Wiederaufbau der St. Gertrudenkapelle, 1842* **(WV 92)**

Tafel 34 *Entwurf für die Dreifaltigkeitskirche in Christiania (Oslo), 1849* **(WV 130)**

Tafel 35 *(folgende Seite) Entwurf für den gemauerten Turmhelm von St. Petri, 1850* **(WV 131)**

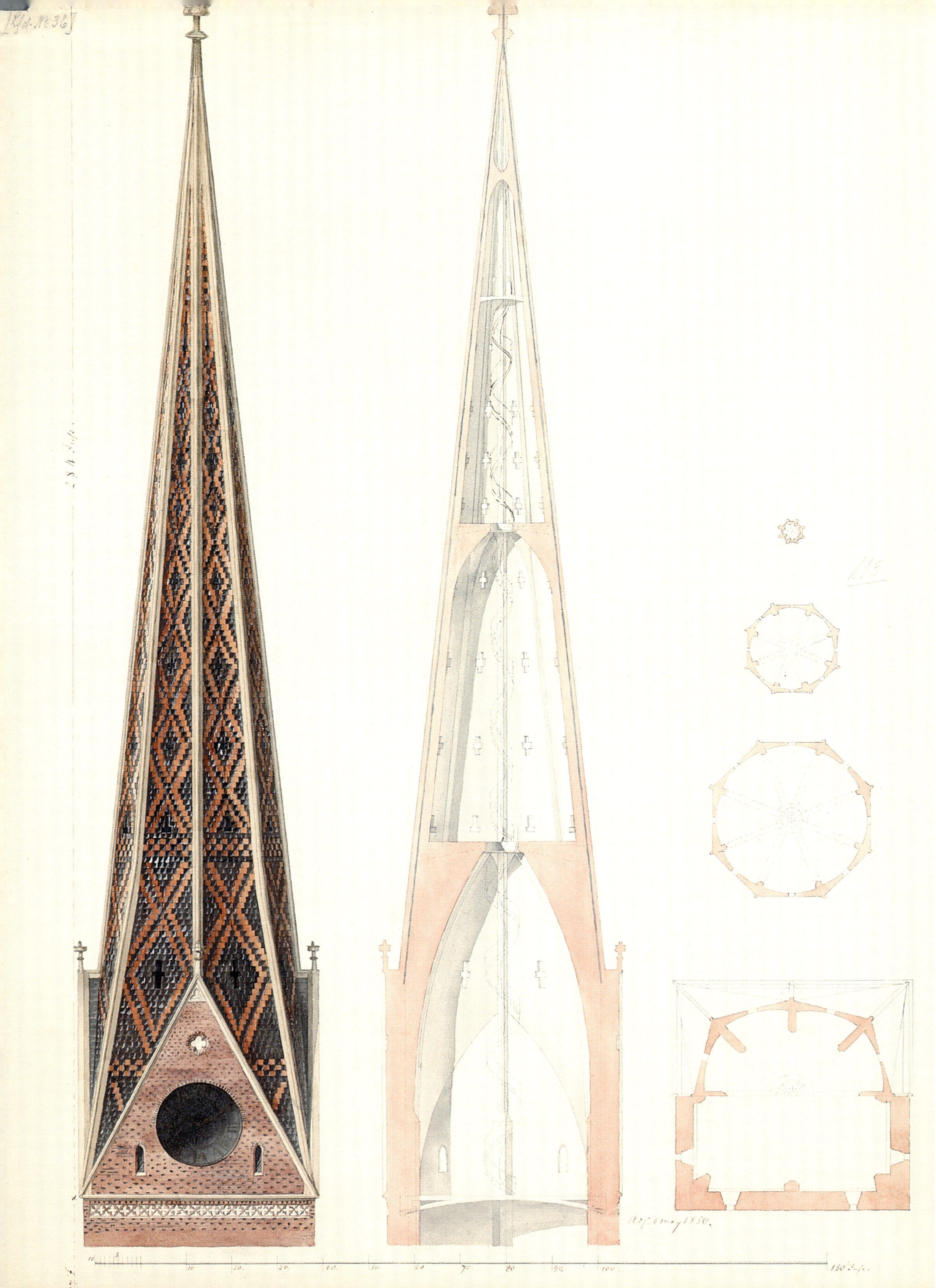

10
20
30
40
50
60
70
80
90
100
150

David Klemm

Chronologisches Werkverzeichnis *(Werke und Projekte)*

1 *Entwurf für die Singakademie in Berlin, 1821*
2 *Städtebauliches Gutachten über den besten Bauplatz für ein Hamburger Schauspielhaus, 1821–1822*
3 *Kirchturmentwurf für St. Jacobi, um 1823*
4 *Rahmen für das Overbeck-Gemälde „Einzug Christi in Jerusalem“, 1823–1824*
5 *Kapelle in Oldesloe, 1824*
6 *Entwurf für eine Börse am Nikolaifleet, 1824–1825*
7 *Plan für die Bebauung des Domplatzes, 1825*
8 *Wettbewerbsbeitrag für den Bau eines Hamburger Schauspielhauses, 1825*
9 *Stadtwohnhaus Hudtwalcker, Ecke ABC-Straße/Neustädter Fuhlentwiete, 1825–1826*
10 *Umbau Herrenhaus Sierhagen bei Neustadt in Holstein, 1825–1827*
11 *Entwurf für eine Bebauung des Domplatzes mit Bibliothek, Gymnasium und Schule, 1825–1827*
12 *Stadtwohnhäuser ABC-Straße 31 und 33, um 1826*
13 *Stadtwohnhaus ABC-Straße 32, 1826*
14 *Entwurf für eine Börse in Hamburg, 1826*
15 *Bürgerdiplom für den Grafen Grote, 1826*
16 *Entwurf für ein Landhaus in Hamm, 1826*
17 *Projekt für die Neugestaltung des Johannisplatzes mit einer Börse, 1827*
18 *Entwurf für die Esplanade und die Lombardsbrücke, um 1827*
19 *Entwurf für eine Börse in Hamburg, 1827–1828*
20 *Grabstätte der Familie Sieveking in Hamm, 1828–1830*
21 *Entwurf für die Bebauung des Johannisplatzes mit Johanneum und Bibliothek, 1829*
22 *Entwurf für eine Börse, 1829*
23 *Umbau des Landhauses Sieveking (Hammerhof) in Hamm, um 1829–1831*
24 *Entwurf für den Umbau einer Scheune in eine Wohndiele, um 1829 (?)*
25 *Gärtnerhaus für Karl Sieveking in Hamm, 1830–1831*
26 *Gewächshaus für Karl Sieveking in Hamm, 1830*
27 *Verbindungsgang Neustädter Fuhlentwiete/Neustädter Neustraße, um 1830*
28 *Stadtpost am Neuen Wall, um 1830–1832*
29 *Entwurf für die Bebauung des Johannisplatzes mit einer Bibliothek, 1830*
30 *Landhaus de Chapeaurouge, Harvestehuder Weg 27, 1830–1831*
31 *Gartenhaus für de Chapeaurouge, um 1830*
32 *Repsold-Monument, 1830–1833*
33 *Entwurf für eine Stadtwasserkunst an der Bastion Sebastian, 1830–1831*
34 *Entwurf für ein Clubhaus in Bremen, um 1830–1831*
35 *Gärtnerwohnung für César Godeffroy in Dockenhuden, um 1831/32 (?)*
36 *Stadthaus Abendroth, Neuer Jungfernstieg, 1832–1836*
37 *Branntweinbrennerei auf dem Hammerhof in Hamm, 1832*
38 *Entwurf für ein Stadthaus (?), 1833*
39 *Entwurf für ein Stadtwohnhaus am Neuen Jungfernstieg, 1833*
40 *Entwurf für ein Museum für Kunst- und Gewerbeausstellungen an der Alster, 1833*
41 *Entwurf für eine Siedlung des Rauhen Hauses in Horn, 1833*
42 *Entwurf für eine Börse auf dem Johannisplatz, 1833–1834*
43 *Wettbewerbsentwurf für den Neubau des St.-Johannis-Klosters, 1834*
44 *Schweizerhaus des Rauhen Hauses in Horn, 1834*
45 *Entwurf für eine Börse auf dem Johannisplatz, 1834–1835*
46 *Entwürfe für die Bebauung des Domplatzes, 1834–1836*
47 *Entwurf für ein Stadthaus am Jungfernstieg, 1834*
48 *Ehrenbürgerbrief für James Colquhoun, 1834–1835*
49 *Pferdestall auf dem Hammerhof in Hamm, 1834–1835*
50 *Bierbrauerei auf dem Hammerhof in Hamm, 1835*

51 *Waschküche auf dem Hammerhof in Hamm, 1835*
52 *„Mutterhaus" des Rauhen Hauses in Horn, 1835*
53 *Bauten für das Rauhe Haus in Horn (?), 1835/47*
54 *Rahmen für ein Overbeck-Gemälde, 1835*
55 *Orgelkasten für die Betkapelle im Krankenhaus St. Georg, 1835*
56 *Entwürfe für Wohnbauten, um 1835*
57 *Entwurf für eine Börse am Nikolaifleet, 1835*
58 *Entwurf für eine Börse am Nikolaifleet, 1836*
59 *Arbeitshaus des Rauhen Hauses in Horn, 1836*
60 *Landhaus für Syndicus Buchholz vor dem Burgtor in Lübeck, 1836–1838*
61 *Gartenhaus für Syndicus Buchholz vor dem Burgtor in Lübeck, um 1837*
62 *Grabstätte der Familie Nölting auf dem Burgtorfriedhof in Lübeck, 1837*
63 *Entwurf für einen Altaraufbau, 1837*
64 *Börse auf dem Adolphsplatz, 1837–1838*
65 *Entwurf für ein Stadthaus am Jungfernstieg, vor 1839*
66 *Entwurf für ein Vorstadthaus in St. Georg, vor 1839*
67 *Ausgestaltung eines Zimmers in einem Londoner Haus, 1838*
68 *Wettbewerbsentwurf für das Nelson-Monument in London, 1838–1839*
69 *Wettbewerbsentwurf für die Börse in London, 1838–1840*
70 *Erstes Amalienstift, St. Georg, Stiftstraße 65, 1838–1840*
71 *Kuhstall des Hammerhofes in Hamm, 1839*
72 *„Thurmgebäude" des Rauhen Hauses, 1839*
73 *Grabanlage für Caspar Voght in Nienstedten, 1839*
74 *Entwurf eines Wohnhauses, 1839*
75 *Entwurf für ein Stadthaus, 1840*
76 *Bahnhof der Hamburg-Bergedorfer Bahn, 1840–1842*
77 *Entwurf für ein Landhaus in Kent, 1840/42*
78 *Wirtshaus Frascati in Bergedorf, 1840–1842*
79 *Entwurf für einen jüdischen „Tempel", 1841*
80 *Bahnwärterhäuser der Hamburg-Bergedorfer Bahn, 1841–1842*
81 *Kassen- und Wärterhaus des Bergedorfer Bahnhofs, 1842*
82 *Lokschuppen beim Bergedorfer Bahnhof, 1842*
83 *Erweiterungsbau des Wirtshauses Frascati in Bergedorf, 1842*
84 *Entwurf für ein Landhaus, 1842*
85 *Umbau der Alenkapelle in der Lübecker Marienkirche, 1842*
86 *Planungen für den Wiederaufbau Hamburgs, 1842–1845*
87 *Entwürfe für ein Hamburger Rathaus, 1842–1846*
88 *Notwohnungen für die Brandopfer (?), 1842*
89 *Entwurf für ein Wohngebäude (?), 1842*
90 *Zweites und Drittes Amalienstift, St. Georg, Alexanderstraße 26 und Minenstraße 10, 1842*
91 *Wiederaufbau der St.-Petri-Kirche, 1842–1849*
92 *Planungen für den Wiederaufbau der St. Gertrudenkapelle, 1842*
93 *Wohnbauten im Gertrudenviertel, 1842–1845*
94 *Kontor- und Wohnhaus Schulte und Schemmann, 1842–1844*
95 *Entwurf für Wachen und Spritzenhäuser, 1842*
96 *Entwurf für die Börsenarkaden, 1842–1843*
97 *Projekte für den Wiederaufbau von St. Nikolai, 1842–1843*
98 *Mobilienmagazin des Tischleramtes, Ecke Paulstraße/Rosenstraße, 1842–1843*
99 *Schneideramtshaus am Pferdemarkt 43, 1842–1843*
100 *Alsterarkaden, 1842–1846*

101 *Entwurf für ein Waisenhaus, 1842/50*
102 *Projekt für den Nikolaikirchturm, 1843*
103 *Wohn- und Geschäftshaus Davenport, Neuer Wall 41, 1843–1844*
104 *Wohn- und Geschäftshaus Meyer, Neuer Wall 18, 1843–1844*
105 *Entwurf für eine „Basilika der inneren Mission im Rauhen Hause", 1843–1844*
106 *Haus Bleichenbrücke Nr. 12, um 1843 (?)*
107 *Wohngebäude (?) am Pferdemarkt, um 1843/44*
108 *Zwei Predigerhäuser für die St.-Petri-Gemeinde, 1843–1844*
109 *Schulgebäude für die St.-Petri-Gemeinde, 1843–1844*
110 *Kirchenschreiberei für die St.-Petri-Gemeinde, 1843–1844*
111 *Entwurf für ein Wohnhaus, um 1843*
112 *„Asyl Hornheim" bei Kiel, um 1843–1845*
113 *Reineckenstift, St. Georg, Bernhardstraße (Alexanderstr.) 28, 1843*
114 *Knakenrügge-Stift, Brunnenstraße (Rostocker Straße) 19-23, 1843–1844*
115 *Posthaus, Poststraße, 1843–1846*
116 *Wettbewerbsentwurf für das Gesellschaftshaus der Patriotischen Gesellschaft, 1844*
117 *Stadtwohnhaus Kunhardt, Ferdinandstraße 63, 1844–1845*
118 *Stadtwohnhaus Hudtwalcker, Hermannstraße 14, 1844–1845*
119 *Landhaus von Hess, Harvestehuder Weg, um 1844–1845*
120 *Wasserturm und Maschinenhaus der Stadtwasserkunst in Rothenburgsort, 1844–1848*
121 *Stadthaus Worms, Alsterdamm (Ballindamm) 33, um 1845 (?)*
122 *„Berliner Bahnhof" in Hamburg, 1846–1850*
123 *Kinderhospital St. Georg, Alexanderstraße 24, 1846–1847*
124 *Schornstein der Hamburger Gasanstalt auf dem Grasbrook (?), 1847–1848*
125 *Jacobi-Friedhofskirche, um 1847–1864*
126 *Entwurf für die Gestaltung des Jacobi-Friedhofes, 1847*
127 *Wettbewerbsentwurf für das Totengräberhaus des Jacobi-Friedhofs, 1847*
128 *Umbau der Erlöserkirche in Christiania (Oslo), 1847–1850*
129 *Städtebauliches Gutachten über den Platz einer neuen Pfarrkirche in Christiania (Oslo), 1847*
130 *Dreifaltigkeitskirche (Apostelkirche) in Christiania (Oslo), 1847–1858*
131 *Entwurf für die Turmspitze von St. Petri, 1850*
132 *Entwurf für das Storting in Christiania (Oslo), 1850*

Strittige Bauten
Erweiterung der Börsenhalle, 1826/36
Umbau Stadtwohnhaus Sieveking, Neustädter Fuhlentwiete, um 1830
Stadtwohnhaus Schacht, Beim Strohhause, um 1845
Die Wasch- und Badeanstalt auf dem Schweinemarkt, 1850–1853
Das Hochreservoir am Berliner Tor, 1853–1855

Die Werke sind in chronologischer Reihenfolge aufgeführt. Die Datierung bezeichnet jeweils die gesamte Planungs- und Bauzeit. Bei unsicheren Datierungen wird der in Frage kommende Zeitraum mit einem Schrägstrich verbunden. Die Werknummern behandeln die Entstehungsgeschichte der Werke und erörtern ihre architektonische Gestaltung. Pläne, Textquellen und Literatur werden durch Anmerkungen nachgewiesen, die Quellen in originaler Orthographie wiedergegeben. Anstelle vollständiger Bibliographien wurde die jeweils wichtigste Sekundärliteratur ausgewählt, über die sich die weiterführende Literatur erschließen läßt.

1

Entwurf für die Singakademie in Berlin, 1821

Seit 1790 trat in Berlin einmal wöchentlich der von Karl Friedrich Fasch gegründete Verein zur Pflege geistlicher Musik zusammen.[1] Da geeignete Räumlichkeiten zum gemeinsamen Musizieren fehlten, behalf man sich lange Zeit mit Provisorien. Seit 1793 war es dem Verein gestattet, mehrere Räume der Akademie der Künste zu benutzen. Dennoch wurde die Beschaffung eines eigenen Konzertsaales durch den nun auch „Singakademie" genannten Verein weiter verfolgt. Bereits 1812 entwarf Schinkel eine prunkvolle Halle mit kassettiertem Tonnengewölbe, doch war an eine Umsetzung aus Finanzgründen nicht zu denken. Äußerst dringlich wurde ein Neubau, als die Singakademie 1821 ihren letzten Übungsraum in der Akademie der Künste aufgeben mußte. Wiederum entwarf Schinkel, der seit 1813 Ehrenmitglied des Vereins war, ein Konzertgebäude.[2] Durch bauliche Veränderungen am Operngraben stand ein kleines Areal neben der Neuen Wache und dem Garten des Finanzministeriums als Grundstück zur Verfügung. Schinkel plante für diesen schmalen Streifen Land einen langgestreckten rustizierten Quaderbau, dessen Baukosten jedoch mit 60.000 Talern die Finanzmittel des Vereins weit überstiegen. Auch eine von Schinkel vorgeschlagene Reduktion des Bauprogramms und damit eine Verminderung der Kosten auf 37.000 Taler fand keine Zustimmung.

In der Situation, als über Schinkels Pläne noch nicht definitiv entschieden war, legte Alexis de Chateauneuf im Herbst des Jahres 1821 einen Alternativentwurf vor.[3] Möglicherweise hatte er über Carl Friedrich Zelter, den damaligen Leiter des Vereins, von dem Projekt erfahren.[4] In einem Brief an Zelter vom 13. November 1821 entschuldigte sich der Architekt dafür, daß er die „Skizze eines Planes zu einem neuen Gebäude für Ihre Singschule"[5] nicht früher übersandt habe. Offensichtlich waren ihm die Entwürfe Schinkels zugespielt worden, denn er betonte in seinem Schreiben, daß er sich an die Planungen des Berliner Architekten gehalten habe. Daß er darüber hinausgehend eigenständige Ideen einbrachte, spricht für das ausgeprägte Selbstbewußtsein des angehenden Architekten. Immerhin war Schinkel bereits damals eine anerkannte Autorität, während Chateauneuf noch keinen einzigen Bau errichtet hatte.

Pikanterweise wurden die Pläne Chateauneufs wiederum an Schinkel weitergeleitet, der sie Zelter dann mit einem bissigen Kommentar versehen am 31. März 1822 zurücksandte.[6] Da die Zeichnungen im Zweiten Weltkrieg verbrannten und nur in zwei Detailaufnahmen überliefert sind, dient Schinkels Gutachten als wichtigste Quelle zur Beurteilung von Chateauneufs Entwurf.

Chateauneuf entwarf einen langgestreckten Baukörper, der den nur 64 Fuß breiten Platz „bis hart an die Grenze des Nachbars"[7] ausfüllte. Dies war für Schinkel „völlig unstatthaft, weil man sich an der einen langen Seite des Gebäudes für immer Licht und Luft raubt, jeder ausführliche Bau des Nachbars wenigstens diesen Übelstand zur Folge haben kann."[8] Chateauneuf wollte die unterschiedlichen Funktionsbereiche bereits am Außenbau erkennbar machen. So überragte z.B. der Konzertsaal den Eingangsbereich mit der Fassade deutlich. Die dadurch bedingte bewegte Umrißform des Gebäudes mußte Schinkels Protest hervorrufen: „Der Bau ist viel zu kompliziert. Was in einen Hauptbau gebracht werden könnte, ist hier gewissermaßen in elf verschiedene Häuser mit besonderen Dächern gebracht. In meinem Entwurf gibt es zwei einfache Dachflächen, in diesem sind deren 17. Was die Traufen, Simsleisten, Kehlen usw. dieser 17 Dächer für Nachteile bringen, ist jedem bekannt."[9] Bei der inneren Disposition orientierte sich Chateauneuf mit der Abfolge von Eingangsbereich, Konzertsaal, Übungsraum und Wohnung im wesentlichen an den Schinkelschen Vorgaben; doch finden sich grundsätzliche Unterschiede in der Raumgestaltung und Lichtführung. Chateauneuf plante den Konzertsaal zu ebener Erde, bestehend aus einem zentralen Zuhörersaal und beidseitig angrenzenden Emporen. Diese sollten durch Pilaster mit ionischen Kapitellen sowie ornamentale Dekorationen hervorgehoben werden. Über die Deckengestaltung kann keine Aussage gemacht werden. An der nördlichen Schmalseite erhob sich das Podium für die Sänger als halbkreisförmige Estrade. Dieser eigentliche Orchesterbereich war durch die Abtrennung von Nebenräumen relativ eng ausgefallen, so daß nur 94 Sitzplätze und 30 Stehplätze zur Verfügung standen. Auch die Lichtverhältnisse waren ungünstig, da Chateauneuf lediglich im Zuhörerbereich vier Fenster auf der Westseite vorgesehen hatte. Da diese in einer Höhe von 32 Fuß eingesetzt werden sollten, wäre der Raum – wie Schinkel monierte – auch bei Tage recht dunkel gewesen. Diese einseitige Beleuchtung des Raumes hielt Schinkel für einen Verstoß gegen klassische Bauregeln.

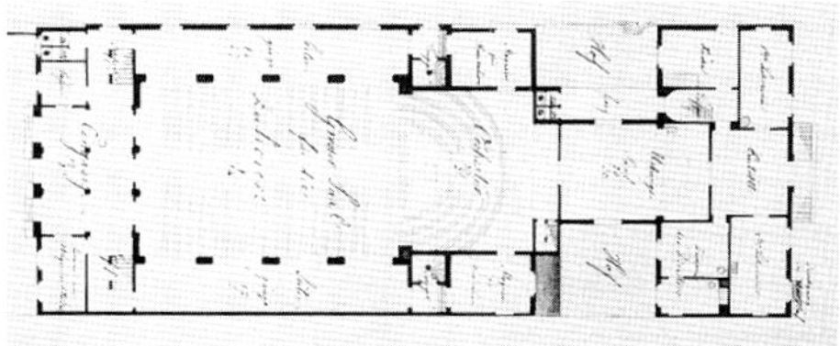

WV 1 *Entwurf für die Singakademie in Berlin, Längenquerschnitt und Grundriß*

Zudem warf er Chateauneuf vor, kein einziges Säulenverhältnis richtig angegeben zu haben. Für Schinkel hatten die Hauptfassaden „die Verhältnisse von Kolonistenhäusern, wie die Fenster von 3 Quadratfuß breit und hoch jedem auf den ersten Anblick zeigen werden".[10] Schinkels Generalabrechnung gipfelte in der Kritik am „Stil des Ganzen sowie der einzelnen Teile"[11], den der anerkannte Architekt für ganz unangemessen hielt. Schließlich warf er Chateauneuf noch Kostensteigerung vor, da er an Umfangs- und Scheidewänden, an Dachflächen, Fußböden usw. weit über 200 Fuß unnötig eingeplant hätte.

Schinkels Kritik war aus der Sicht des Klassizisten verständlich, doch sehr einseitig. Denn es muß berücksichtigt werden, daß er hier über einen potentiellen Konkurrenten urteilte, was Objektivität kaum zuläßt. Seine zum Teil harschen Worte lassen seine Verärgerung über die Initiative des Nachwuchsarchitekten erkennen.

Es verwundert kaum, daß Chateauneufs Entwurf angesichts dieses Gutachtens bei Zelter und den anderen Verantwortlichen der Singakademie keine Aussichten auf Erfolg besaß. Schinkel selbst profitierte vom Ausscheiden Chateauneufs nicht, denn trotz seiner vielfältigen Verdienste um die Singakademie wurde schließlich Carl Theodor Ottmer mit der Bauausführung betraut.[12] Ob Chateauneuf jemals von Schinkels hartem Urteil erfahren hat, ist nicht bekannt. Wenn ja, dann hat es ihrer späteren Freundschaft jedenfalls nicht geschadet.

Literatur: Rave 1941, S.151-153; Lange 1965, S.25-26

2

Städtebauliches Gutachten über den besten Bauplatz für ein Hamburger Schauspielhaus, 1821–1822

Hamburg blickt auf eine lange Theatertradition zurück. Bereits 1678 wurde hier das erste Opernhaus Deutschlands errichtet, für das auch Händel und Telemann Opern komponierten. 1765 wurde es durch den Bau eines Komödienhauses ersetzt, das durch die Tätigkeit Lessings Berühmtheit erlangte. Dieses seit 1809 „Stadttheater" genannte Haus für 1250 Zuschauer genügte nach der Franzosenzeit den gestiegenen Ansprüchen nicht mehr. Um 1820 verstärkte sich der Wunsch nach einem Neubau, zu dessen Finanzierung ein Aktienverein gegründet wurde.[13]

Ein namentlich nicht bekanntes Mitglied dieses Vereins wandte sich im Verlauf des Jahres 1821 an Chateauneuf mit der Bitte, ein städtebauliches Gutachten über den Bauplatz für ein Hamburger Schauspielhaus anzufertigen.[14] Der junge, in Hamburg noch nicht etablierte Architekt nahm diesen Auftrag begeistert an, denn: „Ein jeder Einwohner Hamburgs fühlt wohl das Bedürfniß eines neuen und geräumigeren Schauspielhauses, und jeder mögte wohl gerne sein Schärflein, durch Rath und That, dazu beytragen; den allgemeinen Wunsch zu befriedigen."[15] Mit großer Umsicht erstellte Chateauneuf ein längeres Gutachten, in dem er zunächst darlegte, „welche Zwecke, man bey der Anlegung eines Schauspielhauses, rücksichtlich der Wahl seiner örtlichen Lage, zu erreichen hat, und wie dieselbe der sich hier darbietenden ... Localitäten sind".[16]

Chateauneuf fordert für den Theaterplatz einer Großstadt eine würdige Umgebung, „da ein Theater ein Gebäude ist, welches sowohl die Bildung fördert, als dem öffentlichen Vergnügen gewidmet ist".[17] Läßt sich ein solcher Ort nicht in der Stadtmitte ausmachen, dann solle man „besser die Annehmlichkeit, daß jeder ihrer Bewohner gleich weit davon entfernt sey"[18] aufgeben. Denn „in diser Gegend ist gewöhnlich der Vereinigungspunkt des Geschäftstreibens, und ihm darf man nicht den Raum zu einem Gebäude, welches mehr zur Erholung dinen soll; rauben."[19] Chateauneuf geht davon aus, daß ein am Tage leeres und ödes Gebäude in einem geschäftigen Stadtviertel keinen guten Eindruck macht. „Der Geschäftsmann tritt gerne aus seinem Kreis heraus, wenn er Erholung sucht, und achtet weniger auf die Entfernung von seiner Behausung."[20] Dies um so weniger, als die Hansestadt relativ klein von Umfang sei. Als historische Vergleichsbeispiele führt Chateauneuf die Griechen und Römer an, die ihre „Theater in die Nähe der Cirken, Bäder, und andrer allgemeiner Vergnügungs- und Versammlungsorte"[21] errichtet hatten. Und der noch junge, aber bereits vielgereiste Architekt fügt hinzu: „In den vorzüglichsten Städten Deutschlands und Frankreichs fand ich sie den öffentlichen Spaziergängen, je nachdem es mehr oder minder das Local es zuließ, angereiht."[22]

Nach diesen einleitenden Bemerkungen stellt Chateauneuf insgesamt acht Bauplätze zur Diskussion:

1. den Johanniskirchenplatz
2. den Gänsemarkt
3. den Gerberhof

4. den Platz des ehemaligen französischen Theaters und des Apollo-Saals
5. den Domplatz
6. den Platz der Kalköfen in der Dammtorstraße
7. den Garten des Herrn Bökmann am Jungfernstieg
8. den Platz des englischen Reitstalls.

Für mehrere dieser Vorschläge spricht vor allem die relativ zentrale Lage in der Innenstadt, doch finden sich stets auch gravierende Einwände. So ist beim Gerberhof der Platz für die Hauptfassade zu klein. Vom Gänsemarkt rät Chateauneuf ab, denn man solle „wohl nie den hinteren Theil eines Theaters, welches theils mehr die Bedürfniße des Bühnenpersonals in sich hegt, theils zu, dem Publicum ganz fremden Zwecken dint, nackt und frey an die Straße stellen, wie dis hier unumgänglich statt finden müßte".[23] Beim ehemaligen französischen Theater und beim Johanniskirchenplatz fehlt es dagegen an genügend Platz für die Droschken. Bei letzterem Vorschlag ist es für Chateauneuf ganz selbstverständlich, die baufälligen und „zu nichts Wichtigen benutzten Gebäude" – d.h. die bedeutende Johanniskirche sowie das dazugehörige Kloster – abreißen zu lassen. Generell will Chateauneuf jedoch diesen Platz „nie zu etwas andren als zu einem vergrößerten Schulgebäude gebrauchen, welches dem Ruf seiner Stiftung entspräche".[24]

Der seit 1806 freigeräumte Domplatz wäre wohl groß genug, doch erscheint dem Architekten die Gegend und Umgebung ungeeignet. Auch sprechen wirtschaftliche Gründe gegen diesen Platz; denn „Unternehmer, welche hier einen durch Hallen geschloßenen Markt für Fische u Gemüse errichteten, oder hier ein allgemeines Postgebäude anlegten, würden dem Staat dieselben Abgaben, dem Allgemeinen mehr Nutzen verschaffen".[25]

Besonders günstig erscheint Chateauneuf der Platz der 1810 stillgelegten Kalköfen. Zwar liegt der Ort etwas abseitig, doch ist genügend Baufläche vorhanden; auch kann dem Publikum „beym Ein u Ausgang ... möglichste Bequemlichkeit"[26] gewährt werden.

Der interessanteste Vorschlag betrifft größere Bereiche des Bökmannschen Gartenplatzes.[27] Hier will Chateauneuf „vom Jungfernstieg bis zum Lombard eine neue Straße anlegen, einen gleichsam verlängerten Jungfernstieg. Einen Theil von seinem Garten würde dann Herr Bökmann vielleicht gerne zu einem Theaterplatz hergeben weil sein Platz noch übrigens dadurch ungeheuer gewonnen hätte. Daß es zur Fronte einer der schönsten Straßen Hamburgs geworden wäre."[28] Chateauneuf ist sich der Schwierigkeit und scheinbaren Unausführbarkeit des Projekts wohl bewußt, doch man sollte es „nicht ganz unbeachtet lassen, welche schöne Straße und liebliches Ufer, für das Alsterbassin dadurch entstünde, welche Fronte das Theater im Angesicht des jetzigen Jungfernstiegs machen würde".[29] Zudem hofft er, daß die Eigentümer der alsternahen Grundstücke „vielleicht etwas von ihren Plätzen hingeben mögten, um durch den neuen in die Alster zu legenden Weg, das Bassin nicht zu sehr zu beschränken".[30]

Chateauneufs Schrift „Ueber die Ausmittlung des schicklichsten Platzes zu der Errichtung eines Schauspielhauses in Hamburg" ist in vielerlei Hinsicht aufschlußreich. Ihr kommt besondere Bedeutung zu, da sie die älteste erhaltene städtebauliche Stellungnahme Chateauneufs ist. Die Umsichtigkeit der Analyse zeigt, wie ausgeprägt städtebaulich Chateauneuf mit 22 Jahren dachte. Hier ist zweifellos der Einfluß seiner längeren Studienzeit bei Friedrich Weinbrenner erkennbar.

Das Gutachten läßt bereits einige seiner späteren Positionen erkennen. Auffallend ist die patriotische Grundhaltung, die sich durch sein ganzes Werk zieht. Auch findet sich jene erstaunliche Radikalität im Umgang mit alten Baudenkmälern, der er bis weit in die dreißiger Jahre hinein treu bleibt. Bemerkenswert ist vor allem sein nachdrückliches Eintreten für die Schaffung eines „Neuen" Jungfernstieges. Zwar entsprach die Anlage dieses Weges einem langgehegten Wunsch der Hamburger, doch war wohl selten zuvor eine derart konkrete Umsetzung gefordert worden.[31]

Eine Reaktion auf dieses Gutachten liegt nicht vor. Im weiteren Verlauf der Planungen gab der Aktienverein zunächst dem Domplatz den Vorzug, bis am 21. Mai 1825 der von Chateauneuf favorisierte Standort beim Kalkhof definitiv als Bauplatz für das Schauspielhaus (WV 8) bestimmt wurde.[32]

3

Kirchturmentwurf für St. Jacobi, um 1823

Die heutige St.-Jacobi-Kirche in Hamburg wurde Mitte des 14. Jahrhunderts als gotische Hallenkirche mit einem Westturm errichtet. Bis ins späte 16. Jahrhundert bestand dieser Turm aus fünf gemauerten Geschossen, die mit zwei parallelen Satteldächern gedeckt waren. 1587/88 wurde dann der erste Turmhelm errichtet. Es folgten zahlreiche Reparaturen am Mauerwerk und am Helm. Als sich 1810 der Turm zu senken begann, bemühte sich das Kirchenkollegium von St. Jacobi um dringend notwendige Reparaturen und einen Neubau des Turmhelms. 1822/23 genehmigte der Senat eine Subskription in der ganzen Stadt, um das Unternehmen zu finanzieren.[33]

Der Neubau des St.-Jacobi-Turms war einer der attraktivsten öffentlichen Bauaufträge seit der Franzosenzeit, und dementsprechend stark war das Interesse der Hamburger Architekten. So reichten u.a. Axel Bundsen[34], Johann Heinrich Hopfeldt, Jacob Hinrich Ludolff und Hinrich Anton Koch Entwürfe ein. Die sich lange hinziehenden Verhandlungen wurden erst durch ein Gutachten Christian Frederik Hansens zugunsten Hermann Peter Fersenfeldts entschieden. 1826/27 wurde nach dessen Entwurf der oktogonale Turmhelm als kupferverkleidete Holzkonstruktion errichtet.

Auch Chateauneuf beschäftigte sich in jenen Jahren mit dem Turmbau, doch reichte er kein Projekt zur Begutachtung ein (Tafel 27). Seine Entwürfe müssen vor Oktober 1823 entstanden sein, da zu dieser Zeit das auf Chateauneufs Skizzenblatt sichtbare Turmobergeschoß wegen Baufälligkeit abgerissen und provisorisch mit einem Notdach abgedeckt werden mußte. Der Architekt beabsichtigte, den quadratischen Turm mit einer kurzen, ins Achteck übergehenden Spitze abschließen zu lassen.[35] Diese von dem Baumeister in Varianten durchgespielte Idee vermag als formale Lösung nicht voll zu überzeugen, da der Turm dadurch allzu gedrungen wirkt. Das wenig repräsentative Projekt hätte angesichts der jahrhundertealten Konkurrenz der einzelnen Kirchspiele sicherlich keine Zustimmung der Auftraggeber gefunden.

Lange wies zurecht auf die städtebaulichen Qualitäten des Entwurfes hin.[36] Demnach hätte St. Jacobi den östlichen Endpunkt der in einer Reihe am Geestrücken entlang gebauten Hamburger Gotteshäuser gebildet. Ähnlich wie bei der St.-Michaelis-Kirche im Westen Hamburgs hätte der von Chateauneuf geplante Turm am Ostrand der alten Stadtkrone eine gute Endbetonung gegenüber den spitzen gotischen Türmen der anderen Kirchen ergeben.

Literatur: Lange 1965, S.43-44; Klée-Gobert/Wiek 1968, S.168-169

4
Rahmen für das Overbeck-Gemälde „Einzug Christi in Jerusalem", 1823 – 1824

Der aus Lübeck stammende Maler Friedrich Overbeck galt bereits in den zwanziger Jahren des 19. Jahrhunderts als einer der bedeutendsten zeitgenössischen deutschen Künstler. Es war das Bestreben des Kunstschriftstellers und Mäzens Carl Friedrich von Rumohr, ein Werk dieses Meisters für dessen Heimatstadt zu sichern. Durch großes finanzielles Engagement gelang es dem Freiherrn, den „Einzug Christi in Jerusalem" zu erwerben. Der Entwurf für dieses Hauptwerk Overbecks war bereits 1809 in Rom fertiggestellt, doch zog sich dessen malerische Umsetzung über viele Jahre hin.[37]

Bereits bevor das Bild in Lübeck ankam, kümmerte sich Rumohr um eine geeignete Präsentation. „Deine Angabe zum Rahmen wünsche ich zu vernehmen", schrieb er dem Maler aus Rothenhausen. „Einen gewöhnlichen Rahmen mit Holzkasten wie in Rom können wir hier schon herbeyschaffen. Aber Du willst vielleicht einen architectonischen?"[38] Die Antwort Overbecks ist nicht überliefert. Sicher war der Maler froh, daß sich Rumohr persönlich vor Ort der Sache annahm. Dieser hat dann 1823 oder 1824 Chateauneuf mit dem Rahmentwurf für das Overbeck-Bild beauftragt.

Als das Gemälde 1824 endlich in Lübeck eintraf, wurde es zunächst im Hause des Bruders von Overbeck aufbewahrt. Denn zu diesem Zeitpunkt war der nach dem Entwurf Chateauneufs von einem Tischler gefertigte Rahmen noch nicht vollendet, so daß das Gemälde nicht in der Marienkirche aufgestellt werden konnte.

Rumohr informierte Overbeck in Rom mehrfach über den Fortgang der Arbeiten. Am 27. Oktober 1824 teilte er dem Maler mit, daß Chateauneuf „einen guten Rahmen dazu angegeben, der ins Gothische einschlägt ..."[39] Die Rückseite sei mit Stanniol, die Vorderseite mit gegliederten Türen versehen worden, „damit man's beym Reinigen der Kirche verschliessen könne".[40] Beruhigend versicherte er dem offensichtlich besorgten Maler, daß dessen „alter Liebling wohl aufgehoben" sein würde. Gegenüber dessen Bruder, Chr. G. Overbeck, äußerte sich Rumohr zurückhaltender, da ihm der Rahmen „sehr überhäuft"[41] vorkam.

Das Projekt ist nur durch die Briefe Rumohrs dokumentiert. Eine Entwurfszeichnung ist nicht nachweisbar; auch konnte bislang keine Fotografie des Gemäldes mit dem

Rahmen aufgefunden werden. Der Hinweis Rumohrs auf den „gothische(n)“ Charakter des Entwurfs deutet darauf hin, daß Chateauneuf möglicherweise Rücksicht auf die Architektur des mittelalterlichen Kirchenraums genommen hat.

Schließlich wurden Gemälde und Rahmen in der Chorkapelle der Marienkirche aufgestellt. Beide Kunstwerke sind beim Bombenangriff auf Lübeck 1942 verbrannt.

Chateauneuf verdankte den ehrenvollen Auftrag für die Rahmengestaltung seiner engen Vertrautheit mit dem großen Kunstförderer Carl Friedrich von Rumohr. Beide kannten sich bereits u.a. durch die gemeinsame Mitgliedschaft im Hamburger Kunstverein.

Zwar ist der Rahmenentwurf vornehmlich als Gelegenheitsarbeit für den noch nicht etablierten Architekten zu bewerten. Doch zeigt sich bereits hier das für Chateauneuf charakteristische Interesse für die angewandten Künste. Wiederholt lassen sich in den folgenden Jahrzehnten Entwürfe für Bilderrahmen, Möbel oder Diplome nachweisen.[42]

5

Kapelle in Oldesloe, 1824

Das Projekt ist bislang nur durch eine Briefnotiz Erwin Speckters nachweisbar. Dieser schrieb im August 1824 an Milde nach Dresden, daß er gemeinsam mit Chateauneuf eine Reise nach Oldesloe unternommen habe.[43] Laut Speckter baue der Architekt dort eine Kapelle, für die der Maler einen Engelskopf zeichnete. Da sich in Oldesloe selbst keine Spuren einer Tätigkeit Chateauneufs nachweisen lassen, könnte sich die Mitteilung Speckters möglicherweise auf einen Ort in der Nähe von Oldesloe beziehen.

6

Entwurf für eine Börse am Nikolaifleet, 1824–1825

Die alte Hamburger Börse von 1583, die in den Jahren 1669 bis 1672 vergrößert worden war, genügte gegen Ende des 18. Jahrhunderts den Anforderungen der Hamburger Kaufmannschaft nicht mehr. Im Jahre 1820 begann die Commerzdeputation die Idee eines Börsenbaues mit Nachdruck zu verfolgen. Bis zum endgültigen Wettbewerb von 1837 entstanden – gemäß den Akten des Staatsarchivs und der Commerzbibliothek – 31 Entwürfe von 13 Architekten. Neben dem dänischen Baumeister Axel Bundsen hat sich kein anderer Architekt so intensiv um den prestigeträchtigen Bauauftrag bemüht wie Alexis de Chateauneuf. Zahlreiche Projekte sind zwischen 1824 und 1838 nachweisbar. Die Beurteilung dieser Planungen ist durch die schlechte Quellenlage erheblich erschwert. Nur für zwei Hamburger Projekte sind Originalzeichnungen erhalten, ein anderes ist durch eine Serie von Steindrukken überliefert. Vieles kann nur ansatzweise aus den Schriftquellen erschlossen werden.

Im Sommer 1824 wurde Chateauneuf von der Commerzdeputation aufgefordert, einen Börsenplan zu entwerfen.[44] Erst am 30. März 1825 reichte der Architekt einen Riß mit einem beigefügten Schreiben ein.[45] In seiner Erläuterung bat er darum, den Plan „fürs Erste nur hinsichtlich der Hauptanordnung zu betrachten“.[46] Chateauneuf mußte eingestehen, daß er einige Grundsatzbedingungen des Commerciums – einen in der Mitte offenen Börsenraum, eine runde Bibliothek und zahlreiche vermietbare Zimmer – in seinem Entwurf nicht berücksichtigt hatte. Er hoffte aber, daß er die Gelegenheit finden würde, seinen ganz eigenständigen Plan dem Commercium gegenüber auseinandersetzen zu dürfen. Der Riß wurde dann am 2. April 1825 in der Deputation vorgelegt, doch läßt das Protokoll keinen Rückschluß auf eine Bewertung von seiten der Verantwortlichen zu.

1825 wurden in der Commerzdeputation außer Chateauneufs Entwurf auch Projekte von Hermann Peter Fersenfeldt, Wilhelm Julius Koch, Axel Bundsen und Christian Friedrich Lange diskutiert.[47] Alle Pläne schlugen einen Neubau auf dem alten Platz am Nikolaifleet vor. Nach einer ausführlichen Begutachtung wurde jedoch keines der eingereichten Projekte von der Deputation angenommen.[48]

Literatur: Schreyl 1963, S.38

7

Plan für die Bebauung des Domplatzes, 1825

Anfang des 19. Jahrhunderts war der Hamburger Dom abgebrochen worden. Die dadurch entstandene große Freifläche zwischen Petrikirche, Speersort und Schopenstehl regte in den folgenden Jahrzehnten zahlreiche Baumeister zu den unterschiedlichsten Projekten an. Die Konzeptionen der Architekten Arens, Hansen, Ramée, Reinke, Stegmeister, Koch und Wimmel reichten von arkadenumstellten

WV 7 *Karlsbrunnen auf dem Domplatz*

Marktplätzen bis hin zur Nutzung als Theaterplatz. Ein weiterer Vorschlag sah lediglich eine vorläufige Bepflanzung mit Bäumen und Gras vor. Doch obgleich manches Projekt kurz vor der endgültigen Billigung durch den Senat stand, kam es zu keiner definitiven Entscheidung. Auch das Engagement der Patriotischen Gesellschaft führte zu keiner Lösung. In dieser festgefahrenen Situation forderte der Baubürger Justus, „daß die Stadt nun auf die jungen Nachwuchskräfte wie Ludolff, Forsmann oder Chateauneuf setzen solle".[49] Diese bereits „anerkannt geschickten" Baumeister könnten durch weitere Reisen neue Erfahrungen sammeln und später geeignete Lösungen für die Domplatzbebauung erarbeiten.

Es verwundert kaum, daß Chateauneuf nicht so lange warten wollte. Denn gerade für den noch nicht arrivierten Privatarchitekten war die Erlangung eines derart prestigeträchtigen Auftrags von ungleich größerer Bedeutung als etwa für die Baubeamten Wimmel und Koch. So legte er 1825 erstmals eine eigenständige Konzeption für eine Gestaltung des Domplatzes vor.[50]

Chateauneuf wollte die Seite zum Speersort und zur Schmiedestraße unbebaut lassen und den Platz mit einer doppelten Baumreihe eingrenzen. Als markanter Punkt sollte ein Brunnen mit einem Denkmal für den (vermeintlichen) Stadtgründer Karl den Großen dienen.[51] Dabei sollte die Kaiserfigur auf einer der aus dem ehemaligen Dom geretteten Porphyrsäulen postiert werden. Damit sollte bewußt an diesen 1805/06 abgerissenen, für Hamburgs Kirchengeschichte zentralen Bau erinnert werden.[52]

Chateauneufs Entwurf wirkt auf den ersten Blick wenig originell, hatte doch Christian Friedrich Lange bereits 1822 eine Brunnenlösung für den Domplatz vorgeschlagen. Ganz ungewöhnlich für Hamburg ist dagegen Chateauneufs Idee, Karl dem Großen ein Denkmal zu setzen. Denn dieses Monument wäre das erste öffentliche Herrscherdenkmal in der Hansestadt überhaupt gewesen.[53] Bei dem 1821 errichteten Denkmal für Adolf IV. von Schauenburg hatte man den ehemaligen Landesherrn lediglich assoziativ durch einen Helm dargestellt.[54]

Anders als in Hamburg waren in zahlreichen deutschen Städten seit vielen Jahrhunderten bedeutende Denkmäler für die jeweiligen Stadtgründer errichtet worden. Für die spezielle Form des Brunnendenkmals könnte der Aachener Karlsbrunnen von 1620 als Vorbild gedient haben. Vielleicht orientierte sich Chateauneuf auch an dem berühmten Augustusbrunnen, den Hubert Gerhard 1589–1594 im Auftrag der Reichsstadt Augsburg errichtet hatte.

Das öffentliche Denkmal hätte nicht nur an den Stadtgründer Hamburgs erinnert, sondern auch den Begründer des Heiligen Römischen Reiches Deutscher Nation gefeiert, in dessen Rechtsverbund Hamburg seine privilegierte Stellung als Freie Reichsstadt erhalten hatte. Dieser Status war 1815 mit Mühe auch in den Deutschen Bund gerettet worden, und die ehrwürdige Figur Karls des Großen hätte zumindest ideell den Anspruch der Hansestadt auf den Fortbestand der Privilegien untermauern können. Nicht zuletzt brachte Karl den auch in Hamburg verbreiteten Wunsch nach Wiederherstellung des durch Napoleon aufgelösten Heiligen Römischen Reiches zum Ausdruck.

Chateauneufs interessantes Projekt fand bei den Verantwortlichen keine Resonanz. Die Stadtoberen blieben ihrer zurückhaltenden Denkmalpolitik treu. Bemerkenswerterweise wurde Chateauneufs Idee fast 70 Jahre später doch noch verwirklicht. Denn 1889 wurde auf Veranlassung des Hamburger Verschönerungsvereins ein Kaiser-Karl-Brunnen auf dem Fischmarkt und damit an der südlichen Peripherie des Domplatzes aufgestellt.[55]

Literatur: Hannmann 1975, S.84

8

Wettbewerbsbeitrag für den Bau eines Hamburger Schauspielhauses, 1825

Um die allseits beklagten Mißstände des am Gänsemarkt gelegenen Hamburger „Stadt-Theaters" zu beheben, gründeten einige Hamburger Geschäftsleute 1822 einen Aktienverein.[56] Ihr Ziel war es, ein neues Theater zu errichten, das allen Anforderungen der anspruchsvollen Hamburger Theateranhänger genügte. Obgleich in relativ kurzer Zeit bereits 151 der 200 vorgesehenen Aktien gezeichnet waren, vergingen noch drei Jahre, bis konkrete Schritte für das Bauvorhaben eingeleitet werden konnten.[57] Am 18. Oktober 1825 veröffentlichte der „Hamburgische Correspondent" eine Aufforderung des Aktienvereins an die Hamburger Architekten, bis spätestens zum Monatsende Entwürfe für den Bau eines Schauspielhauses einzureichen. Offensichtlich wurden zudem einige ausgewählte Architekten direkt zur Teilnahme aufgefordert.

Die Resonanz von seiten der Baumeister war gering, was wohl vor allem auf die außerordentlich kurze Abgabefrist von zwei Wochen zurückzuführen sein dürfte.[58] Andererseits wurde das Bauvorhaben seit mehreren Jahren intensiv in der Stadt diskutiert, so daß zumindest einige der Privatarchitekten angesichts der Seltenheit derartiger Bauaufträge Vorüberlegungen angestellt haben dürften. Dies trifft mit Sicherheit auf Chateauneuf zu, der bereits wenige Tage nach der Ausschreibung eine Serie von Rissen einreichte.[59] Möglicherweise hatte er aufgrund seiner bereits damals vorzüglichen Kontakte zu einflußreichen Wirtschaftsführern und Politikern rechtzeitig von der Absicht des Vereins Kenntnis erhalten.

Am 14. November wurden die am Wettbewerb teilnehmenden Architekten um ihr Einverständnis dafür gebeten, daß ihre Entwürfe „von einem berühmten Architecten" begutachtet würden. Chateauneuf antwortete daraufhin, daß er sich „als Künstler, der für jedweden schafft, dem Urtheile der ganzen Welt preis geben muß ..."[60] Er tue dies um so überzeugter, wenn die Beurteilung durch einen berühmten Fachkollegen erfolgen würde. Er bat jedoch darum, daß die in seinen Augen nur skizzenhaft angelegten Entwürfe als solche gekennzeichnet würden und daß auf jeden Fall seine Erläuterungen mit abgesandt werden müßten.

Bereits kurz darauf wurden die Entwürfe von Franz Gustav Forsmann, Carl Theodor Ottmer, dem Büro Osenbrüg & Stauffer und von Chateauneuf an Karl Friedrich Schinkel nach Berlin gesandt.[61] Schinkel hatte wenige Jahre zuvor das Schauspielhaus in Berlin errichtet und galt seitdem als Autorität im Theaterbau. Der preußische Oberbaurat fertigte innerhalb kurzer Frist ein umfangreiches Gutachten an, in dem er auf 18 Seiten allgemeine Prinzipien für einen Theaterbau entwickelte. Die eigentliche Beurteilung der Wettbewerbsbeiträge fiel dagegen sehr knapp aus. Dies ist um so bedauerlicher, als sich von Chateauneufs Projekt weder die Zeichnungen noch die Erläuterung erhalten haben. Schinkel bewertete dessen Bau anhand der in seinem Gutachten aufgestellten Grundsätze sehr kritisch. So schien ihm beispielsweise das Gebäude als „zufällig zusammengebaut"; eine Kritik, die er in ähnlicher Form bereits 1821 im Zusammenhang mit Chateauneufs Entwurf für die Berliner Singakademie (WV 1) geäußert hatte. Außerdem bemängelte er, daß das Projekt für den Bauplatz zu breit angelegt sei.

Nicht nur Chateauneufs Entwurf wurde schlecht bewertet. Selbst der renommierte Ottmer mußte sich harsche Kritik gefallen lassen. In seinem Resümee stufte Schinkel die Entwürfe von Forsmann und Chateauneuf als am interessantesten ein, wobei er schließlich das Projekt Forsmanns, wenn auch mit großen Bedenken und nur mit grundlegenden Änderungen, zur Bauausführung vorschlug. Die Unzufriedenheit mit den eingesandten Entwürfen regte Schinkel zu eigenen Überlegungen an, die er mit dem Gutachten nach Hamburg sandte. Der Kommission teilte er mit: „Aus diesem Grunde habe ich so viel es die kurze Zeit weniger Wintertage zuließ, die im Gutachten ausgesprochenen Resultate in einem neuen Plan dargestellt, dessen Ausführung ich dringend anempfehlen muß."[62] Mit diesem Schachzug zog Schinkel dieses Prestigeobjekt an sich. Denn die Hamburger Verantwortlichen griffen seinen im November und Dezember 1825 ausgearbeiteten Entwurf begeistert auf. Bereits Ende Dezember wurde Chateauneuf darüber informiert, daß Schinkel den Bauauftrag erhalten habe. In seinem Antwortschreiben bat er darum, das ihm versprochene Gutachten Schinkels einsehen zu dürfen, und schloß mit dem Wunsch, „daß es einer von den glücklichen Entwürfen Schinkels seyn und seiner würdig ausgeführt werden möge".[63] Diese Hoffnung erfüllte sich nicht. Denn bei der Bauausführung wurde vor allem die großartige Konzeption der Fassade nachteilig verändert.

9

Stadtwohnhaus Hudtwalcker, Ecke ABC-Straße/Neustädter Fuhlentwiete, 1825–1826

Chateauneuf besaß laut Grundbucheintrag von 1824 zwei Grundstücke in der ABC-Straße. Eines davon verkaufte er 1825 an Martin Hieronymus Hudtwalcker, der ihn dann mit dem Bau eines Wohnhauses beauftragte. Der Bau wurde zügig vollendet; am 25. November 1825 war Richtfest, und am 25. Oktober 1826 konnte das Gebäude bezogen werden. Hudtwalcker war mit der Leistung seines Architekten sehr zufrieden und attestierte ihm eine solide und gewissenhafte Tätigkeit.

Von dem Haus Hudtwalcker sind keine Pläne oder Fotografien nachweisbar. Der Auftraggeber hat jedoch in seinen Erinnerungen überliefert, daß der Bau unverputzt gewesen ist. Chateauneuf „wollte den Backstein ohne Uebertünchung wieder zu Ehren bringen, und dies mein Haus war einer seiner ersten Versuche in dieser Art. Ein Volksblatt nannte das Gebäude deshalb 'Das rothe ABC'."[64]

Der Jurist Hudtwalcker war als Senator eine einflußreiche Persönlichkeit. Sein Engagement für die Stadt veranlaßte ihn 1825, eine anonyme Flugschrift abzufassen, in der er sich – ganz im Gegensatz zu Chateauneuf[65] – vehement gegen den drohenden Abriß der bedeutenden Johanniskirche aussprach. Einmütiger waren Bauherr und Architekt in Fragen der zeitgenössischen Kunst. Hudtwalcker und Chateauneuf engagierten sich im Kunstverein, und so ist es wahrscheinlich, daß sie sich bei den Vereinssitzungen kennenlernten.

Auf beide dürfte wohl auch die Idee zurückgehen, im Frühjahr 1826 in dem Rohbau des Hauses die erste Ausstellung des Hamburger Kunstvereins zu veranstalten.[66] Für Chateauneuf war diese Präsentation des in seiner unverputzten Gestalt provozierenden Neubaus eine gute Werbemöglichkeit beim kulturinteressierten Hamburger Publikum.

Seit Herbst 1826 diente das Haus als Prätur und Wohngebäude des Senators.[67] Aufschlußreich für die Baumotivation der Hamburger Oberschicht ist eine Bemerkung in den Erinnerungen des Auftraggebers. Dieser bezweifelt darin, ob sich der Zweck der Investition des Hausbaus erfüllt habe. Denn durch die Anlage attraktiver Straßenzüge – z.B. der Esplanade und des Neuen Jungfernstieges – hatte sich die bevorzugte Wohngegend in die Nähe der Alster verlagert.

Hudtwalcker selbst zog bereits 1838 in die Hamburger Neustadt in das von ihm erworbene Wohnhaus am Krayenkamp. Das Stadtwohnhaus ABC-Straße wurde von den neuen Besitzern bereits vor dem Mai 1862 übertüncht. Der Bau ist nicht erhalten.

Literatur: Hudtwalcker 1862/64, Bd. II, S.135ff.; Lange 1965, S.55

WV 10 *Herrenhaus Sierhagen, Vorderansicht*

10

Umbau Herrenhaus Sierhagen bei Neustadt in Holstein, 1825–1827

Nach einer langen, wechselvollen Geschichte gelangte das Gut Sierhagen 1765 an Wulf Heinrich von Thienen. Dieser „letzte Grandseigneur in Holstein" verfügte über riesigen Grundbesitz, den er aufgrund seiner ungewöhnlichen wirtschaftlichen Fähigkeiten noch vermehrte. Als er 1809 starb, erhielt Magnus (Mogens) Joachim Scheel-Plessen (1782–1853) einen Großteil des reichen Erbes, zu dem auch das Herrenhaus Sierhagen zählte.[68]

Dieses Gebäude hatte wohl ursprünglich aus zwei getrennten Baukörpern bestanden, die durch eine starke Mauer nach Süden hin verbunden waren. Spätestens unter dem Grafen von Thienen wurde dieses altertümliche Herrenhaus grundlegend modernisiert.[69] Danach bot Sierhagen das Bild eines zweigeschossigen Landschlosses, dessen äußere Erscheinung wesentlich von einem schön geformten Mansardwalmdach geprägt wurde.[70]

Mitte der zwanziger Jahre erteilte Magnus Joachim Scheel-Plessen dem jungen Chateauneuf den Auftrag für eine weitreichende Umgestaltung und Neuausstattung des Herrenhauses. Der Kontakt zwischen Bauherr und Architekt könnte auf Vermittlung des Freiherrn von Rumohr zustande gekommen sein, der Chateauneuf bereits den Auftrag für den Overbeck-Rahmen (WV 4) vermittelt hatte. Da sowohl Plessen als auch Chateauneuf Mitglieder des Hamburger Kunstvereins waren, werden sich beide bereits vorher kennengelernt haben. Für Chateauneuf war es die erste große Bewährungsprobe als Architekt, hatte er doch bis dahin kein vergleichbar umfangreiches Projekt durchführen können.

Bedauerlicherweise sind die Quellen zur Bau- und Ausstattungsgeschichte des Herrenhauses nur äußerst spärlich erhalten. Von Chateauneuf selbst gibt es weder Zeichnungen noch schriftliche Aussagen. Die Beteiligung des Architekten und die ungefähre Bauzeit lassen sich dokumentarisch bislang einzig in zwei Briefen Carl Friedrich von Rumohrs belegen. Demnach war der Bau im August 1827 abgeschlossen, so daß für das Gesamtprojekt die Jahre 1825–1827 angenommen werden können.[71]

Chateauneuf erhöhte das Gebäude um ein Stockwerk und vereinfachte am Außenbau vor allem die Dachaufbauten. Die heutigen Walmdächer sind weniger bewegt als ihre barocken Vorgänger. Grundsätzlich neu ist auch die Fensteranordnung, wobei deren schlichte Profilierung aufgegriffen wurde. In ihrer relativ gleichförmigen Reihung stellen sie das wohl wichtigste Gestaltungselement des Baus dar. Auch der Portikus an der Gartenseite dürfte auf Chateauneuf zurückzuführen sein.[72] Das gesamte Gebäude ist nahezu schmucklos. Die einzigen Akzente bilden das schlicht gerahmte Portal und das Familienwappen im Frontgiebel.

Das Herrenhaus weist somit keinerlei Elemente der „heroischen" Formensprache des Klassizismus auf, wie sie an den fast zeitgleichen Hamburger und Altonaer Landsitzen

WV 10 *Herrenhaus Sierhagen, Roter Salon*

WV 10 *Herrenhaus Sierhagen, Gelber Salon*

verwendet worden waren. Vielmehr erinnert der Bau in seiner Kompaktheit und der geringen Plastizität der Fassade deutlich an den in der zweiten Hälfte des 17. Jahrhunderts in Holland von Architekten wie Philip Vingboons oder Pieter Post gepflegten „strakke stijl".[73] Die von den damaligen Zeitgenossen als „Rhythmus der schwarzen Löcher" [74] bezeichnete Anordnung der schlichten Fenster findet sich auch in Sierhagen.

Beim Betreten des von außen recht hermetischen Gebäudes überrascht das behagliche Innere. Hier ist alles auf die Bequemlichkeit und auf das Wohlbefinden der Bewohner ausgerichtet. Im Grundriß finden sich keine aus Architekturprinzipien abgeleiteten achsialen Raumanordnungen.[75] Als Ergebnis zeigt das Erdgeschoß eine sehr gelungene Folge von Gesellschaftsräumen. An den nordwestlich gelegenen Speisesaal schließt sich der als Wohnraum dienende Gelbe Salon an. Es folgen zwei kleine, in Grün gehaltene Bibliotheksräume. Die Mitte der Südseite nimmt vollständig der Rote Salon, der Hauptraum des Herrenhauses, ein. Er ist nicht nur durch seine Größe, sondern auch durch dezent dekorierte Stuckfelder an der Decke ausgezeichnet. Von hier gelangt man zum Portikus, von dem aus man auf den See und die Bäume der Parkanlage schauen kann. Im Osten folgen schließlich der Graue Salon und ein Billardzimmer.

Mit großer Wahrscheinlichkeit hat Chateauneuf auch einige Möbel für die Neuausstattung entworfen.[76] Die auf Sierhagen erhaltenen Stühle weisen noch deutlich Stilelemente des Klassizismus auf.

Der Bau erregte in Holstein einiges Aufsehen, wie Rumohr seinem Zögling in einem Brief vom Oktober 1827 berichtete: „Seyn Sie zufrieden; in Holstein wird die innere Einrichtung u Verzierung sehr gepriesen; Sie haben dort endlich einmal auch in einem größeren Publico Anerkennung gefunden, was Ihnen nützen möge."[77]

Das Herrenhaus Sierhagen ist für die Kenntnis von Chateauneufs Frühwerk von großer Bedeutung. Sein Wert ist um so höher einzuschätzen, als es sich um den einzigen innen wie außen weitgehend in originaler Form erhaltenen Privatbau des Architekten handelt.

Literatur: Künstlerlexikon 1854, S.34; Lange 1965, S.64-65; Rumohr 1973, S.373-386; Dehio 1994, S.147-148

11

Entwurf für eine Bebauung des Domplatzes mit Bibliothek, Gymnasium und Schule, 1825–1827

Das Bildungszentrum Hamburgs lag Anfang des 19. Jahrhunderts in unmittelbarer Nähe der Kleinen Alster. Doch die Baulichkeiten des akademischem Gymnasiums, der Gelehrtenschule des Johanneums und der Hamburger Stadtbibliothek befanden sich in wenig repräsentativem Zustand. Die zum Teil benutzten Räume des alten Johannisklosters waren baufällig und dunkel, die Kapazitäten der Bibliothek längst erschöpft.

Wann erstmals Pläne auftauchten, diese für eine Stadt von der Größe Hamburgs unwürdigen Zustände zu ändern, ist unbekannt. 1825 setzte sich Senator Hudtwalcker für einen Bibliotheksneubau auf dem Domplatz ein. Am 19. Juni 1825 beschlossen die „Ehrbaren Oberalten", den Platz mit öffentlichen Gebäuden zu bebauen. Planungen für eine generelle Neuordnung der hamburgischen Bildungsanstalten erhielten zusätzlichen Schwung, als der Hamburgensiensammler Arnold Schuback 1826 seine Sammlung der Stadt unter der Bedingung, sie künftig aufzustellen, vermachte. Da dies im Altbau nicht möglich war, war der Senat zum Handeln gezwungen.

Chateauneuf muß sich bereits Ende 1825 Gedanken über die bauliche Neuordnung der städtischen Bildungseinrichtungen gemacht haben.[78] Ein wichtiger Gesprächspartner war Syndicus Sieveking, der lebhaften Anteil an den Plänen nahm. So entwarf dieser für die Bibliotheksfassade ein komplettes ikonographisches Programm, mit dem er den „Kampf der Gesittung gegen die Wildheit" zum Ausdruck bringen wollte.[79] Die vier Ecken des Gebäudes sollten liegende Löwen besetzen, für die Mitte der Vorderfassade hoffte er, daß die Architektur „eine Löwenquadriga gestattete".[80]

Darüber hinaus versorgte der Syndicus Chateauneuf mit wichtigen Informationen zum Bauprogramm und übermittelte die Sonderwünsche von Professor Ullrich, der damals Lehrer am Johanneum war. Dessen Schreiben enthielt Sievekings Meinung nach „manch nützliche Angaben und vernünftige Wünsche, die einer vorurtheilsfreyen Beherzigung des Baumeisters werth sind."[81] So wünschte Ullrich beispielsweise einen von Chateauneuf noch nicht vorgesehenen durchgehenden Gang hinter den Klassenzimmern.

Während Chateauneuf all diese Vorschläge in seine Pläne einarbeitete, übergaben die Baubeamten Wimmel und Koch dem Senat

WV 11 *Entwurf für die Bebauung des Domplatzes, 1826*

eigene Pläne zur Bebauung des Domplatzes. Die drohende Gefahr, daß ihm andere Architekten zuvorkommen könnten, spornte Chateauneuf zu verstärkten Anstrengungen an. Im Herbst 1826 übergab er einen ausgearbeiteten Entwurf dem Senat, der die Papiere am 3. November an die Baudeputation weiterleitete.

Von den zahlreichen Zeichnungen zu diesem umfangreichen Projekt hat sich lediglich eine kleinformatige Perspektive vom November 1826 erhalten (Abb. S.163). Günther Lange wies treffend darauf hin, daß die Skizze sehr gut Chateauneufs Kunstanschauungen der damaligen Zeit widerspiegelt, „weil der Siebenundzwanzigjährige sie ohne bauherrliche Beeinflussung entworfen hatte".[82] Zusammen mit einigen Schriftquellen bildet die Skizze die Grundlage für die Beurteilung des ambitionierten Projekts.

Chateauneufs Entwurf faßte die Bibliothek und das Schulgebäude zu einem mächtigen, zweigeschossigen Baukörper zusammen. Der im Osten des Platzes gelegene, über rechteckigem Grundriß stehende Bau richtete seine Hauptfassade nach Westen zur heutigen Schauenburger Straße hin aus. Zentral gegenüber diesem Hauptgebäude sollte ein dreigeschossiger Achteckbau entstehen, der das Museum aufnehmen sollte. Das Oktogon war zu beiden Seiten von dreieinhalbgeschossigen Gebäuden flankiert.

Der Baukörper des Bibliotheks- und Schulgebäudes ist mit großer Zurückhaltung ohne Risalite oder hervorspringende Gesimse gegliedert. Der flächige Bau wird durch die rustizierte Sockelzone und durch drei durchlaufende Gesimsbänder zusammengefaßt. Dekorative Ausschmückungen – wie Dachaufsätze, Kapitelle, Medaillons – fehlen. Das Obergeschoß ist mit Rundbogenfenstern hervorgehoben. Türen und Fenster sind mit kräftigen Rahmungen versehen.

Architektonisch ambitionierter fiel das Museumsgebäude mit seiner oktogonalen Form aus. Mit den umlaufenden Gesims- und Brüstungsbändern und den in die Fensterzone eingestellten Stützen wird eine ruhige, lagernde Gesamtwirkung erzeugt. Das Gebäude ist mit einem flachen Zeltdach bekrönt. Gestalterisch deutlich davon abgesetzt erscheinen die beiden flankierenden Gebäude. Sie sind in Ziegelrohbau gehalten und sparsam gegliedert. Die Fenster sind sehr schlicht eingefaßt. Lediglich die Sockelzone ist mit rustizierten Quadern betont.

Bedenkt man, in welchen verwinkelten, baufälligen Gebäuden Schule und Bibliothek bis dahin untergebracht waren, so wird die visionäre Kraft des Entwurfs deutlich. Mit dem oktogonalen Museumsbau wurde offensichtlich erstmals der Idee eines eigenständigen Hamburger Museumsgebäudes Gestalt verliehen. Die bis dahin in der Stadt zugänglichen Sammlungsräume in der Steinstraße oder im alten Bauhof waren im Vergleich zu anderen deutschen Städten völlig unbedeutend.[83] Somit bot der Entwurf Chateauneufs vielfältige Möglichkeiten für die Entwicklung der Hamburger Kulturpolitik. Im überregionalen Vergleich leistete Chateauneuf einen beachtlichen Beitrag zu der Diskussion über den damals hochmodernen Rundbogenstil.

Zur Beurteilung der Pläne wurden mehrere Sachverständige herangezogen. Der Architekt Hermann Peter Fersenfeldt und der Kunsthistoriker Carl Friedrich von Rumohr äußerten sich positiv. Auch Karl Friedrich Schinkel, der damals gerade wegen des Baus des Schauspielhauses mit Hamburg in enger Verbindung stand, gab ein zustimmendes Urteil ab: „Ich finde, daß die Aufgabe bei der höchst ungünstigen und beschränkten Form des Bauplatzes auf eine höchst ingeniöse Weise gelöst worden ist; und ich glaube sogar, daß es unmöglich sein möge, das Gebäude mit mehr Bauökonomie zu entwerfen, wobei besonders die originelle Art, wie die Beleuchtung der Klassen und die Eingänge zu denselben behandelt sind, vorteilhaft gewirkt hat. In gleicher Art ist die Haupttreppe aufs glücklichste für den Zweck gedacht, indem sie sich auf eine imposante Weise in die Mitte des Gebäudes hineinbewegt und dadurch an beiden Fronten die schönen hellen Räume für die Bibliothekare und für die Lesekabinette erspart. Für den schönen Eindruck des großen Bibliothekssaales und seiner zweckmäßigen Konstruktion darf man nach dem Plan ebenfalls keine Bedenken haben."[84]

Deutliche Kritik kam jedoch von den Baubeamten. Ihr Haupteinwand betraf die unvollständigen Kostenvoranschläge. Zudem fehle „jede Angabe über die Art und Weise wie der Bau, sowohl im Inneren als im Aeußeren ausgeführt werden solle; die Stärke der Mauern sei gar nicht angegeben, die Stärke des Holzwerks lasse sich nur ohngefähr entnehmen, die inneren Verhältnisse des ganzen Gebäudes seien nicht genau bestim(m)t".[85] Als Folge wurden die Papiere an den Senat zurückgesandt, der das Projekt ablehnte. Die Mitglieder wünschten einen Bau, der „einfach, anständig und solide" sein sollte.

Daraufhin schrieb Sieveking im Dezember 1826 an Chateauneuf, daß das „Unzweckmäßige und mit zu großen Opfern verbundene durchaus beseitigt werden" müsse.[86] Er ermunterte den Baumeister: „Lassen Sie sich die Mühe nicht verdrießen, Schwierigkeiten zu bekämpfen. Ich bin es bey Ihnen gewohnt, daß das künstlerische Ganze nur desto schöner aus diesem Kampf hervorgeht."[87]

Chateauneuf überarbeitete daraufhin seinen Entwurf, und am 14. Februar 1827 konnte ihm Sieveking endlich mitteilen, daß „die Errichtung eines Gebäudes für Bibliothek, Museum, Gymnasium und Johanneum auf dem Domplatz nach den Plänen und also auch unter der Leitung des Architecten De Chateauneuf"[88] beschlossen worden sei. „Es wird nun noch auf Verhandlungen mit den Oberalten, der Kammer und wegen der Geldmittel mit der Bürgerschaft ankommen, wozu alles vorbereitet ist."[89]

Um das Projekt zur Planungsreife zu bringen, reichte Chateauneuf im März 1827 eine weitere Kostenberechnung nach, die eine Gesamtsumme von 620.000 Courantmark ergab.

Als endlich im Dezember 1827 die Zustimmung von Baudeputation und Senat vorlag, mußte die Bauausführung wegen Geldmangels zurückgestellt werden.[90] 1829 wurde die Bebauung des Domplatzes erneut verhandelt, doch wiederum waren die finanziellen Bedingungen für ein derart großes Projekt zu ungünstig.

Im selben Jahr stellte Chateauneuf auf der zweiten Ausstellung des Hamburger Kunstvereins vier Blätter mit einem Entwurf zu einer Bibliothek und einem Schulbau auf dem Domplatz aus.[91] Es ist relativ wahrscheinlich, daß es sich dabei um die bereits 1827 entstandenen Pläne handelte. Chateauneuf wollte auf diese Art offensichtlich eine breite öffentliche Zustimmung für seine Ideen erzielen, um so die politisch Verantwortlichen zum Handeln zu zwingen.

Dieses Vorhaben mißlang.

Chateauneufs bedeutender Entwurf für ein Bildungszentrum auf dem Domplatz blieb unausgeführt.

Literatur: Sieveking 1928, S.31-33; Lange 1965, S.27-28; Hannmann 1975, S.86; Plagemann 1997, S.9

12

Stadtwohnhäuser ABC-Straße 31 und 33, um 1826

Um 1826 bebaute Chateauneuf auf eigene Kosten ein ihm gehörendes Grundstück in der ABC-Straße. Es handelte sich um zwei zu einem Baukörper zusammengefaßte Mietwohnhäuser mit Läden im Erdgeschoß. Beide Gebäude verfügten über Außenmauern aus unverputztem Ziegelrohbau. Bemerkenswert waren die gemauerten Rundbogenfenster. Dabei waren die Fensterlaibungen im Erdgeschoß tiefer als in den Obergeschossen angelegt. Typisch für Chateauneuf ist die Eigenart, die Fensteröffnungen zum Dach hin immer kleiner werden zu lassen. Decken und Innenwände waren in der damals gängigen Fachwerkbauweise konstruiert. Die Treppen hatte Chateauneuf jeweils zu den Nachbarbauten hin angeordnet. Auf jeder Etage waren die Wohnungen von einem großen quadratischen Flur aus zugänglich. Beide Häuser wurden im Zuge des Neubaus des Staatsarchivs abgerissen.

Ohne Zweifel gab der in Hamburg als Architekt noch kaum in Erscheinung getretene Chateauneuf mit diesen Bauten eine bemerkenswerte Visitenkarte ab. Gemeinsam mit dem benachbarten, zeitgleich errichteten Stadtwohnhaus Hudtwalcker zählen die Stadthäuser ABC-Straße 31 und 33 zu den wichtigsten Hamburger Neubauten der zwanziger Jahre des 19. Jahrhunderts. Bei allen Häusern ließ Chateauneuf den Backstein an den Fassaden unverputzt zur Wirkung kommen. Hierdurch wollte der Architekt die Dominanz der seit dem Klassizismus in der Hansestadt vorherrschenden Putzfassaden im Wohnhausbau brechen. Zudem handelt es sich bei den Häusern in der ABC-Straße wohl um die frühesten Hamburger Wohnbauten im damals hochaktuellen Rundbogenstil.[92]

Chateauneufs progressive Architektursprache fand nicht die erhoffte positive Resonanz. Die Lokalpresse verspottete die Häuser als das „rote ABC", und offensichtlich erhielt der Architekt zunächst auch keine weiteren Aufträge für Wohnhausbauten.

Möglicherweise führte die öffentliche Ablehnung dazu, daß Chateauneuf diese programmatischen Bauten 1839 nicht in seine Werkübersicht „Architectura domestica" aufgenommen hat.[93]

Hätte er Gelegenheit gehabt, seine Ideen an Großprojekten umzusetzen, dann wäre Hamburg bereits Ende der zwanziger Jahre mit Berlin, München und Karlsruhe zu einem der

WV 12 *Stadthäuser in der ABC-Straße 31 und 33*

Hauptorte der Architekturentwicklung in Deutschland geworden. Diese Chance blieb ungenutzt.

Literatur: Lange 1965, S.56

13

Stadtwohnhaus ABC-Straße 32, 1826

Der dreigeschossige, einfach gestaltete Fachwerkbau mit steilem Pultdach wurde hinter den Häusern ABC-Straße 31 u. 33 (WV 12) errichtet und dürfte etwa zeitgleich mit diesen entstanden sein. Von der ABC-Straße her war er durch einen schmalen Gang zugänglich.

Literatur: Lange 1965, S.56

14

Entwurf für eine Börse in Hamburg, 1826

Chateauneuf legte Anfang 1826 der Commerzdeputation einen weiteren Börsenentwurf vor, von dem weder Entwurfszeichnungen noch ein Erläuterungsschreiben erhalten sind. Das Projekt wurde in der Deputation am 11. März und in einem Senatsgutachten vom 21. Juni 1826 besprochen. Aus letzterem kann geschlossen werden, daß der von Chateauneuf entworfene Außenbau eine abwechslungsreiche Form erhalten hatte. Diese wurde im Senatsgutachten als zu unruhig empfunden. Das erinnert deutlich an Schinkels 1821 geäußerte Kritik an Chateauneufs Entwurf für die Berliner Singakademie (WV 1). In beiden Fällen kollidierten offensichtlich klassizistische Formvorstellungen von „Einfachheit" und „Symmetrie" ohne „unnütze Verzierung" mit dem Willen des jungen Architekten, vor allem im Außenbau neue Gestaltungsformen zu entwickeln.

Favorisiert wurde damals ein Entwurf des dänischen Architekten Axel Bundsen, der sich mit Säulenvorhalle und Giebelfeld noch ganz im Rahmen der zeitgemäßen klassizistischen Formensprache bewegte. Interessanterweise wurde im Protokoll jedoch vermerkt, daß der Senat im Gegensatz zur Commerzdeputation den Entwurf Chateauneufs in puncto Zweckmäßigkeit gegenüber dem Projekt Bundsens bevorzugt hätte.

Literatur: Schreyl 1963, S.38-39

15

Bürgerdiplom für den Grafen Grote, 1826

August Otto Graf Grote (1747–1830) war seit 1804 außerordentlicher Gesandter und bevollmächtigter Minister Preußens bei den Hansestädten. 1826 wurde er wegen seiner Verdienste vom Senat zum Ehrenbürger ernannt.[94] Chateauneuf entwarf für diesen Anlaß eine Siegelkapsel und das dazugehörige Kästchen und veranlaßte auch deren künstlerische Anfertigung.[95] An der Ausführung waren der Bildhauer Otto Sigismund Runge und ein nicht näher identifizierbarer Künstler namens Berillon beteiligt.[96] Das Werk erfüllte offensichtlich die Erwartungen der Auftraggeber, denn am 20. November 1826 schrieb Karl Sieveking an Chateauneuf, daß der Senat „Herrn Berillon 100 Dukaten, dem Bildhauer Runge 50 Rtler Courant und Ihnen für Ihren geschmackvollen Entwurf" und für die anderen Tätigkeiten „ein Ehrengeschenk von 4 Portugalösern zuerkannt habe".[97]

Zu dieser kunstgewerblichen Entwurfsarbeit haben sich keinerlei Entwurfszeichnungen erhalten. Der Verbleib des Werkes ist unbekannt.

Literatur: Sieveking 1902, S.145; Meier-Oberist 1925, S.85

16

Entwurf für ein Landhaus in Hamm, 1826

Das Projekt für ein Landhaus in Hamm ist nur in einem Brief Chateauneufs an Carl Friedrich von Rumohr vom 5. Mai 1826 überliefert: „Ich zeichne jetzt, den ohne Anlaß entstandenen Entwurf eines kleinen Landhauses, etwas an der hohen Seite der Hammer Landstraße zu stellen; aus, der Ihnen u ich glaube auch dem Geschmack des Zeitgeistes gefallen wird, mein Streben geht wenigstens dahin."[98]

Hamm war im 18. Jahrhundert ein bevorzugter Villenvorort der Hamburger Oberschicht gewesen. Während der Franzosenzeit wurden zahlreiche bedeutende Bauten und Gärten – so z.B. die Landhäuser Duncker, Gräpel und Günther – durch Brandstiftung zerstört. Daher bestand in diesem Stadtteil in den zwanziger Jahren ein erhöhter Bedarf an Neubauten. Chateauneuf mag bei seinem Projekt darauf spekuliert haben, daß sich die potentiellen Auftraggeber allmählich von den Folgen des Krieges erholt hatten.

Der von Chateauneuf genannte „Geschmack des Zeitgeistes" könnte auf jene Landhäuser anspielen, die nach der Franzosenzeit zunächst vor allem in Harvestehude entstanden waren. Sie fielen in ihren Ausmaßen kleiner, in ihrer Gestaltung einfacher und in ihren Ansprüchen bescheidener aus als die z.B. von Arens und Hansen um 1800 errichteten Wohnbauten.[99]

17

Projekt für die Neugestaltung des Johannisplatzes mit einer Börse, 1827

Bereits bei seinem ersten nachweisbaren Börsenentwurf von 1824/25 (WV 6) hatte Chateauneuf die extrem ungünstige Situation des alten Standorts am Nikolaifleet erkennen müssen. Die dringend notwendige Börsenerweiterung war an diesem engen Platz ohne gravierende Nachteile nicht denkbar. Vor allem das benachbarte Rathaus wäre durch einen Großbau zu sehr bedrängt worden. Zudem hätten umfangreiche Summen „zur Aneignung des Terrains" aufgewendet werden müssen.

Aufgrund dieser Überlegungen waren in Hamburg die Rufe nach alternativen Standorten für den Börsenneubau lauter geworden. 1826 hatte der Architekt Ludolff erstmals den Adolphsplatz in die Diskussion gebracht, an dem damals noch das Maria-Magdalenen-Kloster stand. Chateauneuf favorisierte dagegen als Bauplatz einen nordöstlich davon gelegenen Bereich um die Johanniskirche. Um dieses zunächst nur in kleinem Kreis diskutierte Projekt einer breiteren Öffentlichkeit vorzustellen, publizierte der Architekt seine Gedanken 1827 in der Schrift „Betrachtungen über den zweckmäßigsten Platz zum Bau einer neuen Börse". Es war das erste Mal, daß sich Chateauneuf in gedruckter Form an der Diskussion um ein hochrangiges Hamburger Bauprojekt beteiligte. Seine vordergründige Motivation war es, mit seinem Beitrag „ein Scherflein zu mehrseitiger Betrachtung, eines so nützlichen Unternehmens vor dessen Beschluß, beygetragen zu haben".[100] Vor allem wollte er seine Position als potentieller Architekt für den attraktiven Börsenneubau stärken. Daß er den Beitrag anonym publizierte und sich lediglich „als ein Bürger" zu erkennen gab, entsprach einer damals gängigen Praxis. Dieses Vorgehen mag jedoch auch in der Radikalität der von Chateauneuf geäußerten Vorschläge begründet gewesen sein.

Chateauneufs Plan sah nichts weniger als die Totalzerstörung eines gewachsenen Altstadtquartiers vor, dem nicht nur zahlreiche Bürgerbauten, sondern mit der Johanniskirche (Abb. S. 44), dem Johanniskloster und einigen Schulgebäuden auch eine Reihe bedeutender historischer Bauwerke zum Opfer gefallen wären.

Chateauneuf rechtfertigte dieses Vorgehen damit, daß die Johanniskirche „seit vierzehn Jahren zum Waarenlager, zum Turnen und zur Aufstellung fratzenhafter Wachsbilder zweckentfremdet"[101] worden sei. Ihr schlechter Bauzustand hätte riesige Summen für eine Wiederherstellung erforderlich gemacht. Statt dessen wollte Chateauneuf die mit dem Abbruchmaterial erzielten Erlöse zum Neubau einiger Pastoren-, Küster- und Totengräberwohnungen verwenden.

Auch das Johanniskloster mit seinen „wüsten speicherartigen Räume(n)" sollte abgerissen werden. Chateauneuf fragte sich, „ob dieses Haus der Zurückgezogenheit, überhaupt in die Mitte des kostbarsten Grundplans unserer so zusammengedrängten Stadt hingehöre".[102] Als Ersatz wollte er den Klosterinsassinnen „irgend einen freien mit Gärten zu umgebenden Platz in St. Georg, oder dem alten Klostergebiet in Harvestehude"[103] zuweisen.

Daß Chateauneuf die Schulgebäude und die Bibliothek opfern wollte, ist angesichts seiner Neubauplanungen für den Domplatz von 1825–1827 (WV 11) naheliegend. Nach wie vor hoffte er, daß „ein neues Bibliotheksgebäude, auf der würdigen Stelle des Domplatzes, dem Gelehrten wie dem Laien zugänglicher gemacht werde".[104]

Neben dem Abriß all dieser Gebäude schlug Chateauneuf als zusätzliche infrastrukturelle Maßnahme die Überwölbung des zwischen Kloster und Klosterbleiche entlangführenden Kanals vor. Auf dem so gewonnenen Gelände sollte, der Mitte der Johannisstraße gegenüber, die gegenüber dem Vorgängerbau wesentlich größere neue Börse errichtet werden. Sie wäre „gegen einen anständig großen Platz gekehrt und mit 50 bis 60 Fuß breiten Straßen umgeben".[105] Zudem stünde dann auf der ehemaligen Klosterbleiche und auf dem Platz des alten Klosters eine Fläche von 34.000 Quadratfuß für den Bau von Häusern zur Verfügung.

Um die stets scharf kalkulierenden Hanseaten von seinem Projekt zu überzeugen, führte Chateauneuf eine Reihe finanzieller Vorteile an. So sollte der Neubau auf dem Johannisplatz immerhin 300.000 Mark Banco weniger kosten als die Erweiterung der alten Börse. Dies sei möglich, da Abfindungszahlungen an die Gewandschneider entfielen, kein „interi-

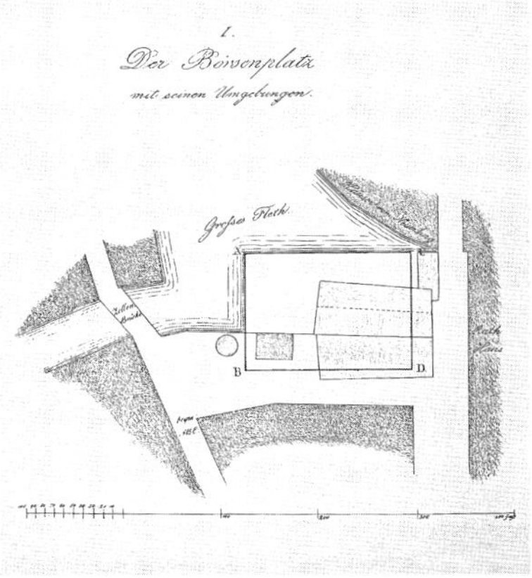

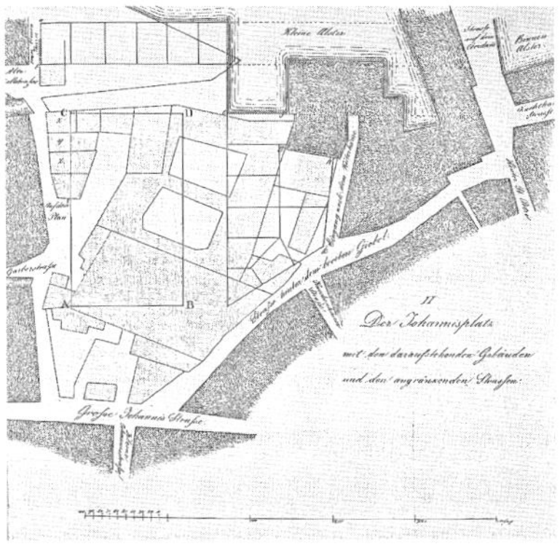

WV 17 *Die Erweiterung der Hamburger Börse auf dem alten Platz (oben), Entwurf für eine Börse auf dem Johannisplatz (unten)*

mistisches Börsenlocal" angemietet werden müsse und auch die kalkulierten Kosten für den Wasserbau wegfielen. Die wegen der Größe des Neubaus höheren Baukosten könnten durch die Vermehrung der Maklerkabinette und die größeren Auktionssäle wieder aufgefangen werden. Durch den Verkauf der 15 freien Häuserstellen würde dem Senat zudem ein erheblicher Gewinn zuwachsen, der dem notwendigen Kloster- und Bibliotheksbau zugute kommen würde.

All diese Gedanken hatte Chateauneuf in einer klar nach Paragraphen gegliederten Anordnung aufgeführt und zusätzlich mit zwei Situationsskizzen veranschaulicht. Die sorgfältige Argumentation läßt erkennen, daß der Architekt sein Projekt bereits im Vorwege intensiv diskutiert hatte.

Bedenkt man die zum Teil fortschrittliche denkmalpflegerische Position seiner Architektenkollegen Schinkel, Moller oder auch Klenze, so überrascht Chateauneufs „bilderstürmerischer" Ansatz. Sein Verhalten wird um so erstaunlicher, als er sich Anfang der zwanziger Jahre intensiv mit den alten Lübecker Kirchen beschäftigt und sogar eine Publikation zu diesem Thema vorbereitet hatte.[106]

Sein radikaler Abrißvorschlag ist also keineswegs mit einer nicht vorhandenen Kenntnis der gotischen Baukunst zu erklären. Er kann vielmehr nur in Zusammenhang mit seiner damaligen Berufssituation verstanden werden. Chateauneuf wollte als angehender Privatarchitekt bauen, und da es in Hamburg für repräsentative Großaufträge nur wenig freien Platz gab, mußten „Opfer" gebracht werden.

In der langen Planungsgeschichte der Hamburger Börse bildet Chateauneufs Schrift eine interessante Facette. Bedeutender ist die Publikation in städtebaulicher Hinsicht. Denn die zunächst nur theoretische Einbeziehung des damals noch bebauten Johannisplatzes in die Stadtplanung eröffnete Perspektiven, die letztlich mit dem Rathausbau von 1886–1897 ihre glanzvolle Umsetzung fanden. Vorerst jedoch kam es zu keiner Entscheidung, denn im Juni 1827 gab die Commerzdeputation bekannt, daß der Bau eines neuen Börsengebäudes nicht durch Aktien und freiwillige Beiträge zu finanzieren war.

Literatur: Chateauneuf, Börse, 1827; Lange 1965, S.17-18

18

Entwurf für die Esplanade und die Lombardsbrücke, um 1827

Nach Einebnung des Wallgeländes zwischen Dammtor und Alster wurde die Esplanade um 1826 als neue Straße von 250 Meter Länge und fast 50 Meter Breite angelegt.[107] Wohl als erster machte der Baubeamte Koch Ende 1826 einen Bebauungsvorschlag, der von den Baubürgern Justus, Stockfleth und Stoppel wohlwollend begutachtet wurde. Trotzdem wünschten Stockfleth und Stoppel noch Alternativvorschläge. Sie meinten, daß bei der Wichtigkeit dieser Bauten es „sehr wünschenswerth (sei), wenn nicht nur Herr Wimmel aufgefordert werde, deshalb Risse zu entwerfen, sondern man diese auch noch von andern Architekten entgegen nähme, um sodann eine Auswahl zu treffen".[108] Tatsächlich wurden in der Folgezeit nicht nur Pläne von Wimmel, sondern auch von Chateauneuf angefordert.[109] Diese Feststellung ergibt sich aus einem Aktenvermerk, nach dem Chateauneuf im August 1827 für seinen Entwurf „ein Gratial von 2 Stück Portugalösern" gewährt wurde.[110] Da Chateauneufs Entwürfe nicht erhalten sind, ist eine Bewertung ausgeschlossen. Fest steht, daß es sich wohl nur um Überlegungen für eine Bebauung der Nordseite handelte. Denn erst Anfang 1828, also nach dem Wettbewerb, wurde die Südseite in die Planung einbezogen. Chateauneuf hatte offensichtlich über die Esplanade hinausgreifend auch eine Neugestaltung des Lombardswalls mit Brücke und einem Pavillon vorgeschlagen.[111]

Sein städtebaulich weitreichendes Projekt fand jedoch keine Zustimmung. Statt dessen wurden die Vorschläge Wimmels von der Baudeputation angenommen und am 29. Juni 1827 vom Senat bewilligt.[112] Trotz dieser Niederlage präsentierte Chateauneuf seine Entwürfe selbstbewußt 1829 auf der 5. Kunstausstellung des Hamburger Kunstvereins der Öffentlichkeit.[113] Offenbar hielt er sie für besser als die inzwischen von Wimmel errichteten Bauten.

Literatur: Ausst.-Kat. Hamburg 1829; Hannmann 1975, S.110-111

19

Entwurf für eine Börse in Hamburg, 1827–1828

Im Laufe der zwanziger Jahre hatte sich zwischen Karl Friedrich Schinkel und Alexis de

Chateauneuf eine freundschaftliche Beziehung entwickelt.[114] Seitdem standen die beiden wesensverwandten Architekten bis zu Schinkels Tod 1841 in regem Gedankenaustausch. Es ist sehr wahrscheinlich, daß Chateauneuf wiederholt den berühmten Kollegen um Rat und Beurteilung eigener Projekte bat; doch kann bisher nur ein einziger Fall quellenmäßig nachgewiesen werden.

1827 entwarf Chateauneuf ein Projekt für eine Börse, das er an Schinkel nach Berlin zur Begutachtung sandte. Schinkel war wie gewohnt mit Arbeit überlastet und kam erst im Januar 1828 dazu, dem Hamburger Freund mit einem Brief zu antworten.[115] Seinen darin gemachten Aussagen kommt besondere Bedeutung zu, da sie die einzige Quelle zu dem ansonsten nicht weiter belegten Projekt Chateauneufs darstellten. Allerdings sind Schinkels Anmerkungen ohne Kenntnis der Entwurfszeichnungen nur begrenzt nachvollziehbar.

Sicher ist, daß Chateauneuf einen Bau mit einem Portikus plante. Das Giebelfeld sollte mit Meeresfiguren geschmückt werden. Im Inneren war ein großer Börsensaal vorgesehen, mit „mächtigen" Fenstern auf zwei Seiten, die „in der glücklichsten Höhe angebracht, ein sehr bedeutsamstes (?) Licht durch den ganzen Raum verbreiten".[116] Die Gewölbekonstruktion erfüllte die für ein öffentliches Gebäude besonders hohen Ansprüche an die Feuersicherheit und war „einfach und großartig zugleich gedacht".[117] In praktischer Hinsicht überzeugte auch die Integration der Maklerboutiquen. Die Bibliothek sollte im oberen Geschoß des rückwärtigen Gebäudetraktes untergebracht werden.

Anders als bei der Singakademie (WV 1) oder beim Hamburger Stadttheater (WV 8) war Schinkel von diesem Entwurf höchst angetan, ja er war sogar überzeugt, daß das Gebäude „etwas sehr Grandioses sowohl innerlich als äußerlich, eben durch seine Einfachheit, haben wird".[118]

Trotz des hohen Lobs sparte Schinkel nicht mit freundschaftlichen Vorschlägen und Hinweisen[119]:

1. Es sei abzuwarten, ob trotz der großen Fenster vielleicht zusätzlich Lichter in den Kuppeln angebracht werden müßten.

2. Angesichts der Kühnheit der Gewölbespannungen sollten die Widerlager „am Umfang des grossen Saals" verstärkt werden. Es würde vielleicht auch genügen, diese Verstärkung nur in der Mauer durchzuführen, in welcher „die Thüren und Fenster, so bedeutende Öffnungen machen".

3. Die geplante „Cassatur" der Gewölbedekoration müsse einen „eigenen leichten Schmuck" erhalten.

4. Es sei fraglich, ob es glücken werde, die Dehnung des verwendeten Zements auf leichter Unterwölbung „in unserem Clima, wo Nässe und harter Frost so schnell und abwechselnd aufeinander folgen, ganz zu sichern". Unbedingt müßten die „unvermeidlich mit der Zeit eintretenden, wenn auch kleinen Risse" abgedichtet werden, „damit die in diesen Rissen zurückbleibende Feuchtigkeit beim Froste nicht weiterdrängt und Zerstörungen erzeugt".[120]

5. Es wäre wünschenswert, daß der Portikus eine beträchtlichere Tiefe aufweisen könne, „um seinem Joche noch mehr zu entsprechen, es könnte doch die Tiefe des doppelten Intercolumniums haben".[121]

6. Man dürfe im Giebelfeld „die Characteristik der Wasser = Geister nicht zu sehr und oft ins Fischartige übergehn ... lassen, weil drastische Gestallten in colossalem Maaßstab und in Masse ausgeführt etwas Monstroses haben".[122]

Neben diesen Hinweisen ist vor allem die Aussage Schinkels von Interesse, daß er eine ganz unabhängig von Chateauneuf entwickelte ähnliche Gewölbekonstruktion in absehbarer Zeit in den „Architekonischen Entwürfen" publizieren möchte. Allerdings habe er dabei auf einen Portikus verzichtet. Auch unterscheiden sich die beiden Gebäude in ihrer Funktion grundlegend.

Keineswegs wollte er aber Chateauneuf zu einer Abänderung überreden; denn er fand den Portikus „von sehr schöner Wirkung".[123] Er bezweifelte sogar schmeichlerisch, ob man die Hauptfront auf andere Art besser gestalten könne.

Es ist weder bekannt, ob Chateauneuf die Vorschläge Schinkels in seinen Entwurf eingearbeitet, noch, ob er das Projekt überhaupt weiterverfolgt hat.

WV 20 *Grabmal Sieveking in Hamm*

20
Grabstätte der Familie Sieveking in Hamm, 1828–1830

1828 fiel der Hammerhof durch den Tod seiner Schwiegermutter Dorothea Chapeaurouge an den Syndicus Karl Sieveking. Bevor er an die Umsetzung seiner umfangreichen Pläne zur Umgestaltung des Anwesens ging (WV 23), wünschte Sieveking als erste Baumaßnahme die Errichtung einer Familiengrabstätte. Als Architekten wählte er Alexis de Chateauneuf, den er erstmals im Oktober 1828 über das

Projekt informierte. In den folgenden Jahren traten beide in einen intensiven Gedankenaustausch, der durch zahlreiche Briefe dokumentiert ist. Wie bei kaum einem anderen Projekt Chateauneufs läßt sich anhand dieser Quellen die Entstehung des Kunstwerks nachvollziehen.[124]

Die Grabstelle der Familie befand sich ursprünglich am Eingang der Hammer Kirche. Sieveking wollte sie durch einen Denkstein kennzeichnen, und da er auf Inschriften keinen Wert legte, favorisierte er eine Bildszene wie „Die Frauen am Grabe" und das Familienwappen. Anfang 1829 präzisierte der Auftraggeber seine Vorstellungen zur Materialfrage. Angesichts des rauhen Hamburger Klimas schlug er Granitstein vor, den er mit etwas Efeu bepflanzen wollte. Für die Bildteile war Bronze vorgesehen. Das Grab sollte von einem Eisengitter umfaßt werden. Sieveking wollte zudem einige Bäume im Umfeld anpflanzen.

Aufschlußreich für das Selbstverständnis des in hohem Staatsdienst tätigen Sieveking ist, daß er auf keinen Fall ein so prächtiges Grabmal haben wollte, wie es kurz zuvor Franz Georg Forsmann für die Familie Jenisch errichtet hatte.[125] Die Familienwappen wünschte er „bürgerlich bescheiden, bloß als Bezeichnung des Eigenthums, (damit) weder Größe noch Verzirung die Augen von dem Relief abzögen".[126]

Sieveking studierte in Hamburg und Frankfurt am Main eingehend Grabanlagen, wozu auch ein „architectonisches Gespräch mit dem Todtengräber" des Hamburger Katharinen-Kirchhofs gehörte. Er riet Chateauneuf, auch „einmal mit dem Künstler zu reden. Mich dünckt, man thut wohl, den Müller über die Mühle, den Todtengräber über das Grab zu hören."[127]

Als 1829 die Bestattungen innerhalb der Hammer Kirche untersagt wurden, änderte Sieveking die bis dahin bereits weit entwickelten Pläne grundlegend ab. So einigte sich der Syndicus mit den Verantwortlichen der Hammer Kirche darauf, daß er seine Familiengrablege außerhalb des eigentlichen Friedhofs auf seinem Privatgrund, der sog. Kirchenkoppel, errichten durfte.[128]

Für diese veränderte Situation entwarf Chateauneuf mindestens zwei unterschiedliche Grabmalprojekte. Die aufwendigere Variante sah vor, einen Bronzesarkophag auf einen Granitsockel zu plazieren (Abb. Tafel 30 und 31). Das Kranzgesims sollte mit acht von Baldachinen hinterfangenen Engeln oder Niken geschmückt werden. Zudem waren an Längs- und Stirnseiten Inschriften und an einer der Stirnseiten ein Medaillon mit einer Bildnisbüste vorgesehen. Da Sieveking dieser Entwurf offensichtlich zu aufwendig erschien, gelangte im Jahr 1830 eine schlichtere Variante zur Ausführung (Abb. Tafel 32 und S. 169).[129]

Das auf hohem, mehrfach abgestuftem Sokkel stehende Grabmal der Familie Sieveking ist in seiner Grundform und den Eckakroterien an antiken römischen Sarkophagen oder sarkophagähnlichen Grabmalen orientiert. Chateauneuf formte ein aus gestockten Granitblöcken zusammengesetztes Werk von beeindruckender Monumentalität. Das Grabmal nimmt eine Mittelstellung zwischen Hauskörper und Plastik ein, wozu die tiefen Höhlungen an den Stirnseiten beitragen. Hier ist der Einfluß von Chateauneufs Lehrer Leclère zu vermuten, für den ähnlich gestaltete Grabmalsentwürfe nachweisbar sind.[130]

Der Bau besitzt ein großes unterirdisches Gewölbe. Die Belüftung erfolgte durch jeweils drei Öffnungen auf den Längsseiten des Grabes.[131] Die Grabstätte wurde mit einem Lattenzaun eingefriedet. In unmittelbarer Nähe wurde ein Tannenhain gepflanzt.

Im Gegensatz zum eigentlichen Grabbau zogen sich die Ausschmückungsarbeiten von Wappen und Relief deutlich in die Länge. Sieveking wollte zunächst den Münchner Bildhauer Konrad Eberhard beauftragen. Dann wurde Chateauneuf gebeten, Kontakt mit Bertel Thorvaldsen aufzunehmen. Ein Engagement Otto Sigismund Runges unterblieb auf Anraten des Architekten. Auch die Verhandlungen mit dem Kasseler Johann Werner Henschel blieben erfolglos. Schließlich fand Sieveking in Frankfurt mit Eduard Schmidt von der Launitz den lange gesuchten Künstler, der bis 1832 das Relief mit einem „Engel am Grabe" ausführte. Den Rahmen hierfür schuf der Hamburger Bronzegießer Widmann, der auch im folgenden Jahr den Guß der Tür mit den Wappenreliefs übernahm.[132]

Das Motiv des Engels zählt nicht zum gängigen Formenrepertoire des Klassizismus. Seine Auswahl weist nicht nur auf die Romantik, sondern zeigt vor allem, daß Sieveking stark der christlichen Religion verbunden war. So ist es auch kein Zufall, daß die Gruft mit der Hammer Kirche eine Achse bildet und nach Osten ausgerichtet ist. Das Relief mit dem die Auferstehung Christi andeutenden Engel ist auf der nach Osten weisenden Tür angebracht. Die Architektur des Grabmals verdeutlicht dagegen Sievekings Bewunderung für die antike Welt.[133]

Mit besonderer Sorgfalt wurde der Sarkophag in die Hammer Kulturlandschaft integriert, denn Karl Sieveking konnte die malerisch auf dem Geestrand über dem Billetal gelegene Grablege von seinem Landhaus aus betrachten. Dadurch war sie Teil des von Sieveking geschaffenen Hammerhofes geworden. Bedenkt man die auf der gesamten Friedhofsanlage herausragende Position des Grabes, so wird erkennbar, daß der von Sieveking 1828 gegenüber Chateauneuf geäußerte Bescheidenheitsgestus im Laufe der Planungen stark in den Hintergrund geraten war. Aber wohl gerade deshalb wurde die Sievekingsche Familiengrablege in Hamm zu einem besonderen Dokument der hamburgischen Grabmalkunst. Darüber hinaus ist das gut erhaltene Monument als einzige verbliebene architektonische Erinnerung an den Hammerhof von großer kulturgeschichtlicher Bedeutung.

Literatur: Sieveking 1902, S.107; Lange 1965, S.71; Kändler 1997 (grundlegend)

21

Entwurf für die Bebauung des Johannisplatzes mit Johanneum und Bibliothek, 1829

1827 hatte Chateauneuf erstmals konkrete Vorschläge für die Schaffung eines großen Platzes auf dem Gelände der damals noch vorhandenen Johanniskirche und des Johannisklosters gemacht (WV 17). Während er damals als Bebauung ein Börsengebäude vorgeschlagen hatte, stellte er 1829 für diesen Platz den Neubau von Hamburgs angesehenster Schule, dem Johanneum, und einer Bibliothek zur Diskussion.

Voraussetzung für Chateauneufs einzig in einer detaillierten Grundrißzeichnung[134] überlieferte Überlegungen ist – wie 1827 – der totale Abriß sämtlicher auf dem Platz stehender Gebäude, ohne Rücksicht auf ihren historischen Wert. Die im Sommer 1829 unmittelbar bevorstehende Demolierung der Johanniskirche wird Chateauneuf zusätzlich zu dem neuen Vorstoß motiviert haben (Abb. S. 44).

Der Plan des Architekten zeigt auf dem freigelegten Gelände eine unregelmäßige Vierflügelanlage, in deren nordwestlichem Trakt die Bibliothek und in den übrigen Flügeln Schulräume u.a. für das Johanneum vorgesehen sind. Der Haupteingang liegt in der Mitte des Bibliotheksflügels. Von dort erschließt sich das Gebäude über ein dreiläufiges Treppenhaus. Im Südwesten folgen das Gymnasium, ein Schulzimmer und ein Raum für große Akten. In den übrigen Flügeln sind weitere Schulzimmer vorgesehen. Im weiten Innenhof ist ein kleiner Brunnen erkennbar.

Die Gesamtanlage ist sehr unregelmäßig. Der Bibliothekstrakt ragt zu beiden Seiten über die anschließenden Seitenflügel hinaus. Auch das Treppenhaus springt zum Hof hin vor.

Um die Finanzierung der umfangreichen Baumaßnahmen zu verbessern, plant Chateauneuf die Errichtung zahlreicher neuer Wohnhäuser unmittelbar am südöstlichen Teil des Gebäudes. Um dort optimale Grundstücke zu erhalten, wird sogar der Eckbereich des Schulgebäudes abgeschrägt. Das neue Wissenschaftszentrum Hamburgs ist somit an zwei Seiten direkt von Anbauten begrenzt. Unvorteilhaft ist auch der geringe Abstand zwischen dem unmittelbar an einem Fleet liegenden Bibliothekstrakt und der gegenüberliegenden Häuserreihe.

Chateauneufs Plan enthält auch eine Reihe infrastruktureller Verbesserungsvorschläge. So soll im Nordwesten des Gebiets die Altenwallstraße bis hin zur Stadtmühle verlängert werden. Die Klosterbleiche wird aufgegeben und durch Aufschüttung erweitert, so daß dort weitere Neubauten errichtet werden können. Das zwischen Altenwall und Klosterbleiche liegende Fleet wird zu einem schmalen, regelmäßigen Wassergraben verengt. Zugleich erfährt die dort gelegene schmale Brücke eine deutliche Erweiterung, da sie nun direkt auf den Haupteingang der Bibliothek zuführt. Im Westen plant Chateauneuf die Verbreiterung der Straße „Auf dem Plan", wodurch vor dem südwestlichen Schulflügel eine platzartige Erweiterung entsteht. Im Südosten kommt es zu einer Verbesserung der seit Jahrzehnten bemängelten engen und gefährlichen Verkehrssituation hinter dem Klostergelände. Dort wird vor allem die Straße „Hinter dem breiten Giebel" deutlich verbreitert.

Chateauneufs sorgfältig durchdachter Plan zeigt nachdrücklich, wie schwer es für kreative Architekten im damals eng bebauten Hamburg war, großzügig bemessene Bauvorhaben zu entwerfen. Der stets vorhandene Zwang zur Wirtschaftlichkeit führte zu manchen ästhetisch unbefriedigenden Kompromissen. Bei diesem Projekt war es vor allem von Nachteil, daß das neue Gebäude angesichts der engen Bebauung in seiner Gestalt kaum wahrgenommen werden konnte.

Chateauneuf wird dieses Projekt – wie er es häufig in jener Zeit tat – unaufgefordert entworfen und dann den zuständigen Behörden

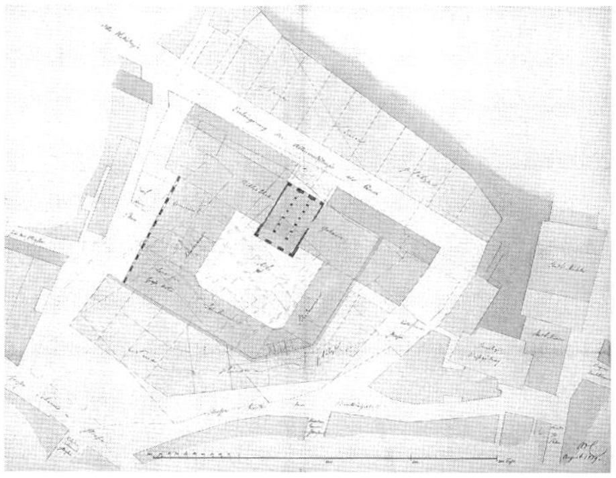

WV 21 *Entwurf für die Bebauung des Johannisplatzes, 1829*

übergeben haben. Daß es aufmerksam zur Kenntnis genommen wurde, belegt ein unsigniertes Handschreiben im reichen Aktenmaterial zum Abriß der Johanniskirche, in dem der Plan kritisch auf seine Vor- und Nachteile hin abgewogen wird.[135]

Positiv bewertet wurden der Gewinn breiter Straßen, die Benutzung der kleinen Insel und der Zuwachs an 21 Bauplätzen für Privatwohnungen. Dem gegenüber stand jedoch ein Bündel von massiven Einwänden. Kritisiert wurden vor allem die hohen Gesamtkosten von 500.000 bis 600.000 Mark und der große infrastrukturelle Aufwand, der zur Gewinnung des Bauplatzes erforderlich sei. Bemängelt wurde daher die Schaffung des neuen Kanals beim Alten Wall und die mehr als 20.000 Quadratfuß betragende Ausfüllung des Flußbettes bei der Klosterbleiche. Negativ fiel auf, daß auch drei Privathäuser aufgekauft werden müßten und mehrere der neuen Wohnplätze sehr winklig ausfielen. Außerdem müßten das Kloster entschädigt und Schule und Bibliothek während des Neubaus vorübergehend woanders untergebracht werden. Angesichts dieser zahlreichen Einwände ist es verständlich, daß das interessante Projekt Chateauneufs nicht weiter verfolgt worden ist.

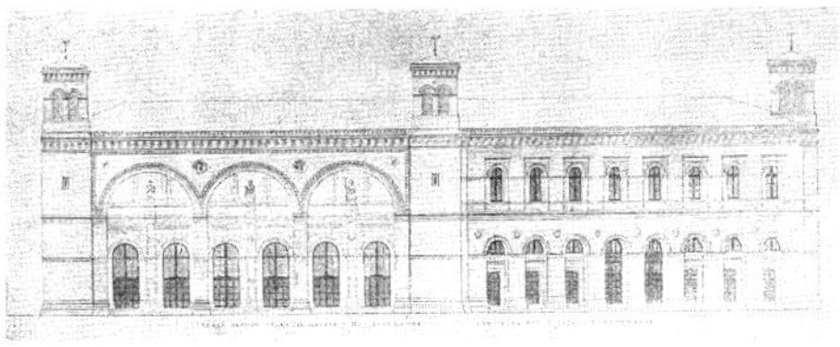

WV 22 *Entwurf für eine Börse an der Großen Johannisstraße*

22

Entwurf für eine Börse an der Großen Johannisstraße, 1829

Auf der im Oktober 1829 veranstalteten Allgemeinen Münchner Kunstausstellung erregte eine kleine Gruppe von Architekturzeichnungen Aufsehen. Es handelte sich um Entwürfe der Architekten Heinrich Hübsch, Jacob Friedrich Eisenlohr und Alexis de Chateauneuf. Alle drei verwendeten Rundbogen als wesentliches Gestaltungsmittel. Möglicherweise handelte es sich um die erste Ausstellung überhaupt, auf der dieser avantgardistische Stil einer größeren Öffentlichkeit präsentiert wurde. Während die Arbeiten von Hübsch und Eisenlohr von der zeitgenössischen Kritik ausführlich besprochen wurden, fand der von Chateauneuf ausgestellte Entwurf für eine Börse weniger Aufmerksamkeit. In Schorns Kunstblatt hieß es, daß die Blätter „keinen durchaus günstigen Eindruck“ erzielt hätten.[136] Dies lag wohl vor allem daran, daß sie – wie der Rezensent betonte – „in ganz moderner Art“[137] gehalten waren. Hierauf deutet auch die in der Zeitung abgedruckte Beschreibung hin: „Das ganze Aeußere des Gebäudes besteht nur aus Pfeilern und Fenstern. Die Pfeiler sind abwechselnd schmaler und breiter und tragen ein Gebälk, über welchem halbzirklige Fenster mit den Entfernungen der breiten Pfeiler korrespondiren.“[138]

Laut Kunstblatt unterbrechen die Eingänge die untere Fensterlänge dermaßen, „daß im Innern der hohen Börse eine lange neben eine kurze Fensteröffnung zu stehen kommt. Der obengenannte innere Raum der hohen Börse ist durch Pfeiler von der niedern Börse getrennt. Ueber dem Gebälke dieser Pfeiler wölben sich wieder Bogen, die zum Theil zu Freskogemälden benutzt sind, darunter aber sind Säulen als Stützen angebracht, die keinen vortheilhaften Eindruck gewähren. Für diese Mängel der Anlage vermag die zierliche Ausführung im Detail doch nicht zu entschädigen.“[139]

Wenn auch nicht alle genannten Einzelheiten eindeutig zuzuordnen sind, soll hier doch eine 1923 von Schumacher publizierte Zeichnung Chateauneufs mit dieser Beschreibung verbunden werden. Das Blatt zeigt eine Fassade, die in der Anordnung von Pfeilern, Rundbogen und Halbkreisfenstern recht genau der Beschreibung in Schorns Kunstblatt entspricht. Es zeigt zudem, daß Chateauneuf in die Mitte der halbzirkligen Fenster jeweils eine Sitzstatue postieren wollte. An der Längsseite des zweigeschossigen Baus sind in beiden Geschossen hochrechteckige Rundfenster eingefügt. Das Gebäude ist an allen vier Ecken durch massive, von kleinen Turmaufbauten bekrönte Pfeiler begrenzt. Ein kräftiges Kranzgesims leitet zum flach geneigten Dach über. Die Börse ist mit der vorderen Schmalseite zur Großen Johannisstraße, mit einer Längsseite zur Schauenburgerstraße ausgerichtet.

Schumacher bewertete diesen Entwurf als einen wichtigen Schritt in der Entwicklung Chateauneufs hin zu einer „freiere(n) Ziegelsprache“.[140] In diesem Punkt dürfte der Bau allerdings in München, wo Friedrich von Gärtner bereits den großflächigen Einsatz von Backstein propagierte, kaum Aufsehen erregt haben. Die von den Zeitgenossen wahrgenommene Modernität des Entwurfs lag wohl vor allem in der Reduktion der Wandflächen durch zahlreiche große Fenster. Tatsächlich ist Chateauneuf in dieser Hinsicht dem Münchener Kollegen, aber auch Heinrich Hübsch deutlich voraus. Es ist gut vorstellbar, daß er zu dieser tendenziellen Auflösung der Fassade durch Schinkels Entwurf für das Hamburger Schauspielhaus angeregt wurde.[141] Chateauneuf selbst entwickelte die bei diesem Projekt gezeigten Ideen 1838 in seinem letzten Hamburger Börsenentwurf für den Adolphsplatz (WV 64) in großartiger Weise weiter.

Literatur: Schorn 1829; Schumacher 1923

23

Umbau des Landhauses Sieveking (Hammerhof) in Hamm, um 1829–1831

1828 fiel der Hammerhof durch den Tod von Dorothea de Chapeaurouge an Caroline Sieveking geb. de Chapeaurouge und ihren Mann Karl Sieveking. Das Anwesen hatten Vorfahren der Familie Chapeaurouge 1773 erworben und seither durch Ankäufe zu einem umfangreichen Landsitz erweitert. Das auf dem Geestrücken oberhalb des damals idyllischen Billetals liegende Anwesen gehörte zu dem Hamburger Dorf Hamm und grenzte an den dortigen Kirchhof. Dieser prachtvolle Besitz, zu dem auch ein mit zahlreichen Staffagebauten bereicherter Landschaftsgarten gehörte, war während der Franzosenzeit zerstört worden.

Unmittelbar nach Antritt der Erbschaft begann Karl Sieveking mit großem Engagement einen weitreichenden Umbau der gesamten Hofanlage. Als seinen Architekten erwählte er Alexis de Chateauneuf, der bereits kurz zuvor mit der Grabanlage auf dem Hammer Kirchhof (WV 20) betraut worden war.

Der promovierte Karl Sieveking gehörte während der Befreiungskriege dem hanseatischen Direktorium an. Später hatte er wichtige öffentliche Ämter inne: 1819 Ministerresident in St. Petersburg, seit 1820 Senatssyndicus, von 1830 bis 1847 Abgeordneter Hamburgs im Frankfurter Bundestag. Sieveking war auch wirtschaftlich interessiert und versuchte mit Unterstützung seines Patenonkels Caspar Voght auf dem Hammerhof moderne Betriebsformen einzuführen. Er war zudem historisch versiert und las an der Göttinger Universität über Florentinische Geschichte. Daneben interessierten ihn die bildenden Künste; er stand in regem Gedankenaustausch mit bedeutenden Malern, Bildhauern und Architekten. Diese herausragende Persönlichkeit war der wohl wichtigste Bauherr in Chateauneufs Leben.[142] Beide Männer verband nicht nur eine ähnliche künstlerische Auffassung, sondern auch eine enge, respektvolle Freundschaft. Sieveking förderte den jungen, noch nicht arrivierten Chateauneuf nach Kräften und hat ihm zeitlebens zahlreiche Aufträge vermittelt. Der intensive Gedankenaustausch zwischen beiden ist in zahlreichen Briefen dokumentiert. Sie belegen, in welch intensiver Weise der geistreiche Bauherr an der formalen und inhaltlichen Gestaltung der von ihm beauftragten Bauten Anteil nahm: „Bey einem Privathause gehört der Wunsch des Bauherrn mit zu dem rohen Material, was die Kunst zu ordnen und wo es Noth thut zu bezwingen hat“[143], beschrieb der Syndicus diese Situation.

Sieveking hatte zwar durch die Erbschaft die Möglichkeit, im privaten Bereich Bauaufträge zu vergeben. Allerdings war das Vermögen nicht so umfangreich, daß er – wie z.B. August Abendroth (WV 36) – höchsten gestalterischen Ansprüchen gerecht werden konnte.

Bis zum Tode des Syndicus im Jahre 1847 blieb Chateauneuf der Hausarchitekt der Sievekings und errichtete auf dem Hammerhof eine Vielzahl von größeren und kleineren Bauten. Sie werden im folgenden in ihrer chronologischen Reihenfolge aufgeführt und an der entsprechenden Stelle im Werkverzeichnis erläutert:

1. Wohnhaus (WV 23)
2. Gärtnerhaus (WV 25)
3. Gewächshaus (WV 26)
4. Branntweinbrennerei (WV 37)
5. Pferdestall (WV 49)
6. Bierbrauerei (WV 50)
7. Waschküche (WV 51)
8. Kuhstall (WV 71).

Das schlicht gehaltene ländliche Haupthaus des Hammerhofes war 1819 von dem Hammer Zimmermeister Lange errichtet worden. Als es Sieveking 1829 gelang, die dort zuvor untergebrachte Landschule mit Lehrern und Zöglingen in einem anderen Gebäude unterzubringen, machte sich der Syndicus mit Nachdruck an die Umsetzung seiner Baupläne. Chateauneuf gegenüber äußerte er in einem Brief seine prinzipiellen Vorstellungen: „Ich möchte gern, daß das Haus nicht nur Spuren ordnender Menschenhand, sondern auch mannigfaltig ersonnener Benutzung an sich trüge. Unsere Wohnhäuser sollten sich wie die der Schnecken unserer Individualität anpassen. Nun ist die meinige zwar nicht die des Onkels in Wilhelm Meister, aber doch der Art, daß ich die vier Himmelsgegenden eines anständigen Pächterhauses durch Liebhabereyen künstlerisch ausgestattet zu sehn wünschen muß.“[144]

Das strohgedeckte Gebäude blieb im Äußeren weitgehend unverändert. Im Südwesten wurde eine Veranda errichtet, die 1835 durch eine Wand vom Hauseingang getrennt wurde. Durch den Anbau eines oktogonalen „Turms der Winde“ an der Südseite wollte Sieveking die Unscheinbarkeit des Hauses aufbessern.[145]

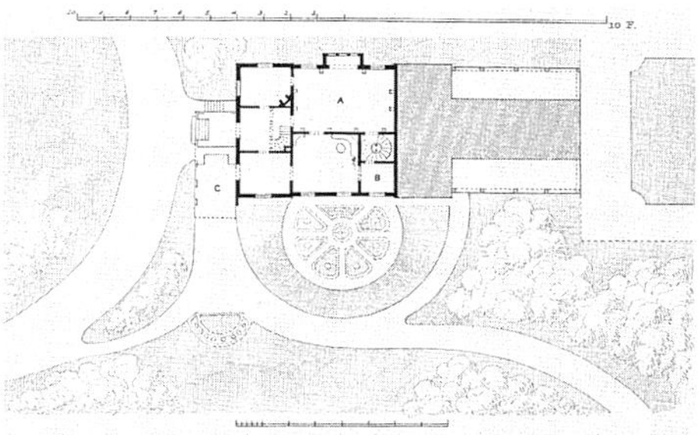

WV 23 *E. Sieveking: Der Hammerhof, Lithographie (oben), Grundriß des Hammerhofs (unten)*

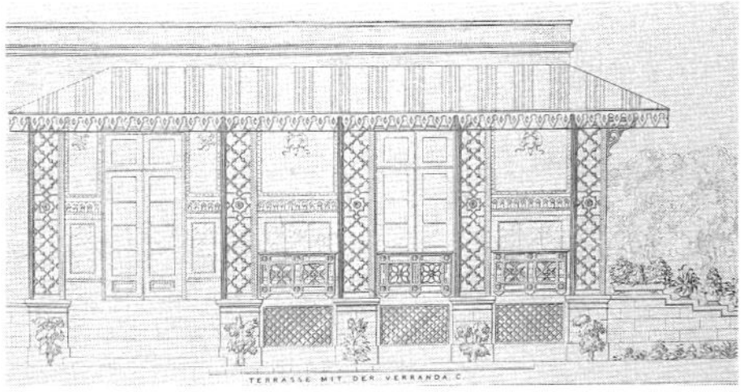

WV 23 *Terrasse mit Veranda am Gebäude des Hammerhofs*

Dieser Bauteil sollte u.a. eine Badestube, ein Arbeitszimmer und Toiletten aufnehmen. Für die Innendekoration des Turms stellte sich der Syndicus Figuren der Winde vor. Diese originellen Pläne zerschlugen sich jedoch.

Weitreichender waren die Umgestaltungen der Innenräume. Zunächst wurde der für Wirtschaftszwecke benutzte östliche Hausbereich ganz von dem Wohnhausbereich im Westen abgetrennt. Durch die Verlegung des Haupteingangs von Norden nach Westen wurde dort eine große Halle gewonnen. Nachteilig war dabei, daß nun die Treppe vom neuen Haupteingang aus nur durch die Wohnräume erreichbar war.

Für den großen Hauptraum hatte sich Sieveking holzverkleidete Wände, eine rohe Balken-Kassatur und Wandfresken vorgestellt. Gegen diese allzu rustikalen Vorstellungen setzte Chateauneuf, dem „die neuen Entdekkungen griechischer Frische, Eleganz und Keckheit" über alles gingen, eine von antiken Vorbildern inspirierte Lösung durch.

Es war eine glückliche Fügung, daß die Maße des 1812 nach London ins British Museum gelangten griechischen Figurenfrieses von Bassae relativ genau mit denjenigen der Wände des Hammer Hauptsaales übereinstimmten. So wurde der von Sieveking bewunderte Fries von dem Maler Carl Julius Milde a fresco unterhalb der Decke kopiert. Um verwirrende Schlagschatten zu vermeiden, ordnete der Architekt für den Grund der Reliefs eine braunrote Farbe an. Die Wände waren bis zur halben Höhe gelb gehalten. Ihre obere Hälfte dagegen war in graue Felder aufgeteilt, in die jeweils ein rundes Relief eingelassen war.[146] Zur zusätzlichen Modellierung der Wände wurden halbhohe Säulen davor aufgestellt, auf deren oberem Abschluß etruskische Vasen standen. Die besondere „Vorliebe des Bauherrn für die Perikleische Kunstepoche"[147] kam auch darin zum Ausdruck, daß die Türen des Erechtheions in Athen zum Muster für die Saaltüren genommen wurden. Der Raum lag nach Norden und diente nicht nur als Eß- und Tanzsaal, sondern auch als Wohnraum – im Sommer wegen seiner Kühle besonders geschätzt. Das quadratische Wohnzimmer mit einer gemütlichen Sofaecke lag nach Süden. Ihm schloß sich ostwärts ein Kabinett, westwärts ein Verandazimmer an. Von der Diele, die klassische Büsten und ein Terrakotta-Relief vom Parthenon schmückten, gelangte man zu einem Frühstückszimmer an der Nordseite.

Von all diesen Räumen war neben dem Saal vor allem das kleine Kabinett künstlerisch bemerkenswert, das sich der weitgereiste Sieveking als Arbeitszimmer und Refugium wünschte (Abb. Tafel 4 und 5). Der längsrechteckige Raum sollte in seinen Proportionen jener Schiffskabine entsprechen, die er 1827 auf einer diplomatischen Reise nach Brasilien fast zwei Monate lang bewohnt hatte. Chateauneuf entwarf ein intimes Kabinett, dessen Wände mit Pappelholz verkleidet waren. Die Rückwand nahm eine gepolsterte Bank ein. Der darüber in die Vertäfelung eingelassene Spiegel trug zur optischen Vergrößerung des Raumes bei. Die Beleuchtung erfolgte durch ein großes Fenster an der rechten Längsseite.

Den besonderen Schmuck des Zimmers bildete die Ausmalung von Wand und Decke durch den damals 24jährigen Erwin Speckter (Abb. Tafel 4 und 5 und S. 82).[148] Die Grundkomposition geht sicher auf Chateauneuf zurück, während Sieveking wohl auf die dargestellten Themen wie „Amor vincit omnia", die Elemente, die Jahreszeiten, Amor und Psyche und ländliche Tierszenen eingewirkt hat. Zur Komplettierung dieses für Hamburg ungewöhnlichen Gesamtkunstwerks hatte Chateauneuf wohl auch einen kleinen Schreibtisch und einen halbhohen Schrank entworfen.

Martin Haller, der im Sommer 1854 im Hammerhof wohnte, hat eine Beschreibung der übrigen Räume des Hauses überliefert. Im Entresol befand sich ein WC, „dessen Wände mit altenglischen bunten Karikaturen aus der Zeit Georgs III. beklebt waren und dort den Aufenthalt der Hausgenossen angenehm machten und unnötig verlängerten".[149] Im Obergeschoß befand sich „das Studierzimmer des alten Syndicus mit dem großen Halbrundfenster und den Kupferstichen der Stanzen Raffaels an den Wänden und mit dem Ausblick auf die regelmäßige Gartenanlage mit Teppichbeeten".[150] Nach der Italienreise 1832 wurden auch im Treppenhaus Stiche nach den Fresken Raffaels aufgehängt.[151] In den übrigen Zimmern des Hauses war eine ausgezeichnete Gemäldesammlung altniederländischer Meister verteilt.[152]

Unter einem behaglichen Strohdach lag eine Flucht von Zimmern, die griechische und italienische Erinnerungen wachriefen.[153] In dieser Gestalt war das Haupthaus des Hammerhofes für viele Jahre ein Mittelpunkt des kulturellen Lebens in Hamburg. Könige, Diplomaten und Kaufleute, vor allem aber Künstler besuchten dieses ländliche Tusculum – viele von ihnen waren von der Schönheit der Innendekoration beeindruckt. Vornehmlich der Saal fand hohe Anerkennung durch seine klaren Verhältnisse und die edel abgetönte Dekoration. Zweifellos zählte er zu den schönsten antikisierenden Raumgestaltungen in Hamburg. Martin Haller berichtete: „Diese mir damals neuen Erzeugnisse edelsten Kunstgeschmacks haben einen mächtigen Eindruck auf mich ausgeübt und sind von großem Einfluß auf die spätere Wahl meines Berufes gewesen ...“[154]

Eine erste tiefgreifende Veränderung am Außenbau verursachte ein Dachbrand am 8. Januar 1847. Die nötig gewordene Erneuerung besprach der Syndicus noch mit Chateauneuf, doch unterblieb die Ausführung vor dem Tod Sievekings. Erst im Winter 1847/48 wurden die Reparaturen durchgeführt und das Dach anstatt mit Stroh nun mit Schiefer gedeckt. Ob Chateauneuf an diesen Maßnahmen beteiligt gewesen ist, kann nicht nachgewiesen werden.

Nach dem Tod des Syndicus wurden mehrere kleinere Veränderungen am Gebäude vorgenommen.[155] 1863 führte dann der Architekt Remé einen umfassenden Umbau durch. Dabei wurde die ganze Westfront erneuert, eine „grosse Veranda“ angebaut und der Holzgiebel und das große Mittelfenster mit dem Familienwappen ausgeführt. Auf der Südseite wurde die Bibliothek vergrößert und ein Balkon angelegt. Am Pächterhaus wurde die Holzveranda mit dem Treppenaufgang vorgebaut. Im Garten führte der Gärtner Ohlendorff Veränderungen durch.[156] Im 20. Jahrhundert diente das noch einmal umfassend erneuerte Haupthaus als Gaststätte, bis es in den Bombennächten des Juli 1943 zerstört und später vollständig abgetragen wurde. Heute erinnert einzig das kleine Schiffskabinett an den für die hamburgische Kulturgeschichte so bedeutenden Ort. Es gelangte 1956/57 ins Museum für Kunst und Gewerbe und bildet dort seitdem einen der Glanzpunkte der Schausammlungen.[157]

Literatur: Chateauneuf, Domestica, 1839, S.2-3 u. Pl. III-IV; Sieveking 1902, S.113-120; Sieveking 1928, S.155-160; Lange 1965, S.66; Ausst.-Kat. Hamburg 1995, S.124-129

24

Entwurf für den Umbau einer Scheune in eine Wohndiele, um 1829 (?)

Zu den originellsten Projekten Chateauneufs zählt der Umbau einer Wohndiele einer holsteinischen Scheune zu einem Gartensaal mit angrenzenden Zimmern. Die Planungen wurden möglich, da das Gebäude „bei veränderter Bewirthschaftung dem Ackerbaubedürfnis entziehbar“[158] war. Die umzubauende Scheune wies im Erdgeschoß eine große Diele und an zwei Seiten anschließend die Stallungen auf. Darüber befanden sich noch zwei Böden für Lagerhaltung. Das mittels einer Balkenkonstruktion errichtete Gebäude war mit einem weit vorgezogenen Satteldach gedeckt.

Bei seinem Entwurf bewahrt Chateauneuf weitgehend die konstruktiven Voraussetzungen und auch die äußere Grundform der Scheune. Durch Füllung der freien Flächen zwischen den Dielenbalken schafft er einen geschlossenen Raum, der durch Tieferlegung des Fußbodens an Volumen gewinnt. Für die Wände ist eine Holzverkleidung vorgesehen. Mehrere Türen führen zu den angrenzenden Nebenräumen. Der oberhalb der Türrahmen durch den Raum laufende Fries wird durch in regelmäßigem Abstand plazierte – offensichtlich ausgestopfte – Rinderköpfe akzentuiert. Diese sollen sicher an die ursprüngliche Funktion des Gebäudes erinnern. Im oberen Teil des Gartensaals beläßt Chateauneuf die ursprüngliche Konstruktion frei sichtbar. Besondere Sorgfalt wendet er hier der Dekoration zu. So werden die Balken mit griechischen Friesen, z.B. Mäanderbändern, und die Balkengabeln mit Musterschnitzereien verziert. Direkt unterhalb der flachen Decke läuft an allen vier Wänden ein Fries mit Landschaftsdarstellungen entlang. An einer der Stirnseiten ist ein Kamin und ein Spiegel mit gotisierendem Rahmen vorgesehen.

Chateauneufs Entwurf überzeugt durch die geschlossene Raumwirkung, die unter Beibehaltung wesentlicher Elemente des Vorgängerbaus erreicht wird. Befremdlich wirkt dagegen die Verbindung griechischer und mittelalterlicher Dekorationsformen. Unklar ist auch, wie der Raum beleuchtet werden sollte. Möglicherweise sollte das ursprüngliche Scheunentor des Gartensaales verglast oder tagsüber offengelassen werden.[159]

1829 diskutierten Chateauneuf und Sieveking aus Anlaß des Umbaus des Hammerhofes über den „Decorationsstyl einer solchen Bauernhalle“.[160] Viele der von dem Hamburger Syndicus geäußerten Ideen wie der Verzicht auf Gipsdecken, die Verbretterung der Wände oder die Anbringung eines Gemäldezyklus finden sich hier wieder. Über die Farbvorstellungen Chateauneufs lassen sich keine Aussagen machen. Die Darstellungsweise in der „Architectura domestica“ deutet aber auf die Verwendung von hellem Holz hin. Völlig unklar ist,

WV 24 *Umbau einer Scheune in eine Wohndiele*

für welchen Auftraggeber Chateauneuf seine reizvollen architektonischen Phantasien ausführte.

Literatur: Chateauneuf, Domestica, 1839, S.3 u. Tf. 5; Sieveking 1902, S.118-119

25

Gärtnerhaus für Karl Sieveking in Hamm, 1830–1831

Das Gärtnerhaus war eine der ersten Baumaßnahmen, die Chateauneuf für Karl Sieveking auf dessen Grundstück des Hammerhofes ausführte. Es entstand 1830 und lag nordwestlich des nicht weit entfernten Haupthauses. Das Gebäude wies ein auffallend langes Dach auf, unter dem der gemauerte Baukörper nur einen Teil der überbauten Fläche einnahm. Auf der Südseite war dadurch eine überdachte Veranda entstanden. Auf originelle Weise ließ Chateauneuf vom Giebel ein elegantes filigranes Holzgitterwerk herabführen, das in zwei Rundbogen endete. Die Dachlasten wurden unmittelbar über diese Holzbogen auf Holzstützen übertragen.[161]

WV 25 *Gärtnerhaus für Karl Sieveking in Hamm*

WV 26 *Gewächshaus für Karl Sieveking in Hamm*

Wie die später auf dem Hammerhof errichteten Bauten diente auch das Gärtnerhaus zur Verschönerung und Belebung der Gesamtanlage. Diesen Gebäuden war somit eine ähnliche Funktion wie Staffagebauten in englischen Landschaftsgärten zugedacht.[162] Dies verdeutlicht ein Schreiben Sievekings an seinen Architekten, in dem er die von ihm gewünschte Gestaltung des Gärtnerhauses im Stil eines Schweizerhauses begründete: „Sollte eine der Schweizerischen ähnliche Holzkonstruction mit Englischem Immergrün bewachsen nicht den Zweck auf eine die Landschaft belebende Weise erreichen?“[163]

Chateauneuf publizierte das charakteristische Werk 1839 in seinem Werkverzeichnis „Architectura domestica“. Das später äußerlich durch einen kleinen Anbau veränderte Haus wurde im Zweiten Weltkrieg während der Bombenangriffe auf Hamburg zerstört.[164]

Literatur: Chateauneuf, Domestica, 1839, S.2 u. Tf. 1; Sieveking 1902, S.81; Lange 1965, S.66

26

Gewächshaus für Karl Sieveking in Hamm, 1830

Fast zeitgleich mit dem Gärtnerhaus ließ sich Karl Sieveking 1830 von Chateauneuf ein kleines Gewächshaus errichten. Es befand sich relativ nah beim Herrenhaus neben der vorderen Scheune, am Eingang zum eigentlichen Garten.[165]

Das Gewächshaus ist einzig durch eine ungelenke Zeichnung dokumentiert; dennoch kann seine architektonische Grundform beurteilt werden.[166] Es handelte sich um ein umgestülpt trichterförmiges Gebäude, das vollständig aus Glas und dünnen Verstrebungen gebildet war. Im Inneren diente ein in der Mitte angeordnetes Rondell zur Aufnahme der Orangen- und Myrtenbäume. Im äußeren Rundgang fanden Zierpflanzen aller Art ihren Platz.

Die Heizung des Gebäudes funktionierte von Beginn an derart schlecht, daß Sieveking seinen Architekten in einem Brief vom 2. Oktober 1830 um Nachbesserungen bitten mußte. Aus Angst vor den nahenden Herbstfrösten drängte der Syndicus darauf, die eiserne Ofenanlage durch eine gewöhnliche Gewächshausleitung zu ersetzen. „Ihre Ehre soll dadurch nicht gefährdet werden, wenn nur meine Blumen nicht erfrieren.“[167] Chateauneuf reagierte prompt und setzte eine neue Feuermauer ein, blieb aber bei dem von ihm gewählten internen Ofensystem.

Obgleich quellenmäßig bislang nicht nachweisbar, kann davon ausgegangen werden, daß der umfassend interessierte Chateauneuf sich 1828 bei seinem England-Aufenthalt über das hohe Niveau der dortigen Gewächshauskultur informierte. Darüber hinaus konnten Architekt und Bauherr manche Informationen und formalen Anregungen aus den Publikationen des überragenden Glashaus-Ingenieurs John Claudius Loudon entnehmen.[168]

Bereits 1886 wurde das Gewächshaus Karl Sievekings abgebrochen. Als Ersatz diente ein modernes, flach gedecktes Häuschen vor dem Weinhaus, das ebenfalls 1830 angelegt und später durch verschiedene Umbauten – zuletzt 1897 – erweitert worden war.

Literatur: Sieveking 1902, S.82

27

Verbindungsgang Neustädter Fuhlentwiete/Neustädter Neustraße, um 1830

Die Gebrüder Karl und Fritz Sieveking lebten mehrere Jahre lang als direkte Nachbarn in der Neustädter Fuhlentwiete und der Neustädter Neustraße. Um die regelmäßigen familiären Besuche zu erleichtern, ließen sie von Chateauneuf zwischen beiden Häusern einen Verbindungsbau errichten.[169] Das dreistöckige Gebäude war aus unverputzten „gebrannten Thongliederungen“[170] ausgeführt. Der Hamburger Architekt Martin Haller berichtet in seinen Erinnerungen, daß der Zwischenbau einen „stets geschlossenen Verbindungsgang, die benötigten Badezimmer und Klosetts für jedes Haus“ enthalten habe.[171] Chateauneuf hielt diesen kleinen, von der Straßenseite nicht sichtbaren Bau für so bemerkenswert, daß er ihn 1840 in dem „Architektonischen Album“ des Berliner-Architektenvereins, allerdings ohne Nennung der Auftraggeber und der konkreten städtebaulichen Situation, publizierte. In seiner knappen Erläuterung wies Chateauneuf darauf hin, daß er vor allem versucht habe, „die Geringfügigkeit solcher Bedürfnisse zu charakterisieren“.[172]

Die Datierung des nicht erhaltenen Bauwerks ist durch fehlende Quellenbelege erschwert. Da Fritz Sieveking erst ab 1825 im Hamburger Adreßbuch nachweisbar ist, kann der Bau nicht vor 1824 fertiggestellt gewesen sein. Briefnotizen von Karl Sieveking an seine Frau deuten jedoch darauf hin, daß der Bau 1830 errichtet worden ist.[173]

Literatur: Chateauneuf, Album, 1840, Blatt XXVII; Haller 1985, S.45

28

Stadtpost am Neuen Wall, um 1830–1832

Nach der Franzosenzeit führte das Hamburger Stadtpostamt seine Tätigkeit in der Kleinen Bäckerstraße, teilweise auch im Hannoverschen Postfuhramt aus.[174] Als 1821 das hamburgische Postwesen in die unmittelbare Verwaltung des Staates überging und zudem der allgemeine Postverkehr zunahm, wurde der Neubau eines Stadtpostgebäudes dringlich. Der Vorsitzende der Postkommission, Karl Sieveking, präsentierte Ende 1828 verschiedene Neubaupläne.[175] Nach längeren Überlegungen entschied sich die Postkommission für einen Platz am Neuen Wall gegenüber dem als Stadthaus dienenden Görtz-Palais.

Sicher wird Alexis de Chateauneuf von dem ihm wohlgesonnenen Sieveking über die Vorgänge informiert worden sein. Ja, der Syndicus dürfte seinen Hausarchitekten sogar zur Anfertigung von Plänen ermuntert haben. Spätestens Anfang 1830 muß Chateauneuf demnach mit Planungen für die Stadtpost begonnen haben, da im März 1830 ein Entwurf von ihm auf Senatsantrag hin der Baudeputation zur Begutachtung ausgehändigt wurde. Nachdem die Beamten Wimmel und Forsmann ihr Gutachten erstellt hatten, wurden sie von der Baudeputation aufgefordert, ihrerseits ein Projekt auszuarbeiten.[176] Die so entstandene Konkurrenz zwischen dem Privatarchitekten und den Vertretern der Baudeputation wurde im Mai 1830 dahingehend entschieden, daß der Außenbau nach Chateauneufs Plänen und die innere Einrichtung nach den Entwürfen Wimmels und Forsmanns ausgeführt werden sollten.

Chateauneuf korrigierte daraufhin nach Rücksprache mit Wimmel seinen Entwurf, der anschließend unter dessen Oberaufsicht ausgeführt wurde. Der städtische Beamte hatte dabei den Auftrag, „darauf zu achten, daß der Architect Chateauneuf genau nach den vorgeschriebenen Bestimmungen des Contracts verfahre und bei vorkommenden Abweichungen solchen Versuch nicht zu gestatten, vielmehr sofort Anzeige davon zu machen“.[177]

Dieser Vorgang verdeutlicht beispielhaft, wie stark in Hamburg die Planung öffentlicher Gebäude von den Kompetenzstreitigkeiten einzelner Behörden geprägt werden konnte. Die Kompromißfindung war so gewählt, daß die Postkommission nicht brüskiert wurde und gleichzeitig die Baudeputation ihr Gesicht wahrte. Für die Zukunft erbat sich letztere das Recht aus, daß „die Ausführung öffentlicher Bauten ihr allein und ausschließlich überlassen werden möge“.[178]

Chateauneuf entwarf ein dreigeschossiges Gebäude, das außen als Putzbau ausgeführt wurde und Sandsteinumrahmungen an Fenstern und Türen erhielt. Das Erdgeschoß war mit rustizierten Quadern versehen. Die Fassade zum Neuen Wall wies einen klaren Aufbau und kubische Einfachheit auf. Während hier eine ruhige gleichmäßige Anordnung der Fenster vorherrschte, akzentuierte Chateauneuf die Südwestseite mit zwei übereinander angeordneten Drillingsfenstern. Auf dekorative Ausschmückung wurde weitgehend verzichtet. Nur die Rahmung des Portals zeigt Ornamente und einige stilisierte Posthörner. Insgesamt hatte das Posthaus die noble Erscheinung eines italienischen Palazzo und dürfte eines der ersten größeren Häuser in Hamburg mit Neorenaissance-Elementen gewesen sein.

Im Inneren war das Gebäude der hamburgischen Tradition folgend als Fachwerkbau errichtet. Bei der Fundamentierung beschritt Chateauneuf jedoch einen ungewöhnlichen Weg. In Anlehnung an englische Vorbilder ließ er die Grundmauern wegen der schlechten Bodenbeschaffenheit nicht auf einem Pfahlrost errichten, sondern verbreiterte den Unter-

WV 28 *Die Stadtpost am Neuen Wall in Hamburg (oben), Portal der Stadtpost an der Adenauerallee (unten)*

grund derart, daß der Bau auf dem schlammigen Boden gleichsam schwamm.

Doch bereits nach wenigen Jahren traten an dem am 1. Januar 1833 eingeweihten Gebäude Risse auf. Chateauneuf lastete die Schuld vornehmlich dem damals plötzlich verschwundenen Maurermeister an, für den er dann den Bau hatte beaufsichtigen müssen.[179] Wimmel, der ja die Oberaufsicht geführt hatte, wies jegliche Schuld von sich und machte statt dessen Chateauneuf direkt für die „Mängel in der Construction“ verantwortlich.[180]

Unabhängig von diesen Querelen hatte sich bereits 1831/32 ein Zwist wegen der Bezahlung Chateauneufs ergeben. Denn die Baudeputation wollte den Architekten nach ihrer eigenen Taxe bezahlen und weigerte sich, seine aus ihrer Sicht überhöhte Honorarforderung zu begleichen.[181] Chateauneuf schrieb zu diesem Vorgang: „Wir Architekten setzen heutzutage alles Mögliche an unser Studium, und weil der Stand noch nicht ein bürgerlich hergebrachter ist, müssen wir vorerst viele Jahre Pläne als Empfehlungskarten umsonst machen. Dafür gibt's leider weder Käufer noch Verleger, wie Maler und Poeten sie finden, und nachher, wenn's etwas auszuführen gibt, haben die Summen einen zu großen Klang, nur weil wir unglücklicherweise Künstler geworden sind.“[182]

Zweifelsohne schadeten die aufgetretenen technischen Mängel Chateauneufs Renommee für eine lange Zeit. Der Disput mit Wimmel belastete das Verhältnis mit dem obersten Baubeamten Hamburgs für die folgenden 15 Jahre grundlegend. Für einen Privatarchitekten war dies von fataler Wirkung. Tatsächlich wurden Chateauneuf erst nach der Katastrophe des Großen Brandes wieder anspruchsvolle öffentliche Bauaufgaben übertragen.

Nach wenigen Jahren war die Stadtpost bereits wiederum zu klein. Nach 1842 wurden Neuplanungen aufgenommen und schließlich 1845–1848 das neue Postgebäude in der Poststraße – wiederum nach Plänen Chateauneufs – errichtet (WV 115). Das Gebäude am Neuen Wall wurde zum 1. Januar 1848 von der Post geräumt und diente bis 1873 zur Aufnahme mehrerer Verwaltungsbüros und der Präturen. 1874 wurde es abgerissen.[183] Das Gelände wurde danach nicht mehr bebaut und als freier Platz gestaltet. Seit 1892 befindet sich an dieser Stelle das Denkmal für Bürgermeister Petersen.

Literatur: Lange 1965, S.26-27; Tschudi-Madsen 1965, S.15; Hannmann 1975, S.75

29
Entwurf für die Bebauung des Johannisplatzes mit einer Bibliothek, 1830

Anfang 1830 entwickelte Chateauneuf ein weiteres, nur in Schriftquellen nachweisbares Projekt für die Bebauung des Johannisplatzes.[184] Demnach sollte auf dem Platz, auf dem 1829 die St.-Johannis-Kirche abgebrochen worden war, eine Bibliothek für 310.000 Courantmark neu errichtet werden. Das alte Schulgebäude sollte dagegen für 50.000 Courantmark modernisiert werden. Chateauneuf plante zwei neue Schulzimmer anstelle der im Hof gelegenen „Kaufmannsclasse“. Dabei wurde die Reparatur der alten Bibliothek mit 30.000 Mark veranschlagt.

Dieser Plan trägt gegenüber den weitreichenden Projekten von 1827 (WV 17) und 1829 (WV 21) unverkennbar Züge einer Notlösung. Er verdeutlicht, daß Chateauneuf angesichts der zögerlichen Baupolitik des Senats nun mit künstlerisch wenig befriedigenden Kompromißvorschlägen an den Bauauftrag gelangen wollte.[185] Obgleich das Projekt von 1830 nur die Hälfte der 1827 angenommenen Summe erfordert hätte, wurde es nicht weiter verfolgt. Offensichtlich wollten die Behörden zur damaligen Zeit zunächst einmal die überfällige Reform des Schulwesens durchführen.

Literatur: Hannmann 1975, S.86

30
Landhaus de Chapeaurouge, Harvestehuder Weg 27, 1830–1831

Ami de Chapeaurouge hatte zunächst in Heidelberg und Göttingen studiert und die Doktorwürde erlangt. Aber da in Hamburg zu viele Advokaten tätig waren, wechselte er in den kaufmännischen Bereich und gehörte der väterlichen Firma bis 1858 an.[186] Am 16. Mai 1829 heiratete er Susanne Helene Gossler. Im folgenden Jahr erwarb das Paar am Harvestehuder Weg an der Hamburger Außenalster einen einfachen Landsitz, dessen architektonische Umgestaltung Alexis de Chateauneuf anvertraut wurde. Der aufstrebende Architekt dürfte Chapeaurouge von seinem Schwager Sieveking und seiner Schwester Caroline Sieveking wärmstens empfohlen worden sein, für die er gerade das Landhaus in Hamm umgestaltete (WV 23).

Wie bereits beim Hammerhof blieb auch das mit einem Walmdach gedeckte Landhaus Chapeaurouge abgesehen von einer Veranda

WV 30 *Der Salon des Landhauses de Chapeaurouge*

zur Alster hin äußerlich schlicht (Abb. Tafel 2). Dagegen konnte Chateauneuf das Innere des Hauses in einer für damalige Verhältnisse reichen Weise ausbauen.

Wichtigster Gestaltungspunkt war die Umwandlung eines zuvor als Winterdepot für herrschaftliche Wagen benutzten Mittelraums (Abb. S. 179). Chateauneuf vergrößerte ihn durch Wegnahme eines Mittelflures auf 9 x 10 Meter und ordnete korinthische Säulen zu einem Halbrund an. Dieser zentrale Wohnraum war trotz der acht Flügeltüren, die von hier in die umliegenden Gemächer führten, so wohnlich, daß er mit Vorliebe selbst zum Aufenthalt weniger Familienmitglieder benutzt wurde. Andererseits genügte der Raum für die größten gesellschaftlichen Veranstaltungen. Links von der Halle lag ein großer Eßsaal, dessen Langseiten mit einem Oberfries von Erwin Speckter geschmückt waren, der in pompejanischer Art aufgefaßte Jagdszenen darstellte.[187] In der Vorhalle war eine wohl mit Ornamenten versehene Gipsdecke angebracht.[188] Insgesamt wies der Bau eine mit Sierhagen vergleichbare symmetrische Grundrißanordnung auf.

Das Landhaus Chapeaurouge zählte zu den Glanzleistungen im Hamburger Wohnhausbau der dreißiger Jahre. Der kunstsinnige Karl Sieveking berichtete im März 1831 seiner Frau: „Das Haus ist wirklich geschmackvoll ausgebaut und dekoriert. Die Halle mit dem Halbkreis von corinthischen Säulen, der Eßsaal mit dem reichen Schenktisch, goldenen Leisten und leichten herkulanischen Verzierungen (Jagdscenen von E. Speckter) werden in unserer Nähe schwerlich übertroffen."[189]

Nachdem Senator de Chapeaurouge 1869 und seine Gattin 1893 verstorben waren, wurde das Landhaus verkauft und bereits im Herbst 1898 gänzlich abgebrochen.

Literatur: Faulwasser/Steiner 1900, S.11; Lange 1965, S.67; Ausst.-Kat. Hamburg 1975, S.132

31

Gartenhaus für de Chapeaurouge, um 1830

Ami de Chapeaurouge ließ sich von Chateauneuf nicht nur das neu erworbene Landhaus (WV 30) weitreichend umgestalten. Zudem beauftragte er den Architekten mit der Errichtung eines umfangreichen Gartengebäudes auf dem weitläufigen Gelände in Harvestehude.

Die gestalterische Aufgabe war schwierig, da der Bau mehrere ganz unterschiedliche Funktionsbereiche aufnehmen sollte. Chateauneuf entwarf einen langgestreckten, nach Süden gerichteten Trakt, in dem er eine Orangerie, eine Remise und die Stallungen unterbrachte (Abb. S. 210). An der Ostseite schloß ein quergestellter Block mit der Gärtnerwohnung an. Nordöstlich davon befand sich der Hühnerstall. Die für die empfindlichen Pflanzen notwendige Höhe der Orangerie gab zusätzlich für einen „Heuboden über dem Stalle, und sogar zu einem oberen Stockwerke im Gärtnerhause Raum".[190]

Die einheitliche Wirkung des nicht erhaltenen Ensembles rührte von der durchgehenden Verwendung unverputzten Backsteins her. Zudem bestimmte der Rhythmus der großen korbbogenartigen Fenster den Fassadeneindruck. An der Ostseite verband Chateauneuf die beiden übereinanderstehenden Fenstergruppen mit einer gemeinsamen Rahmung und dazwischengesetzten Ornamenten. Davon abgesehen wies der Bau keinerlei dekorative Ausschmückung auf. Chateauneuf ließ hier den Backstein in großen Flächenverbänden zur Wirkung kommen.

Diese materialgerechte und reduzierte Architektursprache versuchte der Architekt wiederholt bei seinen Kleinbauten anzuwenden. Mit dieser Haltung sah er sich in bewußtem Gegensatz zu damals vorherrschenden Konventionen.[191] In seinem Werkbericht „Architectura domestica" erläuterte er: „Indem ich durch zufällig sich darbietende einfache Formungen diese kleinen Bauten zu characterisiren strebte, überlasse ich es gerne dem Dilettantismus in unserm Fache, zu dergleichen Conceptionen nur den ausgeprägten Typus nationaler Bauernhäuser vor Augen zu behalten, wodurch im glücklichsten Falle das Gelingen eines Maskenscherzes erreicht werden kann."[192]

Literatur: Chateauneuf, Domestica,1839, S.2 und Pl. II; Daly 1840, S.208; Lange 1965, S.69; Tschudi-Madsen 1965, S.13

32

Repsold-Monument, 1830–1833

Der bedeutende Mechaniker Johann Georg Repsold (1771–1830) erbaute auf der Bastion Albertus die erste Sternwarte Hamburgs. Nachdem diese während der Franzosenzeit abgebrochen werden mußte, setzte er sich unermüdlich für einen Neubau – diesmal auf der Bastion Henricus – ein.[193] Zudem lieferte er mit seinen Söhnen wertvolle Instrumente für die in der Sternwarte vorgenommenen Himmelsmessungen.

Repsold war der Typ des neuen Erfinder- und Technikerunternehmers, der in der vom Handelsbürgertum beherrschten Stadt selten war. Als Oberspritzenmeister setzte er sich zudem freiwillig für das Wohlergehen der Hamburger ein. Als er 1830 bei einer Feuersbrunst auf den Vorsetzen von einem einstürzenden Balken erschlagen wurde, kam schnell der Gedanke auf, den vorbildlichen Patrioten mit einem Denkmal zu ehren. Hierbei engagierte sich vor allem die Patriotische Gesellschaft, die Repsold auch als Unternehmer neuer nützlicher Gewerbe herausstellen wollte.

Die Patriotische Gesellschaft erließ eine öffentliche Aufforderung zur „Subscription", und binnen weniger Wochen kamen durch Spenden der Bevölkerung 6000 Courantmark für das Ehrenmal zusammen.

Bereits im Juli 1830 legte die Patriotische Gesellschaft der Baudeputation einen Entwurf ihres Mitglieds Chateauneuf zur Begutachtung vor, wonach das Denkmal in der Gestalt eines Marmorepitaphs an der Südseite der Sternwarte errichtet werden sollte.[194] Dieses Projekt wurde auf Anraten der beiden Baubeamten Wimmel und Forsmann abgelehnt. Vom Senat aufgefordert, fertigten sie ihrerseits binnen kurzer Frist eigene Entwürfe an.

Forsmanns Projekt vom 15. September 1830 zeigt einen drei Meter hohen altarartigen Aufbau, an dem runde Tafeln mit einem Bildnis und Inschriften befestigt waren. Als Bekrönung hatte er einen Globus vorgesehen. Wimmel wollte dagegen den „mechanischen Künstler" durch eine auf einer Säule postierte Marmorbüste ehren. Da die öffentliche Aufstellung von Büsten durch die langwährende Praxis in den fürstlichen Gärten „desavouiert" war, schlug er eine Aufstellung des Denkmals im Inneren der unteren Sternwarte vor.[195]

Chateauneuf hatte die für sein Projekt ungünstige Entwicklung aufmerksam verfolgt. In einem Brief an Karl Sieveking setzte sich der Architekt vehement gegen die Angriffe der Baubeamten Wimmel und Forsmann zur Wehr: „Daß Mauermonumente nur ein eingemauertes Fenster repräsentiren ist eine so fade als unkünstlerische Bemerkung, welche nur durch solche Productionen als die hier beygelegten Entwürfe der Stadtbaumeister, zu commentiren ist."[196] Diese Bemerkung läßt darauf schließen, daß Chateauneuf offensichtlich durch Sieveking von den Entwürfen der Konkurrenten Kenntnis erlangt hatte.

Der Architekt versuchte seinen beim Senat einflußreichen Mentor mit einer Reihe von Argumenten für seinen Entwurf zu gewinnen: „Je mehr ich die Frage über die Errichtung eines Repsold'schen Monuments bedächte je mehr entscheide ich mich für dasjenige an der äußeren Wand der Sternwarte (zwischen den Einschnitten) als einen schon vorhandenen Repsolds Bau, dem sich eine Gedächtnißtafel seiner Würdigung als Mechanicus u Bürger, sehr harmonisch anschließt."[197] Als ein weiteres Argument führte er an, „daß ein solches Mauermonument, nicht so anspruchsvoll, nicht so der zerstörerischen Einwirkung der Witterung ausgesetzt ist, welche hier nur von einer Seite einwirken kann, sondern nur Mauerbekleidung ist, und daher bey denselben Kosten verhältnißmäßig viel mehr geleistet werden kann".[198] Auch die ungünstige Tatsache, daß durch die Garteneinzäunung an der Südseite der Sternwarte der „stete Zutritt der Vorübergehenden"[199] verhindert sei, wollte Chateauneuf aus vielfältigen Gründen eher nicht gelten lassen. Denn für ihn war gewährleistet, daß „der Habitus des Ganzen, selbst die Züge der Büste auf der (!) Entfernung vom Zaune her, immer erkennbar" blieb. Und „um die genauere Beschauung der Details, oder der bey allen Monumenten edleren Styls, stets untergeordneten Schrift, zu erhalten, steht es ja Jedem frey, sich im Haus zu melden. Das Monument ist auf diese Art auf keine beleidigende Art für das Publicum, dem rohen Frevel von barbarischen Händen entzogen."[200] Abschließend betonte er, daß eine derartige Aufstellung jeden Betrachter dazu zwinge, „den Anerkennungssinn der Zeitperiode, so wie den künstlerischen Standpunkt desselben" wahrzunehmen, was „man überhaupt bey Errichtung von Monumenten nur beabsichtigt".[201] Damit erfülle das Repsold-Ehrenmal „also den doppelten Zweck der Anforderung zu höherer Ausbildung des Geistes u Herzens bey der Jugend, und auch hoffentlich die Darstellung eines Vorbildes gediegener künstlerischer Production".[202]

Trotz all dieser Argumente wurde Chateauneufs Projekt vom Sommer 1830 wie auch die Konkurrenzarbeiten Wimmels und Forsmanns allesamt verworfen.

Der Architekt setzte sich trotz dieses Rückschlags weiterhin hartnäckig für die „äußere Aufstellung eines Republicanischen Monuments" ein. Und 1832 gelang es ihm endlich, den Senat mit einem neuen Entwurf zu überzeugen. Bereits ein halbes Jahr nach der Grundsteinlegung am 4. August 1832 wurde

WV 32 *Respold-Monument in den Wallanlagen*

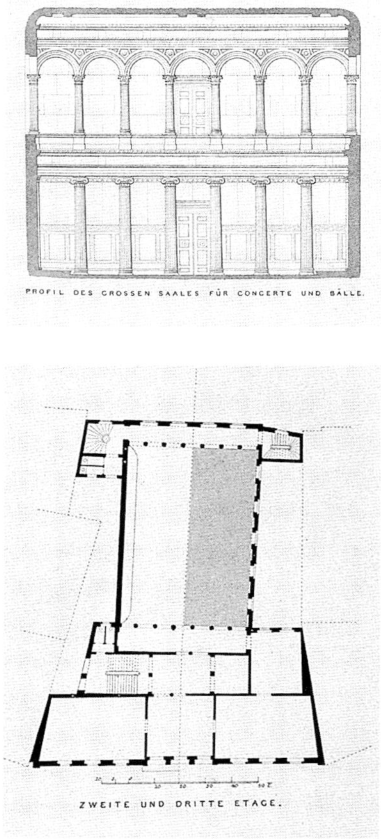

WV 34 *Entwurf für ein Clubhaus in Bremen, Schnitt und Grundriß*

das Denkmal am 5. April 1833 eingeweiht. Die von Chateauneuf aufgestellte Kostenrechnung läßt darauf schließen, daß er dieses Werk ohne Bezahlung ausführte.[203] Als Mitglied der Hamburger Patriotischen Gesellschaft war kostenlose Entwurfsarbeit für ihn offensichtlich Ehrensache.

Diesmal entwarf Chateauneuf einen freistehenden Granitsockel, der im oberen Drittel von gußeisernen Schriftplatten umgeben ist (Abb. S.181). Eine Inschrift verzeichnet Lebensdaten und Verdienste Repsolds.[204] Der Sternenfries und die Greifen mit der Fackel deuten auf die Beschäftigungen und Verdienste Repsolds hin. Die Ecken besetzen vier in Bronze gegossene geflügelte Genien.[205] Der reich gestaltete Sockel wird von einer Büste Repsolds bekrönt, die von Sigismund Otto Runge – dem Sohn Philipp Otto Runges – gestaltet wurde.[206] Das Denkmal wurde neben der von Repsold gegründeten Sternwarte in den Wallanlagen am Millerntor aufgestellt.

Chateauneuf griff bei seinem Entwurf mit den antikischen Formen und der Büste einige Gedanken der von ihm so gescholtenen Konkurrenten Wimmel und Forsmann auf. Günther Lange fand das Denkmal vor allem hinsichtlich der Dominanz des Baukörpers bemerkenswert.[207] Demgegenüber hatte z.B. Karl Friedrich Schinkel bei seinem Scharnhorst-Denkmal der Skulptur ein stärkeres Eigengewicht zugestanden.

Das Denkmal erregte in Hamburg große Aufmerksamkeit. Bereits kurz nach seiner Aufstellung fand es in einer Lithographie Suhrs Verbreitung. Chateauneuf selbst hat durch die Publikation des Entwurfs in der „Sammlung architektonischer Entwürfe des Berliner Architektenvereins" für dessen überregionale Verbreitung gesorgt.[208]

Das Repsold-Monument hat hohen entwicklungsgeschichtlichen Rang. Nach Einschätzung Volker Plagemanns gehört es „zu den frühen freistehenden öffentlichen Büstendenkmälern in Deutschland. Als Unternehmerdenkmal nimmt es eine besondere Stelle in der deutschen Denkmalgeschichte ein."[209]

Noch heute befindet sich das gut erhaltene Repsold-Denkmal, etwas versteckt, in den Wallanlagen am Millerntor. Die ursprüngliche Konzeption ist jedoch durch den Abriß der Sternwarte und die stärkere Begrünung der Umgebung nicht mehr erhalten.

Literatur: Chateauneuf, Album, 1840; Hamburger Adreßbuch 1842, S.401-402; Mitteilungen 1868, S.125; Hamburg und seine Bauten 1890, S.290; Meier-Oberist 1925, S.192-193; Lange 1965, S.72, Abb. 114; Hannmann 1975, S.124; Plagemann 1986, S.43-45

33

Entwurf für eine Stadtwasserkunst an der Bastion Sebastian, 1830–1831

Seit 1828 diskutierte die Verwaltung der „Hamburger Alten Wasserkunst" eine Verlegung ihrer Werke von der Alster an die Elbe. Anlaß war die notwendig gewordene grundlegende Erneuerung der Anlagen sowie die äußerst schlechte Qualität des Alsterwassers. Zudem war die Betriebszeit je nach Jahreszeit und Tide relativ eingeschränkt. Als erfolgreiches Modell hatte die Verwaltung die Biebersche Elbwasserkunst vor Augen, die seit 1822 vor allem die Neustadt mit Elbwasser versorgte.

Um 1830 wurde Chateauneuf mit der Ausarbeitung von konkreten Plänen für ein dampfbetriebenes Wasserwerk an der Bastion Sebastian (heute: Kreuzung Steinstraße/Klosterwall) beauftragt.[210] Der im Januar 1831 fertiggestellte Entwurf sieht einen Komplex aus hintereinander angeordnetem Hauptgebäude, Pumpenhaus und Maschinenhaus vor, der vollständig aus roten Backsteinen errichtet werden sollte (Abb. Tafel 24).

Die gegen die Bastion Bartholdus gerichtete dreiachsige Hauptfassade weist drei ganz unterschiedlich gestaltete Geschosse auf. Während die Fenster- und Portalumrahmungen im Erdgeschoß Sandsteineinfassungen erhalten, sind die darüberliegenden Fenster schlicht gestaltet. Das zweite Obergeschoß mit der wechselnden Anordnung von kompakten Pfeilern und hochrechteckigen Fenstern leitet zum flach ansteigenden Dach über.

Im Vordergebäude sind im Erdgeschoß ein Kontor und das Archiv untergebracht, im Obergeschoß ist die Wohnung des „Kunstmeisters" vorgesehen, und im dritten Stockwerk befinden sich Werkstatträume. Unmittelbar neben den Komplex Verwaltung/Pumpenhaus erhebt sich ein eingeschossiges Maschinenhaus für die Dampfkessel und Arbeitsschauer. Hier befindet sich auch die Wohnung des Heizers. Von diesem Gebäude aus sollte das Wasser in einen auf dem Wall befindlichen Hochbehälter gepumpt werden.

Der Senat war mit dem Standort und den Plänen grundsätzlich einverstanden, doch sollte zunächst ein Zusammenschluß der „Hamburger Alten Wasserkunst" mit der Wasserkunst am Niederdamm erzielt werden. Hierfür stellte der Senat sogar die Überlassung eines Platzes beim Deichtor am Groß-Ericus in Aussicht. Da aber die Verwaltung der gerade neu errichteten Niederbaum-Wasserkunst einem Zusammenschluß nicht zustimmte, blieben Chateauneufs Pläne unausgeführt.[211]

Literatur: Moeck-Schlömer 1998, S.328

34

Entwurf für ein Clubhaus in Bremen, um 1830–1831

Wie in vielen anderen deutschen Städten wurden nach den Freiheitskriegen auch in Bremen die Festungswälle abgetragen. Sehr bald schätzten die wohlhabenden Bürger der Stadt die vorzügliche Wohnlage an dem neu entstandenen Landschaftspark entlang des bewegten Wallgrabens. Innerhalb weniger Jahrzehnte entstand dort eine einheitliche klassizistische Bebauung, die im Zweiten Weltkrieg weitgehend zerstört wurde.

Auch der 1795 als Union-Club gegründete und 1801 umbenannte „Verein für edle Geselligkeit" besaß ein Grundstück am Wall 205, dicht am Ostertor.[212] Spätestens um 1830 genügte das dort stehende einfache Gebäude den Ansprüchen der Vereinsmitglieder nicht mehr. Zu diesem Zeitpunkt muß Chateauneuf von einem nicht bekannten Mitglied des Vereins angesprochen worden sein, Pläne für einen repräsentativeren Vereinssitz auszuarbeiten. Die hier vorgeschlagene Datierung ergibt sich aus der Tatsache, daß der Architekt seine Entwurfszeichnungen im Frühjahr 1831 auf der dritten Ausstellung des Hamburger Kunstvereins zeigte.[213]

Zusammen mit der Hamburger Stadtpost (WV 28) und dem Abendroth-Haus (WV 36) zählt der Entwurf für ein Clubhaus in Bremen zu einer um 1830 entstandenen Gruppe von Gebäuden, die maßgeblich von italienischen Stadtpalästen inspiriert worden sind. Im Vergleich zu den beiden anderen Gebäuden wurde für das Clubhaus die repräsentativste Fassadenlösung gewählt. Der neunachsige, dreigeschossige Bau weist eine deutliche Betonung der Horizontalen auf. Auffallend sind die ungewöhnlich hohen Gesimsbänder, die die einzelnen Geschosse voneinander trennen. Das Erdgeschoß ist mit Rustikamauerwerk und Rundbogenfenstern deutlich von den verputzten Obergeschossen mit ihren hochtrechteckigen Fenstern abgesetzt. Chateauneuf hebt zudem die mittleren drei Achsen durch kräftig umrahmte Portale im Erdgeschoß sowie Brüstungen, Friese und Pilaster in den Obergeschossen hervor. Die Ecken des Gebäudes werden durch Pilaster begrenzt, ein Kranzgesims leitet zum Walmdach über.

Das zur Verfügung stehende Grundstück war unregelmäßig und erstreckte sich weit in Richtung Innenstadt. Dort plante Chateauneuf einen großen Saal, der für Konzerte und Bälle genutzt werden sollte. Als besonderes Merkmal weist der Raum an den Schmalseiten jeweils sechs übereinandergestellte ionische und korinthische Säulen auf. Über die Deckengestaltung können keine Aussagen gemacht werden.

Das Projekt zerschlug sich aus unbekannten Gründen. Der lukrative Auftrag ging schließlich an den Bremer Architekten Jacob Ephraim Polzin, nach dessen Plänen das Clubhaus bis 1835 errichtet wurde.[214]

Trotz der Ablehnung seines Entwurfs war Chateauneuf von der Qualität seines Projekts derart überzeugt, daß er es nicht nur 1831 im Hamburger Kunstverein ausstellte, sondern auch 1839 in der „Architectura domestica" publizierte.

Literatur: Lange 1965, Abb. S.117

35

Gärtnerwohnung für César Godeffroy in Dokkenhuden, um 1831/1832 (?)

WV 35 *Gärtnerwohnung Godeffroy*

Johann César Godeffroy V. (1781–1845) war eine vielseitig begabte Persönlichkeit, der das von ihm seit 1818 geleitete Handelshaus im konservativ-bürgerlichen Sinn festigte und weiterführte.[215] In Hamburg wohnte er im elterlichen Haus am Wandrahm. Den größten Teil des Jahres lebte er jedoch mit seiner Familie in Dockenhuden. Er pflegte einen gehobenen Lebensstil, zu dem größere Geselligkeiten und eine Loge im Stadttheater zählten. Sein immenses Vermögen ermöglichte es ihm, als passionierter Geldspieler, aber auch als Wohltäter in Erscheinung zu treten. Häufig weilte er auf mehrmonatigen Vergnügungsreisen in Italien.

Als Bauherr ist Godeffroy kaum in Erscheinung getreten. Offensichtlich entsprach das von Christian Frederik Hansen auf dem ererbten Landsitz in Dockenhuden errichtete Wohnhaus seinen Wohn- und Repräsentationsbedürfnissen. So ließ er sich einzig – wohl Anfang der dreißiger Jahre – von Chateauneuf auf dem Gelände ein Gartenwohnhaus errichten (Abb. rechts). Ursprünglich handelte es sich um einen Putzbau auf hohem Sockel mit flachem vorspringenden Krüppelwalmdach.

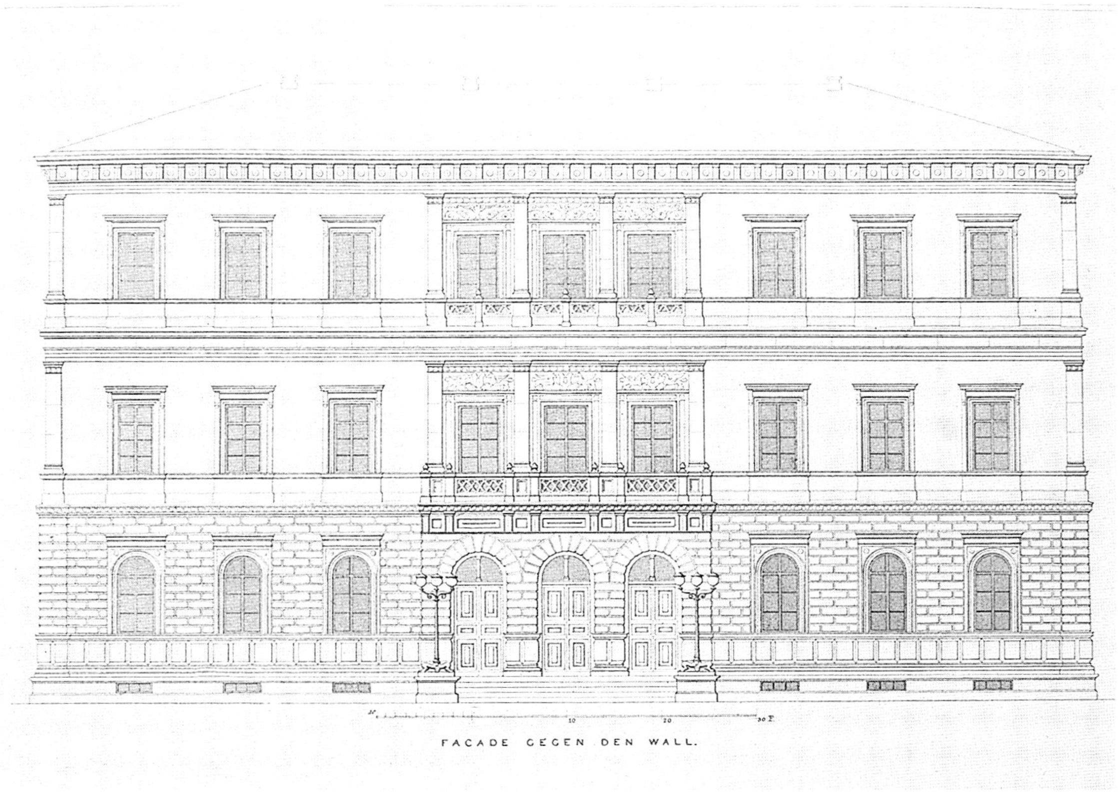

WV 34 *Entwurf für ein Clubhaus in Bremen, Vorderansicht*

Einziges markantes Gliederungselement der Fassaden war ein direkt unterhalb der Fenster um das gesamte Haus herumgeführtes Gesims.

Bauherr und Architekt könnten sich über den gemeinsamen Freund Karl Sieveking kennengelernt haben. Anfang 1832 hat sich Chateauneuf nachweislich in Dockenhuden aufgehalten.[216] Eine Entstehung des Gebäudes wäre demnach zu diesem Zeitpunkt vorstellbar. Gegenüber der fast zeitgleich errichteten Hammer Gärtnerwohnung (WV 25) fällt das Dockenhudener Haus weniger originell aus.

Literatur: Chateauneuf, Domestica, 1839; Lange 1965, S.67; Klée-Gobert 1970, S.225

36

Stadthaus Abendroth, Neuer Jungfernstieg, 1832–1836

Kurz nach der Rückkehr von der mit der Familie Sieveking verbrachten Italienreise erhielt Chateauneuf 1832 in Hamburg den Auftrag zum Bau eines repräsentativen Privathauses. Bauherr war der Jurist Dr. August Abendroth (1796–1867), der u.a. durch geschickte Grundstückserwerbungen immensen Wohlstand erlangt hatte. Er gehörte wichtigen Gremien, Aufsichtsräten und Vorständen an. Der versierte Kunstsammler zählte als Mitglied des Kunstvereins zu den Gründern der Galerie in den Börsenarkaden und engagierte sich nachdrücklich für die Errichtung eines Kunstmuseums und einer Musikhalle. In Abendroth fand Chateauneuf den idealen Bauherrn, der finanzielle Unabhängigkeit und Kunstsinn in seiner Person vereinte.

Das Grundstück befand sich in bester Lage am Neuen Jungfernstieg in unmittelbarer Alsternähe. Diese Straße war erst wenige Jahre zuvor angelegt und binnen kurzer Zeit mit meist schlichten biedermeierlichen Stadthäusern bebaut worden. Zu den anspruchsvollsten Bauten zählt das 1831–1834 entstandene, gut proportionierte Jenisch-Palais.[217] Keines dieser Bauwerke jedoch erhielt eine dem Abendroth-Haus vergleichbare qualitätvolle Architektur und Ausstattung.

Der dreieinhalbgeschossige Putzbau mit zwei jeweils fünfachsigen Fassaden zur Alster und zur Großen Theaterstraße war in seiner schlichten Monumentalität an Vorbildern der italienischen Palastarchitektur orientiert (Abb. rechts). Wegen seiner Eckposition war das Gebäude von den übrigen weit entfernten, zum Teil bedeutend höheren Ufern des Alsterbassins gut zu überblicken. Da der unregelmäßige Grundriß „keine schöne Dachlinien gestattete", wandte Chateauneuf „das oft bey florentinischen Palästen vorkommende Verfahren an, das Dach nach hinten abfallen zu lassen".[218] Eine Differenzierung der einzelnen Geschosse durch eine bossenartige Ausbildung des Erdgeschosses wie an dem fast zeitgleichen Posthaus fehlte hier. Die Beletage war lediglich durch etwas größere Fenster und eine reichere Profilierung der Gewände hervorgehoben. Gesimse sowie Fenster- und Türrahmungen waren aus Pirnaer Sandstein gefertigt. In der Großen Theaterstraße schlossen sich Stallräume mit einer Hofeinfahrt und einer oberen Pergola an.

Der vielgereiste Kunstkritiker Gustav Heinrich Waagen bewunderte bereits 1836 „die solide Durchbildung des Handwerks, welche ich hier durch alle Theile, vom rohen Mauerwerke und Gebälk bis zu den letzten Verkleidungen verfolgen konnte. Es ist ein erhebliches Verdienst dieser neuen Bauschule, ein so wichtiges Element in Hamburg tüchtig begründet zu haben."[219] Wegen dieser ungewöhnlich umfangreichen Verwendung von Werksteinarbeiten kam es zu einem Streit zwischen Abendroth und Chateauneuf einerseits und der Hamburger Steinmetzzunft andererseits. Diese hatte zunächst den im Vergleich zu auswärtigen Firmen achtfachen, später vierfachen Preis verlangt. Gegen diesen Preiswucher gingen Bauherr und Architekt mit einigem Erfolg öffentlich vor.[220]

Sehr geschickt verstand es Chateauneuf, trotz des kleinen Grundstückes den Ansprüchen Abendroths nach angemessener Repräsentation gerecht zu werden.[221] Im Erdgeschoß bildete das Entree mit dem anschließenden Vestibül und dem Hintereingang eine durchgehende Achse. Sie trennte den Bereich der Dienerschaft von den herrschaftlichen Zimmern. Audienz- und Billardzimmer befanden sich entlang der Großen Theaterstraße. Das Arbeitszimmer mit dem feuerfesten Schrank bildete den Eckpunkt am Jungfernstieg.[222] Vom Vestibül führte eine weitläufig angelegte Treppe aus Carrara-Marmor ins Hauptgeschoß. Das Treppenhaus wurde durch ein Glasdach mit Planeten und Fixsternbildern nach Entwürfen Erwin Speckters beleuchtet. Die Wandflächen schmückten antike Götterbüsten des Hamburger Bildhauers Christian Heinrich Siegel (1808–1883)(Abb. S. 76 und 189).[223]

Den künstlerischen Höhepunkt des Hauses bildete die Beletage mit einer Folge qualitätvoll ausgestalteter Räume. Nach Westen öffnete sich der 27 x 40 Fuß große Hauptsaal. Als

WV 36 *Stadthaus Abendroth am Neuen Jungfernstieg (oben), Detail des Balkonzimmers des Stadthauses Abendroth im Museum für Kunst und Gewerbe Hamburg (unten)*

WV 36 *Stadthaus Abendroth,*
Ansicht vom Neuen Jungfernstieg

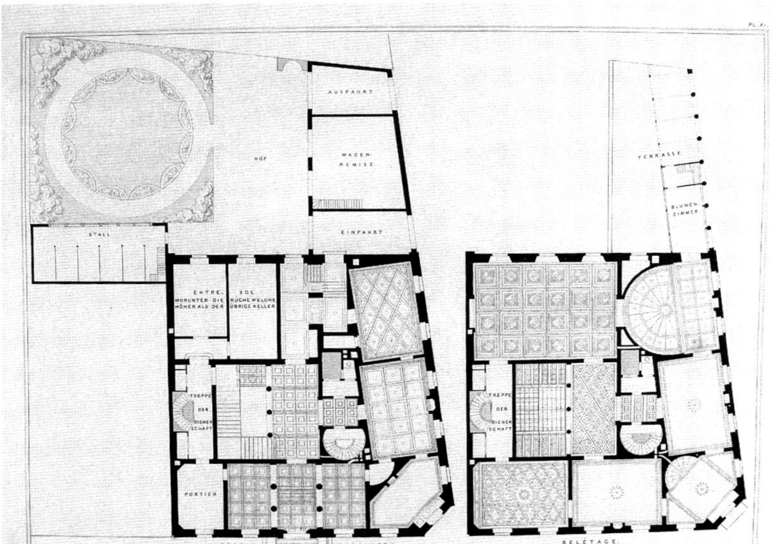

WV 36 *Grundrisse: unteres*
Stockwerk, Beletage

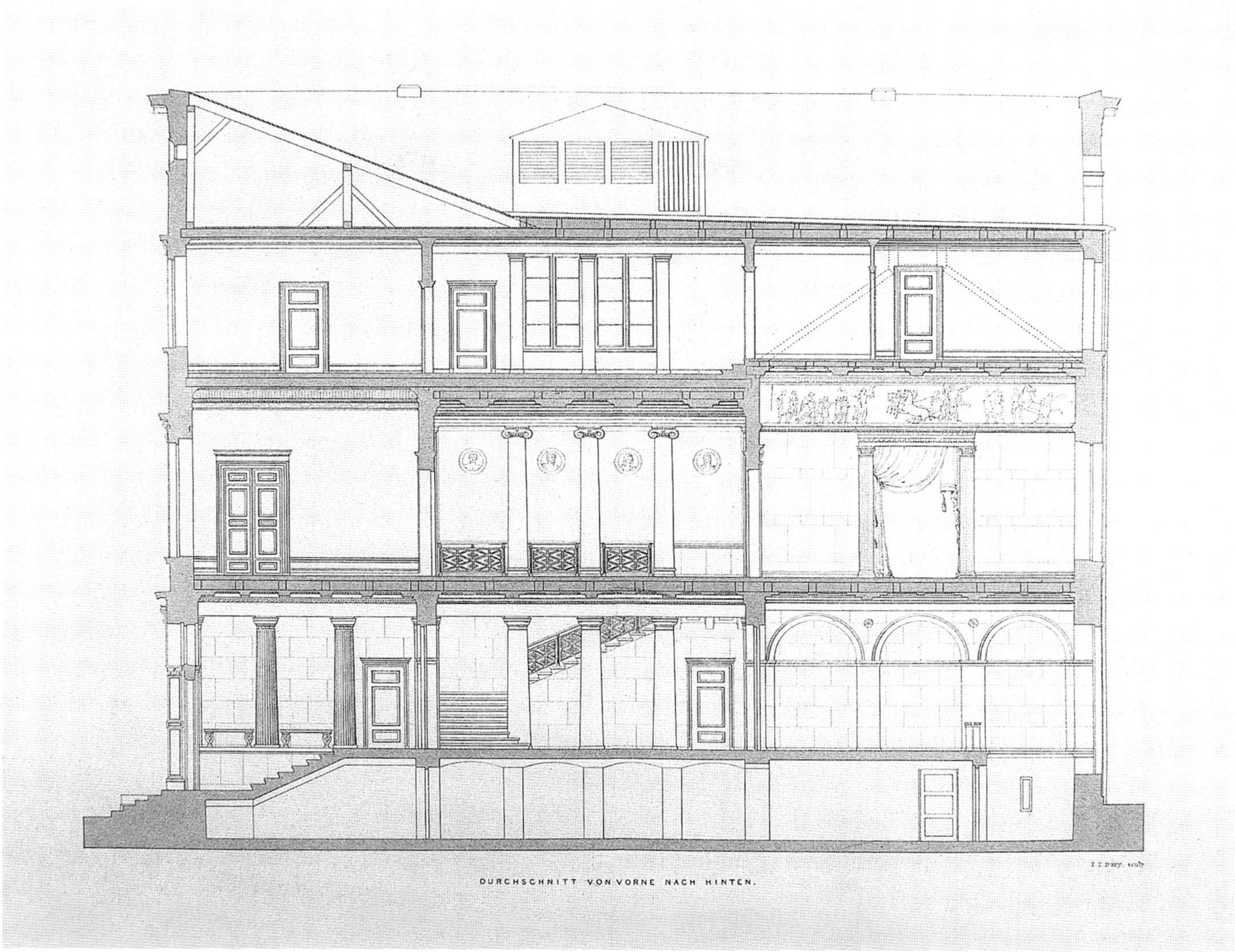

WV 36 *Schnitt von vorn nach hinten*

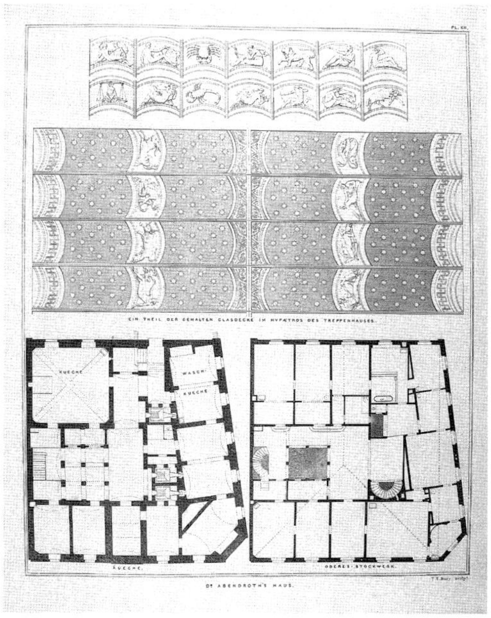

WV 36 *Detail der bemalten Glasdecke im Treppenhaus, Grundrisse: Küche und oberes Stockwek*

Besonderheit wies er unterhalb der Decke einen Abguß des Alexanderfrieses von Bertel Thorvaldsen auf, der zum größeren Teil direkt „über die Thonmodelle des Meisters geformt"[224] war. Die Wände waren aus gelbem Marmor, alle Stoffe von zartblauer Farbe. Dem Saaleingang gegenüber erweckte eine große Spiegelfläche den Anschein, als öffne sich dort ein zweiter Saal gleicher Größe.[225]

Zur Theaterstraße hin folgte das Gesellschaftszimmer, bei dem Chateauneuf wie bereits bei der Umgestaltung der Landhäuser für Karl Sieveking (WV 23) und Ami de Chapeaurouge (WV 30) auf den hochtalentierten Hamburger Maler Erwin Speckter zurückgriff. Wie intensiv die beiden geistesverwandten Künstler um Form und Inhalt der Ausgestaltung des Raumes rangen, ist durch einen aufschlußreichen Briefwechsel belegt.[226] Hatte der Architekt zunächst ein Programm mit Szenen aus Werken der neueren Dichtung vorgeschlagen, so setzte sich Speckter nachdrücklich für mythologische Themen ein: „Unmöglich kann ein Wallenstein in steifen Stiefeln und Harnisch sich so frei und schön bewegen wie ein nackter Achilles."[227] Chateauneuf ließ sich überzeugen, und Speckter entwarf eine Folge mythologischer Szenen. Neben Amor, den Grazien, den Parzen und Pegasus sollten auch zahlreiche Faune und Nymphen die Räume beleben. Doch der Künstler konnte nur noch das Bild „Die Grazien, welche der Minerva den Pegasus übergeben" vollenden.

Erstaunlicherweise scheint Abendroth mit dem unvollendeten Freskenzyklus nicht zufrieden gewesen zu sein. Offensichtlich erwog er sogar, die bereits fertiggestellten Malereien abschlagen oder verändern zu lassen.[228] Der Fall erregte einiges Aufsehen in der Hamburger Künstlerschaft. Chateauneuf wurde dabei vorgeworfen, daß er sich zu schwach für den Erhalt der Fresken einsetze.

Abendroth beauftragte zunächst Louis Asher mit der Fortsetzung der Freskoarbeiten.[229] Doch wurden die Malereien schließlich von Carl Julius Milde und Louis George Boppo bis Ende 1836 fertiggestellt. In die halbrunde Wandnische wurde eine Folge antiker und zeitgenössischer Statuen gestellt.[230]

Nach dem Empfangszimmer, über dessen Aussehen nichts bekannt ist, folgte ein weiterer Höhepunkt der Raumfolge: das Wohnkabinett (Abb. S. 185). Unterhalb eines breiten Fensterbogens führte eine verglaste Tür auf den Balkon, von dem aus sich der Blick auf das Alsterpanorama öffnete. Gegenüber dem Türbogen befand sich eine von einer Halbkugel überspannte Nische, in die Chateauneuf ein von ihm entworfenes Sofa einpaßte. Parkettfußboden und eine zurückhaltend mit stuckierten Reliefs versehene Decke ergänzten die Ausstattung.

Wesentliches Gestaltungsmittel des Raums waren die wiederum von Erwin Speckter entworfenen und weitgehend von Milde und Boppo als „launiges Spiel mit Formen und Farben"[231] vollendeten Wandmalereien. Sie sind in der Nische und in einem umlaufenden Fries unterhalb der Decke angebracht. Die Szenerien mit Tieren, Genien und Landschaften erinnern in ihrer phantasievollen Gestaltung an Groteskenmalereien, wie sie damals in Pompeji oder in Rom studiert werden konnten. Unbestritten zählen sie zu den besten Malereien, die in Hamburg in der ersten Hälfte des 19. Jahrhunderts entstanden sind.

Im zweiten Obergeschoß befanden sich das gemeinsame Schlafzimmer der Abendroths, die Kinderstube, Fremdenzimmer und ein nach Osten ausgerichtetes Frühstückszimmer. Das kleine Eckkabinett war von Louis Asher mit Szenen aus dem italienischen Volksleben „encaustisch decorirt".[232]

Chateauneuf hatte für mehrere Zimmer des Hauses Tische, Sofas und Stühle entworfen.[233] Zu dem großartigen Gesamteindruck der Innenausstattung trug zudem die über das gesamte Gebäude verteilte, ausgewählte Sammlung von Gemälden und Skulpturen „moderner Meister" wie Lessing, Achenbach oder Kauffmann bei.[234] Hinzu kamen erlesene Bronzen und italienische Mosaiken. Neben dem Alexanderfries besaß Abendroth weitere Originale von Thorvaldsen, so einen Lyra spielenden Amor und ein großes Relief, das über dem Kamin des Gesellschaftszimmers in die Wand eingelassen war.

Im Gegensatz zu den klassizistisch kühlen Zimmerfolgen der von Christian Frederik Hansen, Johann August Arens oder Franz Gustav Forsmann geschaffenen Landhäuser und Stadtpalais blieben diese Zimmer durch ihre relativ bescheidenen Ausmaße von einer „anheimelnden Atmosphäre der Vertrautheit, durch den farbigen Wandschmuck von lebensfreudiger Beschwingtheit, durch die bequemen Möbel von Annehmlichkeit erfüllt".[235]

Das Stadthaus Abendroth war das Meisterwerk eines knapp fünfunddreißigjährigen Architekten; es war eine erste überzeugende Bilanz seiner umfassenden und zielgerichteten Berufsausbildung. Das Gebäude verdeutlichte Chateauneufs damalige Kunstprinzipien in höchster Anschaulichkeit: den Rückgriff auf klassische Bauformen, bei einer Bevorzugung der italienischen Renaissance; das Bekenntnis zum Material und die Einbeziehung der „Schwesternkünste" Malerei und Skulptur in die Gesamtkonzeption. In künstlerischer Hinsicht hatte er mit diesem Werk in Hamburg eine unumstrittene Führungsposition erlangt.

Chateauneuf war sich der besonderen Arbeitsbedingungen bei diesem Projekt vollauf bewußt und schrieb: „Glücklich kann ich mich preisen, dass es mir vergönnt war die Wahl der Materialien vornehmer als gewöhnlich treffen zu dürfen, und selbst dem höheren Walten der Sculptur und Malerei, Veranlassung zu verschaffen, sich in diesen Räumen geltend zu machen."[236]

Das Abendroth-Haus wurde bereits frühzeitig als Meisterwerk gewürdigt. Chateauneuf selbst maß ihm hohe Bedeutung bei, da er es auf mehreren Blättern in seiner „Architectura domestica" vorstellte. Der stolze Architekt führte es seinen zahlreichen Gästen vor. Schinkel sah den noch unvollendeten Bau im Sommer 1835.[237] Gustav Heinrich Waagen besichtigte das Haus mit „ungemeiner Befriedigung" und lobte nicht nur die angenehmen und guten Profile am Außenbau, sondern hob vor allem „die sehr eigenthümlichen Eintheilungen und eleganten Verzierungen" des Inneren hervor.[238] Martin Haller urteilte 1899 anläßlich einer Gedenkveranstaltung zum 100. Geburtstag des Architekten: „Das Abendrothsche Haus ist ein für Hamburg seltenes Produkt glücklichen Zusammenwirkens dreier Faktoren, nämlich des freigebigen kunstsachverständigen Bauherrn, des talentvollen hochgebildeten Architekten und des genialen Malers."[239]

Unverkennbar verarbeitete Chateauneuf bei diesem Bau zahlreiche Reise- und Studieneindrücke. Generell dürften die prachtvollen italienischen Renaissancevillen als Vorbild gewirkt haben. So läßt sich hinsichtlich der Fenstergestaltung, der durchlaufenden Gesimsbänder, des Kranzgesimses und der Eckrustiken ein deutlicher Einfluß des römischen Palastes Colonna di Carbognano an der Piazza di Sciarra erkennen.[240] Für die Innenraumgestaltung haben sicherlich die Farnesina oder die Villa Madama als Musterbeispiele gedient. Doch orientierte sich Chateauneuf in der Gesamtkonzeption und in vielen Details auch an zeitgenössischen Bauleistungen in Deutschland. Hierbei ist vor allem der Vergleich mit dem 1817–1821 von Leo von Klenze errichteten und in den folgenden Jahren ausgestatteten Leuchtenberg-Palais in München aufschlußreich. Dieser bedeutend größere Bau wies als eine der ersten Stadtvillen in Deutschland Neorenaissance-Elemente auf, wobei vor allem der Palazzo Farnese als Vorbild diente. Im Inneren lassen sich neben dem allgemeinen Reichtum der Raumausstattung mit einem pompejanischen Kabinett und einem Abguß von Thorvaldsens Alexanderfries deutliche Übereinstimmungen erkennen.[241] Zuletzt sei auf die prinzipielle Ähnlichkeit der Raumgestaltung mit Werken des für Chateauneuf in vielerlei Hinsicht vorbildlichen Karl Friedrich Schinkel verwiesen. Vor allem in dem kurz vor dem Abendroth-Haus fertiggestellten Palais für den preußischen Prinzen Albrecht finden sich von der Integration der Skulpturen bis hin zur Möbelgestaltung zahlreiche Übereinstimmungen.[242]

Angesichts dieses überregional bedeutenden Bauwerks hätte Chateauneuf nun eine glänzende Karriere als Privatarchitekt offenstehen müssen. Doch aus schwer nachvollziehbaren Gründen blieben vergleichbare Aufträge von seiten des wohlhabenden Hamburger Bürgertums aus. Einzig durch Nicolaus Hudtwalcker (WV 118) erhielt Chateauneuf um 1844 noch einmal Gelegenheit zur aufwendigen Ausstattung eines Stadthauses.

Das Abendroth-Haus wirkte nachhaltig auf das Hamburger Baugeschehen. Vor allem Auguste de Meuron und Martin Haller entwarfen in den folgenden Jahrzehnten zahlreiche Wohnbauten, die mit ihren noblen Renaissancefassaden und dem gelungenen Zusammenspiel von Malerei, Skulptur und Dekoration dem bedeutenden Vorbild folgten.

Nach dem Tode Abendroths 1867 wünschte dessen Witwe, daß ihre Tochter Magdalena mit ihrem Mann, Otto Berkefeld, zu ihr zöge. Erst nach langem Drängen gaben diese ihre geräumige Wohnung in der Esplanade auf, wodurch ein Umbau des Hauses Abendroth notwendig wurde. Frau Abendroth wollte aus diesem Anlaß die zur Theaterstraße gelegenen „etwas düsteren" Parterrezimmer aufgeben. Schließlich wurde Martin Haller beauftragt, den Seitenflügel abzutragen, der die Stallräume, die Hofeinfahrten und eine obere Pergola enthielt, und an seiner Stelle einen aus Keller, Parterre und 1. Etage bestehenden Anbau auszuführen. Dieser entsprach in Verbindung mit den erwähnten Parterreräumen des Haupthauses den Wohnbedürfnissen der kinderreichen Familie Berkefeld. Haller übernahm die Aufgabe ungern: „Es widerstand mir, das so gelungene Bauwerk anzutasten. An der Fassade ahmte ich natürlich die Chateauneufschen Formen aufs

WV 37 *Branntweinbrennerei auf dem Hammerhof in Hamm*

treuste nach und suchte den durch Oberlicht erhellten Bildersaal im ersten Stock aufs feinste im Geiste des Meisters auszubilden, aber es kostete mir (!) die größte Überwindung, zur Gewinnung zweier Zimmer das breite durch 4 dorische Sandsteinsäulen getheilte Eingangsvestibule auf einen, allerdings noch immer stattlichen Windfangraum zu beschränken."[243] Haller wurde in Künstlerkreisen wegen des Eingriffs in die Meisterschöpfung Chateauneufs kritisiert. Doch er entgegnete selbstbewußt, daß wohl kaum ein anderer Architekt den unumgänglichen Umbau derart feinfühlig ausgeführt hätte. In den folgenden Jahrzehnten wurden die Innenräume zum Teil neu möbliert, doch war das Gesamtkunstwerk um 1900 noch gut erhalten.

1905 kaufte der Hotelier Arnold Paegel das Gebäude und ließ es umfassend zu dem für Hamburg aufsehenerregenden Palast-Hotel umbauen.[244] Die Malereien aus dem Balkonzimmer wurden dem Museum für Kunst und Gewerbe überlassen und dort in einem eigens in einem der Innenhöfe errichteten Anbau eingebaut. Die Speckter-Fresken wurden zunächst in die Kunsthalle gebracht. Dagegen scheinen der Festsaal mit dem Thorvaldsen-Fries und die kleinen Kabinettmalereien von Louis Asher auch nach dem Umbau im Palast-Hotel erhalten geblieben zu sein.[245] 1937 wurde das gesamte Inventar inklusive Fries und Fresken versteigert. Sein Verbleib ist unklar. Nach einem erneuten umfassenden Umbau dient das Haus seitdem als Bankgebäude.

Heute erinnern einzig das im Museum für Kunst und Gewerbe eingebaute Balkonzimmer und die von 1985 bis 1990 restaurierten und dort angebrachten Fresken des Gesellschaftszimmers an eines der Hauptwerke der Hamburger Architektur des 19. Jahrhunderts.[246]

Literatur: Waagen 1837, S.4-5; Chateauneuf, Domestica 1839; Mitteilungen 1868, S.143–144; Hamburg und seine Bauten 1890, S.561; Lange 1965, S.56-58; Jedding 1985; Brönner 1987, S.209, Abb. 450; Doose / Feick / Konerding 1990; Ausst.-Kat. Hamburg 1995

37

Branntweinbrennerei auf dem Hammerhof in Hamm, 1832

Karl Sieveking beschäftigte sich im Zuge seiner Umgestaltung des Hammerhofes auch intensiv mit der Errichtung einer Kartoffel-Genever-Brennerei. Anfangs zögerte er die dafür notwendigen Investitionen hinaus, und auch der als Ökonom um Rat befragte, befreundete Reichsfreiherr Caspar von Voght war skeptisch. Doch schließlich scheinen Sievekings Zweifel von seinem Pächter Hilmers beseitigt worden zu sein. Im Jahre 1832 wurde auf Kosten des Syndicus die Brennerei neben der östlichen Ausbuchtung des Teichs in nordöstlicher Richtung erbaut.[247]

Die Branntweinbrennerei wurde aus unverputzten Backsteinen errichtet. Chateauneuf bildete flächige Mauerverbände, die von Rundbogenfenstern durchbrochen waren. Der in der Parkanlage sichtbare Teil des Gebäudes wurde von rundbogigen Zwillings- oder Drillingsfenstern akzentuiert. Mit großer Sorgfalt wurden hier auch die Rahmungen der Fenster mit Ornamentschmuck versehen. Einzigartig war dabei wohl die motivische Darstellung der Blätter, Blüten und sogar der Knollen der Kartoffelpflanze. Konsequenterweise ließ der Architekt auch diese Details in Backsteinen ausführen.[248] Als äußerer Schmuck wurde ein Terrakottarelief mit der Darstellung „Orpheus' Abschied von Eurydike"[249] an der Südseite des Gebäudes angebracht.

Chateauneuf war der kleine Nutzbau als Beispiel für die kunstvolle Verwendung von Backsteinen so wichtig, daß er einige Details 1839 in seiner Werkübersicht „Architectura domestica" publizierte.[250]

Die mit dem Bau der Brennerei verbundenen Hoffnungen erfüllten sich nicht. Bereits seit 1835 waren die Preise für Genever derart stark gefallen, daß die Brennerei sich immer weniger bezahlt machte. Dennoch wurde ihr Betrieb bis 1861 aufrechterhalten. Als Paul Adam Ross 1861 den Hammerhof pachtete, verzichtete er auf eine weitere Nutzung der Brennerei. Bald darauf wurde das Gebäude weitgehend abgebrochen. Ein kleiner Rest wurde für das Weinhaus des Pächters, ein anderer für ein Entenhaus stehengelassen.[251]

Literatur: Chateauneuf, Domestica, 1839, S.3 u. Tafel IV; Daly 1840, S.209; Sieveking 1902, S.86-88; Lange 1965, S.69-70

38

Entwurf für ein Stadthaus (?), 1833

1833 beschäftigt sich Chateauneuf mit einem Hausprojekt, das nur durch eine einzige Innenraumdarstellung überliefert ist (Abb. S. 8).[252] Die glänzend gezeichnete Perspektive zeigt ein Treppenhaus, dessen zwei Arme im Richtungswechsel angeordnet sind. Zum Obergeschoß führen relativ flache Stufen, das

WV 39 *Entwurf für ein Stadthaus am Neuen Jungfernstieg, 1833*

Treppengeländer ist mit einem antiken Ornament geschmückt. Die Wandflächen zu seiten der Treppenarme sind mit Marmorplatten, einem durchgehenden Gebälk und abschließend mit Löwenköpfen und einem Gesims gegliedert. Dagegen sind die Wände des Obergeschosses durch Pilaster und Rundbögen akzentuiert. In die Zwickelfelder sind Engelwesen gemalt. Einzig auf der vom Betrachter aus linken Seite ist ein großes Rundbogenfenster in den Wandverband gebrochen. Die Decke ist mit tief profilierten rautenförmigen Kassetten gegliedert. In den Feldern sind Darstellungen von Tieren und Fabelwesen, wohl auch von mythologischen Gestalten erkennbar. Am obersten Treppenabsatz leitet ein von einer Säule geteilter Doppelbogen in das Obergeschoß. In dem dort ansatzweise erkennbaren Gang wird die Wand- und Deckengliederung des Treppenhauses fortgesetzt. Allerdings ist in der Decke ein größeres Feld, offensichtlich für ein Fresko oder ein Leinwandbild, erkennbar.

Für welche Art von Gebäude Chateauneuf dieses stattliche Treppenhaus entworfen hat, ist unklar. Aufgrund der noblen Erscheinung und der Verwendung kostbaren Materials kann auf einen wohlhabenden Auftraggeber geschlossen werden. Auffallend sind manche Entsprechungen zu dem gleichzeitig konzipierten Stadthaus Abendroth (WV 36). So ist nicht ganz auszuschließen, daß diese Zeichnung eine frühe Planungsvariante von Chateauneufs berühmtestem Privatbau dokumentiert.

WV 39 *Entwurf für ein Stadthaus am Neuen Jungfernstieg, 1833*

39

Entwurf für ein Stadtwohnhaus am Neuen Jungfernstieg, 1833

Anfang der dreißiger Jahre war der kurz zuvor angelegte Neue Jungfernstieg noch nicht vollständig bebaut. Mit dem Stadthaus Abendroth (WV 36) hatte Chateauneuf 1832 ein erstes wichtiges Projekt in der Straße erhalten. Anfang 1833 beschäftigte er sich bereits mit einem weiteren Bau, der unmittelbar links neben dem Abendrothschen Haus errichtet werden sollte.[253]

Das zur Verfügung stehende Grundstück war relativ schmal (ca. 40 Fuß breit) und erstreckte sich ca. 55 Fuß in die Tiefe. Chateauneuf entwirft ein vierachsiges, dreigeschossiges Gebäude, das sich über einem Souterrain erhebt und im Dachbereich von einem Mezzanin abgeschlossen wird. Die einzelnen Vollgeschosse sind durch vertikale, mit Friesen ornamentierte Gesimse voneinander getrennt. Das Erdgeschoß ist durchgehend mit rustizierten Quadern versehen. Die Fenstereinfassungen sind sehr schlicht, lediglich in der Beletage sind ornamentierte Bekrönungen und reich gestaltete Gitterbrüstungen vorgesehen. Chateauneuf vermeidet weit vorkragende Gesimse und Vorsprünge, was wesentlich zur ruhigen und noblen Erscheinung der Fassade beiträgt.

Im Inneren gelingt dem Architekten eine klare und praktische Raumaufteilung. Die einzelnen Stockwerke werden durch eine elegant geschwungene Treppe erschlossen (Abb. links). Die Wandverkleidung des Treppenhauses sollte im oberen Bereich mit leichten Fruchtgehängen dekoriert werden. Am oberen Treppenende im dritten Stock sieht Chateauneuf Skulpturennischen vor.[254] Der Treppenschacht wird durch ein halbkreisförmiges, leicht geneigtes Glasdach beleuchtet.

Die Innenraumdisposition ist lediglich für zwei Stockwerke überliefert. In der Beletage plaziert der Architekt Wohn- und Gesellschaftszimmer zur Alster hin. Von letzterem leitet eine bogenförmige Wand in den großen Saal im rückwärtigen Hausbereich über. Zum Garten hin ist zudem ein Hinterzimmer angeordnet. Im dritten Stockwerk sind drei Schlafzimmer, Bad und WC sowie ein Frühstückszimmer – mit Alsterblick und Morgensonne – vorgesehen.

Chateauneuf war darum bemüht, diesen Bau gestalterisch von dem benachbarten Abendroth-Haus abzusetzen. Dadurch sollte die bei vielen Hamburger Straßen der damaligen Zeit zu beobachtende Gleichförmigkeit im Außenbau vermieden werden. Im Inneren weisen dagegen Anordnung und Verbindung von Saal und Gesellschaftszimmer deutliche Ähnlichkeit zum Abendroth-Haus auf.

Es ist zu bedauern, daß dieses elegante Projekt für ein Stadthaus unausgeführt blieb. Für wen Chateauneuf die Pläne entworfen hat, ist völlig unklar. Die erhaltenen Projektskizzen lassen kaum Hinweise auf den Auftraggeber zu. Die drei Schlafzimmer im Obergeschoß deuten auf eine kinderreiche Familie hin. Der in den Hamburger Adreßbüchern um 1835 als Bewohner dieser Parzelle nachweisbare Roosen jr. läßt sich bislang nicht mit Chateauneuf in Verbindung bringen.

40

Entwurf für ein Museum für Kunst- und Gewerbeausstellungen an der Alster, 1833

Nach schwierigem Beginn entwickelten sich die Hamburger Kunst- und Gewerbeausstellungen Anfang der dreißiger Jahre zunehmend erfolgreicher. Da „geriethen einige Kunstfreunde auf den Gedanken, bei dem Mangel eines zweckmässigen Lokals, ein eigenes Gebäude dafür zu errichten".[255]

Weil sich der Bau eines eigenen Ausstellungsgebäudes nicht allein durch die Zinsen der Eintrittsgelder refinanzieren ließ, plante man, das Bauwerk für mehrere Nutzungen einzurichten. So sollten dort zusätzlich die Zusammenkünfte des Kunstvereins und der von der Patriotischen Gesellschaft für Handwerker durchgeführte Zeichenunterricht stattfinden. Vor allem hoffte man, daß der Bau durch die wohltätige Unterstützung von Privatpersonen durchgeführt werden könnte, wie es zuvor beim Musée Ratt in Genf gelungen war. Das Grundstück sollte der Staat kostenlos zur Verfügung stellen, „da ein Bauwerk zu solch edlem Zwecke auf die derzeitigen Staatsverwalter einen Abglanz der Ehre für lange Folgezeit sichert".[256]

Chateauneuf war als Entwerfer des Ausstellungsgebäudes geradezu prädestiniert, war er doch durch seine vielfältigen Aktivitäten mit allen am Projekt beteiligten Institutionen vertraut. So war er langjähriges Mitglied und zeitweilig sogar Direktor des Kunstvereins gewesen. Der Zeichenschule der Patrioten stand er jahrelang als Leiter vor. Zudem hatte er bis 1833 bereits zahlreiche Ausstellungen von Kunstwerken, aber auch 1832 die erste Kunstgewerbe-Ausstellung initiiert und durchgeführt. Die Gespräche mit Hamburger Kunstfreunden wie Abendroth oder Sieveking werden die Entwicklung des Projekts befördert haben.[257] Es ist sogar denkbar, daß Chateauneuf selbst den Anstoß für das Vorhaben gegeben hat.

Das Gebäude sollte auf einer damals noch vorhandenen Halbinsel in der Außenalster schräg gegenüber dem Neuen Jungfernstieg errichtet werden (Abb. S.196). Es hätte sich damit in unmittelbarer Nähe zu der kurz zuvor fertiggestellten Esplanade, der neuen Hamburger Prachtstraße, in landschaftlich reizvoller Lage befunden.

Chateauneuf schlug einen breit gelagerten, rechteckigen Backsteinbau vor, bei dem manche Anleihen der italienischen Architektur des Quattrocento verarbeitet sind (Abb. S. 196). Unschwer ist an dem dreibogigen Eingangsbereich das Vorbild der Loggia dei Lanzi zu erkennen.[258] Mit dem gleichzeitigen Verzicht auf Portikus, Pantheon-Kuppel und Rotunde verließ der Architekt die damals noch gängigen Vorstellungen vom Museumsbau.[259]

Ungewöhnlich war sicher auch Chateauneufs Absicht, für den Bau das „örtliche Material, die gebrannte Erde, zu schönen Mauerflächen, Gesimsen und Ornamenten anzuwenden".[260] Wegen der Verwendung von Backstein wies der geplante Bau nur geringe „Ausladungen" auf. Lediglich der Sockel und die Säulen im Eingangsbereich plante der Architekt aus Granit. Der klaren Flächigkeit der Mauerverbände steht eine auffallende Vorliebe für dekorative Ausschmückung gegenüber.

Hier zeigt sich wie bei dem fast zeitgleich errichteten Stadthaus Abendroth Chateauneufs Streben nach dem Gesamtkunstwerk. Gerade bei einem so anspruchsvollen Gebäude wie einem Museum wünschte er, daß es ihm gestattet sein würde, „an die Technik, sowohl als an die Schwesterkünste bedeutendere Ansprüche als gewöhnlich machen zu dürfen".[261]

So sollten in einem unterhalb des Kranzgesimses angebrachten Fries zwischen den von Knaben getragenen Girlanden Werkzeuge und Instrumente der Künste und der Technik „eine mannigfache Abwechslung darbieten".[262] Die inneren Seiten der offenen Eingangshalle sollten mit Fresken ausgeschmückt werden. In den drei Arkaden im Fond waren die drei bildenden Künste vorgesehen, „nicht selbst arbeitend, sondern als schöpferische Kräfte" dargestellt, „deren Werke Genien der Welt überreichen".[263] In den friesartigen Langbildern darunter wünschte Chateauneuf eine „Versammlung der bedeutendsten Gewerkleute aller Zeiten, wozu sich natürlich auch manche Künstler gesellen würden".[264] Für die malerische Umsetzung sollte alles im „Overbeckschen Geiste, wie dessen Triumph der Künste für Frankfurt aufgefaßt"[265] sein. So könnten sich die darzustellenden Techniker „gar schön individualisieren, paaren und auseinanderhalten".[266] All diese Dekorationen sollten so angebracht werden, daß sie die Funktionen der Bauglieder am Außenbau elegant unterstrichen.

Im Inneren war das Gebäude in einen großen, langgestreckten Hauptsaal und kleinere Nebenräume unterteilt. Im Saal wollte Chateauneuf in Anlehnung an römische Bauweise ein Tonnengewölbe verwenden, was eine günstige Anbringung von Oberlichtern ermöglicht hätte. Da der Architekt für diese Wölbeform die Verwendung von Kassettenfeldern ablehnte, griff er bei seinem Entwurf auf „Motive der zierlichen Decoration der pompejanischen Bäder"[267] zurück.

In den durch Seitenlicht beleuchteten Nebenzimmern sollten in dichter Hängung kleinere Gemälde und einige Skulpturen plaziert

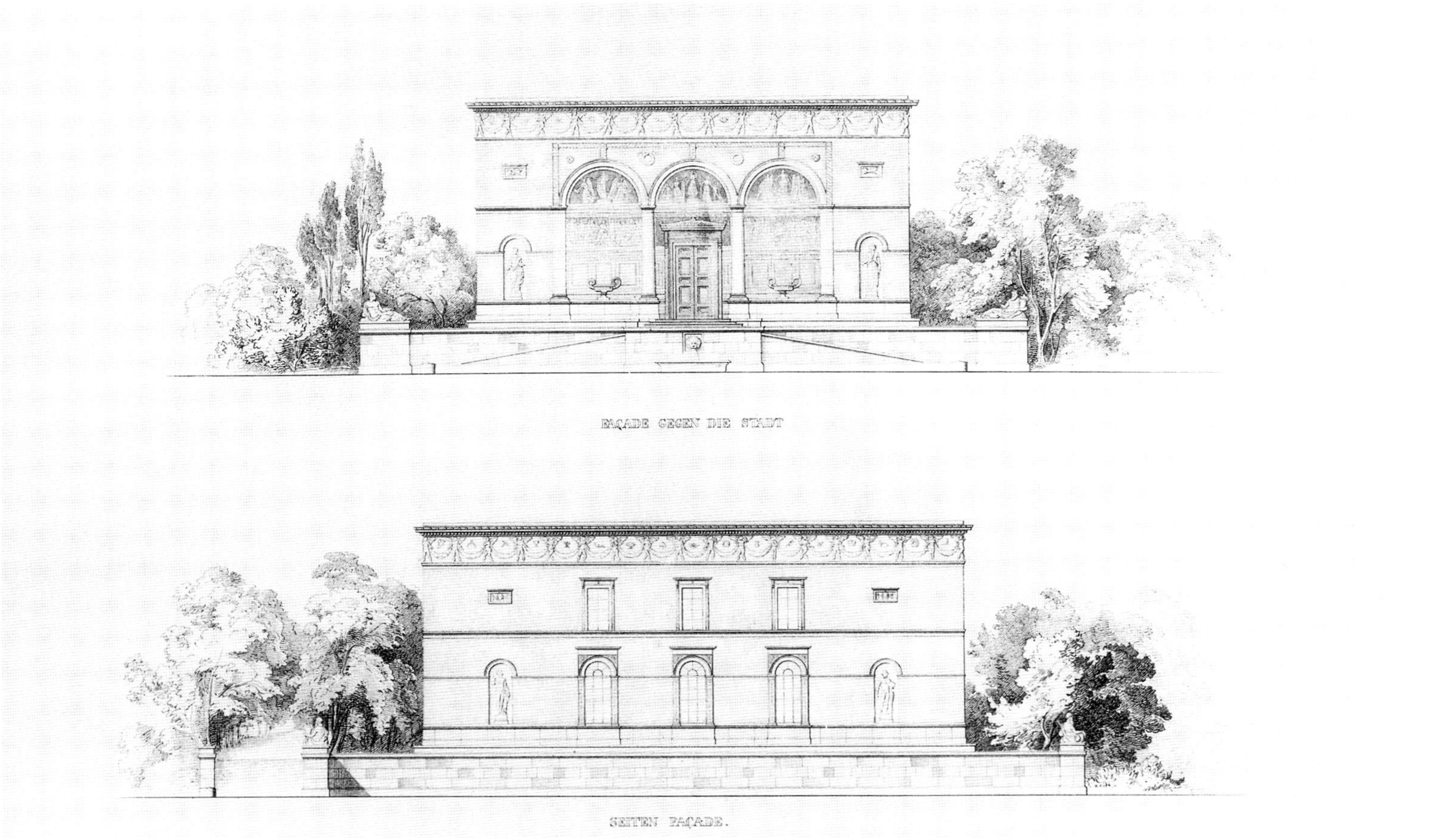

WV 40 *Entwurf für ein Museum für Kunst- und Gewerbeausstellungen an der Alster, Vorder- und Seitenansicht, 1833*

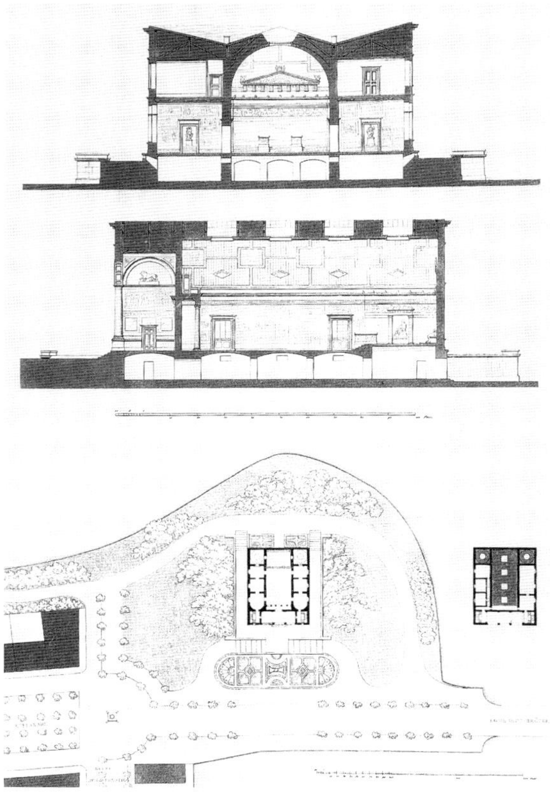

WV 40 *Schnitte, Grundriß, Lageplan*

werden. Lediglich die beiden letzten Nebenzimmer im Fond erhielten Kuppellicht, um die „vortheilhafte Endwand für Glanzgegenstände, besonders Sculpturen zum Schluß der Zimmerreihe zu erhalten".[268]

Der hintere Teil des großen Saals sowie die daran anstoßenden Kuppelzimmer sollten durch eine terrassenartige Erhebung des Fußbodens betont werden, „was in Räumen, wo selbst sich eine Menge von Menschen versammelt, immer so wohl thut".[269] Hier plante Chateauneuf die Aufstellung zahlreicher Antiken. So wollte er in einem Giebelfeld Abgüsse der erst wenige Jahre zuvor nach München gelangten Ägineten anordnen. In einem darunter entlanglaufenden Fries, der sich auch im Langhausbereich fortsetzte, wünschte er einen Abguß des Parthenonfrieses. Zudem sollten auch Sarkophage zur Raumausstattung beitragen. Im Unterbau waren Magazine für die Transportkisten, die Wohnung des Wächters, die Heizanlage und andere Nutzräume vorgesehen.

Erstmals läßt sich hier für Chateauneuf die Verwendung von unverputztem Backstein bei einem öffentlichen Bauprojekt nachweisen. Ganz offensichtlich suchte er die programmatische Konfrontation mit dem „weißen Klassizismus", den sein Kontrahent Wimmel an der direkt benachbarten Esplanade gepflegt hatte.

Während kurz zuvor in München durch Gärtners Staatsbibliothek (1827ff.) und in Karlsruhe durch Hübschs Finanzkanzlei (1829) zwei bedeutende öffentliche Gebäude in unverputztem Backstein errichtet wurden, interessierten sich Baubeamte und freie Architekten in Hamburg kaum für dieses Material. Chateauneuf bemerkte kritisch, er habe „die schönsten Vorwürfe für unsere hohen Künste, auf die schnödeste Weise mit Surrogaten verkleistert und übertüncht, ans Licht treten sehen".[270] Er selbst war mit seinen wenigen in Backstein errichteten Privatbauten auf weitgehendes Unverständnis gestoßen (vgl. WV 9 und 12). Alle Vorstellungen beim Staat, doch Großbauten in Backstein zu errichten, waren ergebnislos verlaufen. Nun hoffte er, daß sich mit einem prominenten öffentlichen Bau ein bedeutender Schritt hin zur Verbesserung der Ziegelfabrikation erreichen lasse.

Der Entwurf für ein „Museum für Kunst- und Gewerbeausstellungen" zählt sicher zu Chateauneufs besten Leistungen. Wie sehr er selbst von der überregionalen Bedeutung seines Entwurfs überzeugt war, wird dadurch belegt, daß er den Entwurf 1834 auf der Berliner Akademieausstellung präsentierte.[271] Zudem veröffentlichte er ihn 1840 im „Architektonischen Album" des Berliner Architekten-Vereins.[272]

Diese publizistischen Bemühungen verdeutlichen, daß sich der in Hamburg fast zur Untätigkeit verurteilte Baumeister im „Konzert" der bedeutendsten deutschen Architekten mit einem Paukenschlag Gehör verschaffen wollte. Ein Vergleich mit Klenzes „Alter Pinakothek" oder Schinkels „Neuem Museum"[273], die beide fast zeitgleich entstanden waren, läßt Chateauneufs Eigenart in puncto Materialwahl und dekorativer Ausgestaltung erkennen. Unverkennbar ist aber auch seine Anlehnung an höfische Bauansprüche. Möglicherweise gefiel gerade diese ästhetische Orientierung den nüchternen „republikanischen" Hanseaten nicht. Sie waren damals nicht bereit, größere Summen in einen einzig der Kunst gewidmeten Bau zu investieren. Entscheidend für den Mißerfolg war aber wohl vor allem, daß sich der Hamburger Senat deutlich zurückhielt und nicht einmal das öffentliche Grundstück kostenlos zur Verfügung stellen wollte.

Chateauneufs Entwurf kommt in der Geschichte der Hamburger Kulturgebäude ein bedeutender Rang zu. Zwar lassen sich zuvor vereinzelt – auch bei Chateauneuf selbst (WV 11) – Museumsplanungen nachweisen. Doch ein eigenständiges Gebäude für Kunst- und Gewerbeausstellungen war in Hamburg ein Novum. Viele seiner Ideen haben weitergewirkt. So finden sich die Bogengalerie im Eingangsbereich und die Verwendung von Ziegeln bei dem 1863–1869 von Schirrmacher und von der Hude errichteten Altbau der Kunsthalle. Die an Schönheit kaum zu steigernde Plazierung des Gebäudes faszinierte auf Jahrzehnte hin die bedeutendsten Architekten der Stadt. So entwarf Martin Haller 1861–1862 eine Kunsthalle zwischen Binnen- und Außenalster.[274] Und noch Fritz Schumacher plante 1912 ein Kunstvereinsgebäude auf einer aufgeschütteten Insel in der Außenalster.[275]

Literatur: Chateauneuf, Album, 1840, Heft 5, Tf. 24 ; Schumacher 1923, S.63; Lange 1965, S.32-33; Börsch-Supan 1971, Bd. 2, unter 1834, Nr. 1004; Höhns 1991, S.148; Ausst.-Kat. Hamburg 1997, S.168; Plagemann 1997, S.10-11

41
Entwurf für eine Siedlung des Rauhen Hauses in Horn, 1833

Am 12. September 1833 wurde das Rauhe Haus von Johann Hinrich Wichern als Ret-

WV 41 *Idealentwurf für eine Siedlung des Rauhen Hauses, 1833*

tungsstation für verwahrloste Großstadtkinder gegründet. Da die Anstalt vom Staat völlig unabhängig bleiben wollte, war sie auf Spenden angewiesen. Wichtigster Förderer der Anfangsjahre war Syndicus Karl Sieveking, der nicht nur das Gelände im damaligen Hamburger Vorort Horn zur Verfügung stellte, sondern darüber hinaus finanziell half. Dank seiner glänzenden Verbindungen zur Hamburger Oberschicht gelang es ihm, zahlreiche Persönlichkeiten – wie z.B. Baron Voght – als Förderer für die Anstalt zu gewinnen.

Sieveking nahm sich auch von Beginn an der baulichen Ausgestaltung der Anlage an. In der Gründungsveranstaltung am 12. September 1833 stellte er einige Grundüberlegungen des Bauprogramms vor. Er betonte, daß es beim Rauhen Haus nicht darum gehe, „die vielen Denkmäler des wohltätigen Sinns dieser Stadt durch eine neue kostbare Caserne zu vermehren".[276] Die vorhandenen Mittel würden genügen, um „eine kleine Zahl entrissener Kinder mit der sich zu ihnen herablassenden Liebe durch ein dürftiges Strohdach vor den Stürmen des nahen Winters zu schützen".[277]

Trotz dieser öffentlich vorgetragenen Bescheidenheit hatte er in regem Gedankenaustausch mit Wichern und seinem „Hausarchitekten" Chateauneuf im Sommer 1833 einen anspruchsvolleren Idealplan entwickelt (Abb. S. 197). Er hoffte, daß die Unterstützung so stark sein würde, daß „nach und nach, soweit dies möglich, durch die eigenen Hände der heranwachsenden Kinder, eine Hütte sich an die andere reihen" werde, so daß schließlich „neben dem ersten Obdach des sogenannten Rauhen Hauses, um die Betglocke der Vorsteherwohnung in reinlicher Armut das Rettungsdorf erblühen soll"[278]. Zur besseren Veranschaulichung dieser Grundidee war eine Lithographie mit der von Sieveking, Wichern und Chateauneuf entwickelten Gebäudeanordnung gedruckt worden.

Das Zentrum der Anlage bildete das mit einem Strohdach gedeckte Bethaus. Um das Fachwerkgebäude waren in einem offenen Viereck mehrere „Familienhäuser" in gleicher Konstruktion angeordnet.[279] Alle Bauten sollten mit Stroh gedeckt werden. Das tief heruntergezogene Dach bildete jeweils eine offene Vorhalle aus.

Die für das Erscheinungsbild des Rauhen Hauses wesentliche Anordnung zahlreicher kleinerer Häuser ging auf Wichern zurück. Dieser hatte erklärt, daß die Ursache der Verwahrlosung der Kinder primär in der Zerrüttung des Familienlebens zu erblicken sei. Da nicht jedes Kind von einer Pflegefamilie aufgenommen werden könne, müsse man eine Rettungsanstalt schaffen, in der die Kinder in mehreren familienähnlichen Gruppen zusammenleben könnten. Die Voraussetzungen dafür könnten daher weniger durch den Bau eines großen kasernenartigen Gebäudes als vielmehr durch die Errichtung zahlreicher kleinerer Wohnhäuser geschaffen werden.[280] Nach einem Kostenanschlag vom Juli 1833 sollte das Verwaltungsgebäude 8000 Mark Banco, die Wohnhäuser je 4000 Mark Banco kosten. Sieveking schlug vor, gleich im Herbst den Grundstein zum ersten Familienhaus und im nächsten Jahr den zu der Vorsteherwohnung zu legen.[281] Im November 1833 wurde Chateauneuf von Sieveking aufgefordert, die eingegangenen Kostenvoranschläge zu prüfen und Baupläne zu erstellen.[282] Dabei wurde der Architekt nachdrücklich um selbstlose Mithilfe gebeten: „Fürs erste müßten Sie schon mir zu Gefallen das Amt eines Bauinspectors des Rettungsdorfes unentgeltlich übernehmen. Kommt die Anstalt auf einen grünen Zweig: so wird Sie sich hoffentlich erkenntlich beweisen. In jedem Fall haben Sie Gottes Lohn für die Brosamen vom Tisch der Reichen, oder vielmehr für die Spähne (!) von ihrem Balken, die Sie den Verwahrlosten geben. Vorgestern sind schon ein paar kleine Bettler eingezogen, morgen kommt ein Dieb. Bei dem Charakter des Vorstehers, der sich auf das schönste bewährt, zweifle ich kaum mehr an dem Resultat dieser etwas gewagten Unternehmung."[283]

Die Tätigkeit für das Rauhe Haus bot Chateauneuf demnach die Möglichkeit, den von ihm vielfach propagierten Bürgersinn praktisch anzuwenden. Zudem konnte er sich seinem langjährigen Gönner Sieveking erkenntlich zu zeigen.

Tatsächlich erhielt die Anstalt in den folgenden Monaten einen größeren Zuwachs an Zöglingen. Die erhofften reichen Geldspenden der Hamburger blieben aber zunächst aus. So mußte der Idealplan fallengelassen werden. Statt dessen entschlossen sich die Verantwortlichen dazu, im Laufe der folgenden Jahre je nach Bedarf Einzelbauten zu errichten. Chateauneuf stellte sein Können bei einer Reihe dieser Projekte selbstlos zur Verfügung (vgl. WV 44, 52, 59). Dies ist um so höher einzuschätzen, als sich der Architekt stets mit geringsten Finanzmitteln und bescheidenen architektonischen Bauansprüchen auseinanderzusetzen hatte.

Literatur: Sieveking 1928, S.233-234; Lange 1965, S.41

42

Entwurf für eine Börse auf dem Johannisplatz, 1833 – 1834

Im Sommer 1833 reichte Chateauneuf „einen neuen Riß zu einer auf dem Platz der Johanniskirche zu erbauenden Börse" bei der Commerzdeputation ein.[284] Der nicht erhaltene Entwurf wurde für die weitere Entscheidungsfindung an den Senat weitergeleitet und dort im April 1834 besprochen. Aus dem Protokoll ist erkennbar, daß das Gebäude lediglich 6400 Quadratfuß Flächeninhalt für die „Bedürfnisse des Commercii und nur für höchstens 1500 Personen bedeckten Platz für ihre Börsenversammlung" erhalten sollte. Für diesen Zweck hatte Chateauneuf eigens einen arkadenumstandenen Platz vorgeschlagen. Zwar wurde der von dem Architekten berechnete relativ geringe Kostenaufwand positiv hervorgehoben; doch es wurde auch bemängelt, daß nicht genügend bedeckter Börsenraum zur Verfügung stehen würde. Zudem würde „ein solches Gebäude ... außer den Börsenanschlägen gar keine Revenuen eintragen".[285] Das Projekt wurde nicht weiter verfolgt.

Literatur: Schreyl 1963, S.131-132, Anm. 302

43

Wettbewerbsentwurf für den Neubau des St.-Johannis-Klosters, 1833 – 1834

Das alte St.-Johannis-Kloster war um 1236 von den Dominikanern gegründet worden und seit 1530 protestantisches Damenstift. Die Anlage auf dem Gelände des heutigen Rathausmarktes befand sich zu Beginn des 19. Jahrhunderts in einem schlechten baulichen Zustand. Die hohen jährlichen Reparaturkosten und die zu engen Räumlichkeiten führten zu Überlegungen, die Anlage weitreichend umzubauen oder einen völligen Neubau zu errichten. 1830 forderte der Senat die Baudeputation zu einer Stellungnahme in dieser Frage auf. Der von Wimmel daraufhin vorgelegte Entwurf wurde nicht akzeptiert, denn Ende 1833 wurde ein Wettbewerb ausgeschrieben. Die von Bürgermeister Bartels in Absprache mit den maßgeblichen Stellen bekanntgemachten Wettbewerbsbedingungen forderten u.a. eine Wohnung für die Domina, 19 Wohnungen für die Konventualinnen, eine Beamtenwohnung, einen Versammlungsraum und mehrere Bedienstetenzimmer. Der Bau solle, so Bartels, „so einfach wie möglich, doch höchst solide" sein, so „daß es dem Wall zur Zierde gereiche".[286] Als Baugelände wurde ein Platz am Wall südlich des Schweinemarktes bestimmt. Außer Wimmel, der als einziger zwei Entwürfe eingereicht hatte, beteiligten sich auch die Hamburger Architekten Fersenfeldt, Klees-Wülbern, Averdieck, Forsmann, Lauenburg, F. G. Stammann und Chateauneuf am Wettbewerb.

Chateauneufs Entwurf hat sich nicht erhalten und läßt sich nur sehr notdürftig aus den Notizen des Klostervorstehers Wibel rekonstruieren. Demnach war sein Projekt vom 2. Januar 1834 als zweigeschossiger Dreiflügelbau mit einem Aufbau in der Mitte konzipiert. Nach Wibel war kein „besonders guter Geschmack ... in den Anlagen zu finden ... Alles scheint mit einer gewissen Oberflächlichkeit gearbeitet."[287] Die Bausumme war mit 220.000 Courantmark angesetzt. Angesichts der schlechten Quellenlage ist eine genaue Beurteilung des Projekts nicht möglich.

Den Wettbewerb gewannen Klees-Wülbern und Wimmel, die von der Behörde aufgefordert wurden, aus ihren beiden Entwürfen ein gemeinsames Projekt zu gestalten. 1837 konnten Kloster und Witwenhäuser bezogen werden. Bei der endgültigen Bausumme von über 400.000 Courantmark wurden die Kostenvoranschläge weit übertroffen.

Literatur: Hannmann 1975, S.78-79

44

Schweizerhaus des Rauhen Hauses in Horn, 1834

Nachdem in den ersten Monaten des Bestehens zahlreiche Kinder aufgenommen worden waren, reichte der Platz in dem zunächst zur Verfügung stehenden kleinen Bauernhaus („Rauhes Haus") nicht mehr aus. Daher beschloß der Verwaltungsrat des Rauhen Hauses im Frühjahr 1834 den Bau eines neuen Knabenhauses. Als Platz wurde ein Gelände im Südwesten der Gesamtanlage ausgewählt. Chateauneuf entwarf das Gebäude, das von dem Hamburger Zimmermeister Lange innerhalb von vier Monaten errichtet wurde (Abb. S.200).[288] Die geringen Finanzmittel ließen – wie stets in der Frühzeit der Anstalt – nur einfachste Konstruktionen zu.

Das zweigeschossige Gebäude war aus Fachwerk und Backstein errichtet. Typisch für Chateauneuf waren die Rundbogenfenster im Erdgeschoß. Das flache Satteldach ragte auf der Südseite etwas vor, was zusammen mit einer hölzernen Veranda im ersten Stock die Namensgebung des Hauses bewirkte.

WV 44 *Das Rauhe Haus in Horn. Gesamtansicht und Abbildungen der einzelnen Häuser*

Das Schweizerhaus erhielt einen Keller mit Badeeinrichtung, eine Werkstätte für die Arbeiten der Kinder und ein großes Zimmer, das auch für die gemeinsamen Mahlzeiten und Hausandachten benutzt wurde. Sieveking hatte eine Hausorgel gespendet. Im Obergeschoß befanden sich zwei Schlafsäle für die beiden Knabenfamilien, die das Haus aufnehmen sollte, mit je einer kleinen Kammer für die Erziehungsgehilfen. Das Dach wurde im Unterschied zum strohgedeckten alten Rauhen Haus mit Schiefer gedeckt.

Als einzigen äußeren Schmuck erhielt das Gebäude eine enkaustische Malerei im südlichen Giebelfeld. Der in Lübeck lebende Maler Carl Julius Milde stellte anspielungsreich die Szene des „Guten Hirten mit zwölf Schafen" dar.[289]

Das Schweizerhaus wurde in den folgenden Jahren häufig umgebaut.[290] 1842 wurde in dem Gebäude die Druckerei des Rauhen Hauses eingerichtet, so daß die Anstalt fortan ihre Drucksachen selbst herstellen konnte. Das Gebäude ist nicht erhalten.

Literatur: Wichern 1845, S.129-37; Gerhardt 1928/31, Bd. 1, S.148-150; Lange 1965, S.41

45

Entwurf für eine Börse auf dem Johannisplatz, 1834–1835

In der langen Reihe der von Chateauneuf ersonnenen Börsenprojekte ist sein Entwurf für den Johannisplatz aus den Jahren 1834–1835 einer der am wenigsten greifbaren. Kurz nach seinem Mißerfolg vom Frühjahr 1834 (WV 42) unternahm der hartnäckige Architekt einen erneuten Anlauf, um das in Hamburg von vielen Architekten umworbene Prestigeprojekt zu erlangen. Da sich für ihn das wiederholte Einreichen der Pläne bei den zuständigen Behörden als wenig ergiebig erwiesen hatte, hoffte er mit einer veränderten Taktik zum Erfolg zu kommen. Diesmal wollte er durch die öffentliche Präsentation seiner Pläne die zuständigen Behörden in Zugzwang bringen. Der politisch erfahrene Sieveking reagierte auf dieses Vorhaben skeptisch. Zwar wünschte er in einem Brief vom 25. Januar 1835 seinem Hausarchitekten Glück bei der Ausarbeitung der Pläne; doch er fragte ihn auch, ob es denn nicht eben so gut sei, „die Commerzdeputation als das Publicum dafür zu gewinnen?"[291]

Doch Chateauneuf ließ sich nicht beirren, denn knapp vier Monate später zeigte er auf der 5. Ausstellung des Hamburger Kunstvereins mehrere Entwurfszeichnungen (Grundriß, Vorder- und Hoffassade, innere Ansicht des bedeckten Teils) für eine Börse auf dem Johannisplatz.[292] Von all diesen Plänen blieb nichts erhalten.

Literatur: Ausst.-Kat. Hamburg 1835

46

Entwürfe für die Bebauung des Domplatzes, 1834–1836

Nach der Reorganisation des Schulwesens unternahm Chateauneuf 1834 einen erneuten Versuch, den Auftrag für den Neubau der Hamburger Bildungsanstalten zu erlangen. Sein „aus eigenem Antrieb" entworfener Plan sah einen „in mäßigerem Styl" gehaltenen Gebäudekomplex für den westlichen Bereich des Domplatzes vor. Dieser nicht erhaltene Entwurf stieß offensichtlich auf einige Kritik, denn Chateauneuf führte in der folgenden Zeit einige klärende Gespräche mit den Schuldirektoren und Bibliothekaren. Sein daraufhin eingereichter Plan fand allgemeine Zustimmung und wurde vom Senat am 27. Januar 1836 angenommen.

Auch diese endgültige Entwurfsplanung ist durch keine einzige Zeichnung erhalten. Einige allgemeine Angaben können jedoch aufgrund Chateauneufs eigener Erläuterungen und der von der Baudeputation angefertigten Gutachten gemacht werden.

Chateauneuf plante demnach zwei Baukörper, von denen der eine das Gymnasium, ein naturhistorisches Museum und die Bibliothek, der andere die Gelehrten- und Realschule aufnehmen sollte. Als Baukosten wurden 371.000 Courantmark veranschlagt. Die Fassaden von Schule und Bibliothek wiesen laut Gutachten der Baubeamten „schöne richtige Verhältnisse dem Character des Gebäudes entsprechend" auf.[293] Auch die Eingangshalle und die Aula fanden ihre Zustimmung. Die aus carrarischem Marmor geplante Treppe sei „in einem großartigen Stiel entworfen".[294]

Die Hauptkritik der Gutachter entzündete sich an der generellen Gestaltung, denn sie warfen Chateauneuf vor, daß er das Gefälle des Domplatzes falsch berechnet habe. Tatsächlich betrage dieses statt der angenommenen 1,50 Meter richtigerweise 3,50 Meter. Daher sei das Projekt in der von ihm vorgeschlagenen Form nicht durchführbar.

Chateauneuf verfaßte hierauf ein langes Rechtfertigungsschreiben, das wichtige städte-

WV 47 *Entwurf für ein Stadthaus am Jungfernstieg*

bauliche Grundsatzaussagen enthält.[295] So stellte er fest, daß das Pflaster teilweise „ohne Noth so hoch"[296] liege und gesenkt werden könne. „Wenn die Abschüssigkeit des Terrains die Aufführung von größeren Gebäudefronten verhindern sollte, so würden die meisten Städte derselben gänzlich entbehren müssen ... In Städten aber, wo viel gewichtigere Bedingungen die Wahl der Bauplätze bestimmen, sind von jeher solche Bedenklichkeiten in Nichts zerfallen..."[297] Um einen Niveauausgleich herzustellen, regte er eine terrassenartige Erhöhung des Fußsteigs vor den Gebäuden an. Er schlug sogar vor, „Bäume an die äußere Kante dieser Terrasse zu stellen, eine Anordnung, zu welcher ich durch den Oberbaudirector Schinkel ... nochmehr bestimmt worden bin, da dieser Alles umfassende Bildner sich über die heitere Baum-Zierde unserer norddeutschen Städte, im Gegensatz zum kahlen Berlin, nicht genug aussprechen konnte, und dabei in Erinnerung brachte, daß auch die Alten ihre Bauten stets durch Baumpflanzungen in freundlichen Contrast zu stellen gesucht hätten ..."[298]

Als weiteres Argument für seine Planung fügte er hinzu: „Diese von allen Wagen und Reiterstöhrung gänzlich gesicherten Trottoirterrassen würden einen vortrefflichen Sonnen= und Spielplatz für Kinder gewähren, wozu die ruhigeren Stellen auf dem Domplatze seither, bey der geschützten Lage desselben gerne benutzt worden sind."[299]

Im weiteren Verlauf der Debatte nahm die Auseinandersetzung zwischen Chateauneuf und den Baubeamten an Heftigkeit zu. Schließlich schaltete sich auch die Baukommission ein und rügte die Baubeamten, die ohne ersichtlichen Grund den Domplatz als Baugelände ausschließen wollten.

In ihrer Erwiderung kritisierten die Baubeamten die Lage der Hauptfassade und den terrassenartigen Gehsteig, der nur über zahlreiche Stufen zu erreichen sei. Diese würden ihrer Ansicht nach gar nicht benutzt werden, und zudem würde die Treppe vor dem Haupteingang „das unästhetische Ansehen einer gewöhnlichen Fleethtreppe gewähren".[300] Zudem lehnten sie die vorgeschlagene Baumbepflanzung ab, auch wenn Schinkel persönlich diese Maßnahme befürworten würde. Schließlich bemühten die Baubeamten sogar Vitruv und Durand, um Chateauneuf zu diskreditieren.

Am Ende dieser in vielerlei Hinsicht unerfreulichen Debatte schloß sich die Baukommission den „Argumenten" der Baubeamten an. Damit war Chateauneufs über zehn Jahre währendes Bemühen, den Domplatz zu einem Kulturzentrum umzugestalten, endgültig gescheitert.[301]

Literatur: Lange 1965, S.27-29; Hannmann 1975, S.86-87

47

Entwurf für ein Stadthaus am Jungfernstieg, 1834

Chateauneuf entwarf Anfang der dreißiger Jahre zahlreiche Wohnhäuser, von denen fast alle nicht ausgeführt wurden. Hierzu zählt auch der 1839 in der „Architectura domestica" publizierte Entwurf für ein Stadthaus, der laut Portalinschrift bereits 1834 entstand. Chateauneuf bereicherte sein Formenvokabular in jenen Jahren um für die venezianische Architektur typische Stilelemente wie gekuppelte Fenster. Das nur dreiachsige Gebäude sollte ein Souterrain, drei Vollgeschosse und ein Mezzanin erhalten. Die Fassade ist durch mehrere, zum Teil breite Gesimsbänder deutlich horizontal gegliedert. Ungewöhnlich ist vor allem das breite Kassettenband unterhalb der Erdgeschoßfenster. An der rechten Hausseite war das reich ornamentierte Portal vorgesehen. Alle Fenster der Vollgeschosse sind rund, wobei gekuppelte Fenster in der Beletage und im Obergeschoß die Mittelachse akzentuieren. Lediglich im zweiten Obergeschoß war eine Brüstung vorgesehen. Die gesamte Fassade sollte mit sorgfältig bearbeiteten Haustein, eventuell sogar mit Marmor versehen werden. Der genaue Standort und der mögliche Auftraggeber des Projekts sind nicht zu ermitteln.

Literatur: Chateauneuf, Domestica, 1839, S.4

48

Ehrenbürgerbrief für James Colquhoun 1834 – 1835

Auf Anregung von Bürgermeister Abendroth wurde am 18. September 1834 dem hanseatischen Geschäftsträger, Stalhofmeister und Generalkonsul in London, James Colquhoun, für seine rastlose Tätigkeit zum Wohle Hamburgs das Ehrenbürgerrecht verliehen.

Karl Sieveking verfaßte eine schriftliche Begründung der Anerkennung und nahm sich mit großem Engagement der Gestaltung des Ehrenbürgerbriefes an. Chateauneuf wurde die künstlerische Gesamtleitung des ambitionierten Werkes übertragen, was sicherlich auf die Vermittlung seiner großen Förderer Abendroth und Sieveking zurückzuführen sein dürfte.[302] Wahrscheinlich geht der künstlerische Gesamtentwurf für das Werk auf intensive Besprechungen zwischen Sieveking, Chateauneuf und den beteiligten Künstlern Carl Julius Milde und Erwin Speckter zurück. Chateauneuf übernahm es, im Winter 1834/35 den fristgerechten Abschluß der Arbeiten sicherzustellen.

Der Ehrenbürgerbrief war in Form eines Diptychons angelegt; der Einband trug das Wappen der Stadt und ihres Ehrenbürgers in erhabener Arbeit. Erwin Speckter übernahm den ornamentalen, Milde den bildlichen Teil. Beide Seiten der Tafel umgaben Arabesken und Allegorien. Die aufgeschlagene Tafel zeigte das Diplom mit der Unterschrift des regierenden Bürgermeisters auf der einen Seite, gegenüber eine Darstellung der gemeinschaftlichen Sitzung von Rat und Bürgerschaft an dem Tage, als die Auszeichnung beschlossen worden war.[303]

Sieveking überwachte mit großer Ungeduld das Entstehen des Werks von Frankfurt aus. Am 21. April 1835 berichtete ihm Chateauneuf, daß der Ehrenbürgerbrief fast vollendet sei. Am 27. April konnte Sieveking das Werk dem Senat vorlegen. Wenige Wochen später, am 13. Juli 1835, wurde es bereits positiv in den „Hamburger privilegirten Nachrichten" besprochen.

Über den Verbleib des Ehrenbürgerbriefes ist nichts bekannt. Nach Mildes Zeichnung der Ratssitzung wurde in London eine Lithographie gedruckt, so daß wenigstens die kompositionelle Anordnung des Hauptmotivs dokumentiert ist.[304]

Literatur: Müller 1933, S.90-93; Grosskopf-Knaack 1984, S.59-60

49

Pferdestall auf dem Hammerhof in Hamm, 1834–1835

Es gehörte zur Wesensart des kunstsinnigen Bauherrn Karl Sieveking, daß er auch für einfache Zweckgebäude außergewöhnliche Planungen anregte. Als 1834 der Neubau eines Pferdestalls notwendig wurde, war er als großer Pferdefreund besonders engagiert. Mehrere nachweisbare Skizzen Chateauneufs belegen, daß es ihm gelang, auch seinen „Hausarchitekten" für die Aufgabe zu begeistern.[305]

Der von Chateauneuf entworfene rechteckige, unverputzte Backsteinbau besteht aus zwei T-förmig aneinandergestellten Blöcken: einem vorderen Querriegel und dem unmittelbar dahinter im rechten Winkel anschließenden Bau mit den Stallungen. Die Fassade ist mit einem großen Rundbogenportal und beidseitig davon mit je zwei symmetrisch angeordneten Gitterfenstern klar gegliedert. Vor der Fassade stehen zwei Bänke mit jeweils zwei wappenhaltenden Löwen. Auf Wunsch des phantasievollen Bauherrn fügte Chateauneuf an der Südwestecke des Gebäudes anfangs einen achteckigen Treppenturm mit Taubenschlägen unter der Spitze als „Turm der Winde" an. Als besonderer Schmuck ist ein Fries mit Malereien angebracht, der, unterbrochen von den Dachstützen, am oberen Ende der Frontenmauer entlangläuft.

Hinter dem Vorbau ragt der Giebel des eigentlichen Stallgebäudes hervor. Er ist in typisch niederdeutscher Manier mit einem Paar Pferdeköpfen geschmückt. Der gesamte Bau ist mit Stroh gedeckt.

Chateauneufs Entwurf ist nicht nur durch die besondere Gestalt und Ikonographie des Baus von Interesse. Hinzu kommt der ästhetische Reiz der Kombination von rotem Backstein und weißblau gehaltenem Fries.

Der Entwurf fand denn auch die Zustimmung Sievekings und wurde ohne größere Änderungen umgesetzt. Lediglich auf den „Turm der Winde" wurde verzichtet. Die Bemalung der Fassade führte der in Lübeck lebende Maler Carl Julius Milde durch. Sieveking wünschte jedoch, daß anstelle der zunächst vorgesehenen Szene „Erziehung des Pferdes" in Anspielung auf seine vier Söhne die Sage von den vier Haimonskindern dargestellt würde.[306] Der Syndicus drängte auf schleunige Fertigstellung, da er nicht frei von Eitelkeit darauf hoffte, daß der Herzog von Augustenburg den neuen Luxusstall aus Anlaß der Horner Pferderennen benutzen würde.[307]

Chateauneuf publizierte diese kunstvolle „Stallung für Ackerbaupferde" 1839 in der „Architectura domestica".[308] Eine spätere Fotografie deutet auf kleinere Umbauten im Fensterbereich und hinzugefügte Schornsteine hin. Die Malereien erwiesen sich als wenig dauerhaft und werden bereits nach wenigen Jahren vollständig verblaßt gewesen sein.[309] Das Gebäude ist nicht erhalten.

Literatur: Sieveking 1902, S.122; Martius 1939, S.227-228

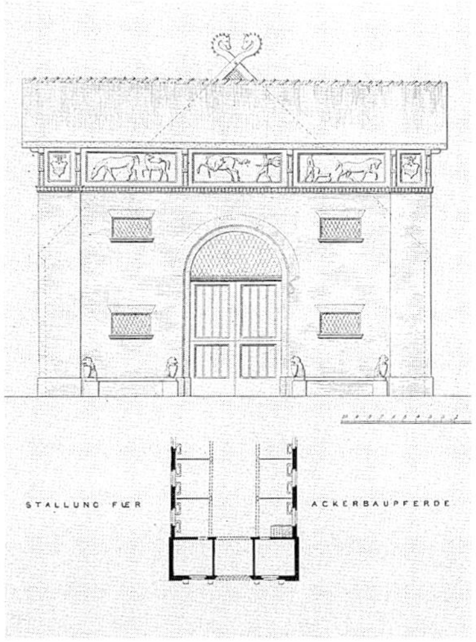

WV 49 *Pferdestall auf dem Hammerhof in Hamm*

50

Bierbrauerei auf dem Hammerhof in Hamm, 1835

Im Herbst 1835 wurde die Brennerei des Hammerhofes durch den Anbau einer kleinen Bierbrauerei erweitert. Nach Intention des Bauherrn Karl Sieveking sollte der Neubau auch den Einrichtungen der „alten" Brennerei zugute kommen. Sieveking hatte zur Vorbereitung in London Brauereien und Brennereien studiert. In Frankfurt am Main hatte er sich im März 1835 bei dem Mechaniker Bornschein, der in Manchester unter Stephenson gearbeitet hatte, informiert. Über das Aussehen der Bierbrauerei sind keine Abbildungen bekannt. Der Bau ist nicht erhalten.[310]

Literatur: Sieveking, 1902, S.90-91

51

Waschküche auf dem Hammerhof in Hamm, 1835

Zu den kleineren Aufträgen, die Chateauneuf für Syndicus Karl Sieveking auf dem Hammerhof ausführte, zählte auch der Anbau einer Waschküche an das Pächterhaus. Das für 7000 Courantmark errichtete Gebäude wurde am 7. September 1835 eingeweiht. Entwurfszeichnungen oder Pläne sind nicht nachweisbar. Der Bau ist nicht erhalten.

Literatur: Sieveking 1902, S.82

52

„Mutterhaus" des Rauhen Hauses in Horn, 1835

Am 1. April 1835 beschloß der Verwaltungsrat des Rauhen Hauses den Bau eines Ökonomiegebäudes. Zwei Jahre nach der Gründung bedurfte die ständig größer werdende Anstalt dringend einer zentralen Versorgung. Maßgebend für das Bauvorhaben war auch das Bedürfnis nach Gründung einer Mädchenanstalt. Durch den Neubau sollten mehrere Räume im alten „Rauhen Haus"[311] frei werden und für die Aufnahme „gefährdeter Mädchen" zur Verfügung stehen.

Chateauneuf zeichnete den Entwurf auf Bitte Sievekings.[312] Seine gestalterische Aufgabe war schwierig, da verschiedene Funktionen in einem relativ kleinen Gebäude untergebracht werden mußten. Hauptraum sollte die große Diele werden, auf der sämtliche Mitglieder des Rauhen Hauses Platz finden konnten. Zusätzlich mußten Vorratsräume, die Hauptküche und ausreichend Wohnraum für die zeitweise Unterbringung neu aufzunehmender und kranker Kinder vorhanden sein. Auch Wichern, der Leiter der Institution, wollte selbst in das zentral gelegene neue Haus einziehen.

Chateauneuf entwarf ein hohes Gebäude, dessen drei voll ausgebaute Geschosse von einem hohen steilen Satteldach bedeckt waren (Abb. S.200). Der Bau wurde in einfachsten Materialien errichtet. Doch Chateauneuf gelang es, die Fachwerkbalken und die roten Ziegelsteine durch kunstvolle Rhythmisierung in Verbindung mit den Sprossenfenstern zu schöner Gesamtwirkung zu vereinen. Der Architekt griff damit bewußt auf Bauformen zurück, die in der damals ländlichen Umgebung des Rauhen Hauses noch in Gebrauch waren.

Das Bauvorhaben erfreute sich hochrangiger Protektion, denn Karl Sieveking und Martin Hieronymus Hudtwalcker mauerten am 31. Mai 1835 den Grundstein in die südwestliche Ecke des Baus.

Bei der Errichtung halfen die Zöglinge des Rauhen Hauses nach Kräften, so daß die Baukosten gering blieben. Bereits am 29. Oktober konnte das „Mutterhaus" eingeweiht werden.[313]

Als 1839 der Betsaal errichtet wurde, legte man von dort einen verdeckten Verbindungsgang zum „Mutterhaus" an. Später hatte dieses Haus wechselnde Funktionen. Am 24. März 1836 brannte es durch ein Großfeuer völlig aus. Beim unverzüglich unter der Leitung von Gerhard Langmaack durchgeführten Wiederaufbau wurde das Strohdach durch ein Ziegeldach ersetzt.[314] Das im Zweiten Weltkrieg nur unwesentlich beschädigte Haus ist bis heute das letzte Zeugnis von Chateauneufs umfangreicher Tätigkeit für die bedeutende Sozialstiftung des Rauhen Hauses.

Literatur: Wichern 1845, S.47-70; Gerhardt 1927/1931, I, S.167; Lange 1965, S.41; Danilkiewicz 1990

53

Bauten für das Rauhe Haus in Horn (?), 1835/47

Neben den Hauptbauten „Schweizerhaus", „Mutterhaus" und „Betsaal" wurden in den dreißiger und vierziger Jahren zahlreiche weitere Gebäude auf dem Gelände des Rauhen Hauses errichtet (Abb. S.200). Viele der Bauvorhaben sind in den Jahresberichten der Anstalt mehr oder weniger ausführlich dargestellt und durch bildliche Darstellungen dokumentiert. Über den entwerfenden Architekten werden aber generell keine Aussagen gemacht.[315]

Da Chateauneuf in den dreißiger Jahren wiederholt für die Anstalt tätig war und in den Jahresberichten als „bewährter Architekt"[316] genannt wird, ist es durchaus denkbar, daß er für den einen oder anderen Bau Entwurfszeichnungen angefertigt hat. Daß auch in den vierziger Jahren ein intensiver Kontakt zum Anstaltsleiter Johann Hinrich Wichern bestand, belegt das Projekt einer „Basilika für die innere Mission" (WV 105).

Von allen damals errichteten Bauten weisen vor allem der 1841 für eine Knabenfamilie und mehrere Gehilfen erbaute „Bienenkorb"[317] und das 1842 für zwei Mädchenfamilien errichtete „Familienhaus"[318] Ähnlichkeiten mit Chateauneufs „Mutterhaus" auf. Auch diese beiden Häuser wurden mit großer Zweckmäßigkeit aus Fachwerk und unverputzten Backsteinen geformt, so daß eine Beteiligung des Architekten erwogen werden kann. Unbestreitbar ist jedoch, daß diese Bauten einen deutlichen Qualitätsunterschied zu dem gleichzeitigen, mit großer gestalterischer Raffinesse errichteten Amalie-Sieveking-Stift (WV 70) aufweisen.

Wicherns Jahresberichte erwähnen Chateauneuf in diesem Zusammenhang nicht; vielmehr entsteht der Eindruck, als ob die Mitarbeiter des Rauhen Hauses diese Gebäude völlig eigenständig errichtet hätten.[319]

54
Rahmen für ein Overbeck-Gemälde, 1835

Am 7. März 1824 wurde der Betsaal des neuerbauten Krankenhauses St. Georg feierlich eingeweiht. Da sich der Staat finanziell nicht an der Ausschmückung der Kapelle beteiligte, versuchten die Kunstvereinsmitglieder Karl Sieveking, Carl Friedrich von Rumohr und Martin Hieronymus Hudtwalcker[320], die nötigen Geldmittel durch eine Subskription unter Kunstfreunden der Stadt zusammenzubringen. Man wünschte ein repräsentatives Gemälde von Friedrich Overbeck, einem der damals bekanntesten deutschen Maler.[321] Der vielbeschäftigte Künstler erhielt im Frühjahr 1825 den Auftrag, brauchte allerdings mehrere Jahre, um das Thema „Christus am Ölberg" fertigzustellen. Erst im Mai 1834 traf das Gemälde in Hamburg ein. Da die Krankenhauskapelle für die Aufstellung des Gemäldes noch umgebaut werden mußte, sollte das Werk zuvor acht Wochen lang im großen Saal des Stadthauses am Neuen Wall ausgestellt werden. Chateauneuf wurde damit beauftragt, für diese Präsentation einen eigens anzufertigenden Blendrahmen zu entwerfen. Bereits am 3. Juni waren die Arbeiten nach den Entwürfen des Architekten abgeschlossen, so daß die Besichtigung möglich wurde. Innerhalb weniger Wochen kamen zahlreiche Spenden zusammen. Im Auftrag von Sieveking und den anderen Subskribenten war Chateauneuf nicht nur für die Präsentation des Gemäldes, sondern auch für alle damit verbundenen geldlichen Transaktionen verantwortlich.

Der Umbau der Kapelle ging derweil nur schleppend voran. Chateauneuf mußte vom Senator und den Provisoren erst ernsthaft ermahnt werden, bis er die Zeichnung für den Rahmen und einen Orgelkasten (WV 55) am 9. Oktober 1835 vorlegte.[322]

Sein Entwurf zeigt einen weiß gefaßten, mit goldenen Punkten dekorierten Altaraufbau. Der in diese Konstruktion eingestellte, mit einem Segmentbogen abschließende vergoldete Bilderrahmen wies griechische Ornamente auf.[323] An den Seiten des Altaraufbaus waren herabhängende Tücher vorgesehen, deren grüne Farbe gut mit den Goldtönen harmonierte.

Der vor allem in der Vorderansicht elegant wirkende Entwurf fand nicht die ungeteilte Zustimmung der Verantwortlichen. Zurückhaltend urteilte der Provisor Justus: „Die Zeichnung ist recht hübsch, allein unser einfacher, jetziger Betsaal entspricht seinem Zwecke nach meiner Meinung weit besser und könnte einer solchen Zierde gern entbehren."[324] Auch einige Mitglieder des Krankenhauses zeigten sich reserviert. Der Anstaltspastor Ahlers plädierte zunächst für eine Anbringung des Bildes unter der Kanzel. Wimmel und Chateauneuf setzten jedoch eine Aufstellung an einer der Seitenwände durch, da so eine günstige Beleuchtung (von der linken Seite) möglich wurde. Erst im Dezember war der Umbau der Kapelle abgeschlossen, so daß das Bild aufgestellt werden konnte. Der Altar ist nicht erhalten.[325]

Literatur: Schümann 1971, S.147-156

55
Orgelkasten für die Betkapelle im Krankenhaus St. Georg, 1835

Anläßlich der Neugestaltung der Kapelle des Krankenhauses St. Georg entwirft Chateauneuf neben dem Rahmen für das Overbeck-Gemälde (WV 54) auch einen Orgelkasten.[326] Die Pfeifen des kleinen Instruments werden in einen hinten geschlossenen und vorne durch

WV 54 *Rahmen für ein Overbeck-Gemälde*

WV 55 *Orgelkasten für die Betkapelle im Krankenhaus St. Georg*

vier Pfosten gegliederten Kasten eingefügt. Darüber befindet sich eine abgestufte, gesimsartige Auflage und ein bogenförmiger Abschluß. In Anlehnung an den ebenfalls von ihm gestalteten Rahmen für das Overbeck-Gemälde nimmt Chateauneuf weitgehend die dort verwendete Ornamentik auf. Dabei erzeugen die goldenen Dekorationen auf dem weißen Fond einen edlen Gesamteindruck. Hierzu fügen sich bestens die grünen, gerefften Vorhänge oberhalb der Orgelpfeifen. Das Werk ist nicht erhalten.

56

Entwürfe für Wohnbauten, um 1835

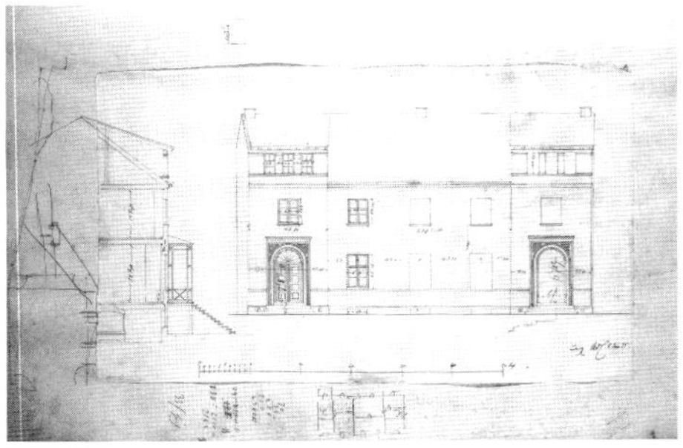

WV 56 *Entwurf für ein Wohnhaus, um 1835*

Im Osloer Nachlaß befinden sich zwei Entwürfe Chateauneufs mit Fassadenlösungen für zweigeschossige Wohnbauten.[327] Auf einem mit „6. Jan. 35" datierten Blatt sieht man ein längsrechteckiges, fünfachsiges Gebäude, dessen äußere Achsen Portale aufweisen und durch Dachausbauten betont sind (Abb. links). Die Dekoration des Hauses ist auf ein Minimum reduziert. Eine flüchtige Grundrißskizze am unteren Blattrand deutet darauf hin, daß in dem Haus zwei getrennte Wohnungen untergebracht werden sollten. Im Erdgeschoß ist eine Raumhöhe von 12 Fuß, im Obergeschoß von 10 Fuß vorgesehen. Auf der Rückseite des Gebäudes ist eine kleine Veranda geplant.

Künstlerisch anspruchsvoller ist der zweite Entwurf, der möglicherweise die Gartenseite eines Landhauses zeigt. Hier sind die äußeren Achsen durch Drillingsfenster und Giebelabschluß hervorgehoben. Unterhalb des Satteldachs läuft ein schmaler Fries. Im Erdgeschoß akzentuieren ein Portal und eine Veranda die Fassade. Beide Zeichnungen geben keinerlei Hinweis auf eine örtliche Situation oder einen möglichen Bauherrn. Dennoch erlauben die genauen Maßangaben und die Art der Signatur den Schluß, daß es sich um konkrete Planungszustände handelt. Da es kein eigenhändiges Werkverzeichnis des Architekten gibt und ein Klebeband mit den Entwürfen für Privatbauten im II. Weltkrieg ohne vorherige Auswertung verbrannt ist, können die zufällig erhaltenen Zeichnungen nicht zugeordnet werden.

57

Entwurf für eine Börse am Nikolaifleet, 1835

Im September 1835 fertigte Chateauneuf nach zehn Jahren wieder einmal einen Börsenentwurf für den Standort am Nikolaifleet an. Neben einem Erläuterungsbericht des Architekten und einem Gutachten können auch zwei perspektivische Ansichten für die Untersuchung herangezogen werden (Abb. Tafel 10 und 11).[328]

Chateauneuf wollte mit seinem Entwurf dem allgemeinen Wunsch entsprechen und „einen bedeckten und hellen Aufenthaltsort für alle Börsenbesucher"[329] errichten. Dieses Vorhaben war höchst schwierig, da ein „Gebäude, daß wenigstens 20,000 Quadratfuß Fläche benötigte, ohne ungebührliche Gassen oder Flethbeschränkung"[330], auf dem dicht bebauten vorhandenen Raum nicht zu errichten war. Chateauneuf machte daher drei verschiedene Vorschläge zur Raumbeschaffung. Zunächst zog er den Erwerb von zwei bis drei Grundstücken am gegenüberliegenden Kanalufer in Erwägung. Diese Lösung verwarf er mit dem bemerkenswerten städtebaulichen Argument, daß so, abgesehen von der sehr unregelmäßigen Gassenumgebung, eine ungebührliche „Beschränkung einer der schönsten Canalflächen unserer Stadt"[331] eintreten würde. Der zweite Vorschlag zielte auf die vollständige Beseitigung der 14 auf dem Gelände stehenden Bürgerhäuser. Allerdings war Chateauneuf Taktiker genug, daß er diesem allzu kostspieligen Vorschlag eine preisgünstigere Variante beifügte. Er schlug daher wie vor ihm bereits der Hamburger Architekt Klees-Wülbern vor, lediglich die vordere Häuserreihe zwischen Brodschrangen und Rathaus aufzukaufen und die Grundstücke dem Bauplatz zuzuschlagen.[332] So könnte, wenn man das Ufer um circa 30 Fuß in den Kanal hinauslegte, Raum für das Börsengebäude von 22.000 Quadratfuß gewonnen werden.

Für dieses erweiterte Grundstück entwarf Chateauneuf ein Bauensemble aus einem zweigeschossigen Hauptgebäude und einem vorgelagerten, von eingeschossigen Arkaden umgebenen Innenhof.[333] Dieser Bauteil ragt zwischen Rathaus und Zollenbrücke einige Meter in das Fleet hinein. Das Äußere zeigt durchgängig von schmalen Pfeilern getragene Rundbogenarkaden, von denen sechs an den Schmalseiten und neun an der Wasserseite angeordnet sind. Die beiden Ecken über dem Wasser sind durch zweigeschossige, gedrungene Turmbauten akzentuiert. Eine schöne Perspektivskizze des Architekten veranschaulicht die „malerische" Situation mit Blick von der Zollenbrücke aus (Abb. Tafel 11). Deutlich wird, daß Chateauneuf die Bebauungshöhe des altehrwürdigen Rathauses achtet. Unverkennbar ist auch der harte Kontrast des „modernen", eleganten Gebäudes im Rundbogenstil zu den verwinkelten, am Fleet gelegenen Giebelbauten.

Über das Aussehen des inneren Hofes können keine Aussagen gemacht werden, er ist wahrscheinlich von Arkadengängen umgrenzt. An seiner zum Neß hin gelegenen Seite erhebt sich das zweigeschossige Hauptgebäude, das eine Größe von 200 Fuß Länge und 120 Fuß Breite umfassen soll. Um den inneren großen Börsensaal hell und luftig zu gestalten, sieht Chateauneuf eine Höhe von 40 Fuß und „rund herum frey liegende Fenster" vor. Sie sind durchgehend rundbogig angelegt. Zum flach ansteigenden Dach leitet ein kräftiges Kranzgesims über.

Durch die Gewinnung des zweistöckigen Saals „fällt indeß jeder Gedanke der Benutzung eines obern Stockwerks zur Commerzbibliothek oder gl. von selbst weg"[334]. Chateauneuf schlägt alternativ vor, das gesamte geplante Commerzgebäude mit unten gelegenen Auktionssälen, Versammlungszimmern und Büros sowie der im Obergeschoß vorgesehenen Bibliothek „auf dem Platze des Kayserhofes mit Hinzuziehung des danebenliegenden Erbes am Neß, zu erbauen"[335]. Die Maklerboutiquen sollen nicht im Börsengebäude, sondern zum Teil im Commerzgebäude und auf einem neu zu bebauenden Platz untergebracht werden. Die wichtige Verbindung vom Rathaus zu den Brodschrangen soll eine 20 Fuß breite überglaste Passage für Fußgänger ermöglichen. Für Wagengespanne stand beim Neß genügend Platz zur Verfügung. Eine der beiden erhaltenen Perspektiven zeigt, daß zwischen Börse und Rathaus ein dreibogiger Torbogen geplant war, der in seinem oberen Bereich auch als Verbindungsgang zwischen den beiden Gebäuden benutzt werden konnte.

Die zum Neß hin gelegenen freien Plätze konnten für gewinnträchtige Neubauten verwendet werden.

Chateauneufs Kostenvoranschlag belief sich für das Börsengebäude auf 230.000 Mark Banco, für das Commerzgebäude auf gut 96.000 Mark Banco und für die Glaspassage auf 25.000 Mark Banco. Diese Summe wäre noch durch notwendige Hausankäufe von weit über 500.000 Mark Banco erhöht worden.[336]

Der Entwurf verdeutlicht Chateauneufs Bemühen, den vielfältigen Ansprüchen der am Börsenbau interessierten Gruppen architektonisch Gesicht zu verleihen. Während er für die Traditionalisten den alten Standort beibehielt, kamen die progressiveren Kräfte mit dem damals hochmodernen Rundbogenstil zu ihrem Recht. Das vergrößerte Grundstück bot die Möglichkeit, den Anhängern der Repräsentation mit einem „würdevollen" Bau zu entsprechen. Letztlich mußten sich auch die Mitglieder der Baudeputation bestätigt fühlen, die eine teilweise offene Börse befürworteten.

Chateauneufs Entwurf wurde am 23. September begutachtet. In den darauffolgenden Wochen wurden Erkundigungen über die Kosten der aufzukaufenden Häuser eingeholt. Die Chancen für eine Verwirklichung fielen aber schlagartig, als sich der Senat am 18. November 1835 vorläufig für den Adolphsplatz als Bauplatz einer Hamburger Börse ausgesprochen hatte. Doch Chateauneuf ließ sich nicht entmutigen. Wenige Monate später legte der Architekt für denselben Standort einen weiteren, noch repräsentativeren Entwurf vor (WV 58).

Literatur: Schreyl 1963, S.51-53; Hannmann 1975, S.94-95

58

Entwurf für eine Börse am Nikolaifleet, 1836

Nachdem der Senat am 18. November 1835 den Adolphsplatz als Bauplatz für die Hamburger Börse bestimmt hatte, ließ die Baudeputation von Wimmel und Heinrich einen Situationsplan dafür anfertigen. Dieser im Februar 1836 fertiggestellte Entwurf, der schon wesentliche Aspekte des später ausgeführten Baus zeigte, spornte Chateauneuf dazu an, einen letzten großartigen Entwurf für das Nikolaifleet auszuarbeiten (Abb. Tafel 12). Dieses bereits im März 1836 vollendete Projekt ähnelte dem ein halbes Jahr zuvor eingereichten Entwurf in zahlreichen Aspekten (WV 57).

Grundlage sämtlicher Planungen war der Ankauf von sieben zum Nikolaifleet gelegenen Grundstücken.

Mit der Hinzunahme des Geländes der alten Börse sowie des Krans ergab sich eine Fläche von ca. 25.000 Quadratfuß. Dies veranlaßte Chateauneuf zu dem Versuch, „dem täglichen Verkehrsorte der Kaufmannschaft seine centrale Lage, umgeben von fast allen Sitzungssälen der Behörden und Gerichte, auch für die Zukunft zu sichern". Diesen Vorsatz sah der Architekt „durch Erinnerung an das Forum der Alten, so wie durch ähnlich durchgeführte Vereinigung der öffentlichen Gebäude in mittelalterlichen Städten, gerechtfertigt ..."[337]

Chateauneuf plante ein Bauensemble aus einem dreigeschossigen Hauptgebäude und einem vorgelagerten, von eingeschossigen Arkaden umgebenen „Börsenplatz".[338] Dieser etwa 38:61 Meter große Bauteil ragt zwischen Rathaus und Zollenbrücke bis zu etwa 14 Meter in das Fleet hinein. Das Äußere zeigt durchgängig von breiten Pfeilern getragene, verglaste Rundbogenarkaden, von denen sieben an den Schmalseiten und zwölf an der Wasserseite angeordnet sind. Die beiden Ecken über dem Wasser sind durch zweigeschossige, gedrungene Turmbauten akzentuiert.

Im Inneren weist dieser Bauteil einen von Säulengängen umrahmten Hof auf. Die an drei Seiten vorgesehenen Umgänge zeigen dorische Säulen mit geradem Architrav und darüber ein umlaufendes Satteldach. Auf der vierten Seite, zum Neß hin, ist der Umgang schwächer ausgebildet.

Chateauneuf erläutert dazu, daß sich die Anlage eines „Atriums antique mit Collonaden umgränzten Platzes, allhier in hochbautiger Umgebung, als zweckmäßigster Börsenraum empfehle, wenn man hierbei für die schlechte Jahreszeit die Anbringung eines gläsernen Schutzdaches nicht verwerflich fände".[339] Es soll von einer filigranen Eisenkonstruktion gestützt werden, in deren Gesparre Chateauneuf Darstellungen von Meerwesen vorsieht.

An der zum Neß hin gelegenen Seite erhebt sich in direktem Anschluß das dreigeschossige Hauptgebäude. Es ist im Erdgeschoß in Rundbogenarkaden geöffnet, die den äußeren des Hofbaus entsprechen; in die Zwickel sind stehende geflügelte Genien eingefügt. An der Rathausseite setzt sich der dreigeschossige Bauteil im Erdgeschoß mit neun Arkaden von der Art der übrigen fort. Auffallend ist, daß hier zwischen Pfeiler und Kranzgesims jeweils ein mit Inschriften versehenes kurzes Pilasterstück eingesetzt ist. Die beiden Obergeschosse werden durch schmale Pilaster gegliedert. Im ersten Geschoß sind rundbogige, im zweiten Obergeschoß hochrechteckige Fenster vorgesehen. Unterhalb des flach ansteigenden Daches sind kleine querrechteckige Fenster eingelassen, die einem niedrigen vierten Geschoß angehören.

Eine empfindliche Störung der ästhetischen Gesamterscheinung der Börse wird durch die fünf Bürgerhäuser verursacht, die wohl überwiegend aus finanziellen Gründen am Neß stehen bleiben sollen. Dadurch kann das Gebäude dort nur mit zwei abknickenden Achsen und an den Brodschrangen nur mit sechs Achsen in Erscheinung treten. Es ist erstaunlich, mit welchem Geschick und Erfindungsreichtum Chateauneuf die Grundrisse des derart verwinkelten Hauptgebäudes anlegt. Im Erdgeschoß sind vom Börsenhof her hinter dem Arkadengang achsial jeweils zwei hintereinandergestellte Maklerzimmer angeordnet; es folgt eine mit Glas bedeckte Fußgängerpassage als Verbindung vom Rathaus zur Zollenbrückenseite und daran anschließend wieder Maklerzimmer und vermietbare Wohnungen. Die oberen Etagen weisen Büros, den „Versammlungssaal des ehrbaren Kaufmanns" und in der dritten Etage an der Ecke nach der Rathaus- und Neßseite die berühmte Commerzbibliothek auf.

Trotz zahlreicher Ähnlichkeiten ist unverkennbar, daß dieser Entwurf eine Weiterentwicklung des September-Projektes darstellt. Neben den größeren Dimensionen findet sich vor allem eine gänzlich andere Raumnutzung. So ist der wichtigste Börsensaal nicht mehr im Hauptgebäude, sondern in Anlehnung an antike Gewohnheit in einen freien Innenhof verlegt. Dadurch wird es möglich, all die vorher auf Nebengebäude verteilten Nutzbereiche (Commerzbibliothek usw.) in einem Gebäude zu vereinen. Der torbogenartige Verbindungsgang vom Rathaus zur Börse ist weggelassen. In stilistischer Hinsicht weist auch dieser Entwurf den in Hamburg damals erst schwach vertretenen Rundbogenstil in eindrucksvoller Klarheit auf.

Um seinen Entwurf für die politischen Entscheidungsträger noch überzeugender zu machen, richtete Chateauneuf ein (undatiertes) Schreiben an die Behörde. Darin schlug er vor, die am Wasser gelegene Arkadenreihe auch zweistöckig zu bauen, ohne dabei „einen künstlerischen Verstoß zu begehen".[340] Auf diese Weise wollte er doppelt soviel Raum für Auktionssäle gewinnen, wie für diese bislang in der alten Börse zur Verfügung stand. Auch könne die Fußgängerpassage bei Bedarf zu einer Fahrstraße verbreitert werden. Letztlich brachte Chateauneuf einen wichtigen praktischen Aspekt ins Spiel. Er wies darauf hin, daß der Bauplatz so gewählt sei, daß die „Demolirung" der alten Börse erst zu beginnen brauche, wenn der Neubau fertig sei.

Doch trotz aller Bemühungen gelang es Chateauneuf nicht, mit seinem am 23. März 1836 besprochenen Projekt den Senat von dessen grundsätzlicher Entscheidung für den Adolphsplatz abzubringen.[341] Dazu trug sicher auch ein negatives Urteil der Baubeamten Koch, Wimmel und Heinrich bei, die den Entwurf wegen der unterschiedlichen Gebäudehöhe und der Ecktürmchen als pittoresk bezeichneten. Zum Glasdach hieß es gar: „Uns möchte überhaupt die ganze Idee, das Börsenpublicum in einem Treibkasten zu stecken, eher als ein guthmütiger Scherz als ein ernst gemeinter Vorschlag erscheinen."[342]

Trotz des Rückschlags war Chateauneuf von der künstlerischen Qualität seines Entwurfes voll überzeugt. Zwei Jahre später übernahm er wesentliche Aspekte der Grunddisposition und zahlreiche Details für den Wettbewerbsbeitrag für den Bau einer Londoner Börse (WV 69) und errang mit dem zweiten Platz einen der größten Erfolge seines Berufslebens.

Literatur: Schreyl 1963, S.51-53; Hannmann 1975, S.94-95

59

Arbeitshaus des Rauhen Hauses in Horn, 1836

Das Arbeitshaus gehört zu den einfachen Zweckgebäuden, die in den dreißiger Jahren auf dem Gelände des Rauhen Hauses errichtet wurden. Das als schlichtes Fachwerkgebäude errichtete Arbeitshaus verfügte im unteren Bereich u.a. über Werkstätten für Tischler und Schuster; oben befand sich die Wohnung einer Knabenfamilie sowie ein Heu- und Kornboden (Abb. S.200).

Das Gebäude wurde schon am 28. August 1838 durch schwere Brandstiftung von „zwei der schlechtesten Buben" zerstört.[343] Ende Oktober wurde bereits der Neubau – diesmal mit einer Wohnung für eine dritte Familie und einem Ziegeldach – durchgeführt. Die Zuschreibung des auch „Goldener Boden" genannten Gebäudes an Chateauneuf beruht auf Gerhardt, der als Biograph Wicherns vor dem Zweiten Weltkrieg Zugriff auf alle bis dahin erhaltenen Quellen besaß. Von Chateauneuf selbst sind – wie auch bei den anderen Bauten des Rauhen Hauses – keine Entwurfszeichnungen nachweisbar.

Literatur: Wichern 1845, S.71-99; Gerhardt 1927/1931, I, S.173

60

Landhaus für Syndicus Buchholz vor dem Burgtor in Lübeck, 1836–1838

Bis weit über die Mitte des 19. Jahrhunderts war es unter den wohlsituierten Lübeckern üblich, den Sommer „auf dem Garten vor dem Tor" zu verbringen. Bereits im 18. Jahrhundert waren zahlreiche Sommerhäuser mit gepflegten Gartenanlagen entstanden. Bevorzugte Gegend war damals das Land vor dem Holstentor gewesen. Hier hatte man einen prächtigen Blick auf die vieltürmige Stadt. Seit Ende des 18. und im frühen 19. Jahrhundert fand aber das Hochufer der Trave vor dem Burgtor zunehmend Anklang. Hier faszinierte die „ungemein anmuthige Lage mit Ausblick ins grüne Flußthal, auf dem vielfach geschlängelten Lauf der Trave und die Dampf- und Segelschiffe, die sie befahren".[344]

Auch der aus Lübeck stammende Notar Carl August Buchholz (1785–1843) ließ sich in der Eschenburgstraße vor dem Burgtor ein Landhaus errichten.[345] Buchholz hatte sich durch seine mutige Haltung während der Franzosenzeit Achtung verschafft. Umstritten war dagegen sein Einsatz als Anwalt für einige norddeutsche Gemeinden auf den Kongressen in Wien (1814/15) und Aachen (1818). 1823–1834 war er mit einigem Erfolg für Lübeck in Kurhessen tätig. Seine politische Laufbahn krönte er 1834 mit der Wahl zum Senatssyndicus. Da er auch geschäftlich größeren Erfolg gehabt hatte, war es naheliegend, daß er sich ein seinem Rang, Ansehen und Wohlstand entsprechendes Landhaus bauen ließ.[346]

Als Architekten wählte er sich Alexis de Chateauneuf, der um 1826 mit dem Umbau von Sierhagen in Holstein Aufsehen erregt hatte (WV 10). Die Vermittlung dürfte – wie so oft – über Karl Sieveking gelaufen sein, der mit Buchholz häufig auf politischer Ebene zusammenarbeitete. Wahrscheinlich lernte der Bauherr seinen Architekten bei einem Besuch des Amtskollegen Sieveking in Hamburg-Hamm kennen und schätzen.

Die erste dokumentarische Notiz zur Baugeschichte findet sich in einem Brief Carl Julius Mildes an Henriette Nölting vom 11. August 1836, in dem er davon berichtet, daß sich Buchholz von Chateauneuf ein Haus bauen lassen werde.[347] Der Auftrag dürfte unmittelbar darauf erteilt worden sein, doch kam es bereits nach kurzer Zeit zu Verzögerungen. Am 12. Februar 1837 schreibt der Architekt an Frau Sieveking, daß er nun wieder für Buchholz tätig sein könne, da es dessen Frau wieder besser ginge und der Syndicus dadurch wieder zum Bauen aufgelegt sei. Die architektonischen Arbeiten dürften im Sommer 1838 abgeschlossen worden sein. Chateauneuf berichtete Sieveking, daß die geplante feierliche Einweihung des Hauses durch einen nicht näher genannten Großherzog nicht habe stattfinden können.[348]

Die Ausstattung der Innenräume gestaltete sich langwieriger. Am 22. Februar 1838 kam Chateauneuf eigens nach Lübeck, um mit Buchholz über die Dekoration der Zimmer zu sprechen. Henriette Nölting berichtete an den Hamburger Maler Carl Julius Milde, der für die Ausmalungen vorgesehen war: „Auch die

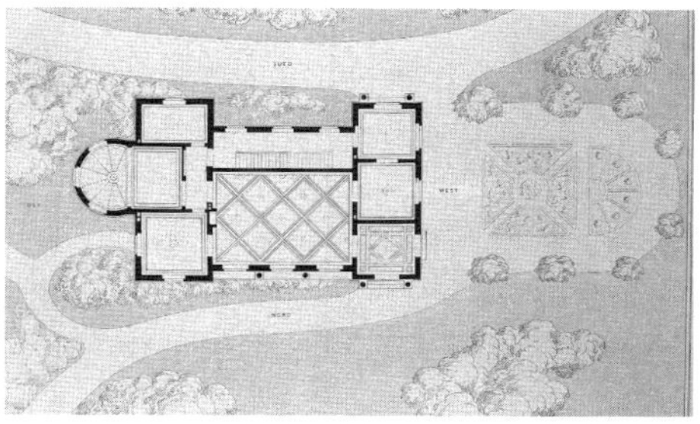

WV 60 *Landhaus Buchholz, Grundriß*

WV 60 *Landhaus Buchholz, Gartenansicht*

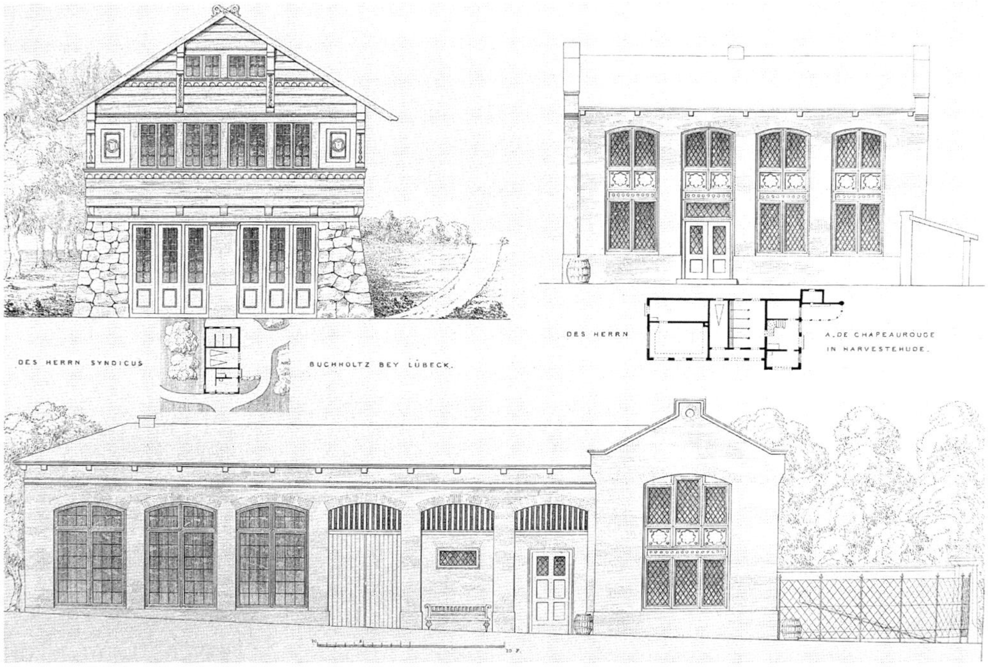

WV 61 *Gartenhaus Buchholz (oben)*

WV 31 *Gartenhaus Chapeaurouge (unten)*

Entwürfe zu Ihren Arbeiten bei Buchholz hat er uns gezeigt. Die sind gar reizend. B. wär ein Ekel wenn er sie nicht ausführen ließe." Doch war Buchholz in jenen Tagen wegen des schlechten Gesundheitszustandes seiner Frau und wegen politischer Querelen aufwendigen Dekorationsplanungen gegenüber wenig aufgeschlossen. „Zuletzt hat B. gemeint, diese Decorationen könne ja wohl der Maler Wendelnburg machen, worauf C. gestern seine Zeichnungen ganz zurückgenommen."[349] Endgültig wurden die Planungen 1839 aufgegeben.[350] Wann und durch wen die vielfach gelobten Dekorationsarbeiten im Landhaus Buchholz ausgeführt wurden, läßt sich anhand der Quellen bislang nicht ermitteln. Die Übereinstimmungen der „antikischen" Gestaltung mit anderen Arbeiten des Architekten machen es wahrscheinlich, daß der Entwurf von Chateauneuf stammt.

Chateauneuf mußte bei seinem Entwurf die große Ungleichheit des Terrains berücksichtigen. Zudem war auf Wunsch des Bauherrn „die schöne Aussicht auf den vielfach sich schlängelnden Flusse für möglichst viele Zimmer zu gewinnen".[351] Diese Vorbedingungen führten dazu, daß Grundriß und Aufriß des im allgemeinen zweigeschossigen Hauses unregelmäßig ausfielen. Lediglich der zur Trave hin ausgerichtete größte Saal war bis unter das Dach hochgezogen. Er war von außen nicht durch seine Position in der Mittelachse, sondern durch vor die Wand gestellte Säulen gekennzeichnet. Der Frühstücksraum wurde durch einen Erker hervorgehoben. Ein horizontaler Gesimsgurt war um das gesamte Haus gezogen.

Die von mehreren Besuchern überlieferte hohe künstlerische Qualität der Innenausstattung kann anhand der Quellen nicht mehr nachvollzogen werden.[352] Der Hauptsaal besaß eine kassettierte Stuckdecke. Unterhalb davon war ein offensichtlich mit antiken Motiven geschmückter Fries um den Raum geführt.[353] Buchholz brachte als zusätzlichen Wandschmuck einige Bilder aus seiner Sammlung „neuerer" Meister an.[354]

In einem Vergleich zu dem zehn Jahre zuvor von Schinkel errichteten Schloß Charlottenhof in Potsdam gelang Günther Lange eine treffende Charakterisierung des Landhauses. Chateauneufs Gebäude erweist sich bei fast gleicher Größe als vielgestaltiger. Wo bei Schinkel noch Symmetrie vorherrscht, findet sich hier freie Gestaltung mit „freier Zuordnung der spannungsvoll zueinander geordneten Räume und Fassaden".[355] Während Schinkel den kristallinen Baukörper als Grundlage für seinen Entwurf nimmt, geht Chateauneuf primär von den Bedürfnissen der Bewohner aus. Seine Räume liegen an der Stelle, die sich aus der zweckmäßigen Organisation des Raumgefüges ergibt. „Er ist damit dem Thema des 'Bauens-von-innen-nach-außen', noch vor Reichensperger und ohne jede historische Rückbeziehung auf eine bestimmte Architekturepoche in ungewöhnlicher Rationalität vorausgeeilt."[356] Diese auch an anderen Privatbauten Chateauneufs erkennbare Architekturhaltung – vgl. z.B. das Landhaus Hess (WV 119) – läßt den Schluß zu, daß der Architekt die Symmetrie als Ausdrucksform besonders repräsentativen Bauaufgaben vorbehalten wollte.

Buchholz konnte sich nicht lange seines Landsitzes erfreuen, denn er starb bereits fünf Jahre nach Vollendung des Baus. Das Gebäude fiel durch Erbschaft an den Juristen Ludwig Oppenheimer (1805–1884)[357], der 1833 Emilie Buchholz (1815–1847) geheiratet hatte.

So kam es, daß der junge Martin Haller, der mit Oppenheimer verwandt war, bei seinen Besuchen in Lübeck auch die Villa Buchholz kennenlernte. In seinen Erinnerungen schildert er, daß das stattliche „Wohnhaus mit der edlen antiken Zimmerdekoration"[358] stets Gegenstand von Oppenheimers Stolz war, der „durch die bewundernde Äußerung meines Pariser Studiengenossen, Architekt Richard Phené Spiers, 'That's an artist's work' Nahrung fand".[359]

1902 wurde das Landhaus durch Aufstokkung um ein Geschoß und Neugestaltung der Fassaden weitreichend verändert. Allerdings blieb die Anordnung der Raumfolge im Erdgeschoß erhalten. 1936 wurde das Gebäude zu einem Mehrfamilienhaus umgebaut.

Nach einem abermaligen Besitzerwechsel traten wegen Vernachlässigung allmählich Bauschäden auf, die aber bei einer sorgfältigen Restaurierung hätten behoben werden können. Trotz intensiver Bemühungen des Denkmalschutzamtes gelang es nicht, das Gebäude vor dem 1981 erfolgten Abriß zu bewahren.[360] An seiner Stelle befindet sich heute ein großer Altenwohnsitz. Der beeindruckende Baumbestand wurde teilweise in die Neuplanung integriert.

Literatur: Chateauneuf, Domestica, 1839, S.4 u. Pl. VI; Lange 1965, S.65-66; Hauschildt-Thiessen 1972, S.78; Kommer 1981, S.200 u. Anm. 8; Haller 1985, S.31; Brönner 1987, S.153

WV 62 Grabstätte Nölting in Lübeck, 1837

WV 63 Entwurf für einen Altaraufbau, 1837

61

Gartenhaus für Syndicus Buchholz vor dem Burgtor in Lübeck, um 1837

Das Gartenhaus für Syndicus Buchholz entstand in direktem Zusammenhang mit dem Neubau des Landhauses (WV 60). Es befand sich nordöstlich des Haupthauses und verfügte im Untergeschoß über eine geräumige Remise, im Erd- und Obergeschoß waren eine Gärtnerwohnung und Stallungen untergebracht. Der Bau erinnert mit dem flachen Satteldach und dem Bruchsteinmauerwerk im Sockelbereich an alpenländische Hütten. Die „bedingte Benützung eines abzutragenden hölzernen Hauses“ brachte Chateauneuf auf die Idee, das Gebäude mit Brettern zu verkleiden (Abb. S. 210).

Die für Norddeutschland ganz ungewöhnliche Form des Gartenhauses mag auf einen besonderen Wunsch des Auftraggebers zurückzuführen sein. Generell vermied Chateauneuf die allzu deutliche Verwendung folkloristischer Baumotive. Der Bau rief denn auch die Kritik der in Lübeck lebenden Henriette Nölting hervor. In einem Brief an den Maler Carl Julius Milde vom 11. August 1837 schrieb sie: „... wenn nicht ein anderes Dach auf das Schweizerhaus von Buchholz komme, so kriegt er es mit mir zu thun. (Das) Dach ist gewiß nur ein Interimsdach es gehört gar nicht dazu.“[361]

Das Gebäude wurde mehrfach umgebaut und erweitert, stets blieb aber der Entwurf Chateauneufs deutlich erkennbar. Im Zuge der Neugestaltung des gesamten Hanggrundstücks wurde das Gartenhaus 1981 abgerissen.

Literatur: Chateauneuf, Domestica, 1839, S.1 u. Pl. II; Tschudi-Madsen 1965, S.12-13; Lange 1965, S.69

62

Grabstätte der Familie Nölting auf dem Burgtorfriedhof in Lübeck, 1837

1832 war vor dem Lübecker Burgtor ein Friedhof eingerichtet worden. Als eine der ersten Familien ließen Christian Adolf Nölting und seine Frau Henriette dort eine repräsentative Grabanlage errichten. Die Nöltings genossen in Lübeck hohes Ansehen, denn der kurz zuvor gestorbene Friedrich Nölting (1759–1826) war Bürgermeister der Stadt gewesen. Auch Christian Adolf erwarb sich als schwedischer Konsul und Kirchenpfleger von St. Marien große Verdienste um das Gemeinwohl. Die kunstsinnigen Bauherren standen in engem Kontakt zur Lübecker und auch zur Hamburger Künstlerszene. Sie waren besonders eng mit Carl Julius Milde befreundet, aber auch Chateauneuf war gerngesehener Gast ihres Hauses. So lag es nahe, den Architekten mit dem Werk zu beauftragen, das dann im Sommer 1837 nach seinen Zeichnungen ausgeführt worden ist.[362]

Chateauneuf entwarf ein Grabmal, das aus dem für Mitteleuropa gewohnten Rahmen herausfällt. Zu diesem Eindruck tragen vor allem die vier hohen, fast orientalisch anmutenden Eckpfeiler bei, die das Grabmal umfassen und zugleich eine in halber Höhe eingeschobene und ringsum profilierte Deckplatte begrenzen. Die zwischen Deckplatte und Sockelzone eingefügten Platten nehmen die Namen der Verstorbenen auf. Als Material für das Grab wurde Sandstein gewählt, die Platten bestehen aus schwarzem Marmor. (Abb. links)

Chateauneuf entfernte sich mit diesem Entwurf deutlich von seinen klassizistischen Wurzeln. Lange wies darauf hin, daß die beim Grabmal verwendeten Gestaltungselemente bei dem fast zeitgleichen Hamburger Börsenentwurf von 1837–1838 (WV 64) in noch stärkerer Ausprägung auftreten.[363] Es ist das Prinzip der von Horizontalen durchbrochenen Vertikalen, das sich stärker als in der deutschen Gotik vor allem in der nordwesteuropäischen Baukunst findet. Hier zeigt sich neben dem Klassizismus und der italienischen Renaissance eine dritte Formquelle für Chateauneufs Architektur.

Literatur: Chateauneuf, Domestica, 1839, S.1, Tafel II; Daly 1840; Lange 1965, S.71-72

63

Entwurf für einen Altaraufbau, 1837

Unter den wenigen nachweisbaren kunstgewerblichen Arbeiten Chateauneufs zählt der im Oktober 1837 entstandene Entwurf für einen Altartisch zu den rätselhaftesten.[364] Das Projekt ist einzig durch eine der schönsten von Chateauneuf eigenhändig getuschten Zeichnungen überliefert. Sie zeigt als Hauptmotiv einen Altartisch, an dessen hinterem Abschluß sich als Altarbild eine Kopie von Tizians 1525 für die Familie Gonzaga entstandener Grablegung Christi erhebt. Das Gemälde ist an beiden Seiten von schlanken, vieleckigen Pfosten gerahmt, ein Motiv, das an den vorderen Ecken des Altartisches aufgenommen wird. Den oberen Abschluß des Rahmens bilden zwei auf den Pfosten stehende Engelsfiguren. Altartisch und Rahmen sind direkt vor einen Barockaltar postiert. Dabei kontrastiert der in

Gold gehaltene Tisch wirkungsvoll zu dem schwarzen Marmor des Altars.

Völlig unklar ist, warum Chateauneuf diese Zeichnung anfertigte. Möglicherweise besteht ein Zusammenhang mit einer Tizian-Kopie, die die mit Chateauneuf gut bekannte Lübekkerin Henriette Nölting zu fast derselben Zeit als Geburtstagsgeschenk erhielt.[365]

64

Börse auf dem Adolphsplatz, 1837–1838

Nachdem der Adolphsplatz als Baugelände für das Hamburger Börsengebäude feststand, beschloß der Senat am 31. Oktober 1836, eine Konkurrenz auszuschreiben. Am 31. Januar 1837 wurden die Bedingungen dafür in verschiedenen Zeitungen publiziert.

Bereits wenige Tage später kam es zum Eklat, als Chateauneuf gemeinsam mit Hamburger Architekten die Ausschreibung boykottierte. Die Baumeister lehnten es nachdrücklich ab, daß die Pläne Eigentum des Staates bleiben sollten und „es der competenten Behörde vorbehalten (sei), solche bei dem Baue entweder ganz, theilweise oder gar nicht zu benutzen".[366] Dieses Ereignis schlug wie ein „Blitzschlag in die Köpfe"[367] der Hamburger und erregte großes Aufsehen. Als Resultat wurde die Konkurrenz ohne Beteiligung der wichtigsten Hamburger Privatarchitekten durchgeführt. Von den bis zum 1. Mai eingegangenen 24 Entwürfen erhielt der Kölner Architekt Ernst Friedrich Zwirner den 1. Preis. Errichtet wurde das Gebäude dann jedoch von den Hamburger Baubeamten Wimmel und Forsmann.[368]

Chateauneuf muß über die abermalige Eigenmächtigkeit der Hamburger Baubehörde äußerst aufgebracht gewesen sein. Doch wie in einer Trotzreaktion bündelte er seine in zahlreichen Projekten gesammelten Erfahrungen und entwarf bis Ende Dezember 1837 zum letzten Mal ein für Hamburg gedachtes Börsengebäude. Diese Arbeit publizierte er 1838 in Berlin auf mehreren Steindrucktafeln und mit einer ausführlichen Erläuterung.

Der querrechteckige, von polygonalen Ecktürmen eingefaßte Baublock erhebt sich ohne sichtbares Dach auf einer quadratischen Plattform von 225 x 225 Fuß (ca. 70 x 70 Meter) (Abb. S. 92).[369] Nach Süden hin ist eine 50 Fuß tiefe Terrasse vorgelagert. Fialenartig über die Dachbalustrade hinausragende polygonale Streben teilen die Fassade in fünf bzw. vier große Achsen. Die Haupteingangsseite ist durch fünf in Höhe und Breite gleich große Rundbogenportale gegliedert. Dies führt in Verbindung mit den mehrfach abgetreppten Sockeln und Gewänden zu einem gedrungenen, massigen Eindruck. Ein schmales, auch um die Ecktürme geführtes Gesims trennt diesen Bauteil von den oberhalb davon angeordneten fünf großen Rundbogenfenstern. Sie verdeutlichen die architektonische Grundidee, den Bau möglichst aufzulösen. Chateauneuf schreibt dazu, daß die Mauern demnach „so viel als es die Construction es gestattet, zu Fenstern gemacht werden".[370] Dabei sollen keineswegs alle vier Wände aufgelöst werden, „denn die dem Sonnenlichte entgegengesetzte Seite bildet den besten Reflector für deren Strahlen ..."[371] Sämtliche Rundbogenfenster weisen streng horizontal-vertikal gegliedertes Maßwerk auf, das sich in einem senkrechten Mittelstreifen verdichtet. Die Kapitelle der Fensterpfeiler sind ornamentiert und bilden um den Bau herum eine weitere Betonung der Horizontalen. Über der Fensterzone folgt als oberster Fassadenteil ein geschlossener Wandstreifen mit 15 Wappenfeldern. Ein Kranzgesims und eine von schmalen, hochrechteckigen Öffnungen durchbrochene Brüstung schließen die Fassade ab.

Oberhalb davon bilden die hochragenden polygonalen Mauerstreben eine Art Dachlandschaft. Die Ecktürme weisen einen von Konsolen getragenen Umgang und als Bekrönung die Figur einer geflügelten Göttin auf. An den Schmalseiten des Baus fehlen die weiten Erdgeschoßbögen, statt dessen sind dort Dreifenstergruppen angebracht. Die von Chateauneuf nicht dargestellte Rückseite zeigt eine den übrigen Seiten angenäherte Anordnung, aber der Dreigeschossigkeit des Inneren und den Zimmerfolgen entsprechende Verteilung der Fenster.[372]

Im Inneren öffnet sich eine durch die volle Höhe des Baues gehende 30 x 50 Meter große Halle, der an den Schmalseiten unterhalb der großen Fenster Kontore angegliedert sind (Abb. S. 214). Zwei Reihen von je vier polygonalen Pfeilern tragen Schwibbögen und eine flache kassettierte Holzdecke. Vor den seitlichen Kontoren und an der Rückwand der Halle ist ein schmaler, zwei Stufen hoher Umgang vorgesehen, so daß von dort das Börsengeschehen gut überblickt werden kann. Der an die Halle anschließende übrige Gebäudeteil enthält in drei Etagen die „Zimmer des Ehrbaren Kaufmanns", des Commerziums und des Handelsgerichts, wobei die Zimmer des ersten Obergeschosses mit Rundbogenfenstern zur großen Halle geöffnet sind.

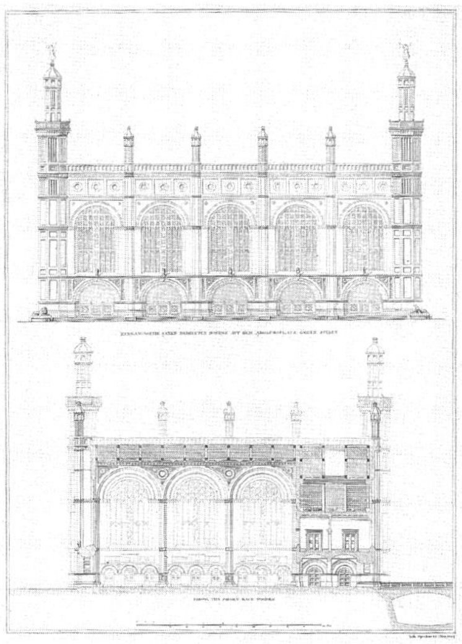

WV 64 *Entwurf einer Börse auf dem Adolphsplatz, Seitenansicht und Schnitt*

WV 64 *Entwurf einer Börse auf dem Adolphsplatz, Schaubild (oben) und Innenansicht (unten)*

Chateauneuf plaziert sein Börsengebäude unmittelbar an den damaligen Nordrand des Adolphsplatzes, so daß es – entsprechend seiner Grundkonzeption – so weit wie möglich aus der Schattenzone der umliegenden Häuser heraustritt (Abb. S. 92). Die Rückseite des Gebäudes hätte sich unmittelbar über dem dort verlaufenden Wasserarm erhoben und wäre durch eine Brücke mit dem gegenüberliegenden Ufer verbunden worden.

Sämtliche Mauern des Gebäudes sowie alle Gesimse und Ornate sollen in hellfarbigen Ziegelbacksteinen errichtet und gestaltet werden. Dabei verzichtet Chateauneuf ganz bewußt auf die „Bewurf- und Tünchkünste", da er die Konstruktion offenlegen und zudem die Textur des Materials als „lebendigste ewig dauernde Farbe" einsetzen will. Die Fensterbrüstungen sollen aus carrarischem Marmor gefertigt werden, da dieses Material „am wohlfeilsten und dauerhaftesten" sei. Für die inneren Pfeiler ist geschliffener Granit, für die Decke eine farbig gefaßte Holzvertäfelung vorgesehen.

Chateauneuf griff bei seinem Entwurf diesmal nicht auf die für ihn „sonst so reichen Vorbilder"[373] aus dem „griechisch-römische(n) Alterthum" zurück. Dies lag daran, daß er über keine genauen Kenntnisse der Basiliken verfügte und daß ihm die Foren mit ihren offenen Mittelplätzen für das nordische Klima ungeeignet schienen.[374] Anregungen holte er sich dagegen bei den Markthallen von Padua und Vicenza. Die „großartigen Bauwerke der Mauren" – wie z.B. die Moschee von Cordoba – wichen hinsichtlich des angestrebten Lichtreichtums zu stark von seinen Vorstellungen ab. [375]

Für die stilistische Ausprägung des „ganz neuen Bedürfnisses" fand Chateauneuf auch bei den bisher gebauten Börsen keine Anregungen. So ermangele die „Pariser und Petersburger Börsen-Architektur ... bei schärferer Prüfung der Consequenz organischer Entwicklung zu sehr, um als Leitsterne zu dienen". Daher greift er bemerkenswerterweise auf mittelalterliche Vorbilder zurück, denn „ähnliche Bedürfnisse großfenstriger Wandflächen hat wohl eigentlich nur die gothische Architektur zu stylisieren verstanden". Es ist typisch für Chateauneuf, daß er behutsam versuchte, „jenem verbrauchten Zuge der Formung einer entschwundenen Zeit auszuweichen, welcher, als Nachahmung beibehalten, dem ungünstigen Schicksal jeglicher Copie nicht entgehen würde".[376]

Die Umsichtigkeit dieses Konzepts und die künstlerische Phantasie Chateauneufs führten zu einem Entwurf, der verschiedenartige historische Formen zu einheitlicher Wirkung bringt. „Der Rundbogenstil des von Oberitalien inspirierten Klassizismus ist mit einem gotischen Gliederbau mit englisch-flandrischen Einflüssen verbunden; er vereint damit zwei stilistische Möglichkeiten des zeitgenössischen 'romantischen Klassizismus', läßt aber auf diese Weise auch Formen des handelsgeschichtlich bedeutsamen Südens in einer dem Norden eigenthümlichen Gestaltung erscheinen."[377] Anspielungsreich ist auch die Anlage der Terrasse vor der in Bogen geöffneten Versammlungshalle deutlich auf die Hamburger Börse von 1577–1583 bezogen. Das Motiv des zwischen Stufen eingetieften Fußbodens findet sich in den niederländischen Hochhallenbörsen. „Am bemerkenswertesten aber ist der Rückgriff auf die spanische Lonja, der sonst bei keinem der zahlreichen Börsenbauten oder Entwürfe des 19. Jahrhunderts zu finden ist."[378] Mit der Lonja von Palma stimmen der rechteckige Baublock, die polygonalen Ecktürme, die ebenfalls polygonalen Mauerverstärkungen und die rechteckig durchbrochene Balustrade überein. An die Lonja von Barcelona erinnert die Verbindung der Halle mit den dahinter in drei Geschossen angeordneten Zimmern, wo sich auch die von Schwibbogen getragene flache Holzdecke findet.[379]

Unschwer ist zu erkennen, daß Chateauneuf mit seiner Publikation beabsichtigte, den Dauerstreit mit dem obersten Baubeamten Wimmel weiterzuführen. Es kam einer Diffamierung gleich, daß er im Text als Beispiel für eine schlechte Saalbeleuchtung einen Querschnitt abbildete, der fast genau mit demjenigen von Wimmels Hamburger Börse übereinstimmte.[380]

Die Herausgabe dieses Entwurfs zeigt, daß Chateauneuf trotz zahlreicher Rückschläge Ende der dreißiger Jahre ein ausgeprägtes Selbstbewußtsein besaß. Die kostspielige Edition schien ihm gerechtfertigt, da „weder Eifer noch Fleiss daran gespart" worden sei. „Es schien also keine Veranlassung vorhanden, damit hinter dem Berge zu halten."[381] Der Entwurf fand denn auch eine starke Resonanz und festigte Chateauneufs Ruf als überregional bedeutender Architekt.[382] Das Werk kann ohne Zweifel als ein Hauptwerk des Architekten und als einer der besten Börsenentwürfe des 19. Jahrhunderts bezeichnet werden.

Literatur: Chateauneuf, Börse, 1838; The Architectural Magazine and Journal. London 1838, S.320-321; Kugler 1838, S.193-195; Kugler 1854, S.296-299; Schreyl 1963, S.55-58; Lange 1965, S.30-32; Tschudi-Madsen 1965, S.15-19

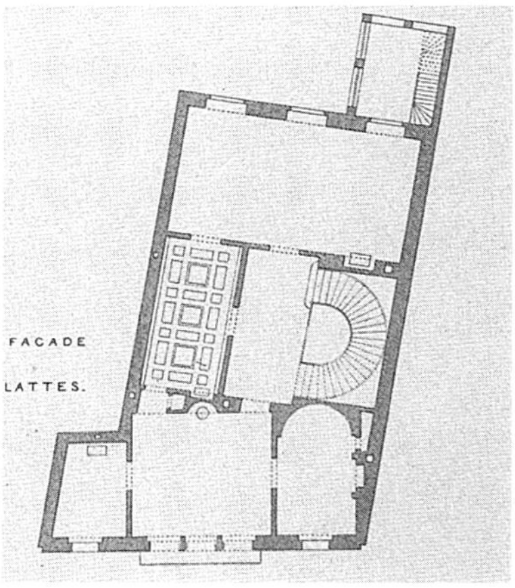

WV 65 *Entwurf für ein Stadthaus am Jungfernstieg, Grundriß*

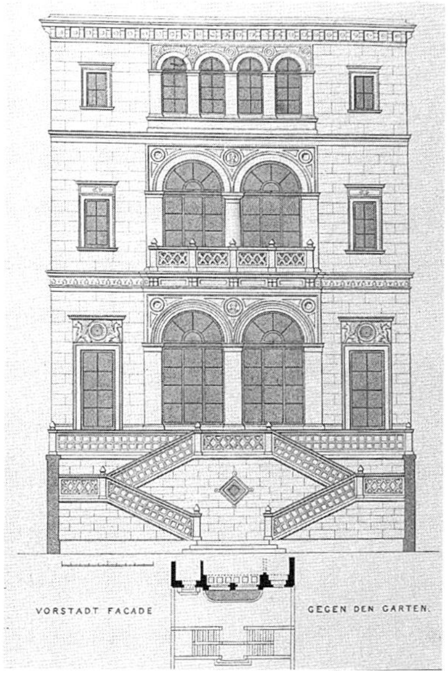

WV 66 *Entwurf für ein Stadthaus in St. Georg*

65

Entwurf für ein Stadthaus am Jungfernstieg, vor 1839

Selten ist das in Hamburgs Architekturgeschichte des 19. Jahrhunderts wiederholt nachweisbare Leitbild Venedigs der Lagunenstadt so greifbar wie in dem Entwurf für ein Stadthaus am Jungfernstieg (Abb. links). Chateauneuf motivierte seine Formzitate vor allem aufgrund der topographischen Entsprechungen beider Städte: „Der Jungfernstieg in Hamburg an dem grossen Wasserspiegel des Alsterflusses, bildet einen flachen Kay, denjenigen Venedigs nicht unähnlich. Diese Lage veranlasste mich bei den vorliegenden Projecten, der eigenthümlichen Architectur jener Stadt nachzustreben.“[383] Hatte sein Stadthaus-Entwurf von 1834 (WV 47) noch „zaghaft dieser Richtung“ hingeneigt, so war Chateauneuf hier „entschiedener den Vorbildern“[384] gefolgt.

Wie andere Stadthäuser Chateauneufs weist auch dieses Gebäude drei Geschosse, ein Souterrain und ein Mezzanin unterhalb des Daches auf. Den oberen Abschluß bildet ein Kranzgesims, während die einzelnen Stockwerke durch schmale durchlaufende Gesimse voneinander getrennt sind. Bestimmendes Motiv der Fassade sind die Rundbogenfenster. Im zweiten und dritten Geschoß sind die Pfosten ornamental verziert und alle Fenster mit abwechslungsreich ornamentierten Brüstungen versehen. Hier zeigt sich auch in den mittig angeordneten Drillingsfenstern das stärkste Venedig-Zitat des Architekten. Auffallend ist, daß die beiden Fenstergruppen durch ein zwischengelegtes Festonornament so verklammert werden, daß sie optisch eine Einheit bilden. Der Bau sollte wohl verputzt werden.

Gegenüber seinem Entwurf von 1834 findet Chateauneuf hier zu größerer Klarheit. Die Fassade wirkt trotz der mächtigen Fenstergruppe ruhiger. Dazu trägt vor allem die strenge vertikale Anordnung der Fenster bei. Zudem sind manche Details, wie z.B. die Tür, harmonischer in das Gesamtgefüge integriert.

Das Projekt für einen unbekannten Auftraggeber ist spätestens im Frühjahr 1838 vor der Abreise nach England entstanden. Chateauneuf publizierte es 1839 in der „Architectura domestica“.

Literatur: Chateauneuf, Domestica, 1839, S.4 u. Pl. VII (Grundrisse) u. VIII

66

Entwurf für ein Vorstadthaus in St. Georg, vor 1839

Nach der Umwandlung der Wälle im frühen 19. Jahrhundert glich der damalige Vorort St. Georg östlich des heutigen Hauptbahnhofs einer Parklandschaft. Die am Besenbinderhof verlaufende Geesthangkante bot weite, unverbaute Ausblicke in die südlich gelegene Elbmarsch. Für diese attraktive landschaftliche Situation entwarf Chateauneuf in den dreißiger Jahren ein repräsentatives Wohnhaus (Abb. S.217). Der nur in einer Gartenansicht überlieferte Bau ist direkt an den steilen Abhang plaziert. Die dreigeschossige, nach Süden ausgerichtete Fassade weist in ihrem Mittelteil auffallend große Rundbogenfenster auf. Umrahmt werden sie von Hausteinwandflächen, in die hochrechteckige Türen und Fenster eingelassen sind. Durchlaufende Gesimse deuten die Geschoßteilung an und geben der Fassade horizontalen Halt. An Dekoration wird nicht gespart, doch sind die Friese, Tondi oder Portalbekrönungen stets streng in einen architektonischen Rahmen eingebunden. Vor der Fassade ist eine Terrasse vorgesehen, von der eine Treppe in den Gartenbereich hinabführt. Nicht zuletzt in dieser eleganten Verbindung von Natur und Architektur erinnert der Entwurf an südländische Villenanlagen. Das Projekt wurde nicht ausgeführt.

Literatur: Chateauneuf, Domestica, 1839, S.4 u. Pl. VII

67

Ausgestaltung eines Zimmers in einem Londoner Haus, 1838

Im Frühjahr 1838 fuhr Chateauneuf nach London, um sich dort dauerhaft als Architekt zu etablieren. Trotz intensiver Bemühungen gelang es ihm in den folgenden Monaten jedoch nicht, Bauaufträge zu erlangen.

So galt seine verstärkte Aufmerksamkeit den Studien für die beiden großen Wettbewerbe um die Londoner Börse (WV 69) und das Nelson-Denkmal (WV 68). Daneben hatte er „hier und da Kleinigkeiten zu zeichnen“. Als einzige nennenswerte praktische Tätigkeit führte er in jenen Monaten die Dekorationsverbesserung eines von Charles Lock Eastlake ausgemalten Zimmers durch.

Eastlake, zu jener Zeit einer der renommiertesten englischen Maler, hatte um 1836 in der Park Road 27, Regent's Park, in London einen Raum im pompejanischen Stil ausgemalt. Der Raum war Chateauneuf Ende Juni vom Künstler selbst gezeigt worden, und der Architekt urteilte anerkennend, daß die Gestaltung „manches erreichte, manches überbot, was Erwin gemacht haben würde".[385]

Nach Auffassung des Auftraggebers, Sir Bellenden Ker, war die Arbeit Eastlakes allerdings im August 1838 noch nicht abgeschlossen.[386] So wird ihm die Bekanntschaft mit Chateauneuf sehr willkommen gewesen sein, war dieser doch durch seine eigenen Studien und die Erfahrungen beim Abendroth-Haus mit pompejanischer Wandmalerei bestens vertraut.

Da sich keine Zeichnungen oder Fotografien des Zimmers und auch keine weiteren Schriftquellen nachweisbar sind, kann die künstlerische Tätigkeit Chateauneufs nicht weiter beurteilt werden.

Chateauneuf und Eastlake standen in intensivem Gedankenaustausch mit dem kunstsinnigen Auftraggeber. Ihre Gedanken und Meinungen wurden später in Buchform unter dem Titel „The Countryhouse" publiziert (siehe WV 77). Allerdings verwundert es, daß dort auf das Zimmer zwar hingewiesen wird, aber die Tätigkeit Chateauneufs unerwähnt bleibt. Eastlake stellte 1841 gegenüber einem Freund fest, daß der Raum mehr Interesse geweckt habe, als er verdiene.[387] Er bedauerte „the fuss they have made about the little boudoir I painted there".[388]

68
Wettbewerbsentwurf für das Nelson-Monument in London, 1838–1839

Horatio Nelson (1758–1805) hatte als Sieger der Entscheidungsschlacht vor Trafalgar Englands Vorherrschaft zur See für ein Jahrhundert gesichert. Da er während des Kampfes gefallen war, stieg er zum größten britischen Volkshelden auf. Schon bald wünschten seine Landsleute, daß er nicht nur mit einem Grabmal in der Westminster Abbey, sondern auch mit einem öffentlichen Denkmal geehrt werden sollte.

Das in der Öffentlichkeit intensiv diskutierte Anliegen konnte natürlich auch Chateauneuf nicht verborgen bleiben.[389] Ende Juni 1838 schrieb der damals in London lebende Architekt an Frau Sieveking nach Hamburg, daß zu seiner Freude der Wettbewerb bis Neujahr vertagt sei, so daß er „denn wohl mitrennen werde".[390] Im Juli 1838 beschloß das „Nelson monument committee" unter dem Vorsitz des Herzogs von Wellington, daß der Trafalgar Square in London der Ort für die geplante Denkmalserrichtung sein sollte. Kurz darauf wurden die Wettbewerbsbedingungen unter dem Motto „England expects every architect to do his duty" veröffentlicht.

In den folgenden Monaten beschäftigte sich Chateauneuf wiederholt mit dem Projekt. Wie in früheren Zeiten trat er mit seinem Gönner Karl Sieveking in Gedankenaustausch. Und dieser gab wie gewohnt eine Fülle inhaltlicher und formaler Anregungen.[391] Am 3. September 1839 schrieb er an Chateauneuf:

„Auch auf Nelsons Monument bin ich neugierig. Seine Statue bleibt doch wohl die Hauptsache. Werden Sie dem Fußgestell Rostralverzierungen geben, den Sieg bei Abukir, den Tod bei Trafalgar in erhobener Arbeit darauf darstellen? Werden Sie das Quarterdeck architectonisch nachbilden den Flaggen der drei Geschwader, die hier wohl ihren Platz verdienten, wie die der drei Königreiche auf San Marco, kühne mastenreiche Träger geben? ... Könnte man nicht neben den Gottheiten des Meeres, die hier nicht fehlen dürften, der Lady Hamilton unter den Sirenen ihren Platz anweisen? Sie sehn, es fehlt nicht an fantastischen Einfällen, mit denen ich meine Ungeduld täusche."[392]

Hiervon ist wenig in Chateauneufs endgültigen Entwurf eingeflossen, den der Architekt wohl im Herbst 1838 in Hamburg ausarbeitete. Es gibt keinerlei Hinweis auf eine Zusammenarbeit mit Patrick Mee, mit dem er zuvor am Börsenwettbewerb teilgenommen hatte.

Im Frühjahr 1839 wurden Modelle und Zeichnungen auf einer Ausstellung in London präsentiert. Die phantasievollen Wettbewerbsbeiträge reichten von John Brittons gotischem Nelson-Kenotaph nach dem Vorbild des Kapitelhauses von Westminster Abbey bis zu einem gewaltigen, von Nelson bekrönten Globus, der durch skulptierte Sockel im Gleichgewicht gehalten wurde.[393] Gewöhnlicher fielen etwa Parkinsons Triumphbogen oder der von Hopper und Morrison erdachte Tempel für die „Navy" aus.

Unter allen Entwürfen zeichnete sich Chateauneufs Beitrag vor allem durch die städtebauliche Gesamtkonzeption aus (Abb. S. 56 und 106). Er beschränkte sich nicht nur auf eine Säule oder einen Tempel, sondern bezog einen relativ großen Bereich des Platzes in seine Überlegungen ein. Zudem achtete er in der Dimensionierung darauf, daß die platzbeherrschende National Gallery nicht in ihrer Wirkung gemindert würde.

Das von Chateauneuf entworfene Nelson-Denkmal erhebt sich auf einer über breite Treppen erreichbaren Terrassenanlage, die auf drei Seiten von Laubengängen bepflanzt ist. Es besteht aus drei Blöcken, auf denen rechts und links als allegorische Figuren Europa und Afrika liegen. In der Mitte lehnt sich Nelson an eine hohe, vom Patron Englands bekrönte ionische Säule. Der Admiral wird flankiert von zwei Löwen, die den löwenähnlichen Mut der Seeleute verkörpern. Vor dem Seehelden erhebt sich Neptun aus den Fluten. Hinter ihm bilden zu beiden Seiten je vier Personifikationen der von Nelson kommandierten Schiffe. Diese „Flotte" wird von Statuen der Europa und Afrika begrenzt, während die Stufen davor Figuren des Nils und von Trafalgar zeigen. Um diese Figurengruppen sind mehrere gerundete Wasserbecken angeordnet. Chateauneuf wollte damit dem Mangel abhelfen, „den London an Springbrunnen hat" (Chateauneuf, Achitectura publica, 1860). Die ganze Anlage sollte aus Granit, die Figuren aus Bronze sein.

Das Nelson-Projekt weist manche Anklänge an Chateauneufs Konzeption eines Karlsbrunnens auf dem Hamburger Domplatz von 1825 (WV 7) auf. So spielen in beiden Projekten Pflanzen und Wasser eine wichtige Rolle. Die zu verehrende Persönlichkeit wird jeweils in einem menschlich faßbaren Maß dargestellt und nicht allzu stark überhöht. Allerdings befrachtete Chateauneuf das Nelson-Denkmal mit einer Vielzahl ikonographischer Bilder, wodurch die beim Karlsbrunnen vorherrschende klare Lesbarkeit der Aussage abgeschwächt wird. Dieser Tendenz entspricht auch die kleinmaßstäbliche Plastik, die der Gesamtwirkung des Denkmals schadet.

Chateauneufs Entwurf hat nichts von der Kraft der symbolischen Form, die etwa die Denkmals-Entwürfe Gillys auszeichnet. Gleichwohl steht das Nelson-Denkmal für den damals vorherrschenden Trend zum öffentlichen Personendenkmal. Interessanterweise hatte bereits 1806 der junge Georg Moller ein Nelson-Denkmal entworfen, das den Admiral auf einer Rostra-Säule stehend zeigt.[394]

Als es im Frühjahr 1839 zur Entscheidung im Wettbewerb kam, fand Chateauneufs Entwurf keine Berücksichtigung. Statt dessen wurde nach langen – auch in der Öffentlichkeit heftig geführten – Debatten das Projekt William Railtons (1801–1877) zum Sieger gewählt. Das noch heute auf dem Trafalgar Square stehende, 1839–1842 ausgeführte Denkmal besteht aus einer 145 Fuß hohen korinthischen Säule, auf deren Spitze eine 17 Fuß hohe Figur Nelsons steht.[395]

Unter dem Eindruck der Nichtbeachtung seiner Entwürfe schrieb Chateauneuf seinem Förderer Sieveking am 20. April 1839 eine abschließende Einschätzung seiner „Nelsionade": „Zwey Kunstblätter sind mit einem Male in London enstanden (!) The Probe u The Statue(s?). In beyden ist aus den 159 Concurrenten des Nelsonmonument(s) von Einigen die Rede, 4 von solchen bekannten Leuten, von denen ich von Zeigen die Projecte gesehen, über die ich meine Arbeiten himmelweit erhaben dachte, u dennoch keine Sylbe von mir. Meine Angel, welche der Godeffroyesche Mee so sehr voreilig loben ließ, scheint also nicht den kleinsten Fisch gefangen zu haben. Das kann ein betagter Fischer im ganz (neuen?) Muster nun schon ertragen – Man weiß es am Ende selber nicht wie viel man sich den Geschmack seines Publicums accomodirt. – Und wer das zu wissentlich thut, den mag der Dünkel allzumal holen.– Bey alldem sollte ich glauben, daß so wenig zufälliges bey meiner Nelsionade war, daß ich meinerseits für künftige Zeiten wenig davon zurücknehmen werde."[396]

Literatur: Civil Engineer and Architect's Journal Bd. I, 1838; Chateauneuf, Publica, 1860; Lange 1965, S.72-73; Tschudi-Madsen 1965, S.28-37; Crook 1992, S.94-95

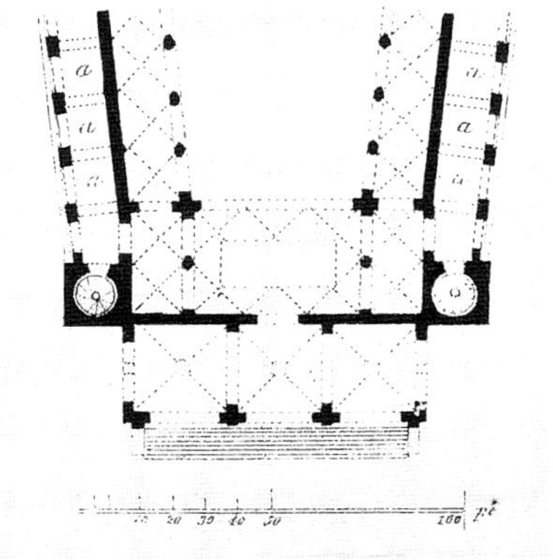

WV 69 *Überarbeiteter Wettbewerbsentwurf für die Börse in London*

69

Wettbewerbsentwurf für die Börse in London, 1838–1840

Im Januar 1838 brannte die 1667–1669 von Edward Jerman erbaute Londoner Börse vollständig nieder. Kurz darauf wurde der Wiederaufbau des ehrwürdigen Gebäudes beschlossen und eine Konkurrenz ausgeschrieben.[397] Bereits im Februar 1838 äußerte sich Chateauneuf in einem Brief an Schinkel kritisch über die Bedingungen des anstehenden Wettbewerbs: „Ich höre, daß die Vorsteher der Londoner Boerse dieselbe ebenso wieder auf zu bauen entschlossen haben als sie gewesen, nur etwas größer u freyer. Vielleicht daß die öffentliche Critik den Herren mit Ihrem Philisterwitz noch ein Schnippchen schlägt u mit Posaunenlärm die unüberwindliche Mauer, nämlich dijenige welche das menschliche Gehirn umgiebt, umbläßt."[398]

Tatsächlich wurde von den ursprünglichen Vorstellungen Abstand genommen und ein Wettbewerb für ein klassizistisches Börsengebäude ausgeschrieben. Als Chateauneuf im Frühjahr und Sommer 1838 für mehrere

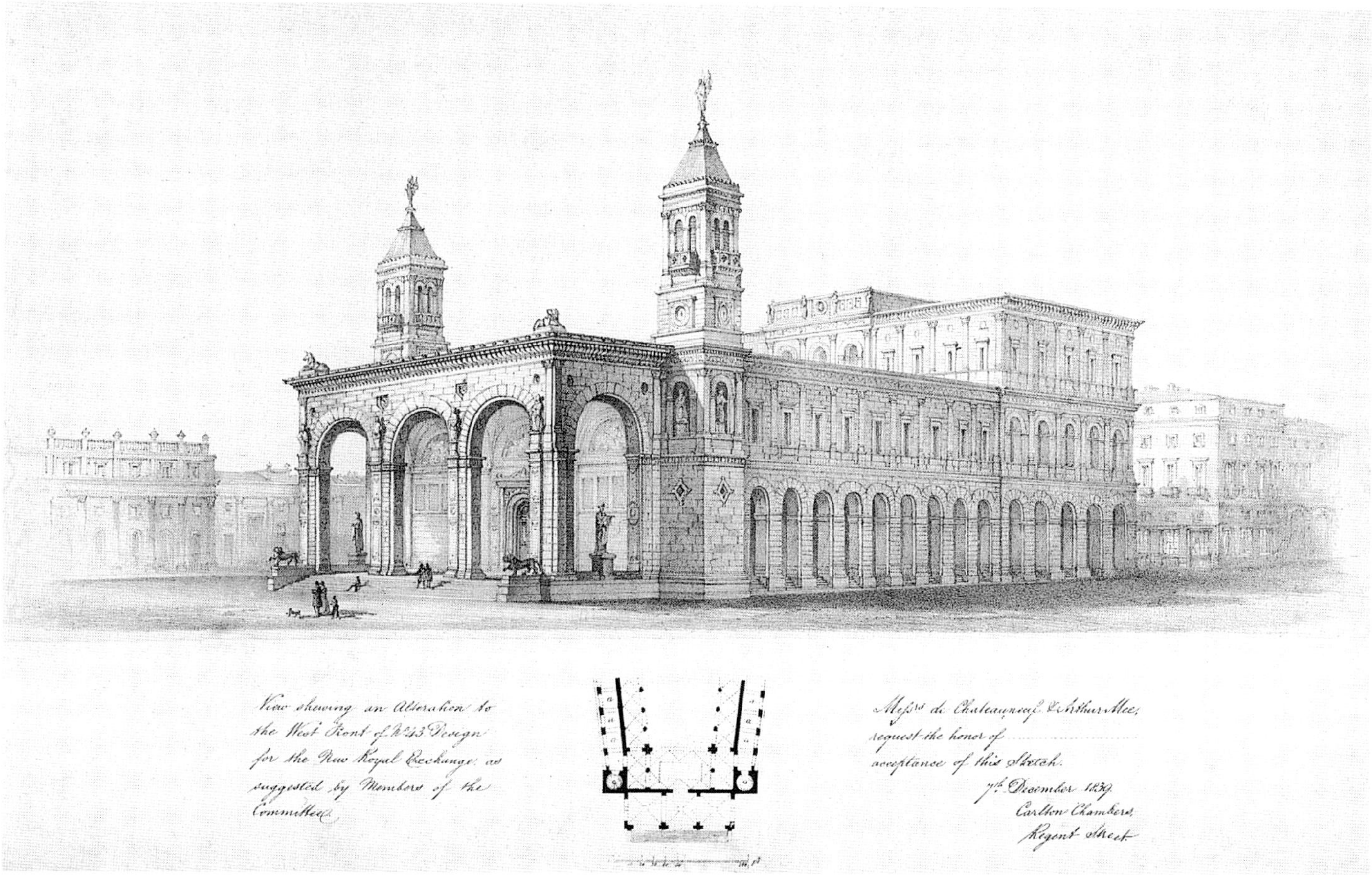

WV 69 *Überarbeiteter Wettbewerbsentwurf für die Börse in London*

Monate in London lebte, wird er sich intensiv mit dem Bauplatz und den weiteren Bedingungen des Wiederaufbaus befaßt haben. Eine zeichnerische Ausarbeitung unterblieb jedoch zu jener Zeit, da der Architekt durch zahlreiche Besichtigungen und intensive Studien davon abgehalten wurde. Auf jeden Fall besprach er damals mit dem Londoner Architekten Patrick Mee die Bedingungen für eine gemeinsame Wettbewerbsteilnahme.[399] Die Bildung eines Büros geschah wohl nicht zuletzt aus taktischen Gründen, da sich Chateauneuf so größere Siegchancen in England ausrechnen konnte. Die Absprache lief darauf hinaus, daß Chateauneuf für die Komposition des Äußeren verantwortlich war, während Mee wohl die für die Organisation der Innenräume notwendigen speziellen Ortskenntnisse einbrachte. Diese Annahme wird durch einen Brief vom August 1838 bestätigt, in dem Chateauneuf Sieveking mitteilte, daß er beabsichtige, die Pläne in Hamburg zu vollenden, in der Hoffnung, daß sich dort die „Sam(m)lung zur Production wie ehemals ... wieder findet".[400]

Chateauneufs Konzentration führte zu seinem wohl größten internationalen Erfolg. Denn der von ihm und Mee eingereichte Beitrag erlangte im November 1839 unter den 88 eingegangenen Projekten einen vorzüglichen, mit 200 Pfund dotierten zweiten Platz. Dieses Votum ist erstaunlich, saßen doch mit Robert Smirke und Philip Hardwick zwei Vertreter des Greek Revival in der Kommission.

Gemeinsam mit dem Sieger William Grellier und drei anderen Architekten wurde das Büro Chateauneuf/Mee aufgefordert, seinen Entwurf zu überarbeiten. Im Winter 1839/40 reiste Chateauneuf daher abermals nach London. Der damals gemeinsam mit Mee ausgearbeitete Beitrag ist – anders als der vollständig verlorene erste Entwurf – durch eine Lithographie mit einem Teilgrundriß sowie einer Seitenansicht des Äußeren überliefert (Abb. S. 219).[401]

Der an einer spatenförmigen Straßengabelung geplante Bau zeigt im vorderen Teil eine der Florentiner Loggia dei Lanzi nachempfundene offene dreibogige Eingangshalle.[402] Sie wird im rückwärtigen Bereich zu beiden Seiten von hohen Treppenhaustürmen flankiert. Daran schließen sich langgestreckte zweigeschossige Gebäudetrakte an, die zusammen mit einem dreigeschossigen Gebäudeblock an der rückwärtigen Schmalseite einen Innenhof umschließen. Dort sind im Erdgeschoß Nischen für die Makler, im Obergeschoß Kanzleiräume untergebracht. Weitere Büro- und Versammlungsräume sind wohl auch in dem rückwärtigen Baublock vorgesehen. Die Außenfassaden der Längsseiten weisen im Erdgeschoß Arkadenbögen, darüber von Pilastern gerahmte hochrechteckige Fenster auf. Das gesamte Gebäude ist flach gedeckt. Als Material ist sorgfältig bearbeiteter Haustein vorgesehen. Während am Hauptgebäude außer den Pilastern keine Dekorationen erkennbar sind, plant Chateauneuf für den Eingangsbereich zahlreiche Statuen, Löwenfiguren und sogar Fresken- oder Mosaikschmuck.

Die englische Kritik bezeichnete den Entwurf in seiner Formensprache als eindeutig „german". Tschudi-Madsen vermutet, daß manche Ähnlichkeit zu der von Schinkel gepflegten ruhigen und klaren Massenverteilung sowie das flache Wandrelief diese Einschätzung beeinflußt haben.[403]

Vorrangig zeigt der Entwurf aber norditalienische Einflüsse, so in den flachen Dächern, den kleinen Ecktürmen oder dem Arkadenmotiv. Das Zitat der Loggia dei Lanzi wie auch die Fresken (oder Mosaiken?) oberhalb des Eingangsbereichs hatte Chateauneuf selbst ja bereits 1833 bei seinem Museumsprojekt verwendet (WV 40).

Es ist bemerkenswert, daß der Architekt nicht auf seinen zukunftsweisenden Börsenentwurf von 1837–1838 (WV 64) zurückgriff, sondern das stärker historisierende Börsenprojekt für das Nikolaifleet von 1836 (WV 58) überarbeitete. Hier finden sich bereits die Abfolge von einem höheren, blockhaften Hauptgebäude und dem vorgelagerten, von Arkaden umrahmten Innenhof sowie die beiden Ecktürme vorformuliert.[404] Das Hauptgebäude übernimmt exakt die Einteilung der Geschosse mit Arkaden, Rundbogenfenstern und hochrechteckigen Fenstern und zeigt zudem eine weitgehend übereinstimmende Pilastergliederung.

Chateauneufs Entwurf fand in England große Beachtung. Der renaissancistische Bau dürfte der zwischen Klassizismus und Neogotik festgefahrenen dortigen Architekturszene kräftige Impulse verliehen haben.[405]

In der langen Reihe der von Chateauneuf seit 1824 entworfenen Börsenprojekte bildet der Londoner Wettbewerbsbeitrag einen würdigen Abschluß. Mit dem höchst beachtenswerten zweiten Preis errang Chateauneuf den wohl größten internationalen Wettbewerbserfolg eines Hamburger Architekten in der ersten Hälfte des 19. Jahrhunderts. Dieser Reputationsgewinn stärkte Chateauneufs Position in der Hamburger Architekturszene maßgeblich.

WV 70 *Amalienstift in St. Georg*

Literatur: The Royal Exchange. Report of the architects. Vol. II, 1839, S.436ff.; Hitchcock 1954, S.306; Lange 1965, S.33-34; Tschudi-Madsen 1965, S.21-28; Muthesius 1974, S.12-13

70

Erstes Amalienstift, St. Georg, Stiftstraße 65, 1838–1840

Am 23. Mai 1832 wurde der Sievekingsche Weibliche Verein für Armen- und Krankenpflege in Hamburg von Amalie Sieveking und elf weiteren Frauen gegründet. Sein Ziel war es, sozial schwachen Mitmenschen zu dienen. So besuchten die Damen die Armen Hamburgs in ihren Wohnungen und versuchten ihnen „so viel wie möglich leiblich und geistig aufzuhelfen“.[406] Schwerkranke wurden wöchentlich zweimal, Gesunde alle acht bis 14 Tage besucht. Alle Unterstützung geschah in Naturalien. Die positiven Erfahrungen, die auf diesem Gebiete „specieller Armenpflege“ gemacht wurden, ermutigten die Gründerin, den Bau einer dauerhaften sozialen Einrichtung in Angriff zu nehmen.

Die Planungen für ein eigenes Stiftsgebäude des Vereins begannen spätestens im Frühjahr 1838, als Amalie Sieveking Chateauneuf um einen Entwurf bat. Doch erst während seines London-Aufenthalts kam er der Bitte nach und skizzierte die architektonischen Bedingungen für den Bau. Da er damals noch davon ausging, länger in London zu bleiben, teilte er mit, daß sein Hamburger Kollege H. P. Fersenfeldt die Bauaufsicht übernehmen würde.[407]

Grundlage des Baus war ein „dem Verein im Jahre 1837 von einem auswärtigen Menschenfreunde geschenktes Capital“ von 10.300 Mark Banco. Da diese Summe noch nicht genügte, tat sich Amalie Sieveking mit dem Arzt Moraht zusammen, der schon seit längerer Zeit plante, ein Kinderhospital zu errichten. Für die Summe von 1.500 Mark Banco verpflichtete sich der Verein, die für ein Hospital notwendigen Räume in dem neuen Gebäude bereitzustellen und zudem die „für die kranken Kinder nöthige Aufwartung aus eignen Mitteln zu bestreiten“.[408] Durch weitere Geldspenden und vor allem die großzügige kostenlose Zuweisung des Grundstücks durch den Senat konnte mit dem Bau Michaeli 1839 begonnen werden. Am 11. November 1840 wurde das in der heutigen Stiftsstraße in St. Georg gelegene Gebäude feierlich eingeweiht. (Abb. S. 221)

Das Amalienstift war dazu bestimmt, „9 arme Familien aufzunehmen, gegen einen sehr geringen Miethzins, welcher dazu verwandt wird, das Haus in baulichem Stande zu erhalten. In diesem Stifte ist in dazu bestimmten Sälen die Einrichtung getroffen, erkrankte Kinder armer oder unbemittelter Eltern aufzunehmen, um ihnen die Pflege und Behandlung zu Theil werden zu lassen, welche ihr Zustand erfordert.“[409]

Das für diese Zwecke errichtete, vorzüglich erhaltene Gebäude besteht aus einem zwei Meter hohen Sockelgeschoß, über dem sich zwei aus Backsteinen gemauerte Geschosse mit dazwischengestellter Fachwerkkonstruktion erheben. Die Eckmauern hatte Chateauneuf aus hygienischen Gründen gewählt, da sich bei Fachwerkbauten aufgrund ungenügender Wärmedämmung häufig Kondenswasser bildete.[410] Wegen der geringen Geldmittel mußte Chateauneuf den zur Verfügung stehenden Raum optimal ausnutzen, so wurde z.B. im Dachraum ein hoher Drempel errichtet.

Der Grundriß ist aus einem System von 25 gleich großen Quadraten entwickelt, jeweils zwei Fensterachsen bzw. einen der geschlossenen Wandstreifen breit. Nach diesem Achsmaß ließen sich die Innenräume mit Ausnahme des Mittelgangs mit der Treppe problemlos einteilen oder miteinander kombinieren.[411] Im Inneren sind zu beiden Seiten des Ganges kleine Zweizimmerwohnungen mit jeweils einem Vorflur angeordnet. Zudem befanden sich im Hause noch ein gemeinsames Arbeitszimmer, das Kinderhospital[412] und Badestuben.

Die begrenzten finanziellen Mittel regten Chateauneuf zu einer seiner besten Leistungen an. Dies gelang ihm – ähnlich wie z.B. beim „Mutterhaus“ des Rauhen Hauses (WV 52) – mit traditionellen handwerklichen Konstruktionsverfahren in heimischer Bauweise. In für ihn typischer Weise versuchte er, unter Vermeidung historischer Formen neue gestalterische Wege zu weisen. Vorbildlich ist in dieser Hinsicht seine elegante blockhafte Anordnung der Fachwerkstreben an der Vorderfassade des Gebäudes. Lange vor dem 20. Jahrhundert finden sich beim Amalienstift die Konstruktionselemente der gemauerten steifen Scheibe und des dazwischengestellten Skelettbau-Systems. Dieses Vorgehen belegt nachdrücklich die „geistig unabhängige und genial anmutende künstlerische Schaffensweise“[413] des Architekten.

Trotz oder gerade wegen dieser Qualitäten war Chateauneuf in Hamburg nach wie vor heftigen Angriffen ausgesetzt. Am 10. August

1840 bat er seine Auftraggeberin: „Erwähnen Sie gütigst meiner Entwerfung des Stiftsplans, in der öffentlichen Anzeige mit so unbedeutenden Worten als möglich. Nicht persönliche Bescheidenheit oder gar das Gegentheil veranlaßt mich zu dieser Bitte. Ich habe aber die Erfahrung gemacht, daß jedes Lob was mir gespendet wird, gar mannigfache Galle aufwühlt ...“[414]

Chateauneufs Befürchtungen sollten sich nicht bewahrheiten. Vielmehr fand das Haus von Anbeginn nicht nur als soziale Leistung, sondern auch als künstlerische, architektonische Lösung große Aufmerksamkeit und Zustimmung. Wiederholt wurde von verschiedenen Seiten um eine Verlängerung der Besichtigungszeit des neuen Gebäudes vor seiner ersten Belegung gebeten. Während dieser Zeit besuchte sogar die dänische Königin das Stift.[415] Anders als bei den um 1825 errichteten Privatbauten (WV 9 und 12) wurde die Verwendung von unverputztem Backstein bei Sozialbauten von der Öffentlichkeit akzeptiert.

Literatur: Sieveking 1860, S.336-338; Bolland 1957, S.8; Lange 1965, S.41-42; Eissenhauer 1987, S.64, 133; Lange 1995, S.76-77

71

Kuhstall des Hammerhofes in Hamm, 1839

Ende der dreißiger Jahre wurde der Bau eines neuen Kuhstalls auf dem Gelände des Hammerhofes immer dringlicher. Der Pächter Hilmers sah in dem Bau einen „wesentlichen Hebel für die Milchwirtschaft“.[416] Wie bei allen anderen damals errichteten Bauten auf dem Hammerhof wurde auch diesmal Chateauneuf mit dem Werk beauftragt.

Der Kuhstall bestand ursprünglich aus einer weiten, flachgedeckten Halle mit turmartigem Vorbau; das hohe Spitzdach ist erst im Sommer 1851 vom Zimmermeister Averdieck aufgerichtet worden. Der Pächter Hilmers leitete die Bauarbeiten. Der Bau ist nicht erhalten.

Literatur: Sieveking 1902, S.82-83

72

„Thurmgebäude“ des Rauhen Hauses, 1839

Der Betsaal des Rauhen Hauses war viele Jahre lang auf der Diele des Ökonomiegebäudes eingerichtet gewesen. In dieser Umgebung verging selten „eine Hausandacht, ohne daß mannigfache Störungen vorkamen ...“[417] Dies konnte „nicht wohltätig wirken auf eine Jugend, die roh und verwildert ins Haus kommt, und bei der sinnliche Eindrücke von so großem Einflusse sind“.[418] Von Nachteil war auch, daß der vorhandene Platz bei Weihnachtsfeiern nicht ausreichte. Zudem litt die Anstalt auch für andere wichtige Bereiche an akutem Raummangel: Es fehlten Aufenthaltsräume für Sonntagsbesuche, eine Mädchenkammer, Schul- und Unterrichtszimmer sowie ein Wäscheraum. Außerdem wünschte Wichern einen Aufenthaltsraum für ehemalige Zöglinge.

Um all diese Nachteile zu beseitigen, beschlossen die Vorsteher des Rauhen Hauses, einen Anbau an das „Mutterhaus“ durchzuführen. Die Entscheidung dafür fiel um so leichter, als der Anstalt kurz zuvor einige Vermächtnisse und „sonstige außerordentliche Liebesgaben“ zugeflossen waren. Wiederum beriefen die Verantwortlichen ihren „bewährten Architekten“[419] Chateauneuf, der sich „abermals auf das Uneigennützigste mit Rath und That“[420] engagierte. Die eigentliche Bauausführung übernahm der aus Hamm stammende Zimmermeister Lange. Der Bau wurde mit besonderem Engagement der Zöglinge errichtet. Alle Fenster und Türen wurden in den Werkstätten der Anstalt hergestellt, was die Baukosten erheblich senkte.

Mittelpunkt des Neubaus war der im Oktober 1839 eingeweihte Betsaal, das geistliche Zentrum der Anstalt (Abb. S. 200). Er wurde in relativ geringer Entfernung nördlich vom „Mutterhaus“ (WV 52) errichtet und war mit diesem durch einen verdeckten Gang verbunden. Das Gebäude war ein schlichter Fachwerkbau, dessen ca. 12 Meter breiter Raum durch eine nur an den Außenwänden aufgelagerte Sprengewerkkonstruktion überbrückt wurde.[421] Zur Hofseite hin zeichnete Chateauneuf das Gebäude durch drei hohe, lanzettförmige Fenster aus.[422] Diese ließen ebenso wie der kleine Turm die Funktion des Gebäudes als Betsaal erkennen. Im Turm wurde die bis dahin am Vordergiebel des „Mutterhauses“ hängende Glocke angebracht, da sie bei manchen Windrichtungen nicht zu hören gewesen war. Das Haus wurde aus praktischen Gründen nicht mit Stroh, sondern mit Ziegeln gedeckt, „wiewohl letzteres besser ausgesehen haben würde“.[423]

Die bescheidenen finanziellen Möglichkeiten, die Chateauneuf bei all seinen Arbeiten für das Rauhe Haus zur Verfügung standen, beeinflußten auch die innere Ausgestaltung des Betsaals. Das Vorstandsmitglied Hudtwalcker überkam Wehmut angesichts seines

WV 73 *Entwurf für das Grabmal Voght in einem Brief von Chateauneuf an Sieveking*

ärmlichen Aussehens: „Der Boden ist von kaltem Estrich, die Wände sind weiß übertüncht, die Decke wird unmittelbar durch nichtverkleidete Balken und Bretter gebildet. Wir konnten eben nicht mehr thun. Doch die Noth und das Vertrauen auf Gott hat ja die ganze Anstalt gegründet, und so mag denn auch unser neuer Betsaal als ein Kirchlein der Armuth ins Auge fallen, wenn nur der geistigen Noth in demselben abgeholfen wird.“ Tatsächlich bereicherten im Laufe der Jahre eine von Sieveking gestiftete Orgel und einige Skulpturen die Ausstattung.[424]

Zu dem Neubaukomplex gehörten auch die direkt an den Betsaal anschließenden schlichten Nebengebäude. Hier befanden sich Unterrichts- und Versammlungszimmer für entlassene Zöglinge, die Hausbibliothek, mehrere Wohnungen für „Gehülfen“ und den Oberhelfer sowie eine Wohnung für neu eingetretene Knaben.

Der Bau ist nicht erhalten.

Literatur: Hudtwalcker 1840; Wichern 1845, S.107-146

73

Grabanlage für Caspar Voght in Nienstedten, 1839

Reichsfreiherr Caspar von Voght war weit über Hamburgs Grenzen hinaus ein anerkannter Sozialreformer, der sich besonders um die Bekämpfung von Arbeitslosigkeit und Armut verdient gemacht hatte. Im Zeitalter der Aufklärung gab er dem Hamburger Geistes-, Kultur- und Gesellschaftsleben vielfältige Impulse. Kurz nachdem er fast 76jährig seinen berühmten Landsitz in Flottbek verkauft hatte, begann er mit der Planung seiner auf dem Nienstedtener Friedhof erworbenen Grabstätte.[425]

In diesem Zusammenhang sandte der Ratssyndicus Karl Sieveking seinem Patenonkel 1829 zwei Entwürfe für ein sarkophagförmiges Grabmal (Abb. links). Die von Chateauneuf stammenden Zeichnungen hatten kurz zuvor zur Entscheidungsfindung für die Hammer Grabanlage Sievekings (WV 20) gedient. Ähnlich wie Sieveking empfand auch Caspar Voght diesen Entwurf jedoch als zu aufwendig. Er meinte, daß so etwas auf „Nienstedtens Kirchhoff, mitten unter bescheidnen Grabsteinen“[426], nicht passen würde. Voght wünschte sich einen einfachen Sarkophag, mit einer Marmorplatte von 10 Fuß auf 8 Fuß Größe. Diese sollte in leichter Schräglage plaziert werden, damit man die Inschrift bequemer lesen könne. Während er für die Platte Marmor aus Genua vorsah, sollte für die übrige Gruft dauerhafter Stein, z.B. Granit, verwendet werden.

Erst unmittelbar nach dem Tode Voghts 1839 wurde mit den Vorbereitungen zum Bau der geplanten Gruft begonnen. Karl Sieveking war testamentarisch dazu verpflichtet worden, die diesbezüglichen Wünsche zu berücksichtigen. Es verwundert kaum, daß der Ratssyndicus seinem Hausarchitekten Chateauneuf den kleinen, aber ehrenvollen Auftrag für den Gruftbau vermittelte.

Allerdings bot diese Aufgabe wenig gestalterische Möglichkeiten. Denn Voght hatte nicht nur den Neigungswinkel der Schrifttafel, sondern auch genaue Angaben zum Mauerverband vorgegeben. Zudem wollte Sieveking den Rand der Gruftmauer mit dem dauerhaftesten Sandstein bedecken, denn „für Granit ist der Rahmen zu klein, Meßing zu angreiflich, u Eisen würde durch seinen Rost rundherum Flecke in den Marmor verursachen“.[427] Chateauneuf wollte die Unterkante dieses Rahmens horizontal verlaufen lassen, damit der „Stein coloß, bey seiner geringen Neigung, nicht durch einen Erdgeist gelupft zu sein scheine“.[428] Für die Deckplatte sah er das Wappen und die Lebensdaten Voghts vor. Zusätzlich sollte eine Inschrift angebracht werden, die Sieveking bereits 1836 zum ehrenvollen Andenken Voghts verfaßt hatte.

Eine große technische Schwierigkeit ergab sich aus der Tatsache, daß die seit mehreren Jahren am Elbufer in Neumühlen lagernde, fast 20.000 Pfund schwere Marmortafel auf einem ungefähr 1800 Meter langen ansteigenden Weg transportiert werden mußte. Der umsichtige Chateauneuf kalkulierte hierfür einen Zeitaufwand von vier bis fünf Tagen und plante den Transport mit einer Holzunterlage auf Walzen, die von Winden gezogen werden sollten.

Sieveking war mit der gesamten Planung ohne Einschränkung einverstanden, so daß die Gruft nach den Entwürfen Chateauneufs noch im Jahr 1839 ausgeführt worden sein dürfte. Wegen der in diesem Punkt unvollständigen Quellen ist unklar, ob die Außenmauern der Gruft verputzt oder dem Wunsch Voghts gemäß mit Tafeln aus Granit oder Marmor verkleidet worden sind. Sicher ist, daß die Inschrift fehlerhaft ausgeführt wurde. Die von Sieveking monierten Irrtümer konnten aber weitgehend korrigiert werden.

Bis 1952 sind keine weiteren Nachrichten zur Gruft überliefert. Damals wurde die Anlage restauriert und dabei u.a. Chateauneufs Profilrahmen durch eine einfache geputzte

Schräge ersetzt. 1969 wurden bei einer erneuten Restaurierung die Außenmauern mit Muschelkalkplatten verkleidet.

Die Gruftanlage Voghts bewegt sich im damals gewohnten Rahmen der Gräber der Hamburger und Altonaer Oberschicht. Auffallend ist die groß dimensionierte, leicht geneigte Schrifttafel. Sie hebt das Grabmal in den Rang eines Denkmals und „gehört zu den wenigen Hamburger Grab-Denkmalen der ersten Hälfte des 19. Jahrhunderts".[429]

Die damit angestrebte posthume Würdigung des verdienstvollen Reichsfreiherrn war – wie aufgezeigt – viele Jahre vor dessen Tod vorbereitet worden. Und so relativiert sich Voghts Bescheidenheitsgestus von 1829. Wenn er auch nicht wie Sieveking einen monumentalen Granitsarkophag wünschte, so stellte doch die besondere Gestaltung des Grabdenkmals auf andere Weise die Verehrung der Nachwelt sicher.

Literatur: Kändler 1997, S.101-103

74

Entwurf eines Wohnhauses, 1839

1839 entwarf Chateauneuf ein fünfachsiges, zweigeschossiges Wohnhaus, das mit einem leicht geneigten Dach abschloß.[430] Reich dekorierte Pilaster sollten das vorwiegend aus Backstein zu errichtende Gebäude akzentuieren. Der Haupteingang sollte mit einem Rundbogenportal betont werden. Im Obergeschoß sah der Architekt als dekorativen Schmuck jeweils ein Tondo oberhalb der Fenster vor. Das Projekt ist lediglich durch die von Fritz Schumacher veröffentlichte Zeichnung aus Chateauneufs Nachlaß bekannt. Dieser nahm die Datierung des Entwurfs möglicherweise aufgrund von Angaben auf der Entwurfszeichnung vor. Weitere Einzelheiten zu dem Projekt sind nicht bekannt.

Literatur: Schumacher 1923, S.62

75

Entwurf für ein Stadthaus, 1840

Im Osloer Nachlaß von Chateauneuf-Zeichnungen findet sich ein Projekt für ein Stadtwohnhaus, dessen Entstehungsdatum aufgrund der Blattbeschriftung für 1840 anzunehmen ist.[431] Das fünfachsige Haus weist eine sehr differenzierte Fassadengestaltung auf. Ungewöhnlich ist der nahezu geschlossene Mauerverband im Erdgeschoß, der lediglich durch ein umrahmtes Portal aufgebrochen wird. Im zweiten und dritten Geschoß sind aufwendig gerahmte Fensterreihen vorgesehen. Das vierte Geschoß weist dagegen schlichte Fenster auf, zwischen denen dorische Pilaster plaziert sind. Diese finden sich auch als äußere Begrenzungen der übrigen Geschosse. Dieser vertikalen Tendenz wirken die breiten Gesimsbänder zwischen den Geschossen entgegen.

Die Fassade weist eine für Chateauneuf durchaus typische Vorliebe für kunstvolle Detailverzierungen auf. Der Bau sollte mit einem Steildach abschließen (Abb. rechts unten).

Das Hausinnere erschließt sich durch einen langen mittleren Gang, von dem aus die Wendeltreppe im linken hinteren Gebäudeteil erreicht wird. Die Wohnungen sind geräumig geschnitten, wobei der Architekt in den einzelnen Geschossen kleinere Variationen der Zimmeranordnung vornimmt.

Der weit ausgearbeitete Entwurf läßt auf einen konkreten Planungsanlaß schließen. Doch sind nähere Informationen zu dem Projekt nicht bekannt.

76

Bahnhof der Hamburg-Bergedorfer Bahn, 1840–1842

Bereits Anfang der dreißiger Jahre wurde eine Eisenbahngesellschaft zwischen Hamburg und Lübeck geplant.[432] Das Unternehmen scheiterte jedoch, da der dänische König seine Zustimmung zur Verlegung der Trasse durch dänisches Hoheitsgebiet verweigerte. Als die Dänen 1838 die Transitzölle zwischen den Hansestädten anhoben, wurde eine Eisenbahnlinie unter weitreichender Umgehung des dänischen Gebietes von Hamburg nach Bergedorf geplant. Von dort konnten die Waren durch das zollfreie Herzogtum Lauenburg nach Lübeck transportiert werden. Der gravierende Umweg sollte durch die schnellere Beförderung ausgeglichen werden.

Wie bei der 1835 eingeweihten Eisenbahnstrecke Nürnberg–Fürth sollte die relativ einfach zu verwirklichende Kurzstrecke nach Bergedorf ein Test für eine spätere Erweiterung der Linie nach Berlin, Magdeburg oder gar Triest sein.

Das Gründungskomitee setzte sich aus prominenten Mitgliedern der Hamburger Oberschicht zusammen: Dr. August Abendroth, Senator Merck, Kaufmann und Fabrikant H. C. Meyer jr. und Justus Ruperti sowie Senatssyndicus Karl Sieveking. Ein Hauptziel

WV 74 *Entwurf für ein Wohnhaus*

WV 75 *Entwurf für ein Stadthaus*

der auch finanziell an dem Projekt beteiligten Hamburger Kaufleute bestand darin, Hamburgs Hafen verkehrspolitisch an das Hinterland anzuschließen.

Der englische Ingenieur William Lindley, der sich bereits bei den Streckenplanungen zwischen Hamburg und Lübeck ausgezeichnet hatte, wurde mit der Vorbereitung des Projekts betraut. Seiner Anstellung waren positive Gutachten u.a. von Chateauneuf vorausgegangen.[433] Im August 1838 begannen die aufwendigen Vorplanungen mit den Streckenvermessungen. Am 1. November lagen bereits Plan und Kostenvoranschlag in Hamburg vor.

Eine veraltete Behördenstruktur, langwierige Enteignungsverfahren und schleppender Aktienverkauf ließen das Unternehmen jedoch nur langsam in Gang kommen. Endlich wurde im März 1840 die ehemalige Bastion Bartholdus als Bauplatz vom Senat genehmigt. Der Bahnhof sollte demnach unmittelbar an der Stadtgrenze in der Nähe des ehemaligen Deichtors entstehen.

WV 76 *Entwurf für den ersten Hamburger Bahnhof*

Spätestens zu diesem Zeitpunkt müssen Chateauneuf und Lindley Gespräche über die gemeinsame Ausführung des Bahnhofsbaus geführt haben. Chateauneuf hat sich wiederholt mit technischen Bauaufgaben befaßt und neue Konstruktionsmethoden – nicht immer mit dem nötigen Erfolg – aufgegriffen. Auch wenn er die englischen Ingenieure 1828 wegen ihrer „architektonischen Barbareien" heftig kritisierte, arbeitete er später wiederholt mit Ingenieuren aus England zusammen. Dabei war es ihm offensichtlich stets ein Hauptanliegen, die Nutzbauten mit einer ansprechenden Architektur zu überhöhen. Innerhalb der Gruppe der zeitgenössischen Hamburger Architekten bildete er mit seinem Engagement eine große Ausnahme.[434] Wie die Zusammenarbeit mit Lindley zustande gekommen ist, kann nur vermutet werden. Möglicherweise hatte Chateauneuf Lindley bereits während seines Aufenthalts in England kennengelernt oder von dessen Fähigkeiten erfahren. Denkbar ist auch, daß die Komiteemitglieder Abendroth und Sieveking, die beide entschiedene Förderer des Architekten waren, den Kontakt herstellten.

Chateauneuf und Lindley verständigten sich schnell über das gemeinsame Vorhaben, denn bereits im Juli 1840 legte der Architekt der Kommission einen ersten Entwurf für den Hamburger Bahnhof „zur gefälligen Beachtung" vor. Auffallendstes Element dieses frühen Entwurfs ist der von zwei großen Rundbogen durchbrochene rechteckige Vorbau (Abb. links). Buckelquader akzentuieren die Ecken und Rundbogen, die Mauerflächen werden durch runde Öffnungen (Okuli) und Ädikulen aufgelockert. Den oberen Abschluß bildet ein kräftiges Kranzgesims. Die Bogenlaibungen der Rundbogen sind mit Kassetten dekoriert. Der Vorbau ist in der Längsachse durch einen tonnengewölbten Quergang zu passieren. Zu beiden Seiten des Vorbaus schließen Mauern an, die jeweils von einem kleinen Portal durchbrochen sind. Vorbau, Mauern und Portale bilden insgesamt die Schaufassade zur Stadt hin. Chateauneuf stellt sein Portal direkt vor die Drehscheiben am Ende der Gleise und macht so das technische Schauspiel der Lokdrehung und die schnurgerade in Richtung Bergedorf laufenden Gleise vom Portal gerahmt sichtbar.[435] Hinter dem Vorbau sieht er eine mit einem Satteldach gedeckte Halle vor, die von offenen Rundbogenarkaden getragen wird. Parallel zur Halle plant Chateauneuf ein zweigeschossiges Administrationsgebäude. Dieser einfache kubische Baukörper mit gradlinigen Konturen und klar proportionierten Wandflächen ist von einem flachen Walmdach gedeckt. Rundbogenfenster gliedern die Wandflächen in einem gleichmäßigen Rhythmus. Die Gebäudeecken und Fensteröffnungen werden wie bei der Vorhalle durch Buckelquader betont. Vor der Längsfront des Administrationsgebäudes ist ein eingeschossiger, offener Vorbau vorgesehen. Er ist flachgedeckt und von einer Stützenreihe getragen.

Der Bahnhof setzt sich also aus einzelnen Elementen zusammen, die jeweils ihren eigenen Charakter bewahrt haben. Der Gesamteindruck zeigt ruhige Geschlossenheit, klare Umriß- und Grundrißlinien. Hierin sind durchaus Anklänge an die klassizistische Architektur erkennbar.[436] Bis auf den Doppelbogen haben alle Bauteile klare funktionale Aufgaben.

Woher nahm Chateauneuf die Anregungen für diese neue Bauaufgabe? Die Architektur des Entwurfs ist stark von historischen und zeitgenössischen Vorbildern beeinflußt. Chateauneuf kannte die modernen englischen Bahnhöfe aus eigener Anschauung. Im Juni 1838 schilderte er gegenüber Schinkel, daß ihm der Portikus von Philip Hardwicks Euston Station wie eine vergrößerte Kopie der Athener Propyläen erscheine. Zwar störten ihn die häßlichen kleinen „Anhänger von Pförtnerbuden"[437], doch war er insgesamt von der kolossalen Ausführung mit ihrer schönen Dachdeckung beeindruckt. Von einer derart genauen Nachahmung antiker Vorbilder war Chateauneuf weit entfernt, wenn auch die Rundbogen seines Portals an die gewaltigen kassettierten Rundbogen der Maxentiusbasilika in Rom oder ganz allgemein an römische Aquädukte erinnern.[438]

Vor allem folgte er der völligen Unfunktionalität des Portals der Euston Station nicht. Sein als Stadtfassade ausgebildeter Gleisauftakt wurde bereits 1837–1839 beim Leipziger Bahnhof in der Dresdner Neustadt unweit des Leipziger (Weißen) Tores vorgestellt.[439] Die Disposition der Gleisüberdachung mit seitlich flankierendem Administrationsgebäude geht auf Liverpool Crownstreet zurück. All diese Anregungen verarbeitete Chateauneuf zu einem unverwechselbar eigenen Entwurf, der in seinem Abstraktionsgrad Nachwirkungen der Idealentwürfe Boullées oder Gillys spüren läßt.[440] Darüber hinaus ist der Entwurf auch in städtebaulicher Hinsicht von großem Interesse. Denn Chateauneuf schnitt sein Portal direkt in die bestehende Stadtmauer, womit er gleichsam ein fünftes Stadttor errichtete.[441]

Obgleich mit Abendroth und Sieveking zwei entschiedene Fürsprecher des Architekten im Komitee saßen, sah man davon ab, Chateauneuf den direkten Auftrag für sein beeindruckendes Projekt zu erteilen. Der Grund für diese Zurückhaltung lag vor allem darin, daß in Hamburg um 1840 besonders intensive Diskussionen um die Vergabe öffentlicher Bauten geführt wurden. Gerade Chateauneuf hatte sich im Falle des Börsenbaus mit vehementer Kritik für einen freien Wettbewerb zu Wort gemeldet (WV 64). Man beschloß daher, Chateauneuf bezüglich eines Wettbewerbs zu befragen, woraufhin dieser ohne Einschränkung zustimmte. Für seine geleisteten Vorarbeiten wurde ihm der Bau eines Pavillons auf dem Bahnhof in Bergedorf in Aussicht gestellt (vgl. WV 81).

Am 14. September wurden die Hamburger Architekten in einem öffentlichen Aufruf in den „Wöchentlichen Gemeinen Nachrichten" zum Wettbewerb aufgefordert. Bereits am 24. Oktober 1840 beschloß die Direktion, die eingegangenen Bahnhofsentwürfe an Lindley nach London zu schicken. Hierzu wurden die Architekten G. Benecke, J. H. Maack, J. H. Schlösser, J. J. Hünerhäger, C. F. Reichardt, F. G. Stammann, F. Stammann, W. J. Koch und Chateauneuf um Zustimmung gebeten.[442] Lindley sollte die Projekte unter technischen Aspekten begutachten; für den architektonischen Gehalt waren versierte Baumeister zu Rate zu ziehen. Sein Votum hatte jedoch nur beratenden Charakter; die Kommission behielt sich das letzte Wort vor.

Bereits am 6. November 1840 teilte der Ingenieur sein persönliches Urteil und dasjenige seiner „scientific friends" mit. Demnach hielt er den von Chateauneuf eingelieferten „Set B" für den besten, da der Bau nicht nur eine Zierde der Stadt sein würde, sondern im Sinne des rein Praktisch-Zweckmäßigen voll überzeugte. Dieser Entwurf enthielt nicht nur die bereits im Juli fertiggestellte Version, sondern auch eine im Oktober erstellte überarbeitete Fassung. Nach langen Beratungen entschied sich die Bahnhofskommission dafür, für das Administrationsgebäude den früheren Entwurf, für den Vorbau den späteren Vorschlag zugrunde zu legen.[443]

Nach einigen Verhandlungen bezüglich der von Chateauneuf kalkulierten hohen Kosten und mancher vom Senat angeregten Nachbesserung konnte mit der Bauausführung 1841 begonnen werden. Bereits im November 1841 war Richtfest, und einige Wochen vor der im Mai 1842 geplanten Eröffnung waren die Bahnhofsgebäude fertiggestellt.

Der schließlich gebaute Bahnhof weist mit der räumlichen Beziehung der drei Hauptteile – Fassade, Halle und Administrationsgebäude – große Ähnlichkeit zum ersten Entwurf auf. Viele Gliederungselemente des Vorbaus, wie z.B. die Buckelquader, die Okuli oder das Horizontalgesims, sind bewahrt. Dennoch ist das Erscheinungsbild des Bahnhofs grundlegend anders. Dies liegt vor allem an der geringeren plastischen Ausbildung der Architektur. Aus dem kompakten tiefen Baukörper mit kassettierten Tonnen wurde nun ein zwischen zwei Türme gespannter flacher Mauerverband. Diese von zwei Fahnenmasten bekrönten Bauteile bewirken eine stärkere Betonung der Vertikalen. Die monumentale Geschlossenheit ist einer größeren Bewegtheit gewichen.

Auch das Administrationsgebäude wurde wesentlich verändert: Es erhielt ein viertes Geschoß, und der Vorbau wurde nun auf die mittleren sechs Fensterachsen beschränkt. Auch hier ist der vormals kompakte Gesamteindruck aufgehoben. Beim späteren Entwurf sind Halle und Vorbau eng miteinander verbunden. Dadurch ist der Blick in die Halle hinein besser gewährleistet (Abb. Tafel 22). Diese Tendenz wird dadurch unterstützt, daß die vorher mannshohen Gitter nun in niedrige Balustraden umgewandelt wurden.

Der Zugang für Fahrgäste erfolgte rechts und links neben der Hauptfassade durch zwei kleine Türen in der Stadtmauer.

Noch konsequenter als beim ersten Entwurf wird hier die neue Eisenbahntechnik insze-

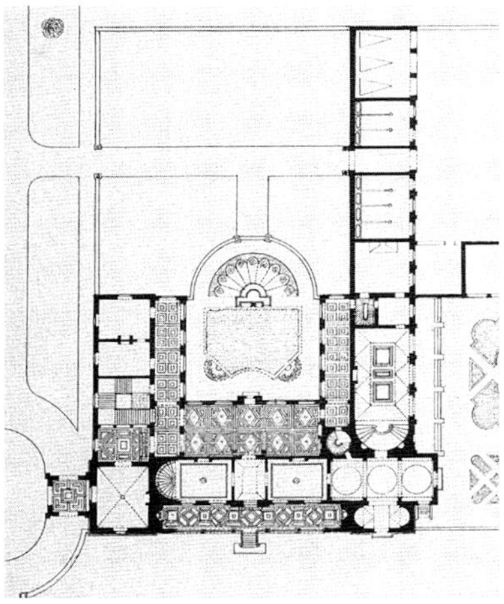

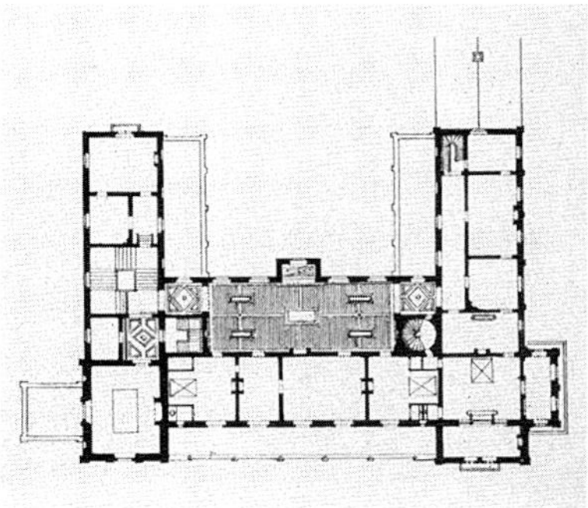

WV 77 *Landhaus in Kent, Grundrisse*

niert. Die Grenzen des engen mittelalterlichen Blickes auf die Stadt werden gesprengt und völlig neue Perspektiven eröffnet.[444] „Chateauneuf baute ein Schaufenster für die Bahn“[445] als angemessene architektonische Gestaltung für die durch die Eisenbahn veränderte Wahrnehmung von Zeit und Raum. In diesem Sinne begründete auch die Bahngesellschaft ihren Bauantrag an den Senat vom 12. März 1841: „Es ist gerade diese Art der Construktion gewählt, weil der freie Blick in die weite, hohe Halle, und durch sie hin, die ganze Eisenbahn entlang bis zum Billbrook, eine schnurgerade Linie bildend einen großartigen Anblick gewähren wird, wie man ihn noch bei keiner anderen Bahn findet.“[446]

Es gehört zu den tragischen Momenten in Chateauneufs Architektenleben, daß die feierlich geplante Eröffnung dieses Bahnhofes wegen der Katastrophe des Großen Brandes ausfallen mußte (Abb. Tafel 22).

Literatur: Lange 1965, S.34-35; Spallek 1968 (grundlegend); Hamburg-Bergedorfer Eisenbahn 1992; Rudolph 1999, S.5-8

77

Entwurf für ein Landhaus in Kent, 1840–1842

1843 erschien in London das von Lady Mary Fox herausgegebene Buch „The Country House“.[447] Es war der vierte Band in einer Reihe von Jahresgaben, die zugunsten der Royal School of Industry verkauft wurden. Das Buch enthält einen Briefwechsel, in dem der englische Liberale Henry Bellenden Ker[448] und Alexis de Chateauneuf den für ein Landhaus am besten geeigneten Baustil erörtern.[449]

Die detaillierte Beschreibung und die dem Band beigefügten Entwurfszeichnungen legen den Schluß nahe, daß es sich um Überlegungen für einen ganz konkreten Bauauftrag gehandelt hat. Doch ist auch vorstellbar, daß das Buch ein rein theoretisches Werk darstellt, das die Kunstansichten von Chateauneuf und Ker verbreiten sollte. Der genaue Sachverhalt läßt sich heute nicht mehr mit letzter Sicherheit bestimmen. Denn 1943 verbrannte mit Chateauneufs Nachlaß auch ein umfassender Klebeband, der die Entwurfsskizzen und die Korrespondenz zu diesem Projekt enthielt.[450]

Den Briefen ist zu entnehmen, daß sich Ker um 1840 an Chateauneuf mit der Bitte um einen Entwurf für ein Landhaus wandte. Dieser fühlte sich durch die Auftragserteilung sehr geehrt, doch war es ihm damals wegen intensiver Arbeitsbelastung nicht möglich, das Projekt mit Ker persönlich durchzusprechen. So tauschten Bauherr und Architekt ihre Gedanken in mehreren Briefen aus. Chateauneuf gab jedem Brief ein anderes Hauptthema; so referierte er z.B. gesondert über den Stil, die Innenausstattung oder das Material. Sicher ist, daß Chateauneufs Briefe ursprünglich auf deutsch geschrieben waren. Leider erhielt der Architekt keine Gelegenheit, die begriffliche Genauigkeit der englischen Übersetzung vor der Drucklegung zu überprüfen. Problematisch für eine Bewertung des Bandes ist auch, daß aus Kostengründen wichtige Textpassagen Chateauneufs gekürzt wurden und von seinen zahlreichen Entwurfszeichnungen nur die für das Verständnis der Argumentation notwendigen Grund- und Aufrisse abgebildet wurden.[451] Da sowohl der Bauherr als auch Chateauneuf in ihren Erörterungen auf die vom Architekten 1839 herausgegebene „Architectura domestica“ verwiesen, kann für den Briefwechsel der Zeitraum 1840 bis 1842 angenommen werden.

Henry Bellenden Ker und Chateauneuf lernten sich spätestens 1838 während des London-Aufenthaltes des Architekten kennen. Damals führte Chateauneuf eine kleinere Gelegenheitsarbeit in Kers Londoner Stadtwohnung (WV 67) aus. Ker und Chateauneuf verstanden sich so gut, daß sich aus der eher zufälligen Begegnung eine Freundschaft entwickelte. Die damals geführten Gespräche mögen den vermögenden Liberalen angeregt haben, ernsthaft den Bau eines repräsentativen Herrenhauses in Erwägung zu ziehen.[452]

Daß er sich dabei als Engländer an einen ausländischen Architekten wandte, lag, wie Ker betonte, keineswegs darin begründet, daß er die englischen Architekten für unfähig hielte.[453] Doch er zog es vor, mit einem Baumeister zusammenzuarbeiten, der nicht wie die meisten der englischen Professoren in allzu routinierter Nachahmung etwa der modernen italienischen Villen erstarrt sei. Als mögliche Vorbilder für sein Landhaus verwies er auf den in England so traditionsreichen Palladianismus, wenngleich ihm die davon inspirierten Villen angesichts des heimischen Klimas wenig zweckmäßig erschienen. Zudem schätzte Ker die im alten Elisabethanischen Stil errichteten Wohnhäuser und die strohgedeckten Cottages.

Was waren die Voraussetzungen für Chateauneufs Entwurf? Als Baugrundstück war ein leicht hügeliges Gelände nahe der Ortschaft Footscray in der Grafschaft Kent vorgesehen. Es handelte sich um keine riesige Parkanlage, doch war für einen großzügigen Hausbau genügend Grünfläche vorhanden. Das für landwirtschaftliche Nutzung wenig geeignete Grundstück verfügte über Quellen und Wasserläufe, so daß die Möglichkeit bestand, einen kleinen See aufzstauen. Von der höchsten Stelle des Geländes blickte man auf die für Kent charakteristischen Obstgärten und Kornfelder. In der unmittelbaren Umgebung gab es Wälder. Alles in allem handelte es sich – wie Ker betonte – um einen ganz „durchschnittlichen" englischen Landsitz.

Für das Herrenhaus machte der Bauherr nur vage Vorgaben. Ker ging es nicht primär um eine glanzvolle äußere Erscheinung, wichtiger war ihm die harmonische Einbindung in die umgebende Landschaft. Aus meteorologischen Gründen sollte das Landhaus nicht zu weit unten im Tal plaziert sein. Seiner Annahme nach müßte man sich von Südwesten aus dem Haus nähern, zu dessen allseitigem Schutz er Bäume und Sträucher vorschlug.

Für das Innere wünschte er sich einen großzügigen Speiseraum und einen Morgenraum, in dem auch gezeichnet werden konnte. Großen Wert legte er auf eine geräumige Bibliothek. Die Anordnung von zwei kleinen Gesprächszimmern, der Schlafzimmer und Büros wollte er zu einem späteren Zeitpunkt erörtern. Besonders wünschte er sich eine möglichst große Veranda, die im Sommer vor Hitze und im Winter vor Kälte schützen sollte. Zum Bauprogramm Kers gehörten auch mehrere Nebengebäude wie ein Kutscherhaus, Ställe für sechs Pferde; ein kleines Kühlhaus und eine Gärtnerwohnung. Diese sollten ebenso wie Küchen- und Blumengarten in unmittelbarer Nähe zum Haupthaus errichtet werden.

Daß Ker den Backstein als für Kent typisches Baumaterial vorschlug, dürfte ganz in Chateauneufs Sinn gewesen sein. Allerdings stellte der Bauherr auch die unproblematische Beschaffung von Haustein in Aussicht, falls dieser für Fenstereinfassungen und Gesimse benötigt würde. Da Ker die Vorliebe Chateauneufs für italienische Baukunst kannte, erinnerte er seinen potentiellen Architekten daran, daß die im Süden bevorzugten Bauformen für das unbeständige englische Wetter wenig geeignet seien. Als Baukosten standen Chateauneuf 10.000 bis 12.000 Pfund zur Verfügung.

Über die für die Erscheinung des Landhauses entscheidende Frage nach dem zu wählenden Stil entspann sich zwischen dem in dieser Hinsicht unsicheren Bauherrn und Chateauneuf eine interessante und für das zweite Drittel des 19. Jahrhunderts typische Debatte.[454] Sie kann, um Heinrich Hübschs berühmte Schrift zu zitieren, mit der Frage „In welchem Style sollen wir bauen?" überschrieben werden. Es schien Chateauneuf generell bemerkenswert, daß ein Bauherr seinen Architekten nach dem idealen Stil für ein Bauprojekt fragt. Nur sechzig Jahre zuvor hätte jeder Architekt ganz selbstverständlich auf den damals vorherrschenden Zeitstil zurückgegriffen. Während es seiner Meinung nach abgesehen von Übergangszeiten früher niemals Vermischungen des Stils gegeben hatte, waren derartige Vorgänge nun – d.h. um 1840 – an der Tagesordnung. Niemand hätte z.B. einem Griechen vorgeschlagen in einem ihm fremden Stil zu bauen. Generell schienen Chateauneuf stilistische Zeitensprünge problematisch: Für ihn war es schwer vorstellbar, Homer in einem Salon im Stil Ludwigs XIV. oder Shakespeare unter dem offenen Dach eines griechischen (!) Impluviums zu lesen.

Für Chateauneuf rührte das Dilemma der stilistischen Verwirrungen zum Teil daher, daß die alten Kunstleistungen seit geraumer Zeit intensiv erforscht und studiert worden waren. Als Hauptursache führte er den Mißstand jedoch auf die Unfähigkeit der eigenen Zeit zurück, einen für alle Bauaufgaben verbindlichen Stil zu schaffen.

Natürlich hatte auch Chateauneuf keine Patentlösung für dieses architektonische Grundproblem des 19. Jahrhunderts parat. Wichtiger als der Stil war für ihn zunächst der „Charakter" eines Kunstwerks. Dieser sollte bei dem zu erbauenden Landhaus möglichst nobel und heiter sein. Dieses Ziel konnte nach Chateauneufs Ansicht nur mit einer Architektur erreicht werden, bei der auch die Malerei und die Bildhauerei genügend Raum zur Entfaltung erhielten.

Seiner Einschätzung nach war die in England damals so populäre Gotik bei allen Verdiensten dazu nicht in der Lage gewesen. Einzig die alten Griechen und in neuerer Zeit die Italiener des 15. Jahrhunderts hatten das Prinzip des Gesamtkunstwerks gepflegt und zu hoher Blüte gebracht. Chateauneuf strebte danach, diese Ideale zu erreichen und wollte daher einen Entwurf im „griechischen Stil" machen. Dabei behielt er sich aber die Freiheit vor, auch auf andere Vorbilder aus dem reichen Formenschatz der europäischen Architekturgeschichte zurückzugreifen. Alt und neu wollte er in einer Art „chemischen Reaktion" in einer „Renaissance des 19. Jahrhunderts" zu neuer Wirkung bringen.[455]

WV 77 *Landhaus in Kent, Ansicht von Süden mit See*

WV 77 *Ansicht von Süden mit Rasenfläche und verändertem Turmaufbau*

WV 77 *Landhaus in Kent, Gartenansicht mit Gärtnerhaus*

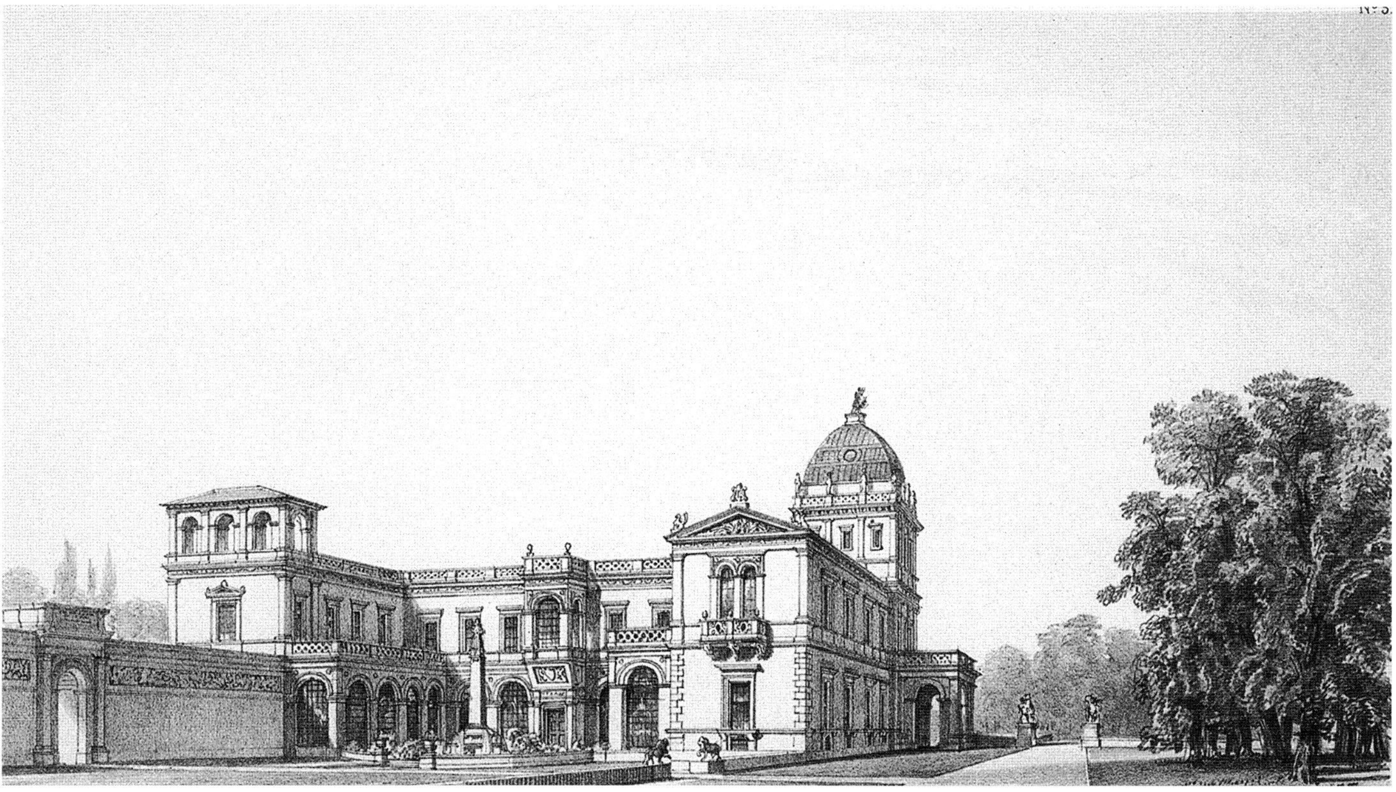

WV 77 *Ansicht von Norden*

Chateauneuf stellte genaue Überlegungen zur besten Plazierung des Landsitzes auf dem von Ker beschriebenen Grundstück an.[456] Ausdrücklich berief er sich dabei auf Fürst Pückler-Muskau und dessen wenige Jahre zuvor erschienenes Hauptwerk „Anmerkungen über Landschaftsgärtnerei".[457] So zog er gesundheitliche Aspekte aber auch die optimale Ausnutzung der Licht-Schatten-Situation in Betracht. Das Gebäude sollte eine gute Aussicht bieten und ganz im Sinne Kers weitgehend vor der Witterung geschützt und dabei harmonisch in die Landschaft eingefügt sein.

Nach intensivem Nachdenken entschied sich Chateauneuf dafür, das Landhaus auf der Anhöhe des Grundstücks zu plazieren. Unmittelbar südlich vorgelagert sollte ein See aufgestaut werden. 50 Fuß oberhalb des Baches wäre die Gefahr der Übertragung gefährlicher Krankheitskeime gering gewesen. Chateauneuf wies nachdrücklich darauf hin, daß der See für alle Bewohner und Besucher schönste Perspektiven bieten würde. Von höchstem Reiz war für ihn das im Wasser reflektierte helle Bild der Architektur, das vor allem im Kontrast zu den dunkleren Spiegelungen der Bäume und Sträucher seine besondere Wirkung entfalten würde.

Die Annäherung an das Anwesen war wirkungsvoll inszeniert: Chateauneuf wählte keinen serpentinenartigen Weg, sondern wollte durch den gradlinigen Zugang eine allmähliche Wandlung des wahrgenommenen Bildes erzielen. An der Südwestecke des Herrenhauses sollte eine Brücke über das Wasser hinweg zum Anwesen führen.

Chateauneuf entwarf das Gebäude als stattlichen Dreiflügelbau in einem von der italienischen Renaissance beeinflußten Stil.[458] Die Gesamtanlage dominierte ein an der Südwestecke des Hauses plazierter Turm. Mit ihm wollte der Architekt die Umrißlinie des Herrenhauses auflockern und zugleich ein weithin sichtbares Erkennungszeichen setzen. Chateauneuf verzichtete darauf, z.B. mit Zinnen, auf die mittelalterliche Wehrfunktion des Turmes hinzuweisen. Vielmehr sollte er, bekrönt von einem kuppelförmigen Dach und geschmückt mit Statuen, weithin verkünden, daß das Haus einem Freund der Musen gehöre, der sich hier aufhält, um Kunst- und Natur zu genießen. (Abb. S. 230-231)

Chateauneuf gliederte den Turm im Erdgeschoß durch Eckquader, in den beiden Obergeschossen mit Pilastern. An seiner Westseite plante der Architekt einen so großzügig bemessenen, überdachten Hauseingang, daß sogar Kutschen hindurchfahren konnten. An der Nordseite sollten die drei U-förmig angeordneten Gebäudeflügel einen kleinen Hof umschließen. Auf diese Wiese wollte Chateauneuf die Gesamtanlage auflockern und die Beleuchtungssituation zahlreicher Räume verbessern.

Als Hauptfassade war die Südseite mit der direkt am Wasser liegenden Loggia vorgesehen. Sie sollte dem Wunsche Kers gemäß im Winter eine geschützte Terrasse bieten und im Sommer die Sonne abhalten. Von ihrer Mitte führen vier Stufen direkt zum See, so daß dort ein geeigneter An- und Abfahrtspunkt für Bootsfahrten zur Verfügung gestanden hätte.

Sämtliche Fassaden sollten zweigeschossig sein, nur an der Südseite waren die überwiegend hochrechteckigen Fenster von Ädikulagiebeln bekrönt. Zwei Gebäudeecken wurden mit Zwillingsfenstern akzentuiert.

Vom nordöstlichen Eckpunkt des Hauses sollten nach Norden die großzügig bemessenen Ställe und nach Osten die Treib- und Gewächshäuser errichtet werden.[459] Letztere hätten so optimales Südlicht erhalten. Am Ende der Gewächshäuser plante Chateauneuf ein kleines Gärtnerhaus mit Turm, das unverkennbar an die fast zeitgleichen Potsdamer Lösungen von Schinkel oder Persius erinnert.

Für den Gartenbereich sah Chateauneuf im nördlichen Hof eine mit einem Obelisken geschmückte Zieranlage, im Osten einen regelmäßigen Blumengarten vor. Auf dem übrigen Grundstück sollte der typische englische Landschaftsgarten vorherrschen, wobei der Architekt vor allem die dort vorhandenen beachtlichen Ulmenbestände bewahren wollte.

Im Inneren des Gebäudes sah Chateauneuf eine phantasievolle Differenzierung der Räume und Wegführungen vor. Dabei war bei dem U-förmigen Grundriß mit den langen Gebäudefronten die Gefahr einer Reihung von Räumen – wie bei Schloßbauten üblich – unvermeidlich.

Den Eingangsbereich des Herrenhauses plante Chateauneuf im unteren Turmgeschoß an der Westseite. Im Vestibül sollte zur Gewöhnung der Augen ein gedämpftes Licht „in der Manier Rembrandts" vorherrschen. Links davon sollten sich ein Vorraum und das Treppenhaus anschließen, dessen unteren Teil man zunächst nur durch eine Säulenreihe hindurch hätte wahrnehmen können.

An der Süd- oder Wasserseite des Hauses war eine repräsentative Folge von Wohnzimmern vorgesehen. Dabei sollten zwei größere Zeichenräume einen schmaleren mittleren Raum umrahmen. Alle drei Räume ließen sich anläßlich größerer Feierlichkeiten durch Aufziehen von Falttüren zu einem großen Saal vereinen.

Die an der südöstlichen Ecke des Herrenhauses gelegene Bibliothek sollte gemäß Kers Wunsch besonders ausgestattet sein. So bildete Chateauneuf dort zum Wasser hin einen reizvollen Alkoven aus, in den sich der Hausherr zum ungestörten Lesen und Meditieren zurückziehen konnte. An der Ostseite sollte das Eßzimmer und im Norden eine geräumige Halle angeordnet werden.

Im Obergeschoß waren im Westen zwei Gästezimmer, im Turm ein Billardraum und im Süden Gesellschaftszimmer vorgesehen. Daran schlossen sich zwei Schlafzimmer an, von denen dasjenige des Bauherrn über eine direkte Verbindung zur Bibliothek verfügte. An der Ostseite plante Chateauneuf ein Ankleidezimmer mit Blick auf den schönen Blumengarten. Im zweiten Obergeschoß waren weitere Schlafzimmer eingerichtet, die wegen der beeindruckenden Aussicht besonders Gästen vorbehalten sein sollten.

Ausführlich erörterte Chateauneuf die Materialfragen der Innenausstattung.[460] Dabei fällt auf, daß der Architekt direkt nebeneinander liegende Räume sehr abwechslungsreich gestaltete.

In der Eingangshalle wollte Chateauneuf die Wände mit Stuckmarmor verkleiden lassen, während die blaugefaßten Deckengewölbe mit weiß- und braunbemalten Rippen akzentuiert werden sollten. Für die Türschwellen und Kaminsimse schlug er gelben Derbyshire-Marmor vor. Der Vorraum sollte durch die wirkungsvolle Gegenüberstellung von zartgrün gefaßten Wänden und weißen Säulen belebt werden. Zur Verminderung von Durchzug und Lärm war geplant, den oberen Teil der Säulenzwischenräume mit Glas zu verschließen. Die holzvertäfelte Decke sollte in grüne, reich dekorierte Felder gegliedert werden. Hier wie auch in dem vorhergehenden Vestibül wollte Chateauneuf die Flure mit Marmor oder gefärbtem Stein bedecken lassen. Dagegen sollte die nach Osten anschließende große Halle Parkettfußboden erhalten, da in diesem Raum gelegentlich Tanzveranstaltungen vorgesehen waren.

Um die allzu große Raumhöhe zu vermindern, wollte Chateauneuf im mittleren der drei Wohnzimmer eine gewölbte Decke einziehen. Diesen Raum wünschte er sich mit Arabesken ausgemalt, wie sie Giulio Romano in der Villa Lante angewandt hatte. In den beiden angrenzenden Zeichenräumen sollten lediglich durch einzelne Vergoldungen Akzente gesetzt werden. Die Wände aller drei Räume sollten mit Seide oder entsprechend anmutenden Stoffen ausstaffiert werden. Auf diese Weise konnten die kostbaren Gemälde aus der Privatsammlung Kers zu optimaler Geltung gelangen. Für die gesamte Raumfolge schlug Chateauneuf weiße Türen mit goldenen Ornamenten vor. Auf ähnliche Weise wollte er die Decke der Bibliothek gestalten lassen. Dort sollten die Bücherregale aus hochglänzendem, hellem Holz nicht über die Gewölbeansätze hinausreichen, so daß auf den Regalen noch Büsten oder Vasen aufgestellt werden konnten.

Auch für das Eßzimmer war mit stuckmarmorierten Wänden sowie Decken- und Lünettenfresken eine besonders aufwendige Ausstattung vorgesehen. Chateauneuf wollte für diese Arbeit den gemeinsamen Freund Charles Eastlake gewinnen.[461] Er hoffte, daß der Raum dadurch zu einem der reizvollsten Zimmer in ganz England werden könnte. Chateauneuf war sicher, daß ein solches Beispiel angesichts des ausgeprägten Farbensinns der Engländer bald Schule machen würde.

Sollte der Bauherr noch zusätzliche Dekorationen wünschen, könne man auch auf Glasmosaiken zurückgreifen. Diese künstlerische Technik, bei den Römern und auch im Mittelalter an Kanzeln und Denkmälern bevorzugt, hatte Chateauneuf nach eigenen Angaben kurz zuvor erfolgreich bei einer Innenraumausstattung eingesetzt.[462]

Angesichts dieser opulenten Verwendung von Marmorstukkaturen, Vergoldungen, Freskomalereien und Glasmosaiken konnte der von Ker gesteckte Finanzrahmen nicht eingehalten werden. Doch Chateauneuf wies nachdrücklich darauf hin, daß sich das in kostbare Materialien investierte Geld aufgrund der geringeren Abnutzung und weniger häufigen Reparaturen langfristig auszahlen würde.[463]

Die hier stark verkürzt wiedergegebenen vielschichtigen Überlegungen und die mit den Briefen mitgesandten Zeichnungen stellten für Chateauneuf lediglich Grundgedanken – keineswegs fertige Entwürfe – dar. Für die weiteren Überlegungen benötigte er vor allem eine genauere Kenntnis der speziellen Kunstsammlung des Bauherrn. Ihm war bewußt, daß noch viele Detailfragen der Abklärung bedurften. An dieser Stelle war für ihn auch der Auftraggeber gefordert. Zwar sei es für einen Künstler wunderbar, wenn er eine „carte blanche“ erhielte; aber Chateauneuf fand es reizvoller, für einen Bauherrn tätig zu sein, der sich ernsthaft mit den Vorschlägen des Architekten auseinandersetze.

WV 78 *Wirtshaus Frascati*

Ker erfüllte diese Erwartungen voll und ganz.[464] Dabei dürfte es Chateauneuf natürlich gefallen haben, daß seine Entwürfe beim Auftraggeber auf weitgehende Zustimmung stießen. Abgesehen von den für einen Bauherrn fast obligatorischen finanziellen Bedenken, äußerte Ker nur wenige Einwände. Den stärksten Eingriff in den Entwurf bedeutete seine Ablehnung des vor dem Haus angelegten Sees (Abb. S. 230). Ker betonte, daß er zwar den großen Reiz dieser Idee erkennen würde, doch hätten vor allem praktische Gründe seine Entscheidung beeinflußt. Zum einen sei aufgrund der Geländesituation die konstante Versorgung mit frischem Wasser kaum zu gewährleisten. Zudem könne er den Erfrischungseffekt der Wasserfläche allenfalls wenige Wochen nutzen, da er gerade in der Sommerzeit häufig in London sein mußte. Vor allem befürchtete er wohl, daß die übrigen Familienmitglieder sämtliche Krankheiten – vom Zahnweh bis zum Rheuma – auf die schlechte Wirkung des Sees schieben würden. Er ermunterte Chateauneuf, als Ersatz eine ruhige, glatte Rasenfläche zu wählen. Die nach Süden hin ausgerichtete geräumige Loggia wolle er aber unbedingt beibehalten. Zu aufwendig erschien Ker die von Chateauneuf vorgeschlagene Turmkuppel. Er favorisierte ein italienisches Flachdach. Dazu kamen manche praktischen Einwände; so wünschte sich Ker, daß die Küche zur Vermeidung von Gerüchen und Lärm nicht zu nah am Eßzimmer liegen solle.

Chateauneuf überarbeitete daraufhin seinen Entwurf, bei dem nun der See tatsächlich durch eine Rasenfläche ersetzt wurde (Abb. S. 230). Die Verbindung zum höhergelegenen Landhaus stellte er durch großzügige Treppenanlagen her. Wenig kompromißbereit zeigte er sich dagegen in bezug auf den Turmabschluß. Hier beharrte er darauf, diesem Gebäudeteil – diesmal mit einem spitz zulaufenden Steildach und vier Ecktürmchen – einen deutlichen Akzent zu geben.

Der 1843 publizierte Entwurf für ein Landhaus ist in vielerlei Hinsicht für das Verständnis von Chateauneufs Kunstauffassung aufschlußreich. Günther Lange stellte zu Recht fest, daß „Chateauneuf sich bei diesem Projekt, das so gar nichts mit seinen wesentlich kleineren Aufgaben in und um Hamburg zu tun hatte, selbst suggeriert habe, endlich aus dem Vollen schöpfen und seine Phantasie spielen lassen zu können."[465] Tatsächlich hatte er bislang – sei es in Sierhagen, Hamm oder Harvestehude – die dort bereits vorhandenen Landhäuser lediglich umbauen dürfen. Insgeheim wird Chateauneuf davon geträumt haben, wie seine in den deutschen Residenzstädten tätigen Kollegen Schinkel, Klenze oder Gärtner einmal ohne allzu große Beschränkung bauen zu können. Der Entwurf für das „Countryhouse" läßt ahnen, zu welchen kreativen Leistungen Chateauneuf nicht nur im Landhausbau in der Lage gewesen wäre.

Die Herleitung von Chateauneufs Entwurf bedarf noch genauerer Nachforschungen. Die reiche Renaissance-Dekoration des Haupthauses erinnert an die gleichzeitigen Landhäuser Charles Barrys; so etwa in Trentham Park, 1834–1842.[466] Dagegen entstammt die Idee des Sees wohl eher einer deutschen Traditionslinie. Das Gärtnerhaus weist deutliche Ähnlichkeiten zu den Villen der Schinkelschule auf, könnte aber auch von Charles Parkers 1832 erschienenem Buch „Villa Rustica" inspiriert worden sein.[467]

Ob „The Countryhouse" die zeitgenössischen Architekten beeinflußte, bedarf ebenfalls noch der Untersuchung. Trotz der umfangreichen Subskription des Bandes[468] erzielte das Werk nach Einschätzung von Stefan Muthesius in England keine große Wirkung.[469] Immerhin bestehen interessante Zusammenhänge zu dem von Prince Albert 1845–1846 errichteten Osborne House auf der Isle of Wight.[470]

In Deutschland ließ sich der spätere Rathausbaumeister Martin Haller bereits als Knabe von den Abbildungen des Werkes faszinieren. Über die weitere Wirkung des „Countryhouse" berichtete er in seinen Erinnerungen: „Als ich später der englischen Sprache etwas mächtig wurde, vertiefte ich mich auch in die Briefe. Sie belehrten mich über die Stellung des Bauherrn zum Künstler und malten mir in leuchtenden Farben das phantastische Glück eines Architekten, der für einen steinreichen und zugleich kunstliebenden Magnaten nicht nur ein Schloß zu errichten, sondern zugleich alle sonstigen in seinem Besitzthum vorkommenden gewaltigen Bauaufgaben ... nach seinem eigenen und dem seines Auftraggebers unterstützten Geschmack auszuführen hatte."[471] Nach Hallers eigener Aussage trug das Werk nicht unwesentlich zur Berufswahl dieses bedeutendsten Privatarchitekten Hamburgs der 2. Hälfte des 19. Jahrhunderts bei.

Literatur: Lange 1965, S. 67-68

78
Wirtshaus Frascati in Bergedorf, 1840–1842

Im Zuge des Eisenbahnneubaus setzte eine rege Bautätigkeit in der Umgebung des Bergedorfer Bahnhofs ein. In Erwartung großer Besucherscharen entstanden mehrere Vergnügungsstätten. Sie weckten mit ihren Namen Colosseum, Portici und Frascati bei den Besuchern die Illusion, eine weite Reise getan zu haben. Anders als die privatwirtschaftlich betriebenen Portici und Colosseum gehörte das Frascati der Eisenbahngesellschaft.

Nachdem der Hamburger Bürger Charles Maurice den Aktionären der Bahn das attraktive Pachtangebot von 6.000 Mark Banco pro Jahr gemacht hatte, entschloß sich die Eisenbahngesellschaft, zunächst 60.000 Mark Banco für die Errichtung eines „Wirtschaftslocals" zur Verfügung zu stellen.

Chateauneuf war dieser Auftrag bereits im Sommer 1840 als eine Art Aufwandentschädigung für seine damaligen Bahnhofsplanungen zugesagt worden. Und bereits im Herbst 1840 wurde die Bauausführung nach den Plänen des Architekten dem Ratszimmermeister Hopfeldt zugeschlagen.

Das Gebäude wurde auf einer 4,3 Meter hohen Terrasse auf der ehemaligen Amtswiese errichtet. Wie beim Kassenhäuschen handelte es sich um einen relativ einfachen Fachwerkbau mit Stülpschalung. Mit den zwei seitlichen Turmaufbauten stellte Chateauneuf einen deutlichen Bezug zum Hamburger Bahnhofsgebäude her. Auf der oberen Terrasse konnte man an drei Seiten des Gebäudes durch eine Überdachung „bedeckt" im Freien sitzen. Chateauneuf gelang es, ohne großen Aufwand ein gut proportioniertes und repräsentatives Gebäude zu errichten. Das „Wirtschaftslocal" war eingebettet in eine auf Veranlassung von Maurice umgestaltete Gartenanlage.

Im Inneren bildeten der in der mittleren Achse gelegenen Wintergarten und eine zweigeschossige Halle die Hauptattraktionen des rechteckigen Baus. Einer zeitgenössischen Beschreibung zufolge war die 270 Quadratmeter große und 8,6 Meter hohe Halle „in reichem Getäfel von Eichenholz mit Wandsäulen" geschmückt, „worauf Nachbildungen der colossalen Caryatiden vom Pandroseum in Athen sich bis zur Decke erheben. Reliefs auf farbigem Grunde, Wappen und Inschriften treten aus dem Getäfel leuchtend hervor ..."[472] Eindrucksvoll zeigte sich auch der mit üppigstem Blumenschmuck ausgestaltete Wintergarten, zu dem man von der Halle auf breiten Stufen hinabsteigen konnte. Von dort blickte man zu beiden Seiten in geräumige Treibhäuser. „Vierzehn größere und kleinere Zimmer sind in zwey Stockwerken mehr oder minder mit der großen Halle verbunden, und ein 65 Fuß langer und 28 Fuß breiter Saal zur table d'hôte reiht sich diesen ausgedehnten Baulichkeiten an."[473] Im Obergeschoß befanden sich Gästezimmer und die Wohnung des Wirts.

Dieses stattliche Gebäude kostete etwa doppelt soviel wie alle Hochbauten der Bahn in Bergedorf, inklusive der Schleusengrabenbrücke.[474] Leider sind bislang keinerlei Innenansichten davon bekannt geworden, so daß die gestalterische Leistung Chateauneufs nicht bewertet werden kann. Die überlieferten Antikenzitate und die Beteiligung des Malers Carl Julius Milde an der Ausstattung lassen auf eine qualitätvolle Gestaltung schließen. Das Gebäude wurde bereits nach kurzer Zeit erweitert (WV 83), später abgebrochen und in Friedrichsruh wieder aufgebaut. Dort fiel es schließlich 1857 einem Brand zum Opfer.[475]

Literatur: Dahms 1992, S.88-91

79

Entwurf für einen jüdischen „Tempel", 1841

Anfang des 19. Jahrhunderts versuchten reformfreudige Mitglieder der jüdischen Gemeinde in Hamburg ihren Kultus und ihre Lebensweise den christlichen Gewohnheiten anzugleichen. Trotz heftigen Widerstands von seiten der Orthodoxen gelang es diesem „Neuen Israelitischen Tempelverein", zahlreiche Anhänger zu gewinnen. Bald war der Tempel in der Brunnenstraße zu klein, um den Zuwachs an Mitgliedern und den Besuch vieler Fremder aufzunehmen. In den folgenden Jahren wiederholt vorgetragene Bitten an die Staatsbehörde, ein Grundstück für einen Neubau zuzuweisen, wurden stets abschlägig entschieden. Die „ungünstigen bürgerlichen Verhältnisse der Juden in Hamburg" ließen es den Behörden ratsam erscheinen, „die Angelegenheit so lange zu vertagen, bis die jetzt abschwebende Emancipationsfrage einen günstigeren Ausgang gewonnen haben werde".[476] Tatsächlich waren die Juden in Hamburg damals noch weit von der Gleichberechtigung entfernt. Zuletzt hatte es 1835 antijüdische Ausschreitungen in der Stadt gegeben. Doch nicht nur die staatlichen Behörden, auch der Oberrabbiner der Gemeinde, Isaac Bernays, versuchte das Bauvorhaben des „Tempelvereins" zu verhindern.

Trotz dieser Widerstände beschloß der „Tempelverein" 1840, einen Neubau zu errichten. Das zur Verfügung stehende Gelände befand sich auf einem Hinterhof an der Poolstraße und war nur durch einen schmalen Durchgang zu erreichen.

WV 79 *Entwurf für einen jüdischen „Tempel“*

Chateauneuf hat sich im Sommer 1841 intensiv mit dem Synagogenbau beschäftigt. Im Nachlaß befand sich bis zum Zweiten Weltkrieg ein größeres Konvolut an Entwurfsstudien zu diesem Bau. Davon ist heute lediglich ein einziges Blatt durch eine Fotografie nachweisbar (Abb. S.236).[477] Da auch andere Dokumente fehlen, bildet diese Fassadenansicht die einzige Quelle für eine Beurteilung seines Projekts.

Chateauneuf plante offensichtlich einen Zentralbau mit verglaster Kuppel. Durch die Reihung von flachen Blendarkaden, die sehr kleinen Fenster im Obergeschoß und vor allem durch die Kuppel werden deutliche Erinnerungen an orientalische Bauten wachgerufen. In der für ihn typischen Weise hat es Chateauneuf jedoch vermieden, bekannte Bauwerke durch Stilzitate exakt zu kopieren.

Es war wohl gerade diese orientalische Charakteristik des Baus, die zur Ablehnung des Entwurfs geführt haben mag; „denn er hätte die Juden gerade wieder als das charakterisiert, was sie nicht sein wollten, nämlich Fremde“.[478]

Ganz anders fiel denn auch der 1842–1844 nach einem Entwurf des Hamburger Architekten Johann Hinrich Klees-Wülbern errichtete Synagogenbau aus.[479] Er wies an der Fassade vor allem einen klassizistischen Rundbogenstil und Einflüsse der englischen Gotik auf, dagegen waren nur sehr geringe maurische Stilmerkmale erkennbar.[480] Auf diese Weise dokumentierten die reformfreudigen Auftraggeber nachdrücklich ihren Willen, zwar einer anderen Religion, aber keineswegs einer anderen Nation anzugehören.

Ob Chateauneuf wie bereits bei manch anderem Projekt selbständig einen Entwurf anfertigte oder ob sogar ein Wettbewerb stattfand, ist bislang nicht nachweisbar. Klees-Wülbern hatte bereits wenige Jahre zuvor das Leichenhaus der israelitischen Gemeinde und das israelitische Krankenhaus errichtet. Möglicherweise wurde er aufgrund dieser Arbeiten mit dem Bau beauftragt.

Literatur: Schumacher 1923, S.63-64; Lange 1965, S.44; Hammer-Schenk 1978, S.21; Hammer-Schenk 1981, I, S.159-160; Teil II: S.585, Anm. 376 und Abb. 112

80

Bahnwärterhäuser der Hamburg-Bergedorfer Bahn, 1841–1842

Am 16. November 1841 erklärte sich die Direktion der Hamburg-Bergedorfer Eisenbahn nicht nur mit dem Bau des Bergedorfer Bahnhofgebäudes, sondern auch mit der Errichtung von kleineren Häuschen entlang der Bahnstrecke von Hamburg nach Bergedorf einverstanden.[481] Am 7. Dezember legte Chateauneuf seine Entwürfe dafür vor. Nach deren Billigung wurden daraufhin im Frühjahr 1842 die Gebäude von den Bauunternehmern Reimers und Müller errichtet.

Die architektonische Gestalt der sechs Stationsgebäude entsprach im wesentlichen derjenigen des Bergedorfer Bahnhofgebäudes. Stets ist die klare, schlichte Formgebung ohne aufwendigen Zierat vorherrschend. Alle Gebäude waren relativ klein und mit Holz verkleidet. Sie waren eingeschossig und verfügten über ein Satteldach.

Drei der sechs Stationshäuschen wiesen offene hölzerne Vorbauten auf. Diese dienten als Wartezone und als Veranda für die Bahnwärterwohnung. Spallek leitete die Gebäude zu Recht aus dem Bereich der bescheidenen Wohnhausarchitektur ab, wie sie Chateauneuf zum Beispiel 1830 beim Gärtnerhaus (WV 25) für Karl Sieveking verwendet hatte. Von den Streckenhäuschen blieb keines erhalten. Sie wurden allesamt bei späteren Modernisierungen durch stattlichere Neubauten ersetzt.

Literatur: Spallek 1992, S.26

81

Kassen- und Wärterhaus des Bergedorfer Bahnhofs, 1842

Das Kassen- und Wärterhaus des Bergedorfer Bahnhofs wurde im März und April 1842 nach den Entwürfen Chateauneufs durch den Hamburger Ratszimmermeister J. A. Hopfeldt ausgeführt. Zwei erdgeschossige, im rechten Winkel angeordnete Gebäudeflügel schließen sich an einen achteckigen, ca. 8 Meter hohen Glockenturm an. Das pavillonartige Gebäude enthielt einen Fahrkartenschalter, die Gepäckausgabe und die Wohnung für den Bahnhofsaufseher mit zwei Zimmern und einer Küche. Aus Kostengründen wurde der Fachwerkbau aus einfachen Materialien erstellt: Das föhrene Ständerwerk von 7–8 Zoll (17–19 Zentimeter) Stärke, wurde außen mit 1,5 Zoll (3,58 Zentimeter) starken gehobelten Dielen überblattet. Abschließend wurde ein dreifacher Anstrich mit „guter Ölfarbe“ vorgenommen. Vor allem die Holzbogenkonstruktion des überdeckten Vorbaus erinnert entfernt an Schweizerhäuser. Die Regenrinnen waren aus Blech. Laut Kontrakt vom 11. März 1842 sollten die Dächer mit englischem Schiefer belegt werden, wobei

WV 81 *Ehemaliges Kassen- und Wärterhaus in Bergedorf*

für die Befestigung Kupfernägel vorgesehen waren. Das Dach des Glockenturms sollte dagegen mit englischem überfalzten Eisenblech belegt werden. Die Fenster waren nach englischem Vorbild mit Rollen und Gegengewichten zum vertikalen Öffnen konstruiert. Eine von Repsold gelieferte Uhr befand sich im Fenster zur Straße.

Der Entwurf belegt, mit welcher Sorgfalt sich Chateauneuf selbst kleinen Bauaufgaben widmete.[482] Hier zwangen die knappen Finanzmittel den Architekten zu einer konsequenten Schlichtheit und Klarheit des Entwurfs. Der Kostenvoranschlag hatte nämlich für den Hamburger Bahnhof und sämtliche Streckenhäuschen einen gemeinsamen Rechnungsposten vorgesehen. Da sich die Baukosten für den Hamburger Bahnhof enorm verteuerten, mußte an den anderen Gebäuden massiv gespart werden.

Das Kassen- und Wärterhaus war nur bis zum 14. Dezember 1846 in Betrieb, bis die Station nach Norden an die neue Bahnstrecke nach Berlin verlegt wurde. Da man zunächst noch erwog, eine Bahnstrecke durch die Vierlande nach Hannover oder Lüneburg zu bauen, blieb das Gebäude stehen. Als sich diese Pläne zerschlugen, wurden alle Bahnhofsgebäude bis auf die Kassenhalle abgerissen. Sie diente lange Zeit als Wohnung und wurde am 16. Februar 1942, mitten im Krieg, als technisches Kulturdenkmal in die Hamburger Denkmalliste eingetragen. In den fünfziger Jahren drohte der Abbruch des Gebäudes, als eine Durchbruchstraße von der Vierlandenstraße zum Brookdeich beschlossen worden war. Erst die Verlegung der Trasse (heutige Bundesstraße 5) rettete die Kassenhalle. Die schweren Schäden am Gebäude machten aber eine umfassende Restaurierung unabdingbar. Doch erst anläßlich des für 1992 anstehenden 150jährigen Jubiläums konnten konkrete Schritte eingeleitet werden.[483] Dabei wurden allerdings die Fachkenntnisse der Initiative zur Erhaltung historischer Bauten und des Denkmalschutzamtes zu wenig genutzt. So wurden durch überhastetes Vorgehen gravierende Veränderungen an der Originalsubstanz vorgenommen. Auch wurden falsche Baumaterialien wie Gasbetonsteine und Schwerlastwinkel statt Ziegelsteinen und Zimmermannsverbindungen verwendet. Entgegen dem historischen Befund gab man dem Bau eine blaugraue statt eine helle Farbfassung.[484] Das restaurierte Kassenhäuschen kommt dadurch heute einem Neubau gleich. Trotzdem gebührt der Kassenhalle des Bergedorfer Bahnhofs ein hoher kulturgeschichtlicher Rang, zählt sie doch zu den ältesten erhaltenen Baudenkmälern aus der Frühzeit der deutschen Eisenbahn überhaupt.

Literatur: Lange 1965, S.35; Dahms 1992, S.81-82; Dahms 1992 (I)

82

Lokschuppen beim Bergedorfer Bahnhof, 1842

Zu Chateauneufs vielfältigen Tätigkeiten für die Bahnhofsgesellschaft gehörte auch der Entwurf für einen Lokomotivschuppen.[485] Er sollte außer einer Lokomotive auch das Wasserreservoir aufnehmen. Das deshalb auch als „Coke- und Wasserhaus" bezeichnete Gebäude wurde im Februar und März 1842 von den Bauübernehmern des Bergedorfer Zimmermeisters Kürtzmann für 6.300 Mark in schlichter Holzbauweise errichtet.[486] Seine Grundmaße bezogen sich auf die Größe der Lokomotive „Hansa". Als die Gesellschaft wenige Monate später die Modelle „Hannover" und „Magdeburg" aus der neuen Baureihe des Ingenieurs George Stephenson erwarb, mußte der Lokschuppen im November 1842 bereits um fünf Fuß (1,43 Meter) verlängert werden. Das Gebäude befand sich östlich des Neuen Weges und wurde nach der Verlegung des Bahnhofes abgerissen.

Literatur: Dahms 1992, S.78, 81

83

Erweiterungsbau des Wirtshauses Frascati in Bergedorf, 1842

Da der Hauptsaal des Vergnügungslokals Frascati (vgl. WV 78) auch von den wartenden Passagieren benutzt wurde, fehlte ein Raum, in dem ungestört gegessen werden konnte. Um diesem Mangel abzuhelfen, beantragte der Pächter Maurice auf eigene Kosten die Errichtung eines Nebengebäudes. Diesem Antrag stimmte die Direktion der Eisenbahngesellschaft zu, „wenn das Hauptgebäude dadurch nicht gefährdet und er nach Ablauf der Pachtzeit gegebenenfalls den Abbruch vornehmen würde".[487] Chateauneuf legte am 18. Februar 1842 (seinem Geburtstag!) den Riß für den Erweiterungsbau vor. Das Gebäude enthielt einen großen Speisesaal von 150 Quadratmetern und Nebenzimmer sowie im Erdgeschoß eine Wagenremise und einen Stallraum. Es gehörte zum Serviceangebot von Maurice, daß seine Gäste direkt mit Pferd und Wagen Vergnügungsfahrten in die Umgebung unternehmen konnten.

Das mit großen Erwartungen gestartete Unternehmen geriet zu einem gewaltigen Mißerfolg. Da die Einnahmen viel zu gering waren, mußte sich Maurice bereits zum Jahre 1844 gegen Zahlung von 20.000 Mark Banco vorzeitig aus seinem Pachtvertrag befreien lassen. Auch die nachfolgenden Besitzer konnten keine Gewinne erwirtschaften. 1845 waren die Ansprüche bereits derart zurückgeschraubt, daß nur noch mindestens „ein geräumiges, anständig eingerichtetes und im Winter genügend geheiztes Zimmer zur unentgeltlichen Aufnahme der Eisenbahn-Reisenden“[488] bereitgestellt werden mußte. Der ursprünglich geforderte große Wartesaal war nicht mehr notwendig. Die Eisenbahngesellschaft kam den Pächtern mit erheblichen Mietnachlässen entgegen. Man war sogar bereit, gegebenenfalls ganz auf die Miete zu verzichten. All diese Maßnahmen führten jedoch zu keinem dauerhaften Erfolg. Als die Eisenbahnstrecke 1846 weiter nördlich durch Bergedorf verlegt wurde, nahmen die Schwierigkeiten noch zu.

Schließlich wurde der Abbruch des Frascati beschlossen und das Gebäude kostenlos von der Berlin-Hamburger-Eisenbahn-Gesellschaft nach Friedrichsruh transportiert. Dort, inmitten des Sachsenwaldes, wurde es direkt neben der Haltestelle der Bahnstrecke nach Berlin und nahe einer Tuchfabrik wiedererrichtet. In der Nacht des 17. November 1857 brannte das Frascati bis auf die Grundmauern nieder.

Literatur: Lange 1965, S.70; Hamburg-Bergedorfer Eisenbahn 1992, S.88ff. (grundlegend)

84

Entwurf für ein Landhaus, 1842

Im April 1842 beschäftigte sich Chateauneuf mit den Planungen für ein schloßartiges Landhaus.[489] Die einzige überlieferte Entwurfszeichnung zeigt die Gartenansicht des Gebäudes (Abb. S. 240). Die Fassade weist in der Mitte des Erdgeschosses drei rundbogige verglaste Türen auf, die wie etwa beim Gartensaal der Würzburger Residenz im Sommer zum Park hin geöffnet werden konnten. Direkt darüber sind im Obergeschoß drei hochrechteckige, von einem Rundbogen überfangene Fenster angeordnet. Die Rahmungen dieser beiden Dreiergruppen sind reichhaltig mit Ornamentfriesen dekoriert. Zu beiden Seiten leiten jeweils in Nischen gestellte Figuren zu den achteckigen Ecktürmen über. Diese sind in den beiden unteren Geschossen mit hochrechteckigen Fenstern versehen, über denen querrechteckige Wappenfelder eingelassen sind. Im Obergeschoß erkennt man dagegen Rundbogenfenster. Als Bekrönung ist oberhalb eines Kranzgesimses ein Zeltdach gewählt.

Die auf dem Entwurfsblatt erkennbare Seitenfassade ist deutlich schlichter als die Gartenfront ausgebildet. Zwar finden sich im Erdgeschoß auch die gerahmten Rundbogen, doch sind die hochreckteckigen Fenster im Obergeschoß ohne besondere Rahmung vorgesehen. Der im rückwärtigen Teil des Schlosses erkennbare Teil eines Glashauses läßt darauf schließen, daß dort ein Wintergarten oder eine kleine Orangerie geplant gewesen ist.

Um das Herrenhaus herum ist eine große, von einer steinernen Brüstung umschlossene Terrasse angelegt. Von dort führt eine Treppe zu der etwas tiefer liegenden Parkanlage.

Über die Hintergründe des Entwurfs läßt sich nichts ermitteln. Die Großzügigkeit der Architektur und des parkartigen Anwesens läßt auf einen wohlhabenden Bauherren schließen.

85

Umbau der Alenkapelle in der Lübecker Marienkirche, 1842

Die an der Nordseite der Lübecker Marienkirche gelegene Alenkapelle wurde von den Brüdern Nikolaus und Eberhard von Alen, wohl auf Anordnung ihres Vaters, um 1368 gegründet. Sie diente vor allem als Aufbewahrungsort für die Meßgewänder der Kirche und wurde daher auch als „garwekamer“ bezeichnet. Vor 1466 wurde der Raum durch den Einbau eines Obergeschosses geteilt. Nachdem 1841 erfolgten Abbruch des vor der Kapelle gelegenen Küsterhauses wurden im unteren Raum zwei „bunte Fenster nach einer vom Hamburger Baumeister Chateauneuf gelieferten Zeichnung eingerichtet“[490]. Möglicherweise wurde der Auftrag durch den ihm bestens bekannten Maler Carl Julius Milde oder den Kirchenpfleger der Marienkirche, den Konsul Christian Adolf Nölting, vermittelt. Anfang November 1842 hielt sich Chateauneuf zur Inspektion der Kirchenfenster in Lübeck auf.[491] Kurz darauf dürfte der kleine Bauauftrag vollendet gewesen sein.

Die von Chateauneuf entworfenen, gut erhaltenen Fenster sind spitzbogig, die Bogen der beiden Lanzetten mit Nasen besetzt. Im Bogenfeld befindet sich jeweils eine Siebenpaßrose. Ob Chateauneuf über den architektonischen Bereich hinausgehend auch figürliche

WV 85 *Ansicht der Alenkapelle von Norden*

WV 84 *Entwurf für ein Landhaus, 1842*

oder ornamentale Entwürfe für die Glasfenster angefertigt hat, läßt sich nicht nachweisen.[492]

Als Carl Julius Milde Ende 1849 die neben der Alenkapelle liegende Gallinkapelle zur Sakristei umgestalten sollte, wurde ihm aufgetragen, sich an die von Chateauneuf vorgegebenen Formen zu halten. Milde fügte sich widerwillig, denn er hielt die Entwürfe Chateauneufs für nicht dem Stil der Kirche entsprechend ausgeführt.[493] Gerade an diesem scheinbar geringfügigen Werk läßt sich ein Grundkonflikt des 19. Jahrhunderts verdeutlichen. Während die Denkmalpfleger wie Milde auf möglichst stilgetreue Adaptierungen und Rekonstruktionen Wert legten, versuchten schöpferische Architekten wie Chateauneuf die Überlieferungen der Vergangenheit nicht zu kopieren, sondern mit dem Formgefühl ihrer Zeit zu interpretieren.

Literatur: BKD Lübeck 1906, S.166-167; Grosskopf-Knaack 1984, S.181, Anm. 462

86

Planungen für den Wiederaufbau Hamburgs, 1842–1845

Vom 5. bis 8. Mai 1842 wurde ein Drittel Hamburgs durch ein Großfeuer zerstört. Betroffen waren das alte Stadtzentrum bei der Trostbrücke, dazu der ganze nördliche Teil der Altstadt und der nordöstliche Teil der Neustadt. Die stark verwinkelte Bebauung – meist Fachwerkhäuser und hölzerne Lagerschuppen – hatte dem Feuer reichlich Nahrung geboten. Am Ende der Katastrophe waren 1749 Häuser, 1508 Säle, 488 Buden, 474 Wohnkeller und 102 Speicher vernichtet. Zudem hatte Hamburg zahlreiche bedeutende Bauwerke verloren. Drei mittelalterliche Kirchen – St. Petri, St. Nikolai und die St. Gertrudenkapelle – waren zerstört oder stark beschädigt. Um den Flammen Einhalt zu gebieten, hatte der Senat sogar das altehrwürdige Rathaus sprengen lassen.

Die unverzüglich aufgenommenen Planungen für den Wiederaufbau des beim Großen Brand zerstörten Hamburger Stadtgebietes zählen zu den bedeutendsten Abschnitten der deutschen Architekturgeschichte des 19. Jahrhunderts. Der Ablauf der zum Teil dramatischen Verhandlungen und Debatten ist mehrfach ausführlich geschildert worden. Nach den grundlegenden Abhandlungen von Julius Faulwasser, Fritz Schumacher und Hans Semper hat zuletzt Evi Jung-Köhler die komplexen Vorgänge in einer bedeutenden Untersuchung analysiert.[494] Aufgrund dieser hervorragenden Forschungslage kann der besondere Anteil Chateauneufs am Wiederaufbau genau herausgearbeitet werden.

Wie kaum ein anderes historisches Ereignis ist dieser Große Brand von 1842 für Chateauneuf schicksalhaft gewesen. Zwar war der Architekt vor der Katastrophe einer der führenden Privatarchitekten der Stadt und sein Ansehen durch den Wettbewerbserfolg beim Londoner Börsenbau (WV 69) in der Hansestadt gestiegen. Doch der von ihm herbeigesehnte große Durchbruch ließ immer noch auf sich warten. Nach wie vor mußte Chateauneuf sein kreatives Potential für kleinere Bauaufträge – wie Stiftsbauten, Scheunen oder Grabmäler – einsetzen. Die großen Staatsaufträge für öffentliche Bauten gingen fast ausschließlich an die Mitglieder der Baudeputation.

Diese insgesamt wenig befriedigende berufliche Situation des Architekten änderte sich mit der Katastrophe vom Mai 1842 schlagartig. Da nämlich die Hamburger Baubeamten infolge der vielfältigen Aufgaben völlig überlastet waren, wurde Chateauneuf in die auf Anregung von Syndicus Amsinck am 17. Mai 1842 gegründete Technische Kommission berufen.[495] Dieses aus den wichtigsten Architekten und Baufachleuten der Stadt gebildete Gremium sollte die entscheidenden Grundlagen für den Wiederaufbau festlegen.

Allen voran stand Baudirektor Carl Ludwig Wimmel (1786–1845), der seit 1820 das Baugeschehen in Hamburg entscheidend geprägt hatte. Ihm assistierte der Oberbauingenieur Paridom Gottlob Heinrich (1787–1864). Seine Hauptaufgabe galt der Aufsicht über die Grundrißbearbeitung und Vermessung der Neubaugebiete. Dazu kam noch von staatlicher Seite der Wasserbaudirektor Heinrich Hübbe (1803–1871), ein anerkannter Strombauer.

Diesen drei Staatsbeamten standen zeitweilig vier Privatarchitekten zur Seite. Neben Chateauneuf gehörte auch der Hansen-Schüler Johann Hinrich Klees-Wülbern (1780–1845) dazu, der vor dem Brand mit einigem Erfolg in Hamburg tätig gewesen war. Mit dem Architekten und Bauunternehmer Jacob Heinrich Ludolff (1793–1873) konnte ein ausgewiesener Fachmann für Wohnungsfragen gewonnen werden. Zwei Monate nach Gründung der Technischen Kommission trat auch noch der durch einen längeren Amerikaaufenthalt erfahrene Carl Friedrich Reichardt (1803–1871) dem Gremium bei. Der aus Altona gebürtige Gottfried Semper (1803–1879) und der eng-

WV 86 *Das zerstörte Hamburg von der Deichstraße bis zum Glockengießerwall, Lithographie 1842*

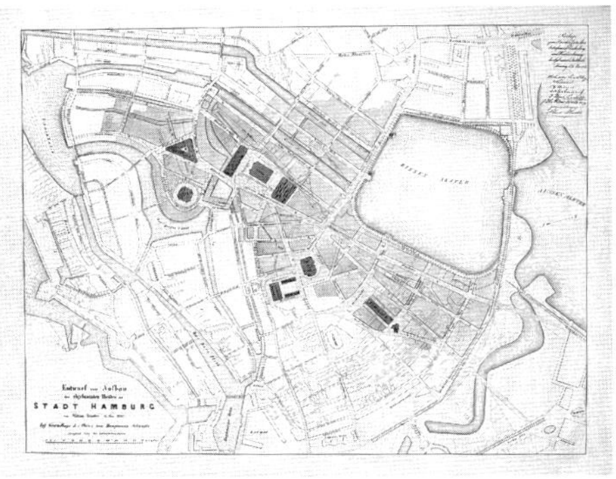

WV 86 *Erster offizieller Wiederaufbauplan von William Lindley vom 12. Mai 1842*

lische Ingenieur William Lindley (1808–1900) nahmen zeitweilig an den Besprechungen teil.

Unter allen Mitgliedern der Technischen Kommission erwarb sich Chateauneuf die größten Verdienste. Von der ersten Versammlung an engagierte er sich in allen Belangen des Wiederaufbaus. Nicht zuletzt seine auch von den Kollegen akzeptierte überragende Kompetenz als Stadtplaner wird dazu beigetragen haben, daß er in der 13. Versammlung am 6. Juni 1842 zum Vorsitzenden der Technischen Kommission gewählt wurde.[496]

Mit dieser Wahl hatte Chateauneuf den Höhepunkt seiner Laufbahn erreicht. Nachdem er über zwei Jahrzehnte hindurch zahlreiche städtebauliche Projekte – unermüdlich, aber stets erfolglos – vorgetragen hatte, waren ihm – ganz unverhofft – umfangreiche Aufgaben und Machtmittel zugefallen. So wurde die bis dahin größte Katastrophe in der Stadtgeschichte Hamburgs zum Wendepunkt einer fast schon gescheiterten Architektenlaufbahn. Chateauneuf hat diese Chance seines Lebens mit Entschlossenheit ergriffen und in den folgenden Monaten und Jahren Herausragendes für Hamburg geleistet.

Überschaut man im Rückblick das mit dem Amt des Vorsitzenden verbundene Arbeitspensum, so kann Chateauneuf nur höchste Bewunderung gezollt werden.[497] Wegen der Fülle der zu lösenden Probleme war in den ersten beiden Jahren eine dichte Abfolge von Versammlungen – anfangs traf man sich zwei- bis dreimal die Woche – notwendig. Chateauneuf leitete von der 13. bis zur 121. Versammlung bis auf eine Ausnahme sämtliche Zusammenkünfte.[498] Zwischen den Sitzungen waren immer wieder aufwendige Sondierungsgespräche notwendig; zudem mußte Chateauneuf seine eigenen Vorschläge ausarbeiten.

Es braucht kaum betont werden, daß die Zusammenarbeit innerhalb der Technischen Kommission eine große Herausforderung an alle Beteiligten darstellte. Denn in diesem Gremium prallten jahrzehntelang bestehende persönliche Animositäten, ästhetische und technische Differenzen, liberale und konservative Grundhaltungen aufeinander. Daß die Technische Kommission letztlich dennoch mit großem Erfolg tätig war, wird nicht nur dem guten Willen ihrer Mitglieder, sondern vor allem auch Chateauneufs diplomatischem Geschick zu verdanken sein.

Neben den Besprechungen innerhalb der Technischen Kommission hatte Chateauneuf auch die Verhandlungen mit der Rat- und Bürgerdeputation durchzuführen. Dieses am 17. Juni 1842 gebildete Gremium war als staatlicher Kontrollausschuß der Technischen Kommission übergeordnet.[499] Entscheidungen und Maßnahmen zum Wiederaufbau konnten nur im Miteinander beider Gremien auf den Weg gebracht werden. Es waren vor allem die hohen Ratsmitglieder, Edward Banks und Karl Sieveking, die entscheidenden Einfluß auf die Planungen gewannen. Dabei war es sicher grundsätzlich von großem Vorteil, daß beide Syndici mit Chateauneuf gut bekannt waren. Dennoch kam es häufig zu heftigen Auseinandersetzungen zwischen beiden Gremien, da sich die künstlerischen Vorstellungen der Technischen Kommission nicht immer mit den politischen Vorgaben zur Deckung bringen ließen.

Trotzdem gelang es den Verantwortlichen, unter großem Zeitdruck binnen weniger Wochen grundlegende Probleme wie die Enteignung von Grundstücken, die Neuanlage von Straßen und Plätzen sowie die Verbesserung der gesamten Infrastruktur zum Wohle der Stadt und ihrer Bürger zu einem insgesamt überzeugenden Ergebnis zu bringen.

Chateauneuf hatte an diesem Erfolg nicht nur als Moderator der Verhandlungen großen Anteil. Es gelang ihm auch, viele seiner kreativen Ideen in die Praxis umzusetzen. Dies betrifft zum einen den endgültigen Wiederaufbauplan, zum anderen zahlreiche Hochbauten.

Die Hauptaufgabe der Technischen Kommission galt der Ausarbeitung eines tragfähigen Wiederaufbauplans für die abgebrannten Stadtteile. Evi Jung-Köhler wies nach, daß es in der dreimonatigen Planungsphase drei von großer Dynamik geprägte, zeitlich begrenzte und in sich abgeschlossene Entwurfsphasen gegeben hat.[500] Bis zur Genehmigung des endgültigen Plans am 1. September 1842 wurden insgesamt dreizehn Entwürfe umfassend erörtert.[501]

Alexis de Chateauneuf beteiligte sich während der gesamten Zeit mit großem Engagement an den Diskussionen. Dabei fällt auf, daß er sich anfangs mit eigenständigen Vorschlägen zurückhielt. Dies lag sicher daran, daß der Hamburger Senat unmittelbar nach der Katastrophe den englischen Ingenieur William Lindley offiziell mit der Ausarbeitung eines Wiederaufbauplans beauftragt hatte.[502] Es wäre einer Brüskierung des Senats gleichgekommen, wenn Chateauneuf in dieser frühen Phase bereits allzu eigenständig aufgetreten wäre.

Dennoch äußerte er am 19. Mai deutliche Kritik an dem am 12. Mai, also nur eine Woche nach dem Brand, von Lindley vorgelegten

Wiederaufbauplan. Chateauneuf lehnte vor allem die ohne Rücksicht auf den historischen Grundriß gradlinig durch die Stadt geschlagenen Schneisen ab. Chateauneufs Befürwortung der kleinen „Biegungen und Irregularitäten" hatte nicht nur ästhetische Hintergründe. Während Lindleys radikale Straßendurchbrüche zu zahllosen Enteignungen geführt hätten, wollte Chateauneuf die alten Stadtstrukturen auf der Grundlage der traditionellen Besitz- und Nutzungsverhältnisse nahezu unverändert wiederaufbauen. Dies übrigens nicht nur im Interesse der Oberschicht: Denn nach seiner Meinung „werde es immer Quartiere geben müssen, geeignet für kleinere Gewerbetreibende, Werkstätten, Arbeiter ..."[503]

Bei der Gestaltung der Binnenalsterumrandung befürwortete Chateauneuf aber durchaus gradlinige Straßenzüge. Städtebaulich besonders weitsichtig war z.B. seine Idee, eine durchgehende Straßenflucht von der verlängerten Alten Wallstraße über den Alsterdamm (heute: Ballindamm) bis nach St. Georg anzulegen. Zudem regte Chateauneuf eine größere Geschlossenheit der Fassadenfront am Alsterdamm an.[504] Mit sicherem Gespür für stadträumliche Wirkungen hatte Chateauneuf erkannt, daß die Architekturwand dort nicht zu sehr zerstückelt werden dürfte. Dies erreichte er u. a. durch die Entscheidung, die Paulstraße nicht zur Binnenalster hin zu verlängern. Der letztlich auf Umwegen auch so realisierte durchgehende Baublock zwischen Jungfernstieg und Alstertor ist noch heute von städtebaulich großer Wichtigkeit für das vielgerühmte Alsterpanorama. Dort, wo sich die Häuserfront am Alsterdamm in das Stadtinnere öffnete, ergaben sich beeindruckende Blickachsen wie z.B. vom Alstertor über den Pferdemarkt zur Jacobikirche.

Eine weitere faszinierende Idee des Architekten blieb dagegen ohne Wirkung. Chateauneuf plante, daß der alleebestandene Glockengießerwall eine zweite äußere Häuserreihe erhalten sollte.[505] Somit wäre eine erhebliche Aufwertung des östlichen Brandgebietes gelungen, doch scheute man damals noch den Zugriff auf den Grüngürtel der Wallanlagen. Erst mit dem Bau der Kunsthalle und später des Hauptbahnhofs wurde dieses Areal städtebaulich genutzt. Angesichts der weitgehend zerstörten Innenstadt mutet es geradezu aberwitzig an, daß Chateauneuf im Mai 1842 zur Abrundung seiner Alsterplanungen sogar die Regulierung des Neuen Jungfernstiegs – und damit eines vom Brand verschonten Terrains – vorschlug.[506]

Mit dem Eintritt Gottfried Sempers in die Technische Kommission erwuchs Chateauneuf ein ernst zunehmender Konkurrent. Denn am 21. Mai trug der eigens aus Dresden angereiste gebürtige Hamburger (Altona) einen hinreißenden Wiederaufbauplan vor, der den vor allem an verkehrstechnischen und hygienischen Belangen orientierten Lindley-Plan in künstlerischer Hinsicht weit übertraf. Das Projekt bestach vor allem durch die Idee eines Staatsbautenzentrums um den Adolphsplatz und mit einer städtebaulich vorzüglichen Einbindung der wiederzuerrichtenden Nikolaikirche am Hopfenmarkt.[507] Wenige Tage darauf entwarf Chateauneuf unter dem unmittelbaren Eindruck Sempers einen Plan, bei dem er nun erstmals das für seine weiteren Überlegungen so wichtige Thema der „Staatsbauten" aufgriff (Abb. rechts). Mit dem der Börse im Südwesten vorgelagerten Rathaus kam er jedoch gegenüber Semper noch zu keinem eigenständigen Entwurf. Wie bereits bei seinem Plan vom 19. Mai plazierte er anders als Semper die Nikolaikirche in der Rundung der Neuenburg. Die von ihm am 19. Mai bereits weit entwickelte Idee des Alsterdamms wird hier völlig fallengelassen.[508]

Mit der am 27. Mai erfolgten Verabschiedung des überarbeiteten Lindley-Plans war die erste turbulente Planungsphase des Wiederaufbaus abgeschlossen. Von den bedeutenden Ideen Sempers und Chateauneufs hatten nur wenige Aspekte Berücksichtigung gefunden.

In den folgenden Wochen nahm dann aber der Einfluß von Chateauneuf auf den Wiederaufbau kontinuierlich zu. Dies lag zum einen daran, daß der Lindley-Plan vor allem wegen der weitreichenden Enteignungsforderungen auf scharfe Kritik von seiten der Rat- und Bürgerdeputation stieß. Zum anderen kehrte Semper bereits Ende Mai nach Dresden zurück, was auf Chateauneuf wie eine Befreiung wirkte. Endlich gelang ihm mit dem Plan vom 8. Juni eine eigenständige, von Lindley und Semper weitgehend unabhängige Planung. Dabei überrascht die neue Variation des Staatsbautenzentrums am Mönkedammfleet (vgl. WV 87). Chateauneuf löste das Gebäude aus dem engen Bezug zur Börse und plazierte es mit der Rückseite direkt an das Fleet. Diese „malerische" Lösung stellt die südwestlichste Position der Regierungsgebäude während der gesamten Wiederaufbauplanungen dar.

Von weitreichender Bedeutung wurde sein Vorschlag, einen „Neuen Wall Quai" entlang des Kleinen Alsterfleets in Höhe des Voglerswalls anzulegen. „Hier entdeckt man zum er-

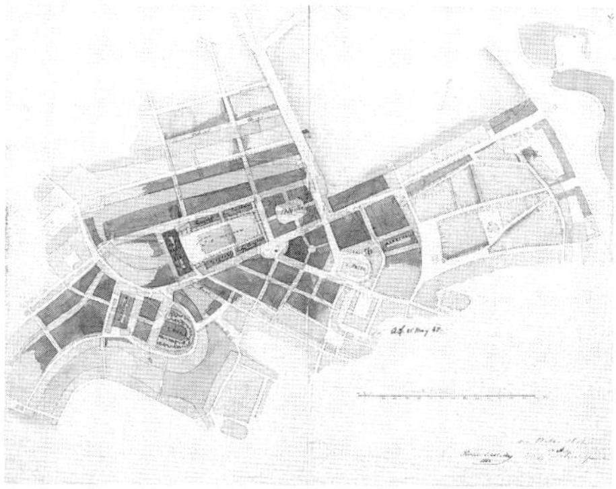

WV 86 *Plan von Alexis de Chateauneuf vom 25. Mai 1842*

sten Mal in der Planungsgeschichte das Motiv einer Quaianlage – den späteren Standort der Alsterarkaden – in gleichzeitiger Verbindung mit einer differenzierten Behandlung des Fleetarmes der Kleinen Alster."[509] Tatsächlich verdeutlicht der Entwurf, daß hier der Wasserarm an seiner Mündung in die Alster nicht kanalisiert, sondern zu einem Becken verbreitert werden sollte. Diese Grundideen wurden von Chateauneuf in den folgenden Wochen zum „Kunstwerk Hamburg" veredelt. Darüber hinaus weist der Entwurf vom 8. Juni einen „Alster-Quai" am östlichen Alsterrand auf, womit Chateauneuf auf seinen Plan vom 19. Mai zurückgreift. Völlig neuartig ist die Idee für einen „Alsterplatz" an der östlichen Ecke des Jungfernstiegs. Von dort sollte eine „Börsenstraße" direkt auf die Börsenrückfront zulaufen. Die Börse selbst wünschte sich Chateauneuf von drei Seiten von einer doppelten Baumreihe umgeben. An ihrer östlichen Seitenfassade war ein relativ großer Platz zur Johannisstraße vorgesehen.

Während dieses ideenreiche Projekt ohne größere Nachwirkung auf den endgültigen Wiederaufbauplan blieb, erzielten Chateauneufs Entwürfe vom 14. Juli und 12. August weitreichendere Wirkung. Im Zentrum seiner dabei angestellten Überlegungen steht die Frage des Standortes der Staatsbauten (ausführlich siehe WV 87).

Zunächst versetzte Chateauneuf am 14. Juli das Rathaus an das Ufer der Kleinen Alster, womit hier erstmals das Staatszentrum von der Elbe zur Alster hin verlagert. wird (Abb. Tafel 13 und 14). Durch diese Anordnung wird die städtebaulich so bedeutsame Verbindung von Rathaus, Kleiner Alster und Kaianlagen – dem späteren Standort der Alsterarkaden – hergestellt.

Wohl aus taktischen Gründen stellte Chateauneuf seine Idee erst am 27. Juli 1842 in der Technischen Kommission zur Diskussion, konnte sich aber damit nicht durchsetzen. Statt dessen einigte sich die Technische Kommission darauf, das Rathaus nun in nordöstlicher Längserstreckung im Anschluß an die Börsenrückfront zu plazieren. Mit diesem Arrangement war wiederum die übergeordnete Rat- und Bürgerdeputation nicht einverstanden. Mit einem letzten entscheidenden Planungsschritt drehte Chateauneuf das Gebäude um 90 Grad (Abb. Tafel 15). Dadurch bildete das dreiflügelige Regierungsgebäude mit der Rückfront der Börse einen kleinen, durchaus an Semper erinnernden Platz.[510] Mit dieser Lösung stand nun auch ein großer Freiraum vor dem Rathaus zur Verfügung. Mit der von Chateauneuf am 12. August 1842 vorgelegten Idee war die bis heute gültige Gestalt des Hamburger Rathausmarktes festgelegt.[511]

Gerade die zuletzt erwähnten Planungsschritte belegen nachdrücklich, welches künstlerische Gewicht Chateauneuf im Verlauf der mit äußerster Intensität geführten Diskussionen und Planungen erlangt hatte. Der von der Kommission am 15. August und vom Senat am 1. September endgültig gebilligte Wiederaufbauplan verwandelte Hamburg in eine zeitgemäß modernisierte Großstadt unter gleichzeitiger Berücksichtigung und städtebaulicher Steigerung der besonderen topographischen Situation der Stadt (Tafel 15).

Doch Chateauneuf erzielte nicht nur in Fragen des Stadtgrundrisses große Erfolge. Auch bei zahlreichen Hochbauten konnte er seine Vorstellungen entscheidend durchsetzen. Von besonderer Bedeutung war das Schicksal der drei beim Brand schwer beschädigten Kirchen. Nach einer von der Kommission am 18. Juni unternommenen Besichtigung einigte man sich darauf, die Nikolaikirche aufzugeben, während der Wiederaufbau der Petrikirche (WV 91) und der Gertrudenkapelle (WV 92) nachdrücklich befürwortet wurde. Für Chateauneufs damaliges Renommee spricht, daß er ohne jemals ein größeres Kirchengebäude errichtet zu haben, gemeinsam mit seinem Partner Hermann Peter Fersenfeldt die Aufträge für den Wiederaufbau erhielt. Seine damalige Vorrangstellung zeigt sich auch darin, daß Chateauneuf darüber hinaus mit dem Postgebäude (WV 115), den Alsterarkaden (WV 100) und zahlreichen großen Privatbauten (WV 98, 99, 103) das Bild des „neuen" Hamburg entscheidend prägen konnte.

Neben diesen bedeutenden Erfolgen mußte Chateauneuf allerdings auch einige empfindliche Niederlagen einstecken. So unterlag er bei der Neuanlage der St.-Nikolai-Kirche (WV 97) und bei der Gestaltung der Börsenarkaden seinem größten Konkurrenten Wimmel zweimal in direkter Konkurrenz. Andere Projekte wie die Anlage neuer Wachen und Spritzenhäuser (WV 95) gelangten nicht zur Planungsreife.

Hinzu kam, daß die liberalen Bauvorschriften zu einer künstlerischen Beliebigkeit im Wohnhausbau führten. Mit scharfen Worten kritisierte Chateauneuf gegenüber Semper die Einfallslosigkeit seiner Kollegen: „Nur etwas originelle Verschiedenheit wünschte ich wohl in der Häusermasse, die alle Tüncherdreck zu werden droht. Ich dächte Sie kämen mal her u. setzten einige gesunde Zeichen in unsere faul zu werden drohenden Reihen ..."[512]

Am Ende des Jahres 1843 dachte Chateauneuf ernsthaft daran, seine ehrenamtliche Tätigkeit für die Technische Kommission zu beenden. Er begründete dies damit, daß sein „Ruf und Ruhm" von der genauen Beaufsichtigung seiner Bauten abhängen würden.[513] Dieser Schritt war zu diesem Zeitpunkt verständlich, da die wesentlichen Aufgaben des Wiederaufbaus auf den Weg gebracht waren. Allerdings blieb Chateauneuf dann noch bis zur Verabschiedung des Baupolizeigesetzes Vorsitzender der Technischen Kommission.

Es entsprach dem patriotischen Selbstverständnis Chateauneufs, daß seine langjährige Tätigkeit wie diejenige seiner Kollegen stets ehrenamtlich gewesen ist. Als staatliche Anerkennung wurde allen Kommissionsmitgliedern am 13. Dezember 1845 vom Senat ein Ehrengeschenk in Höhe von 3000 Courantmark zugesprochen.[514]

Zu Recht dankte der langjährige Mitstreiter Heinrich Hübbe am 28. Dezember 1845 in der 121. und letzten Versammlung dieses für Hamburg so bedeutenden Gremiums dem Vorsitzenden „für dessen umsichtige Leitung der Geschäfte der Commission und für die stets so freundliche Bereitwilligkeit, mit welcher er sich den Wünschen des Präsidiums unterzogen habe".[515]

Literatur: Faulwasser 1892; Schumacher 1920; Semper 1952; Lange 1965, S.18-24; Jung-Köhler 1991 (grundlegend); Jung-Köhler 1991 (II), S.43-52

87

Entwürfe für ein Hamburger Rathaus, 1842–1846

In der Nacht vom 5. zum 6. Mai 1842 wurde der aus mehreren Häusern gebildete Komplex des Hamburger Rathauses vom Feuer erfaßt. Um eine weitere Ausbreitung des Brandes zu verhindern, ordnete der Senat die Sprengung des ehrwürdigen, am Neß gelegenen Gebäudes an. Da man mit dem aus dem 18. Jahrhundert stammenden Waisenhaus in der Admiralitätsstraße schnell ein geräumiges Ersatzquartier fand, bestand zunächst keine absolute Dringlichkeit für einen Neubau. Dennoch wurde der Standort des neu zu errichtenden Rathauses von Beginn an in die Planungen des Wiederaufbaus (WV 86) einbezogen.

Als Mitglied der Technischen Kommission wurde Chateauneuf bereits kurz nach dem Brand mit entsprechenden Vorschlägen seiner Kollegen, vor allem Gottfried Sempers Idee eines Regierungsforums, konfrontiert. Davon ausgehend entwickelte er in den folgenden Monaten in engster Auseinandersetzung mit den architektonischen Fachleuten der Stadt eine Reihe von Projekten, bei denen die Vielzahl von unterschiedlichen Standorten auffallend ist.

Auf seinem ersten erhaltenen Plan vom 19. Mai ist das Rathaus nur vage im Bereich des um die Börse gedachten Staatsbautenplatzes anzunehmen.[516] Eine klare Stellungnahme findet sich dagegen auf dem mit dem Datum vom 25. Mai bezeichneten Plan (Abb. S.243). Hier bildet das Rathaus mit der Staatsbank einen großen rechteckigen Gebäudekomplex, der mit der gegenüberliegenden Börse und den flankierenden Gerichts- und Verwaltungsgebäuden ein forumartiges Staatsbautenzentrum ergibt. In dieser Anordnung ist Chateauneuf sehr stark von den fast zeitgleichen Vorschlägen Gottfried Sempers beeinflußt (Abb. S.94).

Eigenständiger ist sein Vorschlag vom 8. Juni, bei dem er eine neue Variation des Staatsbautenzentrums vorschlägt. Diesmal läßt er den Platz gegenüber der Börse weitgehend offen und ordnet die Regierungs- und Verwaltungsgebäude dezentral davon an. Dabei sollte das fast quadratische Rathaus mit seiner Rückseite direkt am Mönkedammfleet plaziert werden. Diese malerische, dem natürlichen Bogenverlauf des Wasserarms angepaßte Position stellt die südwestlichste Plazierung des Rathauses in der gesamten Planungsgeschichte dar.[517] Chateauneuf gibt hier die vorher und auch bei späteren Entwürfen vertretene Einheit von Börse und Rathaus auf.

In den folgenden Wochen kommt es zu einer grundlegenden Neuorientierung des Rathauses auf dem Stadtgrundriß. Am 14. Juli versetzt Chateauneuf nämlich das Rathaus aus seiner verdeckten Lage westlich der Börse an das Ufer der Kleinen Alster. Die Börse behält in der Ausrichtung auf den damaligen Alsterdamm zwar eine zentrale Position, doch gewinnt das Rathaus an Gewicht. Mit diesem Projekt wird erstmals der wichtige Schritt der Verlagerung des Staatszentrums von der Elbe zur Alster in einem Planentwurf vorgeschlagen.

Eine feine Aquarellskizze verdeutlicht, wie sich Chateauneuf die Rathausarchitektur für den Betrachter von der Reesendammbrücke aus vorstellte (Abb. Tafel 13). Er plante einen blockhaften Baukörper mit schlanken Ecktürmen und in der Wandfläche verteilten natursteinumrahmten Fenstern. Hervorgehoben ist die nordöstliche Achse mit dem mit Quadern

WV 87 *Entwurfsskizzen zum Hamburger Rathaus, um 1845*

umrahmten Portal und den darüber angeordneten aufwendig dekorierten Fenstern. Anders als Semper, der mit einem „Feuerwerk von Architektur-, Stil- und Gebäudeformen bis zum Kirchengebäude hin aufwartete, nimmt sich Chateauneufs nur skizzenhafter Vorschlag sehr ruhig, konzentriert und würdevoll aus".[518]

In einem von Evi Jung-Köhler aufgefundenen Schreiben hat Chateauneuf diese neue Disposition erläutert.[519] Er war zu der Einsicht gekommen, daß die Plazierung am Mönkedamm zu wenig Raum für das Rathaus geboten hätte. Zudem würde auch der gemeinsame Platz von Börse und Rathaus zu klein ausfallen. „Das Rathhaus ist deshalb an den Altenwallscanal verlegt woselbst es nach hinten gleichfalls eine ruhige Lage mit einer Gartenterrasse erhält. Es bekommt für 48,000 (Quadrat-) Fuß Platz. Das alte Rathhaus mit Bank und Archiv enthielt nur 22,400 (Quadrat-) Fuß. Vor dem Rathhause ist ein Platz von 250 Fuß Breite und 375 Fuß Länge, an welchem die Hinterfacade der Börse gleichfalls zu Würden kommt."[520]

Wohl aus taktischen Gründen stellte Chateauneuf seine Idee offensichtlich erst am 27. Juni 1842 in der Technischen Kommission zur Diskussion, konnte sich aber damit nicht durchsetzen. Man bemängelte, daß durch die Stellung am Fleet ein „Hauptstraßenzug gänzlich unterbrochen, und dieses Emplacement nur durch ein größeres Opfer an den werthvollsten Bauplätzen am Kanal zu erreichen"[521] wäre. Statt dessen einigte sich die Technische Kommission darauf, das Rathaus nun in nordöstlicher Längserstreckung im Anschluß an die Börsenrückfront zu plazieren.

Mit diesem Arrangement war wiederum die übergeordnete Rat- und Bürgerdeputation nicht einverstanden. Da die Technische Kommission jedoch auf ihrem Standpunkt beharrte, geriet der ansonsten weit fortgeschrittene Wiederaufbauplan ins Stocken.

In dieser Situation sandte Syndicus Banks am 11. August ein Schreiben an Chateauneuf, in dem er diesen dringend um einen erneuten Beitrag zur Lösung der festgefahrenen Situation bat. Daraufhin erarbeitete Chateauneuf am 12. August einen letzten, entscheidenden Planungsschritt: „Mit einer Drehung von 90 (Grad) versetzte der Architekt das Regierungsgebäude von seiner zuvor angenommenen Lage am Fleet vor die Börse, deren Rückfront nun mit den Seitenflügeln des Rathauses einen kleinen, durchaus an Semper erinnernden Platz bildete."[522] (Abb. Tafel 15)

Diese Idee fand die volle Unterstützung der übrigen Mitglieder der Technischen Kommission. Ihnen erschien vor allem die Gewinnung eines großen freien Platzes vor dem Gebäude vorteilhaft. Sie schlugen eine Ausdehnung von 300 zu 500 Fuß vor, da es „wünschenswerth scheinen muß, in dem künftigen Mittel-Punkt des ganzen bürgerlichen und kaufmännischen öffentlichen Leben und Treiben des Staates, wenigstens einen öffentlichen Platz zu haben, der sich denen anderer Städte würdig an die Seite stellt".[523] Zudem lobte die Technische Kommission, daß der kleine Platz zwischen Rathaus und Börse sowie die Seitenstraße an der Börse dem geräuschvollen Verkehr und der Wagenpassage entzogen seien. Dieser Raum könnte mit Arkaden versehen werden und sowohl „abgesondert als auch mit der Börse in Verbindung gebracht, als spätere Erweiterungen der Börsen-Localitäten zweckmäßigst benutzt werden ..."[524]

Mit der von Chateauneuf am 12. August 1842 vorgelegten Idee war das „Herzstück des Hamburger Wiederaufbaus geschaffen ... und die spätere Gestalt des Hamburger Rathausmarktes festgelegt".[525]

Trotz des eindeutigen Votums der Gremien war dieser Standort jedoch auch in den folgenden Monaten noch nicht unumstritten. So schlug Gottfried Semper im September 1842 vor, das Rathaus unmittelbar an die Alster zu verlegen. Dieser Vorschlag wurde jedoch von der Baudeputation und in der 55. Versammlung der Technischen Kommission vom 27. September 1842 unter dem Vorsitz Chateauneufs einmütig abgelehnt.[526]

Auch Chateauneuf selbst schien mit seiner bis heute in zahlreichen Publikationen als städteplanerische Großtat gewürdigten Entwurfsidee nicht völlig zufrieden gewesen zu sein. Am 11. Oktober 1842 schrieb er Gottfried Semper nach Dresden: „Ich bin nicht sehr für die nun beschlossene Stelle des palazzo publico, u hatte genug gekämpft für die hierbey gelegte Stellung, denn die hintere Seite der Börse so zu verbauen halte ich in unserer Stadt wo so wenig öffentliche Gebäude sind, für toll genug. Der Platz wird nur noch mit 2 öffentlichen Gebäuden begrenzt, u daß das neue Rathhaus die alte Wallstraße abschneidet ist nur ein Gewinn, da der Endpunkt einer Straße durch ein öffentliches Gebäude besser ist, als die ewige Endlosigkeit derselben."[527] Bei aller Selbstkritik zog er aber die letztlich beschlossene Position der Semperschen Idee für ein Rathaus in Alsternähe vor und schrieb: „Das Rathhaus ist auf seinem jetzigen Fleck immer imponirend genug gelegen, u gestattet gegen das Börsen forum einige ruhige Schattengänge, also machen wir die Leute nicht irre, wenn nicht eclatante Vortheile heraus zu stellen sind."[528]

Nach der zäh errungenen Beschlußfassung über den neuen Rathausstandort gerieten die weiteren Planungen ins Stocken. Ende 1842 war man sich noch nicht einmal über das Raumprogramm im klaren. Auf eine Nachfrage Sempers antwortete Chateauneuf: „Ich würde Ihnen gerne ein einigermaaßen schickliches Programm für das Regierungsgebäude schikken, wenn ich's selbst schon deutlich hätte was da Alles hinein muß. In ruhiger Stunde kriegen Sie mehr aus Sieveking heraus als ich Ihnen sagen kann, der hat Geschick dafür so etwas zusammen zu fassen. Die Hauptklassifizierung ist das Schwierige, da ich glaube, daß man sich nicht irre machen lassen muß durch das was früher der Zufall zusammen gebracht hatte u dazu müssen wir vorsichtig aus den Layen schöpfen u etwas Zukunft erwarten, da vorläufig mit dem Waisenhaus hinreichend ausgeholfen ist. Wir sind noch entsetzlich weit zurück mit dem Dringenden, daß ich darüber noch nicht hinaus zu blicken vermag."[529]

Tatsächlich beschäftigte sich Chateauneuf wohl erst seit dem Frühjahr 1844 erneut mit dieser herausragenden Aufgabe des Wiederaufbaus. Dies lag vor allem an dem unermüdlichen Engagement von Syndicus Karl Sieveking, der sich die Errichtung des Regierungsgebäudes zur Lebensaufgabe gemacht hatte. Er war Vorsitzender der am 23. Dezember 1844 eingesetzten „Commission für den Rathhausbau", der u.a. auch die Senatoren Merck und Jenisch angehörten.[530] Auf Sievekings Betreiben wurden in den folgenden Monaten Raumprogramme erarbeitet und die Bedürfnisse der einzelnen Behörden aufgelistet. Auch wurden Bohrungen auf dem Baugrundstück veranlaßt, die ergaben, daß der Boden demjenigen der Börse entsprach.[531]

Neben diesen grundlegenden Vorarbeiten bemühte sich Sieveking vor allem um die künstlerische Ausarbeitung geeigneter Rathauspläne. Da er sowohl mit Semper als auch mit Chateauneuf gut befreundet war, versuchte er die beiden Architekten für das Projekt zu gewinnen. Sieveking gab Anregungen, nahm Vorschläge auf und sorgte für einen wechselseitigen Informationsfluß zwischen den vermeintlichen Konkurrenten. So entstand vor allem im Frühjahr 1845 ein interessanter Gedankenaustausch zwischen den drei Persönlichkeiten. Dabei wurde mit großem Engagement, aber auch mit der gebotenen Vorsicht vorgegangen. In diesem Sinne schrieb Chateauneuf an Sieveking: „Nur wenn wir im schweigsamen Herzen, das künftige Rathhaus nach u nach herausbilden, werden wir im Stande seyn künftige Generationen zu beglücken."[532]

Eine Reihe von den in seinem Nachlaß erhaltenen skizzenhaften Zeichnungen belegt die intensiven Überlegungen, die Chateauneuf damals zum Thema Rathausbau anstellte (Abb. S. 246).[533] Dabei interessierte ihn vor allem die Fassadengestaltung. Deren stilistische Ausprägung weist vom Dogenpalast und einer strengen Frührenaissance bis zur nordischen Gotik. Alle Zeichnungen belegen Chateauneufs „Vorliebe für Zinnen, Eckpfeiler, Bogen- und Konsolenfriese, gekoppelte Fenstergruppen und geschoßweise sich verjüngende Fensterformate".[534] Die Mehrzahl der Entwürfe weist den Mittelturm auf, der variierend mal als gotischer Spitzhelm, mal, wie in der englischen Gotik üblich, mit waagerechtem Abschluß gezeigt wird. Auch findet sich ein Vorschlag mit einer überhöhten Kuppel. Abgesehen von Treppenhausstudien sind Innenraumansichten nicht nachweisbar.

1844 hatte Chateauneuf vorgeschlagen, „daß ein niedriges Erdgeschoß das Gebäude erheben müßte über das Gedränge der Straßen und daß über diesem Sockel die öffentlichen und Sitzungssäle erst anfangen müßten. Eine mächtige breite Rampe mit Auffahrt zu den Sälen und eine große Treppe von vorn würde auf dem Rathausplatz seyn, von welcher man gerade ein in die Thore des Rathauses einginge."[535] Doch im Februar 1845 hielt er eine Rampe „à la Louis XIV" für weniger geeignet. Passender schien ihm ein „colossaler Triumphbogen zum Unterfahren, wie bey den Parlamentshäusern, und eine Herren Treppe im Innern, ist vielleicht besser im Geist stylhafter Zeiten ..."[536]

Trotz der zahlreichen oben erwähnten Turmstudien wollte sich Chateauneuf 1845 nicht endgültig entscheiden, ob ein Turm oder sogar mehrere Türme für das Gebäude notwendig seien: „Vielleicht thut's schon die Masse, wie beym Dogenpalast! Der nordische Belfroi könnte auch gut seyn, ihn unbedingt zu verlangen liegt das Bedürfniß nicht vollkommen klar."[537]

Wiederholt wies Chateauneuf darauf hin, daß „die Menge niederer Bedürfnisse" ein Erdgeschoß notwendig mache, und „wäre dies auch nicht zu Kram und Markthandel wie in alten Städten zu benutzen, oder wie bey uns zu Wache, Rathhaus und Gerichtsdiener etc. nöthig; so müßte ein Bedürfniß erfunden werden, um die Sitzungssäle der Regirenden, administrierenden, u richtenden Behörden erst *über* ein vollkom(m)nes Erdgeschoß zu erheben".[538] Denn Chateauneuf hielt in Übereinstimmung mit Sieveking das Obergeschoß für den wichtigsten Bereich des Gebäudes. Hier sollten nicht nur die Senats- und Bürgerschaftsräume bzw. -säle, sondern auch die Zimmer der Oberalten und Kirchspiele sowie die Sitzungssäle des Gerichts Platz finden. Daß Chateauneuf das Gebäude von innen nach außen entwarf, belegt folgende gegenüber Sieveking gemachte Mitteilung: „Die Vertheilung dises Geschosses ist die Axe um die sich Alles dreht, der Knochenbau des ganzen Baus, und ohne dessen logische Construction wird man an kein gegliedertes Aeussere denken können, denn nur hiraus ist die besondere Individualität eines Hamburger Rathhauses des 19. Jahrhunderts zu ziehn – Wenigstens giebt dises die Phisiognomie in die Breite – für die Höhe haben Sie vortrefflich und entschieden ein neues Element, dasjenge der Bankettsäale ausgesprochen. Ohne dise Gastlichkeit ist der Republiken Würde eine Beschränkte, und die Größe und nicht die Mannigfaltigkeit wie Sie sich vorgestellt, scheint mir der wahre Gegensatz gegen fürstliche Wohnungs Gastlichkeit."[539]

Bei dem von Sieveking offensichtlich vorgedachten Figurenprogramm hatte Chateauneuf Einwände, da er manche Sinnbilder – z.B. Greise und Jünglinge – als nicht mehr zeitgemäß empfand. Dagegen wollte er etwas Geschichte „in die Regirungssäle bringen, Großthaten von Republiken, jedes derselben entsprechend einer monarchischen Natur gegenüber. An Motiven zur Ausschmückung würd's nicht fehlen, und die weltlichen Absichten lassen sich bestim(m)ter definiren als die geistlichen der protestantischen Kirche."[540]

Angesichts der um 1840 herrschenden großen Ratlosigkeit in Fragen des Stils sind Chateauneufs in bezug auf das Rathaus gemachte Aussagen zu diesem Thema von besonderen Interesse: „Aber der Styl? Dafür ist mir nicht bange. Daß er rein sey hängt von der Zähigkeit des Musters ab, desgleichen daß er im würdigen Material sich ausspreche! An welche vorhandenen Tendenzen er sich anschmiege hängt vom Gerippe der Materie ab! Und wenn er auch noch so strenge in Griechheit, noch so bildungsgerecht kristalisirt im Gothischen, noch so volluptuös modellirt im Renaissance etc. etc., daß er neu und nur eigenthümlich, kön(n)te ohne unser Dazuthun. Die künftigen Jahrhunderte werden uns schon classifiziren. Die Römer wollten grichisch, die Carolinger römisch, die Verwerfer des Gothischen antik bauen, ja sogar die Araber eben sich dem asiatischen Styl der eroberten Länder, dem ägiptischen u byzantinischen angeschmiegt. Man sieht jetzt allen an, daß sie was Neues hervorgebracht. Da haben Sie einiges wildes Wasser, nur des Verdunstens werth."[541]

Wenige Wochen später verdeutlichte er noch einmal den hohen Stellenwert, der dem Rathaus als „Herzkammer des Hamburger Staates" zukomme: „Ich habe einen Imbiß in Ihrem sehr appetitlich approbirten Verzeichniß der Bedürfnisse des neuen Rathhauses gethan und mich über das Wachsthum unseres Staatsorganismus gefreut. Viel Menschen sollen da arbeiten, noch mehr ihr Recht dort wahren, ihr Eigenthum dauernd erhalten, ihren Entscheid dort empfangen, oder mit den dort Wirkenden die Geschäfte des täglichen Lebens abmachen und gar die fremden Mächte werden da zu empfangen seyn. Wenn je im Mittelalter Handelstädte als selbständige Staaten öffentliche Palläste bedurft haben, so wird die zweite Handelstadt der jetzigen Welt, auch ohne Colonien, ein eben so mächtiges Gebäude bedürfen, da die Einwohnerzahl des Stadtgebietes nicht viel geringer als einst in Venedig u Genua seyn mag ..."[542]

Ende März 1845 regte er zur besseren Veranschaulichung der Planungen an, daß die Kommission für den Rathausbau ein Modell der ganzen Umgebung des Bauplatzes anfertigen sollte.[543] Bis Anfang Januar 1846 wurden wichtige Verwaltungsbereiche wie Zoll, Akzise, Steuern, Stempel, aber auch das Bürgermilitär aus dem Rathausprogramm herausgestrichen. Chateauneuf begrüßte dies grundsätzlich, denn er meinte: „So wenig verschiedene Administration wie möglich bleibe der erste Wahlspruch der leitenden Behörde."[544] Für einen anstehenden Wettbewerb forderte er, daß die Bearbeitungsdauer von sechs auf mindestens neun, besser auf zwölf Monate verlängert werden müsse.[545]

All diese Überlegungen zeugen von dem großen Engagement Chateauneufs für die bedeutendste Bauaufgabe, die Hamburg nach dem Großen Brand zu vergeben hatte. Es gehört zur Tragik dieses Architektenlebens, daß er selbst keine Gelegenheit mehr erhielt, seine weitreichenden Planungen und seine vielfältigen Ideen für ein Hamburger Rathaus zu konkretisieren. Denn durch Sievekings Tod 1847 verlor das Projekt seinen entscheidenden

Fürsprecher. So dauerte es noch bis 1854, bis endlich der lang erwartete Wettbewerb ausgelobt wurde. Zu diesem Zeitpunkt war Chateauneuf bereits verstorben.

Daß er dennoch auf diese Konkurrenz einwirkte, belegt eine Aussage des Siegers George Gilbert Scott: „Ich hatte die Ehre, in Begleitung des verstorbenen höchst talentvollen Herrn Syndicus Sieveking oft mit Herrn Chateauneuf über das zu errichtende Rathaus zu verkehren und ich trage keine Bedenken, ... daß jene Unterredungen einen bedeutenden Einfluß auf den von mir gelieferten Entwurf gehabt hatten.“[546]

Literatur: Brandt 1957, S.50; Lange 1965, S.35-37

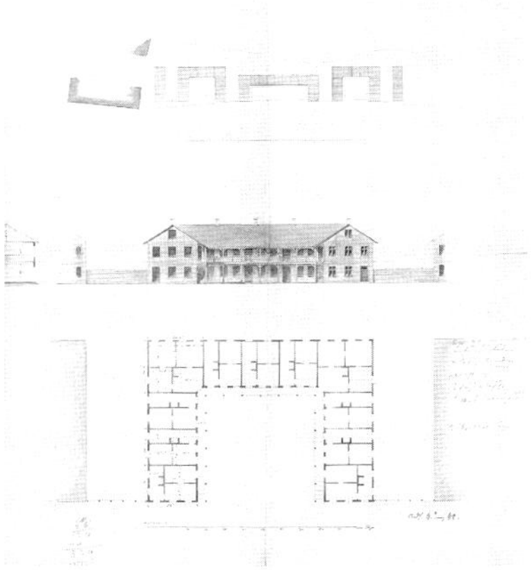

WV 89 *Entwurf für ein Wohngebäude (?)*

WV 90 *Drittes Amalienstift in St. Georg*

88

Notwohnungen für die Brandopfer (?), 1842

Unmittelbar nach dem Ende des Großen Brandes wurden Notwohnungen auf dem Großneumarkt, dem Zeughausmarkt und dem Scharmarkt errichtet. Für die zerstörten Verkaufsläden wurden am Alten Jungfernstieg, auf dem Fischmarkt und in der Esplanade Ersatzgebäude in Holz aufgebaut. Als weitere Maßnahme ließ der Senat an zwei neuplanierten Straßen in St. Pauli, der Kastanienallee und der späteren Hopfenstraße, einstöckige Fachwerkhäuser bauen, so daß bereits nach sechs Monaten die feuergefährlichen Notwohnungen auf den Marktplätzen abgebrochen werden konnten.[547]

Der Hamburger Architekturforscher Faulwasser gab ohne Quellennachweis an, daß auch Chateauneuf und sein Partner Fersenfeldt sich an den Entwürfen für die Notwohnungen beteiligt haben sollen.[548] Es ist durchaus vorstellbar, daß sich Chateauneuf als Vorsitzender der Technischen Kommission für den Wiederaufbau in dieser drängenden Bauaufgabe persönlich engagiert hat. Doch findet sich dafür keinerlei Bestätigung in den Protokollen oder durch Entwurfszeichnungen. Generell fiel die Errichtung derartiger Notwohnungen zunächst einmal in die Zuständigkeit der staatlichen Baubeamten, so daß mit großer Wahrscheinlichkeit Wimmel und Forsmann für die Entwürfe verantwortlich gewesen sind.

Literatur: Faulwasser 1892, S.32

89

Entwurf für ein Wohngebäude (?), 1842

Wenige Wochen nach dem Hamburger Brand entwarf Chateauneuf einen zweigeschossigen, dreiflügeligen Fachwerkbau.[549] Das Gebäude ist ganz schlicht konstruiert und ohne höheren Kunstanspruch gestaltet. Als Besonderheit weist es eine um alle Flügel herumgeführte Veranda auf. Die hohen, mit Pfannen gedeckten Walmdächer verbergen geräumige Dachböden. Auf dem Grundriß sind für die einzelnen Kammern drei bzw. vier Schlafstellen erkennbar, so daß das Haus für zahlreiche Bewohner Unterkunft bieten konnte.

Die Funktion des Fachwerkgebäudes läßt sich nicht genau bestimmen. Möglicherweise sollte es als Notunterkunft für die durch die Brandkatastrophe obdachlos gewordenen Hamburger dienen.[550]

90

Zweites und Drittes Amalienstift, St. Georg, Alexanderstraße 26 u. Minenstraße 10, 1842

Nach dem Großen Brand war eine Unterstützungsbehörde gebildet worden, um die aus aller Welt eingegangenen Hilfsgelder zu verwalten. Vorrangiges Ziel war die schnelle Beschaffung von Wohnraum für die Obdachlosen. Da gleichzeitig das Amalienstift auf eine Vergrößerung seiner Gebäude abzielte, kam es auf Vermittlung von Syndicus Karl Sieveking zu einer höchst ungewöhnlichen Baumaßnahme: Der Verein verpflichtete sich, zwei Gebäude, jedes mit 24 Wohnungen, bis zum 11. November 1842 errichten zu lassen. Diese Wohnungen sollten auf drei Jahre der Unterstützungsbehörde „zu ganz freier Disposition“[551] stehen. Die Behörde erklärte sich im Gegenzug bereit, „alle zu jenem Bau erforderlichen Brandsteine frei an den Bauplatz zu liefern“.[552] Zudem verpflichtete sie sich, von den übrigen Baukosten 30 Prozent zu tragen, von den während der drei Jahre geliehenen Geldern 20.000 Courantmark mit vier Prozent zu verzinsen und die Kosten der in dieser Zeit anfallenden Reparaturen zu bestreiten. Martini 1845 sollte der Verein „in den vollen Genuß seines ihm an jenen Gebäuden zustehenden Eigenthumsrechtes treten ..“[553] Danach sollten die Gebäude in ähnlicher Weise wie bereits das Erste Amalienstift benutzt werden. Das zum Bau erforderliche Grundstück war als freie Schenkung des Senats „cedirt“ worden.

Tatsächlich wurden die beiden baugleichen Häuser binnen weniger Monate nach Entwürfen Chateauneufs in St. Georg in unmittelbarer Nachbarschaft zum Ersten Amalienstift errichtet. Chateauneuf ordnete sie in Querstellung zum „Mutterhaus" an, so daß ein Ensemble von Stiftsbauten entstand.

Anders als das Erste Amalienstift waren die beiden dreigeschossigen Neubauten überwiegend verputzt. Nur die einzelnen Mauervorlagen, die die im Gebäude querlaufenden Trennwände außen sichtbar machten, zeigten roten unverputzten Backstein. Der damit hervorgerufene Eindruck einer Scheibenbauweise weist auf moderne Konstruktionsmethoden voraus.[554] Beide längsrechteckigen Baukörper verfügten über Treppenhäuser am Kopfende und einen Mittelgang.

Beide Gebäude sind nicht erhalten. Während das an der Minenstraße gelegene Dritte Amalienstift bereits 1892 einem Neubau weichen mußte[555], wurde das Zweite Amalienstift[556] 1943 durch Kriegseinwirkungen zerstört.

Literatur: Sieveking, Denkwürdigkeiten, 1860, S.360; Bolland 1957, S.8; Lange 1965, S.42; Eissenhauer 1987, S.133-134

91
Wiederaufbau der St.-Petri-Kirche, 1842–1849

Die St.-Petri-Kirche ist ihrer Gründung nach die älteste Pfarrkirche Hamburgs. Sie wurde erstmalig 1195 als „Marktkirche" der Handwerkersiedlung am „Berg" genannt. In der ersten Hälfte des 14. Jahrhunderts entstand eine gotische Hallenkirche, die 1418–1419 ein zweites südliches Seitenschiff erhielt. Diese im 17. und 18. Jahrhundert mit einer reichen Barockausstattung versehene Kirche wurde während des Hamburger Brandes im Mai 1842 schwer beschädigt.

Da die Umfassungsmauern und Pfeiler noch großenteils standen, ging der Kirchenvorstand zunächst davon aus, daß es sich im wesentlichen um eine Wiederherstellung und nicht um einen Neubau der Kirche handeln werde.[557] Allerdings wiesen die Mauern der Taufkapelle eine starke Neigung auf, so daß ihre sofortige Niederlegung gefordert wurde. Als am 14. Mai ein heftiger Windstoß den östlichen Turmgiebel herabwarf, wurden die Abbruchpläne beschleunigt. Erste Sprengungen erreichten wenig, so daß der Wasserbaudirektor Hübbe am Morgen des 21. Mai mehrere hundert Arbeiter vor der Kirche zum Abbruch der baufälligen Mauern versammelte. In dieser Situation wurde Chateauneuf gemeinsam mit seinem Freund Hermann Peter Fersenfeldt als technischer Berater herangezogen. Es gelang ihnen, einen willkürlichen Abbruch der Kirche zu stoppen und eine sachgemäße Sprengung der gefährdeten Bauteile einzuleiten.

Nachdem die ersten Aufräumarbeiten bewältigt waren, forderte das Kirchenkollegium die Erstellung eines Wiederaufbauplans. In der Sitzung vom 4. Juli schlug der Präses Senator Dammert vor, den bereits mit dem Bau befaßten Architekten Chateauneuf und Fersenfeldt den gesamten Wiederaufbau zu übertragen. Er betonte, daß Fersenfeldt bereits den neuen Jacobi-Kirchturm errichtet hatte und durch seine Gründlichkeit und Rechtschaffenheit allgemein anerkannt sei, wogegen Chateauneuf erst kürzlich beim Wettbewerb um die Londoner Börse (WV 69) den zweiten Platz errungen habe. Auch hoffe er, es werde dem Bau zugute kommen, daß man ihn einigermaßen als den Träger der neuen Schule bezeichnen könne. [558] So wurden Chateauneuf und Fersenfeldt am 7. Juli vom Verein zur Förderung des St.-Petri-Kirchenbaues zu Baumeistern des wieder aufzubauenden Gotteshauses ernannt. Für die Berufung des im Kirchenbau noch wenig erfahrenen Chateauneuf wird möglicherweise auch die Mitgliedschaft seines vormaligen Bauherrn Abendroth im Förderverein hilfreich gewesen sein. Die Arbeitsteilung der beiden befreundeten Architekten war unstrittig, da sich Chateauneuf in erster Linie mit der künstlerischen Ausarbeitung der Pläne befaßte. Fersenfeldt war vormittags in seiner Bauschule und kümmerte sich meist nachmittags auf der Baustelle um die technischen Abläufe.[559] Zudem dürfte der diplomatische Professor vor allem als Vermittler zur vielköpfigen und sparsam veranlagten Bauherrenschaft in Erscheinung getreten sein.

Die eigentliche Bauverwaltung wurde einer Baukommission unter dem Vorsitz von Senator Johann Ludwig Dammert übertragen.[560] Dieses Gremium hat vom 16. Juli 1842 bis zur Einweihung der Kirche im Mai 1849 über 36 Sitzungen abgehalten.[561] Anders als bei der Tätigkeit für die Technische Kommission nahm Chateauneuf relativ unregelmäßig an den Besprechungen teil.

Ziel der Gemeinde war es, den Wiederaufbau weitgehend durch private Geldmittel zu bestreiten. Erfindungsreich warb man in der Bevölkerung um Geldspenden. So wurden aus dem Kupfer des herabgestürzten Turmhelms Medaillen geprägt und zum Wohle des

WV 91 *Die St.-Petri-Kirche um 1860 ohne Turmhelm*

Wiederaufbaus verkauft.[562] Ende 1843 wurde eine Ausstellung zum Besten der abgebrannten Kirche in der Baustube von St. Petri durchgeführt. Auch wurde ein „architectonisch-plastisches Modell der St.-Petri-Kirche, vor dem Brand verfertigt von J. C. A. Bostelmann, im Nebensaal" des Elb-Pavillons dem zahlenden Publikum vorgeführt."[563]

Im Sommer des Jahres 1842 galten die verstärkten Bemühungen zunächst der „Konservierung der Überreste der Kirche".[564] Nach einer gründlichen Untersuchung der Bauruine urteilten Chateauneuf und Fersenfeldt, daß weite Teile des Gotteshauses – so die Nordmauer, der Chor und sämtliche Pfeiler – stehen bleiben könnten. Dagegen schätzten sie den Zustand der Südseite und des vierten Schiffes als sehr schadhaft ein. So empfahlen sie u.a. die Abstützung der Gewölbe, Schutzmaßnahmen gegen die Witterung und Abbruch der Giebel an der Südseite. Im Verlauf des Jahres 1842 fertigte Chateauneuf eine umfassende und genaue Aufnahme der ganzen Ruine an, um so eine Grundlage für seinen Wiederaufbauplan zu gewinnen.

Laut Bauprotokoll beabsichtigten die beiden Architekten, die Kirche sowie den Turm ganz in der ursprünglichen Form, jedoch in einem übereinstimmenden gotischen Stil, unter Hinweglassung von „allen verunstaltenden Anbauten"[565] wiederherzustellen. Diese Grundidee entsprach auch dem Willen der Kommission, die aus geschichtlicher Pietät eine getreue Wiederherstellung der mittelalterlichen Hallenkirche wünschte. Zugleich aber sollte die sich bietende Gelegenheit genutzt werden, die für den protestantischen Gottesdienst wenig praktische Einteilung und die – wenngleich historisch gewachsene – formale Unordnung zugunsten eines praktischen Neubaus zu beseitigen.

So sollte der Ostabschluß seine ursprüngliche dreiapsidiale Gestalt und auch die Westfassade ihre frühere Symmetrie wiedererhalten (Abb. Tafel 29). Für die Nordseite plante Chateauneuf einen niedrigen Anbau, der die Sakristei, eine Eingangshalle und andere Nebenräume enthalten sollte. Dort wollte Chateauneuf auch das bedeutende, 1604 von Georg Baumann geschaffene alte Südportal einbauen lassen.

Die nach Süden orientierte Hauptschauseite sollte ganz ohne Kapellen oder sonstige Anbauten bleiben. Entgegen der ursprünglichen Absicht der Kommission wollten die Architekten auch das zweite südliche Seitenschiff in der Ausdehnung der vier Langhausjoche wiederherstellen. Neben künstlerischen Gesichtspunkten hatten die Baumeister auch die Befürchtung, daß die Kirche für die Gemeinde zu klein ausfallen würde. Schließlich faßte Chateauneuf den Plan, das südliche Seitenschiff um fast anderthalb Meter breiter zu bauen, als es vor dem Brand gewesen war. Dadurch ergab sich gerade vor der Kanzel ein großzügiger Raum für Sitzplätze und zugleich ein erweiterter Chorausbau für die Sakristei. Die beiden Südschiffe sollten – abweichend vom sonst üblichen Kreuzgratgewölbe – durch eine Art Sterngewölbe und durch einen Mittelpfeiler räumlich zusammengezogen werden. Chateauneuf plante diesen Mittelpfeiler aus Sandstein, wodurch er sich deutlich schlanker gestalten ließ als die übrigen, aus Backstein gefertigten Pfeiler.[566] Wegen des veränderten Straßenverlaufs sollte die Kirche von einem hohen Sockel umgeben und die Seiteneingänge verändert werden.

Diese Gestaltungsideen wurden von Chateauneuf und Fersenfeldt im März 1843 in einer sorgfältig gezeichneten Entwurfsserie der Kommission vorgelegt und am 16. Juni 1843 vom Senat genehmigt.

Bei der Bauausführung dieses „Osterentwurfes" kam es dann noch zu einer Reihe von Änderungen. So entfielen die vorgesehenen Anbauten an der Nordseite. Auch die denkmalpflegerisch aufschlußreiche Konzeption der Erhaltung des Renaissanceportals fand keine Billigung von seiten der Kommission. Man fand, daß der „Michelangeleske Aufbau des Portals nicht mit dem Baustil der Kirche in Einklang stände".[567] Die Südseite erhielt nun aus Symmetriegründen ein zweites Portal.

Als Ratgeber der Architekten fungierte in dieser Phase der Hamburger Maler und Bauforscher Martin Gensler, der als „gründlicher Kenner Gothischer Architectur"[568] galt. Auf seine Veranlassung hin wurden zahlreiche ornamentale Details vereinfacht oder ganz weggelassen.

Chateauneuf, der bis dahin vornehmlich als Architekt der Neorenaissance oder des Rundbogenstils in Erscheinung getreten war, baute hier erstmals mit gotischen Bauformen. Dabei setzte er sich anders als George Gilbert Scott beim gleichzeitigen Neubau von St. Nikolai intensiv mit der einheimischen mittelalterlichen Baukunst auseinander. Chateauneuf unternahm während der gesamten Planung und auch noch während der Bauzeit mehrere Studienreisen nach Verden, Magdeburg, Havelberg, Tangermünde, Stendal und sogar ins Rheinland. Vor Ort holte er sich den Rat der dort mit der Erhaltung und Restaurierung der Kirchen betrauten Architekten und Restaurateure. In den von Chateauneuf besonders genau studierten Lübecker Kirchen fertigte der von ihm geschätzte Baumeister Heinrich Wilhelm Burmester in seinem Auftrag Abgüsse mittelalterlicher Bauornamente an, die als Muster für St. Petri dienen sollten.[569]

Bei der Grundsteinlegung am 7. Mai 1844, am zweiten Jahrestag der Brandkatastrophe, ahnte wohl niemand der Beteiligten, daß kurze Zeit später weite Teile der damals noch stehenden Nordseite, der Hauptchor, die Pfeiler und Arkaden des Mittelschiffes und der Turmstumpf aufgrund der unerwartet schlechten Bausubstanz bis auf geringe Reste abgetragen werden mußten.[570]

Doch auch von diesen Schwierigkeiten ließen sich die Architekten nicht entmutigen. Vielmehr nutzten sie die Gelegenheit, um ihre Idee von einem einheitlich gestalteten Raumganzen noch weiter voranzutreiben. Im Februar 1845 legten sie der Kommission überarbeitete Baurisse vor. „Das Ganze hatte ungemein an Regelmäßigkeit gewonnen, in dem nun die Fensterstellung der Nordseite mit der Südseite in Einklang hatte gebracht werden können."[571] Durch diese serielle Gleichförmigkeit wurde im übrigen die Arbeit der Steinmetzen sehr erleichtert und die Kosten vermindert. Statt der ursprünglich vorgesehenen Sterngewölbe wurde in den südlichen Seitenschiffen ein Fächergewölbe gewählt, das deutliche Anklänge an die nordostdeutsche Backsteingotik erkennen läßt.[572] Zudem reduzierten die Architekten die Stärke sämtlicher Pfeiler von sieben Fuß auf fünf Fuß, „wodurch ansehnlich an Raum und Licht gewonnen"[573] wurde. Hiermit erzielten sie eine Pfeilerproportion, die annähernd derjenigen von St. Marien in Stendal oder St. Elisabeth in Marburg entsprach. Durch diese Entscheidung war die Kirche nun gegenüber dem Vorgängerbau deutlich klarer und durchsichtiger gestaltet. Sie hatte auch an Großartigkeit und Raum gewonnen; im Sinne einer protestantischen Predigtkirche konnten jetzt auch wesentlich mehr Gottesdienstbesucher den Prediger auf der Kanzel sehen. Gleichzeitig verlor der Hauptaltar seine liturgisch dominante Position und war für einen Teil der Gottesdienstbesucher vom südlichen Teil der Kirche gar nicht mehr einsehbar!

Das gesamte Mauerwerk wurde innen und außen mit großformatigen Ziegelsteinen verblendet, wodurch die mittelalterlichen Baufragmente nicht mehr sichtbar waren. Für einzelne gliedernde und dekorative Bauteile, insbesondere für die Maßwerkfenster, wurde Sandstein verwendet.

Am 2. Dezember 1845 schlugen die Architekten nochmals Veränderungen am Außenbau vor. Nun war das große Portal „ganz bedeutend vereinfacht; den oben umlaufenden Fries und die im Kranz auslaufende Spitze derselben hatten sie weggelassen und dagegen eine Nische mit einem Baldachin, in welcher eine Statue placirt werden könnte, angebracht ..."[574] Die zweite weitreichende Veränderung betraf den Chorbereich. Da die Häuser am Speersort so hoch gebaut worden waren, daß vom Chor sehr wenig gesehen werden konnte, vereinfachten sie dessen Formen grundsätzlich. Schließlich wurde eine Attika mit gotischen Verzierungen aus gebrannten Steinen angebracht. „Alle diese Abänderungen und Vereinfachungen schienen der Kommission sehr zweckmäßig und sie gab um so leichter ihre Zustimmung dazu, da ohne den edlen Styl des Gebäudes zu beeinträchtigen eine nicht unbedeutende Ersparnis dadurch herbeigeführt wurde."[575]

Von diesem Zeitpunkt an schritten die Bauarbeiten zügig voran, so daß im Frühjahr 1846 die Umfassungsmauern, Pfeiler und Arkaden weitgehend vollendet waren. Doch noch einmal kam es zu einem Rückschlag. Denn am 6. Juni 1846 ereignete sich eine schwere Katastrophe, als wegen eines technischen Fehlers die beiden mittleren Scheidbögen zwischen den südlichen Seitenschiffen einstürzten.[576] Infolgedessen und wegen weiterer Bauschäden trat eine erhebliche Bauverzögerung ein. Im Herbst 1848 war die Kirche schließlich weitgehend im Rohbau fertiggestellt. Auf Anraten des Kölner Dombaumeisters Zwirner wurde das Dach mit Schiefer gedeckt. Die geleistete Maurerarbeit fand ungeteilte Bewunderung; vor allem, weil sich infolge der ungleichen Achsenmaße alle einzelnen Gewölbeteile verschieden gestalteten und jeder Bogen für sich ermittelt werden mußte.[577]

Chateauneuf hatte große Anstrengungen unternommen, einen qualitätvollen und farbkräftigen Backstein zu erhalten. Erst nach zahlreichen Reisen in Norddeutschland und vielen Versuchen fand er mit der Bergedorfer Ziegelei Biehl und mit Hilmers in Wandsbek geeignete Lieferanten. Für die Backsteinflächen hatte Chateauneuf einen Verband entworfen, bei dem in jeder Schicht Läufer und Binder wechseln und letztere gleichzeitig durch einen etwas dunkleren Farbton hervorgehoben sind. Die flächige Wirkung dieser Anordnung wird noch durch die großen

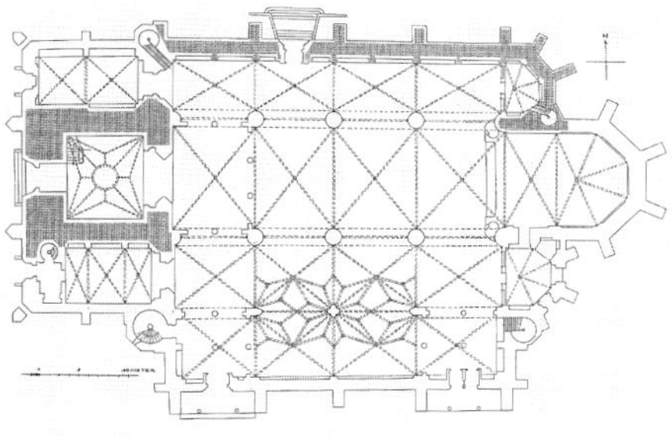

WV 91 *Grundriß der St.-Petri-Kirche*

Abmessungen der Ziegelsteine erhöht, die nur etwas über zehn Schichten auf den steigenden Meter ergeben.[578]

Während die unverputzte Gestalt des Äußeren der Kirche offensichtlich niemals zur Debatte stand, ergab sich über die Farbfassung des Innenraumes eine heftige Diskussion. Chateauneuf und Fersenfeldt waren mit anderen Künstlern und Bauverständigen der Meinung, „alles roth zu belassen, damit das so sorgfältig und sauber gearbeitete Mauerwerk, das vielleicht in Deutschland nicht seines Gleichen fände, nicht verdeckt werde".[579] Die Kommission war jedoch anderer Ansicht, denn sie fürchtete, „die Kirche würde zu finster werden und das Publicum sich mit dem ungewohnten Anblick nicht würde befreunden können".[580] Schließlich unternahmen die Architekten zur Entscheidungsfindung im Herbst 1848 eine weitere Studienreise durch Norddeutschland. Und nachdem sie „alle alten Kirchen durchgesehen, worunter einige, die man roth gelassen, kamen sie ganz von ihrer Ansicht zurück und vereinigten sich leicht mit der Kommission dahin, dem Inneren die Farbe des französischen Sandsteins zu geben und zu dem Ende dem Bleiweiß einen Zusatz von Oker zu geben".[581] Der Vorschlag Chateauneufs, die Farbe mit Leinöl und Wachs zu versetzen, damit sie nicht abfärbe, führte zu keinem überzeugendem Ergebnis. Auch in einem weiteren wichtigen Gestaltungspunkt mußte Chateauneuf eine Niederlage hinnehmen. Sein Vorschlag, an den Gurten der Gewölbe und an den Schlußsteinen wie im Kölner Dom „bunte Zierrathen"[582] anzubringen, fand nach einer Probe „jedoch nicht den Beifall der Commission; sie befürchtete es würde bei dem einfachen Charakter unserer Kirche nicht allein zu bunt, sondern auch zu kostspielig werden; man kam daher überein sich darauf zu beschränken, die Schlußsteine auf dunkelblauem Grund zu vergolden."[583]

Seit 1848 wurde besonders intensiv an der Innenausstattung des Kirchenraumes gearbeitet. Hierfür war vor allem Chateauneuf als Entwerfer verantwortlich (Abb. Tafel 28 und S. 256). Zu einer wichtigen Stütze erwuchs der von ihm geförderte Wilhelm von Hanno, der ornamentale Details zeichnete und ausführte.[584]

Aus Rücksicht auf die für den Chorraum geplanten Glasfenster sollte der Altaraufbau relativ niedrig ausfallen. In einem frühen Entwurf löste Chateauneuf das Gesprenge derart auf, daß es formal mit dem dahinterliegenden gotischen Maßwerk eine Einheit bildete (Abb. Tafel 28). Im weiteren Planungsverlauf zwang die Kommission den Architekten – wohl vor allem aus finanziellen Gründen – zu einer allzu starken Vereinfachung, so daß am Ende ein kastenförmiger Aufbau errichtet wurde. Das Retabel mit den von Krabben besetzten Kielbogenrahmungen für die Altarbilder läßt den Einfluß der englischen Neugotik des 18. Jahrhunderts erkennen.[585] Obgleich damit die von Chateauneuf ursprünglich angestrebte Einheit mit dem Umraum abgeschwächt war, bildete das Werk mit den vorzüglichen Bildhauerarbeiten Hannos und den Gemälden Hermann Steinfurths einen entscheidenden räumlichen Bezugspunkt im Gesamtorganismus der Kirche.[586]

Engagierte Bürger konnten während des Großen Brandes einige Kunstwerke der alten Innenausstattung retten. Die meisten davon wurden von Chateauneuf einfühlsam in den wiedererrichteten Kirchenraum integriert. So wurde das „barocke" Pfingstbild von Coignet an der nördlichen Chorwand angebracht und die von Hanno restaurierte spätgotische Sandsteinmadonna im nördlichen Seitenschiff aufgestellt.[587]

Ein besonders anschauliches Beispiel für Chateauneufs Vorgehensweise bildet die Kanzel. Hier entwarf er Fuß und Treppe aus französischem Sandstein, einen polygonalen Kanzelkorb und einen ausladenden polygonalen Deckel aus Eichenholz mit gotisierendem Schnitzwerk neu. In den Korb stellte er sechs Alabasterfiguren des 1842 zerstörten Taufsteins. Und als oberer Abschluß wurde wie bereits in der alten Kirche die um 1400 gestaltete eichene Bekrönung aufgehängt. Mit ihrem reichen Maßwerk, den „Strebepfeilern" und den zahlreichen Fialen bildete sie eines der bedeutendsten mittelalterlichen Kunstwerke Hamburgs, und die Architekten waren von der „Schönheit und dem ächt gothischen Styl dieses Werkes so ergriffen, daß es ihr Leitfaden bei allen ihren Entwürfen blieb".[588]

Fast wäre das Bemühen Chateauneufs um einen optimalen protestantischen Kirchenraum an den akustischen Problemen mit dem Kanzeldeckel gescheitert. Wiederholt wurden die Baumeister gebeten, „diesem für unsere Kirche so großen Uebelstande abzuhelfen"[589], bis endlich eine halbwegs überzeugende Lösung gefunden wurde.

Auch beim Einbau der Emporen im südlichen Seitenschiff gelang Chateauneuf eine interessante Verbindung von Tradition und zeitgemäßer Formgestaltung. Als Stützen hatte sich der Architekt bereits frühzeitig sechs erhaltene Säulen aus dem 1805/06 abgerissenen

Schappendom gesichert. Immerhin konnten davon noch vier beim Bau selbst verwendet werden. Eine fünfte, die bei der Bearbeitung zerbrach, wurde außerhalb der Kirche vor dem Chorscheitelpunkt aufgestellt.

Seit spätestens 1850 unternahmen vor allem die Kommissionsmitglieder große Anstrengungen zur Ausstattung der Kirche mit Glasmalereien.[590] So trat Justus C. W. Ruperti offensichtlich ohne Wissen seiner Kollegen in Verhandlungen mit verschiedenen Glasmalern. Er schlug vor, im Hauptfenster die drei mittleren Figuren aus der berühmten Transfiguration Raffaels, in den beiden Nebenfenstern die Apostel Paulus und Petrus darstellen zu lassen. Die beiden Apostel schienen den Mitgliedern bereits allzu häufig in der Kirche vertreten. „Man sei daher auf den Vorschlag des Herrn Professors Fersenfeldt, übereingekom(m)en, statt derselben den Kaiser Carl den Großen, der das Christenthum in Norddeutschland eingeführt und daselbst die erste christliche Kirche erbaut, und den heil. Anschar, den ersten Erzbischof von Hamburg und sogenannten Apostel des Nordens, darzustellen."[591] Bereits Pfingsten 1853 waren sie im Chor eingebaut. Chateauneuf trat in diesem Zusammenhang nicht in Erscheinung, so daß unklar ist, welche Art von Glasmalerei er für den Innenraum vorgesehen hatte.

Anders als im Innenraum wurden am Außenbau bis 1849 nur wenige Ausstattungsarbeiten durchgeführt. Nachdem die Neuaufstellung des Renaissanceportals an der Nordseite abgelehnt worden war, integrierte Chateauneuf wenigstens die Figuren der vier Evangelisten in die beiden Portale an der Südfassade.[592]

Während so die Kirche binnen weniger Jahre aus den Ruinen wiedererstanden war, hatte man bis 1849 am Turm nur Sicherungsarbeiten durchgeführt. Der 1850 angefertigte Entwurf Chateauneufs für einen steinernen Helm (WV 131) wurde jedoch von der Kommission abgelehnt. So stand die Kirche für viele Jahre in ihrer herben Blockhaftigkeit als ein Denkmal der großen Brandkatastrophe da.[593] (Abb. S. 251) Erst mit dem 1866–1878 erfolgten Ausbau der Spitze war der Wiederaufbau der Kirche endgültig abgeschlossen.[594]

Der Bau zählt unbestritten zu den wichtigsten Werken Chateauneufs. Er gehört darüber hinaus zu den Hauptleistungen der Neugotik in Norddeutschland.

Der geschilderte wechselvolle Bauverlauf läßt ahnen, wieviel Energie die beiden befreundeten Architekten bis zum letztlich erfolgreichen Abschluß aufbringen mußten. So belegen die vollständig erhaltenen Sitzungsprotokolle, wie schwierig die Verhandlungen mit der Baukommission waren. Dabei ist auffallend, daß sich Chateauneuf und Fersenfeldt keineswegs immer mit ihren Vorstellungen durchsetzen konnten. Vielmehr wurden zahlreiche Vorschläge Chateauneufs – so der filigrane Altaraufbau oder die Gewölbeausmalung – durch ästhetische oder finanzielle Bedenken der zögerlichen Kommission nachteilig verändert.

Schwierig gestalteten sich auch die Honorarverhandlungen. Die Kirchenkommission holte umfassende Erkundigungen über die in Hamburg zuletzt üblichen Honorare ein. Fersenfeldt, der die Verhandlungen führte, war der Meinung, daß „für ein so außerordentliches Werk, als der Kirchenbau sey, da er eigenes Studium, eine ungewöhnliche Anstrengung und beständige Aufsicht erfordre, sie wohl glaubten 4 % zu verdienen".[595] Schließlich einigte man sich auf drei Prozent, da „es doch eine Berücksichtigung verdiene, daß die Kosten des Baus von milden Gaben und Geschenken bestritten werden müssen".[596] Am Ende der Bauarbeiten zögerte die Kommission bezeichnenderweise mit der Zahlung eines sonst üblichen „Gratials"; denn für sie war es unverkennbar, „daß im Laufe des Baues doch manche Ursache zur Beschwerde vorgekommen und daß das Gebäude bei allen nicht zu verkennenden Schönheiten doch manche Mängel aufzuweisen habe ..."[597] Schließlich wurde den Architekten in einer Nachverhandlung doch noch eine Zuwendung von 1000 Mark für Reisen, Zeichner und Schreiber bewilligt.[598]

Die Pastoren und Kirchenältesten von St. Petri stellten unter den Hamburger Hauptkirchen innerhalb der kirchengeschichtlichen Parteibildung der ersten Hälfte des 19. Jahrhunderts die Exponenten des lutherischen Rationalismus gegenüber der Erweckungsbewegung dar. In deutlichem Kontrast zum gleichzeitigen Neubau von St. Nikolai sollte in der Konzeption für St. Petri ein vernünftiger Ausgleich zwischen Tradition und praktischem Bedarf sowie moderner Architekturauffassung angestrebt werden. Dennoch ist St. Petri – wie wiederholt behauptet – keine „rationalistische" Kirche. Gegen diese Einschätzung spricht vor allem die zwischen traditioneller Längsrichtung und Zentralraum unentschiedene, „romantische" Raumgestaltung.

Die St.-Petri-Kirche erlitt seit ihrer Fertigstellung manche Umgestaltungen und Verluste.

WV 91 *W. v. Hanno, Innenansicht der St.-Petri-Kirche*

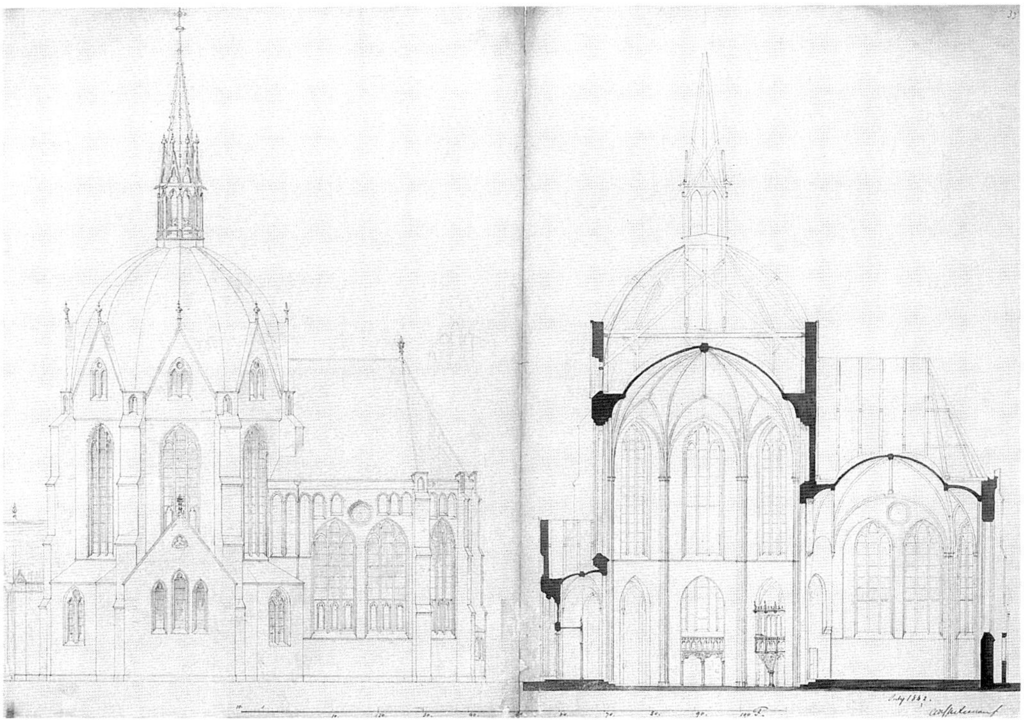

WV 92 *St. Gertrudenkapelle, Vorschlag für den Wiederaufbau, Ansicht und Längsschnitt*

Bei einer ersten großen Renovierung wurde 1899 eine gänzlich neue Raumfassung vorgenommen. Angesichts der Neuanlage der Mönckebergstraße im ersten Jahrzehnt des 20. Jahrhunderts verlor die Kirche große Teile der maßstäblichen Umgebung. Es ist Fritz Schumacher zu danken, daß er mit dem relativ niedrigen und kleinen Hulbe-Haus den Chorbereich der Kirche vor einer allzu nah heranrückenden modernen Kontorhausarchitektur geschützt hat. Bei einem der ersten Bombenangriffe auf die Hamburger Innenstadt wurde 1941 das Chorgewölbe der Kirche zerschmettert und der Hochaltaraufbau durch herabstürzende Trümmer schwer beschädigt. Nach 1945 setzte eine auch in anderen Hamburger Kirchen zu beobachtende negative Einstellung gegenüber der Neogotik ein. So wurde der zerstörte Hochaltar nicht rekonstruiert und statt dessen eine wenig überzeugende Lösung mit mittelalterlichen Altarbildern installiert. Auch die neugeschaffenen Glasfenster nehmen keinerlei Bezug auf Überlieferungsgeschichte und Raumgestalt. Letztlich ist auch die heutige Farbfassung kaum dem Gestaltungswillen Chateauneufs entsprechend ausgeführt. Trotz dieser Einschränkungen zählt die Petrikirche unbestritten zu den am besten erhaltenen Bauwerken Chateauneufs.

Literatur: Lange 1965, S.45-48; Klée-Gobert/Wiek 1968 (grundlegend); Wiek 1974

92

Planungen für den Wiederaufbau der St. Gertrudenkapelle, 1842

Die Gertrudenkapelle stand inmitten der Hamburger Innenstadt etwa 160 Meter nördlich der Jacobikirche auf dem Platz, der noch heute den Namen Gertrudenkirchhof trägt. Ihrer Zweckbestimmung nach war sie Friedhofskapelle des sogenannten „Elenden-Kirchhofs“ und zugleich Filialkirche von St. Jacobi. Auftraggeber des 1399 vollendeten Kapellenbaus war vornehmlich die „Elenden-Brüderschaft zu St. Gertrud“, die sich in der Armen- und Krankenpflege engagierte.[599]

Die Kapelle war von geringer Ausdehnung. Der Grundriß bildete ein regelmäßiges Achteck von 44 Fuß Durchmesser, die einzelnen Seiten maßen 25 Fuß. Die im Inneren angeordneten Strebepfeiler bildeten fünf kleine sechsseitige Kapellennischen und nahmen gleichzeitig die Gewölbebogen der den Raum schließenden Kuppel auf. Aus der Mitte der Kuppel entwickelte sich ein schlank aufstrebendes Spitztürmchen. Die Mauern waren aus Feldsteinen errichtet, die später mit Backsteinen verblendet wurden. Die St. Gertrudenkapelle kann innerhalb der in Deutschland relativ kleinen Gruppe von Zentralbauten, die als Spital-, Pilger- und Friedhofskirchen dienten, sicherlich architektonisch als der bedeutendste betrachtet werden.[600] Dieser Kernbau wurde später durch eine Chorerweiterung und weitere Anbauten verändert. Von der Innenausstattung ist ein stattlicher Barockaltaraufbau durch eine Zeichnung überliefert.[601]

Die Gertrudenkapelle geriet in der Nacht vom 7. zum 8. Mai 1842 in Brand und wurde schwer beschädigt (Abb. rechts). Bereits wenige Tage später untersuchten Alexis de Chateauneuf und Hermann Peter Fersenfeldt als „Mitglieder der Section zur Rettung der Alterthümer“ die Kapelle. In einem wegen der Zeitknappheit kurzgefaßten Gutachten stellten sie bereits am 13. Mai fest, daß der Bau „mit verhältnißmäßig geringer Mühe und nicht bedeutenden Kosten ... im Laufe des Som(m)ers wieder herzustellen“[602] sei. Beide Architekten drängten darauf, „daß vorerst u schleunigst ein Handwerksmeister angewiesen werde, um das Gebäude ... einzuzäunen u zu verschließen, das Kupfer in Gewahrsam zu nehmen, und die zu stürzen drohenden einzelnen Brocken vom höheren Mauerwerk zu beseitigen“.[603]

Bereits am folgenden Tag teilte Bürgermeister Bartels, der Patron der Kapelle, mit, daß „es vorgängig nur auf die nöthige Reparatur der Capelle ankommt“.[604] Chateauneuf und Fersenfeldt wurden ersucht, „diese Reparatur so bald wie möglichst zu beschaffen“.[605] Daraufhin veranlaßten die beiden Architekten zunächst die grundlegenden Aufräumungsarbeiten sowie einige unerläßliche substanzerhaltende Maßnahmen.[606] Mitte Juni untersuchten Chateauneuf und Fersenfeldt die inzwischen vom Schutt befreite Kapelle noch einmal genau und präzisierten in zwei Gutachten vom 13. Juni und 25. August ihre Einschätzung des Erhaltungszustandes. Diese Aussagen sind in Anbetracht des weiteren Schicksals der Kapelle von großer Bedeutung.

Nach ihrer Einschätzung zeigen sich die Grundmauern des Oktogons mit Ausnahme der an der Nordseite leicht beschädigten Strebepfeiler in „vollkommener Erhaltung“.[607] Allerdings war die „schöne Gewölbe = Decke ... leider durch die mit den Glocken stürzende Kuppel fast gänzlich zerstöhrt. Glücklicherweise aber sind sämmtliche Ansätze der Gurten circa 8 Fuß hoch über den Bogenansatz auf den Capitälern, erhalten, zur treusten Richt-

WV 92 *Otto Speckter, Ansicht der zerstörten Gertrudenkapelle, Lithographie 1842*

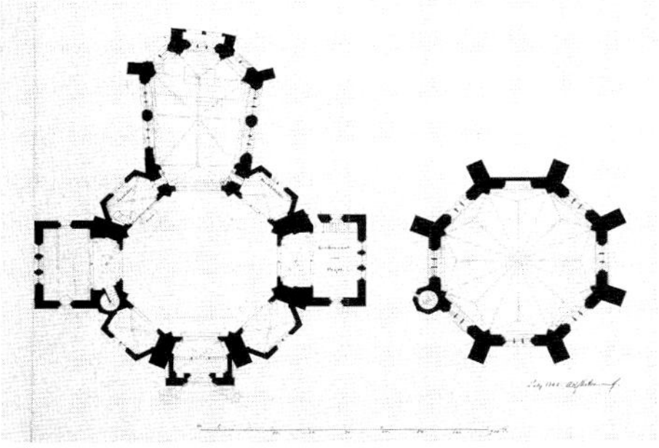

WV 92 *St. Gertrudenkapelle, Vorschlag für den Wiederaufbau, Grundrisse*

schnur für das wieder aufzurichtende Gewölbe dienend. Es sey hierbei ausgesprochen, daß Mauern und Strebepfeiler in dem Zustande sind, die Gewölb = Decke mit Zuversicht dazwischen spannen zu können." Schlechter sah es um die nach Norden und Süden kreuzartig hervortretenden Arme aus, die den Haupteingang und die Kapelle des Maueramtes bildeten; sie waren „leider bis auf niederige oder höhere Ringmauern zernichtet".[608] Dagegen waren die übrigen fünf Sechseckkapellen „mehr oder minder mit ihren zierlichen Gewölben verschont geblieben".[609]

Nahezu vollkommen erhalten war auch der Chor. Chateauneuf und Fersenfeldt stellten fest, daß die „stolzen Gewölbe desselben ... nur hier und da aufgerüttelt" seien.[610] Im Fensterbereich waren sämtliche Gläser zerstört, und auch die Rippen hatten stark gelitten. Als Reparaturmaßnahme hatten die Architekten sogleich angeordnet, „sämmtliche Ripen mit Lüneburger = Kalk auszugiessen was jetzt beinahe vollendet und vom besten Erfolge ist".[611]

Abschließend urteilten Chateauneuf und Fersenfeldt, daß das Feuer dem Gebäude weniger geschadet habe, „als der Bauunverstand der letzten Jahrhunderte daran genagt hat".[612] Denn vor dem Brand „war der Eindruck dieses ursprünglich herrlichen Gebäudes durch die krämerhaftesten Anbauten zerstört, im Innern durch die absurdesten Einrichtungen verhauen oder verdeckt. Die erste Kuppel war durch eine neue Deckung im 17. Jahrhundert ersetzt und ruhte auf einem plumpen hölzernen Gesimse. Die höchst wahrscheinlich ursprünglich vorhandenen gemauerten Giebel waren abgebrochen und nur in der Kupferdekkung einigermaßen deren Form wieder angedeutet. Ein kleines Thürmchen in ausbauchender Form derselben Zeit ersetzte ein früheres Spitzthürmchen wie solches aus der Abbildung Hamburgo 1587 in Lappenberg's 'zur dritten Saecular-Feier' zu ersehen ist."[613] So faßten es die Architekten als Glücksfall auf, daß der Bau jetzt wieder deutlicher „in seinen Hauptzügen vor Augen" stehe, da er zuvor noch „mit den bösen Zuthaten verhüllt war".[614]

Ausgehend von diesem kritischen Befund entwickelten Chateauneuf und Fersenfeldt ein denkmalpflegerisches Konzept, nach dem die Wiederherstellung so weit wie möglich dem Stil der ältesten erhaltenen Bauteile anzupassen sei (Abb. Tafel 33 und S. 256). Denn sie betrachteten es als die Aufgabe ihrer „zum Bewußtsein der alten Kunst wiedergekommenen Zeit, das Ursprüngliche in der Reinheit seines Styls wieder herzustellen und die nöthigen neuzuschaffenden Theile dem übereinstimmend zu machen, in den ferneren Anordnungen aber dem jetzigen Bedürfniß der Kircheinrichtungen zu entsprechen".[615]

Demgemäß versuchten sie am Außenbau „sowohl bei dem Neubau der Kreuzesarme als bei dem Portal möglichst die Einfachheit und den Adel des 14. Jahrhunderts zu erreichen ..."[616] Zudem verlegten sie – als vielleicht weitreichendste Abweichung von dem Vorbild – den Haupteingang nach Westen, dem Chor gegenüber (Abb. S. 258). Die Orgel erhielt im südlichen Kreuzesarm ihren Platz, „damit nicht wie bei der sonstigen Orgelstellung durch das Hervortreten dieses Kirchenmöbels, die Formen des Hauptbaues zerschnitten werden. Eine geringere Wirkung des Tons ist hierdurch bei der Kleinheit der Capelle nicht zu befürchten." [617] Der Kirchensaal als Sitz für das Kirchenpatronat war unterhalb der Orgel vorgesehen, während die Kanzel mit der dahinterliegenden Sakristei auf dem alten Platz im nördlichsten Sexagon verbleiben sollte. Der Beichtstuhl fand im südöstlichen Sexagon seinen Platz; das Maueramt sollte den ihm seit jeher zustehenden Kreuzesarm wieder mit einer Emporengalerie erhalten. Chateauneuf hatte auch bereits erste Schritte zu einer Neuausstattung der Kapelle unternommen. So wandte er sich an seinen alten Künstlerfreund Carl Julius Milde mit der Bitte um Entwürfe für ein Glasfenster.[618]

Die Kosten für die Restaurierung und Umgestaltungen veranschlagten die beiden Architekten mit 86.904 Courantmark.[619] Allerdings waren darin nicht die Ausgaben für den Altar, die Orgel, die Kanzel, den Beichtstuhl, die Gestühle und die Glasfenster enthalten.

Chateauneuf und Fersenfeldt beschworen die Verantwortlichen nachdrücklich, noch vor Wintereinbruch einige wichtige Maßnahmen zum Schutz des Gebäudes zu veranlassen. Vor allem das Chordach mußte aufgeführt werden, damit die freiliegenden Gewölbe nicht mehr den direkten Witterungseinflüssen ausgesetzt waren. Zur Deckung schlugen sie anstelle des bisherigen Kupfers Schieferplatten vor. Auf diese Weise könnten bei gleichbleibender Qualität die Kosten erheblich reduziert werden. Zudem würde der Schiefer vollkommen dem Charakter des Baues entsprechen. Mauern und Kapellennischen sollten dagegen mit einem Notdach aus Pfannen gedeckt werden.

Chateauneuf und Fersenfeldt hatten so binnen kurzer Zeit nicht nur die Ruine vermessen, sondern auch konkrete Vorschläge für den Wiederaufbau ausgearbeitet. Ihre Bestrebungen wurden nachdrücklich von der Technischen Kommission unterstützt. Denn das von Alexis de Chateauneuf geleitete Gremium hatte nach einer Besichtigung der Ruine am 18. Juni 1842 in einem einstimmigen Votum die „Wiederherstellung, und zwar in der ursprünglichen Form, deren Schönheit im Ganzen wie in den Details"[620] ausdrücklich befürwortet.

Nur wenige Monate nach der Brandkatastrophe waren also wesentliche Bedingungen für einen erfolgreichen Wiederaufbau der St. Gertrudenkapelle erfüllt. Zunächst schien die Wiederherstellung auch von seiten der Kirchengemeinde unstrittig zu sein, da Patron und Vorsteher der Restaurierung positiv gegenüberstanden. Nach den Ergebnissen der Bilanz wurde angenommen, daß man 100.000 Mark Banco für die Wiederherstellung benötigen würde. Die Finanzierung sollte zum Teil aus der Entschädigung durch die Feuerkasse, aus Expropriationsgeldern und durch Kündigung belegter Kapitalien bestritten werden.

Da sich jedoch die Erstellung eines verbindlichen Bebauungsplanes der Brandstätte verzögerte, konnte mit dem Wiederaufbau der Kirche nicht mehr 1842 begonnen werden. Offensichtlich versäumte man auch, vor Wintereinbruch sämtliche von Chateauneuf und Fersenfeldt geforderten Sicherungsmaßnahmen durchzuführen. Im Frühjahr 1843 waren die Preise für Baumaterialien bereits derart gestiegen, daß man die Wiedererrichtung vollends aufschob. Zunächst sollten die Wohnhäuser der Gemeinde gebaut werden, um dadurch Mieteinnahmen erzielen zu können (WV 93).

So ergab sich für die Jahre 1843–1844 die paradoxe Situation, daß auf dem Gertrudenkirchplatz zahlreiche Neubauten im Auftrage der Kirchengemeinde entstanden, während gleichzeitig das architekturgeschichtlich wohl kostbarste Sakralkunstwerk der Hansestadt dem Verfall preisgegeben wurde.

Dies ist um so verwunderlicher, als viele Hamburger zumindest den Erhalt der malerisch wirkenden Ruinen wünschten. Das Interesse an dem Bau dokumentieren auch eine Reihe von in der Tagespresse publizierten Nutzungsvorschlägen. So wurde z.B. in den „Hamburger Nachrichten" vorgeschlagen, das Gotteshaus für die Reformierte Kirche bereitzustellen, da diese sowieso einen Neubau in der Innenstadt plante.[621]

Doch all diese Ansätze zur Rettung der Kapelle vermochten die Verantwortlichen der Gemeinde nicht zum Handeln zu bewegen. Chateauneuf dürfte angesichts dieser Entwicklung verbittert gewesen sein. Seit 1843 sind keine Nachrichten über ein Engagement des Architekten bezüglich der St. Gertrudenkapelle überliefert.

Im Spätherbst 1845 beauftragte die Kirchengemeinde den Architekten Georg Luis, einen Plan zur Wiederherstellung der Kapelle anzufertigen. Doch auch auf dessen bereits im Januar 1846 eingereichtes Gutachten reagierten die Verantwortlichen nicht. Als Luis im Oktober 1847 eine erneute Untersuchung der Ruine vornahm, mußte er eine dramatische Verschlechterung des Bauzustands feststellen.[622] Er drang darauf, daß spätestens im kommenden Frühjahr mit der Renovierung begonnen werden müsse, da sonst der Bau kaum noch zu retten sei. Bereits jetzt müßten einzelne Teile völlig neu aufgemauert werden. Am 16. November 1847 kam der Rats-Maurermeister Ehbets jedoch in einem Gutachten zu dem Schluß, daß die Renovierung keinen Sinn mehr mache, „da dieselbe eine sehr gefahrvolle, sondern auch so kostbare Arbeit seyn würde, daß die Kosten eines Neubaues dieselben kaum übertreffen würden".[623] Damit nahm das Schicksal der Kapelle seinen Lauf. Bereits am 6. Dezember 1847 wurde sie an J. F. Umlauff zum Abbruch verkauft. [624]

Der mißlungene Versuch, eines der Kleinodien deutscher Sakralarchitektur der Gotik vor dem Untergang zu bewahren, zählt ohne Frage zu den schmerzlichsten Niederlagen in Chateauneufs Berufslaufbahn. Die kleine Kapelle hat ihn indes über den Abbruch hinaus weiter beschäftigt. Manche architektonische Idee des Baus griff er in seinem Entwurf für die Apostelkirche in Christiania wieder auf (WV 130).

Im Hamburger Stadtbild hinterließ die abgerissene Kapelle eine städtebauliche Lücke, die bis heute nicht überzeugend geschlossen werden konnte.

Literatur: Kall 1888, S.64-65; Lange 1965, S.44-45; Wiek 1979; Plagemann 1999, S.152-156

93

Wohnbauten im Gertrudenviertel, 1842–1845

Während des Großen Brandes waren nahezu sämtliche der Gertrudengemeinde gehörenden Wohnhäuser zerstört worden.[625] Da die Mieteinnahmen aus diesem Besitz für die Gemeinde eine unverzichtbare Einnahmequelle darstellten, wurde der Wiederaufbau dieser Häuser mit Nachdruck betrieben. Möglicherweise trug Chateauneufs Engagement für die Restaurierung der zerstörten Gertrudenkapelle (WV 92) dazu bei, daß er sich diesen umfangreichen Auftrag von 18 Wohnhäusern sichern konnte. Spätestens am 12. Oktober 1842 lag der vom Senat genehmigte Bebauungsplan vor.[626] Doch erst im Sommer 1843 wurde mit der Errichtung der Häuser begonnen. Chateauneuf hatte gemeinsam mit seinem Partner Fersenfeldt die Oberaufsicht inne, während Heinrich Wilhelm Burmester als Bauführer tätig war.[627]

Martini 1844 konnten die beiden Häuser Rosenstraße 29 und 30, sechs Häuser am Gertrudenkirchhof (Nr. 16–21) und die Häuser Lilienstraße 70a und 70b vermietet werden. Offensichtlich war es wegen der schlechten Witterung zu Bauverzögerungen gekommen.[628] Zu Himmelfahrt 1845 wurden die übrigen Häuser am Gertrudenkirchhof fertiggestellt.[629] Chateauneuf und Fersenfeldt erhielten jeweils 3.000, Burmester 4.500 Courantmark.[630]

Bauzeichnungen von Chateauneuf und Fersenfeldt haben sich nicht erhalten. Die im Baukontrakt vermerkten Angaben lassen den Schluß zu, daß es sich um unverputzte rote Backsteinbauten handelte. Für das Hauptgesims an den äußeren Fassaden waren gelbe Steine vorgesehen, die Fenster sollten besonders geformte Ziegelsteine erhalten.[631] Eine vor 1890 angefertigte Fotografie des Gertrudenkirchhofs zeigt die Nordostseite mit zweigeschossigen Backsteinbauten.[632] Quergestellte Giebel deuten darauf hin, daß Teile des Dachbereichs ausgebaut worden sind.

Literatur: Faulwasser 1892, S.110; Kall 1888, S.63-66

94

Kontor- und Wohnhaus Schulte und Schemmann, 1842–1844

Im Jahre 1792 gründeten Johann Heinrich Schulte und Johann Christoph Schemmann die Firma Schulte & Schemmann.[633] Sie spezialisierte sich auf den Export und Import von Waren aus Eisen, Stahl, Erz und Metallen und erlangte darin binnen weniger Jahrzehnte eine führende Position in Europa.

Beim Hamburger Brand wurde der Firmensitz in der Neuenburg Nr. 14 vollständig zerstört. Energisch betrieben die Firmeninhaber nach der Katastrophe den Wiederaufbau, denn bereits am 12. November konnte Chateauneuf seinem Freund Karl Sieveking in Dresden mitteilen, daß er den großen Bauauftrag auszuführen habe.[634] Spätestens 1844 wird das Gebäude fertiggestellt gewesen sein. Das Werk wurde bereits 1847 in der „Allgemeinen Bauzeitung“ in einer ausführlichen, mit zahlreichen Detailskizzen versehenen Beschreibung vorgestellt.[635] Dieser Bericht bildet die wesentliche Grundlage für die nachfolgenden Ausführungen.

Das Kontor- und Wohnhaus Schulte & Schemmann grenzte mit der Vorderseite an den Hopfenmarkt, mit der Seitenfassade an eine schmale Straße und mit der Hinterfassade, wie alle größeren Hamburger Kaufmannshäuser, an ein Fleet, das das Verkehrsmittel für alle Zufuhren und Versendungen bildete (Abb. S. 261).

Chateauneuf hatte drei gänzlich unterschiedliche Funktionsbereiche in dem Gebäude unterzubringen: 1. Räume für das Geschäft, 2. Wohnungen für den Leiter der Firma, 3. Wohnräume für das Handlungspersonal, Kontoristen, Ladendiener usw. Die Geschäftsräume untergliederten sich in Speicher, Warenlager, Verkaufsladen und Kontore.

Diese verschiedenen Komplexe waren bereits am Außenbau gut erkennbar. So standen am Hopfenmarkt das verputzte Wohnhaus und der in gelben, „ungetünchten Ziegeln“ errichtete Speicher direkt nebeneinander. Dessen äußere Erscheinung war durch die gelungene Proportionierung der sich nach oben verjüngenden Rundbogenfenster bestimmt. Einziger Schmuck der sehr schlichten Fassade war das zinnenkranzartige Gesims am Dachansatz. Ähnlich verfuhr Chateauneuf auch auf der Wasserseite. Ein kleiner Treppenturm gab „ein willkommenes Mittel ..., den Konflikt der Fassaden von Speicher und Haus zu mildern und aufzulösen“.

Schumacher bewunderte, wie es Chateauneuf gelang, „im gleichen Backsteinmaterial den Charakter des Speichers überzuführen in den allmählich vornehmer werdenden Charakter des Kontorhauses und dann des Wohnhauses. Nur wenige Mittel der rhythmischen Gliederung genügen ihm dazu; er bleibt ganz flächig, ganz der zurückhaltenden Art seines Baumaterials getreu und zeigt so, wie dieses durchaus imstande ist, richtige charakteristische Speichereindrücke, wie wir sie hier sehen, mit dem Wesen des patrizierhaften Hauses zu einer organischen Einheit (zu) verschmelzen.“[636]

Der Speicher bildete im Inneren ein eigenständiges Gebäude, das hauptsächlich zur Aufnahme von größeren Waren und unausgepackten Lieferungen diente. Es befand sich links von dem eigentlichen Wohnhaus und war von

WV 94 *Schulte und Schemmann, Fleetansicht*

WV 94 Schnitt

diesem durch eine doppelte Giebelmauer getrennt. So konnte es bei möglichen Geschäftsveränderungen als eigenes Gebäude behandelt werden. Verbindungen zwischen Speicher und Wohnhaus gab es nur im Keller und im Erdgeschoß. Die einzelnen Stockwerke wurden durch eine hölzerne Treppe im vorderen Bereich und durch einen steinernen Aufstieg in dem kleinen Turm am rückwärtigen Kanal miteinander verbunden. Zwei große Radwinden unter dem Dach ermöglichten die notwendigen Frachtvorgänge. Die Konstruktion wurde durch eine Kombination von Eisenstützen und Holzträgern erreicht. Ausdrücklich wurde in der „Bauzeitung" hervorgehoben, daß „trotz der ganz außerordentlichen Belastung dieses Speichers" sich .. „an keinem Theile dieser Konstrukzion irgend eine Schadhaftigkeit ergeben" habe.[637]

Als reiner Zweckbau war das Warenlager errichtet, so daß man „deshalb überall nur einfachen fast rohen Konstrukzionsformen" begegnete. Für die Aufnahme der Waren hatte Chateauneuf eine Art Regalsystem, sog. „Reolen" vorgesehen. So konnten nicht nur die Wände von unten bis oben, sondern auch die Mitte des Raums optimal ausgenutzt werden.

Die verschiedenen Räume für die Kontorarbeiter waren um das sogenannte „Hauptcomptoir" angeordnet und auch von diesem aus zugänglich. Die meisten von ihnen waren mit Glas bedeckt und wurden durch einen darüberliegenden Lichthof beleuchtet.

Die zum Hopfenmarkt hin ausgerichteten Wohnungen der Firmeninhaber befanden sich in der Beletage und im zweiten Stock. Chateauneuf ordnete die Grundrisse so an, daß zu jeder Wohnung je die halbe Etage gehörte. Bei größeren Festlichkeiten konnten die „Gesellschafts-Localitäten" durch Öffnen mehrerer Türen zu einem größeren Raum verbunden werden. Im rückwärtigen Teil stand eine größere Halle als Wintergarten zur Verfügung. Die zu diesen Wohnungen gehörenden „Wirtschafts- und Domestiken = Räume" befanden sich im Mezzaningeschoß oberhalb der Verkaufsläden.

Im obersten Stockwerk, das über eine lichte Höhe von zehn Fuß verfügte, waren die Stuben für die verschiedenen Mitarbeiter der Firma untergebracht. Die flachen Dächer waren mit Eisenblech abgedeckt. Oberhalb davon war noch das „eiserne Gerippe" eines 62 Fuß langen und 33 Fuß breiten Glasdaches errichtet. Es war so konstruiert, daß im Winter der Schnee bereits durch seine eigene Schwere von der glatten Oberfläche herabglitt.

Die Kritiker der „Deutschen Bauzeitung" hoben 1847 besonders die „eigenthümliche Gestaltung des Lichthofes" hervor. Er sollte vor allem dazu beitragen, den „werthvollen Raum der untern Etagen möglichst zu benutzen".[638] Durch geschickte Konstruktion erreichte Chateauneuf, daß der vom Obergeschoß bis zum Keller sich leicht verengende Lichthof vollständig unterbaut wurde. Sämtliche Räume der ersten beiden Etagen wurden so durch Seitenlicht erhellt, während die innersten Räume der unteren Etagen Oberlicht erhielten. Die technische Umsetzung des Bauwunsches wurde dadurch ermöglicht, daß die Räume in den untersten Etagen sehr tief angelegt waren. Insgesamt sorgte diese Anlage nicht nur für eine intensive Beleuchtung, sondern man gewann auch für den zweiten Stock eine sehr geräumige Terrasse, die „für mancherlei häusliche Zwecke" benutzt werden konnte.

Das Wohn- und Kontorhaus Schulte & Schemmann ist eines der Hauptwerke Chateauneufs. Es genoß bereits unmittelbar nach seiner Fertigstellung hohes Ansehen. Offensichtlich hat das unmittelbare Nebeneinander von Putz- und Backsteinfassade an einer Straßenseite niemals öffentliche Kritik hervorgerufen. 1868 wurde der Bau den Mitgliedern der XV. Versammlung Deutscher Architekten und Ingenieure als eine „Mustereinrichtung" zur Besichtigung empfohlen.[639] Nach der Zerstörung während des Zweiten Weltkriegs sind die Reste des Gebäudes abgebrochen worden.

Literatur: Chateauneuf, Bauzeitschrift, 1847, S.39-42; Hamburg 1868; Melhop 1908, S.195; Lange 1965, S.58-59, 61; Schulte & Schemmann 1966; Hipp 1989 (II), S.116; Eissenhauer 1987, S.64-65

95

Entwurf für Wachen und Spritzenhäuser, 1842

In der 65. Versammlung der Technischen Kommission am 14. November 1842 legte Chateauneuf zwei Skizzen „von zu erbauenden combinirten Wachen und Sprützenhäusern in den neuen Straßen" vor.[640] Er plante, die Gebäude „in die Straßenlinie einzuschieben und mit einem freien Platze zu umgeben".[641] Es wurde von den Kommissionsmitgliedern beschlossen, „dieselben mit einem Berichte über die zweckmäßigst scheinende Vertheilung der gedachten Gebäude über die Brandstelle"[642] der Rat- und Bürgerdeputation vorzulegen. Kurz darauf einigte sich die Technische Kommission hinsichtlich des „Emplacements" der Häuser und gab folgende Standorte als geeignet zu Protokoll: Hopfenmarkt (Wache für 23 Mann, Spritzenhaus), Börsen- und Rathausplatz (Wache für 22 Mann, Spritzenhaus), Neue Mühlengebäude (Wache für 42 Mann, Spritzenhaus), Neue Filterstraße (Wache für 25 Mann, Spritzenhaus), Pferdemarkt/Theater (Wache, Spritzenhaus), Platz der Vereinigung der Rosen- und Lilienstraße (Hauptnachtwache für 60 Mann am Paradeplatz, Spritzenhaus).[643]

Daraufhin wurde der Antrag der Technischen Kommission in der Rat- und Bürgerdeputation besprochen und abgelehnt. Am 14. Dezember verlangte sie nachdrücklich, daß die Technische Kommission kostengünstigere Vorschläge einreichen solle.[644] Am 23. Dezember teilte Syndicus Banks schließlich der Technischen Kommission mit, daß vor allem die Wertverluste der für dieses Projekt nicht geringen Bauvolumina inmitten der Stadt beträchtlich seien. Auch wollte die Deputation nicht alle vorgeschlagenen Orte als zweckmäßig anerkennen.[645] Angaben zu der von Chateauneuf vorgeschlagenen Architektur wurden von Banks nicht gemacht.

Daraufhin konkretisierte die Technische Kommission noch einmal ihre Vorschläge für die Plazierung der neu zu errichtenden Wachtgebäude.[646] Doch die Rat- und Bürgerdeputation beharrte auf ihrer ablehnenden Haltung. Danach wurde Chateauneufs Vorschlag in den Protokollen der Gremien nicht weiter behandelt. Eine genauere Bewertung des Projekts ist nicht möglich, da die Entwürfe des Architekten nicht auffindbar sind.

96
Entwurf für die Börsenarkaden, 1842 – 1843

Beim Großen Brand konnte die im Dezember 1841 eröffnete Hamburger Börse mit großer Mühe gerettet werden. Da die meisten der umgebenden Häuser dagegen zerstört worden waren, stellte sich die Frage nach der geeigneten Neubebauung des Adolphsplatzes.[647] Anfang November 1842 schlug Baudirektor Wimmel vor, zu beiden Seiten der Börse vorspringende Arkaden mit Geschäften im Obergeschoß zu errichten. Zwischen Börse und Arkaden sollten kleine schmale Plätze frei bleiben. In der 68. Sitzung der Technischen Kommission vom 28. November 1842 legten Chateauneuf und Wimmel „wegen der zu beiden Seiten der Börse zu erbauenden Häuserreihen wiederum zwey neue Arrangements" vor, „welche jedoch beide noch nicht allen Anforderungen zur bestmöglichsten Benutzung und Verwerthung dieser Bau = Plätze entsprachen".[648]

Am 5. Dezember wurde in der Technischen Kommission erneut über die Arkaden debattiert. Chateauneuf übernahm es, die notwendigen Gespräche mit der Commerzdeputation durchzuführen. Für weitere Verhandlungen und eine Optimierung der Planungen sollten die genauen Maße des Platzes zwischen der Börse und der Johannisstraße erfragt werden.

In den folgenden Wochen müssen tatsächlich intensive Gespräche geführt worden sein, denn am 31. Januar 1843 beantragte Chateauneuf, die „dahin abgeänderten Zeichnungen, daß die zur Börse gehörenden Anlagen gänzlich von den Privatgebäuden an der Johannisstraße zu trennen seyn dürften, nunmehr der Rath- und Bürger-Deputation als Grundlage zur weiteren Bearbeitung vorzulegen". Diese genehmigte nach einigen weiteren Diskussionen am 4. März 1843 den Antrag der Technischen Kommission.[649] Kurz darauf ließ Chateauneuf die genehmigten Pläne durch die Specktersche Kunstanstalt lithographieren und am 30. Juni 1843 in der 96. Sitzung der Technischen Kommission verteilen.[650]

Für dieses Repräsentationsblatt haben sich einige Vorzeichnungen erhalten, die eindeutig die Autorenschaft Chateauneufs an diesem Entwurf belegen (Abb. Tafel 18 und 19).[651] In städtebaulich überzeugender Weise hat sich der Architekt hier den Vorgaben des Börsenbaus untergeordnet und auf allzu stark kontrastierende eigene Stilmittel verzichtet. So übernimmt er von der Börse Rundbogen und Pilaster als Hauptgestaltungsmittel. Letztere weisen bei ihm allerdings keine korinthischen, sondern dorische Kapitelle auf. Anders als bei den fast zeitgleich konzipierten Alsterarkaden befinden sich die oberhalb der Arkaden liegenden Geschosse in einer Fluchtlinie. Börse und Arkadengebäude sind deutlich voneinander getrennt, doch ist eine spätere Überbauung der dazwischen liegenden Freiräume möglich. Zur Akzentuierung der langgestreckten Bauten sind an den äußeren Eckpunkten und an den mittleren Achsen der Fassade kleine Turmaufbauten vorgesehen. Die langen offenen Bogengänge bringen südliche Stimmung in das nordische Hamburg.

Trotz der für Chateauneuf sehr positiven Entwicklung wurde dieses Projekt dennoch nicht nach seinen Entwürfen ausgeführt. Wie und warum es zu dieser erneuten Planänderung kam, ist nicht belegt. Sicher ist, daß es

Wimmel in Zusammenarbeit mit Forsmann 1844 gelang, eine neue Variante durchzusetzen. Lediglich die von ihnen vorgeschlagenen Fassaden sollten nochmals überarbeitet werden, um ihnen „eine leichtere, gefälligere Form zu geben, ohne aber die Harmonie mit dem Börsen-Gebäude zu stören".[652] Da Wimmel schwer erkrankte, übernahm Forsmann die weiteren Planungen und reichte im Mai eine Fassadenzeichnung mit „leichterer Construction" ein.[653] Nach diesen Plänen wurden schließlich die Börsenarkaden 1845 an der Südseite der Börse errichtet.

Trotz seines intensiven, zeitaufwendigen Einsatzes mußte Chateauneuf also in dieser wichtigen städtebaulichen Entscheidung einmal mehr eine empfindliche Niederlage gegen die Baubeamten Wimmel und Forsmann hinnehmen.

Literatur: Schumacher 1920, S.50; Lange 1965, S.21 u. Abb. 13,14; Hannmann 1975, S.97-98; Gelder 1991, S.109-110

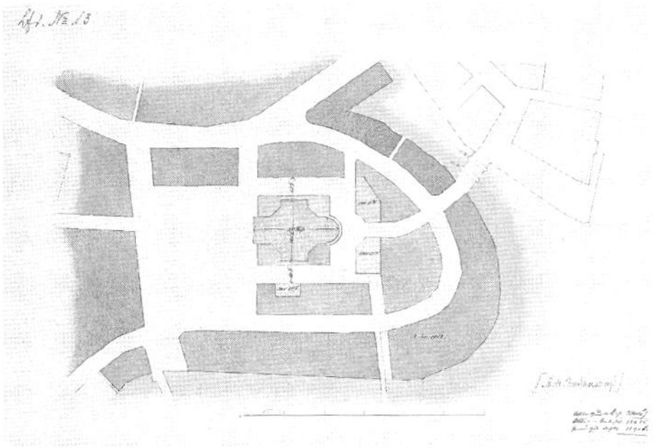

WV 97 *Projekt für den Wiederaufbau von St. Nikolai*

97

Projekte für den Wiederaufbau von St. Nikolai, 1842 – 1843

Chateauneuf beteiligt sich 1842 – 1843 mit zahlreichen Vorschlägen an der intensiv geführten Diskussion um den Wiederaufbau der beim Großen Brand weitgehend zerstörten Hauptkirche St. Nikolai. Alle im Sommer 1842 angefertigten Entwürfe setzen einen vollständigen Abbruch der Ruine einschließlich des Turms voraus. Dadurch wird eine Verlegung der Kirche vom alten Standort zur Neuenburg möglich. Anfangs plant Chateauneuf einen Langhausbau, der an drei Seiten von doppelreihigen Bäumen umgeben ist. Diese Vorstellung gibt er seit dem 14. Juli zugunsten „einer anständige(n) und höchst werthvolle(n) doppelte(n) Häuserreihe von respective 56 Fuß Tiefe am Burstah und Hopfenmarkt"[654] auf. Dadurch gelingt dem Architekten eine klare Gliederung des Areals. Der vor der Kirche gelegene Platz umfaßt nun eine Fläche von 320 Fuß Länge und 225 Fuß Breite. Die Bohnenstraße sowie die Trost- und Reimersbrücke sollen Fußpassagen werden, um „das Wagengerassel von der Kirche zu entfernen".[655] Diese Gestaltung wird zur Grundlage des am 1. September 1842 genehmigten Wiederaufbauplans.

Die dort gefundene Lösung stieß jedoch auf einigen Widerstand, so daß die Diskussion um eine optimale Lösung in den folgenden Monaten weiterging. Am 2. Januar 1843 schlägt Chateauneuf selbst eine Variante des genehmigten Wiederaufbauplans vor. Dabei fallen zwei wesentliche Unterschiede auf: Zum einen wird der vor der Kirche vorgesehene Markthallenbau fortgelassen. Zum anderen wird der etwas unklare Langhausgrundriß der Kirche durch einen Vorschlag in Kreuzform mit betonter Längsachse ersetzt. Die Kirche und die in Richtung Neuenburg plazierten Kirchspielhäuser bilden in ihrer konvex-konkaven Anordnung eine reizvolle städtebauliche Einheit. Bjerkek hat zu Recht darauf verwiesen, daß der hier skizzierte Kirchengrundriß eine Vorstufe zu der später von Chateauneuf entworfenen Dreifaltigkeitskirche in Christiania (WV 130) bildet (Bjerkek 1979). Die Kreuzform war von Chateauneuf bereits bei seinem Wiederaufbauplan für St. Gertruden vorgelegt worden.[656] Auch bei diesen Überlegungen spielt der alte Nikolai-Kirchturm – anders als bei dem fast zeitgleichen Turmprojekt (WV 102) – keine Rolle mehr.

Am 10. Mai 1843 reagiert endlich auch die offizielle Rat- und Bürgerdeputation auf die langanhaltenden öffentlichen Diskussionen und beauftragt die Technische Kommission, die bereits im Bebauungsplan festgelegte Position für den Kirchenneubau zu überprüfen. Dies geschieht mit Billigung des übergeordneten „Kirchen-Collegiums".

Dieses Gremium hatte wiederholt eine freie Lage und den Schutz vor Verkehrslärm für das neue Gotteshaus gefordert. Am 31. Mai erörterte die Technische Kommission zwei nicht erhaltene Entwürfe, die von Chateauneuf und von Wimmel vorgelegt und erläutert worden waren. Während Wimmel die Kirche in die Rundung der Neuenburg verlegen wollte, plädierte Chateauneuf für einen Neubau an der bisherigen Position, nur näher zum Burstah. Bei diesem in städteplanerischer Hinsicht günstigeren Plan sind unverkennbar Einflüsse der Semperschen Entwürfe vom Frühjahr 1842 spürbar.[657]

Beide Projekte werden wohlwollend aufgenommen und an die Rat- und Bürgerdeputation zur endgültigen Entscheidungsfindung weitergeleitet. Diese entscheidet sich am 28. Juni 1843 für den Wimmelschen Plan, da dieser die Interessen von Staat und Kirche am besten berücksichtige und auch das Gotteshaus am besten vor Lärm schütze. Am 30. Juni bereits beschäftigt sich das „Große Kirchen-Kollegium" mit dem Votum der Deputation. Noch einmal werden auch Chateauneufs Pläne begutachtet, doch wird erwartungsgemäß – offensichtlich ohne weitere Diskussion – Wimmels Entwurf gebilligt.[658] Damit ist die gestalterische Voraussetzung für den Neubau der Kirche in der Neuenburg geschaffen.

Literatur: Franck 1989, S.82, 88-91; Jung-Köhler 1991, S.111

98

Mobilienmagazin des Tischleramtes, Ecke Paulstraße/Rosenstraße, 1842 – 1843

Bereits im Spätmittelalter war ein Gewölbe in dem zum Dom gehörenden Schappendom zur Lagerung und zum Verkauf von Möbeln genutzt worden. Nachdem dieses Gebäude 1805–1806 abgebrochen worden war, verlegten die Hamburger Tischlermeister ihre Niederlage zunächst in Privathäuser. Doch nicht lange nach der französischen Besetzung ließen sie sich ein eigenes Mobilienmagazin in der damals neu angelegten Paulstraße erbauen. Der große Absatz in den dreißiger Jahren veranlaßte das Amt zum Kauf weiterer Grundstücke in der Paulstraße. Nach einem anschließend dort durchgeführten Anbau verfügte das Mobilienmagazin bei deutlich größerer Grundfläche über geräumige Packräume und vielfältigen Komfort.

Dieser Gebäudekomplex, dem um 1842 „wohl schwerlich eine ähnliche Mobilien-Niederlage in Europa zur Seite gestellt werden konnte“[659], verbrannte im Mai 1842. Unmittelbar nach der Katastrophe wurde der Wiederaufbau in Angriff genommen. Wie Chateauneuf an den Auftrag gelangte, ist nicht bekannt.[660] Lange vermutet, daß wegen der zahlreichen Aufträge des Architekten für die Innenausgestaltung seiner Wohnbauten gute Beziehungen zur Innung bestanden hätten.[661] Im November 1842 schrieb Chateauneuf an Sieveking, daß er das Mobilienmagazin zu bauen habe.[662] Und bereits ein knappes Jahr später berichteten die „Hamburger Nachrichten“ am 6. Oktober 1843, daß das „schöne, herrliche Gebäude“ am 28. September „in wahrer deutscher Pracht und Sitte“ feierlich eröffnet worden sei.[663]

Das Mobilienmagazin war ein Eckbau an der Paul- und Rosenstraße und verfügte lediglich über eine Grundfläche von 20 x 40 Meter. Chateauneuf gliederte die Fassade, indem er schmale, helle horizontal laufende Streifen in ca. drei Fuß Abstand anordnete und in dem so gebildeten Raster die Fenster – nach oben immer eine Schicht niedriger werdend – einfügte.[664] Zur Paulstraße hin waren Rundfenster, zur kleinen Rosenstraße hochrechteckige Fenster eingesetzt.[665] Als Dachbekrönung diente ein Zinnenkranz, der wesentlich zum kastellartigen Eindruck des Gebäudes beitrug. Das Mobilienmagazin war „in ungetünchten Ziegeln“[666] ausgeführt, die auf Wunsch der Bauherren gelb getönt waren.[667]

Fritz Schumacher schrieb über den Bau, daß er im „Kultus der Schlichtheit ... an die Grenze des Erträglichen“[668] ginge. „Die völlige Enthaltsamkeit des Hauses ... ist eigentlich nur als Charaktereigenschaft zu würdigen; sie zeigt, wie unbekümmert um die Gunst der Masse Chateauneuf seinem Ziel nachgeht. Er, dem es ein Leichtes gewesen wäre, irgendein gefälliges Motiv anzubringen, zwingt sich zu jener äußersten Strenge, in der er das Heil sieht.“[669]

Das Mobilienmagazin war zur Zeit seiner Entstehung „unstreitig das grösste Deutschlands“, und die Zeitgenossen würdigten den Bau „als eine Zierde der Stadt“.[670] Der offensichtlich in den zwanziger Jahren des 20. Jahrhunderts von Erich Elingius umgestaltete Gebäude ist nicht erhalten.

Literatur: Schumacher 1923, S.74; Lange 1965, S.60

99

Schneideramtshaus am Pferdemarkt 43, 1842 – 1843

Seit alter Zeit besaßen die Hamburger Handwerkszünfte, die sog. Ämter, eigene Zunfthäuser als Versammlungsorte. Sie spielten bis zur Einführung der Gewerbefreiheit 1865 für die Organisation der Gewerbe eine wichtige Rolle. Bereits im ersten Verzeichnis der Ämter oder Zünfte in Hamburg von 1375 ist das Amt der Schneider mit 47 Amtsmeistern vertreten. Das Amtshaus lag seit 1546 in der Kleinen Bäckerstraße, seit 1829 in der Filterstraße.[671]

Nachdem dieses Gebäude beim Großen Brand von 1842 zerstört worden war, beauftragte die Zunft Alexis de Chateauneuf mit der Errichtung eines neuen Amtshauses. Wie intensiv sich der Architekt mit dem attraktiven Projekt befaßt hat, läßt der im Nachlaßinventar genannte Bestand an Studien erkennen.[672] Spätestens Anfang 1844 war das Schneideramtshaus wieder eröffnet.[673]

Die Fassade des am Pferdemarkt 43 errichteten Gebäudes bildet ein schönes Beispiel für Chateauneufs Kunst, mit klarer Anordnung und guter Proportionierung auf kleinem Raum Wirkung zu erzielen (Abb. S.266). Die nur

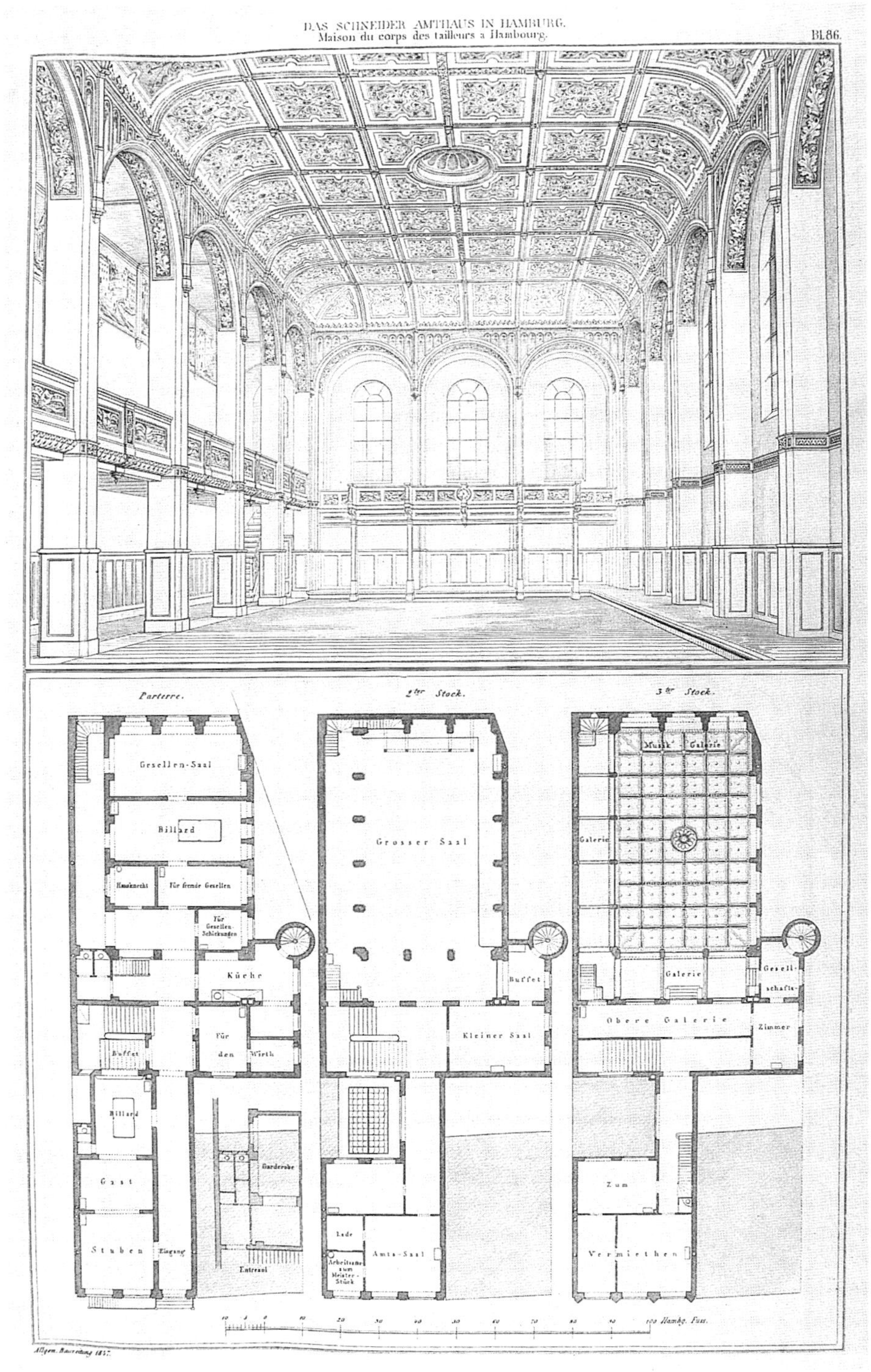

WV 99 *Schneideramtshaus, Innenansicht des Festsaals und Grundrisse*

dreiachsige Front erhebt sich über einem Souterrain in vier Geschossen. Die Fassade ist mit durchlaufenden Gesimsbahnen und vertikalen Lisenen strukturiert. Auffallend großformatig sind die hochrechteckigen Fenster in den Wandverband eingeschnitten. Das Mauerwerk bestand aus blassen gelblichen Ziegeln und war mit einem bräunlichen Zement ausgefugt, „was dem Ganzen einen hübschen, warmen Ton“[674] verlieh. Die Gürtungen, Konsolen und die zurückhaltend eingesetzte Ornamentik waren am Außenbau in Sandstein ausgeführt.

Der größere Bereich des Schneideramtshauses befand sich im rückwärtigen Bereich, da sich dort das Grundstück erheblich verbreiterte. Dort lag auch der große Saal mit Nebenräumen für die vierteljährlichen Versammlungen der Zunftmeister. Zudem gab es ein geräumiges Zimmer für die wöchentlichen Sitzungen der Zunftvorstände und zahlreiche Räume für verschiedene Amtshandlungen wie z.B. Meisterprüfungen. Auch waren Schlafstellen für wandernde Handwerksburschen vorhanden. Das Amtshaus enthielt zwei getrennte Restaurationslokale für gesellschaftliche Zusammenkünfte, von denen eines für die Meister, das andere für Gesellen bestimmt war. Der „Restaurateur“ hatte eine Wohnung neben den Küchen. Diese Wohnung und auch die Hauptstiege waren zentral angeordnet. Um Mieteinnahmen zu erlangen, wurden zudem noch Wohnungen eingerichtet.

Chateauneuf gelang eine klare und zweckmäßige räumliche Organisation all dieser verschiedenen Bedürfnisse. Ein zeitgenössischer Kritiker befand, daß die „zusammengehörigen Räume ... in wohlgerundeten Gruppen zusammengehalten und gut gegeneinander placirt“ seien und daß „die Kommunikazionen ... vollkommen zweckentsprechend“ ausfielen.[675]

Hauptattraktion des Schneideramtshauses war unbestritten der große Festsaal, der einen angemessenen Ersatz für den zerstörten Vorgängerraum in der Filterstraße darstellte.[676] Der rechteckige Saal nahm im hinteren Bereich des Gebäudes die drei oberen Geschosse ein. Der Raum war durch sieben L-förmig angeordnete Pfeiler in einen großen Saal und angrenzende schmalere Seitenbereiche mit darüberliegenden Emporen gegliedert. Die Beleuchtung erfolgte durch große Rundbogenfenster an der Nord- und Ostseite.

Die Wände des Saals waren bis „auf eine ansehnliche Höhe“ mit Holz getäfelt; die Galerien, die Musikempore und das Rippenwerk der Decke bestanden ebenfalls aus Holz und waren „auch durch den Anstrich als solches anerkannt“.[677] In die Brüstungen der Galerien wurden Wappen deutscher Städte eingefügt, deren Namen auf den sie umgebenden Spruchbändern verzeichnet wurden. An der Rückwand der Galerien befanden sich „recht wacker ausgeführt(e)“[678] landschaftliche Ansichten deutscher Städte.

Der Raum wies eine kräftige Farbgestaltung auf. Die Felder der Decke waren teils mit tiefem Blau, teils mit kräftigem Rot grundiert, während die Ornamente weiß und unschattiert darauf angebracht wurden. Lediglich die Rippen des Laubwerks wurden als einfache Linien in der Farbe des Grundes oder in Schwarz eingezeichnet.

Vor allem in den plastischen Formen, aber auch bei der Zeichnung und Färbung der gemalten Ornamente erkannten zeitgenössische Kunstkritiker den Einfluß der mittelalterlichen Kunst Englands. Positiv wurde hervorgehoben, daß sich Chateauneuf „bei aller Vertrautheit mit der Kunst des ‘englischen Nachbarn’“ freihält „von einer sklavischen Kopirerei der Stilarten vergangener Zeiten, wie diese in England an der Tagesordnung ist ...“[679] So belegt auch dieser Bau die bei Chateauneuf häufig anzutreffende Vorliebe für englische Kunst und den freien gestalterischen Umgang mit architektonischen Vorbildern vergangener Epochen.

Der Festsaal überzeugte die zeitgenössischen Kritiker durch seine vollkommen zweckentsprechende Gestaltung, und das um so mehr, als „dieses Resultat ... bei der Natur der angewandten Mittel mit verhältnismäßig geringen Kosten erreicht werden“ konnte. Auch beim Hamburger Publikum fand der Saal großen Anklang und wurde bis zur Auflösung des Amtes 1865 von den „höheren Gesellschaftsklassen“ gern zu den verschiedensten Festen benutzt.

Das Schneideramtshaus veranschaulicht nicht nur Chateauneufs um 1845 perfektionierte Materialökonomie, sondern auch das bei ihm stets erkennbare Streben nach einem Gesamtkunstwerk. Die Möglichkeit, mit zahlreichen Kunsthandwerkern und Malern zusammenzuarbeiten, verdankte er den besonders ambitionierten Bauherren der Schneiderinnung.[680] Als Ergebnis dieser in Hamburg seltenen Symbiose entstand nicht nur das wohl am kunstvollsten ausgestattete Amtshaus der Stadt, sondern darüber hinaus eine der wichtigsten Leistungen des Wiederaufbaus in Hamburg überhaupt.

Von all der Pracht ist nichts mehr erhalten.[681] Lediglich die in der Allgemeinen Bauzeitung publizierten Ansichten vermitteln ein

WV 99 *Schneideramtshaus, Vorderansicht*

Bild des spätestens um 1900 abgerissenen Gebäudes.

Literatur: Bauzeitung, Chateauneuf, 1847; Lange 1965, S.59; Hipp 1985, S.10-11

100

Alsterarkaden, 1842 – 1846

Die Alsterarkaden sind ein nur für Fußgänger eingerichteter, überdachter Weg, der von der Schleusenbrücke bis zum Jungfernstieg an der Kleinen Alster entlang führt. Sämtliche Parterre-Geschäfte sind als Läden eingerichtet, und die Beletagen haben oberhalb der Arkaden Balkons. Die Gesamtanlage ist symmetrisch gestaltet. Darauf verweist die mittlere Passage zum Neuen Wall hin, in deren Richtungsachse an der Kaimauer zur Alster den Arkaden eine kleine Wassertreppe vorgelagert ist.

Vor dem Großen Brand befand sich an dieser Stelle der Voglerswall.[682] Dies war ein schmaler, sich zwischen der dichten unregelmäßigen Bebauung des Neuen Walls und der Kleinen Alster windender Weg. Durch die planmäßige Neugestaltung des umliegenden Quartiers und die Aufwertung des Johannisplatzes zum zukünftigen Staatsbautenzentrum hatte ein derart unregelmäßiger Straßenzug mit den zahlreichen „verunreinigenden“ Gewerben wie Gerbereien und Färbereien keine Zukunft mehr. Voraussetzung für die repräsentative Umgestaltung war die gänzliche Enteignung, Umlegung und Neuparzellierung der Grundstücke am Wasserlauf. Zwar nahmen die zum Wegzug gezwungenen Kleingewerbebetriebe diese Restriktionen nicht widerstandslos hin, doch hatten ihre Eingaben angesichts der höheren Staatsinteressen keine Erfolgsaussichten.[683]

Es war Alexis de Chateauneuf, der auf seinem städtebaulichen Entwurf vom 8. Juni 1842 als erster die Kleine Alster an der Seite des Voglerswall mit einer Kaianlage versehen hatte. Diese Idee für eine neue Fahrstraße wurde bis zur Genehmigung des endgültigen Wiederaufbauplans am 1. September beibehalten. Im Verlauf des Septembers 1842 kam es offensichtlich auf Anregung von Syndicus Banks zu einer Diskussion über die konkrete Gestaltung der Kaianalage. Erstmals tauchte nun der Gedanke auf, die Arkaden „als Fußpassage“[684] einzurichten. Diese Entwicklung spiegelt eine von Chateauneuf und Carl Friedrich Reichardt erarbeitete Entwurfszeichnung, die der Deputation am 6. Oktober mit folgender Erläuterung übersandt wurde: „Um die Arkaden von dem entfernten Standpunkte, von dem sie gesehen werden, nicht zu klein zu machen und den Läden das gehörige Licht zu verschaffen, ist angenommen, daß die Höhe der Arkaden Entresol-Wohnungen für die Ladeninhaber umfaßt. Die Decke dieser Arkaden gäbe eine vortreffliche Terrasse für die Bel-Etage. Es braucht wohl nicht erst darauf aufmerksam gemacht zu werden, wie schön sich diese Arkaden am Wasserspiegel, sowohl bei Tage, als bei abendlicher Beleuchtung von dem Innern der Stadt aus präsentieren würden.“[685] (Abb. Tafel 16)

Neben ästhetischen Überlegungen spielten aber vor allem wirtschaftliche Aspekte die entscheidende Rolle für die endgültige Gestaltungsfindung der Alsterarkaden. Tatsächlich hatte die Durchsetzung des Ensembles beim Senat nur eine Chance, wenn dem Staat durch Mitfinanzierung der Käufer so wenig Kosten wie möglich entstehen würden. Daher wurde in der Sitzung vom 6. Oktober in der Technischen Kommission betont, daß sich die Häuser am Kai besonders gut für kleine Läden eignen würden. Die Aufhebung als Fahrstraße und der Schutz vor Regen und Sonne würden das Einkaufen höchst angenehm machen. Zudem würden die Nähe der umliegenden Hotels manchen zahlungskräftigen Touristen anlokken.

Syndicus Banks war trotz dieser offensichtlichen Vorzüge in seiner Meinung gespalten: „Die projektierten vortretenden Arcaden und Facadenrisse bestechen das Auge, ich hege aber meine entschiedenen Zweifel, ob sich zu so kostbaren Bauten Liebhaber finden werden ... die Käufer müßten den Quai und die Arkaden bauen ... und eine sehr kostbare Facade für die Grundstücke herstellen, zu welchen ein Wagen nicht kommen kann ...“[686] Als sich der Politiker am 6. Dezember gegen das Vorspringen der Arkaden aus der Häuserreihe aussprach und gar den gänzlichen Verzicht des Kais erwog, rief er den entschiedenen Widerstand der Technischen Kommission hervor. Am 16. Dezember 1842 verteidigte diese den „Schlüsselgedanken der ganzen städtebaulichen Anlage“[687] nachdrücklich. Mit den Arkaden und der vergrößerten Kleinen Alster wurde nicht nur ein würdiges Umfeld für die Staatsbauten Rathaus und Börse geschaffen; es sollte auch von der Hauptpromenade der Stadt ein großartiger Durchblick auf die neu zu schaffenden Anlagen gewonnen werden.

Auch gegen die Rat- und Bürgerdeputation mußte sich die Technische Kommission zur Wehr setzen, als jene genaue Vorschriften für

WV 100 *Alsterarkaden, um 1860*

WV 100 *Alsterarkaden, um 1905*

WV 100 *um 1949*

WV 100 *um 1995*

die zu errichtenden Arkadenhäuser forderte. Am Ende setzte sich die Technische Kommission nach langen Verhandlungen mit ihrer Ansicht durch, daß „alle Beschränkungen in der Bauweise zu vermeiden" seien, um nicht „die Käufer durch lästige Bedingungen abzuschrekken".[688] Als ästhetisches Argument wurde zudem angeführt, daß eine gleichförmige Fassadengestaltung den Betrachter weniger erfreue, „als die das Gepräge der Freiheit tragende Abwechslung verschiedener Facaden".[689] Den Versuchen staatlicher Reglementierung trat hier ein bürgerliches Freiheitsideal entgegen. Evi Jung-Köhler stellt zu Recht fest, daß auch am Planungsbeispiel der Alsterarkaden die „für Hamburg typische Hochschätzung der freien gewerblichen Entfaltung des bürgerlichen Unternehmertums, dessen Investitionslust keine hemmenden Eingriffe duldete", deutlich wird.[690]

Es war das Ziel der Technischen Kommission, „ohne Vorschrift eines bestimmten genau zu befolgenden Risses ... den gewünschten Endzweck einer gefälligen Anlage im Großen zu erreichen".[691] Dies sollte lediglich durch Bauvorschriften in bezug auf die Weite und Höhe der Arkaden geregelt werden, damit „auf der einen Seite ebensowohl zu ängstliche Gleichförmigkeit, als auf der anderen Seite gänzliche Willkür zu vermeiden sey".[692] Tatsächlich wurden für den Arkadengang eine Reihe verbindlicher Vorschriften hinsichtlich des Materials und der Maße gemacht. Die Arkaden waren nach Vorzeichnung der den Verkaufsbedingungen beigelegten Risse zu erbauen und in gutem Zustand zu erhalten. Als Baumaterial der Bogen wurde Stein bindend vorgeschrieben. Die Terrasse stand jedem Eigentümer zur Benutzung frei zur Verfügung, doch war es strikt verboten, diese Fläche zu überbauen. Auch durften keinerlei Trennwände gezogen werden. Jeder Käufer mußte für das Publikum die Fußpassage auf ganzer Breite von 18 Fuß mit bestem natürlichen Asphalt belegen. Diese war „in gutem Zustande zu erhalten, und täglich von jedem Schmutze zu befreien".[693]

Als Ergebnis all dieser Debatten legte Alexis de Chateauneuf am 24. Februar 1843 einen zweiten modifizierten Entwurf für die Alsterarkaden vor (Abb. Tafel 17). Nach den auf dieser Grundlage erstellten Detailplänen wurde dann bereits im Frühjahr mit dem Bau der „Wasserarcaden am Voglerswall" begonnen.[694] Der Übernehmer des Alsterarkadenbaus, Meister Reichardt, wurde am 30. Oktober 1844 beauftragt, das Arkadendach zu asphaltieren.

Besonders streng wurden die Fassadenrisse der hinter den Arkaden zu erbauenden Häuser überwacht. Die Mehrzahl dieser Gebäude wurde von den Amtsmaurermeistern C. C. Bong und M. J. C. Vagd entworfen und ausgeführt. Am 27. November 1844 bat Bong, der die Ansichten seiner Häuser nach dem Chateauneufschen Entwurf der Alsterarkaden abstimmen wollte, die Baudeputation um Übersendung der Fassadendetails zu den Arkaden. Darauf wurde Chateauneuf um beschleunigte Anfertigung dieser Risse ersucht. Nach einer Überprüfung durch Baudirektor Wimmel wurden die Entwürfe von Bong, Vagd und Süssmann Anfang 1845 genehmigt. Die Meister mußten sich aber nochmals verpflichten, ihre Häuser nicht niedriger als 69 und nicht höher als 70 Fuß mit flachem Dach oder niedrigem Schieferdach zu bauen. Die Vollendung der Vorsetzen an den Arkaden nebst Pilotagen wurde am 21. Mai 1845 dem Maurermeister A. T. H. Iben übertragen.[695] Aufgrund dieser Quellenlage kann davon ausgegangen werden, daß die Arkaden 1845, die dahinterliegenden Häuser weitgehend 1846 fertiggestellt waren (Abb. S. 269).

Alexis de Chateauneuf ist der entscheidende Wegbereiter der Alsterarkaden gewesen. Auf ihn gehen – wie oben erwähnt – die grundlegenden Entwurfsideen zurück. Schwer bestimmbar ist der Anteil Reichardts. Chateauneuf teilte Semper am 11. Oktober 1842 mit, daß er „einen Arcadengang statt der Fahrstraße am Voglerswall" entworfen habe.[696] Daß er Reichardt nicht erwähnt, könnte darauf hindeuten, daß dessen Entwurfsanteil gering einzustufen ist. Möglicherweise wollte sich Chateauneuf aber auch gegenüber Semper in ein besseres Licht stellen. Mit Sicherheit war Reichardt anfangs an der Abfassung der Berichte und der Plananfertigung beteiligt. Die Protokolle lassen keinen Zweifel, daß beide Architekten diverse Planungsschritte gemeinsam unternommen haben.[697] Sicher ist, daß Reichardt sehr zum Bedauern Chateauneufs am 23. Februar 1843 als Mitarbeiter der Technischen Kommission entlassen wurde und Chateauneuf fortan die alleinige Planungsleitung für das Projekt übernahm.

Ironischerweise gewann Reichardt trotzdem noch entscheidenden Einfluß auf die Gesamterscheinung der Arkaden. Denn 1842–1844 errichtete er an der Ecke Jungfernstieg/Alsterarkaden das große repräsentative Hotel St. Petersburg (Abb. S. 269).[698] Dieser Bau unterschied sich durch die größere Höhe, das kräftige Dachgesims und den Verzicht auf Rundbogenfenster deutlich von den übrigen hinter den

Arkaden errichteten Häusern. Als unübersehbare Besonderheit wurden die zum Hotel gehörenden Arkaden nicht von Pfeilern, sondern von Säulen gestützt. Wenn diese bewußte Abgrenzung von dem genehmigten Entwurf Chateauneufs nicht auf den ausdrücklichen Wunsch des Hotelbesitzers zurückzuführen ist, könnte sie durchaus als eine künstlerische Antwort des Architekten auf seine Brüskierung durch die Technische Kommission zu verstehen sein.[699]

Chateauneufs Können zeigt sich in der meisterhaften Proportionierung und sicheren Detailbehandlung der Alsterarkaden. Einen in seiner formalen Reduktion überzeugenden Entwurf stellt das frei zwischen die Arkadenstützen gestellte gußeiserne Geländer mit Fisch- und Neptunstab-Symbolen dar.[700]

Die überragende Bedeutung der Architektur liegt in der städtebaulichen Einbindung des Ensembles. Erst durch die Arkaden kommt der Raum zwischen Rathausplatz, Kleiner Alster und Binnenalster voll zur Wirkung.[701] Mit den Alsterarkaden gelingt es Chateauneuf, ein Stück südländisches Lebensgefühl nach Hamburg zu versetzen. Bei der Gestaltung dürfte der vielgereiste Architekt manche Anregung italienischer Arkadengänge und Passagen etwa in Venedig, Florenz, Rom oder Bologna verarbeitet haben. Deutliche Parallelen bestehen zu der 1770 von den Gebrüdern Adam in London errichteten Adelphi Terrace. Dort finden sich ebenso eine klassizistische Uferregulierung, Arkadenreihen und eine Schauseite zum Wasser. Zudem war das ganze Projekt als Privatunternehmen angelegt.[702]

Die heute zu den Höhepunkten der Hamburger Architekturgeschichte zählenden Alsterarkaden haben im Laufe ihrer Geschichte eine erstaunlich wechselhafte Wertschätzung erfahren. Die Zerstörung der geschlossenen Wirkung des Ensembles begann bereits 1897/98, als ein mit reichem Dekor verziertes gründerzeitliches Haus an der Ecke Neuer Wall/Schleusenbrücke errichtet wurde (Abb. S. 270 oben).[703] 1904 mußte das an der gegenüberliegenden Ecke am Jungfernstieg liegende Hotel St. Petersburg dem Neidlinger-Haus weichen. Dieses Gebäude stellte mit seinem auftrumpfenden Eckturm und vor allem mit der Verdoppelung der Arkadenreihe geradezu eine Karikatur von Chateauneufs Gestaltungsideen dar.

Eine Verschandelung der feinen Architektur bewirkte die seit 1880 immer massiver an den Fassaden und auch im Arkadengang eingesetzte Werbung (Abb. S. 270 oben).[704] Die ephemeren Aufbauten der Hoch- und Querformate standen zum Teil in krassem Gegensatz zur bestehenden Architektur und brachten sie aus dem Gleichmaß. Das durch die Tafeln erzielte Auf und Ab der Dachlinie war ein weiterer Störfaktor der Harmonie des klar gegliederten Baukörpers. Diesem ästhetischen Wildwuchs konnte die 1912 gegründete Baupflegekommission Einhalt gebieten.[705] Doch erst 1924 waren sämtliche störenden Reklametafeln auf ein erträgliches Maß reduziert.

Inzwischen hatte auch die Architekturgeschichtsschreibung das Ensemble aufgewertet. Schumachers Lobeshymne auf das „Kunstwerk Hamburg“ sicherte den Alsterarkaden verstärkte Aufmerksamkeit.[706] Im Sinne einer Rückgewinnung der ursprünglichen Bebauung wurde das schwer beschädigte Neidlinger-Haus nach 1945 unter weitgehendem Verzicht auf den dekorativen Schmuck wiederhergestellt (Abb. S. 270 mitte). Denkmalpflegerisch höchst fragwürdig ist die Maßnahme, die erhaltenen Säulen durch Pfeiler zu ersetzen, um damit eine Angleichung an die übrigen Bogen zu erreichen. Die Alsterarkaden erscheinen seitdem in einer zuvor niemals vorhandenen Einheitlichkeit. Umstritten ist auch der denkmalpflegerische Umgang mit der Farbgebung. Obgleich zumindest für einige Bereiche ockergelbe Farbspuren nachgewiesen wurden, ist das Ensemble heute einheitlich weiß gestrichen. Dagegen wurden die beiden in der Silvesternacht 1989 durch Brandstiftung zerstörten Gebäude mit großer Sorgfalt und historischer Treue wiederhergestellt (Abb. S. 270 unten).[707]

Literatur: Schumacher 1920, S.45; Lange 1965, S.24; Alsterarkaden 1991; Jung-Köhler 1991 (grundlegend)

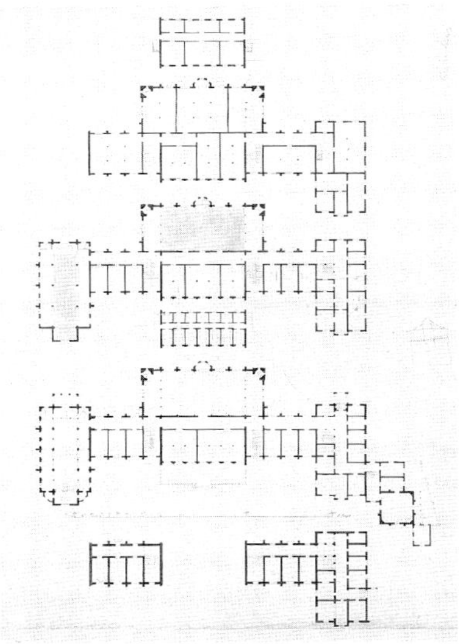

WV 101 *Entwurf für ein Waisenhaus*

101

Entwurf für ein Waisenhaus, 1842/1850

Das 1781–1785 von Johannes Kopp errichtete repräsentative Waisenhaus in der Admiralitätsstraße blieb beim Großen Brand von 1842 unzerstört. Da es jedoch fortan als Ersatz für das zerstörte Rathaus dienen sollte, brachte man die Waisen zunächst in einem Wirtshaus in Harvestehude unter. Um dieses Provisorium zu beheben, wurden unverzüglich Neubauplanungen eingeleitet. Bereits im Sommer 1842 fertigte der Geometer Nagel einen Bebauungsplan für ein Gelände nördlich des Dammtors zwischen Mittelweg und heutiger Rothenbaumchaussee an. Später wurden auch Bauplätze in Bergedorf, auf der Uhlenhorst und auf dem Papenlande in Erwägung gezogen. Ein Projekt auf dem Gelände des

Harvestehuder Wirtshausgartens zerschlug sich 1849, ebenso wurde ein Entwurf für ein Grundstück zwischen Schultzweg und Johns-Allee in Pöseldorf von der Bürgerschaft abgelehnt. Trotz intensiver Bemühungen der politisch Verantwortlichen konnte der Bau schließlich erst 1854 – 1858 nach einem Entwurf des Architekten Georg Luis errichtet werden.[708]

Chateauneuf muß sich zwischen 1842 und 1850 mit dem Projekt beschäftigt haben.[709] Möglicherweise hatte er durch seinen früheren Bauherrn Ami de Chapeaurouge, der sich als Provisor in der Sache engagierte, genauere Kenntnisse des Vorhabens erlangt. Im Nachlaß befanden sich mit großer Wahrscheinlichkeit mehrere Entwurfszeichnungen, von denen lediglich ein unsigniertes Blatt erhalten blieb (Abb. S. 272).[710] Es zeigt mehrere Grundrisse einer großen Dreiflügelanlage. Die zahlreichen Zimmer sind sämtlich unbezeichnet, so daß funktionale Zuordnungen kaum möglich sind. Klar erkennbar sind ein im Zentrum gelegener großer Saal und eine dreischiffige Kapelle in einem der Seitenflügel.

Eine genauere zeitliche Eingrenzung der Entwurfszeichnung ist nicht möglich, da bislang kein ergänzendes schriftliches Dokument Chateauneufs zu diesem Projekt nachweisbar ist.

102

Projekt für den Nikolaikirchturm, 1843

Der am 1. September 1842 genehmigte Wiederaufbauplan setzte den Abriß der Kirchenruine von St. Nikolai voraus. Die damit verbundenen Bedingungen und finanziellen Konsequenzen wurden am 20. September in einem Gutachten der von Chateauneuf geleiteten Technischen Kommission vorgelegt.[711] Trotz aller Eile war immerhin zuvor noch eine genaue Vermessung des Gebäudes vorgesehen, denn solche „Gelegenheit zur Erkenntniß des Alterthums sollte man sich nie entgehen lassen".[712] Da sich das Mauerwerk beim Abbruch als erstaunlich widerstandsfähig erwies, plädierten zahlreiche Bürger, darunter einige Mitglieder des Künstlervereins, für den Erhalt des Turms. Als Vorsitzender der Technischen Kommission geriet auch Chateauneuf ins Kreuzfeuer ihrer Kritik. Otto Speckter beklagte in einem Brief, daß der Architekt wohl über das Schaffen das Erhalten vergesse habe.[713]

Von dieser Position distanzierte sich Chateauneuf grundlegend, nachdem er mit den anderen Mitgliedern der Technischen Kommission am 18. Januar 1843 noch einmal die Ruine der St.-Nikolai-Kirche besichtigt hatte. Im Anschluß daran erarbeitete er auf Bitten von Wasserbaudirektor Hübbe ein am 31. Januar 1843 in der Technischen Kommission verlesenes Gutachten, in dem er sich nachdrücklich für den Erhalt des Turms einsetzte.

Als Ausgangspunkt seiner Überlegungen stellte Chateauneuf fest, daß die bei der ersten Besichtigung der Technischen Kommission am 18. Juni entdeckten Risse im unteren Bereich des Turmes „in dem letzten Stockwerk unter dem Achteck gänzlich aufhören"[714]. Da dort das alte Mauerwerk in guten Zustand sei, sei keine Notwendigkeit gegeben, den Turm abzutragen. Er könne sich nun sogar vorstellen, daß das Mauerwerk noch eine hölzerne Haube, allerdings nicht in der alten Höhe, erhalte. Chateauneuf schlug vor, daß der Turm wie bisher als „Glocken= und Uhrträger" fungieren soll. Der untere Turmbereich sollte eine Wache aufnehmen. Unmittelbar am Turm könnten kleinere Markthallen aufgestellt werden. Interessant ist, daß er das Bauwerk jetzt ausdrücklich „als Zierde für die Stadt"[715] betrachtet. Zur Untermauerung seiner Vorschläge verweist er auf berühmte historische Vorbilder wie die „Beffrois" in Brabant und Flandern oder den Straubinger Stadtturm.

Der durch zahlreiche Projektanträge erfahrene Chateauneuf vergaß nicht, auf die finanziellen Aspekte seiner Überlegungen hinzuweisen. So taxierte er die Kosten für einen vergleichbaren Turmbau auf über 150.000 Mark. Allerdings würden etwa vier für den Verkauf vorgesehene Hausplätze durch den Turmerhalt verkleinert und dadurch an Wert verlieren.

Warum Chateauneuf einen derart fundamentalen Kurswechsel vornahm, ist unklar. Möglicherweise war er von dem vehementen Bürgerprotest so beeindruckt, daß er den auch von ihm mitgetragenen Beschluß der Technischen Kommission zugunsten einer denkmalpflegerischen Position korrigierte.[716] Am 12. April 1843 stimmten mit ihm immerhin zwölf von 20 Hamburger Architekten und Bauunternehmern in einem gemeinsam verfaßten Gutachten für den Erhalt des Turms. Trotz dieser deutlichen Majorität schloß sich das Kirchenkollegium dem negativen Votum der acht übrigen Fachleute – darunter befanden sich der oberste Baubeamte Wimmel sowie Ludolff, Heinrich und Lindley – an. Damit war das Schicksal des altehrwürdigen Bauwerks besiegelt. Bereits am 6. Januar 1844 war der Nikolaikirchturm vollständig abgebrochen.

Literatur: Franck 1989, S.86; 259-260

WV 103 *Wohn- und Geschäftshaus Davenport, Fleetansicht*

103

Wohn- und Geschäftshaus Davenport, Neuer Wall 41, 1843–1844

Die „Porzellan- und Glaswaren-Niederlage“ von James Davenport bildete einen umfangreichen Gebäudekomplex, der sich am Neuen Wall und dem anschließenden, zum Bleichenkanal führenden Fleet erstreckte. Davenports Firma befand sich bis 1842 in der Großen Johannisstraße[717]; doch nach dem Großen Brand nutzte der Kaufmann die Gelegenheit und wechselte in das attraktivere Neubaugebiet. Das multifunktionale Gebäude bestand aus drei unterschiedlich gestalteten Teilen: Entlang dem Neuen Wall war der Flügel mit den repräsentativen Verkaufsräumen angeordnet; zum Fleet hin schlossen sich der Speicher und die Wohnung des Besitzers an (Abb. S. 274). Dieser Gebäudeteil war ein Stockwerk niedriger als die übrigen beiden, aber gegenüber diesen durch ein Ecktürmchen und durch einen Balkon mit einer verzierten Fensterpartie ausgezeichnet.

Das Haus konnte am Neuen Wall durch drei Eingänge betreten werden; der linke führte zum Speicher, der mittlere, architektonisch hervorgehobene zum Laden und Verkaufslager und der dritte zur Wohnung Davenports. Der sich hinter dem Haupteingang öffnende Vorraum beeindruckte mit reichen Wandvertäfelungen. Von dort führte eine mit großen Porzellangefäßen dekorierte Treppe in die Beletage, wo das Schau- und Verkaufslager für die Luxusartikel die gesamte Straßenfront einnahm. Die Decke dieses Raumes war durch plastisches Leistenwerk „hübsch abgetheilt“. Der auf gleicher Höhe liegende Teil des Speichers bildete das Schau- und Verkaufslager für die gewöhnlichen Waren. Eine Vielzahl weiterer Räume des Gebäudekomplexes diente ausschließlich der Aufbewahrung der vorrätigen Waren und unausgepackten Lieferungen.

Die Vorderfassade des siebenachsigen Gebäudes am Neuen Wall blieb unverputzt (Abb. rechts). Das Mauerwerk bestand aus blassen, gelblichen Backsteinen, und die Gesimse und die übrigen architektonischen Ornamente waren in Hausteinen ausgeführt. Die Schlichtheit der Fassade war für einen zeitgenössischen Kritiker der „Deutschen Bauzeitung“ „fast zu weit getrieben.“[718] Denn das Hauptgesims, die glatten Gürtungen und die steinernen Fensterkreuze im Erdgeschoß und in der Beletage waren die einzigen Schmuckelemente der Fassade. Die Fensteröffnungen besaßen keine Einfassung, nicht einmal die rohen Mauerkanten waren abgefast. „Von einer solchen Behandlungsweise ist es nicht mehr weit zu dem äußersten Extrem von Einfachheit, zu dem Londoner Wohnhausstil nämlich.“[719] Bei aller Zurückhaltung gegenüber diesem Purismus wurde die Architektur Chateauneufs doch positiv aufgenommen, denn wenn „zu einem reicheren Schmuck die Mittel schlechterdings nicht geliefert werden wollten, so müssen wir den Architekten immerhin noch loben, daß er sich lieber geduldig dieser Kargheit fügte, als zu dem wohlfeilen Flitterkram der Zemente flüchtete“.[720]

Die „Porzellan- und Glaswaren-Niederlage“ war eines der größten Geschäftsgebäude, das in den ersten Jahren des Wiederaufbaus errichtet wurde. Mit dem englischen Auftraggeber und der an englischen Vorbildern orientierten Architektur wird einmal mehr der starke Einfluß Großbritanniens auf Chateauneufs Schaffen dokumentiert. Höchstwahrscheinlich kannten sich Bauherr und Architekt von den Kunstgewerbeausstellung 1832 her, bei der Chateauneuf Mitveranstalter und Davenport Aussteller gewesen war. Genauere Angaben über den Bauverlauf, Kontrakte usw. sind nicht vorhanden. Der Eintrag des Geschäfts im Hamburger Adreßbuch von 1845 legt die hier vorgeschlagene Bauzeit nahe.[721]

Das Gebäude wurde zwischen 1897 und 1905 umgebaut, wobei die Fassade verputzt und die Fenster mit Giebeln versehen wurden.[722] Der Bau ist nicht erhalten.

Literatur: Bauzeitung, Chateauneuf, 1847, S.115 u. Bl. 91, 92; Melhop 1908, S.201

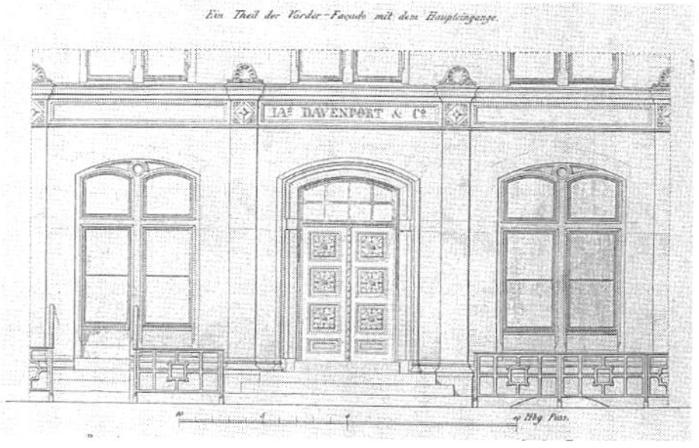

WV 103 *Detail der Hausfassade*

104

Wohn- und Geschäftshaus Meyer, Neuer Wall 18, 1843–1844

Das Wohn- und Geschäftshaus für den Klempner und Kaufmann Diedrich Meyer entstand als Neubau in dem beim Großen Brand 1842 weitgehend zerstörten Neuen Wall (Abb. S. 276).[723] Das viergeschossige Haus wies im Erdgeschoß einen Klempnerladen mit „Comptoir“ und Werkstätte auf. Jede der oberen Etagen bildete eine für sich abgeschlossene Wohnung. Auch der vordere Teil des Kellers konnte separat vermietet werden. Der Eingang dazu lag in der sog. „Area“, einer Vertiefung zwischen Bürgersteig und Haus. Der hintere Teil des Kellers war unter die Mieter aufgeteilt. Die Fassade wurde aus blassen gelblichen Backsteinen ohne Putz ausgeführt. Deren oberen Abschluß bildete eine mit fialenartigen Spit-

WV 104 *Wohn- und Geschäftshaus Meyer, Fassadenansicht, Details und Grundrisse*

zen gegliederte Attika, hinter der sich das von vorne kaum sichtbare Dach verbarg. Die Gesimse und Fenstereinfassungen imitierten Hausteinkonstruktionen, waren jedoch aus Kostengründen nur aus Zement gezogen. Oberhalb der Fenster befanden sich ornamentale Bänder bzw. zwickelartige Felder mit Ornamenten. An der Frontwand des Erdgeschosses standen zwei reich verzierte Säulen aus getriebenem Blech. Sie stammten aus der Werkstatt des Hauseigentümers und Ladenbesitzers, der mit diesen kunstgewerblichen Arbeiten für sein Geschäft warb. In der „Deutschen Bauzeitung“ wurde besonders auf die Gestaltung der reichen Felderteilung der Ladendecke hingewiesen. Ihre Teilungsleisten wurden in Holz gehobelt und auf die Putzdecke aufgeschraubt. Dadurch wurde der beabsichtigte Zweck kostengünstig und „mit möglichster Sauberkeit und Eleganz“ erreicht.

Diedrich Meyer, „Klempner und Fabrikant von lakirten Waaren“, hatte Chateauneuf bereits spätestens Anfang der dreißiger Jahre kennengelernt, als beide Mitglied in der Kommissionsjury für die Hamburger Gewerbeaustellungen gewesen waren.[724] Der Bau ist nicht erhalten.

Literatur: Bauzeitung, Chateauneuf 1847, S.116 u. Bl. 93; Fuchs 1846/47, Tafel 2; Lange 1965, S.59 (als Haus Ebeling)

105

Entwurf für eine „Basilika der inneren Mission im Rauhen Hause“, 1843 – 1844

1843 – 1844 trug sich Johann Hinrich Wichern mit dem Gedanken, im Rauhen Hause die Aufgaben der Inneren und Äußeren Mission derart zu vereinigen, daß die Arbeiter beider Gebiete in einem eigenen Gebäude ihre Ausbildung erhalten sollten. Seine eigenen Gedanken zu diesem Projekt muß er zu jener Zeit mit Alexis de Chateauneuf besprochen haben, der ihm von der langjährigen Tätigkeit für das Rauhe Haus bestens vertraut war. Ihre gemeinsamen Überlegungen fanden ihren Niederschlag in einem Riß des Architekten.[725] Während die Zeichnung verloren ist und auch sonst keinerlei Aussagen Chateauneufs zu dem Projekt bekannt sind, hat Wichern seine Ideen zu diesem Unternehmen in den Aufzeichnungen über die „Basilika der inneren Mission im Rauhen Hause“ festgehalten. Dieser Schrift können einige wichtige Hinweise auf die architektonischen Grundformen der „Basilika der Inneren Mission“ entnommen werden.

Wichern dachte sich das Ganze des „utopischen Bauwerks“[726] als eine klosterähnliche Anlage von 93 – 100 Fuß Frontbreite und 195 Fuß Tiefe. Die Frontgebäude mit dem Torweg weisen eine Breite von 95 Fuß und eine Tiefe von 30 Fuß auf. Der Torweg führt in einen von Veranden umgebenen inneren Garten, der inklusive der Veranden eine Breite von 41 Fuß und eine Länge von 72 Fuß besitzt. Wohl links vom Eingang sollte die Vorsteherwohnung eingerichtet werden. Teilweise direkt mit ihr verbunden ist das Hospitium, das als eine Stätte der Ruhe und Sammlung zur Erneuerung und Vertiefung des geistlichen Lebens bestimmt war. Diese Maßnahme war angesichts von weit über 10.000 Besuchern im ersten Jahrzehnt dringend erforderlich. Der Riß zeigte zudem zwölf einzelne Wohnungen für 24 Zöglinge der Inneren und Äußeren Mission, die hier entweder als „Novizen“ oder als vor ihrer Versendung stehende „Brüder“ lebten. Die Räume boten Möglichkeiten zu der für die geistige Sammlung unerläßlichen Klausur.

Am Ende des Hofes erhebt sich eine „Basilika“, auf die alle Seitenwege hinführen. Sie ist 90 Fuß tief und 55 Fuß breit; laut Wichern ist sie so konstruiert, daß sie „an den Enden ihres Kreuzes zwei andere Türen öffnet“.[727] Das Gebäude sollte nicht nur einfacher Betsaal, sondern eine mit einem Altar versehene Kirche sein. Hier sollten die tägliche Versammlung des Rauhhäusler Völkleins oder die Feiern der Kirchen- und Hausfeste stattfinden, an denen auch viele Fremde teilnahmen.

Nach Wicherns Einschätzung trug das gesamte Projekt „den Charakter des stillen Ernstes, des Geistes der stillen, innern Arbeit, die hier sich sammelt und erstarken soll, um mit der Fülle und dem Reichtum weltüberwindender Kräfte von dieser Stätte auszuwandern ...“[728]

Wicherns Beschreibung ist häufig zu unbestimmt, als daß daraus eine genaue Rekonstruktion des verlorenen Plans hergeleitet werden könnte. Interessant ist, daß der große Theologe Verbesserungsvorschläge zu dem Riß macht, so z.B. hinsichtlich der Lage der Basilika auf dem Gelände des Rauhen Hauses. Durch eine Abänderung von Chateauneufs Plan wollte er eine „gute Symmetrie mit dem Hauptgebäude, dem Thurmgebäude und Mädchenhause“ [729] herstellen. Da er den Riß direkt vor Augen hat, verzichtet er auf genauere Beschreibungen der einzelnen Gebäude. Dabei wäre es interessant zu erfahren, in welchem Stil Chateauneuf die Kirche und die anderen Gebäude entworfen hat.

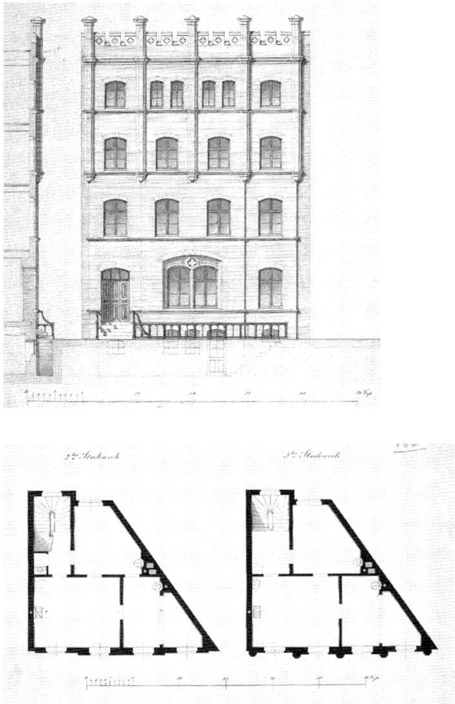

WV 110 *St.- Petri- Kirchenschreiberei, Ansicht und Grundrisse*

Das Projekt sollte durch Spenden finanziert werden, wurde dann aber bereits im Sommer 1844 fallengelassen. Ein Hauptgrund dafür war sicher die Befürchtung Wicherns, daß er dadurch eine Zersplitterung seines ureigensten Anliegens herbeiführen würde.

Literatur: Gerhardt 1927, I, S.320-321; Meinhold 1959, S.380-381

106

Haus Bleichenbrücke Nr. 12, um 1843 (?)

Der bedeutende Hamburger Architekturforscher Julius Faulwasser teilte 1892 mit, daß Chateauneuf der Architekt des Hauses Bleichenbrücke 12 gewesen sei.[730] Dieser Bau wurde wie auch die gegenüberliegende Lesehalle seit den sechziger Jahren des 19. Jahrhunderts für Verwaltungszwecke genutzt. Eine Bestätigung dieser Mitteilung durch Entwurfszeichnungen oder schriftliche Dokumente war bislang nicht möglich. Da Faulwassers Angaben im allgemeinen zuverlässig sind, wird dieser Bau hier dennoch in das Werkverzeichnis aufgenommen.

Literatur: Faulwasser 1892, S.104

107

Wohngebäude (?) am Pferdemarkt, um 1843/1844

Das Gebäude ist lediglich durch eine Erwähnung in der „Allgemeinen Bauzeitung“ von 1847 als Werk Chateauneufs nachweisbar.[731] Es befand sich direkt neben dem Schneideramtshaus am Pferdemarkt und war ebenso wie dieses aus unverputzten Backsteinen errichtet. Seine Fassade bestand aus blassen gelblichen Ziegeln. Ein zeitgenössischer Kritiker wollte mit der Hervorhebung dieses an und für sich unbedeutenden Gebäudes auf ein wichtiges Problem der Fassadengestaltung von Backsteinhäusern aufmerksam machen. Er bemängelte, daß das nicht verfugte Haus im Gegensatz zum direkt benachbarten Schneideramtshaus „kalt und grau“ aussehe. Für ihn war es „kaum zu glauben, daß das Ziegelmaterial an beiden Gebäuden ganz genau dasselbe (sei), und doch ist es so, nur der Mörtel zum Ausfugen war verschieden“.[732]

Literatur: Bauzeitung, Chateauneuf, 1847

108

Zwei Predigerhäuser für die St.-Petri-Gemeinde, 1843 – 1844

Die St.-Petri-Kirchengemeinde hatte beim Großen Brand nicht nur ihre Kirche, sondern auch mehrere ihrer für die Gemeindearbeit unverzichtbaren Häuser verloren. Mit Nachdruck bemühten sich die zuständigen Kirchenvorsteher um die Wiedererrichtung zweier Predigerhäuser, eines Schulgebäudes und der Kirchenschreiberei. Chateauneuf und Fersenfeldt wurden als Architekten des Wiederaufbaus der Kirche auch mit diesen Aufgaben betraut. Die erste nachweisbare Arbeitsbesprechung fand im Februar / März 1843 im Hause Chateauneufs am Schopenstehl 1 statt.[733] Bereits kurz darauf „producirten“ die Architekten „die Risse der zu erbauenden 4 Kirchenhäuser auf der vom großen Kirchencollegio beliebten Grundlage“.[734] Damit „man gleich erkennen könne, daß es Kirchenhäuser seyn sollten, hatten sie dieselben in einem Gothischen, mit der Kirche einigermaßen übereinstimmenden Baustyl“ entworfen. Dies erschien Chateauneuf und Fersenfeldt besonders in der Paulstraße wichtig, da dort die Papentwiete Durchsicht auf den Chor ermöglichte. Eine schwierige Aufgabe bestand darin, „die Häuser daselbst in Harmonie zu bringen, da die vorige Sitzung beschlossen sich für die beiden Predigerhäuser auf 3 Etagen zu beschränken, während bei dem Schulhause, der Thürmerwohnung halber, die vierte Etage nicht zu vermeiden war“.[735] Ihrer Meinung nach hatten sie es verstanden, diese Aufgabe „sehr glücklich zu lösen“.[736] Für die Häuser in der Paulstraße schlugen sie spitze Dächer vor, da „für das Schulhaus ein geräumiger Bodenraum für die ... Bewohner nicht zu entbehren sey“.[737] Das Dach wollten sie mit Schiefer decken, da sich dieses Material in neuester Zeit sehr bewährt habe. Bei den Beamtenwohnungen hatten sie zunächst ein abfallendes schräges Dach vorgesehen. Da „der Kirchenbau jedoch viel Bodenraum zur Aufbewahrung von Kircheneffecten haben müsse, so hätten sie sich zu drei vollen Etagen mit flachem Asphaltdach entschlossen, wodurch mehr Uebereinstimmung mit den Nachbarhäusern erlangt würde“.[738] Zudem hatten die Architekten auf Wünsche der Prediger und Beamten zur inneren Einrichtung Rücksicht genommen.

In der vierten Sitzung der Kirchenbaukommission „entspann sich ... eine längere Discussion darüber, ob die Aussenseite dieser Häuser aus rothen oder von gelben Steinen zu erbauen sey ..."[739] Mehrere Mitglieder befürworteten die Verwendung von gelben Steinen, da sie befürchteten, „daß eine so bedeutende Masse solcher Häuser die Gegend hinter der Kirche und die Pagentwiete gar zu sehr verdunkeln würde". Man kam am Ende überein, „die 3 Häuser in der Paulstraße außerhalb mit gelben, die Kirchenschreiberey aber ganz mit rothen Steinen zu mauern".[740]

Den Auftrag für die Bauausführung der Predigerhäuser erhielt J. H. Schalck, der sich im Rahmen einer Ausschreibung gegen andere Hamburger Bauunternehmer durchsetzen konnte.[741] Die Grundsteinlegung erfolgte am 26. August 1843, im Sommer 1844 waren die Häuser fertiggestellt. Wie schlicht die Innenausstattung war, belegt die Tatsache, daß der Antrag von Pastor Noodt auf ein Badezimmer mit der Begründung abgelehnt wurde, daß dieses voraussichtlich nur ähnliche Forderungen der anderen Geistlichen wecken würde.[742]

Die Predigerhäuser wurden 1926 abgebrochen, und an ihrer Stelle entstand bis 1927 nach Entwürfen von Baudirektor Ernst Bauer und dem Architekten Julius Faulwasser ein Gebäude, das Pastorat, Verwaltung und Gemeindesaal aufwies und zu Ehren des ersten Hamburger Superintendenten Aepinus benannt wurde. Anders als bei den 75 Jahre zuvor von Chateauneuf entworfenen Pastorenhäusern war es nun kein Problem mehr, den Bau mit roten Backsteinen zu errichten.

Literatur: Faulwasser 1928, S.111-112

109
Schulgebäude für die St.-Petri-Gemeinde, 1843–1844

Nach dem Vorbild der Nikolai-Gemeinde wurden nach Einführung der Reformation an den übrigen Hauptkirchen eigene Schulen gegründet. Deren Schüler wurden auf Kosten der Kirche in Lesen, Schreiben, Religion und namentlich im Singen unterrichtet, damit sie während des Gottesdienstes den Gesang ausführen konnten.[743] Für den Neubau der 1522 gegründeten Kirchenschule legten Chateauneuf und Fersenfeldt – wie auch bei den anderen Bauten für die Petri-Gemeinde – am 23. April 1843 einen Entwurf vor (vgl. WV 108). Der Bauauftrag erging an J. H. von der Heyde , der sich gegen andere Hamburger Bauunternehmer durchsetzte.[744] Von dem am 12. November 1844 eingeweihten Schulgebäude sind keine Pläne oder bildlichen Dokumente bekannt. Es befand sich an der von der Paulstraße auf den Chor der Kirche zuführenden Twiete, die erst nach dem Großen Brand angelegt worden war. Aus den Protokollen kann geschlossen werden, daß der viergeschossige Bau in gelbem Backstein errichtet war. Stilistisch war er in einem „Gothischen, mit der Kirche einigermaßen übereinstimmenden Baustyl"[745] gestaltet. Anfang der neunziger Jahre wurde die Schule an diesem Standort aufgegeben, da sie auf Dauer gegenüber den besser eingerichteten städtischen Volksschulen nicht mehr bestehen konnte. Das Gebäude diente noch eine Zeit als Pastorat und fiel schließlich dem Durchbruch der Mönckebergstraße zum Opfer. Es wurde 1907 für 130.000 Mark vom Staat gekauft und dann abgebrochen.

Literatur: Faulwasser 1928, S.111

110
Kirchenschreiberei für die St.-Petri-Gemeinde, 1843–1844

Nach eingehenden Vorbesprechungen legten Chateauneuf und Fersenfeldt am 23. April 1843 die Pläne für den Bau der Kirchenschreiberei vor (nähere Angaben siehe WV 108). Bereits Ende Juni 1843 wurde der in einer Ausschreibung siegreiche Bauunternehmer Franz Heinrich Fetterlein mit der Ausführung betraut.[746] Im Frühjahr 1844 war das in der Bergstraße direkt gegenüber dem Hauptportal der St.-Petri-Kirche liegende Gebäude fertiggestellt. Anders als die übrigen drei von der Petri-Gemeinde errichteten Häuser erhielt die Kirchenschreiberei eine Fassade aus rotem unverputzten Backstein (Abb. S. 278). Der Bau umfaßte ein Souterrain und vier Vollgeschosse. Das Erdgeschoß wies im linken Bereich das schlichte Portal, daneben ein großes gekuppeltes Segmentbogenfenster auf. Die oberhalb davon liegenden Geschosse verjüngten sich kontinuierlich, auch die sehr schlicht gefaßten Fenster wurden nach oben hin kleiner. Im dritten und vierten Geschoß wurden die Fenster von fünf lisenenartigen Vorsprüngen umrahmt. Den oberen Abschluß des Hauses bildete eine mit fialenartigen Spitzen und Zinnen gegliederte Attika, hinter der sich das von vorne nicht sichtbare Dach verbarg. Dieses Gestaltungselement gab der ansonsten schlichten Schreiberei das von den Architekten gewünschte mittelalterliche Erscheinungsbild. Die Gestaltung der Innenräume war wegen des unregelmäßigen Grundstücks schwierig. Lediglich die Räume im linken vorderen Hausteil konnten rechteckig angelegt werden

(Abb. S. 278). Das Haus wurde 1907 im Zuge der Neugestaltung der Mönckebergstraße abgebrochen.

Literatur: Lange 1965, S.122; Faulwasser 1928, S.110-111

111
Entwurf für ein Wohnhaus, um 1843

WV 111 *Entwurf für ein Wohnhaus*

Um 1843 entwarf Chateauneuf ein viergeschossiges Haus, dessen Fassade durch fünf unterschiedlich lange Lisenen in vier Achsen gegliedert ist. Die Fenster und auch das Portal sind schlicht, ohne ausgeprägte Hausteinverkleidung gedacht. Lediglich der attikaartige obere Abschluß weist mit einem ornamentierten Zinnenkranz und speerspitzenartigen Fialen dekorative Elemente auf. Das Gebäude sollte vollständig aus Backstein errichtet werden. Schumacher, der den Entwurf 1923 aus dem Nachlaß des Architekten publizierte, beeindruckte an diesem und ähnlich gestalteten Gebäuden, daß es Chateauneuf gelang, „mit einfachsten Mitteln und ganz im Geiste des Backsteins sowohl auf engstem Raume die Flächen zu meistern, als auch mächtige plumpe Baublöcke zu gliedern und zu beleben".[747] Ihn überzeugte vor allem, wie Chateauneuf den Wechsel von unteren und oberen Fensterachsen mittels der fünf Lisenen in „meisterliche(r) Weise" löste. Ob der Entwurf ausgeführt wurde und welche Funktion das Gebäude besitzen sollte, ist nicht mehr festzustellen. Die hier vorgeschlagene Datierung beruht auf Schumachers stilistischer Einordnung des Entwurfs in die Phase, in der sich unter dem „Einfluß der Großstadtaufgaben ... eine strenge Herbigkeit" in Chateauneufs Entwürfen ausprägte. So weisen z.B. die 1843/44 datierbaren Entwürfe der Petri-Kirchenhäuser (WV 108–110) eine ähnlich reduzierte Formensprache auf.

Literatur: Schumacher 1923, S.74

112
„Asyl Hornheim" bei Kiel, um 1843–1845

Peter Willers Jessen (1793–1875) arbeitete seit 1820 über 20 Jahre lang als ärztlicher Leiter in der Schleswiger Irrenanstalt.[748] Da er im Laufe der Zeit in zunehmende Streitigkeiten mit der übergeordneten Verwaltung geriet, reifte in ihm der Plan, eine eigene Anstalt für psychisch kranke Menschen zu begründen. Jessen erwarb kurz nach 1840 die damals noch zur selbständigen Ortschaft Gaarden gehörige, landwirtschaftlich genutzte „Stämmlersche Kathenstelle" und entwarf einen Grundplan für ein Klinikgebäude und eine mehrere Hektar umfassende Garten- und Parkanlage. Die endgültigen Bauzeichnungen ließ er von Alexis de Chateauneuf anfertigen. In Detailfragen stand diesem der Kieler Stadtbaumeister Schernickau zur Seite.

Wie Chateauneuf an diesen interessanten Auftrag gelangte, ist unklar. Möglicherweise hatte Jessen, einer der herausragenden deutschen Nervenärzte des 19. Jahrhunderts, von den zahlreichen Sozialbauten des Architekten (u.a. Rauhes Haus, Sieveking-Stift) erfahren und den Kontakt von sich aus aufgenommen. Wegen der Größe des Projekts wird der Architekt wohl 1843 mit den Planungen begonnen haben.[749] Die Grundsteinlegung erfolgte am 13. Juli 1844, und bereits am 1. November 1845 konnte die Nervenheilanstalt eröffnet werden.[750]

Die Anstalt sollte nach dem Willen Jessens die wohlklingende Bezeichnung „Asyl" tragen. Denn es war sein Ziel, den Kranken eine freundliche Wohnstätte und ein heiteres Leben zu bereiten.[751] Zu Ehren seiner beiden Berliner Lehrer Ernst Horn und Ernst Ludwig Heim nannte er das Institut „Hornheim".

Die Anlage bestand aus drei Gebäuden, die genau in West-Ost-Richtung auf einem leicht abfallenden Gelände angeordnet waren. Dadurch waren die Frontseiten der Gebäude nach Süden, die Hinterfronten in Richtung Kiel ausgerichtet. Die Anlage wurde im Süden vom dem einige hundert Meter entfernten, buchenbestandenen Viehburger Gehölz begrenzt. Im Norden fiel das Gelände zum Hafen hin ab. Den höchsten Punkt nahm das zweigeschossige Hauptgebäude ein, das im Dachbereich teilweise ausgebaut und zudem durch einen Glokken- und Uhrturm optisch hervorgehoben war. Sämtliche Wege der Anstalt führten vor diesem Gebäude zusammen. Zu beiden Seiten dieser Zentrale lagen hangabwärts die langgestreckten Krankenanstalten. In der symmetrischen Gebäudeanordnung ähnelte Hornheim der von Chateauneuf gewählten Anlage der drei für Amalie Sieveking errichteten Stiftsbauten in St. Georg. Ob die Gebäude ursprünglich in unverputztem Backstein errichtet wurden, ist zwar wahrscheinlich, doch anhand der überlieferten Dokumente nicht eindeutig zu belegen.

Das Hauptgebäude wurde im Erdgeschoß von Jessen und seiner Familie bewohnt. Hier befanden sich die Verwaltung und das Archiv für die Krankenakten. Im Obergeschoß waren

Fremdenzimmer und Räume für „Rekonvalescenten und Nervenkranke" untergebracht. Die Räume für die Bediensteten und die Küche lagen im Souterrain. Chateauneuf scheint für die Einrichtung das israelitische Krankenhaus in Hamburg als vorbildlich empfohlen zu haben.[752] Ähnlich wie beim „Mutterhaus" des Rauhen Hauses in Hamburg-Horn (WV 52) befand sich der Leiter mitten im lebhaften Geschehen seiner Anstalt.

Die beiden zweigeschossigen Krankenanstalten waren aus zwei rechtwinklig aneinandergestellten Baublöcken errichtet. Die jeweils 23 Zimmer waren auf fünf Stationen verteilt. Die Häuser waren durch ein stabiles hölzernes, von Schlingpflanzen überzogenes Gitterwerk umfriedet, wodurch ein Entlaufen der Insassen verhindert werden sollte. Im östlichen Bau waren die Männer, im westlichen die Frauen untergebracht.[753]

Angesichts der pflegeleichten Sachlichkeit heutiger Krankenhäuser erstaunt die in Hornheim geübte Praxis des bürgerlichen Wohnens. Die Zimmer der Kranken waren geräumig und behaglich möbliert. Es herrschte eine Vorliebe für Schnitzarbeiten und Samtbezüge. Den Kranken standen eine Vielzahl von Spielen, eine Bibliothek und eine Kegelbahn zur Verfügung.

Große Annehmlichkeiten boten auch die weitläufigen Gärten. Sicher zählten die perspektivreichen Anlagen zu den schönsten ihrer Art in Norddeutschland. Zu den Attraktionen gehörte auch eine Orangerie, die im Sommer im Garten aufgestellt wurde. Das im Vergleich mit anderen Nervenheilanstalten außergewöhnliche hohe Niveau der Lebensqualität konnte nur dadurch geboten werden, daß das Asyl vorwiegend wohlhabende Privatpatienten beherbergte.

Die Gesamtanlage des „Asyls" entsprach der sich in der ersten Hälfte des 19. Jahrhunderts entwickelnden Ansicht, daß vor allem der richtige Ort und die sinnvolle Anlage der Gebäude unverzichtbare Grundbedingung für die Heilung der Patienten sei. Dabei wurde die erhabene Lage und die Nähe von Flüssen oder anderen Gewässern als besonders erfolgversprechend angesehen. Hornheim ist in seiner Grundkonzeption stark von der 1842 eröffneten Anstalt Illenau im Schwarzwald beeinflußt. Deren Leiter Christian F. Roller hatte seine Klinik ebenfalls in der Idylle ländlicher Abgeschiedenheit errichtet. Roller führte auch die von Jessen übernommene Trennung der Geschlechter und getrennte Abteilungen für Behandlung und Pflege ein.

Es gehört zur Tragik von Chateauneufs Leben, daß er Ende 1850 (?) selbst als Patient in Hornheim aufgenommen werden mußte. Da sich sein „Gemütszustand" nach längerer Behandlung nicht besserte, kehrte er Ende 1852 (?) in die Obhut seiner Eltern nach Hamburg zurück.[754]

Nach seiner Gründung entwickelte sich Hornheim trotz heftiger Anfeindungen zu einer der wichtigsten deutschen psychiatrischen Kliniken. Nach dem Tode Jessens im Jahre 1875 nahm die Bedeutung des „Asyls" jedoch schnell ab. Vor allem die inzwischen überall in Deutschland entstandenen Privatkliniken zogen zahlreiche Patienten ab. In Kiel selbst erwuchs mit der seit 1897 geplanten Psychiatrischen Universitätsklinik eine starke Konkurrenz. So wurde bald nach der am 1. Mai 1898 erfolgten Schließung des „Asyls" der Park abgeholzt und 1906 die Krankengebäude abgerissen. Das Hauptgebäude brannte 1945 nach einem Bombentreffer aus. Die Ruine wurde 1961 abgerissen. Heute erinnert lediglich ein Straßenname an eines der wichtigsten Kapitel deutscher Psychiatriegeschichte des 19. Jahrhunderts.

Literatur: Lange 1965, S.43; Hamann 1979/80, S.69-95 (grundlegend); Feldmann 1983, S.40

WV 112 *„Asyl Hornheim", Gesamtansicht*

113

Reineckenstift, St. Georg, Bernhardstraße (Alexan-derstraße) 28, 1843

Reineckens Gotteswohnungen waren 1561 durch das Testament Reincke Reineckens begründet worden. 1842 wurden die in den Raboisen gelegenen ursprünglichen Stiftsgebäude beim Großen Brand zerstört. Das Stift wurde daraufhin enteignet und vom Staat entschädigt. Wegen der erhöhten Grundstückspreise war jedoch der Kauf eines Ersatzgeländes in der Innenstadt unmöglich. So mußte das Reineckenstift – wie auch manch anderes Stift – sich im Vorort St. Georg niederlassen.[755]

Die Planungen für einen Neubau wurden zügig vorangetrieben, denn bereits 1843 konnte das in der ehemaligen Bernhardsraße gelegene Gebäude bezogen werden. Wie Chateauneuf an den Auftrag gekommen war, ist nicht bekannt. Möglicherweise hatte er sich den Auftraggebern durch seine für Amalie Sieveking errichteten Stiftsgebäude empfohlen. Als Honorar wurde ihm die relativ hohe Summe von 500 Mark Banco ausgezahlt.[756]

Chateauneuf entwarf einen langgestreckten, parallel zur Straße angeordneten Baukörper. Die schlichte Strenge der fast schmucklosen Fassade wurde lediglich durch einen von einem Giebel bekrönten Mittelrisalit gegliedert. Die 20 Wohneinheiten verteilten sich auf Erd- und Obergeschoß sowie auf ein zweites Obergeschoß im Mittelrisalit. Die alten, gebrechlichen Bewohner erhielten nach Zahlung eines Eintrittsgeldes freie Wohnung. Zwei Bewohner teilten sich ein Zimmer, eine Kammer und eine Küche. Zwei Krankenzimmer, die Boden- und Kellerräume waren als Gemeinschaftsräume geplant. Den oberen Abschluß des Gebäudes bildete ein Satteldach. Das Reineckenstift war ganz aus rotem Backstein errichtet. Schumacher hob an diesem Bau die Schlichtheit der Flächenbehandlung hervor, die aufgrund der umrißbetonten Dachgestaltung keineswegs karg wirke.[757] Er wies zudem darauf hin, daß Chateauneuf bei diesem Bau „gleichgesinnte Nachbarschaft“[758] in dem bereits 1825 von Jacob Heinrich Ludolff ebenfalls in St. Georg erbauten Hesse-Stift fand.[759] Dieses auch in rotem Backstein errichtete frühe Beispiel des Hamburger Backsteinbaus im 19. Jahrhunderts kann als mögliches Vorbild für Chateauneufs Stiftsbauten angesehen werden. Das Reineckenstift wurde bei Bombenangriffen 1943 zerstört.

Literatur: Wichmann 1863, S.211; Lange 1965, S.42-43; Eissenhauer 1987, S.131 (Nr. 41)

114

Knakenrügge-Stift, Brunnenstraße (Rostocker Straße) 19–23, 1843–1844

Das Stift wurde 1612 durch ein Testament Hieronymus Knakenrügges als Wohn- und Schulstiftung begründet.[760] Nachdem die ursprünglichen Stiftsgebäude in der Rosenstraße beim Großen Brand von 1842 zerstört worden waren, wurde das neue Gebäude 1843–1844 an der Nordostseite der Brunnenstraße (heute: Rostocker Straße) errichtet.[761] Es handelte sich beim Knakenrügge-Stift um eine Innenhofanlage mit drei Gebäudeflügeln und einer Mauer, die die Anlage an der Rückseite abschloß. Das Stift umfaßte 28 Wohneinheiten und war in eine geschlossene Bebauung eingefügt.[762] Das Gebäude wurde 1943 durch Kriegseinwirkungen zerstört.

Literatur: Wichmann 1863, S.208; Lange 1965, S.139; Eissenhauer 1987, S.127-128

115

Posthaus, Poststraße, 1843–1846

Das um 1830–1832 von Chateauneuf geplante und errichtete Gebäude der Stadtpost (WV 28) hatte sich bereits nach wenigen Jahren als zu klein erwiesen. Ungünstig war zudem, daß in Hamburg nach wie vor zahlreiche Postsendungen in verschiedene Posthäuser getragen werden mußten. Wie stark das Bedürfnis nach einem Neubau war, zeigte sich 1842. Obgleich nämlich das Postgebäude beim Großen Brand unzerstört geblieben war, unternahm die Postdeputation verstärkte Anstrengungen, um im Innenstadtbereich ein geeignetes Grundstück dafür zu erlangen.[763]

Als Bauplatz wurde das Jenquelsche Erbe an der Ecke Große Bleichen/Poststraße ausfindig gemacht. Die ursprüngliche Absicht, sämtliche in Hamburg auf verschiedene Posthäuser verteilten Behörden in einem Bau zu vereinigen, zerschlug sich jedoch. Denn mehrere Institute waren durch langfristige Mietverträge an ihre Häuser gebunden oder wollten – wie Preußen – ihre Eigenständigkeit nicht aufgeben.[764] Letztlich gelang es immerhin, die jeweils unter eigener Oberhoheit stehende Thurn und Taxissche, die Kgl. Schwedische, die Kgl. Hannoversche und die Hamburgische Post zu dem gemeinsamen Bauvorhaben zusammenzuführen.

Chateauneuf scheint schon sehr früh in die Planungen einbezogen worden zu sein.[765] Denn bereits im Mai 1843 führte er mit seinem Kollegen Fersenfeldt und dem Vertreter der Postdeputation Henke intensive Gespräche, ob man zur Abrundung des Bauplatzes noch das Gebäude der „Harmonie“ hinzukaufen sollte. Man kam jedoch davon ab, da der räumliche Gewinn in bezug zum hohen Kaufpreis zu gering ausfallen würde.

Die ersten erhaltenen Planungen Chateauneufs datieren vom 17. Januar 1844; es handelt sich dabei um die ältesten Entwürfe zum Postgebäude überhaupt. Sein Projekt zeigt einen aus drei Baukörpern bestehenden schloßähnlichen Komplex, bei dem zwei seitliche Bauten (mit der Hamburger und Hannoverschen Post) einen leicht von der Straße zurückversetzten dritten Hauptbau (mit den schwedischen und dem Thurn und Taxisschen Postamt) flankieren.[766] Die Seitenbauten weisen zu den Großen Bleichen hin abgeschrägte Ecken mit kleinen Türmchen auf. Wesentliches Gliederungselement der Fassaden sind die Zwillings- oder Drillingsfenster, durch die der Bau einen norditalienischen Anklang erhält.

WV 115 *Posthaus, Entwurf mit seitlichem, reich geschmücktem Turm*

WV 115 *Überarbeiteter Entwurf mit vereinfachtem Turmaufbau*

Die wichtigsten Büros sind von der lärmenden Straße weg in den hinteren Bereich verlegt.

Trotz dieser relativ weit ausgearbeiteten Fassung konnte Chateauneuf wegen behördlicher Kompetenzstreitigkeiten nicht direkt mit dem Bau beauftragt werden. So wurde im März 1844 von der Postdeputation ein eingeschränkter Wettbewerb ausgeschrieben, zu dessen Teilnahme neben Chateauneuf auch die Architekten Georg Luis, Heinrich Wilhelm Burmester und das Büro Martens und Ungewitter[767] aufgefordert wurden.

Chateauneuf reichte eine leicht überarbeitete Fassung des oben erwähnten Januar-Entwurfes ein (Abb. Tafel 20). Jetzt wies das Hauptgebäude einen Mittelturm auf. Zudem waren die einzelnen Häuser durch Torbogen miteinander verbunden. Durch den Wechsel von Haustein und Backstein sollten die Fassaden belebt werden.

In einem am 19. Mai 1844 verfaßten Gutachten wurden die Entwürfe von Chateauneuf und Luis positiv herausgestellt. Dieser Einschätzung schlossen sich auch die Architekten Fersenfeldt, Wimmel und Ludolff in einer zusätzlich angeforderten Beurteilung vom 28. Juni 1844 an. Allerdings wünschten sie, daß Chateauneuf die stumpfen Ecken der Hamburgischen und Hannoverschen Postgebäude begradigen sollte. Widersprüchlich wurde sein Vorschlag für die Anlage eines Quais am Bleichenkanal beurteilt, der zur besseren „Kommunikazion" der einzelnen Büros beitragen sollte. Allgemein wurde von den Architekten gewünscht, den „Character eines öffentlichen Gebäudes, durch Studium noch mehr auszuprägen."[768] Luis' Vorschlag, der Hamburger Post die zentrale Lage zuzuweisen, konnte wegen der schlechten Beleuchtung dieses Bauteils keine Zustimmung der Behörden finden. Daraufhin wurde zumindest zeitweilig erwogen, die beiden favorisierten Entwürfe von Chateauneuf und Luis überarbeiten zu lassen.[769]

Schließlich wurde Chateauneuf am 27. Mai 1844, ohne daß eine weitere Konkurrenz stattgefunden hätte, die Wahl zum Architekten des neuen Postgebäudes mitgeteilt. Allerdings sollten zunächst nur die Eckhäuser gebaut werden, da noch keine Einigung mit den Verwaltern von Thurn und Taxis erzielt worden war. Der Auftrag an Chateauneuf erfolgte gegen den Widerstand der Postverwaltungsdeputation, die nach „früheren Vorgängen, zu dem Architekten ... kein besonderes Vertrauen hegen"[770] könne.

Eine erstaunliche Abkehr von den bis dahin erfolgten Planungen vollzog sich bereits am 31. Juli, als Chateauneuf völlig überarbeitete Pläne vorlegte. Nun sollten alle Gebäude in einer Fluchtlinie entlang der Poststraße errichtet werden.[771] Dies war ein wesentlicher Schritt hin zu dem heutigen Gebäude, wobei in den Schriftquellen nicht eindeutig formuliert ist, ob die Postbauten miteinander verbunden waren oder noch einzeln standen. Im weiteren Verlauf des Jahres reifte dann die Konzeption eines gemeinsamen Postgebäudes.[772] Chateauneuf entwarf einen dreigeschossigen Baukörper mit einem Mittelturm (Abb. Tafel 21), der dann im weiteren Planungsverlauf an die südöstliche Ecke des Gebäudes versetzt wurde. Diese städtebaulich vorzügliche Stellung des Turms am Schnittpunkt von Kanal und Straße ging auf den Wunsch der Postdeputation zurück. Zeigte der Turm zunächst unverkennbare Anleihen beim Brügger Belfried (Abb. S. 283), so wurde dessen dekorativer Reichtum in mehreren Schritten auf die heutige Erscheinung reduziert. Auch die ursprünglich wesentlich reicher geplanten Portale, Fensterumrahmungen und Dachbekrönungen wurden deutlich vereinfacht (Abb. S. 283).

Es verwundert nicht, daß all diese seit Juli 1844 vollzogenen Wandlungen des erfolgreichen Wettbewerbsentwurfs bei den verschiedenen Postbehörden für mehr oder weniger starke Irritationen sorgten.[773] Die dadurch notwendigen Nachverhandlungen verzögerten die endgültige Planabfassung, so daß erst im Frühjahr 1845 mit dem Bau begonnen werden konnte. Chateauneufs Aufgabe war sehr schwierig, denn er mußte sich hinsichtlich der Detailabsprachen nicht nur mit den Hamburger Behörden, sondern auch mit den drei anderen, völlig unabhängig agierenden Postverwaltungen auseinandersetzen. In zahlreichen Besprechungen galt es, diverse Änderungswünsche zu berücksichtigen, was letztlich dank des diplomatischen Geschicks des Architekten erfolgreich abgeschlossen werden konnte.[774] Wegen der schlechten Erfahrungen beim Bau der Stadtpost 1830 – 1832 mußte Chateauneuf diesmal zudem sorgfältige Baugrunduntersuchungen seiner Kollegen Ludolff, Fersenfeldt, Lindley, Forsmann und Maack hinnehmen.

Bedingt durch anfängliche technische Schwierigkeiten[775] und zeitweisen Mangel an Material und Arbeitern war der Bau erst Ende 1847 weitgehend fertiggestellt. Aber auch nach der offiziellen Einweihung am 1. Januar 1848 wurde noch manches Detail hinzugefügt.[776]

Nichts deutet am Außenbau des Postgebäudes auf diese bewegte Baugeschichte und die sich ursprünglich dahinter befindenden vier völlig selbständigen Postämter hin (Abb. S. 26). Wie selbstverständlich dominiert der ruhige große Baukörper bis heute alle umliegenden Straßenfronten. Hierzu tragen wesentlich die großflächigen Backsteinwandverbände bei. Für sämtliche Portale, Brüstungen, Fenstereinfassungen, Eckquader und Gesimse wurde Sandstein verwendet. Chateauneuf gliederte den Bau durch Gesimse und Rundbogenfenster in abnehmenden Geschoßhöhen. Entlang der Poststraße akzentuieren vier Portale für die vier Postämter die 21achsige Fassade.

Stilistisch zeigt der Bau eine eigenartige Verbindung von toskanischer Palast- und Munizipalarchitektur der Renaissance mit Formen der flandrischen Spätgotik. Zudem lassen sich vor allem im Laubwerkdekor der Portale Einflüsse der englischen Gotik nachweisen. Interessanterweise finden sich manche Entsprechungen zu Rathaus-Entwürfen von Klenze und Schinkel.[777]

Nach längeren Verhandlungen wurde die Hausverteilung folgendermaßen vorgenommen: Hamburger Stadtpost Nr. 13/15; Taxissches Ober-Postamt Nr. 19; Hannoversches Postamt Nr. 21 (wurde 1848 bezogen). Das Schwedische Postamt in Nr. 17 wurde erst 1856 – und dann nur für zehn Jahre – in Betrieb genommen; zuvor waren diese Räume an ein Handlungsgeschäft vermietet. Die Diensträume befanden sich zu ebener Erde, wo auch ein Zimmer zum Lesen von Briefen für das Publikum vorgesehen war. Im oberen Stockwerk lag die Wohnung für die Postmeister.

Das Aussehen der Innenräume ist bildlich schlecht dokumentiert. Besondere Sorgfalt wurde auf die Gestaltung der Vorhalle der Hamburger Stadtpost gelegt (Abb. rechts). Dort dominierte der Einfluß der nordeuropäischen Gotik.[778] Der Raum wies eine stützenlose Wölbung auf. Die Gewölberippen lagerten auf sorgfältig mit Schildhaltern und Gnomen skulptierten Konsolen.[779] In Anlehnung an alte Bleimuster wiesen die hochliegenden kleinen Maßwerkfenster Sprossenmuster auf. Zum erhebenden Gesamteindruck trugen auch das schön geschnitzte eichene Holzwerk der Brüstungen und Türen sowie das hauptsächlich aus Schmiedeeisen gefertigte leichte Abschlußgitter bei. Die ins Obergeschoß führenden Treppen der Hamburger und der Hannoverschen Post waren auf Backsteingewölben konstruiert, aus denen die Stufen herausgemauert wurden. Die Gestaltung des schmiedeeisernen Geländers mit verschiedenen sich durchkreuzenden Mustern geht auf Chateauneuf zurück. Es war ein Wunsch des Baumeisters, „die so schönen Schmiede-Arbeiten des 15. Jahrhunderts, aufs neue unserm Schmiede-Gewerk zur Uebung vorzuführen“.[780] Der Historismus mit seinen zum Teil üppigen Stilimitationen in öffentlichen Gebäuden scheint in diesem mit zurückhaltender Eleganz gestalteten Raum noch weit entfernt.

Das Postgebäude ist eines der wichtigsten Monumente für die Modernisierung der Kommunikationstechnik in Hamburg. Lange vor der Neuordnung des Postwesens in Deutschland wurde hier die behördliche Vielfalt baulich vereinfacht. Der scheinbar nutzlose Turm diente nicht nur als pittoresker Blickfang, sondern war die Endstation eines optischen Zeigertelegraphen, über den eine schnelle Nachrichtenverbindung zur Elbmündung bestand.[781] Allerdings wurde er bereits kurz nach der Einweihung durch den ebenfalls in Privathand befindlichen elektromagnetischen Telegraphen verdrängt, der ab 15. Oktober 1848 den Telegraphenbetrieb zwischen Hamburg und Cuxhaven aufnahm.

Das 1845–1847 errichtete Postgebäude in der Poststraße zählt unbestritten zu den Hauptwerken Chateauneufs. Mit ihm etablierte sich der Architekt endgültig als einer der wichtigsten Vertreter des Rundbogenstils in Deutschland. Daß er diesen wichtigen Auftrag trotz des Fiaskos beim Bau der vorigen Stadtpost (WV 28) erringen konnte, darf sicher als einer der größten Erfolge seiner Laufbahn bewertet werden.

Wie so häufig bei Chateauneuf lassen sich auch bei diesem Bauprojekt Honorarprobleme nachweisen. Am 25. August 1850 forderte er vom Präses eine Nachzahlung von zwei Prozent, da er glaubte, daß ihm fünf Prozent statt drei Prozent von der Bausumme als Honorar zustehen würden. Der Präses lehnte dieses Ansinnen ab und konnte dem Architekten nachweisen, daß dieser bereits zuvor einen verbindlichen Kontrakt über drei Prozent unterzeichnet hatte.[782]

Die rasanten politischen Veränderungen in der zweiten Hälfte des 19. Jahrhunderts führten dazu, daß das Postgebäude nur relativ kurz in seiner ursprünglichen Funktion genutzt wurde. Zuerst verlor die Hannoversche Post nach dem preußisch-österreichischen Krieg ihre Selbständigkeit. Am 1. Januar 1868 ging das Freistädtische Postamt auf das Norddeutsche Bundesoberpostamt über. Als im Februar 1887 das neue Postgebäude an der Ringstraße von der Postverwaltung bezogen worden war, baute man das inzwischen vom Staat angekauf-

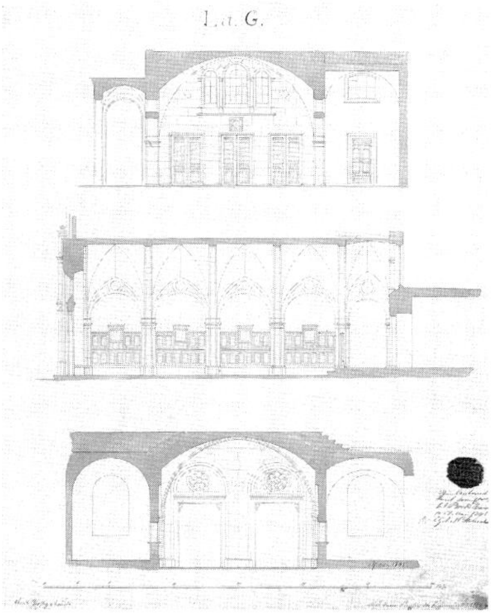

WV 115 *Entwurf für die Innenausstattung des Hamburger Postgebäudes*

te alte Posthaus schließlich zum Verwaltungsgebäude um. Die an der Poststraße gelegenen fünf Eingänge wurden bis auf zwei beseitigt und eine Haupttreppe mit durchgehenden Mittelkorridoren hergestellt. Bereits Ende 1887 zogen die neuen Behörden ein.[783] Das im Zweiten Weltkrieg kaum beschädigte Haus wäre in den sechziger Jahren beinahe abgerissen worden. 1968–1971 wurde hinter seiner Fassade ein modernes Bürohaus und eine Ladenpassage errichtet. Es ist das erste Beispiel der seitdem in Hamburg zahlreich entstandenen innerstädtischen Galerien. Trotz einiger Schwachpunkte wie der äußeren Beleuchtungskörper an der Fassade entlang der Poststraße oder der fehlenden Fenstersprossen stellt das Gebäude eines der am besten erhaltenen Werke Chateauneufs dar.

Literatur: Ronge 1887; Hamburg und seine Bauten 1890, S.182f.; Lange 1965, S.37-38; Hipp 1989, S.187

116

Wettbewerbsentwurf für das Gesellschaftshaus der Patriotischen Gesellschaft, 1844

Die am 10. Oktober 1765 gegründete „Gesellschaft zur Beförderung der Künste und nützlichen Gewerbe“ war bis 1842 im Eimbeckschen Haus in der Großen Johannisstraße untergebracht. Dieses Gebäude wurde beim Großen Brand 1842 mit der gesamten umfangreichen Bibliothek und der Modellsammlung zerstört.

Chateauneuf war langjähriges Mitglied der Gesellschaft und nicht nur als ehemaliger Vorsitzender der Zeichenschule, sondern auch in zahlreichen anderen Gremien aktiv tätig gewesen. Der Wiederaufbau dieser für Hamburg so wichtigen Institution war ihm eine Herzensangelegenheit. Die erhaltenen Quellen belegen vielfach das große Engagement des Architekten für diese „vaterstädtische“ Bauaufgabe.

Zunächst mußte die Bauplatzfrage geklärt werden, da das alte Grundstück wegen der allgemeinen Expropriation nicht mehr zur Verfügung stand. Als Ersatz beantragte die Gesellschaft am 24. Januar 1843 den Platz des ehemaligen – ebenfalls 1842 zerstörten – Rathauses. Eingereicht wurde auch ein von Chateauneuf ausgearbeiteter Situationsriß, der in ganz unverbindlicher Weise die Disposition andeuten sollte. Als sich der Senat diesem Antrag gewogen zeigte, wurde am 1. März 1843 unter den Mitgliedern eine Neubaukommission gebildet, der auch Chateauneuf angehörte.[784] Doch erst im Dezember 1843 wurde der Gesellschaft das 980 Quadratmeter große, von zwei Fleetarmen sowie der Trost- und der Börsenbrücke begrenzte Grundstück für die relativ geringe Summe von 25.000 Mark überlassen. Kurz darauf trat die sogenannte größere Baukommission zusammen, um die unterschiedlichen Raumbedürfnisse der mit der Patriotischen Gesellschaft verbundenen Vereine abzustimmen. Schließlich bildeten am 22. Dezember die der Gesellschaft angehörenden Architekten, u.a. Chateauneuf, Fersenfeldt und Wimmel, ein Gremium, um die weiteren Schritte für den Neubau zu beraten.[785]

Nach längeren Diskussionen kam man überein, eine Kommission zu bilden, die das Bauprogramm ausarbeiten solle. Auch in dieses sechzehnköpfige Gremium wurde Chateauneuf gewählt.[786] Zur Finanzierung des Unternehmens forderte man die Hamburger Bürger zur Aktienzeichnung auf.[787]

Für den Entwurf eines Neubaus wurde ein am 25. Januar 1844 eröffneter Wettbewerb ausgelobt, für den ausschließlich Hamburger Architekten zugelassen wurden.[788] Ziel war, „eine angemessene, würdige und unserer Stadt auch äußerlich zur Zierde gereichende Stätte errichtet zu sehen, in welcher die wissenschaftlichen, künstlerischen, gewerblichen und sonstigen gemeinnützigen Bestrebungen vereinter Bürger, sowohl für die Gegenwart wie für die fernere Zukunft, einen Mittelpunkt des Wirkens werden finden können“.[789] Gefordert wurden Grundrisse aller Geschosse, geometrische Fassaden und Längen- und Querprofile. Die Kostenanschläge sollten so weit ausgearbeitet werden, daß „eine Kontrollierung der Richtigkeit derselben möglich sein wird“.[790] Die Bausumme von 280.000 Courantmark durfte nicht überschritten werden.

Im Unterschied zum fast gleichzeitig durchgeführten internationalen Nikolai-Wettbewerb wurden perspektivische Zeichnungen nicht verlangt, „auch wenn sie geliefert werden, sollten sie nicht ausgestellt werden“.[791] Von Bedeutung war die unter Paragraph 4 geforderte Bedingung, daß die Fassaden des Gebäudes ohne Putz und Bewurf auszuführen seien.[792]

Eine Besonderheit im Wettbewerbsverfahren ergab sich dadurch, daß Bewerber und Preisgericht identisch waren. Dadurch sollte innerhalb der auf Hamburger Architekten beschränkten Konkurrenz niemand durch eine Preisrichtertätigkeit von der Teilnahme abgehalten werden. Auf diese Ausschreibung hin wurden 19 Projekte eingereicht.

Vom 17. bis zum 24. April 1844 wurden die Entwürfe öffentlich ausgestellt. Gemäß dem Wettbewerbsprogramm fungierten am 28. April die Architekten Bülau, Burmester, Heydmann & Hall, Heylmann, Kollmann, Reichardt, Rittmeister, Friedrich Stammann, Ungewitter & Martens, Wentzel, Willweber, Windmiller und Chateauneuf als Preisrichter. Somit urteilten kurioserweise tatsächlich gut zwei Drittel der Bewerber über ihre eigenen Entwürfe. Durch geheime Abstimmung wurde Theodor Bülau zum Sieger gekürt (Preis: 950 Mark)[793]; den zweiten Platz belegte Friedrich Christian Heylmann (Preis: 570 Mark), den dritten Rang erhielt Theodor Willweber zuerkannt (Preis: 380 Mark).[794]

Über das Aussehen von Chateauneufs unbeachtetem Projekt ist nichts bekannt. Ein Klebeband mit seinen Entwurfszeichnungen ist ohne vorherige Auswertung im Zweiten Weltkrieg verbrannt. Der in den Wettbewerbsbedingungen geforderte Verzicht auf Putz entsprach Chateauneufs damaliger Vorliebe; so kann davon ausgegangen werden, daß er ein Backsteingebäude entworfen hat.

Trotz seines Mißerfolgs engagierte sich Chateauneuf auch weiterhin für den Bau. Im Mai 1846 wurde er Mitglied einer Revisionskommission, die die bis dahin durchgeführten Bauarbeiten und Abrechnungen überprüfen sollte. Der von diesem Gremium am 8. September 1846 vorgelegte Bericht beurteilte sämtliche Baumaßnahmen positiv und erarbeitete zudem einige Vorschläge zur Kosteneinsparung. Infolgedessen mußten nach längeren Verhandlungen zu Bülaus Kummer mit dem hohen Ziegeldach und dem Turm zwei wesentliche Gestaltungsideen des Entwurfs aufgegeben werden.[795]

Literatur: Kowalewski 1908; Maurer 1987, S.70-71

117

Stadtwohnhaus Kunhardt, Ferdinandstraße 63, 1844 – 1845

Das Stadtwohnhaus Kunhardt wurde 1844 – 1845 in der nach dem Großen Brand von 1842 neu angelegten Ferdinandstraße erbaut. Auftraggeber war der Kaufmann Carl Philipp Kunhardt.

Chateauneufs Entwurf zeichnet sich durch eine klare Gliederung und schlichte Formen aus. Das vierachsige Gebäude weist vier sich nach oben verjüngende Geschosse und ein Mezzanin auf. Die Fassade ist vollständig verputzt, nur im Erdgeschoß befinden sich Bossenquader. Der Zugang zu dem mit profilierter Umrahmung und waagerechter Verdachung versehenen Portal erfolgt über eine Freitreppe.[796] Das wesentliche Gestaltungselement der Fassade stellen die profilierten Rundbogenfenster in eckigen Umrahmungen mit Rosetten in den Zwickeln dar. Vor den Fenstern im 1. Obergeschoß und vor den gekuppelten Mittelfenstern im 2. Obergeschoß befinden sich niedrige gußeiserne Ziergitter auf Sohlbänken. Die Fenster im dritten Obergeschoß sind dagegen niedriger und ganz schlicht gehalten. Der Bau schließt mit einem Ornamentfries und einem profilierten, leicht vorspringenden Hauptgesims ab.

Das Haus erhielt einen einfachen, zweckgebundenen Grundriß mit einem innen liegenden, von oben belichteten geschwungenen Treppenhaus. Nach klassizistischen Vorbildern sind in die rundbogenförmigen Wandnischen des Treppenhauses Gipsabgüsse antiker Statuen eingefügt. Die im Obergeschoß vorhandenen üppigen Stuckdekorationen stammen aus der 2. Hälfte des 19. Jahrhunderts.

1864 wurde das Gebäude von Daniel Schutte erworben. Nach dessen Tod ist es seit 1892 im Besitz der Daniel-Schutte-Stiftung. Heute wird das 1976 unter Denkmalschutz gestellte Gebäude als Geschäftshaus genutzt.

Das Haus Kunhardt ist ein in mehrfacher Hinsicht bedeutendes Dokument der Hamburger Architekturgeschichte. Es ist eines der wenigen erhaltenen Gebäude aus der Zeit des Wiederaufbaus nach 1842, und es belegt als einziges Beispiel die umfangreiche Tätigkeit Chateauneufs im privaten Wohnungsbau der Stadt. Zudem verdeutlicht der Bau gemeinsam mit dem direkt benachbarten, von Theodor Bülau errichteten neugotischen Haus Nr. 65 die stilistische Spannbreite der Baukunst in der Mitte des 19. Jahrhunderts.

Literatur: Fuchs 1846/1847, Nr. 30; Lange 1965, S.60

WV 117 *Ehemaliges Haus Kunhardt*

118

Stadtwohnhaus Hudtwalcker, Hermannstraße 14, 1844 – 1845

Nicolaus Hudtwalcker hatte die Assecuranz-Makler-Firma seines Vaters zur angesehensten in Hamburg entwickelt. Durch seine beruflichen Erfolge, sein großes Vermögen und seine bedeutende Gemäldesammlung genoß er in Hamburg hohes Ansehen. Weltmännische Art und Freude an vielseitiger Geselligkeit, aber auch eine berüchtigt scharfe Zunge gehörten zu seinem Charakterbild.

Diese außerordentlich wohlhabende und kunstsinnige Persönlichkeit erwarb kurz nach dem Großen Brand den Bauplatz Hermannstraße 14 und ließ sich dort 1844 – 1845 von Alexis de Chateauneuf ein Wohnhaus erbauen. Das Gebäude befand sich inmitten des nach der Katastrophe von 1842 errichteten attraktiven Neubauviertels. Wie in der Innenstadt üblich grenzte es seitlich unmittelbar an die Nachbarhäuser an; in der Tiefe bedeckte es zwei Drittel des Grundstücks, das zur Alster hin durch ein am Alsterdamm gelegenes Etagenhaus begrenzt war. Das Haus bestand aus einem Keller, zwei Stockwerken und einem Boden, der nur einen kleinen Teil des fast flachen, von der Straße aus nicht sichtbaren Daches ausmachte. Obwohl das Stadthaus Hudtwalcker im Erdgeschoß das Kontor aufnahm, war es für die Bedürfnisse eines Junggesellen übermäßig geräumig. Deshalb stellte Hudtwalcker der Familie Wesselhoeft während des Winters das gesamte zweite Obergeschoß als Wohnung zur Verfügung.

Die Fassade war glatt verputzt, lediglich das Souterrain wies eine Quaderung auf. In der Hausmitte führten drei Sandsteinstufen zu der schweren zweiflügeligen Mahagonihaustür. Zu ihren Seiten befanden sich je zwei Fenster, über diesen und über der Haustür entsprechend in den oberen Stockwerken fünf. Die Fenster im zweiten Stockwerk waren von kleinerem Ausmaß und bescheidenerer Sandsteinrahmung als die unteren. Sämtliche Fenster hatten Mahagonirahmen.

Im Inneren erschloß sich von der mit Marmor ausgelegten Diele rechts das Kontor und gegenüber das Wohn- und Arbeitszimmer.[797] Es war durch eine Flügeltür mit dem großen Eßzimmer verbunden, dessen Wände etwa bis zu einem Drittel ihrer Höhe mit einer Eichenholztäfelung aus der Hamburger Werkstatt Piglhein bedeckt waren. Die Täfelung schloß nach oben mit einem breiten geschnitzten Fries aus Früchten und Laubwerk ab. Die Türen trugen geschnitzte Medaillons mit denselben Motiven. In der Mitte der Längswand fand eine reichgeschmückte Intarsien-Kredenz ihren Platz.

Im Obergeschoß gelangte man von einem Vorplatz links in das rote Zimmer, in der Mitte in das (einfenstrige) Vorzimmer und rechts in das graue Zimmer. Die drei Räume nahmen die gesamte Breite des Hauses ein; bei geöffneten Türen ergab sich eine stattliche Zimmerflucht.

Das rote Zimmer war ähnlich gestaltet wie das Eßzimmer, wobei die Dekorationen etwas leichter ausfielen. Zwischen den Fenstern befand sich ein Kamin aus schwarzem, gelbgeädertem Marmor. Das graue Zimmer war mit einer weißen, mit etwas Gold belebten Täfelung und einem weißen Kamin geschmückt. Die Türen waren wie auch im anschließenden Saal in Mattweiß und Gold gehalten. Beide Zimmer erhielten Bronzekronen mit Kristallbehang für 24 Kerzen. Vom grauen Zimmer trat man in den Hauptraum des Hauses, den Marmorsaal. Die Wände dieses noblen Raums waren mit weißem Marmor in edler, klassischer Anordnung mit Rundbogen und Pilastern bedeckt.[798] Es war der einzige Raum mit Parkettfußboden, alle anderen Zimmer waren mit Teppich ausgelegt.[799] Es folgten das rote Zimmer sowie Schlafzimmer und Bad. Die Räume im zweiten Obergeschoß waren weniger prunkvoll ausgestattet.

Der wohlhabende Hudtwalcker förderte das Hamburger Kunsthandwerk durch zahlreiche Aufträge. So bestellte er bei Ludwig Piglhein einige Möbel aus hellem, poliertem Eichenholz mit Jacaranda-Einlage, zwei ebenso eingelegte Mahagoni-Spieltische und die Mahagoni-Eßzimmerstühle. Die Stühle waren ursprünglich mit rotem Saffianleder überzogen. Zudem lieferte Piglhein einen mit kostbaren Intarsien geschmückten, büffetartigen Kredenztisch für das Eßzimmer. Ob Chateauneuf einige dieser Möbel entworfen hat, bedarf noch weiterer Forschungen. Die übrige Ausstattung stellte der von Hudtwalcker beauftragte Carl Wesselhoeft in Paris – mit einer „carte blanche“ des Hausherrn – zusammen.[800]

Das vornehm repräsentative Haus Hudtwalcker wurde nicht zuletzt durch die darin gezeigten bedeutenden Gemälde – z.B. zählte Rembrandts Porträt des Constantin Huyghens zu Hudtwalckers Sammlung – zu einem der wichtigsten kulturellen Treffpunkte der Hansestadt.

1863 fiel das Haus durch Erbschaft an Carl Johannes Wesselhoeft. In den folgenden Jahrzehnten wurde manches Detail der Innenausstattung verändert. Gravierender waren die Wandlungen der unmittelbaren Umgebung. Denn die im Zuge der Citybildung immer höher werdenden Nachbarhäuser sorgten dafür, daß die beiden unteren Etagen des Hudtwalckerschen Hauses außer im Hochsommer recht dunkel waren. „Erst bei abendlicher Beleuchtung kam die Schönheit der Gesellschaftsräume in ihren wundervollen Verhältnissen ganz zur Entfaltung.“[801] 1892 stellte der Architek-

WV 119 *Landhaus von Hess, Ansicht der Gartenseite*

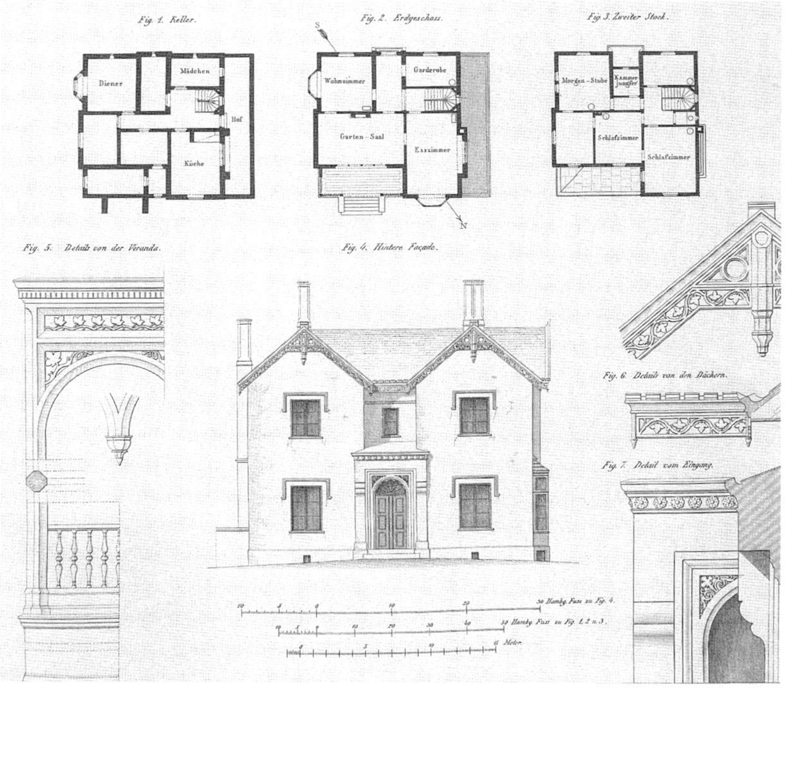

WV 119 *Vorderansicht und Details*

turhistoriker Julius Faulwasser fest, daß dieses Haus „in seiner stolzen Ruhe ... jetzt seltsam zu dem geräuschvollen Verkehrsleben der Straße“[802] kontrastiere. Um 1905 wurde es abgerissen. An seiner Stelle errichtete Paul Schöss 1906–1907 ein Kontorhaus, das wiederum längst durch Neubauten ersetzt worden ist.

Literatur: Faulwasser 1892, S.106; Lange 1965, S.59-60; Wesselhoeft 1969, S.31, 32, 51; Klée-Gobert 1970, S.214

119

Landhaus von Hess, Harvestehuder Weg, um 1844–1845

Um 1844 ließ sich die verwitwete Frau Dr. von Hess von Chateauneuf in Harvestehude ein Landhaus errichten. Es war „sehr glücklich und mit vielem Sinn für malerische Schönheit auf dem leichtbewegten Terrain eines geräumigen Gartens situirt“.[803] Das Gebäude war relativ klein und ohne große „prätenziöse architektonische Mittel“ gestaltet. In dieser bewußten Einfachheit sah ein zeitgenössischer Kritiker die Bedeutung des Bauwerks. Das Landhaus könnte als Muster dafür dienen, wie man „durch bloßes Gruppiren eine zweckentsprechende Wirkung erreichen kann“.[804]

Der zweigeschossige Bau zeigt die für Chateauneuf typische abwechslungsreiche Aufgliederung im Grundriß und im Aufriß, was auf die genaue Analyse der hauswirtschaftlichen Betriebsabläufe zurückzuführen ist. Der Außenbau erinnert in seiner Schlichtheit an englische Cottages (Abb. S.289). Das Mauerwerk war aus Backsteinen errichtet und verputzt. Ungewöhnlich war der Doppelgiebel an der Eingangsseite. Fenster und Portal erhielten dort eine zurückhaltende Rahmung. Die an der Nordostseite gelegene Veranda wurde wie die beiden Erker und das einfache Schnitzwerk an den vorspringenden Dächern in Holz ausgeführt. Die Dächer hatte Chateauneuf mit englischem Schiefer, die Veranda mit Metall abdecken lassen. Sämtliche Holzarbeiten blieben durch den Anstrich als solche erkennbar.

Durch das mittig angeordnete Portal betrat man einen kurzen Gang, von dem aus sich im Erdgeschoß nicht nur die linker Hand liegende Treppe, sondern auch das Wohnzimmer und im hinteren Bereich Eßzimmer und Gartensaal erschlossen. Dieser Grundriß fand sich mit leichten Variationen auch im Obergeschoß mit der Morgenstube und zwei Schlafzimmern. Die Zimmer für das Mädchen und den Diener sowie die Küche waren im Keller untergebracht. Das Innere des Landhauses soll elegant und geschmackvoll eingerichtet gewesen sein. Dabei wurde vor allem auf Vertäfelungen Wert gelegt.[805]

Die Quellen für Chateauneufs Entwurf finden sich wie für so viele seiner Bauten in England. So weist vor allem die Gartenseite des Landhauses Hess große Ähnlichkeit mit einem Cottage-Entwurf von John Claudius Loudon auf.[806] Allerdings bereicherte Chateauneuf die sehr schlichte Vorlage des bedeutenden englischen Architekten und Ingenieurs um einige schöne Dekorationen. Chateauneuf waren diese Muster durch den persönlichen Kontakt mit dem ihm gut bekannten Loudon oder aber durch dessen Publikationen bestens vertraut.[807] Loudon und einige von dessen englischen Kollegen setzten – wie auch Chateauneuf – anstelle der starren Symmetrie auf unregelmäßige, aber zweckmäßige Raumanordnung. Wie bereits im Zusammenhang mit dem Landhaus Buchholz in Lübeck (WV 60) festgestellt, ist Chateauneuf damit dem Thema „des ‘Bauens-von-innen-nach-außen’, noch vor Reichensperger und ohne jede historische Rückbeziehung auf eine bestimmte Architekturepoche in ungewöhnlicher Radikalität vorausgeeilt“.[808]

In der relativ geringen Größe und einfachen Architektursprache entspricht das Landhaus Hess der damals gängigen Bebauung der Hamburger Außenalster. Erst Ende der vierziger Jahre sollte dort mit der sogenannten „Slomanburg“ das erste das ganze Jahr über bewohnte repräsentative Landhaus errichtet werden.[809]

Über die Bauherrin, Frau Dr. von Hess, ist wenig bekannt. Das Hamburger Adreßbuch gibt an, daß sie viele Jahre im Grimm wohnte. Seit den zwanziger Jahren ist sie im Verlosungsverein des Kunstvereins nachweisbar. Es ist gut denkbar, daß sie auf dieser kulturellen Ebene ihren späteren Architekten kennen und schätzen gelernt hatte.

Der Bau fand nicht nur – wie oben erwähnt – in der überregionalen Fachliteratur Beachtung. Bereits wenige Jahre nach seiner Fertigstellung wurde eine Farblithographie des Landhauses dem offensichtlich daran interessierten Hamburger Publikum zum Kauf angeboten.[810] Diese Ansicht zeigt einen nordwestlichen Anbau, für den keine Baunachrichten vorliegen. Möglicherweise war das Haus schon vor 1860 erweitert worden. Das Gebäude ist nicht erhalten.

Literatur: Bauzeitung, Chateauneuf, 1847; Lange 1965, S.68; Muthesius 1974, S.57, 71; Brönner 1987, S.153

120

Wasserturm und Maschinenhaus der Stadtwasserkunst in Rothenburgsort, 1844 – 1848

Die 1844 – 1848 errichtete Stadtwasserkunst in Rothenburgsort zählte in der Mitte des 19. Jahrhunderts zu den größten Sehenswürdigkeiten Hamburgs (Abb. Tafel 26).[811] In einem Reiseführer von 1861 wurde diese „kostbare Anlage, deren Wirken Gesundheit und Wohlstand ist“ als eine der „schönsten Errungenschaften der Neuzeit“ gepriesen, die „an Kühnheit des Entwurfs wie an Gediegenheit der Ausführung unübertroffen“[812] sei.

Angesichts dieser hymnischen Aufnahme ist es kaum vorstellbar, daß dem Bau dieser Anlage heftigste Querelen vorausgegangen waren. Denn als der englische Ingenieur William Lindley 1843 den Auftrag erhielt, Vorschläge zu einer neuen Wasserversorgung zu machen, hatte er sich durch die eindeutige Stellungnahme für ein staatliches Engagement den Zorn der Privatunternehmer zugezogen. Doch nur auf dem Weg der staatlichen Kontrolle glaubte er das Ideal einer gut funktionierenden Wasserversorgung für die gesamte Großstadtbevölkerung erreichen zu können.

Unmittelbar nach der am 26. Juni 1844 erfolgten Bewilligung seiner Pläne durch die Bürgerschaft wurde das revolutionäre Werk mit großen Schritten umgesetzt, da sämtliche Pläne und Kostenberechnungen bereits 1843 von Lindley mit Unterstützung durch den Ingenieur Francis Giles und den Oberingenieur der Londoner New River Wasserwerke, William Chadwell Mylne, erstellt worden waren.[813] Die drei hatten die technische Gesamtplanung inne, während die Ausführung in den Händen von Lindley und Giles lag.

Als während des Ausbaus die Anlage um einen ursprünglich nicht geplanten Wasserturm erweitert wurde, kam es in der Bürgerschaft zu erbitterten Kontroversen wegen der Kostenbewilligung. Die Streitigkeiten waren derart heftig, daß einige Gegner der Stadtwasserkunst vorschlugen, den unvollendeten Wasserturm „halbfertig als eine Schandsäule zur Warnung für die Zukunft stehen zu lassen“.[814]

Trotz dieser Widerstände, die durch Schwierigkeiten bei den Fundierungsarbeiten noch verstärkt wurden, waren die Arbeiten am Turm bereits 1847 weitgehend fertiggestellt. Die gesamte Stadtwasserkunst konnte Ende 1848 dem Betrieb übergeben werden.

Als Standort der Anlage wurde Rothenburgsort erwählt, da dort – in gebührender Entfernung von Hamburg – reines Elbwasser in erforderlicher Menge vorhanden war. Zur Sammlung des Wassers waren drei große Ablagerungsbecken vorhanden. An Hochbauten wurde ein Pumpenhaus mit Maschinen- und Kesselabteilung errichtet. Dort befanden sich zwei Cornwall-Balanciermaschinen, die stündlich etwa 1000 Kubikmeter Wasser in das Rohrnetz pumpten.

Weithin sichtbares „Wahrzeichen“ der Stadtwasserkunst ist der fast 70 Meter hohe Turm, der hauptsächlich in Backstein ausgeführt wurde. Er verjüngt sich nach oben von einem unteren Kreisdurchmesser von zehn Metern (35 Hamburger Fuß) zu einem oberen Durchmesser von 7,15 Metern (28,5 Hamburger Fuß). Diese Gestaltungsform verleiht dem Turm eine leichte Erscheinung, die am oberen Ende von der gegenläufigen Bewegung der bekrönenden Galerie in Form eines Rundbogenfrieses mit abgestuften Konsolen aufgefangen wird. Die ehemals mit zwölf Fenstern ausgestattete Galerie hebt sich aufgrund des feinen Licht-Schatten-Spiels im Fries deutlich von der glatten Schaftoberfläche ab. Sie korrespondiert in der horizontalen Bewegung mit dem aus norwegischem Granit gestalteten Sockel an der Erdoberfläche.[815]

Der Turm überzeugt durch die guten Proportionen, die leicht schwingende Kontur, das wohlabgestimmte Verhältnis der Oberfläche und die zurückhaltend eingesetzten plastischen Zierformen.[816]

Der Turm umschloß zum einen den runden Schornstein, der dem Kesselhaus als Dampfabzug diente; zudem umfaßte er das Steigrohr für das gereinigte Elbwasser und ein Abfallrohr, das die Wasserleitungen in der Stadt mit dem „erfrischenden“ Wasser versorgte. Der besondere konstruktive Vorteil bestand darin, daß einerseits durch das Steigrohr genügend Wasserdruck erzeugt wurde, andererseits die Pumpstöße nicht unmittelbar auf die spröden gußeisernen Versorgungsleitungen drückten. Schornstein, Druckröhren und architektonischer Mantel ruhten auf einem gemeinsamen Fundament. Wegen der verschiedenen Dehnungskoeffizienten der einzelnen Baumaterialien wurden sie für sich freistehend errichtet.

Das Maschinenhaus war – folgt man einer der wenigen bildlichen Überlieferungen im Lindley-Album – ein einfacher rechteckiger Backsteinbau mit Satteldach. Es wurde bereits nach wenigen Jahren abgerissen, da die Cornwall-Dampfmaschinen durch leistungsfähigere Fabrikate ersetzt wurden.[817]

Während die Ingenieure der Stadtwasserkunst quellenmäßig eindeutig überliefert sind, lassen sich der Wasserturm und das Maschinenhaus keinem Entwerfer mit letzter Sicherheit zuordnen. Auffallend ist, daß in den zeitgenössischen Publikationen vornehmlich Lind-ley als Entwerfer hervorgehoben wird.[818] Dagegen findet sich der Name Chateauneufs dort überhaupt nicht; auch sind keinerlei Entwurfszeichnungen oder schriftliche Quellen zu diesem Projekt von ihm nachweisbar.

Offensichtlich benannte erstmals Gustav Leo Chateauneuf als Entwerfer des Turms.[819] Er hatte den Tagebüchern Lindleys entnommen, daß der endgültigen Formfindung intensive Beratungen zwischen Lindley, Chateauneuf und dessen damaligem Mitarbeiter Charles Fowler vorausgegangen waren.

Auch wenn Leo die genaue Tagebuchstelle nicht nachgewiesen hat, kommt seiner heute nicht mehr nachprüfbaren Aussage hoher Quellenwert zu.[820] Die von Leo angegebene Zusammenarbeit zwischen Chateauneuf und Lindley ist bekannterweise seit Ende der dreißiger Jahre intensiv gewesen. Nicht nur bei den Bahnhofsbauten (WV 76), sondern auch in der Technischen Kommission befanden sie sich in ständigem Gedankenaustausch. Wie eng der persönliche Kontakt war, ist daran zu erkennen, daß Lindley 1846 Chateauneufs Trauzeuge war.

Für Chateauneuf als Entwerfer spricht zudem sein vielfach dokumentiertes Interesse für technische Bauten. Durch mehrere Studienaufenthalte in England war er mit den modernsten Beispielen dieser Gattung bestens vertraut. Die Anregung zur Rundbogengalerie könnte der Architekt bei einem Besuch von Windsor Castle empfangen haben.[821] Es sei daran erinnert, daß sich Chateauneuf bereits 1830 – 1831 mit der Bauaufgabe einer Stadtwasserkunst (WV 33) beschäftigt hatte. Neben all diesen Punkten trägt vor allem der stilistische Befund zur Stützung von Leos Angaben bei.[822] Denn der durch seine formale Reduktion bestechende Turmentwurf läßt sich mühelos in die bei Chateauneuf vor allem seit 1842 zu beobachtende Stilentwicklung einordnen. Der Wasserturm der Stadtwasserkunst in Rothenburgsort ist demnach in seiner architektonischen Gestalt – trotz heute nicht mehr genau nachweisbarer Quellenbelege – sehr wahrscheinlich wesentlich von Chateauneuf geprägt.

Der Turm überstand dank seiner soliden Ausführung die ersten hundert Jahre ohne nennenswerten Substanzverlust. In der Mitte des 19. Jahrhunderts war er – wie bereits oben erwähnt – ein beliebter Aussichtspunkt, „eine Funktion, die offenkundig als publikumswirksame Öffentlichkeitsarbeit von den Erbauern mit intendiert wurde".[823]

Anders als heute war damals die „Besichtigung der Anlagen, sowie Besteigung des Thurms ... jederzeit ohne Weiteres gestattet". In einem Reiseführer von 1861 wurde besonders auf die bequemen und ganz gefahrlosen gußeisernen Wendeltreppen hingewiesen. In bester Baedeker-Manier wurde zudem vermerkt, daß die Treppe zum Turm unverschlossen sei, sich aber etwas schwer öffnen lasse.[824]

Im 20. Jahrhundert galt der Turm noch lange Zeit als der beste Vermessungsfestpunkt in weitem Umkreis. Seit dem 17. Mai 1950 ist er unter der Nr. 381 in die Denkmalliste eingetragen.

Als in den folgenden Jahren erste Schäden auftraten, wäre das Gebäude beinahe abgerissen worden.[825] Die Hamburger Wasserwerke wollten den Turm aus der Denkmalliste streichen, und bezeichnenderweise wurde 1975 – also im Europäischen Denkmalschutzjahr – der Antrag auf Abbruch des Bauwerks gestellt. Als Gründe wurden ein anderweitiger Nutzungsbedarf des Geländes und die hohen Instandsetzungs- und Erhaltungskosten angeführt.[826] Nicht zuletzt dem energischen Widerstand des Denkmalschutzamtes ist der Erhalt des Wasserturms und damit eines in ästhetischer und kulturgeschichtlicher Hinsicht herausragenden Zeugnisses der Entwicklung Hamburgs zu einer modernen Großstadt zu danken. Heute stellt das aufwendig restaurierte Bauwerk nicht nur ein Wahrzeichen des Stadtteils Rothenburgsort, sondern auch der Hamburger Wasserwerke dar.

Literatur: Fölsch 1851; Lange 1965, S.61; Spallek 1978, S.117-147

121

Stadthaus Worms, Alsterdamm (Ballindamm) 33, um 1845 (?)

Das Stadthaus Worms zählt zu den weniger gut dokumentierten Werken Chateauneufs. Auftraggeber war Carl Worms, der Mitarbeiter der im Holländischen Brook Nr. 20 ansässigen Firma Emanuel und Sohn war.[827] Es handelte sich um ein lediglich dreiachsiges, viergeschossiges Gebäude, das vor allem „durch seine mit vornehmer Säulenstellung eingefaßte Balkongruppe des Hauptgeschosses"[828] auffiel. Charakteristisch war zudem ein weithin sichtbarer, mit einem Flachdach schließender Turmaufbau.[829] Die drei oberen Geschosse wiesen

Rundbogenfenster auf, die in der Beletage und im zweiten Obergeschoß rechteckig gerahmt waren.[830]

Das Stadthaus Worms war eines der ersten Gebäude, das an dem nach dem Großen Brand völlig neu angelegten Alsterdamm errichtet wurde. Nach den Angaben des Hamburger Adreßbuches dürfte seine Entstehung um 1845/46 anzunehmen sein. Martin Haller berichtet in seinen Erinnerungen, daß das Haus lange Zeit als einziges entlang des Alsterdamms im Äußeren unverändert blieb, während sämtliche neu errichteten Nachbarbauten deutlich größer ausfielen.[831] 1910 baute Haller das Gebäude für Frau Sarah Hünecken um, wobei sich seine Tätigkeit vornehmlich auf die Innenraumgestaltung beschränkte.[832] Der Bau ist nicht erhalten.

Literatur: Faulwasser 1892, S.105-106

122
„Berliner Bahnhof" in Hamburg, 1846–1850

Kurz nach der Fertigstellung der Hamburg-Bergedorfer Bahnlinie begannen die Überlegungen für eine Verlängerung der Strecke nach Berlin konkrete Formen anzunehmen. Federführend für die Planungen war seit dem 1. Dezember 1845 die Berlin-Hamburger-Eisenbahngesellschaft mit Sitz in Berlin. Zunächst wollte der Aktionärsausschuß einen Wettbewerb für Entwurf und Konstruktion des umzugestaltenden Bahnhofsgebäudes ausschreiben. Doch setzte die Berliner Gesellschaft mit Hinweis auf den bestehenden Zeitdruck im März 1846 den direkten Auftrag an Chateauneuf durch. Bereits am 25. April legte Chateauneuf einen ersten Entwurf für den Personenbahnhof vor, der am 12. Mai genehmigt wurde. Die im Juli 1846 fertiggestellten Planungen wurden stark von finanziellen Engpässen bestimmt, so mußten z.B. die Stadtfassade und das Verwaltungsgebäude weitgehend beibehalten werden. Erschwerend kam für Chateauneuf hinzu, daß ihm im Oktober 1846 der Berliner Architekt Hofmann als Baukondukteur gleichsam als Oberaufsicht an die Seite gestellt wurde. Der englische Ingenieur Lindley scheint an den Entwurfsplanungen nicht beteiligt gewesen zu sein; ihm oblag die Verantwortlichkeit für die technischen Betriebsabläufe und für die Konstruktion und Architektur aller Bauwerke auf dem äußeren Bahnhofsgelände.

Chateauneufs Hauptidee galt der ambitionierten Gestaltung der Bahnhofshalle (Abb. Tafel 23). Wie bei zahlreichen anderen Bauten sind auch hier englische Einflüsse erkennbar. So bestehen Bezüge zur 1840 von Brunel errichteten Bahnhofshalle der Temple Meads Station in Bristol. Ratko Rudolph gelang der Nachweis, daß Chateauneuf die Hammerbalkenkonstruktion von Westminster Hall, einer englischen Königshalle aus dem späten 14. Jahrhundert, direkt auf seinen Hallenentwurf übertrug.[833] Die Ähnlichkeit geht so weit, daß die Spannweiten beider Gebäude nahezu identisch sind. Die Halle war bei einer Spannweite von 23 Meter ca. 148 Meter lang, der Firstpunkt lag 14 Meter hoch. Sie bestand aus 30 Bogenbindern im Achsabstand von 4,74 Meter. 17 Binder wurden von den beidseitig errichteten Administrationsgebäuden flankiert, während 13 Binder frei standen. Die Verwendung von Holz hatte vor allem praktische Gründe. Während dieses Material ausreichend zur Verfügung stand und von einheimischen Betrieben verarbeitet werden konnte, hätten Eisenbogen auf kostspieligem Weg aus England importiert werden müssen. Unter wirtschaftlichen Gesichtspunkten war die Hammerbalkenkonstruktion unrentabel. Die Form des stützenfreien Raumes geht einzig auf Chateauneufs Gestaltungswillen zurück. Gleichwohl erfüllte der Entwurf auch statische Aufgaben: „Die Streben der Hammerbalkenkonstruktion dienten zur Verringerung der Stützweite, zur Lastverteilung auf die Flankenmauern und zur Versteifung der Rahmenecken."[834] Chateauneuf plante eine ornamentale Ausgestaltung der Balkenkonstruktion, doch ist nicht sicher, ob diese Idee während seiner Bauleitung durchgeführt worden ist.[835]

Ursprünglich sollte der freistehende Teil der Bahnhofshalle analog zu Westminster Hall durch offene Strebebogen stabilisiert werden. Doch mußte die Konstruktion wegen der massiven Setzung des Baugrundes gestützt werden. Die Verwendung von Zugbändern zerstörte dabei Chateauneufs ästhetische Vorstellungen grundlegend.

Trotz dieser Einschränkung gehörte die Bahnhofshalle zu den bedeutendsten Hallenkonstruktionen des frühen 19. Jahrhunderts. Viel stärker als die auf Fernwirkung hin ausgerichteten Türme bildete sie eine herausragende architektonische Sehenswürdigkeit des Bahnofskomplexes (Abb. S.294).

Neben dem Hallenbau führte Chateauneuf eine Reihe weiterer Baumaßnahmen am Bahnhofskomplex durch. So wurde das Portal durch Erhöhung der Türme, des Giebels und der Attika vergrößert, seine zuvor klare For-

WV 122 *„Berliner Bahnhof" in Hamburg, Innenansicht der Halle*

WV 122 *Vorderansicht*

mensprache jedoch durch den Einbau von Maßwerk in den Portalbogen abgeschwächt (Abb. S. 294). Die Verglasung der Bogen war wegen des starken Durchzugs notwendig geworden. Beide Maßnahmen führten dazu, daß die Halle anders als beim ersten Bahnhof von außen kaum noch einsehbar war.

Das bereits 1842 fertiggestellte Administrationsgebäude an der Abfahrtsseite wurde lediglich zweckentsprechend umgebaut und verlängert, um größere Räume für die Reisenden zu gewinnen. In diesem Gebäude befanden sich der Haupteingang, der Kartenverkauf und die Gepäckannahme. In den oberen Stockwerken waren Büros und Wohnungen untergebracht. An der gegenüberliegenden Nordseite wurde ein zweites Administrationsgebäude errichtet, wobei weitgehend die zurückhaltende Formensprache des Ursprungsbaus übernommen wurde. Zur Gliederung des zweistöckigen, im Mittelteil dreistöckigen Gebäudes setzte Chateauneuf zwei turmartige Risalite ein. Hier befanden sich im Erdgeschoß der Ausgang, eine Restauration und die Gepäckausgabe; diese Räume waren mit Kreuz- und Kappengewölben und mit Sandsteinsäulen aufwendig gestaltet.[836] In den Obergeschossen lagen auch hier Büros und Wohnungen. Das Äußere der Gebäude war in rotem Backsteinmauerwerk ausgeführt, während für die Gesimse, Sockel usw. entweder Zementputz oder Sandstein verwendet wurde. Beiden Bauten waren auf ganzer Länge Loggien mit gußeisernen Stützen vorgelagert. Sie waren durch gemauerte und überwölbte Portale „zierlich" unterbrochen, „um dem zu Wagen kommenden und abfahrenden Publicum Schutz gegen Wetter zu verleihen".[837]

Überblickt man sämtliche Baumaßnahmen, so war ein wenig homogener Baukomplex entstanden, bei dem stilistisch völlig unterschiedlich gestaltete Bauteile unvermittelt gegeneinandergesetzt waren. Wie bei manch anderen Bauten legte Chateauneuf das gestalterische Hauptaugenmerk deutlich auf den Innenraum.[838]

Während der Bauausführung kam es wiederholt zu Auseinandersetzungen mit der Berliner Aufsichtsbehörde. Die Konflikte eskalierten im Frühjahr 1850, als der von Chateauneuf vorgeschlagene Polier abgelehnt wurde. Als Chateauneuf daraufhin am 23. Mai die Lösung des Vertragsverhältnisses anbot, ging die Bahngesellschaft ohne Vermittlungsversuch darauf ein. Offensichtlich hatte sie das Vertrauen in Chateauneufs technische Fähigkeiten verloren. Tatsächlich mußten nach seinem Rücktritt noch aufwendige Sicherungsarbeiten am Bahnhofsgebäude durchgeführt werden. Im Winter 1850 war die Halle schließlich fertiggestellt. Eine feierliche Einweihung fand nicht statt.

Wie auch bei anderen Bauten des Architekten gab es am Ende des Projekts Honorarstreitigkeiten. Chateauneuf ging sogar bis vor das Handelsgericht, um seine letztlich unberechtigten Forderungen von fünf Prozent Gehalt durchzusetzen.

Anfang des 20. Jahrhunderts wurde das relativ gut erhaltene Bahnhofsgebäude im Zuge der Errichtung des Hamburger Hauptbahnhofes abgerissen.

Literatur: Chateauneuf, Publica, 1860; Lange 1965, S.38-40; Spallek 1978, S.95ff.; Rudolph 1999 (grundlegend)

123

Kinderhospital St. Georg, Alexanderstraße 24, 1846 – 1847

WV 123 *Kinderhospital in St. Georg*

Obgleich Hamburg mit dem 1821–1823 errichteten Allgemeinen Krankenhaus St. Georg zeitweilig über das größte und modernste Krankenhaus Europas verfügte, fehlten noch lange Zeit eigens für Kinder eingerichtete Stationen. Um diesen Mangel wenigstens teilweise zu beheben, wurde beim Bau des Amalienstiftes (WV 70) ein kleiner Bereich des Gebäudes für einige Krankenbetten für Kinder bereitgestellt.[839]

Dieser immer noch unbefriedigende Zustand änderte sich erst, als Amalie Sieveking gemeinsam mit ihrem Neffen, dem Arzt Edward Sieveking, den Bau eines Kinderhospitals vorantrieb. Amalie Sieveking hatte lange mit ihrer Beteiligung gezögert, da sie ihr ureigenes Anliegen der Armenfürsorge durch ihr finanzielles Engagement nicht gefährden wollte. Als Architekten gewann sie wiederum Chateauneuf, der sich zuvor bei den drei für sie ausgeführten Stiftsgebäuden bestens bewährt hatte.

1846 konnte durch „die Gaben freier Liebe" mit dem Neubau eines Kinderhospitals für 30 Betten begonnen werden; und bereits im Frühjahr 1847 war das Haus bezugsfertig. Es befand sich in der Alexanderstraße in unmittelbarer Nachbarschaft zu den übrigen von Amalie Sieveking in Auftrag gegebenen Stiftsgebäuden.

Das eingeschossige, auf hohem Sockel stehende Kinderhospital war als ein rechteckiger Baukörper parallel zur Straße angelegt.

Große, bogenförmige Fensteröffnungen sorgten für gute Beleuchtung der einzelnen Krankenzimmer. Der Ziegelrohbau wies mit den über die Dachflächen hochgezogenen Giebelmauern und den an Kaminschornsteine erinnernden, rechteckig ausgebildeten Giebelspitzen die für Chateauneuf damals typischen englischen Stileinflüsse auf.

Als 1889 ein staatliches Kinderkrankenhaus errichtet wurde, baute man das Haus zum sogenannten „Fünften Amalienstift" um. Dabei erhielt das Gebäude ein weiteres Obergeschoß und eine neue Zimmereinteilung. Offensichtlich wurden damals auch einige Fenster verändert. Der Bau ist nicht erhalten.

Literatur: Sieveking 1860, S.388, 391; Wichmann 1863, S.211; Lange 1965, S.43; Eissenhauer S.134

WV 125 *Jacobi-Friedhofskirche*

124

Schornstein der Hamburger Gasanstalt auf dem Grasbrook (?), 1847–1848

Im November 1845 wurden die Gebäude der ein Jahr zuvor gegründeten Hamburger Gascompany durch eine Sturmflut zerstört. Unmittelbar darauf wurde Lindley mit dem Wiederaufbau der Werksanlagen beauftragt. Weit vorausschauend erstellte er einen Generalplan für die zukünftige Ausdehnung des Unternehmens.

Die Anlage umfaßte ein Reinigungshaus, vier Retortenhäuser, acht Kohlenlagerhäuser und einen hohen Schornstein. Dieser 1848 errichtete „Gasturm" von gut 73 Meter Höhe und zehn Meter Durchmesser war das herausragende Bauwerk der Werksanlage (Abb. Tafel 25).[840] Sein durch aufsteigende Gurte gegliederter hoher Schaft erhob sich auf einem oktogonalen Sockel. Oben schloß der Schornstein mit einem Kranzgesimsab.

Wie auch beim Wasserturm von Rothenburgsort (WV 120) findet sich beim Schornstein der Gasanstalt eine durchgestaltete Körperhaftigkeit, die „dem Bauwerk die große Standhaftigkeit und das Leichte-Emporstreben verleiht".[841] Ähnlichkeit zwischen beiden Bauten besteht auch in der „außerordentlichen Sicherheit" hinsichtlich des Einsatzes von Einzelformen und dem „reizvollen Schwung der einfachen Umrisse".[842] Schumacher bewunderte an dem Bau, wie die riesige Masse des Turms durch die Gurte, die an ihm hinaufgeführt werden, mit dem breiten Fuß verankert ist.

Über den Architekten des Bauwerks sind wie beim Rothenburgsorter Wasserturm keine Quellen vorhanden. Hier wie dort wurde Lindley in den zeitgenössischen Publikationen als Entwerfer hervorgehoben, während Chateauneuf überhaupt nicht erwähnt wird.[843] Dennoch ist Chateauneuf wegen der stilistischen Ähnlichkeiten zum Wasserturm und der engen Zusammenarbeit mit Lindley als Entwerfer des Schornsteins in Betracht zu ziehen.

Literatur: Fölsch 1851, S.25; Spallek 1978, S.182-183

125

Jacobi-Friedhofskirche, um 1847–1864

Nach langen Verhandlungen wurde 1848 auf dem zum Dorf Hamm gehörenden Flurstück Peterskamp ein Friedhof der innerstädtischen Hauptkirche St. Jacobi angelegt. Bereits kurz zuvor muß Chateauneuf einen Entwurf für eine neogotische Friedhofskapelle angefertigt haben, der das Wohlwollen der Verantwortlichen fand. Ein Wettbewerb, wie er für die künstlerische Gestaltung des Eingangsbereichs des Friedhofs 1847 durchgeführt wurde (WV 127), läßt sich für den Kapellenbau nicht nachweisen.[844]

Aufgrund politischer Streitigkeiten um eine Torsperre zwischen Hamburg und Wandsbek wurde der zunächst beabsichtigte Kapellenbau aufgeschoben.[845] Bis 1848 konnten nur die Gestaltung der Friedhofsanlage und die Errichtung des Totengräberhauses nach Entwürfen von Georg Luis ausgeführt werden.

Kurz vor der endgültigen Aufhebung der Torsperre im Jahre 1863 bemühten sich mehrere Architekten, u.a. Georg Luis und Johann G. Minck, den Auftrag für den nun anstehenden Kapellenbau durch neu angefertigte Entwürfe zu erlangen. Der Kirchenvorstand griff aber auf Chateauneufs Projekt von ca. 1847 zurück. Auf der Grundlage dieser Entwürfe fertigte der englische Architekt Isaiah Wood Zeichnungen an, nach denen der Bau 1863–1864 ausgeführt wurde.[846] Wood war als langjähriger Bauleiter am St.-Nikolai-Kirchenbau sicher der versierteste damals in Hamburg tätige Kirchenbaumeister. Zudem hatte er bereits kurz zuvor für die Jacobi-Gemeinde eine Reihe von Modernisierungen an deren Hauptkirche ausgeführt.[847]

Die Jacobi-Friedhofskapelle ist ein schlichter Rechteckbau mit fünf Achsen. An den Längsseiten wechseln Strebepfeiler und hochrechteckige Maßwerkfenster. Nur an den vier Ecken des Gebäudes sind die Strebepfeiler schräg nach außen gestellt. Der Eingangsbereich weist ein schlichtes Portal auf, das durch einen mit Krabben geschmückten Wimperg betont ist. Der Bau ist außen in blaßgelben Backsteinen errichtet. Auf dem Satteldach ist ein für Kapellen typischer Dachreiter plaziert. Der stützenlose, verputzte Innenraum ist durch die hohen Fenster gut beleuchtet. Die Gewölberippen werden auf halbhoch angebrachten Konsolen abgekragt. Ein großes Maßwerkfenster zieht die Blicke in den Chorbereich.

Die Originalpläne Chateauneufs sind nicht nachweisbar, doch zeigt sein im August 1847 gefertigter Gesamtentwurf für den Friedhof (WV 126) die Vorderansicht eines Kapellenbaus und einen dazugehörigen Grundriß.[848] Beide Skizzen weisen manche Ähnlichkeit mit dem später ausgeführten Bau auf (Abb. rechts). So stimmen der längsrechteckige Grundriß, die quergestellten Pfeiler an den Gebäudeecken und die Fensteranordnung grundsätzlich überein. Darüber hinaus findet sich die kielbogenartige Portalumrahmung mehrfach bei Chateauneufs Kirchenbauten, so z.B. gut vergleichbar im Südschiff der St.-Petri-Kirche. Die von Wood vorgenommenen Änderungen betreffen vor allem die Verlängerung um ein Joch und die Verlegung des hohen Maßwerkfensters nach Süden. Da Chateauneuf bei seinen Sakralbauten niemals blaßgelbe Backsteine verwendete, dieses Material aber beim Bau von St. Nikolai im großen Umfang benutzt wurde, dürfte dessen Auswahl auf Wood zurückzuführen sein. Auch der Dachreiter ist auf der Skizze Chateauneufs noch nicht erkennbar.

Die vielleicht weitreichendste Abänderung der Pläne Chateauneufs betrifft die Lage der Kapelle. Auf einem von Chateauneuf entworfenen Gesamtplan des Friedhofs ist zu erkennen, daß die Kapelle nicht direkt an der Straße, sondern auf dem höchsten Punkt des Geländes, ca. 500 Fuß von der Chaussee entfernt, in West-Ost-Richtung errichten werden sollte. Mit der Plazierung nahe der großen Ausfallstraße wurde die stark landschaftsbezogene Konzeption Chateauneufs völlig zerstört.

Die Jacobi-Friedhofskapelle war bis zur Aufhebung des Friedhofs 1934 in Funktion. Die Beschädigungen aus dem Zweiten Weltkrieg wurden 1960–1962 durch das auf den Wiederaufbau zerstörter Hamburger Kirchen spezialisierte Architektenbüro Hopp und Jäger behoben. Seitdem wird das Gotteshaus als ev.-luth. Osterkirche genutzt.

Literatur: Gaedechens 1880, S.322; Faulwasser 1894, S.102; Decker o. J.

126

Entwurf für die Gestaltung des Jacobi-Friedhofes, 1847

Im August 1847 entwarf Chateauneuf eine künstlerische Gesamtgestaltung für den neu anzulegenden Jacobi-Friedhof am Peterskamp im damaligen Hamm. Bereits zuvor waren wichtige Vorbedingungen wie die Entwässerung des Geländes durch Gutachten abgeklärt worden.[849] Das Projekt ist durch einen Entwurfsplan und ein Erläuterungsschreiben gut dokumentiert.[850]

Das Terrain stieg vom im Norden gelegenen Haupteingang bis auf 500 Fuß um fast zehn Fuß an und fiel dann von dort bis zur Hammer Gemeindeweide um 20 Fuß nach Süden ab. Chateauneuf sah vor, diese landschaftliche Vorgabe „bis auf geringe Ausgleichungen zu lassen ..., da jede Niveau= Verschiedenheit auf einer Gräberstätte das Wünschenswertheste ist was man haben kann".[851] Um die Vorzüge dieser landschaftlichen Vorgaben auszunutzen, plante er, die Begräbniskapelle nicht an der schmalen Eingangsseite, sondern auf dem höchsten Punkt des gesamten Areals zu errichten.[852] „Auf diese Weise wird der Blick in den Kirchhof den Vorübergehenden dadurch nicht verschlossen, sondern vielmehr in das Innere desselben hineingezogen."[853]

Als äußere Eingrenzung des gesamten schlauchartigen Grundstücks sah Chateauneuf Büsche und einen Rundweg vor. In der Längsachse des Areals plante er bis zu einem im Süden gelegenen „Begräbnißplatze für Aermere" eine Allee, die an drei Stellen von querlaufenden Wegen gekreuzt werden sollte. In den dadurch großflächig gegliederten Raum setzte Chateauneuf ein Netz von jeweils 20 x 20 Fuß großen Grabstellen.

Als Bepflanzung sah er im nördlichen Eingangsbereich aus Kostengründen schlichte Dornenhecken vor. Zum eigentlichen Friedhof hin sollten auch Bäume und Sträucher hinzukommen. Auf diese Weise sollten die Unregelmäßigkeiten des Grundstücks verdeckt werden.

Im Eingangsbereich sollte auch das Totengräberhaus mit einer Leichenkammer für sechs Leichen und einem dazugehörigen Gärtchen liegen (WV 127). Chateauneuf wünschte, daß sich die Eingangspforte gegenüber den anderen Bauten entlang der Chaussee durch „Größe des Maaßes" auszeichne.

Bei seiner Kostenberechnung gab Chateauneuf für die Kapelle und für die Totengräber-

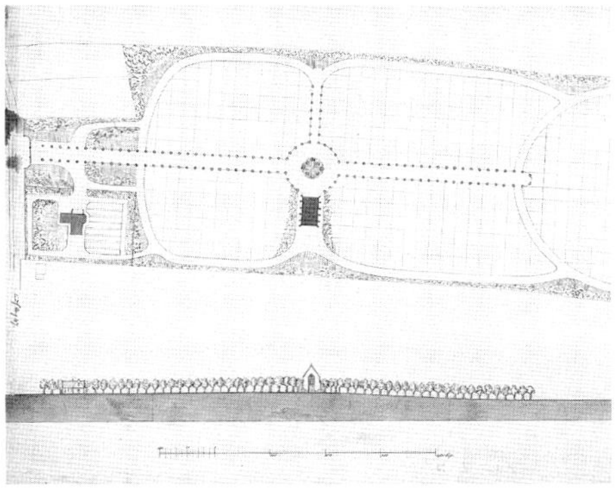

WV 126 *Entwurf für die Gestaltung des Jacobi-Friedhofs*

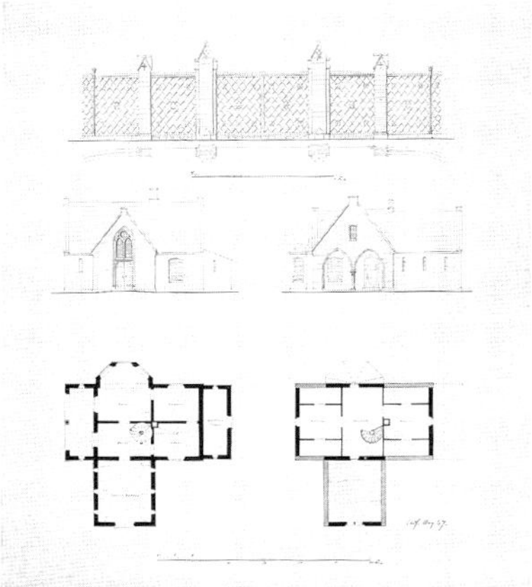

WV 127 *Totengräberhaus und Eingangsbereich des Jacobi-Friedhofs*

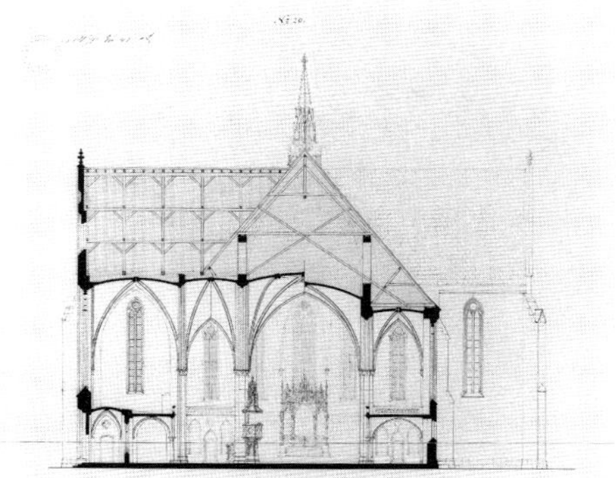

WV 128 *Alternativentwurf für die Erlöserkirche, 1847*

wohnung jeweils ca. 14.000 und für die Eingangspforte 2.000 Courantmark an. Die Kosten der Anlage der Wege und Anpflanzungen sollten nach den Zeichnungen Chateauneufs von einem Gärtner berechnet werden.

Chateauneufs Entwurf überzeugt durch die geschickte Ausnutzung des Terrains mit der landschaftsbeherrschenden Kapelle. Die Kirchenkommission entschied sich jedoch für den Entwurf eines in Lübeck ansässigen Herrn Evers.[854]

Wie so häufig bei Chateauneuf enthält auch das Erläuterungsschreiben für die Gestaltung des Jacobi-Friedhofs über das konkrete Projekt hinausgehende städtebauliche Aussagen. Hier wies Chateauneuf auf ein allgemeines Problem des städtischen Bestattungswesens hin. Dabei warf er der Baudeputation vor, daß sie bei der damals häufig anfallenden Frage der Verlegung von innerstädtischen Kirchhöfen jeweils Einzellösungen vorantreibe. So könnte es dazu kommen, daß sich in den „folgenden Jahren für jede Kirche und jedes Kirchlein die Kosten von Todtengräberwohnung, Leichenhaus, Capelle und Eingangspforten 10 bis 15 Mal" wiederholen und jeweils nur „etwas Kleinliches" dabei herauskomme.[855] Tatsächlich wurde seit Mitte der fünfziger Jahre der Übergang von der kirchlichen zur staatlichen Friedhofsverwaltung diskutiert. Mit dem 1874 erfolgten Ankauf großer Teile der Ohlsdorfer Feldmark wurde dann auch faktisch die Grundlage zur Anlage eines Hamburger Hauptfriedhofs geschaffen. So sehr Chateauneuf mit der Idee eines zentralen Bestattungsortes recht hatte, wegen der Größe des Ohlsdorfer Friedhofes mußten auch dort zahlreiche Einzelkapellen und Leichenkammern errichtet werden.

127

Wettbewerbsentwurf für das Totengräberhaus und den Eingangsbereich des Jacobi-Friedhofs, 1847

Im Sommer 1847 beteiligte sich Chateauneuf an einem kleinen Wettbewerb zur Erlangung von Entwürfen für das Totengräberhaus und den Eingangsbereich des neuangelegten Jacobi-Friedhofs.[856] Es handelte sich um ein relativ schmales, von Häusern begrenztes Grundstück, unmittelbar an der Wandsbeker Chaussee gelegen. Als vordere Begrenzung plant Chateauneuf eine Mauer mit einem konkav geschwungenen, von Backsteinpfosten gerahmten Gittertor. Dessen Binnenmuster weist eine für Chateauneuf typische einfache und elegante Gestaltung auf, hier in Form eines Rautenmusters. Rechts davon erhebt sich das schlichte Totengräberhaus. Der Grundriß zeigt zwei rechtwinklig ineinandergeschobene Baublöcke mit kleineren Anbauten. Zur Chaussee hin befindet sich die für eine Aufnahme von bis zu sechs Särgen konzipierte Leichenkammer. Dahinter beginnt der quergestellte Wohnbereich mit Diele, Küche und Kammer. Die nach Süden liegende Stube ist durch einen chorartig wirkenden Erker erweitert. Im ausgebauten Dachgeschoß sind weitere Wohnkammern vorgesehen. Vor dem Hauseingang im Osten befindet sich ein mit zwei spitzbogigen Arkaden gestalteter Vorbau. Auch das Portal der Leichenkammer weist gotische Formen auf. Im Westen ist ein einfacher Geräteschuppen angefügt. Die Art der Schraffur auf Chateauneufs Entwurfszeichnung läßt darauf schließen, daß der Bau in Backstein errichtet werden sollte.

Neben Chateauneuf beteiligten sich auch Georg Luis und zwei nicht genau identifizierbare Architekten namens Voss und Lange an dem Wettbewerb. Die beiden letzteren schieden wegen zu kostspieliger Entwürfe aus. Luis siegte mit einem neogotischen, im Vergleich zu Chateauneufs Projekt repräsentativeren Entwurf, der bis 1848 ausgeführt wurde.

128

Umbau der Erlöserkirche in Christiania (Oslo), 1847–1850

Die Erlöserkirche von Christiania war 1694–1697 als kreuzförmige Kirche in Leidener Backstein errichtet worden. Charakteristisch für dieses Gotteshaus waren die großen Fensterbahnen, die fast vom Fußboden bis zur Decke reichten. Zusammen mit den im Querschiff sogar auf zwei Ebenen übereinander angeordneten Fenstern sorgten sie für eine gute Beleuchtung des mit einer Holzbogendecke gewölbten Innenraums. Dieser war im Verlauf des 18. Jahrhunderts mit Königsloge, Orgel und einem stattlichen Hochaltar reich ausgestattet worden. Der dem Hauptbau vorgelagerte massive Westturm wies „kaum die Höhe anständiger Wohnhäuser in größeren Städten"[857] auf.

Nachdem im frühen 19. Jahrhundert mehrere Teile der Ausstattung entfernt worden waren, bat 1846 der Rat von Christiania einige in der Stadt tätige Architekten um Pläne für eine Umgestaltung dieser größten und wichtigsten

Kirche der Stadt. Am 21. Dezember wurden drei Vorschläge eingesandt, von denen zwei von dem Stadtbaumeister Christian Heinrich Grosch stammten.[858]

Am 18. Mai wurde Chateauneuf um ein Gutachten über die drei Projekte gebeten. Der Hamburger Architekt war in Norwegen kein Unbekannter. Bereits 1838 hatte der Leiter des Schloßbaus, Hans Ditlev Franciscus Linstow, in einem Zeitungsartikel den Architekten als einen Mann mit hervorragendem Talent bezeichnet.[859] Der ehrenvolle Auftrag kam aber wohl vor allem durch den kollegialen Kontakt zu Grosch zustande. Dieser „langjährige Freund" versorgte Chateauneuf auch mit einigen grundlegenden Informationen über Lage, Gestalt und Zustand der Kirche, so daß Chateauneuf ein fundiertes Urteil abzugeben vermochte.[860]

Da der Hamburger Architekt mit keinem der eingereichten Entwürfe vollauf zufrieden war, entwickelte er ein eigenes Bauprojekt, das er mitsamt seinem Gutachten nach Christiania sandte (Abb. S. 298 unten). Sein Vorschlag sah eine gotische Kirche auf griechischem Kreuz mit polygonalem Chorschluß vor. Deutlich ist die Tendenz zum Zentralraum erkennbar. Der Raum sollte durch hohe schlanke Maßwerkfenster aufgelöst werden. Die Veränderungsvorschläge waren so weitreichend, daß mit Ausnahme des Turms sowie der Grundmaße kaum etwas von der alten Kirche erhalten geblieben wäre.[861]

Als Chateauneuf wenige Wochen später bei seinem ersten Besuch von Christiania die Erlöserkirche besichtigte, änderte er seine Meinung grundlegend. Nun vertrat er die Meinung, daß möglichst viel von dem Bau erhalten bleiben solle. In einem Bericht an den Rat führte er aus: „Das Innere der Kirche machte auf mich den Eindruck eines wohlerhaltenen geräumigen Bethauses, welches im Character des praktisch holländischen Sinnes solcher Gebäude des siebenzehnten Jahrhunderts, durch den Anklang diser Erinnerungen ein ehrwürdiges Gefühl erweckt."[862] In bezug auf einen der eingereichten Wettbewerbsvorschläge hielt er es für einen „wahren Frevel, wenn man die keineswegs drückend erscheinende, einfach seinen (!) Zweck erfüllende Bogendecke bloß deshalb herunternehmen wollte, um nur einige Fuß höher ein etwas mehr sich verkröpfendes Holzwerk wieder aufzurichten!"[863] Auch lehnte er den Einbau von Emporen auf Stützen ab, denn dieser Eingriff würde bloß „den Eindruck des Kümmerlichen einer bloßen Nothdurftsbefriedigung vermehren, und häßlicher seyn als die jetzigen Logen!"[864] Bemerkenswert ist auch sein Eintreten für die alte, von „malerischem Reiz überzogene"[865] Sakristei.

Chateauneuf war der Überzeugung, daß nur geringe Mittel nötig seien, um das Aussehen des Inneren zu verbessern. Im Chorbereich sollten die beiden Fenster neben dem Altar zugemauert werden. Das dort vorhandene Hauptbild wollte er durch ein „würdigeres" Gemälde ersetzen. Während der Bischofssitz hinter der Kanzel vollständig entfernt werden sollte, wollte er der Loge der königlichen Familie eine „etwas characteristischere Modulierung in Uebereinstimmung mit dem Style des ganzen Gebäudes aus dem 17ten Jahrhundert"[866] geben. Im Eingangsbereich sollte die herabhängende Decke des Orgellettners etwas angehoben werden, um dadurch den Eintretenden einen besseren Überblick zu ermöglichen. In der Art englischer Collegesäle wollte Chateauneuf der gesamten tonnenartigen Verbretterung der Decke durch Aufsetzen von Rippen auf die Maßfugen der Deckenschalung und mit einem „schicklichen" Ölfarbenanstrich eine „zeitgemäße Auffrischung" geben. Dabei sollte der Übergang zur Wand in punktförmige, vorgetäuschte Gewölbeansätze aufgelöst werden. Durch diesen Kunstgriff erzielte er den Eindruck einer zeltartig über dem Raum schwebenden Decke.[867]

Als weitere Verbesserungen schlug Chateauneuf eine Heizungsanlage im Kellerbereich, den Einbau von Doppelfenstern und die Anlage eines Asphaltbodens über den Dielen vor.

Am Außenbau wollte Chateauneuf zu diesem Zeitpunkt lediglich den „häßlichen" Aufgang zur königlichen Loge durch eine gemauerte Wendeltreppe zwischen Schiff und Querschiff ersetzen.

Die umsichtige Gutachtertätigkeit und die wohlüberlegten Entwurfsvorschläge verfehlten nicht ihre Wirkung auf die Stadtoberen. So erhielt Chateauneuf am 28. April 1848 den offiziellen Auftrag, eigene Entwürfe für „eine am zweckmäßigsten scheinende Restauration" der Erlöserkirche anzufertigen. Die daraufhin bis zum 20. Juni 1848 fertiggestellten Pläne bezogen sich weitgehend auf die bereits ein Jahr zuvor gemachten Vorschläge. Als wesentliche neue Ideen wollte er den Chor nun mit einem 5/8-Schluß gestalten. Am Deckenansatz sollte das gesamte Gesims abgenommen werden. Von technischem Interesse ist die Anordnung, daß anstelle der quer durchliegenden Balken zusammengenietete eiserne Stangen Verwendung finden sollten. Am Außenbau wollte Chateauneuf nun auch die Eingänge

WV 128 *Erlöserkirche in Christiania vor dem Umbau (oben), Umbauentwurf (unten)*

WV 128 *Erlöserkirche in Christiania nach dem Umbau*

WV 128 *Innenansicht nach der Umgestaltung durch Chateauneuf*

durch „aufstrebende" Bauteile in ihrer Bedeutung herausheben. Der Turm sollte ein weiteres Geschoß erhalten, um dort die Uhrscheiben anbringen zu können. Als Bekrönung plante Chateauneuf eine „leicht aufstrebende Spitze in rascher Zusammenziehung". Die Holzkonstruktion sollte mit Eisenblech gedeckt werden. Chateauneuf hatte „die Form der Spitze genau dem Zeitalter Christian des Vierten entsprechend gebildet, wodurch der Stadt und der Kirche ein fernhin schauendes charakteristisches Wahrzeichen der Zeit ihres Gründers errichtet würde".[868]

Tatsächlich erinnern manche Details an den von Hans van Steenwinckel d. J. errichteten Renaissanceturm von Kronborg, den Chateauneuf auf seiner Fahrt nach Christiania 1847 gesehen haben könnte (Abb. S. 300). Gleichwohl fehlt dem Turm der Erlöserkirche jene unvergleichliche Leichtigkeit und Eleganz, die das dänische Beispiel auszeichnet.

Anfang Januar 1849 teilte Chateauneuf dem Rat der Stadt mit, daß er die Umgestaltung des Innenraums binnen eines Sommers durchführen könne, ohne daß deswegen ein Sonntagsgottesdienst ausfallen müsse. Die Arbeiten am Außenbau würden allerdings zwei Jahre in Anspruch nehmen. Als Bedingung für seine Mitarbeit forderte Chateauneuf eine Vergütung für bisher geleistete Entwurfsarbeiten sowie fünf Prozent Honorar für den auszuführenden Bau. Zudem behielt er sich das Recht vor, den Bauführer zu stellen. Diese Bedingung lag ihm besonders am Herzen. Denn der wohl zunächst für diese Aufgabe vorgesehene Grosch war in der Gunst Chateauneufs gesunken, da er an dessen Kostenvoranschlägen deutliche Zweifel geäußert hatte. Nun verwahrte sich Chateauneuf energisch dagegen, daß Grosch die Bauleitung übertragen würde: „Das würde ein babylonischer Thurmbau werden, wo der Ausführende das zu Machende gegen seine Ueberzeugung betreiben sollte!"[869] Falls die Kirchenbauinspektion einen Ersatz finden sollte, bat er um eindeutige Referenzen.

Daraufhin wurden seine Vorschläge zur Umgestaltung der Erlöserkirche im April 1849 vom Rat der Stadt Christiania genehmigt. Nachdem der aus Deutschland stammende Architekt Heinrich Ernst Schirmer die Bauleitung vor Ort übernommen hatte, konnte die Umgestaltung von 1849 bis 1850 durchgeführt werden. Chateauneuf entwarf nicht nur die generellen Umbaupläne, sondern auch wichtige Prinzipalstücke. Dabei erinnert z.B. die Kanzel deutlich an seine kurz zuvor für St. Petri in Hamburg entwickelte Lösung (Abb. links).

Chateauneufs Umgestaltung der Erlöserkirche ist in vielerlei Hinsicht bemerkenswert. Mit den dominierenden gotischen Formen gab er der Kirche eine Gestalt, die sie niemals zuvor besessen hatte. In einem Schreiben an den Rat begründete er diesen in der Architekturgeschichte wohl äußerst seltenen Vorgang der Vordatierung eines Kirchenbaus: „Höheren Bedingungen als den streng chronologischen folgend, bin ich bei der Formgebung der neuen schmückenden Bautheile meistens dem Ausgangsstyle der Gothik gefolgt. Denn wenn auch der ursprüngliche Bau mehr dem Einfluß des Renaissanze (!) Styles als dem damals schon aufgegebenen Princip des Gothischen unterworfen gewesen zu seyn scheint, so habe ich eine naive Mischung dieser beiden Stylarten, welche um jene Zeit häufig vorkommt, und öfters die anmuthigste Wirkung hervorbringt, unbedingt der Tendenz des Barocken im Renaissanze = Styl vorgezogen. Um so mehr bei einem Kirchenbau."[870]

Trotz der hier zum Ausdruck gebrachten Ablehnung der Kunst des 17. und 18. Jahrhunderts war Chateauneufs Umgang mit den überlieferten Ausstattungsstücken moderat. Indem er Königsloge und Orgel in die Neugestaltung einbezog, schuf er einen Bau, in dem Elemente der Renaissance, des Barocks und der von der englischen Spätgotik beeinflußten Neogotik nebeneinanderstanden. Fast zeitgleich wandte er dieses Gestaltungsprinzip auch bei der Hamburger St.-Petri-Kirche (WV 91) an. Dieser rücksichtsvolle Umgang mit barocken Kunstwerken war im 19. Jahrhundert keineswegs selbstverständlich. So zerstörte z.B. Friedrich von Gärtner bei seiner „Wiederherstellung" des Bamberger Doms weitgehend dessen umfassende Barockausstattung.

Die gesamte Umbauplanung muß vor dem Hintergrund der in Christiania um 1845 anstehenden neuen Kirchspieleinteilung gesehen werden. Chateauneuf hatte bereits 1847 erfahren, daß in absehbarer Zeit eine zweite große Kirche gebaut werden sollte. Daraufhin hatte er nicht nur auf den Einbau von Emporen verzichtet, sondern offensichtlich generell den Weg einer zurückhaltenden Modernisierung eingeschlagen. Die auf diese Weise eingesparten Finanzen konnten nach seiner Vorstellung dem Neubau zugute kommen.

Die von Chateauneuf umgestaltete Erlöserkirche fand begeisterte Zustimmung in der norwegischen Öffentlichkeit. Offensichtlich störte es niemanden, daß der kunstvolle Turmhelm unverkennbar an die erst kurz zuvor nach jahrhundertelanger Herrschaft vertriebenen Dänen erinnerte. Für viele Jahrzehnte blieb die Kirche unverändert. Doch mit der 1907–1908 durchgeführten Generalrenovierung wurden vor allem mit der Veränderung der Innenraumfassung und 1916 mit dem Einsetzen der Glasmalereien Emanuel Vigelands weitreichende Veränderungen durchgeführt. Die vollständige Zerstörung von Chateauneufs Raumkonzeption geschah dann 1948–1950, als nicht nur das Rippengewölbe, sondern nahezu die gesamte Innenausstattung beseitigt wurde. Der geringe Stellenwert, den Chateauneufs Kunst damals besaß, ist auch daran erkennbar, daß vor der Zerstörung keine fotografische Dokumentation angefertigt worden war.[871]

Literatur: Lange 1965, S.49-51; Tschudi-Madsen 1965, S.40-47; Bjerkek 1977; Bjerkek 1979

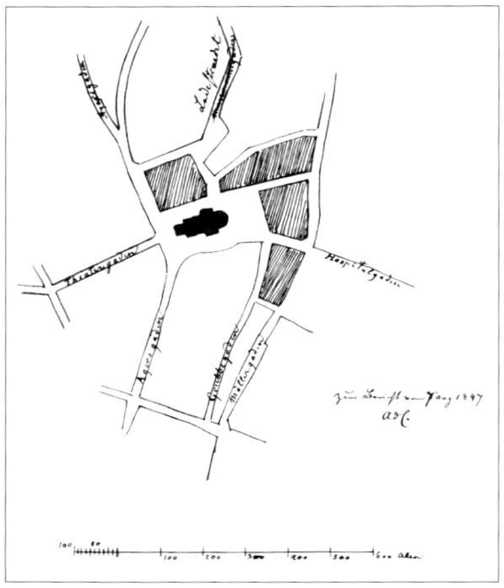

WV 129 *Städtebauliches Projekt für eine zweite Pfarrkirche in Christiania*

129

Städtebauliches Gutachten über den Platz einer neuen Pfarrkirche in Christiania (Oslo), 1847

Während seines ersten Besuches in Norwegen erhielt Chateauneuf am 28. Juli 1847 den ehrenvollen Auftrag, ein städtebauliches Gutachten über die „Wahl eines Platzes für eine neue Kirche in Christiania“ anzufertigen. In den folgenden Tagen arbeitete er intensiv an seinem Bericht, so daß er ihn noch am 7. August, dem Tag seiner Abfahrt nach Hamburg, fertigstellen konnte.[872]

Voraussetzung für seine Überlegungen war die für Christiania geplante Neuordnung der Kirchspiele. So war vorgesehen, vom Kirchspiel der Erlöserkirche (= Dom) einen nördlichen Teil abzutrennen. Das so geschaffene neue Kirchspiel sollte im Westen vom Glacis durch Kongens- und Möllersgaden bis zum Akerfluß, im Norden vom hochgelegenen Kirchspiel der alten Akerskirke, etwa bis Bergfjordingen, im Osten vom „Incognito“ längs des Schloßparkes bis Phillipstad und im Süden durch das Meer längs des Holmen und Pipervejen und durch das Glacis der Festung begrenzt werden. Der Mittelpunkt dieses erst teilweise bebauten Kirchspiels befand sich ungefähr bei dem wenige Jahre zuvor unter Beteiligung Karl Friedrich Schinkels errichteten Universitätsgebäude.

Das von Süden nach Norden kontinuierlich ansteigende Areal ist von einem Tal durchschnitten, das in einer Bogenlinie von Nordosten einmündet, und im Süden im Meer endet. Innerhalb des Gebietes waren Chateauneuf für seine Überlegungen vier Plätze genannt worden:

1. hinter den Universitätsgebäuden
2. auf dem Klingeberg
3. auf dem Hammersborg
4. der Platz an der Möllersgaden, zwischen dem Hospital und einem „bergab sich neigenden proojectirten neuen Marktplatze“.

Bis auf den Hammersborg lehnte Chateauneuf sämtliche Vorschläge ab. Den Bereich hinter der Universität (Nr. 1) hielt er wegen der niedrigen Niveauhöhe für ungünstig. Durch die zum Teil höher liegenden Privatgebäude könnte das Gotteshaus dort kaum zur Geltung kommen. Ähnliche Gründe führten auch zur Ablehnung des Klingebergs (Nr. 2). Zwar traten die damals dort liegenden Gebäude „auf ihrem Maulwurfshügel über die Umgebung empor“. Doch ein größerer Kirchenbau würde im Verhältnis zu den umliegenden Gassen nur „unbedeutend aus der Ebene erhoben seyn“.[873] Problematisch erschienen Chateauneuf in diesem Fall auch die hohen Erwerbskosten der Grundstücke. Auch der Platz zwischen Möllersgaden und Grubbegaden (Nr. 4) erfüllte die Vorstellungen des Architekten nicht. Dort wäre ein Gotteshaus in seiner „orientirten Längenausdehnung“ allzu beschränkt gewesen; und zudem würde „fast nur die Choransicht von dem projectirten Marktplatze aus zu sehen seyn“.[874] Nachteilig erschien ihm auch, daß die Kirche dort „ganz u gar dem Thale des Kirchspiels des Erlösers zu gewendet“[875] sei. Der regelmäßige Platz würde sich jedoch generell für ein öffentliches Gebäude oder zum Verkauf von Privatbauplätzen eignen.

Als eigenen – allerdings nicht mit großem Nachdruck vertretenen – Vorschlag führte Chateauneuf „das große Terrain worauf Kjerulfs Lökke (gegenüber der Wohnung des Bürochefs Berg) liegt“[876] an. Doch hätte das Gebiet vor dem Kirchenbau hinsichtlich der Straßenführung neu reguliert werden müssen.

Das von Chateauneuf eindeutig favorisierte Gelände befand sich an der Kuppe des Hügels Sorgenfri im Stadtteil Hammersborg: „Eine Kirche würde auf diser Stelle, welche erhoben über dem umgebenden Stadttheil von allen Seiten durch große ...und nicht zu steile Straßen erreichbar ist vortrefflich situirt seyn.“[877]

Zur besseren Veranschaulichung seiner Vorstellungen fügte Chateauneuf eine Entwurfsskizze des Stadtteils mit dem eingezeichneten Standort der neuen Kirche inmitten der sie umgebenden Häuserinseln bei (Abb. links). Demnach sollte die Westfassade der auffallend langgestreckten und mit Querschiff und Chorrund versehenen Kirche zur Theatergaden, die südöstliche Choransicht en face der Hospitalstraße ausgerichtet sein. Nach Norden sollten sich die Ladestraedet und der Militärfriedhof anschließen.

Der erfahrene Städteplaner Chateauneuf beließ es nicht bei einer rein topographischen Standortdiskussion. Er bezog weitergehende stadtplanerische Gesichtspunkte in seine Betrachtung ein.

Chateauneuf wollte offensichtlich anläßlich des Kirchenneubaus das gesamte Stadtviertel „sanieren". Denn ihm schien dieses Quartier „mit seinem schön gelegenen Militärkirchhofe, welcher in seinem oberen Theile auf der Wasserscheide der Höhe, nach dem Thale des Agerflusses abfällt" als das fast „am verwirrtesten bebaute Terrain der ganzen Stadtregion". In den engen und steilen Gassen befanden sich schlechte Wohnungen. Diese bildeten zusammen mit den Holzspeichern der Kaufleute eine „Brandfackel für die Stadt". Zur Lösung dieser Probleme wäre es erforderlich, das ganze Terrain auf Hammersborg zu erwerben. „Das wäre aber auch ohne den Kirchenbau wünschenswerth um dise schlechten Gassen, dise elenden Wohnungen, dise feuergefährlichen Speicher von einem bald in Mitten der städtischen Bebauung liegenden Terrain fortzuschaffen! Gute Straßen, schöne Hausplätze mit reichlichen Fronten würden auf dise Weise geschaffen." Chateauneuf schlug zudem vor, daß der durch dieses Gebiet fließende Bach „in seinem Gefälle zu reguliren und ferner zu überwölben" sei, „um als Stammsiel für ein baldigst auszuführendes Entwässerungssystems dises Stadttheils benutzt zu werden".[878]

Neben den unbestreitbaren hygienischen Verbesserungen und der allgemeinen Verschönerung könnten für die Stadt durch das Projekt sogar noch beträchtliche finanzielle Gewinne erwirtschaftet werden. Denn Chateauneuf war beim Wiederaufbau Hamburgs zu der Erkenntnis gelangt, „daß die Ankaufssumme für das sämtliche Terrain mit den darauf stehenden nicht sehr werthvollen Baulichkeiten, beym Wiederverkauf nach regulierter Reformirung eines anständigen Kirchenplatzes, sich reichlich wieder bezahlt machen würde. In je größerem Maaßstabe solche An= und Wiederverkäufe, nach gehöriger Eintheilung, in Hamburg vorgenom(m)en wurden, desto vortheilhafter sind sie in pecuniaerer Hinsicht ausgefallen, und es ist wohl nicht zu bezweifeln, daß ganz dasselbe in allen prosperirenden Städten der Fall seyn wird. Je weniger umfassend hingegen die Maaßnahmen in diser Beziehung in Hamburg waren desto kostspieliger sind sie geworden!"[879]

Offensichtlich hatte Chateauneuf bei seinen Recherchen für das Gutachten die mangelhafte Ausstattung der Ämter mit exaktem Planmaterial kennengelernt. Um diesem Mangel abzustellen, riet er allen Behörden Christianias, „welche über dessen Baupolizey, dessen städtisches Eigenthum, dessen Wasserleitungen, Gasleitungen und dessen Entwässerung u.s.w. zu verfügen haben", nachdrücklich, „genaue Karten des Terrains, und was bey solch hügelichter Beschaffenheit desselben fast noch wichtiger ist; des Nivellement aufs Genaueste in Karten, und sogar in Modellen sich vor Augen stellen zu lassen. Eine Bestimmung des Nieveau's der neuen Straßen und Plätze, ist bey dem so rasch zur Privatbebauung in Angriff genommenen neuen Stadttheil das dringendste Bedürfniß!"[880] Ganz deutlich sind hier die Erfahrungen mit dem Hamburger Wiederaufbau, vor allem die infrastrukturellen Überlegungen Lindleys erkennbar. Dabei rät er zu einer konsequenten Transparenz hinsichtlich der für die Bevölkerung so wichtigen Projekte der künftigen Straßenrichtungen. Als positives Beispiel nennt er die Stadt Altona. Diese habe „einen solchen Zukunftsplan der Stadtvergrößerung"[881] der Öffentlichkeit nicht vorenthalten und dafür die besten Früchte geerntet.

Literatur: Bjerkek 1979, S.3; 26-27

WV 130 *Dreifaltigkeitskirche von Süden*

130
Dreifaltigkeitskirche (Apostelkirche) in Christiania (Oslo), 1847–1858

Bereits während seines ersten Besuches in Christiania im Jahre 1847 wurde Chateauneuf nach seiner Meinung für einen geeigneten Platz für eine neu zu errichtende Pfarrkirche gefragt (WV 129).[882] Der erfahrene Städteplaner wählte ein Grundstück in dem im Norden der Stadt gelegenen Hammersborg. Auf einem städtebaulichen Skizzenblatt ist erkennbar, daß Chateauneuf eine auffallend langgestreckte und mit Querschiff und Chorrund versehene Kirche plante. In einer späteren Entwurfsphase fertigte Chateauneuf einige Planungsskizzen an, die wesentliche Ideen des späteren Kirchengebäudes aufweisen. So finden sich hier bereits ein oktogonaler Hauptraum, eine Kuppel, zwei den Eingang flankierende Türme und eine Vorhalle.[883]

Als 1849 endlich ein definitiver Beschluß für den Neubau vorlag, wurde Chateauneuf

***WV 130** Dreifaltigkeitskirche, Wettbewerbsentwurf, Innenansicht*

vom Bürgermeister Bretteville zur Teilnahme an einer Konkurrenz aufgefordert. Neben Chateauneuf nahmen daran auch die einheimischen Architekten Grosch[884], Linstow und Nebelong sowie der deutschstämmige Schirmer teil.

In Abweichung von Chateauneufs Vorschlag war nun der Fuß des Sorgenfri-Hügels als Baugrundstück vorgesehen. Der von dem Architekten ursprünglich geplante Langhausbau war an dieser Stelle denkbar ungünstig, da man aufwendige Bodenbewegungen hätte durchführen müssen. Nach seinen negativen Erfahrungen mit einer solchen Problemstellung beim Hamburger Bahnhofsbau muß Chateauneuf derartige Überlegungen von Beginn an weit von sich gewiesen haben.

So entwarf er ein zentralbauähnliches Gotteshaus, das nach eigenen Angaben Elemente der Hamburger Gertrudenkirche wie auch der Marienkirche von Gelnhausen aufweisen sollte.[885] Prinzipiell sah er wie auch Gottfried Semper im Zentralraum die ideale Lösung für einen evangelischen Gottesdienstraum. Gegenüber Hanno erläuterte Chateauneuf diese Grundidee: „Ich habe besonders ein Langschiff vermieden und ebenso die Terrassen von West nach Ost, ich finde es besser, in die Breite als in die Tiefe zu gehen. Ich glaube auch, daß eine konzentrische Form sehr glücken würde. Sie nimmt Rücksicht auf den protestantischen Gottesdienst, der sich meistens um die Kanzel herum versammelt.“[886]

Anders als Semper griff Chateauneuf jedoch auf gotische Bauformen zurück. Dies hing sicherlich mit der jahrelangen Beschäftigung mit den Hamburger Kirchen St. Gertrud (WV 92) und St. Petri (WV 91) zusammen.

Der Grundriß von Chateauneufs Dreifaltigkeitskirche zeigt ein griechisches Kreuz mit einem dominierenden oktogonalen Hauptraum, dessen äußerer Bereich als Emporenumgang gestaltet ist. Daran angeschlossen sind kurze Querschiffe, ein 5/8-Chor und ein Vorraum, der von zwei oktogonalen Türmen flankiert wird. Der gesamte Innenraum ist gewölbt, wobei die Hauptkuppel auffallend flach ausfällt (Abb. S.307). Chateauneuf verfolgte wie bei St. Petri in Hamburg eine Tendenz zum „Breitdrücken der gotischen Formen“[887], was ihm durch die vergleichsweise hoch geplanten Umfassungsmauern, Stützen und Kämpferpunkte der Gewölbe ermöglicht wurde. Dennoch wirkt die Kirche keineswegs gedrückt. Denn Chateauneuf plante durchweg hohe, im Chor besonders schlanke Maßwerkfenster. Die Kanzel war am linken Choreingang vorgesehen. Im Chor sollte ein relativ kleiner Altaraufbau errichtet werden, wodurch das Chorfenster dahinter voll zur Wirkung kommen konnte. Diesem Ziel der möglichst hellen Beleuchtung des Inneren entspricht auch die Freistellung des Westfensters durch einen geschickt angeordneten Orgelprospekt.

Chateauneuf wünschte, daß der gesamte Innenraum mit sichtbarem roten Backstein gestaltet werden sollte. Sämtliche Gewölbe sollten mit blauer Farbe und goldenen Sternen den Eindruck eines Himmelszeltes erwekken. Die Wirkung dieser „romantischen“ Gestaltung hätte durch die besondere Form der Rauminszenierung eine Steigerung erfahren. Denn Chateauneuf wollte den Gläubigen vom Portal kontinuierlich bis zum Altar hinaufsteigen lassen. Vor allem der Blick vom Vestibül in den „himmelszeltartigen“ Zentralraum wäre überwältigend gewesen (Abb. S.304 unten).

Neben diesen architektonischen Feinheiten bringt der Wettbewerbsentwurf aber auch Chateauneufs Vorliebe für technische Feinheiten zum Ausdruck. So installierte er unterhalb des Kirchenbodens ein Heizluftsystem, wobei er einzelne Pfeiler als Schornsteine benutzte.[888]

Im Äußeren wurde der Eindruck der Kirche von dem blockhaften, durch die großen Fenster aufgelockerten Baukörper und die hohe Kuppel bestimmt (Abb. Tafel 34). Damit die am Fuße des Sorgenfri-Hügels gelegene Kirche im Stadtbild eine gebührende Position erhielt, wollte Chateauneuf ihr eine von der Innenraumdisposition kaum zu erwartende Höhe geben. Wie im Inneren wurde auch am Außenbau fast vollständig auf Skulpturenschmuck verzichtet.

Chateauneuf arbeitete keine detaillierte Beschreibung dieses Wettbewerbsbeitrages aus. Er war der Überzeugung, daß die Zeichnungen selbst jede Frage besser als „Millionen Worte, auch geschickt gestellt“[889] beantworten könnten. Und tatsächlich verfehlte der beeindrukkende Entwurf seine Wirkung auf das Preisgericht nicht. Im Februar 1850 wurde Chateauneuf als Sieger des ersten bedeutenden Architekturwettbewerbs in Norwegen verkündet.[890] In der Beurteilung hieß es, „daß das Innere der Kirche den reinsten gotischen Stil verkörpere, ohne dessen Luxus zu erfordern, und damit stehe das Äussere der Kirche in schönster Übereinstimmung. Die Konstruktionen seien so durchdacht und harmonisch angelegt, dass sie miteinander hervorragende Partien bilden, die ohne jede Ausschmückung in sich selber großartige Dekorationen genannt werden könnten. Die ganze Kirche wirke trotz ihres Formenreichtums klar und ruhig.“[891]

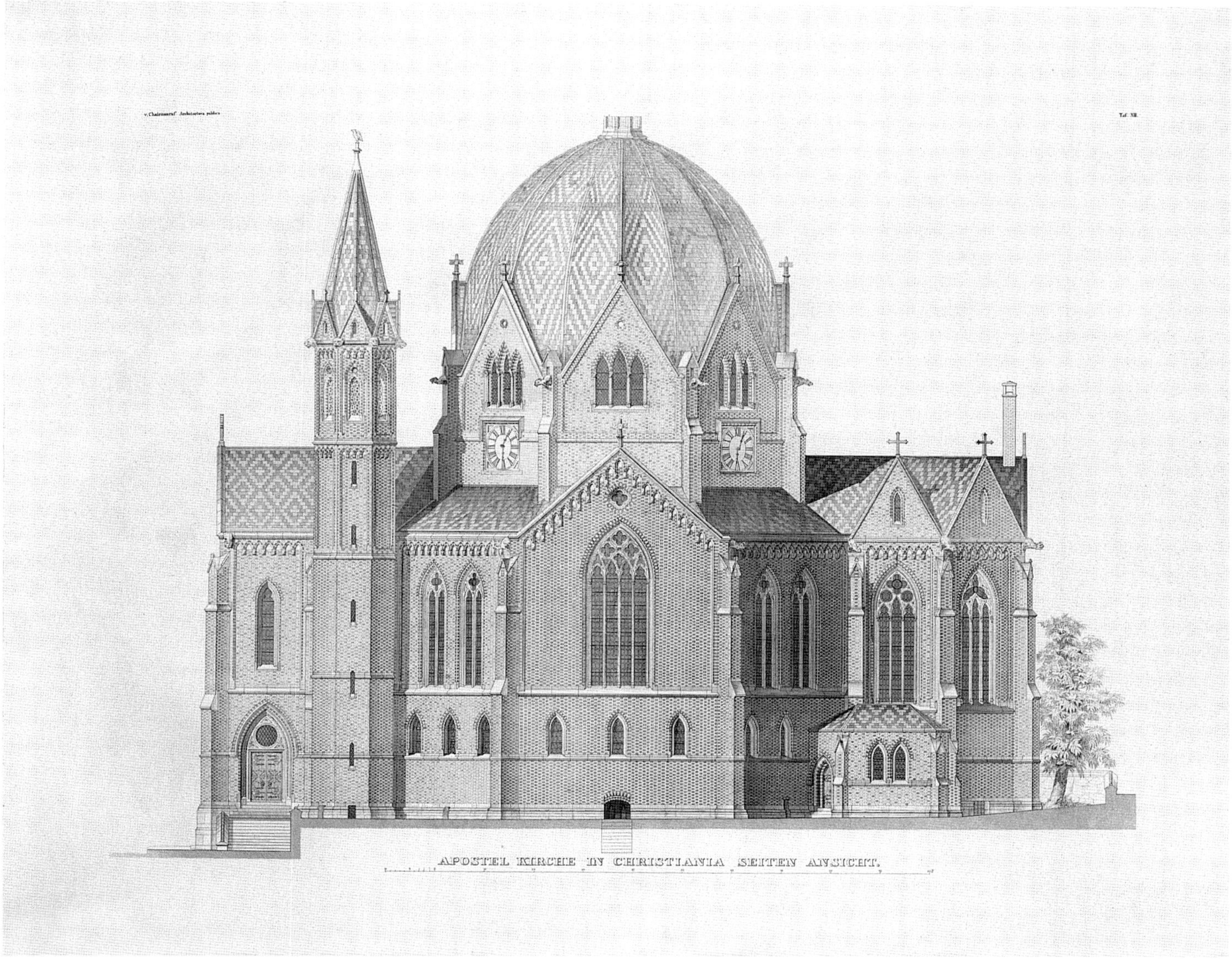

WV 130 *Dreifaltigkeitskirche, überarbeiteter Wettbewerbsentwurf, Außenansicht von Süden*

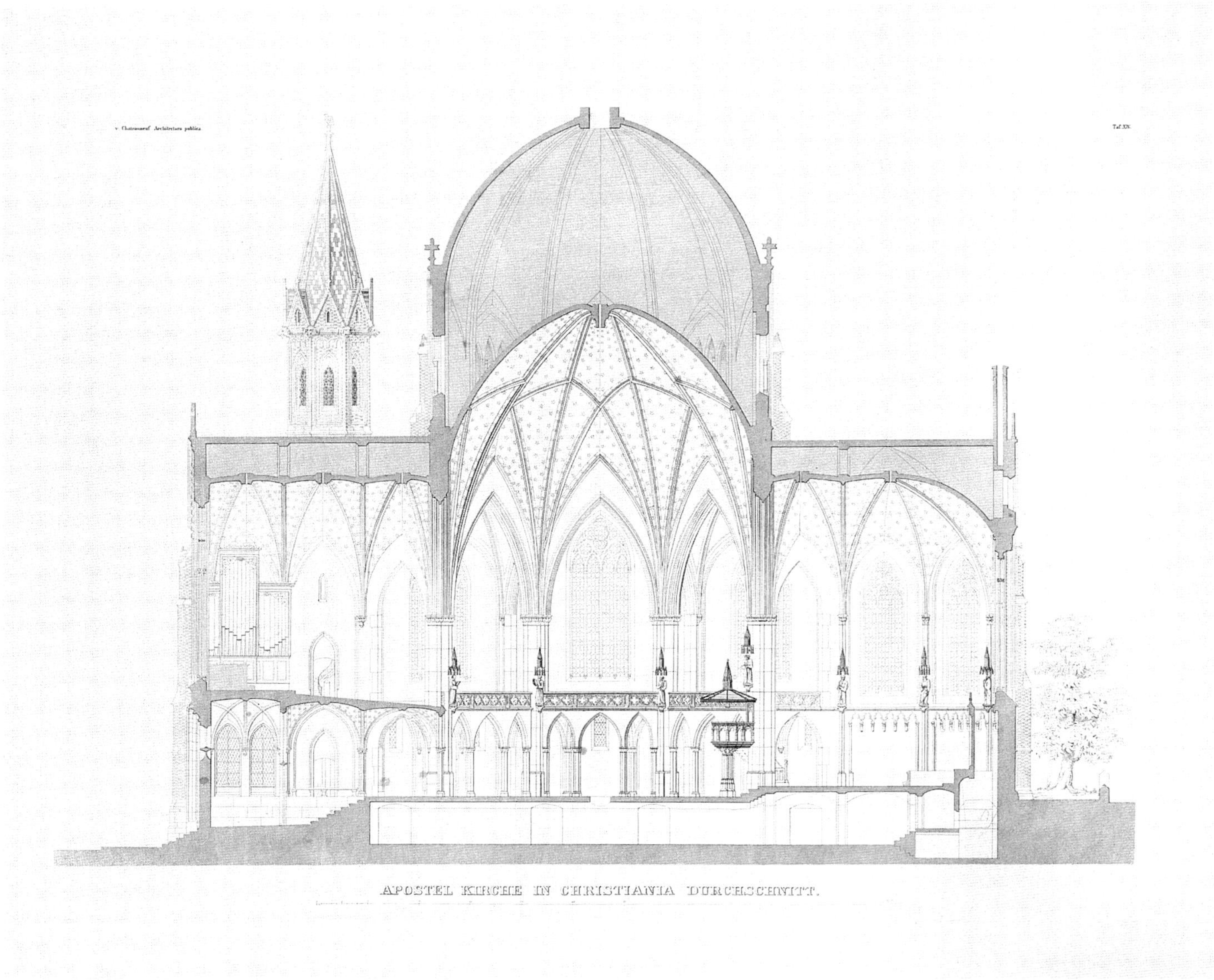

WV 130 *Dreifaltigkeitskirche, überarbeiteter Wettbewerbsentwurf, Schnitt*

WV 130 *Dreifaltigkeitskirche Wettbewerbsentwurf, Schnitt*

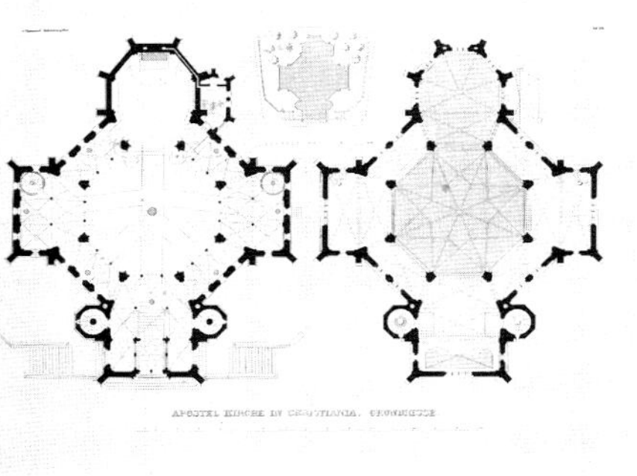

WV 130 *Dreifaltigkeitskirche, überarbeiteter Wettbewerbsentwurf, Grundrisse*

Die Jury war sich einig, daß die Kirche mit 1850 Sitzplätzen „nicht nur der größte Schmuck unserer Stadt sein würde und ein bedeutendes Denkmal für das Geschlecht, welches sie ins Leben rief, sondern daß es außerdem durch seinen gut durchgeführten und schön ausgeführten Charakter einen unüberschaubaren Einfluß auf den Kunstgeist und Kunstentwicklung unseres Vaterlandes haben wird".[892]

Anfang 1850 wurden die Wettbewerbsbeiträge in der Börse von Christiania ausgestellt. Daraufhin entwickelte sich in der norwegischen Öffentlichkeit eine intensive Diskussion, die sich u.a. an dem Verhältnis der sehr großen äußeren zur kleineren inneren Kuppel entzündete. Der Kandidat der Theologie Oluf Brock polemisierte, daß der Hohlraum zwischen den Kuppeln einem Gespensterraum gleiche, in den sich die bösen Geister zurückziehen könnten. Ernstzunehmender war der geballte Protest der einheimischen Architekten, die dagegen opponierten, daß zum zweitenmal nacheinander ein Ausländer den Auftrag für den Bau bzw. Umbau eines Sakralgebäudes erhalten habe. Vehement wurde eine Überprüfung durch auswärtige Experten gefordert. Der Magistrat verteidigte seine Entscheidung mit dem Hinweis, daß Chateauneuf einen europäischen Namen habe, über Ortskenntnisse verfüge und zudem die Erlöserkirche zur Zufriedenheit restauriert habe.[893]

Angesichts der für ihn positiven Entwicklung machte Chateauneuf im März 1850 seinem ehemaligen Hamburger Schüler Wilhelm von Hanno das Angebot, für ihn als Hauptpolier und Ornamentbildhauer beim Bau der Dreifaltigkeitskirche tätig zu sein. Hanno „brauchte keinen Augenblick Bedenken"[894], dieses attraktive Angebot anzunehmen. Nach einigen Verzögerungen wurde der Bau endlich Anfang Mai genehmigt, und Chateauneuf teilte Hanno erfreut mit, daß sogar die Bausumme aufgestockt worden sei.

Seiner Gewohnheit folgend, überarbeitete Chateauneuf nun seine Wettbewerbszeichnungen (Abb. S.304 oben, 306, 307). Er betrachtete einen Beitrag zu einer Konkurrenz zumeist nur als einen „allgemeinen Entwurf", der Grundgedanken zum Ausdruck bringe und daher auf keinen Fall detailliert sein dürfe. Während er in dieser frühen Entwurfsphase „nicht den Eindruck künftiger Individualität" auslöschen wolle, müsse die spätere Ausführung zu einer vielfältigen Weiterentwicklung der Formen führen. Angesichts dieser Aussage verwundert es nicht, daß Chateauneuf seinen siegreichen Entwurf sorgfältig ausarbeitete. Dabei nahm er zwar keine grundsätzliche konstruktive Umgestaltung vor. Doch bewirkten die zahlreichen Detailkorrekturen in der Summe einen stark gewandelten Gesamteindruck.

Als eine wesentliche Veränderung gestaltete Chateauneuf das innere Gewölbe höher, spitzer und reicher. Die Umgangsseiten der Galerien erhielten jetzt zwei Fenster, während im Erdgeschoß drei gleichmäßig angeordnete Fenster vorgesehen waren. Die Form der äußeren Kuppel war nun glatter und stärker herausgewölbt. Die Zahl der Fenster im Kuppelkranz wurde von zwei auf drei erweitert, während die Uhren darunter beibehalten wurden. Zudem verlegte Chateauneuf die Sakristei nach Süden und akzentuierte den Chorabschluß mit einem Giebelkranz. Die äußere Erscheinung des Baus wurde durch die Vereinfachung der Strebepfeiler und den Verzicht auf Fialen gestrafft. Die Wandflächen erhielten eine Gliederung durch Reliefbahnen und mehrere horizontal verlaufende Gurtbänder. Schließlich wurden die Spitzen der Glockentürme erhöht und die Laterne verbreitert.

Viel stärker als im Wettbewerbsbeitrag wurden die von ihm ausgewählten Materialien verdeutlicht: Für Sockel, Gurtgesimse, Abdekkungen der Strebepfeiler, Dachrinnen und Giebelleisten war Granit vorgesehen. Chateauneuf wünschte, daß sämtliche Portale, Wasserspeier und Giebelrosen aus Sandstein gefertigt würden. Das gesamte Mauerwerk sollte aus glasierten Ziegelsteinen, die gewölbten Dachflächen, Türme und die Kuppel mit buntfarbigen glasierten Ziegeln belegt sein.

Im Innenraum war polierter Granit für Sockel und Säulen sowie weißer und farbiger Marmor für Kapitelle, Konsolen, Kanzel, Schlußsteine und Taufstein vorgesehen. Maßwerk, Gewölberippen und Brüstung sollten aus Sandstein sein. Unter den Bänken wollte Chateauneuf Holzfußboden, in den Gängen Asphalt legen lassen. Für eine protestantische Kirche bemerkenswert ist der Zyklus von Heiligenfiguren in Langhaus und Chorbereich. Am Außenbau waren dagegen als Figuren lediglich Wasserspeier und Adler auf den Turmspitzen vorgesehen.

Diese sehr sorgfältig ausgearbeiteten Entwürfe müssen bis spätestens Anfang August 1850 fertiggestellt gewesen sein, denn am 8. August mußte sich Hanno beim Staatsrat melden, der ihm mitteilte, daß man die neuen aufwendigeren Pläne aus Geldmangel nicht umsetzen könne.[895] Offensichtlich wollte man Chateauneuf von der Bauleitung entbinden;

denn Hanno wurde der Vorschlag gemacht, nach den ursprünglichen Wettbewerbsplänen weiterzubauen, falls Chateauneuf den Sparwünschen der Behörden nicht zustimmen wolle.[896]

Diesem Schritt des Magistrats müssen unerfreuliche Verhandlungen zwischen Bauherren und Architekt vorhergegangen sein, von denen Hanno in seinen Erinnerungen andeutungsweise spricht.[897] Als sich auch noch herausstellte, daß Chateauneuf die Kosten für den Bau offensichtlich deutlich zu niedrig berechnet hatte, wurden selbst seine treuesten Fürsprecher in Christiania ungehalten.

Ende 1850 erkrankte der Architekt so schwer, daß er die Bauausführung nicht selber leiten konnte. Von Hamburg aus versuchte er verzweifelt seine Kostenpläne zu verteidigen. Für ihn war die Berechnung von Grosch und Schirmer „die wahnsinnigste Behauptung die es gibt".[898] Glücklicherweise gelang es Hanno dank seiner Kompetenz und seinem diplomatischen Geschick, die Bauleitung an sich zu ziehen. Allerdings mußte er die Pläne Chateauneufs aus Kostengründen in vielen Punkten vereinfachen. Laut Hanno waren die wesentlichen Änderungen noch von Chateauneuf autorisiert worden. Am 28. Juni 1851 legte Hanno die von ihm überarbeiteten Entwurfszeichnungen mit einem Kostenvoranschlag dem Magistrat vor, der sie einer Kommission zur Prüfung übergab. Auf der Grundlage dieser Pläne wurde schließlich 1853–1859 die Dreifaltigkeitskirche errichtet (Abb. S.303).

Gegenüber Chateauneufs Entwurf wurde das gesamte Bauwerk niedriger ausgeführt. Zum Ausgleich und zur Verminderung des Gewölbedrucks wurde die Kuppel innen erhöht. Ein weitreichender Eingriff in die Konzeption Chateauneufs betraf auch die Veränderung der Chorform, die in ihrer Blockhaftigkeit deutlich weniger elegant ausfiel. Verringert wurden zudem die Fensterformate im Chor und im Oktogon. Chateauneuf hatte eine im gotischen Sinne stärkere Auflösung der Wandverbände vor allem im Chor beabsichtigt. So wäre auch ein effektvollerer Kontrast zwischen dem etwas dunkleren Umgang unterhalb der Galerie und dem Chor eingetreten. Offensichtlich wurden auch Chateauneufs Farbvorstellungen nicht umgesetzt (s.o.). Denn anstelle des blauen Gewölbes mit Goldsternen wurden laut Restaurationsbefund goldene Sterne auf graugrünem Grund aufgetragen.[899]

Aus Kostengründen mußten auch im Materialbereich zahlreiche Abstriche gemacht werden. So wurden vor allem die Granitarbeiten eingeschränkt. Was in Marmor beabsichtigt war, wurde in Sandstein ausgeführt. Schließlich sind die gewölbten Dächer, Türme und die Kuppel in Holzkonstruktion mit Schiefer gedeckt ausgeführt worden.[900]

Trotz dieser Veränderungen kann der wohlerhaltene Bau im wesentlichen als eine Entwurfsleistung Chateauneufs angesehen werden. Hanno kommt das unschätzbare Verdienst zu, die endgültige Ausführung dieses Hauptwerks der norwegischen Architektur des 19. Jahrhunderts sichergestellt zu haben. Dabei ist sein Entwurfsanteil nicht nur in den oben beschriebenen Punkten, sondern auch bei zahlreichen Ausstattungsstücken bedeutend.

Wilhelm von Hanno hatte sich beim Bau von St. Petri in Hamburg als hochbegabter Bildhauer ausgezeichnet. Chateauneuf erkannte das vielseitige künstlerische Talent und förderte seine zeichnerische und architektonische Ausbildung nach Kräften.[901] Beim Bau der Dreifaltigkeitskirche bewährte sich der gebürtige Hamburger in jeder Hinsicht, so daß zahlreiche Auftraggeber auf ihn aufmerksam wurden.[902] Hanno blieb in Norwegen und wurde zu einem der erfolgreichsten dort tätigen Architekten der zweiten Hälfte des 19. Jahrhunderts. Er hat die Verdienste Chateauneufs um den Bau und für ihn persönlich nie vergessen und ihm zu Ehren in der Apostelkirche eine Gedenktafel aufgestellt. Auch sorgte er dafür, daß Chateauneufs überarbeiteter Wettbewerbsentwurf durch die Veröffentlichung in der 1860 erschienenen Werkübersicht „Architectura publica" bekannt gemacht wurde. Wehmütig hieß es im Erläuterungstext: „Hätte man die Kirche nach diesem Entwurf ausgeführt, so würde gewiß eines der schmuckreichsten, durchgebildesten Bauwerke der Backstein-Architectur der Neuzeit, zur Vollendung gekommen sein." [903]

Erstaunlicherweise fanden der publizierte Entwurf wie auch der ausgeführte Bau relativ wenig Resonanz. Abgesehen von Friedrich von Schmidts Fünfhaus-Kirche in Wien (1868–1875) oder Johannes Otzens Berliner Heilig-Kreuz-Kirche (1885–1888) lassen sich im 19. Jahrhundert kaum vergleichbare Lösungen im protestantischen Kirchenbau nachweisen. Für Fritz Schumacher kam dem Bau dennoch hoher entwicklungsgeschichtlicher Rang zu, nahm er doch den Typus des protestantischen Kirchenbaus in Deutschland um 1900 um fast 50 Jahre vorweg.[904]

Literatur: Berg 1958, S.13-49; Norberg-Schulz 1958, S.241-261; Lange 1965, S.44-53; Tschudi-Madsen 1965, S.46-62 und 70-72; Bjerkek 1977 (grundlegend); Bjerkek 1979

131

Entwurf für die Turmspitze von St. Petri, 1850

Bei der feierlichen Einweihung der wiederaufgebauten St.-Petri-Kirche im Mai 1849 war der Turm noch unvollendet gewesen. Die Errichtung der noch fehlenden Spitze hatte aus finanziellen Gründen zurückgestellt werden müssen.

Chateauneuf hatte bei seinen Wiederaufbauplänen eine schlanke Turmspitze vorgesehen, die sich im wesentlichen an dem 1842 zerstörten Helm orientierte.[905] Um möglicherweise der stagnierenden Turmvollendung neuen Schwung zu geben, fertigte der Architekt im Mai 1850 eine neue Entwurfszeichnung an und übergab sie der Kirchenbau-Kommission samt Kostenvoranschlag und Erläuterung (Abb. Tafel 35).

Sein Entwurf zeigt drei im Grundriß achteckige, im Querschnitt parabelförmig übereinander stehende hohe Innenräume, durch deren Achse eine stählerne Wendeltreppe nach oben führen sollte. Die notwendige Aussteifung an den Ecken sollten gemauerte Rippen übernehmen. [906] Als besonderen optischen Akzent dachte sich Chateauneuf hier die Verkleidung des Außenbaus mit in Rautenform angeordneten mehrfarbigen Ziegelplatten. Wie der fast zeitgleiche Entwurf Chateauneufs für das Stortinggebäude in Christiania (WV 132) belegt, beschäftigte sich der Architekt um 1850 intensiv mit der Wirkung farbiger Dachbedeckungen. Im Zuge seiner Bemühungen um die Durchsetzung des Backsteinbaus wollte Chateauneuf die Hamburger Auftraggeber mit seinem Turmentwurf nicht nur in technischer Hinsicht überzeugen, sondern auch die großen ästhetischen Gestaltungsmöglichkeiten des einheimischen Materials verdeutlichen.

Chateauneufs Vorschlag stieß bei den Verantwortlichen der Kirchenbaukommission jedoch auf erhebliche Skepsis. Man räumte zwar auf der 40. Sitzung am 21. November 1850 grundsätzlich ein, daß auch andernorts Backsteintürme errichtet worden seien, „wenngleich nicht von ganz so hohen Thürmen“[907]. Und wenn auch „die Münster in Freiburg und Straßburg oder die Stephanskirche in Wien ganz aus Sandstein errichtet seien“, so glaubte man kaum, daß die „Thurmruine im Stande seyn sollte eine solche ungeheure Last zu tragen“.[908] Zudem bezweifelte man, „daß eine solche Pyramide von Backsteinen nach Herrn Chateauneufs Anschlag zu Bco 72.000 herzustellen seyn würde“.[909]

Um Klarheit in dieser wichtigen Frage zu erlangen, wandte sich die Kommission daraufhin an Chateauneufs Partner Hermann Peter Fersenfeldt. Dieser berichtete, daß er gegenüber seinem Freund geäußert habe, „daß er es für ein sehr kühnes Wagstück halte der alten Thurmruine eine solche Last zuzumuthen; auch sey er mit ihm über den Kostenpunkt keineswegs einverstanden gewesen. Chateauneuf habe diese Aeusserungen übel aufgenommen und sie seien (?) darüber in ein gespanntes Verhältniß gerathen; die Uebergabe des Projects sey auch durchaus ohne sein Mitwissen geschehen; (er) bäte jedoch recht sehr von diesen Aeusserungen nichts verlauten zu lassen.“[910]

Nach dieser Sachlage beschloß die Kommission einstimmig, daß „wohl auf keinen Fall davon die Rede seyn könne Herrn de Chateauneuf einen Thurmbau zu übertragen, da derselbe seit seiner Krankheit nicht mehr in vollem Besitz seiner ungestörten Geisteskräfte sey“. Man kam überein, dem Architekten seinen Riß und die dazugehörigen Papiere mit einem Dankschreiben zurückzusenden. Als Begründung für die Ablehnung sollten vor allem die „erschöpfte“ Kirchenkasse und die ungünstigen Zeitumstände angeführt werden.[911]

Dieser tragische Vorgang erhielt noch ein bedrückendes Nachspiel, das ein bezeichnendes Licht auf Chateauneufs Befinden am Ende des Jahres 1850 wirft. Nach Erhalt des zurückgesandten Risses hatte der Architekt mit Empörung reagiert, da er – seiner Meinung nach – seine Entwurfszeichnung dem Protokollführer nur „privatim mitgetheilt“[912] habe. Es war nie seine Absicht gewesen, „dieselbe zur officiellen Mittheilung an die Kirchenbau-Commission“[913] weiterzuleiten. Er betrachtete seinen Riß vor allem als Ergebnis eines freien Schöpferaktes und nicht vorrangig als einen auf die konkrete Umsetzung hin angelegten Entwurf. In einem seiner letzten erhaltenen Briefe erläuterte er sein generelles Berufsverständnis: „Wenn einem Künstler ein Bild vor die Seele tritt, so ist es recht wenn er solches aufzeichnet, also ist die Thurmbauzeichnung entstanden.“[914]

Die Kommission setzte auf Zeit und ließ das Schreiben des Architekten zunächst unbeantwortet. Wenige Wochen später wurde Chateauneuf in die Nervenheilanstalt in Hornheim eingeliefert.[915]

So unterblieb das faszinierende Projekt, das Hamburgs Turmsilhouette um einen ästhetisch hinreißenden Akzent bereichert hätte.

Eine Bestätigung der Ideen Chateauneufs erfolgte 1857, als der in Köln tätige Architekt Zwirner mit dem Bau der Turmspitze beauftragt wurde. Nachdem ihm die Pläne Chateauneufs für die Westseite zugesandt worden waren, entwarf er – wie dieser – einen gemauerten Turmhelm. Da Zwirner vor Ausführung der Arbeit verstarb, wurde erst 1866 mit der vollständigen Wiederherstellung des Turmes begonnen. Nun griff man jedoch auf eine von Johann Hermann Maack entworfene Eisenkonstruktion zurück. Mit deren Fertigstellung im Jahre 1878 war der lange Wiederaufbau der Petri-Kirche endlich abgeschlossen.

Literatur: Lange 1965, S.53-54; Wiek 1974, S.22

132

Entwurf für das Storting in Christiania (Oslo), 1850

Während seines dritten und letzten Norwegen-Aufenthalts im Sommer 1850 arbeitete Chateauneuf intensiv an den Plänen für ein Parlamentsgebäude in Christiania (Oslo). Dieses Projekt ist als letzter großer Entwurf des Künstlers von besonderem Interesse. Chateauneuf hatte sich viele Jahre lang mit Planungen für ein Hamburger Regierungsgebäude befaßt (WV 87). Da die Ausschreibung für einen Wettbewerb in der Hansestadt in absehbarer Zeit nicht zu erwarten war, muß er in Christiania die Chance gesehen haben, seine ausgereiften Ideen doch noch verwirklichen zu können. Mit großem Engagement brachte er seine Vorstellungen zur Planungsreife und ließ sich von seinem Schüler Hanno eine großformatige Serie von Grund- und Aufrissen sowie Durchschnitten und Innenraumdarstellungen zeichnen.[916] Vier von diesen Entwürfen blieben in Oslo erhalten; sie bilden mit einer hier erstmals herangezogenen Zeitungsrezension von Günther Gensler aus dem Jahre 1854 die einzigen Quellen für eine Analyse des Projekts.[917]

Das Stortinggebäude sollte auf einem unregelmäßigen, auf einer Seite stark abgeschrägten Grundstück errichtet werden (Abb. rechts). Chateauneuf plant für diese schwierige Situation einen 340 Fuß langen und 60 Fuß tiefen, mehrflügeligen Bau. In der Mitte der Hauptfassade erhebt sich ein hoher Turm, dessen vertikale Ausrichtung durch schlanke Maßwerkfenster verstärkt wird. Zu beiden Seiten schließen jeweils vier Achsen und ein Eckrisalit an. Diese sind mit hohen, an französische Schloßbauten angelehnten abgestumpften Pyramidaldächern bedeckt. Die von den Ecken ausgehenden Seitenflügel springen 95 Fuß, der hinter dem Turm sich erstreckende Hauptflügel 200 Fuß vor.

Wesentliches Gestaltungselement des gesamten Gebäudes sind die in gleichmäßigem Rhythmus übereinander angeordneten gotischen Maßwerkfenster (Abb. S.312). Hervorgehoben sind dabei die Fenster im Hauptgeschoß mit einer giebelartigen Bekrönung und den sie flankierenden Statuen der norwegischen Könige und Bischöfe. „Eine glückliche Wirkung“[918] machen die um den gesamten Bau geführten Giebeldächer, zwischen denen Fialen und wasserspeiende Tiere über den Strebepfeilern angebracht sind.

Der ganze Bau soll aus Werkstücken aufgeführt werden, wobei Chateauneuf durch horizontalen Schichtenwechsel des Materials eine optische Belebung vorsieht. Sämtliche Dächer erhalten farbig glasierte Ziegel, „die im Verein mit den durchbrochenen Metallzieraten des Firstes einen brillanten Anblick gegeben hätten“.[919]

Von den Innenräumen haben sich keine Ansichten erhalten. Gensler berichtet, daß zwei breite steinerne Treppen von der unter dem Saal liegenden Vorhalle zum Stortingsaal (144 Fuß lang, 50 Fuß breit, 62 Fuß hoch) hinaufführen sollten. Chateauneuf hat seine „ganze Kraft“ dieser „Glanzpartie des Baues“[920] zugewandt. Die Gewölbe des Saals sind mit Kreuzgraten leicht und zierlich durchgebildet. Seine Wände sind mit Bildwerk und Fresken geschmückt. Große Kamine bereichern das vornehme Erscheinungsbild; ihre praktische Unzulänglichkeit wird durch eine Luftheizung ausgeglichen. Der Stortingsaal gibt durch die Fenster eines chorartigen Saals jedem Eintretenden „die schöne Aussicht auf den Fjord von Christiania“.[921] Zu beiden Seiten sind Geschäftszimmer vorgesehen und zwischen diesen, in turmartigen Vorsprüngen, Wendeltreppen zu den Zuschauerräumen. Der Gewölbeschub wird auf die zu beiden Seiten liegenden Konferenzzimmer abgeleitet. Von hier führen auch die Treppen zu den Besprechungszimmern des zweiten Stocks.

Im Turm sind ähnlich wie im Londoner Parlamentsgebäude Lagerräume für Archiv und Bibliothek vorgesehen. Direkt unterhalb des Turms und über dem Haupteingang befindet sich das königliche Zimmer. Es ist an der Hauptfassade durch ein großes, mit reichem Maßwerk versehenes Fenster ausgezeichnet. Als Freskenschmuck ist hier anspielungsreich das Urteil Salomons vorgesehen.

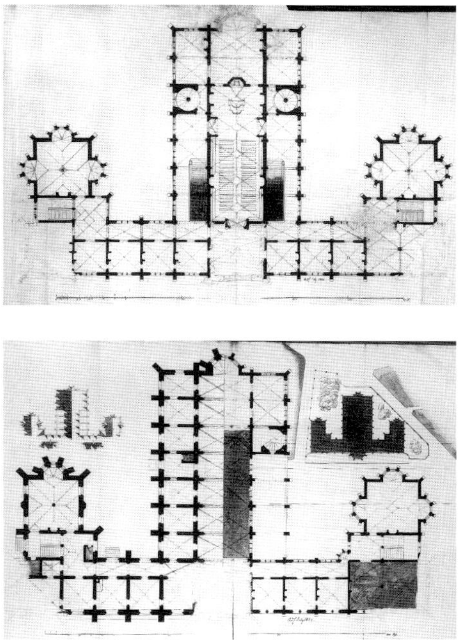

WV 132 *Storting in Christiania, Grundrisse*

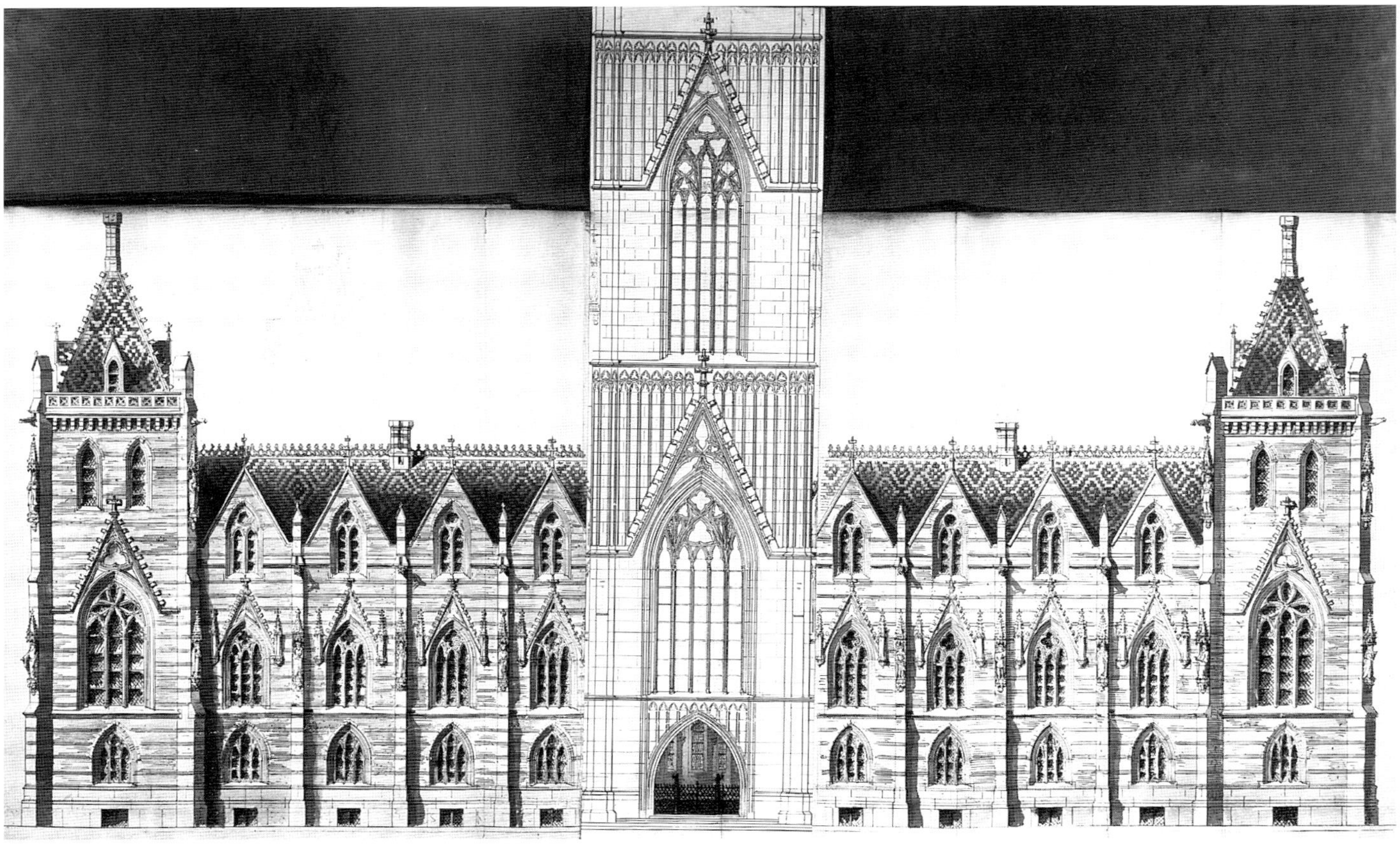

WV 132 *Storting in Christiania, Vorderansicht*

WV 132 *Seitenansicht*

Den an einem Garten gelegenen Seitenflügel nimmt der Lagting ein, der aus einem dazu erwählten Viertel der Mitglieder des Stortings besteht und dessen Arbeiten prüft. Der 4.300 Quadratmeter große Hauptsaal ist mit seinen drei gegen den Fjord gerichteten exedrischen Vorsprüngen architektonisch besonders betont. Den zur Straße hin orientierten anderen Flügel nehmen die Wirtschaftsräume ein.

Chateauneufs Entwurf überzeugt durch die klare, verständige Anordnung der Grundrisse. Allerdings stimmen nicht alle dort gemachten Angaben mit den Aufrissen und Durchschnitten überein. Gensler stellte fest, daß die Gewölbe nur angedeutet und nicht völlig durchkonstruiert seien. In seiner eindeutigen Anlehnung an gotische Formen ist eine konsequente Weiterentwicklung der für das Hamburger Rathaus entwickelten Ideen erkennbar. Die Hinwendung zum Mittelalter ist in jedem Detail spürbar; Gensler betonte, daß sogar die Türbeschläge „den kräftigen Stempel des Mittelalters“[922] trügen. Auffallend reich ist das dekorative Element, das nicht nur in Figuren und Fialen, sondern auch in dem Farbwechsel an den Fassaden und Dächern zum Ausdruck kommt. Gensler monierte zu Recht die Gestaltung des Turms, der im Verhältnis zum übrigen Gebäude zu lang und zu schwer geraten war. Auch wünschte er sich die Uhr in leichterer Form mit durchsichtigem Gitterwerk angebracht.[923]

Positiv sah der Hamburger Kunstkritiker die „malerische Gruppierung“[924] der gesamten Anlage. Für ihn hatte Chateauneuf „des Platzes anscheinende Mängel zum Vorteile“[925] gekehrt. Auf die räumlichen Gegebenheiten ist denn auch die für Chateauneuf ungewöhnliche Anlage mit weit ausladenden Flügelbauten zurückzuführen.

Der Entwurf entstand offensichtlich – wie so häufig bei Chateauneuf – aus eigenem Antrieb. Laut Gensler haben Ministerium und Stände in Christiania „diesen Plänen grosse Aufmerksamkeit zugewandt“.[926] Chateauneufs langjähriger Mitarbeiter Charles Fowler überlieferte, daß die Ausführung wegen der hohen Kosten unterblieben sei.[927]

Wenige Jahre später wurde ein Wettbewerb für das Storting ausgeschrieben, den die deutschen Architekten Wihelm von Hanno und Heinrich Ernst Schirmer gewannen. Der heutige Bau wurde aber nach dem Entwurf des schwedischen Architekten Emil Victor Langlet errichtet.

Bedenkt man die hohe gestalterische Qualität des Storting-Projekts, so ist Fowler zuzustimmen, der von einem „würdigen Abschluß“ von Chateauneufs Berufsarbeit sprach. Nicht nur für Gensler war es schwer nachvollziehbar, „wie die Kräfte des Meisters nach Vollendung der Zeichnungen ... so schnell sinken konnten, dass er, seitdem in seine Vaterstadt zurückgekehrt, sich nie wieder zu Arbeiten aufgelegt gefühlt hat“.[928]

Die Storting-Entwürfe wurden Anfang 1854 auf der Hamburger Kunstausstellung in den Börsenarkaden (?) ausgestellt. Möglicherweise wollten einige Freunde Chateauneufs mit dieser Geste an den kurz zuvor verstorbenen Architekten erinnern. Es gehört zur Tragik von Chateauneufs wechselvoller Laufbahn, daß er sich nicht mehr selbst an dem kurz darauf ausgeschriebenen Wettbewerb für das Hamburger Rathaus beteiligen konnte.[929]

Literatur: Gensler 1854; Haller 1899; Ausst.-Kat. Christiania 1901, Nr. 60, 62, 78; Lange 1965, S.40-41; Tschudi-Madsen 1965, S.60-61 u. Anm. 96

Strittige Bauten

Erweiterung der Börsenhalle, 1826/1836

1803–1804 errichtete Joseph Guillaume Ramée die Börsenhalle, die vor allem aufgrund ihrer aufwendigen Innengestaltung Aufsehen erregte. Der in klassizistischen Formen gestaltete Bau wies als besonderes Charakteristikum einen großen zentralen Bogen auf, der unten die von Säulen umrahmten Eingänge und oberhalb davon einen Balkon umrahmte. Der Bauherr Hostrup ließ 1826 einen nordwestlichen, 1836 einen südwestlichen Flügel an das Gebäude anfügen.[930] Trotz der auseinanderliegenden Entstehungszeit sind diese dreigeschossigen, dreiachsigen Häuser völlig gleich gestaltet. Einer durch Schriftquellen bislang nicht bewiesenen Überlieferung zufolge sollen die Architekten Ludolff und Chateauneuf für diese Erweiterung verantwortlich sein.[931]

Umbau Stadtwohnhaus Sieveking, Neustädter Fuhlentwiete, um 1830

Neben dem Landhaus in Hamm bewohnte Karl Sieveking mit seiner Familie ein Stadthaus in der Neustädter Fuhlentwiete. Charles Fowler teilte 1857 mit, daß Chateauneuf dieses und auch das Haus des in direkter Nachbarschaft wohnenden Bruders Fritz Sieveking

Anfang der zwanziger Jahre errichtet hat. Für diese Angabe lassen sich bislang weder Pläne noch Schriftquellen nachweisen.[932] Es ist jedoch denkbar, daß Chateauneuf um 1830 einige Räume innerhalb des Gebäudes in der Neustädter Fuhlentwiete umgestaltete und neu einrichtete.[933] Wie Martin Haller berichtete wies das nicht erhaltene Stadthaus bereits 1845 bauliche Mängel auf.[934]

Stadtwohnhaus Schacht, Beim Strohhause, um 1845

Lange führt in seinem Werkverzeichnis ein Stadtwohnhaus Schacht als Werk Chateauneufs an, ohne es jedoch zu erläutern bzw. quellenmäßig zu belegen.[935] Zwar ist im Adreßbuch 1842 unter der Adresse Strohhause 65 die Witwe Schacht, u. Firma Conrad Schacht, St. Georg, erwähnt. Doch läßt sich bislang keinerlei Bezug zwischen der Familie Schacht und Chateauneuf feststellen.

Die Wasch- und Badeanstalt auf dem Schweinemarkt, 1850–1853

Die am 5. April 1855 eingeweihte Wasch- und Badeanstalt wurde im Auftrag einer Aktiengesellschaft nach Plänen William Lindleys von der Baufirma Wilhelm Reichardt und Sohn errichtet.[936] Es handelte sich um einen Zentralbau, der durch zwei gegenüberliegende zweigeschossige Anbauten erweitert wurde. Den Mittelpunkt der Anlage bildete ein aus unverputzten gelben Ziegeln errichteter Schornstein. Er war außen mit Ornamentzonen aus gebranntem, blaugrünem Ton, die von schaftringähnlichen Wulsten gerahmt waren, verziert. Die Hamburger Wasch- und Badeanstalt war die erste ihrer Art auf dem Kontinent. Sie wurde 1963 abgerissen, obwohl die Anstalt bis zuletzt rentabel gearbeitet hatte.[937] Spallek hat in einer grundlegenden Untersuchung die engen Bezüge zu englischen Zweckbauten, so z.B. zu dem von Charles Fowler in London errichteten „Market of Covent Garden", herausgestellt.[938] Fowler war in den vierziger Jahren Mitarbeiter von Chateauneuf und nachweisbar bei der Gestaltung des Wasserturms von Rothenburgsort beteiligt. Es ist sehr wahrscheinlich, daß Lindley seinen englischen Kollegen auch im Falle der Wasch- und Badeanstalt um Rat gefragt hat.

Eine Beteiligung Chateauneufs am Entwurf ist zwar nicht definitiv auszuschließen, doch unwahrscheinlich. Der Bau zeigt einen starken Einfluß der Formensprache des französischen Architekten Durand, die sich in Chateauneufs Spätwerk nicht findet. Wie auch beim Hochreservoir am Berliner Tor (s.u.) kann Chateauneuf weder durch zeitgenössische Quellen noch durch Briefe oder Entwurfszeichnungen mit dem Bau in Verbindung gebracht werden.

Das Hochreservoir am Berliner Tor, 1853–1855

Anfang der fünfziger Jahre wurde auch die Hamburger Vorstadt St. Georg in den Versorgungsbereich der Stadtwasserkunst einbezogen. Um den notwendigen Druck im Leitungsnetz zu erzielen, wurde am Berliner Tor ein Hochreservoir errichtet.[939] Das auf kreisrundem Grundriß errichtete Reservoir öffnete sich im Unterbau mit hohen Arkaden. Der obere Teil war mit Ausnahme einiger kleiner Schlitzfenster geschlossen und verbarg den Wasserbehälter. Dieser Gebäudeteil sprang mit einem Rundbogenfries auf abgestuften Konsolen vor.

Das Anfang des 20. Jahrhunderts abgerissene Gebäude überzeugte durch subtile Gestaltung. Der schöne Rhythmus der Arkaden, die genau kalkulierten Konturen sowie das Licht- und Schattenspiel der Stützmauern weisen auf einen bedeutenden Architekten als Entwerfer hin. Ohne ins Pompöse abzugleiten vermochte er dem Bau monumentale Züge zu verleihen.[940]

Spallek hob zu Recht die enge Verwandtschaft des Wasserbehälters zum Wasserturm der Stadtwasserkunst in Rothenburgsort (WV 120) hervor. Vor allem die Behandlung der an- und abschwellenden Formen des Konturs und die verwendeten Gliederungselemente (Schlitzfenster, Konsolfries) stimmen überein.

Aus diesen Gründen ist es verständlich, daß Chateauneuf wiederholt mit dem Bau in Verbindung gebracht wurde.[941] Doch sprechen zwei gewichtige Argumente dagegen. Zum einen gibt es anders als bei der Stadtwasserkunst keinen dokumentarischen Hinweis für eine Beteiligung des Architekten. Zum anderen war Chateauneuf 1853 bereits bereits derart schwer erkrankt, daß er den Entwurf auf keinen Fall mehr selbst ausführen konnte.[942]

Anmerkungen zum Werkverzeichnis

Abkürzungen:

StaH	Staatsarchiv Hamburg
Pl	Plankammer
Cl	Classis
Lit	Litera
Vol	Volumen
Fasc	Faszikel
WV	Werkverzeichnis

1 Zur Planungsgeschichte vgl. Rave 1941 und Theobald 2000.
2 Vgl. Rave 1941, S.145-155.
3 Die Entwürfe Chateauneufs (Grund- und Aufrisse, Quer- und Längenschnitte; reich beschriftet, Feder, farbig angelegt) befanden sich bis zum Zweiten Weltkrieg im Archiv der Singakademie. Vgl. Rave 1941, S.155. Rave publizierte die Pläne nur ausschnitthaft, so daß eine vollständige Beurteilung des Entwurfs schwierig ist.
4 So vermutet es Rave 1941, S.152.
5 Rave 1941, S.152.
6 Das Gutachten ist abgedruckt bei Rave 1941, S.152-153.
7 Ebd., S.152f.
8 Ebd.
9 Ebd.
10 Ebd.
11 Ebd., S.153.
12 Theobald 2000, S.47-54.
13 Das Gründungsdatum ist unsicher: 1821 oder 1822.
14 SuB Hamburg, Stadttheater-Komitee. Kasten 1; Gutachten von Chateauneuf 13.01.1822. Für den freundlichen Hinweis auf dieses Projekt sei Frau Sommer, SuB Hamburg, herzlich gedankt.
15 SuB Hamburg, Stadttheater-Komitee, Kasten 1; Gutachten von Chateauneuf 13.01.1822.
16 Ebd.
17 Ebd.
18 Ebd.
19 Ebd.
20 Ebd.
21 Ebd.
22 Ebd.
23 Ebd.
24 Ebd. Vgl. WV 11.
25 Ebd.
26 Ebd.
27 Das Gebiet umfaßte ein Areal zwischen heutiger Dammtorstraße und Neuem Jungfernstieg. Die Gärtnerfamilie Böckmann besaß das Grundstück seit 1722.
28 SuB Hamburg. Stadttheater-Komitee. Kasten 1; Gutachten von Chateauneuf vom 13.01.1822.
29 Ebd.
30 Ebd.
31 Zur Geschichte der Straße vgl. Melhop 1932, S.481-483. Bereits 1825–1827 wurde der Neue Jungfernstieg zu einer Straße aufgeschüttet. Daraufhin parzellierte die Gärtnerfamilie Böckmann ihr großes Grundstück, wodurch zahlreiche Baugrundstücke – u.a. für das Haus Abendroth (WV 36) – entstanden.
32 Vgl. Hannmann 1975, S.65-66.
33 Zur Baugeschichte vgl. Klée-Gobert 1970, S.168-169.
34 Diese Entwürfe entstanden noch vor Oktober 1823, weil der Architekt bei allen drei Projekten von einem fünfgeschossigen Aufbau des Turmes ausgeht. Zu Bundsens Entwürfen vg. Wehser 1992, S.33ff.
35 Lange wies auf den ähnlich gestalteten Nordturm der Krakauer Marienkirche hin. Vgl. Lange 1965, S.43.
36 Vgl. Lange 1965, S.44.
37 Zum Gemälde vgl. Ausst.-Kat. Lübeck 1992, S.137-138.
38 Stadtbibliothek Lübeck. Overbeck-Nachlaß. Brief von Rumohr an Overbeck.
39 Ebd., Brief von Rumohr an Overbeck, 27.10.1824.
40 Ebd.
41 Lübeck, Stadtbibliothek, Overbeck-Nachlaß. Brief von Rumohr an Chr. G. Overbeck, 18.12.1824.
42 Vgl. z.B. WV 48, 54, 55.
43 Stadtbibliothek Lübeck, Milde-Nachlaß; Brief von Speckter an Milde vom 20.08.1824. Für den Hinweis auf diese Briefstelle sei Gerhard Kegel, Buchholz, herzlich gedankt.
44 Commerzbibliothek Hamburg. Protokolle der Commerzdepuation 1825, Anlage 123, Brief von Chateauneuf vom 30.03.1825.
45 Vgl. Commerzbibliothek Hamburg, Protokolle der Commerzdeputation, Protokoll vom 2.04.1825. Riß und Schreiben sind nicht mehr auffindbar.
46 Commerzbibliothek Hamburg. Protokolle der Commerzdepuation 1825, Anlage 123, Brief von Chateauneuf vom 30.03.1825.
47 Bis auf Bundsens Projekt sind sämtliche Entwürfe verloren. Vgl. Angabe bei Schreyl 1963, S.38 ohne weitere Quellenangabe.
48 Die am 19.09.1825 vorgelegten Pläne wurden ausführlich begutachtet.
49 Zit. nach Hannmann 1975, S.84.
50 Vgl. StAH 321-2 (Baudeputation) 2455. Bericht Chateauneufs vom 17. Juni 1825.; StaH, Pl, 131-3/Fi 62 (Entwurf für den Brunnen, Juni 1825).
51 Die Inschrift sollte lauten: „Dem Andenken Carl des Großen, der im Jahre 811 p.c. auf diesem Platze eine Burg und eine der heiligen Maria geweihte Kirche erbaute". Zit. nach Hannmann 1975, S.84. Auch bei seinem Nelson-Denkmalsentwurf (WV 68) von 1839 greift Chateauneuf auf Wasser und Bäume als Gestaltungsmittel zurück.
52 Beim Wiederaufbau von St. Petri plazierte Chateauneuf eine einzelne Domsäule direkt hinter dem Kirchenchor. Nach der Zeichnung könnte die Säule, auf der Karl steht, wohl aus dem Dom stammen.
53 Das Projekt fehlt bei Plagemann 1986.
54 Plagemann 1986, S.36-40.
55 Entwurf: Johannes Vollmers, Statue: Engelbert Peiffer. Zum Denkmal vgl. Plagemann 1986, S.90-91.
56 Zur Vorgeschichte vgl. WV 2. Die gesamte Baugeschichte bei Hannmann 1975, S.65-69. In der Hamburger Staatsbibliothek ist ein umfangreicher, bislang unausgewerteter Aktenbestand zur Baugeschichte des Stadttheaters (u.a. Briefe von Schinkel, Ottmer) erhalten. Eine Studie des Verfassers darüber ist in Vorbereitung.
57 Vgl. dazu Hannmann 1975, S.65.
58 Ludolff nennt in einem Schreiben an den Verein die knappe Frist von sechs Wochen als Entschuldigung dafür, daß er keinen Plan abliefern könne. SUB Hamburg. Stadttheater-Komitee. Kasten 1.
59 SuB Hamburg, Stadttheater-Komitee. Kasten 1; Schreiben von Chateauneuf an die Kommission vom 24.10.1825.
60 Ebd.
61 Ebd.
62 SuB Hamburg, Stadttheater-Komitee. Kasten 1; Brief von K. F. Schinkel an Peter Godeffroy vom 8.12.1825.
63 SuB Hamburg, Stadttheater-Komitee. Kasten 1; Brief von Chateauneuf an die Kommission vom 25.12.1825.
64 Hudtwalcker 1862/62, Bd. II, S.135.
65 Vgl. WV 17.
66 Hamburger Correspondent Nr. 57, 11.04.1826. Die Ausstellung sollte vom 11.04.–17.05. stattfinden.
67 Dieses Amt hatte Hudtwalcker seit Petri 1826 inne.
68 Scheel-Plessen war seit 1829 Lehnsgraf. Einen biographischen Abriß bietet Jensen 1999, S.91-105.
69 Die Kenntnis hiervon verdanken wir einer von D. Lafrenz publizierten Zeichnung von Sophie Gräfin Reventlow, die 1826 eine Gartenansicht des Gebäudes dokumentierte. Vgl. Lafrenz/Ostwald 1990, S.88-89.
70 Vgl. Lafrenz/Ostwald 1990, S.88-89. Damit kann die bisherige Baugeschichte revidiert werden.
71 Brief an Rist vom 2.08.1827, Vgl. Kegel 1993, S.23; SUB Hamburg. Campe-Slg., Mappe 10. Brief von Rumohr an Chateauneuf vom 12.–17.10.1827. Die Inschrift „1825" oberhalb des Hauptportals kann sich damit allenfalls auf den Baubeginn beziehen.
72 Rumohr 1973, S.381, gibt für diesen Bauteil das Jahr 1809 an, doch läßt die Zeichnung von Sophie Reventlow keinen Portikus an der Gartenseite erkennen.
73 Ottenheyn 1997, S.139-146. Vgl. vor allem Vingboons Idealentwurf von 1648.
74 Ottenheyn 1997, S.144.
75 Lange 1965, S.64.
76 Zur Schwierigkeit der Zuschreibung von Möbelentwürfen an Chateauneuf vgl. den Beitrag von Johanna Lessmann in diesem Band.
77 SUB Hamburg. Campe-Slg., Mappe 10; Brief von Rumohr an Chateauneuf vom 12.–17.10.1827.
78 StaH 622-1 Sieveking I E 2; Brief von Sieveking an Chateauneuf vom 7.1.1826.
79 Ebd.
80 Ebd.
81 Ebd.
82 Lange 1965, S.28.
83 Zur Hamburger Tradition der Museumsräume vgl. Plagemann 1997, S.9.
84 StaH 111-1 Senat CI VII, Lit HC Nr. 1, Vol. 37, Fasc 1, 6ff. Das Zitat zuerst bei Lange 1965, S.27.
85 StaH 321-2 B 98 Bd. 5; Protokoll vom 21.12.1826.
86 Sieveking 1928, S.32.
87 Sieveking 1928, S.32. Brief vom 30.12.1826.
88 Sieveking 1902, S.99-100. Brief vom 14.02.1827.
89 Ebd.
90 Lange 1965, S.28.
91 Ausst.-Kat. Hamburg 1829. Es handelte sich um einen Grundriß, eine Fassadenansicht, Durchschnitte und Details.
92 Lange 1965, S.56.
93 Für diese Edition wählte Chateauneuf als Beispiele für seine Backsteinbauweise lediglich Nutzbauten (Orangerie, Verbindungsgang, Brennerei) aus.
94 Postel 1972, S.32, Anm. 6.
95 StaH 622-1 Sieveking I E 2; Brief von Sieveking an Chateauneuf vom 20.11.1826
96 Möglicherweise handelt es sich um einen Goldschmied.
97 StaH 622-1 Sieveking I E 2; Brief von Sieveking an Chateauneuf vom 20.11.1826.
98 Landesbibliothek Dresden Mscr. Dresd. h 31; Brief von Chateauneuf an Rumohr vom 5.05.1826.
99 Mathieu/Fischer 1975, S.41-42.
100 Chateauneuf, Börse, 1827
101 Ebd., S.6.
102 Ebd.
103 Ebd.
104 Ebd., S.7.

105 Ebd. S.8.
106 Vgl. den Aufsatz von Volker Plagemann in diesem Band.
107 Die Darstellung folgt Hannmann 1975, S.110-113.
108 Zit. nach Hannmann 1975, S.110-111.
109 Ob weitere Architekten Entwürfe eingereicht haben, ist nicht belegbar.
110 Protokoll der Baudeputation vom 11.08.1827. Vgl. Hannmann 1975, S.111.
111 Vgl. Ausst.-Kat. Hamburg 1829.
112 Zur Geschichte der Bebauung der Esplanade vgl. Hannmann 1975, S.110-113.
113 Ausst.-Kat. Hamburg 1829. „Entwürfe für die Anlagen am Lombardswall seiner Zeit in Auftrag einer Hochlöb. Baudeputation angefertigt (Copie) a. Grundriß, Brücke, Pavillon; b. Facaden an der Esplanade; c. Detail."
114 Vgl. Aufsatz von D. Klemm in diesem Band.
115 SuB Hamburg, Handschriftensammlung. Brief von K. F. Schinkel an Chateauneuf vom 22.01.1828.
116 Ebd.
117 Ebd.
118 Ebd.
119 Ebd.
120 Ebd.
121 Schinkel ist sich bei diesem Vorschlag bewußt, daß „dadurch in der Eintheilung für die Seiten-Ansicht des Gebäudes und für die Dependenzen in der Hinterseite viele Schwierigkeiten entstehn die dem nun einmal festdurchdachten Plan Einspruch thun".
122 Ebd.
123 Ebd.
124 Zu dem Projekt existieren zahlreiche Briefe und einige Entwurfszeichnungen. Die nachfolgende Darstellung basiert weitgehend auf der vorzüglichen Materialauswertung durch E. Kändler (= Kändler 1997).
125 Vgl. Kändler 1997, S.93.
126 Zit. nach Kändler 1997, S.94.
127 Ebd., S.96.
128 Es wurde vereinbart, daß die Gruft später dem Friedhof angegliedert werden sollte.
129 Sieveking sandte den Entwurf an seinen Patenonkel Caspar Voght, der sich an ihn um Rat für ein Grabmal gewandt hatte. Vgl. WV 73.
130 Vgl. z.B. den Leclère zugeschriebenen Entwurf für ein Grabmal in der Kunstbibliothek Berlin. Vgl. Berckenhagen 1979, S.181.
131 Sie wurden um 1950 mit Granitsteinen verschlossen.
132 Der Entwerfer der Wappenreliefs ist nicht überliefert. Vgl. Kändler 1997, S.100.
133 Ebd.
134 StaH 111-1, Cl. VII. Lit Hc. No. 8, Vol 10. Der Plan ist signiert und datiert (August 1829).
135 StaH 111-1, Cl. VII. Lit Hc. No. 8, Vol 10 (Einzelblatt ohne Numerierung).
136 Kunstblatt 1829, S.395.
137 Ebd.
138 Ebd.
139 Ebd.
140 Schumacher 1923, S.64.
141 Vgl. die Abb. in Ausst.-Kat. Hamburg 1982, S.291.
142 Zur Vita vgl. vor allem Sieveking 1928; auch Kändler 1997, S.94.
143 StaH 621-2 Sieveking I E 2; undatierter Brief von Sieveking an Chateauneuf.
144 Ebd.
145 Ausführlich Sieveking 1902, S.115-118.
146 Eine sehr ähnliche Wandgestaltung findet sich in dem von David Gilly gestalteten Schloß Paretz. Vgl. Lange 1965, S.66.
147 Chateauneuf, Domestica, 1839, S.2.
148 Vgl. ausführlich den Aufsatz von Johanna Lessmann in diesem Band.
149 Haller 1985, S.58.
150 Ebd.
151 Sieveking 1902, S.122.
152 Chateauneuf, Domestica, 1839, S.3.
153 Sieveking 1928, S.159.
154 Haller 1985, S.58.
155 1855 wurden im 1. Stock die beiden westlichen Zimmer ausgebaut, die bis dahin eine schräg abfallende Decke hatten. 1857 wurden überall größere Fenster eingesetzt.
156 Sieveking 1902, S.194-195 mit Abb. nach dem Umbau.
157 Zur wechselvollen Geschichte des Kabinetts vgl. Pauli 1932; Ausst.-Kat. Hamburg 1995, S.124.
158 Chateauneuf, Domestica, 1839, S.3.
159 Der vordere Raumabschluß ist auf der einzigen überlieferten Innenansicht nicht erkennbar.
160 StaH 622-1 Sieveking I E 2; Brief von Sieveking an Chateauneuf vom 14.05.1829. Siehe auch WV 24.
161 Lange 1965, S.66.
162 Kändler 1997, S.94.
163 Brief vom 28.10.1828. Zit. nach Kändler 1997, S.95.
164 Die Fotografien des 20. Jahrhunderts zeigen filigrane, möglicherweise aus Eisen gefertigte Säulen. Wenn die Darstellung in der „Architectura domestica" korrekt ist, müssen diese nach 1839 eingebaut worden sein.
165 Vgl. den Grundriß vom Baubeamten Heinrich in Sieveking 1899, nach S.128 sowie die Abb. ebd. nach S.126.
166 Vgl. Sieveking 1899, nach S.126.
167 StaH 622-1 Sieveking I E 2; Brief von Sieveking an Chateauneuf vom 2.10.1830.
168 Vgl. z.B. Kohlmaier/Sartory 1988, S.238. Möglicherweise lernte Chateauneuf Loudon bereits 1828 kennen. Bei seinem London-Aufenthalt 1838 besuchte er den Ingenieur und bezeichnete ihn in einem Brief an Schinkel als sehr guten Freund. Vgl. Schinkel-Archiv Berlin. Brief vom Juli 1838.
169 Lange 1965, Abb. 149, bringt lediglich eine Abbildung des Baus.
170 Chateauneuf, Album, 1840, Texterläuterung.
171 Haller 1985, S.45.
172 Chateauneuf, Album, 1840, Erläuterung.
173 Die von Charles Fowler im Nachruf für die Frühzeit vermerkte Tätigkeit Chateauneufs kann aufgrund der erhaltenen Quellen einzig auf diesen Bau bezogen werden.
174 Vgl. Ronge 1887, S.26.
175 StaH 374-2, A I 3, Bd. 1; Protokoll vom 04.12.1828.
176 StaH 321-2 B 98 Bd. 6; Protokoll vom 10.04.1830.
177 StaH 321-2 B 98 Bd. 7; Protokoll vom 23.02.1831.
178 StaH 321-2 B 98 Bd. 6; Protokoll vom 05.08.1830.
179 Als Erklärung fügte er an, daß: „wenn nun der General die Compagnie mit commandieren soll, so wird manche Schlacht verlohren gehen." Vgl. StaH 111-1 Cl I Lit. NK Vol 7 Fasc. 2; Schreiben Chateauneufs vom 13.03.1833.
180 StaH 111-1 Cl Lit Nk Vol 7, Fasc. 2. Bericht Wimmels vom 22. Mai 1834. Abgedruckt bei Hannmann 1975, S.148.
181 Protokoll vom 23. Februar 1831 u. vom 29. November 1832. Vgl. Hannmann 1975, S.148, Anm. 331.
182 Zitiert nach Lange 1965, S.26-27. Dort keine genaue Quellenangabe.
183 Gaedechens 1880, S.239.
184 StaH 11-1 Senat Cl. VII. Lit. He No. 1 Vol 37 Fasc. 1; Brief Chateauneufs an Syndicus Amsinck vom 26. Januar 1830.
185 Derselbe Vorgang findet sich auch im Zusammenhang mit seinen zahlreichen Börsenentwürfen. Vgl. z.B. WV 57.
186 Zu Ami de Chapeaurouge vgl. Sieveking 1899, S.134-135.
187 Möglicherweise gibt eine in der Hamburger Kunsthalle verwahrte Jagdfrieszeichnung eine Vorstellung von der vorzüglichen Qualität der Eßzimmergestaltung. Das Blatt zeigt das ganze „Inventar" einer antiken Jagdgesellschaft (Diana, Amazone, Dornauszieherin, Faune, springende Hirsche, Rehe, Hunde usw.). Die bislang C. J. Milde zugeschriebene Zeichnung dürfte aufgrund der hohen Qualität wohl von Erwin Speckter stammen.
188 StaH 622-1 Sieveking I E 11, Bd. 3. Karl Sieveking an Caroline Sieveking am 16.09.1830.
189 StaH 622-1 Sieveking I E 11, Bd. 3. Karl Sieveking an Caroline Sieveking am 18.03.1831.
190 Chateauneuf, Domestica, 1839, S.2.
191 Kokkelink/Kokkelink-Lemke 1998, S.51, wiesen auf einen möglichen Einfluß dieses Entwurfs auf den Innenhof des Alten Rathauses in Hannover hin.
192 Chateauneuf, Domestica, 1839, S.2. Vgl. auch das Gartenhaus Buchholz (WV 61), das einige Anklänge an alpenländische Bauformen aufweist.
193 Sie befand sich etwa an der Stelle des Museums für Hamburgische Geschichte. Die Sternwarte wurde 1863 vom Staat übernommen und 1912–1915 nach Bergedorf verlegt.
194 StaH Senat Cal. VII Lit. Fc No 21 Vol. 3, Fasc. 1 (zwei Zeichnungen von Chateauneuf).
195 Plagemann 1986, S.44.
196 StaH 622-1 Sieveking I E 2; Brief von Chateauneuf an Sieveking vom 28.10. 1830.
197 Ebd.
198 Ebd.
199 Ebd.
200 Ebd.
201 Ebd.
202 Ebd.
203 Vgl. die Angaben in Chateauneuf, Album, 1840.
204 Die Inschrift lautet: „Johann Georg Repsold, geb. Wremen MDCCLXX Sep. XIX gest. Hamburg MDCCCXXX Jan XIV. erfindungsreich waffnete er / die Wissenschaft, bekämpfend die Feuersbrunst / von Trümmern erschlagen / Kühner Berufstreue /dankbare Mitbürger."
205 Nachdem die Genien im Zweiten Weltkrieg verschwunden waren, wurden sie 1988 durch Nachformungen ersetzt.
206 Der Guß stammt von G. Widmann. Vgl. Meier-Oberist 1925, S.192-193.
207 Lange 1965, S.72.
208 In seiner Erläuterung wies Chateauneuf ausdrücklich darauf hin, daß der Senat die Aufstellung des Monuments an der Mauer der Sternwarte verweigert hatte. Die dilettantische Darstellung der Publikation läßt das Denkmal äußerst unvorteilhaft erscheinen, womit der Werbeeffekt für den Architekten deutlich vermindert wurde. Vgl. Chateauneuf, Album, 1840.
209 Plagemann 1986, S.45.
210 Vgl. Moeck-Schlömer 1998, S.328. Entwurfszeichnungen befinden sich im StA H, Pl 131-14; 5/221 u. Oslo, Stadtarchiv, Hanno-Nachlaß.
211 Zur weiteren Entwicklung der Verhandlungen bis zum Großen Brand vgl. Moeck-Schlömer 1998, S.330-333.
212 Stein 1964, S.101.
213 Ausst.-Kat. Hamburg 1831.
214 Zum Bau vgl. Stein 1964, S.101-108.

215 Hoffmann 1937, S.241-243.
216 Godeffroy schrieb am 18. Jan. 1832, daß Chateauneuf Sieveking einen Brief überbringen wird. Vgl. StaH 622-1 Sieveking I E 2.
217 Das von Franz Gustav Forsmann errichtete Palais ist das einzige in Hamburgs Innenstadt erhaltene Wohngebäude aus der Zeit vor dem Brand von 1842.
218 Chateauneuf, Domestica, 1839, S.5.
219 Waagen 1837, S.4-5.
220 Der Zimmermeister Hopfeldt hatte die Ausführung der zahlreichen Sandsteinarbeiten übernommen. Als er wegen der großen Preisforderung der beiden Hamburger Amtsleiter fremde Firmen beauftragen wollte, beriefen sich die Steinmetzmeister auf die Zunftgerechtsame. Abendroth führte dagegen an, daß Meister Wittgrefe die gesamten Arbeiten zunächst für 79.737, dann für 53.830 und schließlich für 43.224 Courantmark ausführen wollte. Dagegen hatte eine Pirnaer Firma alles in allem 9.602, eine Dresdner Firma 11.830 Mark ab Sachsen verlangt. Der Streit wurde mit einem Vergleich beigelegt. Vgl. Gerber 1933, S.159. Als Lösung setzte sich Chateauneuf für die Verwendung von Marmorarbeiten ein, die nach seinen Erfahrungen inklusive Seefracht nicht teurer waren als die „Sandsteinausführungen in unseren Niederungen mit der Flussfracht". Chateauneuf hoffte, daß die griechischen Steinbrüche zukünftig dafür sorgen können, daß Marmor sogar zur Architektur verwendet werden könnte. Vgl. Chateauneuf, Domestica, 1839, S.6.
221 Zur Innenraumgestaltung vgl. auch den Beitrag von Johanna Lessmann in diesem Band.
222 Über die Gestaltung dieser Räume ist nichts überliefert.
223 Später wurden dort auch Reliefs von Thorvaldsen angebracht.
224 Chateauneuf, Domestica, 1839, S.6.
225 Vgl. Wesselhoeft 1969.
226 Vgl. Speckter 1846.
227 Brief von E. Speckter an Chateauneuf vom 03.02. 1834. Vgl. Speckter 1846, S.351.
228 StaH Hamburg 622-1 Sieveking I E 2; Brief von Rumohr an Karl Sieveking vom 26. Aug. 1836: „Ein recht seltsamer Wunsch ist mir zugebracht worden. Ich soll Dr. Abendroth von dem Gedanken abbringen, Erwin Sp. letzte Arbeiten zu beschädigen oder vernichten. Ich kenne ihn zu wenig, um auf seine Entscheidungen Einwirkung mir versprechen zu dürfen."
229 Stadbibliothek Lübeck. Milde-Nachlaß. Brief von Milde an H. Nölting 18.06.36. Asher hatte Mitte der zwanziger Jahre unter Peter von Cornelius Dekorationsmalereien in der Münchner Glyptothek ausgeführt.
230 Es ist nicht völlig sicher, ob die in der „Architectura domestica" 1839, Tafel XVIII, gezeigte Raumausstattung wirklich ausgeführt worden ist. Aufnahmen des Zimmers kurz vor der Zerstörung zeigen eine gänzlich andere Wandlösung.
231 Chateauneuf, Domestica, 1839, S.6.
232 Ebd.
233 Vgl. den Aufsatz von J. Lessmann in diesem Band.
234 Vgl. Wesselhoeft 1969.
235 Jedding 1985, S.988.
236 Chateauneuf, Domestica, 1839, S.5.
237 Davon berichtet seine Tochter Susanne, die ihren Vater auf dessen Reise durch Norddeutschland begleitete. Vgl. Ausst.-Kat. Hamburg 1981, S.211.
238 Waagen 1837.
239 Haller 1899.
240 Das Werk war durch die Publikation von Percier und Fontaine bekannt. Vgl. die Abb. bei Buttlar 1999, S.173.
241 Ebd.
242 Dies betrifft z.B. die Integration der Skulpturen oder die Möbelgestaltung.
243 StaH 622-1 Familie Haller/Martin Haller 49 (Erinnerungen), Bd VI, S.97-98.
244 Pini 1995, S.43.
245 Ebd.
246 Zwei Kandelaber und ein Treppengeländer blieben im Haus Sillem, später Wesselhoeft, Elbchaussee 352, erhalten. Vgl. Klée-Gobert 1970, S.214. Zur Restaurierung der Speckter-Fresken vgl. Doose/Feick/Konerding 1990 und Lessmann 1990/91, S.303-307.
247 Sieveking 1902, S.86-88.
248 Chateauneuf, Domestica, 1839, S.3.
249 Originalrelief in der Villa Albani, Rom.
250 Chateauneuf, Domestica, 1839, Platte IV.
251 Sieveking 1902, S.192.
252 Oslo, Stadtarchiv; Hanno-Nachlaß.
253 Dies erschließt sich aus der Fassadenzeichnung. Dort ist am rechten Rand des Hauses eindeutig die linke Seite des Abendrothschen Hauses erkennbar. Die Entwürfe zu diesem Projekt befinden sich im Hanno-Nachlaß in Oslo.
254 In der Schnittzeichnung sind gegenüber dem Grundriß deutlich mehr Skulpturennischen zu erkennen. Dieser Unterschied deutet auf den Projektcharakter des Entwurfs hin.
255 Die Entwurfszeichnungen befanden sich bis 1943 in der Bibliothek der Patriotischen Gesellschaft. Das Werk wurde 1840 im Architektonischen Album publiziert (=Chateauneuf, Album, 1840). Vorzeichnungen dazu sind in der Kunstbibliothek Berlin erhalten (Hdz. 3475, 3518). Das Projekt fand bislang erstaunlich wenig Beachtung. Es fehlt in den Standardwerken von Plagemann 1967 und Mundt 1974.
256 Chateauneuf, Album, 1840, S.3.
257 Im Januar 1832 unterhielten sich Chateauneuf und Sieveking in Freiburg i. B. über einen möglichen Hamburger Museumsbau. Vgl. Sieveking 1928, S.201.
258 Dies geschieht wenige Jahre vor Gärtners Feldherrnhalle in München.
259 Plagemann 1997, S.10-11.
260 Chateauneuf, Album, 1840, S.4. Chateauneuf verwendet den Begriff „terra cotta".
261 Ebd., S.3.
262 Ebd., S.4.
263 Ebd.
264 Ebd.
265 Ebd.
266 Ebd.
267 Ebd.
268 Ebd.
269 Ebd.
270 Ebd., S.3.
271 Eine ähnliche Lösung mit Giebel der Ägineten und Parthenonfries übereinander angeordnet findet sich später in Stülers Neuem Museum in Berlin.
272 Vorzeichnungen dazu befinden sich in der Kunstbibliothek Berlin (Hdz 5475 u. 5476).
273 Der Name „Altes Museum" wird erst später verwendet.
274 Vgl. Ausst.-Kat. Hamburg 1997, S.168-169.
275 Frank 1994, S.231 (Beitrag Dieter Schädel).
276 Zit. nach Sieveking 1928., S.232.
277 Sieveking 1928, S.233.
278 Ebd.
279 Eine zuvor entstandene Skizze zeigt eine regelmäßigere Anordnung der Häuser. Möglicherweise wurde sie als Vorlage für die Lithographie verworfen, da das „Rauhe Haus" dort nicht dargestellt ist.
280 Talazko 1984, S.209.
281 Sieveking 1928, S.233-234.
282 StaH 622-1 Sieveking I E 2; Brief von Karl Sieveking an Chateauneuf vom 10. November 1833.
283 Ebd.
284 Quellen: Commerzbibliothek Hamburg, Protokolle der Commerzdeputation 1832/33, Sitzung vom 15.06. 1833; StaH 111-1, Cl. VII, Lit. FC: No. 7, Vol. 3b, Sitzung vom 23.04.1834.
285 Ebd.
286 Zit. nach Hannmann 1975, S.78.
287 Ebd.
288 Grundsteinlegung: 11.03.1834; Einweihung: 20.07.1834.
289 Das Haus war dem Guten Hirten geweiht. Die von Karl Sieveking finanzierten Malereien waren bereits Ende September 1836 durch Witterung und Salpeter zerstört.
290 1837 korrespondierte Wichern mit Sieveking wegen der Umgestaltung der Wohnräume. Vgl. Archiv des Rauhen Hauses, Hamburg; Brief von Wichern an Sieveking vom 6. April 1837.
291 StaH 622-1 Sieveking I E 2; Brief von Karl Sieveking an Chateauneuf vom 25.01.1835.
292 Ausst.-Kat. Hamburg 1835.
293 Zit. nach Hannmann 1975, S.86.
294 Ebd.
295 StaH 111-1 Senat CL. VII Lit He No 1 Vol 37 Fasc. 1 (Erwiderung Chateauneufs vom 28.03.1836).
296 Zit. nach Hannmann 1975, S.86.
297 StaH 111-1 Senat CL. VII Lit He No 1 Vol 37 Fasc. 1; Erwiderung Chateauneufs vom 28.03.1836.
298 Zit. nach Hannmann 1975, S.86-87.
299 StaH 111-1 Senat Cl VII Lit. He No. 1 Vol. 37 Fasc. 1; Erwiderung Chateauneufs vom 28.03.1836.
300 Zit. nach Hannmann 1975, S.87.
301 Es gehört zu den Merkwürdigkeiten der Hamburger Architekturgeschichte, daß die Baubeamten Wimmel und Forsmann letztlich den Bauauftrag für den Domplatz erhielten. Vgl. ausführlich Hannmann 1975, S.87-91.
302 Müller 1933, S.91.
303 Es handelte sich wohl um ein Aquarell auf Pergament. Vgl. Lichtwark 1898, Bd. 2, S.156. Eine genaue Beschreibung der dargestellten Ratsversammlung bei Grosskopf-Knaack 1984, S.59.
304 Vgl. die Abbildung bei Kleßmann 1981, S.433.
305 Sieveking 1902, S.122. In Chateauneufs Nachlaß befanden sich eine Farbskizze mit der Frontansicht desselben sowie mehrere Baurisse.
306 Milde wurde am 24.05.1837 für diese Arbeit bezahlt.
307 Stadtarchiv Lübeck. Milde-Nachlaß; Brief von Milde an Henriette Nölting, 21.03.1835.
308 Chateauneuf, Domestica, 1839, Pl. IV. Dort ist noch im Fassadenfries „Die Erziehung des Pferdes" zu sehen.
309 In seinen Briefen an Henriette Nölting berichtet Milde wiederholt über die Fortschritte bei den Fresken. Demnach waren die Arbeiten am 18.08. abgeschlossen und bereits am 26.09. durch „Witterung und Salpeter zerstört." Vgl. Stadtarchiv Lübeck. Milde-Nachlaß. Briefe an Henriette Nölting.
310 Zum Schicksal des Gebäudes vgl. WV 37.
311 Es handelte sich um ein einfaches Bauernhaus, das bereits auf dem von Sieveking geschenkten Grundstück gestanden hatte.
312 Gerhardt 1927/31, Bd. I, S.167.

313 Am selben Tag heiratete Wichern. Der Name geht darauf zurück, daß die in dem Haus wohnende Ehefrau Wicherns von den Zöglingen Mutter gerufen wurde. Später erhielt das Gebäude den Namen „Grüne Tanne".
314 Die Baukosten von 45.000 RM wurden durch die Feuerkasse und durch Spenden gedeckt. Die Wiedereinweihung war am 22.03.1937.
315 Erstaunlich ist, daß vor allem Wichern in seinen ausführlichen Jahresberichten und in den Festschriften den Anteil Chateauneufs nicht würdigt.
316 Hudtwalcker 1840.
317 Der Überlieferung nach 1841 von „Knabenhänden" in der damals sumpfigen Nordostecke des Geländes erbaut. Das Gebäude bot Wohnraum für eine Knabenfamilie u. mehrere Gehilfen. Vgl. auch den Plan des Rauhen Hauses 1843, Nr. VI.
318 Vgl. den Plan des Rauhen Hauses 1843, Nr. VII (Abb. S.200).
319 Vgl. vor allem Wicherns Jahresbericht 1843, S.17.
320 Hudtwalcker war Senator und Präses des Krankenhauskollegiums.
321 Grundlegend: Schümann 1971.
322 Die Entwurfszeichnung befindet sich in: StaH, Pl 132-6.
323 Hudtwalcker erwähnte gegenüber Overbeck auch die Altargestaltung Chateauneufs. Vgl. Schümann 1971, S.156.
324 Zit. nach Schümann 1971, S.154.
325 Vgl. Kunsthalle 1969, S.247. Das Overbeck-Gemälde befindet sich momentan im Depot der Kunsthalle.
326 Der Entwurf befindet sich in: StaH, Pl 132-6.
327 Die Entwurfszeichnungen befinden sich im Hanno-Nachlaß im Stadtmuseum Oslo.
328 Die Dokumente und Zeichnungen befinden sich in: StaH 111-1 Cl VII Lit Fc No. 7 Vol 3 b.
329 StaH 111-1 Cl VII Lit Fc No. 7 Vol 3 b; Erläuterung von Chateauneuf vom 11.09.1835.
330 Ebd.
331 Ebd.
332 Chateauneuf hatte einen Abriß sämtlicher Häuser zwar erwogen, aber aus Kostengründen fallengelassen.
333 Die folgende Beschreibung folgt weitgehend Schreyl 1963, S.51-52.
334 StaH 111-1 Cl VII Lit Fc No. 7 Vol 3 b. Erläuterung von Chateauneuf vom 11.09.1835.
335 Ebd.
336 Die Erben erklärten sich bereit, sämtliche Grundstücke für 636.000 Mark zu verkaufen.
337 StaH 111-1 Cl VII, Lit Fc No 7, Vol. 3 b; Erläuterungsschreiben Chateauneufs vom 23.03.1836.
338 Die folgende Beschreibung folgt weitgehend Schreyl 1963, S.51-52.
339 StaH 111-1 Cl VII, Lit Fc No 7, Vol. 3 b; Erläuterungsschreiben Chateauneufs vom 23.03.1836.
340 Ebd.
341 Dieser Beschluß wurde im April 1836 von der Commerzdeputation, am 15. Juni nochmals vom Senat und am 27. Oktober 1836 vom Konvent bestätigt. Vgl. Schreyl 1963, S.53.
342 StaH 111-1 Cl VII. Lit. Fc No. 7 Vol. 3 C; Gutachten vom 6. April 1836. Zit. nach Hannmann 1975, S.95.
343 Hudtwalcker 1862/64, S.556.
344 Tagebucheintrag von Beneke vom 12.08.1872. Vgl. Hauschild-Thiessen 1972, S.78.
345 Buchholz promovierte in Halle und begann 1808 in Lübeck die juristische Praxis. Niedergerichtsprokurator seit dem 28. Mai 1814, war er 1823–1834 in kurhessischen Staatsangelegenheiten tätig und wurde deshalb zum kurhessischen Geh. Hofrat, später zum kurhessischen Geh. Legationsrat ernannt. Er wurde am 8. Juli 1834 zum zweiten Syndicus gewählt und erlag am 15. November 1843 einem Schlagfluß. Vgl. Bruns 1938, S.117; Fehling 1925, S.23-24.
346 Die Stadtwohnung von Buchholz befand sich in der Mengstraße 2.
347 Stadtbibliothek Lübeck. Milde-Nachlaß; Brief von Milde an H. Nölting vom 12.02.1837.
348 StaH 622-1 Sieveking I E 2; Brief von Chateauneuf an Sieveking aus London am 13.08.1838.
349 Stadtbibliothek Lübeck. Milde-Nachlaß; Brief von H. Nölting an C. J. Milde vom 23.02.1838.
350 Stadtbibliothek Lübeck. Milde-Nachlaß; Brief von H. Nölting an C. J. Milde vom 31.12.1839.
351 Chateauneuf, Domestica, 1839, S.4.
352 Der Hamburger Archivar Otto Beneke bezeichnete die Villa als eine „der schönsten bei Lübeck". Er hob vor allem den großen Saal lobend hervor. Vgl. Hauschild-Thiessen 1972, S.78.
353 So zeigt es ein um 1840 gezeichnetes Aquarell eines anonymen Künstlers vom Saal (Lübeck, Museen für Kunst- und Kulturgeschichte).
354 Chateauneuf, Domestica, 1839, S.4.
355 Lange 1965, S.65.
356 Brönner 1994, S.153.
357 Oppenheimer war 1842 bis 1853 Oberappellationsrat in Lübeck.
358 Haller 1985, S.31.
359 Ebd.
360 Vgl. die ausführliche Dokumentation im Denkmalschutzamt Lübeck.
361 Stadtbibliothek Lübeck. Milde-Nachlaß; Brief von H. Nölting an C. J. Milde vom 11.08.1837.
362 „Chateauneuf baut uns jetzt hier ein Grabmal. Die Zeichnung ist so gut u ernst.." Vgl. den Brief von Henriette Nölting an C. J. Milde vom 11.08.1837. Stadtbibliothek Lübeck, Milde-Nachlaß.
363 Lange 1965, S.71-72.
364 Das Blatt ist datiert und signiert.
365 Sie teilt Milde mit, daß sie einen Rahmen für das Gemälde bestellt habe. Offensichtlich plante sie, das Gemälde in ihrer Wohnung zwischen zwei Madonnen aufzuhängen. Brief von Henriette Nölting an C. J. Milde vom 19.10.1837. Stadtbibliothek Lübeck, Milde-Nachlaß.
366 Zit. nach Hannmann 1975, S.95.
367 So äußerte sich Chateauneuf in einem Brief an Franz Kugler vom 13.02.1837 in der Staatsbibliothek Berlin.
368 Vgl. ausführlich Hannmann 1975, S.95-100.
369 Die Beschreibung folgt weitgehend Schreyl 1963, S.55-58.
370 Ebd.
371 Ebd.
372 Ebd.
373 Chateauneuf, Börse, 1838.
374 Ebd. S.3.
375 Schreyl 1963, S.53, wies darauf hin, daß der Bau in seiner Kombination von eingeschossigem Hofbau mit Ecktürmen und dahinter liegendem geschlossenen Bauteil an islamische Karawansereien erinnert.
376 Chateauneuf, Börse, 1838, S.3.
377 Schreyl 1963, S.57.
378 Schreyl 1963, S.57-58.
379 Schreyl 1963, S.57-58. Woher Chateauneuf die Kenntnisse der spanischen Börsen erhielt, ist unklar.
380 Hannmann 1975, S.96.
381 Chateauneuf, Börse, 1838, S.4.
382 Vgl. z.B. den Entwurf von Stüler für die Frankfurter Börse und die Rezension von Kugler 1838.
383 Chateauneuf, Domestica, 1839, S.4.
384 Ebd.
385 StaH 622-1 Sieveking I E 2; Brief von Chateauneuf an Sieveking vom 30.06.1838. Gemeint ist Erwin Speckter.
386 Brief Kers an S. P. Thomson vom 26.08.1836. Vgl. Robertson 1978, S.49.
387 So äußerte sich Eastlake gegenüber Haydon 1841. Vgl. Robertson 1978, S: 49.
388 Ebd.
389 Vgl. grundlegend den Beitrag von Stephan Tschudi-Madsen in diesem Band. Im Werkverzeichnis werden vor allem neue Briefstellen zur Entstehungsgeschichte des Projekts angeführt.
390 StaH 622-1 Sieveking I. Brief an Caroline Sieveking vom Ende Juni 1838.
391 Vgl. Sievekings Ideen zum Domplatz (WV 11).
392 Sieveking 1928, S.327.
393 Vgl. ausführlich den Aufsatz von Tschudi-Madsen in diesem Band.
394 Berckenhagen 1979, S.165 (Nr. 233).
395 Die Statue Nelsons stammt von Bailey, die später hinzugefügten Löwen am Fuß des Denkmals sind eine Arbeit Landseers. Vier Reliefs feiern Nelsons bedeutendste Siege (St. Vincent, Kopenhagen, Abukir und Trafalgar).
396 StaH – 622-1 Familie Sieveking I, -E V, XV. Aus diesem Grund plante Chateauneuf die Publikation seines Entwurfs in seiner Werkausgabe „Architectura publica". Wegen seines frühen Todes erschien diese Edition jedoch erst 1860. Bedauerlicherweise wurden die Vorlagen Chateauneufs sehr schlecht lithographiert.
397 Vgl. den Beitrag von Stephan Tschudi-Madsen in diesem Band.
398 Berlin, Schinkel-Archiv. Brief von Chateauneuf an Schinkel vom 19.02.1838.
399 Möglicherweise hatte Chateauneuf Mee bereits während dessen Tätigkeit für Godeffroy in Dockenhuden kenngelernt. Am 10.05.1838 schrieb er an Sieveking, daß sich Mee ihm gegenüber freundlich verhalten würde. Vgl. StaH 622-1 Sieveking I E 2.
400 Vgl. StaH 622-1 Sieveking I E 2; Brief von Chateauneuf an Sieveking, August 1839.
401 Im Nachlaß befand sich ein von W. v. Hanno zusammengestellter Klebeband mit Skizzen und Entwürfen zur Londoner Börse, der seit dem Bombenangriff auf Hamburg im August 1943 verloren ist. Die Lithographie wurde an bedeutende Persönlichkeiten mit der Bemerkung versandt, daß die Darstellung einige vom Preisgericht empfohlene Änderungen aufweist. Vgl. Lange 1965, S.33.
402 F. v. Gärtner verwendet das Motiv für die Münchner Feldherrnhalle erst 1841. Vgl. Lange 1965, S.33.
403 Tschudi-Madsen 1965, S.24.
404 Das Arkadenmotiv und der Innenhof war bereits bei dem abgebrannten Vorgängerbau vorhanden.
405 Vgl. auch Lange 1965, S.33.
406 Adreßbuch 1842, S.414f.
407 StaH 622-1 Sieveking I E 2; Brief von Chateauneuf an Sieveking vom 1.07.1838: „Die beyfolgenden Bedingungen werden so ziemlich das Nöthige hinsichtlich des Baus der Armenwohnungen enthalten, doch wünschte ich daß der Plan nicht ausgeführt wird, bevor ich Einsicht von der Lage u Beschaffenheit des Platzes hätte, worüber Sie mir wohl gütigst schreiben. – Sonst hat Prof Fersenfeldt für die Abfassung des Contractes u die Aufsicht bey der Ausführung mir versprochen meine Stelle ersetzen zu wollen." Die Entwurfszeichnungen befanden sich im dritten Band

des Hanno-Nachlasses und verbrannten 1943 in der Bibliothek der Patriotischen Gesellschaft in Hamburg.
408 Sieveking 1860, S.337.
409 Adreßbuch 1842, S.414f.
410 Lange 1965, S.42.
411 Lange 1995, S.76-77.
412 1847 wurde das Hospital aufgelöst, da inzwischen ein eigenes Kinderspital (WV 123) errichtet worden war.
413 Lange 1965, S.42.
414 Zit. nach Eissenhauer 1987, S.64.
415 Vgl. nach Eissenhauer 1987, S.64 u. 114; StaH 622-1 Sieveking III, II J, I B 85 (Sieveking-Stiftung).
416 Sieveking 1902, S.83.
417 Hudtwalcker 1840.
418 Ebd.
419 Ebd.
420 Ebd.
421 Lange 1965, S.41.
422 Dies ist deutlich auf einem nach einer Zeichnung von Gottheil hergestellten Stahlstich von Poppel und Kurz zu erkennen.
423 „... doch höhere Rücksichten mußten entscheiden." Vgl. Hudtwalcker 1840, S.4.
424 Vgl. den Festbericht, S.137 mit den Knabenfiguren nach Rauch. Gerhardt I, S.337; Wichern 1845, S.136.
425 Die Darstellung folgt in wesentlichen Zügen der grundlegenden Untersuchung von Kändler 1997.
426 Zit. nach Kändler 1997, S.101.
427 Ebd.
428 Ebd.
429 Kändler 1997, S.103.
430 Die Entwurfszeichnung befand sich bis 1943 in der Bibliothek der Patriotischen Gesellschaft.
431 Vier Blätter. Oslo, Stadtmuseum. Hanno-Nachlaß.
432 Die Frühgeschichte des Hamburger Bahnhofsgebäudes ist relativ gut erforscht. Basis dafür ist das außerordentlich umfangreich erhaltene Quellenmaterial im Hamburger Staatsarchiv (621-1 Hamburg-Bergedorfer Eisenbahn-Gesellschaft). Besonders wichtig sind die Dissertation von Spallek, eine der ersten Studien zum deutschen Bahnhofsbau des 19. Jahrhunderts, und die Publikation zum 150jährigen Jubiläum 1992 (= Eisenbahn 1992); neue interessante Beobachtungen bei Rudolph 1999.
433 Lange 1965, S.34.
434 Vgl. hierzu auch Rudolph 1999, S.13.
435 Rudolph 1999, S.6.
436 Spallek 1978, S.21.
437 Berlin, Schinkel-Archiv. Brief von Chateauneuf an Schinkel vom Juni 1838.
438 Spallek 1978, S.21.
439 Ähnlich gestaltet war auch der 1838 errichtete Dresdner Bahnhof in Leipzig.
440 Spallek 1978, S.22.
441 Rudolph 1999, S.7.
442 Bis auf Friedrich Stammann stimmten alle Architekten dem Verfahren zu.
443 Spallek 1978, S.37.
444 Rudolph 1999, S.7.
445 Ebd., S.8.
446 StaH 621-1 HH Bergedorfer Bahngesellschaft B 14. Suppliken an Behörden. Bd. 2. Zit. nach Rudolph 1999, S.8.
447 Vgl. Fox, Countryhouse, 1843.
448 Auf den Auftraggeber machte mich freundlicherweise Hartmut Frank aufmerksam. Vgl. auch die knappen Angaben bei Dobai 1976, S.1159. Zu Ker vgl. Dictionary of National Biography Bd. XI, S.47.
449 In einem zwölften Brief nimmt der damals hochangesehene englische Maler Charles Eastlake zu Fragen der Innenausstattung Stellung. Die Briefe zwischen Ker und Eastlake (Briefe 11 u. 12) wurden auch in Eastlakes „Contributions to the Literature of the Fine Arts", Bd. I , London 1848, S.325-350, wiederabgedruckt. Das Buch fand bislang auffallend wenig Beachtung, dabei zählt es zu den wichtigen Quellen für die Stildebatte im zweiten Viertel des 19. Jh. Eine Neuausgabe des Werkes wäre wünschenswert.
450 Vgl. das Verzeichnis im Hanno-Nachlaß des Stadtmuseums Oslo.
451 Vgl. Fox 1843, S.49. Die eigenwillige Buchgestaltung zeigt sich auch daran, daß den Kapiteln kleine Vignetten mit Landschaften und Architekturszenerien vorangestellt wurden, die ohne jeden Zusammenhang mit dem jeweiligen Text stehen. Seltsam muten auch die u. a. der mittelalterlichen Kunst entlehnten Initialen am Anfang eines jeden Briefes an.
452 Die genauen Lebensumstände und Besitzverhältnisse Kers bedürften für diesen Zusammenhang weiterer Erforschung.
453 Für die folgenden Aussagen vgl. Fox 1843, S.1ff. (Brief 1).
454 Ebd., S.4ff. (Brief 2).
455 „If a determinate name must be given to the style, I propose I should call it 'the Renaissance style of the nineteenth century'." Fox 1843, S.9.
456 Für die folgenden Aussagen vgl. Fox 1843, S.29ff. (Brief 7).
457 Chateauneuf hatte das Werk bereits im Erscheinungsjahr rezensiert. Vgl. Chateauneuf, Pückler-Muskau, 1834.
458 Für die folgenden Aussagen vgl. Fox, Countryhouse, 1843, S.34ff. (Brief 8).
459 Ker war einer der ersten privaten Orchideenzüchter EnglandS.Vgl. Dictionary of National Biography Bd. XI, S.47.
460 Vgl. dazu ausführlich Fox 1843, S.45ff. (Brief 10).
461 Chateauneuf wies Ker darauf hin, daß er umfassende Erfahrungen in dieser Technik habe machen können und daher bei der praktischen Umsetzung mit seinem Detailwissen zur Verfügung stünde.
462 Ein solcher Raum ist bislang in keinem bekannten Bauwerk Chateauneufs nachweisbar.
463 Wie bereits in seiner „Architectura domestica" wies Chateauneuf darauf hin, daß z.B. der Carrara-Marmor bei rechtzeitiger Bestellung zu relativ günstigen Preisen importiert werden könne.
464 Vgl. vor allem Fox 1843, S.39ff. (Brief 9).
465 Lange 1965, S.68.
466 Muthesius 1974, S.72-73.
467 Ebd.
468 Vgl. die Subskribentenliste in Fox 1843, nach S.6.
469 Muthesius 1974, S.205, Anm. 295.
470 Queen Victoria und Prince Albert zählten nachweislich zu den Subskribenten des Buches. Vgl. die Abb. bei Muthesius 1974, S.35.
471 622-1 Familie Haller/Martin Haller 49 Bd. III, S.39-43.
472 Zit. nach Dahms 1992, S.89.
473 Ebd.
474 Ebd., S.88.
475 Vgl. ausführlich WV 78.
476 Zit. nach Hammer-Schenk 1978, S.17.
477 Zur Identifikation des Blattes vgl. Hammer-Schenk 1978, S.39, Anm. 39.
478 Hammer-Schenk 1978, S.21.
479 Der Senat stimmte dem Neubau am 20.09.1841 zu. Grundsteinlegung: 18.10.1842; Einweihung: 05.09. 1844. Hammer-Schenk 1978, S.20 und Abb. 6.
480 Auch im Inneren wurden manche Reformideen umgesetzt. Vgl. Hammer-Schenk 1978, S.18.
481 Die Darstellung folgt im wesentlichen Spallek 1992.
482 Lange 1965, S.35.
483 Vgl. die kritischen Anmerkungen von Dahms 1992 (II).
484 Dahms 1992 (II), S.145
485 Die Originalentwürfe sind nicht erhalten. 1857 wurde nach Aufmessung und alten Baurissen eine Zeichnung von Marchand angefertigt. Vgl. Abb. in: Eisenbahn 1992, S.78.
486 Dahms 1992, S.81.
487 Zit. nach Dahms 1992, S.89.
488 Zit. nach Dahms 1992, S.91.
489 Die Zeichnung gehört zum Hanno-Nachlaß im Stadtarchiv von Oslo.
490 BKD Lübeck 1906, S.166-167.
491 StaH 622-1 Sieveking I E 2;. Brief von Chateauneuf an Sieveking vom 12.11.1842.
492 Spätestens beim Bombenangriff auf Lübeck 1942 wurden die Glasfenster zerstört.
493 Brief von Chateauneuf an Gensler vom 30.12.1849. Vgl. auch Grosskopf-Knaack 1984, S.116-117.
494 Vgl. Faulwasser 1892, Schumacher 1920; Semper 1952; Jung-Köhler 1991. Frau Jung-Köhler gelangen zahlreiche neue Quellenfunde und neue Deutungen der vorhandenen Pläne. Dadurch konnte sie die große Bedeutung Chateauneufs beim Wiederaufbau präzisieren. Die folgende Darstellung fußt wesentlich auf dieser herausragenden Untersuchung.
495 Dieses Gremium entsprach der 1841 gebildeten „Beratenden Kommission" Vgl. Jung-Köhler 1991, S. 76.
496 Leider ist aus dem Protokoll nicht erkennbar, wie Chateauneuf dieses Amt erhielt. Seine Wahl überrascht nicht. Denn in der Gruppe der drei Privatarchitekten ist er eindeutig der erfolgreichste. Die Baubeamten sind nach dem Brand mit zahlreichen Aufgaben derart belastet, daß sie das arbeitsintensive Amt nicht zuverlässig hätten bewältigen können.
497 Die Baubeamten hatten zudem zahlreiche praktische Probleme in der zerstörten Stadt zu regeln. Chateauneuf mußte sich gleichzeitig um eine Vielzahl von Privataufträgen kümmern.
498 In der Anfangszeit fanden fast sämtliche Sitzungen in dem von Chateauneuf erbauten Stadthaus Abendroth (WV 36) statt.
499 Die Deputation bestand aus fünf Senats-, vierzehn Bürgerschaftsmitgliedern und einem Schriftführer.
500 Jung-Köhler 1991, S. 78f.
501 Ebd., S. 79.
502 Zu Lindleys Plan vgl. ausführlich Jung-Köhler 1991, S. 80-85.
503 Ebd., S. 88
504 Jung-Köhler 1991, S. 89.
505 Auf dieses Projekt wies erstmals Jung-Köhler 1991, S. 89-90, hin.
506 Ebd., S. 90.
507 Eine kritische Würdigung dieses Entwurfs bei Jung-Köhler 1991, S. 91f. Jung-Köhler weist – anders als Schumacher – deutlich auf die bei Semper fehlenden infrastrukturellen Überlegungen hin.
508 Dagegen steigerte Semper in genialer Weise diese Vorgabe, indem er den Alsterdamm direkt auf das Staatsbautenzentrum ausrichtete. Vgl. Jung-Köhler 1991, S. 89.
509 Jung-Köhler 1991, S. 96.
510 Ebd., S. 113.
511 Ebd. S. 114.
512 Brief von Chateauneuf an Semper vom 11. Oktober 1842. Zit. nach Franck 1989, S. 236.
513 StaH 323-1, 19. Schreiben von Präses Amsinck vom 27.12.1843 an Syndicus Banks. Auch Ludolff und Klees-Wülbern wollten austreten.

514 Wimmel und Klees-Wülbern waren im Verlauf des Jahres 1845 verstorben. H. P. Fersenfeldt und G. Semper erhielten Ehrengeschenke von 4 bzw. 6 Portugalösern. Vgl. StaH 323-1, 19.
515 323-1, 3 Protokolle der Technischen Kommission, Protokoll der 121. Versammlung vom 21.01.1845. Chateauneuf dankte seinerseits „für die Nachsicht, welche ihm in dieser Stellung von der Com(m)ission zu Theil geworden sey."
516 Vgl. die Abb. bei Jung-Köhler 1991, S.87.
517 Jung-Köhler 1991, S.95.
518 Lange 1965, S.36.
519 StAH 323-1, 175. Vgl. Jung-Köhler 1991, S.110-111.
520 Ebd.
521 Zit. nach Jung-Köhler 1991, S.112.
522 Jung-Köhler 1991, S.113.
523 Zit. nach Jung-Köhler 1991, S.113.
524 Ebd.
525 Ebd., S.114.
526 Man brachte den schlechten Baugrund am Kai, die ungenauen Baurisse und den erschwerten Verkauf von Grundstücken als Argumente gegen Semper vor.
527 Zit. nach Franck 1989, S.235.
528 Ebd.
529 Chateauneuf an Semper 11.10.1842. Zit. nach Franck 1989, S.235.
530 Die Mitglieder waren: Syndicus Dr. Karl Sieveking; Senator Heinrich Johann Merck; Senator Martin Johann Jenisch; Oberalter Johann Jürgen Albrecht; Camerarius Johann Christian Hinsch.
531 Vgl. das Forsmann-Gutachten vom April 1845.
532 StaH 111-1 Cl. VII. Lit Fc No. 11, Vol. 12a, Fasc. 3; Brief von Chateauneuf an Sieveking vom 30.04.1844.
533 StaH, Pl 388-15.
534 Lange 1965, S.36.
535 StaH 111-1 Cl. VII. Lit Fc No. 11, Vol. 12a, Fasc. 3; Brief vom 30.04.1844.
536 Ebd.
537 StaH 111-1 Cl. VII. Lit Fc No. 11, Vol. 12a, Fasc. 3; Brief vom 5.2.1845.
538 Ebd.
539 Ebd.
540 Ebd.
541 Ebd.
542 Ebd.
543 „Der Maasstab des modells müßte nicht zu groß seyn 20 Fuß als höchstens 15 Fuß auf 1 Zoll." Vgl. StaH 111-1 Cl. VII. Lit Fc No. 11, Vol. 12a, Fasc. 3. Brief vom 31.03.1845. Es ist nicht bekannt, ob je ein Modell angefertigt worden ist.
544 StaH 111-1 Cl. VII. Lit Fc No. 11, Vol. 12a, Fasc. 3; Brief vom 6.01.1846.
545 Ebd.
546 Zit. nach Lange 1965, S.37.
547 Melhop 1908, S.192-193.
548 Faulwasser 1892, S.32.
549 Das mit Juni 1842 datierte Blatt befindet sich im StaH, Pl 388-15.
550 Vgl. WV 88.
551 Sievking 1860, S.360.
552 Ebd.
553 Ebd.
554 Lange 1965, S.42.
555 Es wurde 1892 nach dem Bau von Haus VII der Sieveking-Stiftung abgebrochen.
556 Das Gebäude wurde 1914 in Sechstes Amalienstift umbenannt.
557 Grundlegend Faulwasser 1929; Klée-Gobert/Wiek 1968 (dort auch ausführliche Quellen- und Literaturangaben) und Wiek 1974. Die folgenden Erörterungen stützen sich maßgeblich auf diese verdienstvollen Untersuchungen.
558 Faulwasser 1929, S.50.
559 Ebd.
560 Die übrigen Mitglieder waren: Senator Caspar Hartung; Johann Fr. Nicolaus Oldach; Carl Franz Heinrich de Dobbeler; Hermann Manecke; Justus Carl Wilhelm Ruperti; Otto Chr. Gaedechens.
561 Das Gremium bestand bis zur Vollendung der Kirche 1887 insgesamt 45 Jahre lang. In den beiden ersten Jahren fanden sieben bzw. acht Sitzungen statt, später in unregelmäßigen Abständen.
562 Vgl. die „Hamburger Nachrichten" der Jahre 1842ff.
563 Ebd.
564 Klée-Gobert/Wiek 1968, S.52.
565 512-2 St. Petri A x b 2 a Bd. 1, Protokoll der 2. Sitzung vom 5.02.1843.
566 Ebd., Protokoll der 11. Sitzung vom 4. Juli 1844. Zu den Gewölbeformen vgl. auch Karge 1990.
567 Faulwasser 1929, S.52.
568 Zit. nach Wiek 1974, S.14.
569 Zu Chateauneufs Lübecker Studien vgl. auch WV 85.
570 Vom alten Mauerwerk blieben nur der untere Teil der Nordwand und des nördlichen Nebenchores bis zur Höhe von ca. sieben Metern sowie die beiden unteren Turmgeschosse erhalten. Vgl. Wiek 1974, S.12.
571 Zit. nach Klée-Gobert/Wiek 1968, S.54.
572 Vgl. Karge 1990.
573 Klée-Gobert/Wiek 1968, S.54.
574 StaH 512-2 St. Petri A X b 2 a Nr. 1, Protokoll der 21. Sitzung vom 17.02.1846, S.152.
575 Ebd.
576 „Dieser Unfall kostete 5 Gesellen das Leben. 6 andere wurden schwer verwundet. Der Grund war, daß man die nicht unterkeilten Lehrbogen nach der Schließung der Arkaden-Spitzbogen, die noch nicht bis zur Balkengleiche übermauert waren und ungenügend abgebunden hatten, mit Gewalt herausstieß und dann 12–14zöllige eichene Balken auf die Mauerkrone wälzte. Die Bauleiter waren Chateauneuf und Prof. Fersenfeldt. Beide wurden durch ein anonymes Schreiben der Schuld bezichtigt. Tatsächlich hielt Chateauneuf in seinem Bericht das Unterkeilen der Lehrgerüste für deren vorherige Lockerung vor der Herausnahme für vollkommen überflüssig." Vgl. Gerber 1933, S.167, auch Faulwasser 1929, S.57-58.
577 Faulwasser 1929, S.61.
578 Ebd., S.60.
579 StaH 512-2 St. Petri; A x b 2 a Bd. 2, S.3; Bericht über den Fortgang der Arbeiten im Frühjahr 1849.
580 Ebd.
581 Ebd.
582 Ebd.
583 Ebd., S.3-4.
584 Zu Hanno siehe auch WV 130 sowie Bjerkek 1982.
585 Klée-Gobert/Wiek 1968, S.40.
586 Hauptbild: „Auferstehung Christi"; Seitenbilder: „Petrus" und „Paulus". Steinfurth hatte in einem Wettbewerb des Hamburger Künstlervereins gewonnen. Zum Altar vgl. Faulwasser 1929, S.63.
587 Die Marienfigur befand sich bis 1724 im Chor. Später gelangte sie in die Amsincksche Kapelle, später Totenkapelle genannt, wo sie beim Brand geschützt war. Vgl. Klée-Gobert/Wiek 1968, S.76-77.
588 StaH 512-2 St. Petri; A x b 2 a Bd. 2, S.6; Bericht über den Fortgang der Arbeiten im Frühjahr 1849.
589 Ebd., S.7.
590 Ebd. S.54ff; Protokoll der 41. Sitzung vom 8. Mai 1851.
591 Ebd. S.58.
592 Lukas und Johannes der Evangelist befanden sich am südöstlichen Portal der Domstraße gegenüber, Markus und Matthäus waren an dem südwestlichen Portal, der Schmiedestraße gegenüber, angebracht. Zwischen diese beiden wurde eine Petrusfigur gestellt.
593 Vgl. den Leserbrief in den „Hamburger Nachrichten" vom 6.11.1843: „So erschien es uns am zweckmäßigsten, den Stumpf mit einem platten Dach und einer eisernen Balustrade zu versehen: so dürfte er als ernstes und würdiges Denkzeichen des Prüfungsjahres 1842 noch eben so viele Jahrhunderte überdauern, als er mit einer vollendet schönen Spitze eine der ersten Zierden unserer Stadt gewesen."
594 Zum Ausbau vgl. WV 131 und Klée-Gobert/Wiek 1968, S.56.
595 StaH 512-2 St. Petri A X b 2 a Nr. 1, Protokoll der 8. Sitzung vom 24.03.1844, S.51.
596 Ebd.
597 StaH 512-2 St. Petri A X b 2 a Nr. 2, S.41; Bericht über den Fortgang der Arbeiten im Frühjahr 1849.
598 Ebd. S.42.
599 Zur mittelalterlichen Baugeschichte vgl. Wiek 1979.
600 Wiek 1979, S.116.
601 Abb. bei Kall 1888, nach S.54.
602 StaH 512-2 St. Gertrudenkapelle VI C; Gutachten vom 13.05.1842.
603 Ebd.
604 StaH 512-2 St. Gertrudenkapelle VI C; Brief von Bürgermeister Bartels vom 14.05.1842.
605 Ebd.
606 Hiermit waren vor allem die Baumeister Burmester und Marchand betraut. Vgl. Abrechnung vom 04.06. 1842.
607 StaH 512-2 St. Gertrudenkapelle VI C; Gutachten vom 13.05.1842.
608 Ebd.
609 Ebd.
610 Ebd.
611 Ebd.
612 StaH 512-2 St. Gertrudenkapelle VI C; Gutachten vom 25.08.1842.
613 Ebd.
614 Ebd.
615 Ebd.
616 Ebd.
617 Ebd.
618 Vgl. Grosskopf-Knaack 1984, S.88.
619 Vgl. Kall 1988, S.65.
620 StaH 323,1-3 Protokolle der Techinischen Kommission. Protokoll der Versammlung vom 18. Juni 1842.
621 Hamburger Nachrichten, Nr. 224, 1843, S.3-4: 21.09.
622 StaH 512-6 St. Gertrudkapelle VI C; Gutachten von Luis vom 9.10.1847.
623 StaH 512-6 St. Gertrudkapelle VI C; Gutachten von J. J. F. Ehbets vom 16.11.1847.
624 StaH 512-6 St. Gertrudkapelle VI C; Kontrakt zwischen Umlauf und dem Oberalten Prale. Sinnigerweise behielt sich die Kapellenverwaltung das Recht auf „sich etwa vorfindende Gegenstände historischen Werthes" vor. Auch Gerber 1933, S.186.
625 Einzig vier Häuser und die Gotteswohnungen an den Kurzen Mühren hatten das Feuer überstanden.
626 Vgl. den Grundplan in der Mappe: StaH Pl 388-15.
627 Vgl. StaH 512-6 VII d.; Bau-Kontrakt vom 24.08. 1843; StaH 622-1 Sieveking I E 2; Brief von Chateauneuf an Sieveking vom 25.05.1843. Bauübernehmer war J. J. F. Ehbets.
628 StaH 512-6 (St. Gertrudenkapelle). Vgl. Brief vom 11.04.1845 von Chateauneuf und Fersenfeldt.
629 Es handelte sich um die Nummern 7, 9, 11, 13, 15, 17,

19 und 31. Die Baukosten der 18 Häuser haben seinerzeit 336.000 Mark betragen, an Miete verlangte die Stiftung aber im ganzen nur 10.530 Mark. Vgl. Kall 1888, S.66.
630 StaH 512-6 VII d. Kostenbilanz.
631 StaH 512-6 VII d.; Bau-Kontrakt vom 24.08.1843.
632 Vgl. die Abb. in Hamburg und seine Bauten 1890, S.302.
633 Sie übernahmen damals das 1770 gegründete Geschäft von Hinrich Caspar Brandt.
634 StaH 622-1 Sieveking I E 2; Brief von Chateauneuf an Sieveking vom 12.11.1842.
635 Bauzeitung, Chateauneuf, 1847, S.39ff.
636 Schumacher 1923, S.75.
637 Bauzeitung, Chateauneuf, 1847, S.40.
638 Ebd.
639 Hamburg 1868, S.73-75.
640 StaH 323-1, 3 Protokolle der Technischen Kommission; Protokoll der 65. Versammlung vom 14.11. 1842.
641 Ebd.
642 Ebd.
643 Ebd., Protokoll der 67. Sitzung vom 21.11.1842.
644 StaH 323-1, 1 Protokolle der Rat- und Bürgerdeputation, Bd. 1, S.466; Protokoll der Sitzung vom 14.12.1842.
645 StaH 323-1, 3 Protokolle der Technischen Kommission; Protokoll der 72. Versammlung vom 9.01.1843.
646 Ebd.
647 Vgl. Lange 1965, S.21, 23 und vor allem Hannmann 1975, S.97-98.
648 StaH 323-1, 3 Protokolle der Technischen Kommission; Protokoll der 68. Versammlung vom 28.11.1842.
649 Schumacher 1920, S.50.
650 StaH 323-1, 3 Protokolle der Technischen Kommission. Protokoll der 96. Versammlung vom 30.06.1843. Am 2. August beklagte sich Chateauneuf über die schlechte Qualität der Lithographie. Vgl. StaH 323-1,3 Protokolle der Technischen Kommission. Protokoll der 98. Versammlung vom 2.08.1843, S.5; vgl. auch die Abb. bei Gelder 1991, S.110.
651 StaH Pl 388-15.
652 StaH 323-1, 1 Protokolle der Rat- und Bürgerdeputation, Protokoll vom 30.03.1844.
653 Der Entwurf wies nun Pilaster statt Halbsäulen sowie größere Fenster- und Arkadenöffnungen auf.
654 Erläuterung zu seinem Entwurf vom 14. Juli. Zit. nach Jung-Köhler 1991, S.111.
655 Ebd., S.111.
656 Die Gemeinsamkeiten legen es nahe, das unsignierte Blatt mit dem Nikolai-Entwurf Chateauneuf zuzuschreiben.
657 Die von Faulwasser 1926, S.52, für Chateauneuf in Anspruch genommene Neuplanung des Platzes mit Kirchenhäusern ist Wimmel zuzuschreiben.
658 Franck 1989, S.91.
659 Hamburger Adreßbuch 1842, S.395-396.
660 Der Bau ist quellenmäßig schlecht dokumentiert. Keine Entwurfszeichnungen oder andere bildliche Dokumente (z.B. des Inneren) sind nachweisbar.
661 Lange 1965, S.60.
662 StaH 622-1, Sieveking I E 2; Brief von Chateauneuf an Sieveking vom 12.11.1842.
663 Hamburger Nachrichten Nr. 237, vom 6.10.1843. Demnach fand die Grundsteinlegung am 08.03. (Widerspruch zu Chateauneufs Brief), die Kranzaufrichtung am 23.05. statt. In dem Bericht wird Chateauneuf nicht erwähnt.
664 Diese Gestaltungsform hatte auch Schinkel angewandt. Vgl. Lange 1965, S.60.
665 Vgl. die Abb. in: Plagemann 1984, S.326.
666 StaH 622-1, Sieveking I E 2; Brief von Chateauneuf an Karl Sieveking vom 12.11.1842.
667 Zur Farbe vgl. Schumacher 1923, S.76.
668 Schumacher 1923, S.74.
669 Ebd.
670 Adreßbuch 1851.
671 Die Filterstraße bildete bis zum Großen Brand von 1842 eine nördliche Parallelstraße zur Kleinen Bäkkerstraße etwa im Verlauf des östlichen Teils der erst nach 1842 angelegten Schauenburgerstraße.
672 Davon wurde lediglich eine Fassadenansicht von Schumacher 1923 publiziert!
673 Vgl. die Werbung für den Neujahrstanz in den „Hamburger Nachrichten“ vom 1. Januar 1845.
674 Bauzeitung, Chateauneuf, 1847.
675 Ebd.
676 Eine Lithographie der „Hamburger Steindruckerei“ überliefert die Ansicht des großen Ballsaals in der Filterstraße (1829).
677 Bauzeitung, Chateauneuf, 1847.
678 Ebd.
679 Ebd.
680 Es wirft ein bezeichnendes Bild auf die Forschungslage zum Hamburger Kunsthandwerk im 19. Jahrhundert, daß über die an der Ausstattung beteiligten Künstler bislang so gut wie keine Erkenntnise vorliegen.
681 Von den zahlreichen nach dem Mai 1842 wiedererrichteten Amtshäusern blieb lediglich die Fassade des Amtshauses der Schlosser in der Schauenburger Straße erhalten. Vgl. Hipp 1989, S.137.
682 Die Arkaden wurden unter verschiedenen architekturgeschichtlichen Aspekten gründlich erforscht. Neben Schumachers Analyse ist vor allem die grundlegende Studie von Evi Jung-Köhler herauszuheben. Die folgende Darlegung fußt vornehmlich auf dieser bedeutenden Untersuchung.
683 Zu diesem wichtigen sozialen Aspekt vgl. ausführlich Jung-Köhler 1991, S.129-131.
684 StaH 323-1, 3 Protokolle der Technischen Kommission; Protokoll der 56. Versammlung vom 01.10.1842.
685 Zit. nach Schumacher 1920, S.43.
686 StaH 323-1, 1 Protokolle der Rat- und Bürgerdeputation, S.109.
687 Schumacher 1920, S.45.
688 Vgl. z.B. StaH 323-1, 3 Protokolle der Technischen Kommission; 71. Versammlung vom 16. Dezember 1842. Zit. nach Jung-Köhler 1991, S.132.
689 Vgl. StaH 323-1, 3 Protokolle der Technischen Kommission; Protokoll der 78. Sitzung vom 24.02.1843.
690 Jung-Köhler 1991, S.132.
691 Vgl. z.B. StaH 323-1, 3 Protokolle der Technischen Kommission; Protokoll der 73. Versammlung vom 16.01.1843.
692 Ebd., Protokoll der 75. Versammlung vom 27.01.1843.
693 So das Verkaufsprotokoll des Niederngerichts Bd. II, S.619-630, 4. Juni 1844. Zit. nach Jung-Köhler 1991, S.76-77.
694 StaH 622-1, Sieveking I E 2; Brief von Chateauneuf an Karl Sieveking vom 25. Mai 1843.
695 Gerber 1933, S.165.
696 Zit. nach Franck 1989, S.236.
697 Vgl. z.B. StaH 323-1, 3 Protokolle der Technischen Kommission; Protokoll der 73. Versammlung vom 16.01.1843.
698 Der Bau wurde im April 1844 eingeweiht. Vergleiche den „Hamburgischen Correspondenten“ vom 24.04. 1844.
699 Die Säulen sind bereits auf dem Februar-Plan Chateauneufs erkennbar.
700 Lange 1965, S.24.
701 Ebd.
702 Schmeel 1991, S.108.
703 Zur Veränderung der Arkaden vgl. auch Fischer 1991.
704 Vgl. zu diesem Aspekt Hedinger 1996.
705 Vgl. allgemein Rauschnabel 1984.
706 Schumacher 1920.
707 Vgl. ausführlich Alsterarkaden 1991. Wie groß die Gefahr für das Ensemble nach wie vor ist, zeigen die zum Teil allzu großen Dachaufbauten an der Schleusenbrücke.
708 Voglelsang 1889, S.81-87. Vgl. 1868, S.133.
709 StaH Pl 388-15.
710 StaH Pl 388-15.
711 Zit. nach Franck 1989, S.45.
712 Ebd. Die von H. W. Burmester angefertigten Aufmaße befinden sich im Hamburger Staatsarchiv.
713 Ebd. In dem Brief vom 31.12.1842 wurde Chateauneuf auch mit dem Satz „Was wollen wir den Klotz erhalten“ zitiert.
714 Zit. nach Franck 1989, S.258.
715 Gutachten 31.01.1843. Zitiert nach Franck 1989, S.258.
716 Daggegen verharrt Wimmel auf seiner strikten Ablehnung. Vgl. Franck 1989, S.83-86.
717 Die Firma Davenport war Anfang des 19. Jahrhunderts gegründet worden und zeitweilig auf Hohlglas spezialisiert. 1832 zeigte Davenport auf der Hamburger Kunstgewerbeausstellung Eisvasen, Fruchtkörbe, Salatschalen und Wasserkannen aus englischem Glas im Hamburger Schliff. Vgl. Meier-Oberist 1925, S.272.
718 Bauzeitung, Chateauneuf, 1847, S.115.
719 Ebd.
720 Ebd.
721 Hamburger Adreßbuch von 1845.
722 Melhop 1908, S.201. Vgl. auch die Abb. in Hamburgs Handel und Verkehr 1901, II, S.300.
723 Meyer hatte vor dem Brand Wohnung und Geschäft im Neuen Wall Nr. 69.
724 Vgl. Meier-Oberist 1925, S.57.
725 Meinhold 1959, S.381.
726 Ebd., S 223.
727 Ebd., S.221.
728 Ebd., S.231.
729 Ebd., S.225.
730 Faulwasser 1892, S.104.
731 Bauzeitung, Chateauneuf 1847. Bislang konnte keine Fotografie des Hauses gefunden werden.
732 Ebd.
733 512-2 St. Petri A x b 2 a Bd. 1, S.17; Protokoll der 3. Sitzung vom 12.03.1843.
734 Ebd., S.24; Protokoll der 4. Sitzung vom 23.04.1843.
735 Ebd.
736 Ebd.
737 Ebd.
738 Ebd., S.24-25.
739 Ebd., S.25.
740 Ebd.
741 Ebd., S.30-31; Protokoll der 5. Sitzung vom 29. Juni 1843.
742 Faulwasser 1928, S.111.
743 Wichmann 1863, S.21.
744 Ebd., S.30; Protokoll der 5. Sitzung vom 29. Juni 1843.
745 512-2 St. Petri A x b 2 a Bd. 1, S.24; Protokoll der 4. Sitzung vom 23.04.1843.
746 Ebd., S.31; Protokoll der 5. Sitzung vom 29.06.1843.
747 Schumacher 1923.

748 Zu Jessen vgl. Feldmann 1983; Jenner 1991.
749 Die Entwürfe zu Hornheim verbrannten im Zweiten Weltkrieg, ohne daß sie zuvor ausgewertet wurden.
750 Die folgenden Ausführungen beruhen weitgehend auf den grundlegenden Forschungen von Hamann 1979. Ergänzungen, z.B. in bezug auf die Finanzen, bringt Feldmann 1983, S.39-44.
751 Vgl. Jessens grundsätzliche Aussagen in der „Allgemeinen Zeitung für Psychiatrie" 1845. Zit. bei Hamann 1979, S.87.
752 Hamann 1979/80, S.74.
753 Eine genaue Raumbeschreibung mit detaillierten Angaben zu Fenstern, Korridoren usw. bei Hamann 1979.
754 Die Daten des Aufenthalts in Hornheim lassen sich nicht genau ermitteln.
755 Eissenhauer 1987, S.19-20.
756 Eissenhauer 1987, S.36.
757 Schumacher 1923, S.74.
758 Ebd., S.78.
759 Zum Hesse-Stift vgl. Eissenhauer 1987, S.124.
760 Wichmann 1863, S.208, gibt als Datum 1613 an.
761 Eine genaue Datierung des Stifts ist wegen fehlender Quellen schwierig. Eine Passage in einem Brief an Amalie Sieveking vom Februar 1843 läßt darauf schließen, daß sich Chateauneuf bereits damals mit dem Stiftsbau befaßt hat. Eissenhauer 1987, S.128. gibt als Einzugsdatum 1844 an, während Wichmann 1863, S.208, als Baudatum 1845 nennt.
762 Eissenhauer 1987, S.127-128.
763 Das Postgebäude ist bislang wenig erforscht, obgleich eine Vielzahl von Quellen und Entwurfszeichnungen erhalten blieb. Die folgende Darstellung folgt den Dokumenten im Staatsarchiv Hamburg (StaH 374-2 Hamburgisches Post- und Telegraphenwesen A III 1).
764 Die Preußen hatten ihr eigenes Postamt am Gänsemarkt, das 1840 noch umgebaut worden war. 1866 kamen Hannover und die Taxis-Dienste hinzu. Darauf folgte die Erweiterung hin zur Neuen ABC-Straße. Vgl Ronge 1887, S.29.
765 Vgl. die noch relativ unbestimmten Vorüberlegungen in einem Brief an Banks vom Februar 1843. StaH 374-2 Hamburgisches Post- und Telegraphenwesen A III 1.
766 Plan von Chateauneuf in StaH 374-2 Hamburgisches Post- und Telegraphenwesen A III 1 (Nr. 125).
767 Nicht bei David-Sirocko 1997 aufgeführt.
768 StaH 374-2 Hamburgisches Post- und Telegraphenwesen A III 1.
769 StaH 374-2 Hamburgisches Post- und Telegraphenwesen A III 1; Protokoll der Post-Verwaltungs-Deputation vom 16.07.1844.
770 StaH 374-2 Hamburgisches Post- und Telegraphenwesen A III 1; Aktennotiz von Syndicus Banks vom 26.07.1844.
771 StaH 374-2 Hamburgisches Post- und Telegraphenwesen A III 1; Protokollnotiz von Syndicus Banks vom 31.07.1844.
772 StaH 374-2 Hamburgisches Post- und Telegraphenwesen A III 1; Entwurf vom 23.01.1845; Lange 1965, S.37, schreibt diese Grundidee Luis zu, doch deutet eine erhaltene Pause des Grundrisses von Luis vom 14.05.1844 (Anlage 33) auf eine Trennung der Gebäude hin. Diesen Schluß läßt auch das Gutachten der Baubeamten vom 28.06.1844 zu: „Die Stellung der Gebäude gegeneinander weicht indessen wesentlich von dem Programme ab." Im Gutachten von Postinspektor Hencke heißt es am 19.05.1844: „Es liegt sehr nahe, sämmtliche Gebäude als ein Ganzes anzusehen, das Centrum als Hauptgebäude und die Seiten als Flügel zu betrachten ..."
773 Kritik kam vor allem von der Verwaltung von Thurn und Taxis.
774 Zum Beispiel forderte die Verwaltung von Thurn und Taxis, daß drei statt zwei Briefklappen am Außenbau angebracht werden sollten.
775 Bereits im Februar 1845 kamen Beschwerden, daß Schäden am Landungsponton Vorsetzen der Harmonie aufgetreten seien. Interessanterweise mußten die beiden Kontrahenten Chateauneuf und Luis den Konflikt regeln.
776 1848 veranlaßte Chateauneuf einige technische Versuche, die Uhr mit Gas zu beleuchten.
777 Zu Klenzes Entwurf für ein Rathaus, um 1803-05, vgl. Hildebrand 2000, Nr. 8. Zu Schinkels Projekt für das Rathaus in Zittau vgl. Schinkel, Entwürfe, 1866, Tf. 124.
778 Chateauneuf, Publica, 1860, Tafel V.
779 Es handelte sich um Arbeiten des Bildhauers Schiller.
780 Chateauneuf, Publica, 1860.
781 Der 1838 in Hamburg eingeführte optische Telegraph war zuerst auf dem Baumhaus und dann auf dem Turm des Posthauses in der Poststraße installiert. Hipp 1989, S.187.
782 StaH 374-2 Hamburgisches Post- und Telegraphenwesen A III 1.
783 Melhop 1895, S.169.
784 Die weiteren Mitglieder waren M. W. Hilckes, die beiden Sekretäre Kirchenpauer und Voigt sowie die Architekten Fersenfeldt und Ludolff. Vgl. Kowalewski 1908, S.81.
785 Weitere Teilnehmer waren H. W. Burmester, Forsmann, Ludolff, Maack und Reichardt. Vgl. Kowalewski 1908, S.85.
786 Weitere Mitglieder waren Bülau, Burmester, Fersenfeldt, Forsmann, Gensler, Hilckes, Kramer, Ludolff, Maack, Neddermeyer, Reichardt, Repsold, Schrader, Wimmel und Wurm. Vgl. Kowalewski 1908, S.87.
787 Den Aufruf hierzu unterschrieb Chateauneuf als Deputierter der Patriotischen Gesellschaft. Vgl. Kowalewski 1908, S.91.
788 Die interessante Diskussion zu dieser Einschränkung vgl. Kowalewski 1908, S.103.
789 Kowalewski 1908, S.87.
790 Ebd., S.106.
791 Ebd., S.106.
792 Ebd.
793 Zu Bülaus Entwurf vgl. Maurer 1987, S.70-77.
794 Zum Abstimmungsverfahren vgl. Kowalewski 1908, S.108-109.
795 Ebd., S.123-124.
796 Bei Fuchs 1846/47, Nr. 30, findet sich die Tür irrtümlicherweise auf der linken Seite.
797 Die nachfolgende Raumbeschreibung folgt weitgehend Wesselhoeft 1969, S.31-32.
798 Ein Teil der Wanddekoration wurde nach dem Abbruch des Hauses im Vestibül des Landhauses Sillem, nachm. Wesselhoeft, Elbchaussee 352, verkürzt eingebaut. Vgl. Klée-Gobert 1970, S.214 und Abb. 212.
799 Wesselhoeft schildert 1969, S.31-32, daß eine Seite des Raums ein 1841 von Rudolf Hardorf gemaltes Ölbild des Hamburger Hafens schmückte. Es ist schwer vorstellbar, daß dieses Arrangement zur Originalkonzeption Chateauneufs gehörte.
800 Hierin zeigt sich der schwindende englische Einfluß und zugleich eine frühe Rezeption des „zweiten Rokoko". Vgl.Wesselhoeft 1969, S.51.
801 Ebd., S.34.
802 Faulwasser 1892, S.106.
803 Bauzeitung, Chateauneuf, 1847, S.217.
804 Ebd.
805 Ebd. Keiner der Innenräume ist bislang bildlich nachweisbar.
806 Muthesius 1974, S.57.
807 J. C. Loudon: Encyclopedia of Cottage, Farm and Villa Architecture and Furniture, London 1833 J. C. Loudon (Hrsg.): Architectural Magazine 1834–1838.
808 Brönner 1994, S.153.
809 Auch dieser Bau weist mit seinen Zinnen, Staffelgiebeln und Tudorfenstern nach England. Dort war die „castellated gothic" allerdings bereits veraltet. Vgl. Hipp 1989, S.371.
810 Vgl. Salamon 1996, S.83. Dort datiert auf 1860.
811 Von der Popularität des Turms zeugt auch eine bereits kurz nach seiner Fertigstellung publizierte Lithographie von Suhr. Vgl. Abb. bei Schumacher 1923, S.137.
812 Geissler 1861, S.66 mit Abb.
813 Zur Baugeschichte ausführlich Spallek 1978, S.119-125.
814 Zit. nach Spallek 1978, S.121. Als Zeugnis dieser erbitterten Debatte vgl. Lindleys Bericht vom Dez. 1846.
815 Spallek 1978, S.122-125; Fölsch 1851.
816 Spallek 1978, S.132.
817 Spallek nimmt an, daß es im 19. Jahrhundert lediglich aufgestockt wurde. Spallek 1978, S.180, Anm. 433.
818 So z.B. bei Fölsch 1851 und auch im Lindley-Album 1852/1900.
819 Leo 1936, S.48.
820 Das Tagebuch ist verschollen.
821 So z.B. von dem dortigen „Round Tower". Vgl. Spallek 1978, S.141.
822 Tatsächlich arbeitete auch der von Leo erwähnte Fowler damals intensiv mit Chateauneuf in Hamburg zusammen.
823 Spallek 1979, S.33.
824 Geissler 1861.
825 Die von Lindley errichtete erste kontinentaleuropäische Badeanstalt auf dem Schweinemarkt wurde 1963 in relativ gutem Erhaltungszustand abgerissen!
826 Vgl. „Die Welt", Ausgabe vom 3. Juli 1975, H. Nr. 151, III.
827 Hamburgisches Adreßbuch 1851.
828 Faulwasser 1892, S.105-106.
829 Vgl. die Lithographie von Wilhelm Heuer (nach 1868), abgeb. in: Salamon 1996, S.64 am äußersten rechten Bildrand.
830 Vgl. den Stahlstich der Mayer'schen Kunstanstalt. Abb. bei Jung-Köhler 1991, S.141.
831 StaH 622-1 Familie Haller/Martin Haller 49 (Erinnerungen), Bd. V, S.10 u. 94.
832 Vgl. StaH 621-2 Martin Haller 22, Nr. 448.
833 Rudolph 1999, S.11.
834 Ebd.
835 Vgl. die Zeichnung im Osloer Stadtmuseum. Schirmer-Nachlaß. Vgl. die Bemerkung von Marchand in Chateauneuf, Publica, 1860.
836 Im Südgebäude finden sich die Gewölbe nur im Erweiterungsbau.
837 Chateauneuf, Publica, 1860.
838 Vgl. z.B. das Schneideramtshaus (WV 99), das Abendroth-Stadthaus (WV 36).
839 So z.B. im Amalienstift (WV 70).
840 Zur Datierung vgl. Fölsch 1851, S.25.
841 Spallek 1978, S.183.
842 Zit. nach Spallek 1978, S.183.
843 Vgl. z.B. Lindley-Album 1852/1900.
844 Die Darstellung folgt den Akten zur Friedhofskapelle: StaH 512-5 St.-Jacobi-Kirche B 24 b.
845 Decker o. J.
846 Grundsteinlegung: 16.06., Richtfest: 1.12.1863; Übernehmer war der Maurermeister Bauer; vgl. StaH 512-

5 St.-Jacobi-Kirche B 24 b; handschriftlicher Vermerk, unterzeichnet vom Oberalten Siemers; auch Gaedechens 1880, S.322.
847 Klée-Gobert 1970, S.249.
848 Auf der nach einem Gemälde von Robert Schneider angefertigten Lithographie des Architekten (Frontispiz) ist die Darstellung einer Kapellenfassade erkennbar. Möglicherweise ist in diesem bislang nicht identifizierten Motiv ein früher Entwurf Chateauneufs für die Friedhofskapelle dargestellt.
849 Vgl. das Gutachten von Lindley zur Frage der Entwässerung vom 19.02.1846.
850 StaH 512-5 St.-Jacobi-Kirche B 24 b; Beigelegter Plan und Erläuterungsschreiben von Chateauneuf vom 21.08.1847.
851 StaH 512-5 St.-Jacobi-Kirche B 24 b; Erläuterungsschreiben von Chateauneuf vom 21.08.1847.
852 Ebd.
853 Ebd.
854 Die Identität von Evers ließ sich aus den Akten nicht genauer bestimmen.
855 StaH 512-5 St.-Jacobi-Kirche B 24 b; Erläuterungsschreiben von Chateauneuf vom 21.08.1847.
856 Die Darstellung folgt den Akten zur Friedhofskapelle: StaH 512-5 St.-Jacobi-Kirche B 24 b.
857 Stadtarchiv Oslo; Gutachten von Chateauneuf an den Rat von Christiania vom 5.07.1847.
858 Vgl. die Anmerkung von O. P. Bjerkek in diesem Band, S.68.
859 Zit. nach Bjerkek 1979, S.1.
860 Zu dem Gutachten vgl. ausführlich Bjerkek 1979.
861 Tschudi-Madsen 1965, S.70-72.
862 Oslo, Stadtarchiv; Erläuterungsschreiben von Chateauneuf an den Rat der Stadt Christiania vom 07.08.1849.
863 Ebd.
864 Ebd.
865 Ebd.
866 Ebd.
867 Lange 1965, S.50.
868 Brief von Chateauneuf an den Rat der Stadt Christiania vom 20.06.48. Oslo, Stadtarchiv.
869 Oslo, Stadtarchiv; Brief von Chateauneuf an den Rat der Stadt Christiania vom 2.01.1849.
870 Ebd.
871 Zum „Schicksal" der Innenausstattung vgl. ausführlich Bjerkek 1975, S.5.
872 Vgl. auch den Beitrag von O. P. Bjerkek in diesem Band.
873 Stadtarchiv Oslo; Gutachten von Chateauneuf vom 07.08.1847.
874 Ebd.
875 Ebd.
876 Ebd.
877 Ebd.
878 Ebd.
879 Ebd.
880 Ebd.
881 Ebd.
882 Die Quellenlage für diesen Bau ist vorzüglich. Sowohl zahlreiche Entwurfszeichnungen als auch Briefe sind erhalten. Die Dreifaltigkeitskirche wurde von der norwegischen Forschung in zahlreichen Beiträgen gewürdigt, wobei die Arbeit von Bjerkek 1977 grundlegend ist.
883 Diese Skizzen werden von Bjerkek 1979, S.3, auf 1847 datiert, doch ist ein Entstehungszeitraum um 1848/1849 wahrscheinlicher.
884 Grosch zog seine Teilnahme später zurück.
885 Oslo, Stadtmusem; Hanno-Erinnerungen. Darin: Briefe von Chateauneuf an Hanno vom 10.03.1850 und 24.04.1850.
886 Ebd.
887 Lange 1965, S.53.
888 Tschudi-Madsen 1965, S.53.
889 Oslo, Stadtarchiv. Brief von Chateauneuf an den Rat der Stadt Christiania vom 28.11.1849.
890 Zum Wettbewerb vgl. Tschudi-Madsen 1965, S.49-50.
891 Zit. nach Bjerkek 1979, S.6-7.
892 Zit. nach Lange 1965, S.51.
893 Lange 1965, S.52.
894 Stadtmuseum Oslo; Hanno-Erinnerungen. Brief von Hanno an Chateauneuf vom 16.03.1850.
895 Oslo, Stadtmuseum; Hanno-Erinnerungen.
896 Ebd.
897 Ebd.
898 Oslo, Stadtarchiv; Brief von Chateauneuf an den Staatsrat von Christiania vom 7.02.1851.
899 Tschudi-Madsen 1965, S.57-58.
900 Zu den Veränderungen vgl. Chateauneuf, Publica, 1860.
901 Zu Hanno vgl. auch Bjerkek 1982.
902 Es ist gut denkbar, daß Heinrich Ernst Schirmer in praktischen Belangen bei der Bauausführung behilfreich war.
903 Chateauneuf, Publica, 1860.
904 Schumacher 1923, S.75.
905 Eine von J. Schwab 1843 angefertigte Zeichnung in der Berliner Kunstbibliothek zeigt als Variante einen aus mehreren Spitzen gebildeten Helm. Inwieweit Chateauneuf für diesen Entwurf verantwortlich ist, kann nicht bestimmt werden. Vgl. Berckenhagen 1979, Nr. 279.
906 Lange 1965, S.53.
907 StaH 512-2 St. Petri. A x b 2 a Bd. 2, S.50; Protokoll der 40. Sitzung der Kirchenbaukommission vom 21.11.1850.
908 Ebd.
909 Ebd.
910 Ebd., S.50-51.
911 Ebd., S.51.
912 Ebd., S.53.
913 Ebd.
914 Ebd.
915 Ebd.
916 Vgl. Oslo, Stadtmuseum; Hanno-Erinnerungen.
917 Gensler 1854. Die Zeichnungen sind momentan in Oslo nicht auffindbar und nur durch Schwarzweißfotografien überliefert. Möglicherweise sah Gensler leicht variierende Planungszustände, da er von dem August-Entwurf spricht, während die Osloer Zeichnungen im Juli entstanden sind.
918 Gensler 1854.
919 Ebd.
920 Ebd.
921 Ebd.
922 Ebd.
923 Auf der Osloer Zeichnung ist keine Uhr erkennbar. Offensichtlich ist das Blatt nicht vollständig erhalten.
924 Ebd.
925 Ebd.
926 Ebd.
927 Fowler 1957, abgedruckt in Chateauneuf, Publica, 1860.
928 Gensler 1854.
929 Einige Architekten, wie z.B. Scott, übernahmen manche Anregung von dem Storting-Entwurf für ihre Wettbewerbsbeiträge.
930 Vgl. die Abb. bei Melhop 1908, S.182-183.
931 Turner 1997.
932 Fowler 1857; auch Chateauneuf, Publica, 1860, Vorwort.
933 Hierauf deuten einige Hinweise in Briefen von Karl Sieveking an seine Frau hin. Vgl. StaH 622-1 Sieveking I E 11 Bd. 3.
934 Haller bewohnte mit seinen Eltern das Gebäude von 1842–1845. Vgl. Haller, 1985, S.52.
935 Lange 1965, S.139.
936 Lange 1965, S.63; Abb. 129; Spallek 1978, S.161-174; Simson 1977, S.485-503.
937 Spallek 1978, S.163. An ihrer Stelle befindet sich heute ein Parkhaus, das mit seiner runden Form vage an diesen kulturgeschichtlich höchst bedeutenden Vorgängerbau erinnert.
938 Spallek 1978, S.166.
939 Lange 1965, S.62; Abb. 127; Spallek 1978, S.159.
940 Spallek 1978, S.159.
941 Vgl. z.B. Spallek 1978, S.160.
942 Daß Chateauneuf den Bau bereits einige Jahre früher entworfen haben könnte, läßt sich nicht belegen.

Literaturverzeichnis

ADB
Allgemeine Deutsche Biographie, Leipzig 1876, Bd. 4
Adam 1773ff.
Adam, Robert und James: The Works in Architecture of Robert and James Adam. 3 Bde. London 1773, 1779 und 1822
Alsterarkaden 1991
Die Alsterarkaden. Hg. von Gerhard Lampe, Rolf Osthues, Günter Schmeel. Hamburg 1991
Anonym 1919
The Career of Alexis de Chateauneuf. In: The Architectural Review 1919, S.53-56
Arnold 1974
Arnold, Ulrich: Zur Geschichte der Kunstwerke in St. Petri. In: Malsch 1974, S.33-70
Aslaksby/Hamran 1986
Aslaksby, T. und Hamran, U.: Arkitektene Christian Heinrich Grosch og Karl Friedrich Schinkel og byggingen av Det kongelige Frederiks Universitet i Christiania, ovre Ervik 1986
Aslaksby 1998
Aslaksby, T.: Med leiegåden som løsning – En materialsamling og kritisk bibliografi til belysning av leiegårdsbebyggelsens fremvekst i større nord og sentraleuropeiske byer i 2. halvdel av 1800 årene, med særlig henblikk på Christiania (Das Mietshaus als Lösung – Eine Materialsammlung und kritische Bibliografie über die Ausbreitung der Mietshäuser in größeren nord- und mitteleuropäischen Städten in der 2. Hälfte des 19. Jahrhunderts, unter besonderer Beachtung von Christiania). Acta Humaniora, Nr. 47. Universität Oslo 1998
Ausst.-Kat. Berlin 1981
Karl Friedrich Schinkel. Architektur Malerei Kunstgewerbe. Berlin 1981
Ausst.-Kat. Braunschweig 2000
Carl Theodor Ottmer 1800–1843. Braunschweigischer Hofbaumeister – Europäischer Architekt. Hg. von Gerd Biegel und Angela Klein. Veröffentlichungen des Braunschweigischen Landesmuseums 94. Braunschweig 2000
Ausst.-Kat. Christiania 1901
Beskrivende Katalog over den kulturhistoriske Udstillings Arkitektur afdeling. Christiania 1901
Ausst.-Kat. Essen 1992
Metropole London. Macht und Glanz einer Weltstadt 1800–1840. Essen 1992
Ausst.-Kat. Hamburg 1826
Verzeichnis der ersten vom Hamburger Kunstverein veranlaßten Kunstausstellung. Hamburg 1826
Ausst.-Kat. Hamburg 1829
Verzeichnis der zweiten vom Hamburger Kunstverein veranlassten Kunst-Ausstellung. Hamburg 1829
Ausst.-Kat. Hamburg 1831
Verzeichnis der dritten vom Hamburger Kunstverein veranlassten Kunst-Ausstellung. Hamburg 1831
Ausst.-Kat. Hamburg 1835
Verzeichnis der fünften vom Hamburger Kunstverein veranlassten Kunst-Ausstellung. Hamburg 1835
Ausst.-Kat. Hamburg1975
Gärten, Landhäuser und Villen des hamburgischen Bürgertums. Kunst, Kultur und gesellschaftliches Leben in vier Jahrhunderten. Ausstellung Museum für Hamburgische Geschichte. Hamburg 1975
Ausst.-Kat. Hamburg 1982
Karl Friedrich Schinkel. Herausgegeben von der Bauakademie der DDR Institut für Städtebau und Architektur. Berlin 1982
Ausst.-Kat. Hamburg 1995
Pompeji an der Alster. Nachleben der Antike um 1800. Ausstellungskatalog Museum für Kunst und Gewerbe Hamburg. Bearb. von Birgit Doering. Hamburg 1995
Ausst-Kat. Hamburg 1997
Baulust und Bürgerstolz. Der Hamburger Architekt Martin Haller 1835–1925. Hg. von Wilhelm Hornbostel und David Klemm. Ausstellungskatalog Museum für Kunst und Gewerbe Hamburg. Hamburg 1997
Ausst.-Kat. Karlsruhe 1977
Friedrich Weinbrenner 1766–1826. Ausstellung des Instituts für Baugeschichte an der Universität Karlsruhe. Karlsruhe 1978
Ausst.-Kat. Lübeck 1992
Von der Redlichkeit des Bürgers. Kunst und Kulturgeschichte der Biedermeierzeit in Lübeck 1815–1848. Hg. von Ulrich Pietsch. Ausstellungskatalog des Museums für Kunst und Kulturgeschichte der Hansestadt Lübeck-Behnhaus. Lübeck 1992
Ausst.-Kat. München 1992
Friedrich von Gärtner. Ein Architektenleben 1791–1847. Hg. von Winfried Nerdinger. Ausstellungskataloge des Architekturmuseums der Technischen Universität München und des Münchner Stadtmuseums Nr. 8. München 1992
Ausst.-Kat. München 2000
Leo von Klenze. Hg. von Winfried Nerdinger. München 2000
Ausst.-Kat. Nürnberg 1991/1992
Künstlerleben in Rom – Bertel Thorvaldsen (1770–1844). Der dänische Bildhauer und seine deutschen Freunde. Ausstellungkatalog des Germanischen Nationalmuseums, Nürnberg und des Schleswig-Holsteinischen Landesmuseums Schloß Gottorf, Schleswig. Herausgegeben von Gerhard Bott und Heinz Spielmann. Nürnberg 1991
BKD Lübeck 1906
Die Bau- und Kunstdenkmäler der Freien und Hansestadt Lübeck. Hg. von der Baudeputation. Bd. II: Petrikirche. Marienkirche. Heilig-Geist-Hospital. Bearbeit von F. Hirsch, G. Schaumann und F. Bruns. Lübeck 1906
Bauzeitung, Chateauneuf, 1847
Berichte über verschiedene Bauten von Chateauneuf (wohl nicht von ihm selbst verfaßt): Haus von Schulte und Schemmann in Hamburg (S.39-42), Das Schneideramthaus in Hamburg (S.42-43), Porzellan- und Glaswaren-Niederlage von Davenport in Hamburg in der NeuenWall-Str. in Hamburg (S.115–116) und Landhaus bei Hamburg (S.216-217). In: Bauzeitung 1847
Bauzeitung
Allgemeine Bauzeitung. Hg. von den K. k. Ministerien für öffentliche Finanzen, des Handels, der Eisenbahnen und des Ackerbaus. Wien 1836ff.
Berckenhagen 1979
Berckenhagen, Ekhart: Architektenzeichnungen 1479–1979 von 400 europäischen und amerikanischen Architekten aus dem Bestand der Kunstbibliothek Berlin. Berlin 1979
Berg 1950
Berg, Arno, und Hagtvedt, Bernhard: Vår Frelsers Kirke. Oslo 1950
Berg 1958
Berg, Arno: Trefoldighetskirken. In: Trefoldighetskirken 1858–1958: festskrift utgitt i anledning kirkens og menighetens 100 års jubileum. Oslo 1958
Bergdoll 1982
Bergdoll, Barry: Lexikonartikel über Chateauneuf: In: Macmillan Encyclopedia of Architects. Bd. 1. London 1982, S.410
Bilder aus vergangener Zeit 1887
Bilder aus Vergangener Zeit. Zweiter Teil. Bilder aus Karl Sievekings Leben 1787–1847. Hamburg 1887
Bjerkek 1975
Bjerkek, Ole Petter: Chateauneufs Interieur in der Erlöser Kirche 1849–1850. Typoskript. Oslo 1975
Bjerkek 1976
Bjerkek, Ole Petter: Domkirche St.Olav – zum Fund der Originalzeichnungen von H. E. Schirmer, St. Hallvard 1976
Bjerkek 1977
Bjerkek, Ole Petter: Vår Frelsers Kirke og Trefoldighetskirken i Oslo. Prosjektene til restaurering og nyoppførelse 1834–1858 av Linstow, Grosch, Nebelong, Schirmer, Chateauneuf og von Hanno. Universitetet i Oslo (Magisterarbeit Oslo). Våren 1977
Bjerkek 1977 (II)
Bjerkek, Ole Petter: Det forrige århundres anvendelse av asfaltbelegg på kirkegulv. (Die Anwendung von Asphaltbelag in Kirchen im vergangenen Jahrhundert), Fortidsminneforeningens årbok 1976–1977. Oslo 1977
Bjerkek 1977 (III)
Bjerkek, Ole Petter: „Trefoldighetskirken i Oslo – omkring dens plassering på Hammerborg. Trefoldighetskirken og Det katholske Capel. En sluttreplikk. („Die Dreifaltigkeitskirche in Oslo – zu ihrem Standort in Hammersborg“, „Dreifaltigkeitskirche“, und „Die katholische Kapelle“, „Eine abschließende Bemerkung“). In: St. Hallvard 1977
Bjerkek 1978
Bjerkek, Ole Petter: Monumentalbygg i gresk korsform: Trefoldighetskirken. In: Morgenbladet vom 12.07.1978
Bjerkek 1978 (II)
Bjerkek, Ole Petter: Vår Frelsers kirke: Et monumentalbygg langs Karl Johans gate. In: St. Hallvard 1978.
Bjerkek 1979
Bjerkek, Ole Petter: Alexis de Chateauneufs Dreifaltigkeitskirche in Oslo und seine Vaterstadt Hamburg. Hamburg/Skui 1979 (als Manuskript gedruckt): Hamburg 1979
Bjerkek 1979 (II)
Bjerkek, Ole Petter: To nazarenske altertavler i Norge. Kunst og kultur. Oslo 1979
Bjerkek 1982
Bjerkek, Ole Petter: Alexis de Chateauneuf. In: Norsk kunstnerleksikon. Bd. I. Oslo 1982
Bjerkek 1982 (II)
Bjerkek, Ole Petter: Andreas Christian Benthien. In: Norsk kunstnerleksikon. Bd. I. Oslo 1982
Bjerkek 1983
Bjerkek, Ole Petter: Andreas Friedrich Wilhelm von Hanno. Norsk kunstnerleksikon. Bd. II. Oslo 1993, S.52-55
Bjerkek 1986
Bjerkek, Ole Petter: Heinrich Ernst Schirmer. In: Norsk kunstnerleksikon. Bd. III. Oslo 1986
Bohle-Heintzenberg 1993
Bohle-Heintzenberg, Sabine und Hamm, Manfred: Ludwig Persius. Architekt des Königs. Berlin 1993
Bolland 1957
Bolland, Jürgen: Der weibliche (Sieveking'sche) Verein für Armen- und Krankenpflege in Hamburg 1832–1957. Hamburg 1957
Böning/Moepps 1996
Böning, Holger – Moepps, Emmy: Hamburg. Kommentierte Bibliographie der Zeitungen, Zeitschriften, Intelligenzblätter, Kalender und Almanache sowie

biographische Hinweise zu Herausgebern, Verlegern und Druckern periodischer Schriften. Band 1.1.-1.3. Stuttgart-Bad Cannstatt 1996
Börsch-Supan 1975
Börsch-Supan, Eva: Ein unbekannter Entwurf Schinkels. In: Festschrift für Margarete Kühn. Hg. von Martin Sperlich und Helmut Börsch-Supan. Berlin 1975, S.237-246
Börsch-Supan 1977
Börsch-Supan, Eva: Berliner Baukunst nach Schinkel 1840–1870. München 1970
Börsch-Supan 1997
Börsch-Supan, Eva: Friedrich August Stüler. München/Berlin 1997
Börsch-Supan 1971
Börsch-Supan, Helmut: Die Kataloge der Berliner Akademie-Ausstellungen 1786–1850. Bearbeitet von Helmut Börsch-Supan. Quellen und Schriften zur bildenden Kunst. Herausgegeben von Otto Lehmann Brockhaus und Stephan Waetzoldt. Berlin 1971
Boisserée 1981
Sulpiz Boisserée: Tagebücher. II 1823–1834. Im Auftrag der Stadt Köln herausgegeben von Hans-Joachim Weitz. Darmstadt 1981
Bracker 1989
Bracker, Jörgen: Von der Sammlung Hamburgischer Alterthümer zum Museum für Hamburgische Geschichte. In: Zeitschrift des Vereins für Hamburgische Geschichte 74/75, 1989, S.259-272
Brandt 1957
Brandt, Heinz-Jürgen: Das Hamburger Rathaus. Eine Darstellung seiner Baugeschichte und eine Beschreibung seiner Architektur und künstlerischen Ausschmückung. Hamburg 1957
Brathe 1906
Brathe, Paul: Theorie des evangelischen Kirchengebäudes: ein ergänzendes Kapitel zur evangelischen Liturgik. Stuttgart 1906
Brenna 1997
Brenna, A.: Den glemte hovedstasjonen fra 1854 for Norges første jernbane. (Der vergessene Hauptbahnhof von 1845 für Norwegens erste Eisenbahn) In: St. Hallvard 1997, S.4-40
Brinckmann 1905
Brinckmann; Justus: Das Erwin Speckter-Zimmer. In: Museum für Kunst und Gewerbe in Hamburg. Bericht für das Jahr 1905. Aus dem Jahrbuch der Hamburgischen Wissenschaftlichen Anstalten XXIII, 1905. Hamburg 1906, S.12-20
Brönner 1987
Brönner, Wolfgang: Die bürgerliche Villa in Deutschland 1830–1890. Unter besonderer Berücksichtigung des Rheinlandes. Beiträge zu den Bau- und Kunstdenkmälern im Rheinland. Band 29. Düsseldorf 1987
Brownlee 1986
Brownlee, David B. (Hg.): Friedrich Weinbrenner. Architect of Karlsruhe. A Catalogue of the Drawings in the Architectural Archives of the University of Pennsylvania. Philadelphia 1986
Bruns 1938
Bruns, Friedrich: Die Lübecker Syndiker und Ratssekretäre (von 1310) bis zur Verfassungsänderung 1851. Zeitschrift des Vereins für Lübeckische Geschichte und Altertumskunde, Bd. 29, 1938, S.91-168
Bryant 1990
Bryant, Julius: Kenwood, the Iveagh Bequest. London 1990
Bugge 1925
Bugge, Anders: Alexis de Chateauneuf. In: Norsk biografisk leksikon. Oslo 1925
Builder
The Builder. An illustrated weekly Magazine. London
Bunsen 1842/1844
Bunsen, Christian Carl Josias: Die Basiliken des christlichen Raums nach ihrem Zusammenhange mit der Idee und Geschichte der Kirchenbaukunst. 2 Bde. München 1842 und 1844
Buttlar 1999
Buttlar, Adrian von: Leo von Klenze. Leben – Werk – Vision. München 1999
Chaffee 1971
Chaffee, Richard: The Teaching of Architecture at the Ecole des Beaux-Arts, in Drexler 1971, S.61-110
Chateauneuf, Album, 1840
Chateauneuf, Alexis de: Entwurf zu einem Museum – Repsold's Monument in Hamburg, Verbindungsgang. In: Architektonisches Album. Potsdam 1840, Heft 5, S.3-5
Chateauneuf, Bauwesen, 1836
Chateauneuf, Alexis de: Einige Andeutungen und Wünsche über des Hamburgischen Staates Bauwesen. Hamburg Mai 1836
Chateauneuf, Börse, 1827
Von einem Bürger (= A. de Chateauneuf): Betrachtungen zum zweckmäßigsten Platz zum Bau einer neuen Börse. Von einem Bürger. Hamburg Mai 1827
Chateauneuf, Börse, 1838
Chateauneuf, Alexis de: Entwurf zur Börse auf dem Adolphs-Platz in Hamburg, Berlin 1838
Chateauneuf, Domestica, 1839
Chateauneuf, Alexis de: Architectura domestica. London, Hamburg, Paris 1839
Chateauneuf, Feuersgefahr, 1835
Chateauneuf, Alexis; Fersenfeldt, H. P.; Libbertz, J. A.; Nagel, C. L.; Repsold, A.; Repsold, G., Wehcke, H. M.: Ein Wort an unsre Mitbürger über die Rettung von Menschenleben in Feuersgefahr. Hamburg 1835
Chateauneuf, Hetsch, 1836
Vorwort zu dem aus dem dänischen übersetzten Buch: Gustav Friedrich Hetsch: Über den Unterricht im Zeichnen. Hamburg 1836
Chateauneuf, Parlamentshäuser, 1836
C. (= Chateauneuf): Englands neue Parlamentshäuser. In: Hamburger Correspondent, 1836, Nr. 147
Chateauneuf, Pückler-Muskau, 1834
Chateauneuf, Alexis de: Über die Landschaftsgärtnerei des Fürsten von Pückler-Muskau, in Kritische Blätter der Börsen-Halle. Hamburg, Juni 1834, Nr. 209, S.201-206
Chateauneuf, Publica, 1860
Architectura publica. Nachgelassenes Werk von Alexis de Chateauneuf. Posthum Hg. auf Veranlassung von Chateauneufs Mutter und seiner Witwe. Berlin und Hamburg 1860
Chateauneuf, Rumohr, 1831
Chateauneuf, Alexis de: Über die italienischen Forschungen des C. F. von Rumohr, in: Kritische Blätter der Börsen-Halle. Hamburg, November 1831, Nr. 71, S.357-359
Chateauneuf, Schinkel, 1829
Chateauneuf, Alexis de: Schreiben eines Architekten über die Werke Schinkels. In: Schornsches Kunstblatt 1829, Nr. 9 (S.35-36), Nr. 10 (S.39-40) und Nr. 11 (S.43-44)
Chateauneuf, Speckter, 1846
Chateauneuf, Alexis de: Erwin Speckter's letzte Arbeiten. In: Briefe eines deutschen Künstlers aus Italien. Aus den nachgelassenen Papieren von Erwin Speckter aus Hamburg. Zweiter Teil. Leipzig 1846, S.407-412
Civil Engineer
The Civil Engineer and architect's journal, scientific and railway gazette. London 1837ff.
Colvin 1951
Colvin, Howard: A Biographical Dictionary of English Architects 1660–1840. London 1951
Colvin 1995
Colvin, Howard: A Biographical Dictionary of British Architects 1600–1840. 3. Aufl. New Haven/London 1995
Curren 1992
Curren, Cathleen: Gärtners Farb- und Ornamentauffassung und sein Einfluß auf England und Amerika. In: Ausst.-Kat. München 1992, S.185-218

Crook 1992
Crook, J. Mordaunt: Die Erneuerung der Hauptstadt – John Nash und das „Malerische". In: Ausst.-Kat. Essen 1992, S.77-96
Dahms 1992
Dahms, Geerd: Die Hamburg-Bergedorfer Eisenbahn von 1842. Vom Hamburger Brand zum Italienischen Viertel. In: Hamburg-Bergedorfer Eisenbahn 1992, S.69-96
Dahms 1992 (II)
Von der Schwierigkeit, ein Jubiläum zu begehen. In: Hamburg-Bergedorfer Eisenbahn 1992, S.143-145
Daly 1840
Daly, César: „Architecture Domestique". Par M. A. de Chateauneuf. In: Revue generale de Architecture 1840, Bd. 2, 208-209
Danilkiewicz 1990
Danilkiewicz, Witold: „Friede sei in diesem Hause". Haus „Grüne Tanne". Hamburg 1990
David-Sirocko 1997
David-Sirocko, Karen: Georg Gottlob Ungewitter und die malerische Neugotik in Hessen, Hamburg, Hannover und Leipzig. (Dissertation Kiel 1995) Petersberg 1997
Döhmer 1976
Döhmer, Klaus: In welchem Style sollen wir bauen? – Architekturtheorie zwischen Klassizismus und Jugendstil. Dissertation. Bochum 1973 (Studien zur Kunst des neunzehnten Jahrhunderts 3). München 1976
Dobai 1974–1984
Dobai, Johannes: Die Kunstliteratur des Klassizismus und der Romantik in England. 4 Bände. Bern 1974–1984
Doering 1995
Doering, Birgit: Pompeji an der Alster. Nachleben der Antike um 1800. Ausstellungskatalog Hamburg. Hg. vom Museum für Kunst und Gewerbe Hamburg. Hamburg 1995
Doose/Feick/Konerding 1990
Doose, Michael; Feick, Susanne; Konerding, Volker: Speckter-Fresken. Hamburg 1990
Drees 1991
Drees, Jan: Thorvaldsen und die Herzogtümer Schleswig und Holstein. In: Ausst.-Kat. Nürnberg 1991, S.105-126
Drexler 1977
Drexler, Arthur (Hg.): The Architecture of the Ecole des Beaux-Arts. Essay by Richard Chaffee, Arthur Drexler, Neil Levine, David van Zanten. London 1977
Durand 1800 (1986)
Durand, Jean-Nicolas-Louis: Recueil et Parallèle des Édifices en tout genre, anciens et modernes. Paris 1800 (Reprint der Ausgabe Brüssel 1842, Nördlingen 1986)
Durand 1802/1805 (1975)
Durand, Jean-Nicolas-Louis: Précis des leçons d'architecture, données à l'école polytechnique, 2 Bde. Paris 1802 u. 1805. Überarbeitete Ausgabe Paris 1817 (Bd. 2) u. 1819 (Bd. 1); Bd. 3: Partie graphique des Cours d'Architecture. Paris 1821. Deutsche Ausgabe: Abriß der Vorlesungen über Baukunst gehalten an der polytechnischen Schule zu Paris. 2 Bde. Karlsruhe/Freiburg 1831 (Reprint der Bde. 1817, 1819 u. 1821 Unterschneidheim 1975)

Ebe 1900
Ebe, Gustav: Die Dekorationsformen des 19. Jahrhunderts. Hamburg 1900
Eggers 1886
Eggers, Friedrich und Karl: Christian Daniel Rauch. Dritter Band. Berlin 1886
Eggers 1890
Breifwechsel zwischen Rauch und Rietschel. Hg. von Karl Eggers. Berlin 1890
Ehrenberg 1925
Ehrenberg, Richard: Das Haus Parish in Hamburg. Jena 1925
Eissenhauer 1987
Eissenhauer, Michael: Die Hamburger Wohnstiftungen des 19. Jahrhunderts. „Ein Denkmal, welches theilnehmende Liebe gestiftet hat ...". Arbeitshefte zur Denkmalpflege in Hamburg. Heft 9. Hamburg 1987
Eldal 1982
Christian Heinrich Grosch. In: Norsk kunstnerleksikon. Bd. I. Oslo 1982
Eldal 1983
Eldal, J. Chr.: Hans Ditlev Franciscus Linstow. In: Norsk kunstnerleksikon. Bd. II. Oslo 1983
Engel 2000
Engel, Ute: Architektur des Klassizismus und der Romantik in England: In Klassizismus und Romantik. Hg. von Rolf Toman. Köln 2000, S.14-55
Entwürfe 1844 – 1859
Entwürfe zu Kirchen, Pfarr- und Schul-Häusern. Zum Amtlichen Gebrauche bearbeitet und herausgegeben von der Königlich Preussischen (Technischen) Ober-Bau-Deputation. Potsdam 1844, 1852 und Berlin 1859
Erbe/Rank 1911
Erbe und Rank: Das Hamburger Bürgerhaus. Hamburg 1911
Ettlinger 1937
Ettlinger, Leopold: Gottfried Semper und die Antike. Halle, 1937
Faulwasser 1892
Faulwasser, Julius: Der Große Brand und der Wiederaufbau von Hamburg. Ein Denkmal zu den fünfzigjährigen Erinnerungstagen des 5. bis 8. Mai 1842. Hamburg 1892 (Reprint Hamburg 1978)
Faulwasser 1894
Die St.- Jacobi-Kirche in Hamburg. Hamburg 1894
Faulwasser/Steiner 1900
Faulwasser, Julius u. Steiner, A.: Hamburgische Landsitze und Landschaften. Hamburg 1900
Faulwasser 1926
Die St. Nikolai-Kirche in Hamburg. Hamburg 1926
Faulwasser 1929
Faulwasser, Julius: Die St. Petri Kirche in Hamburg. Ungedrucktes Manuskript. Hamburg 1929
Fehling 1925
Fehling, Emil Ferdinand: Die Lübeckische Ratslinie von den Anfängen der Stadt bis auf die Gegenwart. (Veröffentlichungen zur Geschichte der Hansestadt Lübeck Bd. 7) Lübeck 1925
Feldmann 1983
Feldmann, Renate: Peter Willers Jessen (1793 – 1875). Eine Biographie, zugleich ein Beitrag zur Geschichte der Psychiatrie und der Irrenpflege in Schleswig-Holstein im 19. Jahrhundert. Dissertation Kiel 1983.
Fischer 1989
Fischer, Manfred F.: Phoenix und Jahresringe. Beiträge zur Baugeschichte und Denkmalpflege in Hamburg. Hamburg 1989
Fischer 1989 (I)
Der Rathausmarkt in Hamburg und die Piazza San Marco in Venedig. Zur Chronik eines Mißverständnisses. In: Phoenix und Jahresringe 1989, S.43-74
Fischer 1989 (III)
Fischer, Manfred F.: Neidlinger-Haus und Alsterarkaden. Zur Entstehung eines architektonischen Palimpsests. In: Phoenix und Jahresringe 1989, S.75-82
Fischer 1991 (I)
Fischer, Manfred F.: Beständigkeit im Wandel. Kunsthistorische Skizzen zur Baugeschichte der Neuen Börse. In: Gelder/Fischer 1991, S.173–195
Fischer 1991 (II)
Fischer, Manfred F.: Baupflege und Denkmalpflege an den Alsterarkaden. In: Die Alsterarkaden 1991, S.79-92
Fölsch 1851
Fölsch, August: Stadt-Wasserkunst in Hamburg. Nach officiellen Quellen bearbeitet und mit Genehmigung der hochlöblichen Bau-Deputation herausgegeben ... Hamburg 1851
Forsmann 1981
Forsmann, Erik: Karl Friedrich Schinkel. Bauwerke und Baugedanken. München 1981
Fowler 1857
Fowler, Charles: Memory of Chateauneuf. In: The Builder 1857 (Nachdruck in: Chateauneuf, Publica, 1860)
Fox 1843
Fox, Lady Mary (Hg.): The Country House. London 1843
Franck 1989
Franck, Bernd: Die Nikolaikirche nach dem Hamburger Großen Brand. Gottfried Semper und die Entwurfsgeschichte für den Hopfenmarkt mit dem Kirchenbau 1842 – 1845. Hamburg 1989
Frank 1994
Fritz Schumacher. Reformkultur und Moderne. Herausgegeben von Hartmut Frank. Stuttgart 1994
Fritsch 1893
Fritsch, Karl Emil Otto: Kirchenbau des Protestantismus von der Reformation bis zur Gegenwart. Hg. von der Vereinigung Berliner Architekten. Berlin 1893
Fuchs 1846/1847
Hamburgs Neubau. Sammlung sämmtlicher Facaden der Gebäude an den neuerbauten Strassen. Hamburg 1846/1847 (Nachdruck Hannover 1985)
Funke 1974
Funke, Hermann: Zur Geschichte des Miethauses in Hamburg. Hamburg 1974 (Veröffentlichungen des Vereins für Hamburgische Geschichte 25)
Gaedechens 1880
Gaedechens, Cipriano Francisco: Historische Topographie der Freien und Hansestadt Hamburg und ihrer nächsten Umgebung von der Entstehung bis auf die Gegenwart. Hamburg 1880
Gaedechens 1884
Gaedechens, Cipriano Francisco; Gensler, Martin; Koppmann, Karl: Das St. Johannis-Kloster in Hamburg. Grundrisse und Abbildungen mit erläuternden Texten. Hamburg 1884
Gelder 1991
Gelder, Ludwig: Hamburgs Neue Börse – Geschichten aus ihrer Geschichte. In: Gelder/fischer 1991, S.10-172
Gelder/Fischer 1991
Gelder, Ludwig; Fischer, Manfred F.: „Nutzen und Zierde zugleich bieten dem Auge sich dar" 1841 – Hamburgs neue Börse – 1991. Herausgegeben von der Handelskammer Hamburg. Hamburg 1991
Gerber 1933
Gerber, William: Die Bauzünfte im alten Hamburg. Entwicklung und Wesen des vaterstädtischen Maurer- und Zimmerergewerbes während der Zunftzeit. Hamburg 1933
Geissler 1861
Geissler, Robert: Hamburg. Ein Führer durch die Stadt und ihre Umgebungen. Leipzig 1861
Gensler 1854
Gensler, Günther: Die letzte Arbeit von Chateauneuf. In: Hamburger Nachrichten, 21.02.1854
Gerhardt 1927/31
Gerhardt, Martin: Johann Hinrich Wichern. Ein Lebensbild. 3 Bde. Hamburg 1927 – 1931
Girouard 1984
Girouard, Mark: Life in the English Country House. 2. Auflage. London 1984
Goldicutt 1841
Goldicutt, John: The Competition for the Erection of the Nelson Monument critically examined. London 1841
Grolle 1999
Grolle, Joist: Die Domzerstörung im Urteil der Nachlebenden. Ein Exempel für die Neubewertung des Mittelalters. In Plagemann 1999, S.325-333.
Grosskopf-Knaack 1984
Grosskopf-Knaack, Susanne: Carl Julius Milde (1803–1875). Dissertation Hamburg 1984. Masch. Manuskript.
Grundmann 1957
Grundmann, Günther: Die drei Zimmer von Erwin Speckter und Julius Milde im Museum für Kunst und Gewerbe Hamburg. In: Festschrift für Erich Meyer. Hamburg 1957, S.295-310
Haller 1899
Zum Andenken an Chateauneuf. Nach einem am 17. Februar im Architekten- und Ingenieur-Verein gehaltenen Vortrage. In: Hamburger Anzeiger vom 17.03.1899
Haller 1985
Haller, Martin: Erinnerungen an Kindheit und Elternhaus. Bearbeitet von Renate Hauschild-Thiessen. Hamburg 1985
Hamann 1979/80
Hamann, P.: Peter Willers Jessen ehemaliges Asyl Hornheim in Kiel. In: Historia Hospitalium, Heft 13, 1979/80, S.69-95
Hamburg-Bergedorfer Eisenbahn 1992
Hamburg-Bergedorfer Eisenbahn von 1842. Hg. vom Kultur & Geschichtskontor. Hamburg 1992
Hamburg, Mittheilungen, 1868
Hamburg, historisch-topographische und baugeschichtliche Mittheilungen, den Mitgliedern der 15. Versammlung Deutscher Architecten und Ingenieure dargebracht von dem Architectonischen Vereine. Hamburg 1868 (Reprint 1979)
Hamburg und seine Bauten 1890
Architekten- und Ingenieurverein Hamburg (Hg.): Hamburg und seine Bauten. Hamburg 1890
Hamburg und seine Bauten 1914
Hamburg und seine Bauten, unter Berücksichtigung der Nachbarstädte Altona und Wandsbeck, 1914. Hg. vom Architekten- und Ingenieur-Verein zu Hamburg. 2 Bde. Hamburg 1914
Hamburgisches Adreßbuch
Hamburgisches Adreßbuch von 1800 bis 1853
Hamburgisches Künstler-Lexikon 1854
Hamburgisches Künstler-Lexikon. Bearbeitet von einem Ausschuß des Vereins für Hamburgische Geschichte. Hamburg 1854
Hamburgs Handel und Verkehr 1901
Hamburgs Handel und Verkehr. Illustriertes Export-Handbuch der Börsenhalle. Hamburg 1901/1903
Hamburgs Vergangenheit 1896
Hamburgs Vergangenheit und Gegenwart. Eine Sammlung von Ansichten. Gesammelt, zusammengestellt, reproducirt und herausgegeben von I. C. W. Wendt u. C. E. L. Kappelhoff. Hamburg 1896
Hammer-Schenk 1978
Hammer-Schenk, Harold: Hamburgs Synagogen des 19. und frühen 20. Jahrhunderts. Veröffentlichungen der Freunde des Kirchlichen Kunstdienstes 1. Hamburg 1978

Hammer-Schenk 1981
Hammer-Schenk, Harold: Synagogen in Deutschland. Geschichte einer Baugattung im 19. und 20. Jahrhundert. (1790 – 1833). 2 Bde. Hamburg 1981
Hammer-Schenk/Kokkelink 1989
Laves und Hannover. Niedersächsische Architektur im 19. Jahrhundert. Hg. von Harold Hammer-Schenk und Günther Kokkelink. Hannover 1989
Hamran/Aslaksby 1989
Hamran, Ulf u. Aslaksby, T.: Schinkels Begutachtung der Entwürfe von Christian Heinrich Grosch für die Universität in Oslo. In: Karl Friedrich Schinkel. Lebenswerk. Ausland. Bauten und Entwürfe. Hg. von Margarethe Kühn. München/Berlin 1989, S.185-229
Hannmann 1975
Hannmann, Eckart: Carl Ludwig Wimmel 1786 – 1845. Hamburgs erster Baudirektor (Studien zur Kunst des Neunzehnten Jahrhunderts 35). München 1975
Harms 1989
Harms, Ute: Die Zeichenschule der Patriotischen Gesellschaft. Ein Überblick. In: Nordlicht. 222 Jahre. Die Hamburger Hochschule für bildende Künste am Lerchenfeld und ihre Vorgeschichte. Hg. von Hartmut Frank. Hamburg 1989, S.13-34.
Hartmann 1931
Hartmann, K. O.: Die Entwicklung der Baukunst. Bd. III, Berlin 1931
Hartmann 1977
Hartmann, Jorgen Birkedal: Zu Thorvaldsens Rezeption der nordischen Kunst in Rom um 1770 – 1800. In: Ausst.-Kat. Bertel Thorvaldsen – Untersuchungen zu seinem Werk und zur Kunst seiner Zeit. Köln 1977, S.143ff.
Hartmann/Parlasca 1979
Hartmann, Jorgen Birkedal: Antike Motive bei Thorvaldsen. Studien zur Antikenrezeption des Klassizismus. Bearbeitet und herausgegeben von Klaus Parlasca. Tübingen 1979
Hauschildt-Thiessen 1972
Hauschildt-Thiessen, Renate: Tagebuchaufzeichnungen des Hamburger Archivars Otto Beneke. In: Zeitschrift des Vereins für Lübeckische Geschichte und Altertumskunde 52, 1972
Hautecoeur 1955
Hautecoeur, Louis: Histoire de L'Architecture Classique en France. Tome Vi La Restauration et le Gouvernement de Juillet 1815 – 1848. Paris 1955
Hedinger 1996
Hedinger, Bärbel: Las Vegas an der Alster oder Der Hamburger Reklamestreit. In: Die Kunst zu werben. Das Jahrhundert der Reklame. Ausstellungskatalog München–Hamburg. Köln 1996, S.94–103
Hipp 1976
Hipp, Hermann: Harvestehude-Rotherbaum. Hamburg 1976 (Arbeitshefte zur Denkmalpflege in Hamburg 3)
Hipp 1980
Hipp, Hermann: Einen Dom müßt ihr begründen ... Protestantischer Kirchenbau des 19. Jahrhunderts in Hamburg. Orientierung – Berichte und Analysen aus der Arbeit der Evangelischen Akademie Nordelbien 1980, Heft 2, S.41-64
Hipp 1984
Hipp, Hermann: Backsteinbau in Hamburg. In: Baukultur 1984, S.32-40
Hipp 1985
Hipp, Hermann: Der Wiederaufbau nach dem Großen Brand von 1842. Begleitschrift zum Nachdruck von: Fuchs 1846/47 (1985), S.3-17
Hipp 1989
Freie und Hansestadt Hamburg. Geschichte, Kultur und Stadtbaukunst an Elbe und Alster. Köln 1989
Hipp 1989 (II)
Hipp, Hermann: Der Speicher in Hamburg. Historisches Porträt einer Baugattung. In: Architektur in Hamburg 1989, S.110-133
Hirschfeld 1964
Hirschfeld, Peter: Schleswig-Holsteinische Herrenhäuser, Gutshöfe und Gärten des 18. Jahrhunderts. Dritte Auflage. München Berlin 1964
Hitchcock 1954
Hitchcock, H. Russell: Early Victorian Architecture in Britain. 2 Bde. New Haven und London 1954
Hitchcock 1958
Hitchcock, H. Russell: Architecture, nineteenth and twenty centuries, Harmondsworth 1958
Höhns 1991
Höhns, Ulrich: „Ein anständiger Barackenbau". Das Kunsthaus. In: Höhns, Das ungebaute Hamburg, 1991, S.146-159
Höhns, Ungebautes Hamburg, 1991
Höhns, Ulrich (Hg.): Das ungebaute Hamburg. Visionen einer anderen Stadt in architektonischen Entwürfen der letzten hundertfünfzig Jahre. Schriftenreihe des Hamburgischen Architekturarchives. Hamburg 1991
Hoffmann 1937
Hoffmann, Paul Th.: Die Elbchaussee. Ihre Landsitze Menschen und Schicksale. 2. Auflage. Hamburg 1937
Hübsch 1828
In welchem Style sollen wir bauen. Beantwortet von Heinrich Hübsch. Karlsruhe 1828 (Reprint Karlsruhe 1984)
Hudtwalcker 1825
Hudtwalcker, Martin Hieronymus: Also wäre es besser, die Johanniskirche in Hamburg abzubrechen? Hamburg 1825
Hudtwalcker 1840
Hudtwalcker, Martin Hieronymus: Bericht des Herrn Senators Hudtwalcker, Dr., über die äußere Geschichte und über Rechnungsverhältnisse der Anstalt im verflossenen Jahre. In: Sechster Jahresbericht des Verwaltungs-Raths der Hamburger Rettungs-Anstalt für sittlich verwahrloste Kinder im Rauhen Hause in Horn. Hamburg 1840
Hudtwalcker 1862/64
Hudtwalcker, Martin Hieronymus: Ein halbes Jahrhundert aus meiner Lebensgeschichte, 3 Bde. Hamburg 1862/64
Jedding 1985
Jedding, Hermann: Chateauneuf und Speckter in Hamburg. In: Weltkunst 1985, Heft 7, S.988-993
Jenner 1991
Jenner, Harald: Peter Willers Jessen. In: Biographisches Lexikon für Schleswig-Holstein und Lübeck. Bd. 9. Neumünster 1991, S.163–165.
Jensen 1999
Jensen, N. Thyge: Gehejmråder og Lensgrever Slagten Scheel-Plessen (1702 – 1947). Randers 1999
Jessen 1845
Jessen, P. W.: Nachricht über das Asyl Hornheim bei Kiel. Allg. Z. Psychiat. 2, 1845, S.564-566
Jung-Köhler 1991
Jung-Köhler, Evi: Verlust und Chance – Hamburg 1842. Stadtmodernisierung beim Wiederaufbau nach dem Großen Brand. Hamburg 1991
Jung-Köhler 1991 (II)
Jung-Köhler, Evi: Die Neuorientierung des Stadtgefüges durch den Wiederaufbau nach 1842. In: Die Alsterarkaden 1991, S.43-52
Jung-Köhler 1991 (III)
Jung-Köhler, Evi: Vom Voglerswall zu den Alsterarkaden. In: Die Alsterarkaden 1991, S.53-58
Jung-Köhler 1991 (IV)
Jung-Köhler, Evi: Die Planungsgeschichte der Alsterarkaden – Schönheit und Wirtschaftlichkeit: Die Fassadengestaltung der Alsterarkaden. In: Die Alsterarkaden 1991, S.71-78
Kall 1888
Kall, Carl: St. Gertrud in Hamburg. Chronik der Kapelle St. Gertrud und ihrer Nacholgerinnen der Kirche St. Gertrud und der Stiftung St. Gertrud. Hamburg 1888
Kändler 1997
Kändler, Eberhard: Begräbnishain und Gruft. Die Grabmale der Oberschicht auf den alten Hamburger Friedhöfen. Arbeitshefte zur Denkmalpflege in Hamburg Nr. 17. Hg. von der Kulturbehörde, Denkmalschutzamt. Hamburg 1997 (zugleich Diss. Hamburg 1989)
Karge 1990
Karge, Henrik: Backsteinneugotik in Hamburg: Alexis de Chateauneuf und die Planung der Petrikirche (1842–1849). In: Kunst und Geschichte im Ostseeraum. Hg. von Erich Böckler. Kiel 1990, S.187-195
Kegel 1993
Carl Friedrich von Rumohr. Briefe an Johann Georg Rist. Herausgegeben, kommentiert und mit drei Nachträgen versehen von Gerhard Kegel. Buchholz/ Nordheide 1983
Kimpel 1974
Kimpel, Sabine: Der Maler-Architekt Anton Hallmann (1812 – 1845). Leben und Werk mit einem Oeuvre-Verzeichnis. Dissertation München 1974
Klée-Gobert/Wiek 1968
Klée-Gobert, Renata, Wiek, Peter: Innenstadt. Die Hauptkirchen St. Petri, St. Katharinen, St. Jacobi. Die Bau- und Kunstdenkmale der Freien und Hansestadt Hamburg Bd. 3. Hamburg 1968
Klée-Gobert 1970
Klée-Gobert, Renata: Altona, Elbvororte. Die Bau- und Kunstdenkmale der Freien- und Hansestadt Hamburg. Bd. 2. Zweite Auflage Hamburg 1970
Kleßmann 1981
Kleßmann, Eckart: Hamburg. Geschichte der Stadt Hamburg. Hamburg 1981
Knupp 1967
Knupp, Christa: Die Profanarchitektur des Frühklassizismus in Hamburg (ca. 1770 – 1820/30). Die Typologie der Bauten und ihre kunstgeschichtliche Stellung im nordeuropäischen Klassizismus. Magisterarbeit Hamburg 1967
Kokkelink/Lemke-Kokkelink 1998
Kokkelink, Günther u. Kokkelink, Monika-Lemke: Baukunst in Norddeutschland. Architektur und Kunsthandwerk der Hannoverschen Schule 1850 – 1900. Hannover 1998
Kommer 1981
Kommer, Björn R.: Bürgerliche Wohnkultur. In: Kunst und Kultur Lübecks im 19. Jahrhundert. Hefte zur Kunst und Kulturgeschichte der Hansestadt Lübeck 4. Lübeck 1981, S.199-213
Konerding 1991
Konerding, Volker: Konservatorischer Umgang mit der Brandruine. In: Die Alsterarkaden 1991, S.19-28
Kowalewski 1908
Kowalewski, Gustav: Geschichte der Hamburgischen Gesellschaft zur Beförderung der Künste und nützlichen Gewerbe. Teil II: Der innere Bau der Gesellschaft. Heft 1: Die Satzungen. Die Häuser. Hamburg 1908
Kreisel/Himmelheber 1983
Kreisel, Heinrich u. Himmelheber, Georg: Die Kunst des deutschen Möbels. 2. Auflage. München 1983
Kugler 1838
Kugler, Franz: Entwurf zur Börse auf dem Adophsplatz in Hamburg. In: Kunstblatt 1838, S.193-195

Kugler 1854
Kugler, Franz: Entwurf zur Börse auf dem Adolphsplatze in Hamburg. In: Kugler, Franz: Kleine Schriften und Studien zur Kunstgeschichte, Bd. III, Stuttgart 1854, S.296-299
Kunstblatt
Kunst=Blatt. Herausgegeben von Ludwig Schorn. Stuttgart und Tübingen
Kunsthalle 1969
Katalog der Meister des 19. Jahrhunderts in der Hamburger Kunsthalle. Bearbeitet von Eva Maria Krafft und Carl-Wolfgang Schümann. Hamburg 1969
Kuhlmann 1984
Kuhlmann, Erich: Die Post im alten Hamburg. Hamburg 1984
Kutschik/Sprang
Kutschik, Dietrich; Sprang, Burkhard: Die Berlin-Hamburger Eisenbahn. Stuttgart 1996
Lafrenz/Ostwald 1990
Lafrenz, Deert/Juergen Ostwald: Das Zeichenbuch der Sophie Gräfin Reventlow. Ansichten aus Schleswig-Holstein um 1820. Zweite Auflage. Hamburg 1990
Lampe 1991
Lampe, Gerhard: Wie das Kunstwerk Hamburg entstand. In: Die Alsterarkaden 1991, S.29-42
Lange 1965
Lange, Günther: Alexis de Chateauneuf. Ein Hamburger Baumeister 1799–1853. Hamburg 1965
Lange 1995
Lange, Ralf: Architekturführer Hamburg. Stuttgart 1995
Langer 2000
Langer, Brigitte: Leo von Klenze als Innenarchitekt und Möbelentwerfer. In: Ausst.-Kat. München 2000, S.156-173
Lankheit 1979
Lankheit, Klaus: Friedrich Weinbrenner und der Denkmalskult um 1800. Basel 1979
Ledoux-Lebard 1989
Ledoux-Lebard, Denise: Dictionnaire des ébénistes et des menusiers. 2. Auflage. Pairs 1989
Leppien 1977
Leppien, Helmut R.: Zwischen Poesie und Wirklichkeit. Erwin und Otto Speckter. Zwei Hamburger Künstler in der Nachfolge Runges. Ausstellungskatalog BAT-Galerie Hamburg 1977
Leo 1936
Leo, E. G. William Lindley. Ein Pionier der technischen Hygiene. Hamburg 1936, Nachdruck Hamburg 1969
Lessmann 1990/91
Lessmann, Johanna: Erwin Speckter. Vier Fresken aus dem Abendroth'schen Haus am Neuen Jungfernstieg in Hamburg. In: Jahrbuch des Museums für Kunst und Gewerbe Hamburg. Bd. 9/10, 1990/91, S.303-307
Lessmann 1992/93
Lessmann, Johanna: Alexis de Chateauneuf. Zwei Armlehnstühle und drei Stühle. In: Jahrbuch des Museums für Kunst und Gewerbe, Bd. 11/12, 1992–1993, S.182-184
Lewis 1993
Lewis, Michael J.: The Politics of the German Gothic Revival. August Reichensperger. Cambridge, Massachussetts 1993
Lewis 1986
Lewis, Michael: The Birth of a German Academic Tradition. In: Brownlee 1986, S.35-40
Lichtwark 1893
Lichtwark, Alfred: Hermann Kaufmann und die Kunst in Hamburg. Hamburg 1893
Lichtwark 1898
Lichtwark, Alfred: Das Bildnis in Hamburg. 2 Bde. Hamburg 1898
Lichtwark 1911
Lichtwark, Alfred: Der Hamburger Städtebau im 19. Jahrhundert. In: Jahrbuch der Gesellschaft Hamburgischer Kunstfreunde 1911. Hamburg 1911, S.22-38
Lindley-Album 1852/1900
Soltau, Wilhelm Hermann: Lindley-Album. Anläßlich von Lindleys-Hochzeit von Freunden und Bekannten in Auftrag gegeben, am 7.09.1852 feierlich überreicht. (Nach dieser Vorlage mit Ausnahme von zwei verlorenenen Blättern 1900 gedruckt)
Linnenkamp 1992
Linnenkamp, Iris: Leo von Klenze. Das Leuchtenbergpalais in München. Miscellanea Bavarica Monacensia, Heft 159 (zugl. Dissertation Kiel 1989). München 1992
Linstow 1838
Linstow, Hans Ditrich Franciscus: Forslag angaaende en Forbindelse mellem Kongeboligen og Christiania Bye (Vorschlag für eine Verbindung zwischen dem Schloßgebäude und der Stadt Christiania). Christiania 1838
Lüttgendorff 1938
Lüttgendorff, W. Leo: Carl Julius Milde. In: Der Wagen, ein Lübeckisches Jahrbuch, 1938, S.97ff.
Mace 1976
Mace, Rodney: Trafalgar Square. London 1976
Mallgrave 1996
Mallgrave, Harry Francis: Gottfried Semper. Architect of the Nineteenth Century. London 1996
Malmanger/Sœrensen 1986
Malmanger, M. und Sœrensen, B.: In: Norsk kunstnerleksikon. Bd. IV. Oslo 1986
Malsch 1974
Malsch, Carl (Hg.): Die Hauptkirche St. Petri in Hamburg. Hamburg 1974
Martius 1939
Martius, Lilli: Der Künstlerkreis um das Sievekingsche Haus in Hamburg. In Zeitschrift des Vereins für Hamburgische Geschichte, Bd. 38, 1939, S.211-252
Mathieu/Fischer 1975
Mathieu, Kai u. Fischer, Manfred F.: Baukunst und Architekten. In: Ausst.-Kat. Hamburg 1975, S.26-44
Maurer 1987
Maurer, Ann-Kristin: Theodor Bülau. (Dissertation Hamburg 1985) Hamburg 1987
Melhop 1895
Melhop, Wilhelm: Historische Topographie der Freien und Hansestadt Hamburg von 1880 bis 1895. Hamburg 1895
Melhop 1908
Melhop, Wilhelm: Althamburgische Bauweise. Kurze geschichtliche Entwicklung der Baustile in Hamburg dargestellt am Profanbau bis zum Wiedererstehen nach dem großen Brande von 1842 nebst chronistisch-biographischen Notizen. Hamburg 1908
Melhop 1925
Melhop, Wilhelm: Historische Topographie der Freien und Hansestadt Hamburg von 1895 bis 1920 mit Nachträgen bis 1924. 2 Bde. Hamburg 1925
Melhop 1932
Melhop, Wilhelm: Die Alster. Geschichtlich, ortskundlich und flußbautechnisch beschrieben. Hamburg 1932
Meier-Oberist 1925
Meier-Oberist, Edmund: Das neuzeitliche hamburgische Kunstgewerbe in seinen Grundlagen. Ein Beitrag zur Kulturgeschichte des 19. Jahrhunderts. Hamburg 1925
Mettlerkamp 1841
Mettlerkamp, David Christoph: Über unser Bauwesen. Hamburg 1841
Meyer 1800
Meyer, Friedrich Joh. Lorenz: Skizzen zu einem Gemälde von Hamburg. Hamburg 1800
Meyhöfer 1986
Meyhöfer, Dirk: Hamburgs Backstein. Zur Geschichte des Ziegelbaus in der Hansestadt
Middleton 1982
The Beaux-Arts and nineteenth-century French architecture. Hg. von Robin Middleton. London 1982
Milde 1981
Milde, Kurt: Neorenaissance in der deutschen Architektur des 19. Jahrhunderts. Grundlagen, Wesen und Gültigkeit. Dresden 1981
Moeck-Schlömer 1998
Moeck-Schlömer, Cornelia: Wasser für Hamburg. Die Geschichte der Hamburger Feldbrunnen und Wasserkünster vom 15. bis zum 19. Jahrhundert. Hamburg 1998
Moller/Heger 1825
Moller, Georg u. Heger, Franz: Entwürfe ausgeführter und zur Ausführung bestimmter Gebäude
Morris 1912
Morris, William: Collected Works, Bd. XVI. London 1912
Müller 1933
Müller, Bruno Albin: Die Bilder der Familie Sieveking. In: Sieveking 1933, S.51-104
Mundt 1974
Mundt, Barbara: Die deutschen Kunstgewerbemuseen im 19. Jahrhundert. München 1974
Muthesius 1974
Muthesius, Stefan: Das englische Vorbild. Eine Studie zu den deutschen Reformbewegungen in Architektur, Wohnbau und Kunstgewerbe im späteren 19. Jahrhundert. München 1974
Myklebust 1986
Myklebust, D.: Johann Henrik Nebelong. In: Norsk kunstnerleksikon. Bd. III. Oslo 1986
Neddermeyer 1832
Neddermeyer, F. H.: Topographie der Freien Stadt Hamburg. Hamburg 1832
Nerdinger 1992
Nerdinger, Winfried: Friedrich von Gärtner – Ansichten eines Architektenlebens. In: Ausst.-Kat. München 1992, S.9-24
Niemeyer 1920
Niemeyer, Wilhelm: Hamburgische Kirchenräume. In: Hamburgischer Kalender 1920
Noack 1927
Noack, Friedrich: Das Deutschtum in Rom seit dem Ausgang des Mittelalters. In 2 Bänden. Stuttgart 1927 (Nachdruck Aalen 1974)
Norberg-Schulz 1958
Norberg-Schulz, Christian: Trefoldighetskirken. In: St. Hallvard. Oslo 1958, S.241-261
Osthues 1991
Osthues, Rolf: Feines Tuch und Bücherkunst: Traditionsreiche Geschäfte unter den Arkaden. In: Die Alsterarkaden 1991, S.109-117
Ottenheyn 1997
Ottenheyn, Konrad: „Die Liebe zur Baukunst nach Maß und Regeln der Alten" – Der Klassizismus in den nördlichen Niederlanden des 17. Jahrhunderts. In: Bracker 1997, S.127-146
Pauli 1932
Pauli, Gustav: Das Speckter-Kabinett. Kunsthalle zu Hamburg Kleine Führer Nr. 37. Hamburg 1932
Pedersen 1967
Pedersen, B. S.: Akersgaten. Oslo 1967, S.36-44
Percier/Fontaine 1798
Percier, Charles u. Fontaine, Pierre François Léonard: Palais, Maisons, et autres édifices modernes dessinés à Rome. Paris 1798 (Reprint Hildesheim/New York 1980)

Percier 1801
Percier, Charles: Recueil des décorations intérieurs comprenant tout ce qui a rapport a l'ameublement. Paris 1801, Tafel 5
Petersen 1993
Petersen, Anne D.: Die Engländer in Hamburg 1814 bis 1914. Ein Beitrag zur hamburgischen Geschichte (Dissertation Hamburg 1992). Hamburg 1993
Pevsner 1957
Pevsner, Nikolaus: London I. The Buildings of England. London 1957
Pevsner 1957 (II)
Pevsner, Nikolaus: Wegbereiter moderner Formgebung. Hamburg 1957
Pevsner 1998
Pevsner, Nikolaus: Funktion und Form. Die Geschichte der Bauwerke des Westens. Hamburg 1998
Pfammatter 1997
Pfammatter, Ulrich: Die Erfindung des modernen Architekten. Ursprung und Entwicklung seiner wissenschaftlich-industriellen Ausbildung. Basel/Boston/Berlin 1997
Pfister 1931/1936
Pfister, Arnold: Melchior Berry: Ein Beitrag zur Kultur des Spätklassizismus in Basel. I. und II. Teil. Basler Jahrbuch 1931 und 1936
Philippp 1997
Philipp, Klaus Jan: Um 1800. Architekturtheorie und Architekturkritik in Deutschland zwischen 1790 und 1810. Stuttgart 1997
Pini 1995
Pini, Udo: Zu Gast im alten Hamburg. Erinnerungen an Hotels, Gaststätten, Ausflugslokale, Ballhäuser, Kneipen, Cafés und Varietés. 2. Auflage. München 1995
Plagemannn 1967
Plagemann, Volker: Das deutsche Kunstmuseum 1790–1870 (= Studien zur Kunst des 19. Jahrhunderts, Bd. 3). München 1967
Plagemann 1984
Plagemann, Volker (Hg.):Industriekultur in Hamburg. Des deutschen Reiches Tor zur Welt. (Industriekultur deutscher Städte und Regionen) Hamburg 1984
Plagemann 1984 (II)
Plagemann, Volker: Die Stadt als Kunstwerk. In: Plagemann 1984, S.7-20
Plagemann 1986
Plagemann, Volker: „Vaterstadt, Vaterland, schütz Dich Gott mit starker Hand." Denkmäler in Hamburg. Herausgegeben von der Kulturbehörde und dem Denkmalschutzamt Hamburg. Hamburg 1986
Plagemann 1997
Plagemann, Volker: Die Anfänge der hamburgischen Kunstsammlungen und die erste Kunsthalle. In: Die Hamburger Kunsthalle. Bauten und Bilder. Hg. von Uwe M. Schneede und Helmut R. Leppien. Leipzig1997, S.9-19
Plagemann 1999
Die Kunst des Mittelalters in Hamburg. Aufsätze zur Kulturgeschichte. Hg. von Volker Plagemann. Hamburg 1999
Plagemann 1999 (II)
Plagemann, Volker: Versunkene Kunstgeschichte. Die Kirchen und Künstler des Mittelalters in Hamburg. Hamburg 1999
Plath 1828
Plath, Joh. Christian: Ansichten der freien Hansestadt Hamburg und ihrer Umgebung. Hamburg 1828
Postel 1972
Postel, Rainer: Johann Martin Lappenberg. Historische Studien Heft 423. Lübeck und Hamburg 1972
Rave 1941
Rave, Paul Ortwin: Karl Friedrich Schinkel. Berlin. Erster Teil. Bauten für die Kunst/Kirchen/Denkmalpflege. Berlin 1941 (Erweiterter Nachdruck Hg. von Margarete Kühn. Berlin 1981)
Raszynski 1841
Raszynski, Atanazy (Athanasius): Geschichte der neueren deutschen Kunst. 3. Bd.: Berlin, Dresden, Hamburg, Mecklenburg, Weimar, Halberstadt und Göttingen. Mit e. Anh.: Ausflüge nach Holland, Belgien, England, Schweiz, Polen, Russland, Schweden, Dänemark und Nord-Amerika. Berlin 1841
Rauschnabel 1984
Rauschnabel, Kurt: Stadtgestalt durch Staatsgewalt? Das Hamburger Baupflegegesetz von 1912. Arbeitshefte zur Denkmalpflege in Hamburg. Heft 6. Hamburg 1984
Reichardt 1842
Reichardt, Carl Friedrich: Einige Worte über die Wahl des Planes zum Wiederaufbau Hamburgs. Hamburg, 1842
Reichardt 1854
Freie Phantasien über Hamburgs bauliche Ausdehnung und äußere Verschönerung. Hamburg 1854
Reichardt 1855
Über den Neuen-Rathaus-Bau in Beziehung auf die Stylfrage und unser öffentliches Bauwesen. Hamburg 1855
Reichardt 1857
Hamburgs Staats-Bauwesen in seinen gegenwärtigen Zuständen. Hamburg 1857
Rietorf 1940
Rietdorf, Alfred: Friedrich Gilly. Berlin 1940
Robertson 1978
Robertson, David: Sir Charles Eastlake and the Victorian Art World. Princeton 1978
Romberg 1837
Romberg, Johann Andreas: Kunstreisen – Kunstreise durch Hamburg: 1. Station, Hamburg 1837; 2. Station, Altona 1837; 3. Station, Leipzig 1837
Ronge 1887
Ronge, Josef: Die Post und Telegraphie in Hamburg, Denkschrift Hamburg 1887
Royal Exchange Report
Royal Exchange Report 1839 of the architects. In: The Civil Engineer and Architect's Journal. London, Band II, 1839, S.436-37
Rudhard 1975
Rudhard, Wolfgang: Das Bürgerhaus in Hamburg. Tübingen 1975 (Das deutsche Bürgerhaus 21).
Rudolph 1999
Rudolph, Ratko: Verschwundene Hamburger Hauptbahnhöfe. Die Bahnhofsentwürfe von Alexis de Chateauneuf. Diplomarbeit im Wintersemester 1999/2000 am FB Architektur der Hochschule für bildende Künste in Hamburg
Rumohr 1973
Rumohr, Henning von: Schlösser und Herrenhäuser in Ostholstein. Frankfurt am Main 1973
Rump 1912
Rump, Ernst: Lexikon der bildenden Künstler Hamburgs, Altonas und der näheren Umgebung. Hamburg 1912 (Reprint Hamburg 1980)
Salamon 1996
Salamon, Fred (Hg.): Anmut des Nordens: Wilhelm Heuer und sein graphisches Werk. Neumünster 1996
Schinkel 1819–1840
Schinkel, Karl Friedrich: Sammlung Architektonischer Entwürfe, enthalten theils Werke, welche ausgeführt sind, theils Gegenstände, deren Ausführung beabsichtigt wurde. 28 Hefte, 174 Tafeln. Berlin 1819–1840. Gesamtausgabe Potsdam 1866
Schirmer 1978
Schirmer, Wulf: Lehrer-Schüler. In: Ausst.-Kat. Karlsruhe 1978, S.131-139
Schirmer 1984
Schirmer, Wulf: Einige Bemerkungen zu Heinrich Hübsch und zu dieser Schrift. In: Hübsch 1828, S.1.
Schleiden 1843
Schleiden, Heinrich: Versuch einer Geschichte des großen Brandes in Hamburg vom 5. bis 8. Mai 1842. Auch als erläuternde Zugabe zu den 14 Speckter'schen Lithographien und dem Panorama. Hamburg 1843
Schmeel 1991
Schmeel, Günter: Arkaden und Passagen – Bauform und Bauidee. In: Die Alsterarkaden 1991, S.103-108
Schorn 1829
Schorn, Ludwig: Betrachtungen über die Kunstausstellung in München im Oktober 1829. In: Kunstblatt Jg. 10 (1829), S.393-396
Schreyl 1963
Schreyl, Karl Heinz: Zur Geschichte der Baugattung Börse. Dissertation Berlin 1963
Schröder 1851–1884
Schröder, Hans: Lexikon der hamburgischen Schriftsteller bis zur Gegenwart. Ausgearbeitet von Hans Schröder, F. A. Cropp und C(arl) R(udolf) W(ilhelm) Klose und A. H. Kellinghusen. Bd. I-VIII. Hamburg 1851–1884
Schröder 1851
Schröder, Hans: Lexikon der hamburgischen Schriftsteller bis zur Gegenwart. Erster Band. Hamburg 1851
Schröder/Müller 1967
Schroeder, Otfried u. Müller, Rolf: Hamburgs liebe Denkmale. Hamburgensien und Panoramen Peter Suhrs und seiner Brüder. Unter Verwendung zeitgenössischer Quellen ... Mit Bildbeschreibungen von Rüdiger Wagner. Hamburg 1967
Schulte & Schemmann 1966
Schulte & Schemmann 1792–1967. Band 28 der Veröffentlichungen der wirtschaftsgeschichtlichen Forschungsstelle Hamburg. Hamburg 1966
Schumacher 1907/08
Schumacher, Fritz: Die Wiedereroberung harmonischer Kultur. Rede bei der Gründungsversammlung des deutschen Werkbundes im Oktober 1907 in München. In: Der Kunstwart, 21. Jg., 2. Viertel, 1907/08, S.135-138
Schumacher 1920
Schumacher, Fritz: Wie das Kunstwerk Hamburg nach dem großen Brand entstand. Ein Beitrag zur Geschichte des Städtebaus Berlin 1920
Schumacher 1923
Schumacher, Fritz: Die Neuen Regungen des Hamburger Backsteinbaues in der Mitte des 19. Jahrhunderts. In: Zentralblatt der Bauverwaltung 43. Jahrgang, 1923, Nr. 11-16, 23, 24
Schumacher 1935
Schumacher, Fritz: Strömungen in der deutschen Baukunst seit 1800. Leipzig 1935
Schumacher 1955
Schumacher, Fritz: Strömungen in deutscher Baukunst seit 1800. Köln 1955
Schümann 1971
Schümann, Carl-Wolfgang: Overbecks Altar für den Betsaal des allgemeinen Krankenhauses. In: Jahrbuch der Hamburgischen Kunstsammlungen Bd. 16, 1971, S.147-156
Schütte 1991
Schütte, Gisela: Aus Feuer entstanden, Opfer der Flammen. In: Die Alsterarkaden 1991, S.9-18

Semper 1878
Semper, Gottfried: Der Stil in den technischen und tektonischen Künsten. München 1878

Sieveking 1841
Sieveking, Amalie Wilhelmine: Der weibliche Verein für Armen- und Krankenpflege. Bericht v. 9. Mai 1841

Sieveking 1860
Denkwürdigkeiten aus dem Leben der Amalie Sieveking in deren Auftrage von einer Freundin derselben verfaßt. Lebensbilder aus der Geschichte der inneren Mission XII. Hamburg 1860

Sieveking 1899
Sieveking, G. Herman: Die Geschichte des Hammerhofes. 1. Teil. Hamburg 1899

Sieveking 1902
Sieveking, G. Herman: Die Geschichte des Hammerhofes. 2. Teil. Hamburg 1902

Sieveking 1928
Sieveking, Heinrich: Karl Sieveking 1787–1847, Lebensbild eines Hamburgischen Diplomaten aus dem Zeitalter der Romantik. II. Teil: Das Syndicat. Hamburg 1928

Sievers 1954
Sievers, Johannes: Friedrich Schinkel. Lebenswerk. Bauten für die Prinzen August, Friedrich und Albrecht von Preussen. Berlin 1954

Sitte 1889
Sitte, Camillo: Der Städtebau nach seinen künstlerischen Grundsätzen. Ein Beitrag zur Lösung der modernsten Fragen der Architektur und der monumentalen Plastik unter der besonderen Beziehung auf Wien. Wien 1889

Spallek 1975
Spallek, Johannes: Ein Wasserturm in Hamburg. In: Tendenzen, 16. Jg., Sept./Okt. 1975, S.33-34

Spallek 1978
Spallek, Johannes: Alexis de Chateauneuf und William Lindley. Ihre gemeinsam errichteten Bauwerke. Dissertation Hamburg 1978

Spallek 1992
Spallek, Johannes: Planung und Bau der Hamburg-Bergedorfer Eisenbahn. In: Hamburg-Bergedorfer Eisenbahn 1992, S.15-32

Speckter 1846
Speckter, Erwin: Briefe eines deutschen Künstlers aus Italien. Leipzig 1846

Speckter 1952
Speckter, Hans: Der Wiederaufbau Hamburgs nach dem großen Brande von 1842. Vorbild und Mahnung für die heutige Zeit. Hamburg 1952

Stammann 1842
Stammann, Friedrich: Begleitende Worte zu einer Skizze zum Wiederaufbau des abgebrannten Theiles Hamburgs. Hamburg 1842

Stein 1964
Stein, Rudolf: Klassizismus und Romantik in der Baukunst Bremens. I Das Gebiet der Altstadt und der alten Neustadt, der Wall und die Contrescarpe. Bremen 1964

Stillman 1966
Stillman, Damie: The Decorative Work of Robert Adam. London 1966

Stubbe 1970
Stubbe, Wolf: Idee und Wirklichkeit. Die künstlerischen Konzepte von Erwin und Otto Speckter. Jahrbuch der Hamburgischen Kunstsammlungen Bd. 14/15, 1970, S.149-210

Stuhlmann 1936
Stuhlmann, Adolph: Geschichte des gewerblichen Unterrichts der Hamburgischen Gesellschaft zur Beförderung der Künste und nützlichen Gewerbe. In: Geschichte der Hamburgischen Gesellschaft zur Beförderung der Künste und nützlichen Gewerbe. Teil II, Heft 2. Hamburg 1936, S.193-336

Stüler/Strack 1838
Stüler, August u. Strack, Heinrich: Architektonisches Album. Potsdam 1838

Summerson 1935
Summerson, John: John Nash. Architect to King George IV. London 1935

Suhr 1838
Suhr, Peter: Hamburgs Vergangenheit. Hamburg 1838

Suhr 1878
Suhr, Jürgen: Die St. Petri-Kirche in Hamburg und ihr Turm. Hamburg 1878

Talazko 1984
Talazko, Helmut: Johann Hinrich Wichern und das Rauhe Haus. In: Plagemann 1984, S.208-210

Theobald 2000
Theobald, Rainer: Bauten und Entwürfe für das Theater. In: Ausst.-Kat. Braunschweig 2000, S.39-75

Thieme/Becker
Thieme, Ulrich u. Becker, Felix: Allgemeines Lexikon der bildenden Künstler. 37 Bde. Leipzig 1907–1950

Thomsen 1982
Thomsen, I. R.: Christen Brun. In: Norsk kunstnerleksikon. Oslo 1982, Bd. 1

Tschudi-Madsen 1965
Tschudi-Madsen, Stephan: Works of Chateauneuf in London and Oslo. Oslo 1965

Tschudi-Madsen 1965 (II)
Tschudi-Madsen, Stephan: Alexis de Chateauneuf. Europeer i Christiania. Fortidsminner årbok. Oslo 1965

Tschudi-Madsen 1966
Tschudi-Madsen, Stephan: Chateauneuf in London. In: The architectural Review. Bd. 140, Nr. 837. November 1966, S.366-368

Turner 1996
Turner, Paul V.: Joseph Ramée: International Architect of the Revolutionary Era. Cambridge Massachussetts 1996

Valdenaire 1926
Valdenaire, Arthur: Friedrich Weinbrenner, sein Leben und seine Bauten. Karlsruhe 1926

Vogelsang 1889
Vogelsang, B. A. J.: Das Hamburger Waisenhaus. Hamburg 1889

Vonderlage 1940
Vonderlage, Bernhard: Die Hamburger Philhellenen. Schriftenreihe der Deutsch-Griechischen Gesellschaft Heft 6, Göttingen 1940

Vonderlage 1940 (II)
Vonderlage, Bernhard: Kritische Erörterungen des Hamburger Architekten Chateauneuf über die griechische Kunst. In: Hellas-Jahrbuch VI, 1940, S.67-69

Waagen 1837–1839
Waagen, Gustav Friedrich: Kunstwerke und Künstler in England und Paris. Berlin 1837–1839

Wegner 1999
Wegner, Matthias: Hanseaten. Von stolzen Bürgern und schönen Legenden. Berlin 1999

Wegner 1994
Wegner, Reinhard: Nach Albions Stränden. Die Bedeutung Englands für die Architektur des Klassizismus und der Romantik in Preußen. München 1994

Wehser 1992
Wehser, Astrid: Axel Bundsen (1768–1832). Teil 2. In: Nordelbingen Band 61, 1992, S.19-48

Weissenburg 1822
Weissenburg, Adolf: Einige Gedanken über die Herausgabe der Altertümer aus dem Mittelalter, nebst der Ankündigung eines Werks von altdeutschen Denkmälern, herausgegeben von den Architekten, Prof. Herm. Fersenfeldt, Alexis Chateauneuf und Adolf Weissenburg. Schornsches Kunstblatt 1822, Nr. 40, S.158-160

Wesselhoeft 1969
Carl Johannes Wesselhoeft und seine Verwandtschaft nach Aufzeichnungen von G. M. Johannes Wesselhoeft. Hamburg 1969

Wiek 1974
Wiek, Peter: Der Kirchenbau und seine Geschichte. In: Malsch 1974, S.9-32

Wiek 1979
Wiek, Peter: St. Marien-Magdalenen, St. Johannis und St. Gertruden. Drei untergegangene Hamburger Kirchen in neuer kunstgeschichtlicher Bewertung. In: Zeitschrift des Vereins für Hamburgische Geschichte, Bd. 65, 1979, S.83-121

Wiek 1984
Wiek, Peter: Das Etagenhaus. In: Industriekultur in Hamburg 1984, S.248-251

Wichern 1845
Wichern, Johann Hinrich: Festbüchlein des Rauhen Hauses in Horn. Geschichte und Geschichten des Rauhen Hauses zu Horn. Erstes Bändchen: Festbüchlein. Hamburg 1845

Wichmann 1863
Wichmann, E. H.: Heimatskunde. Topographische, historische und statistische Beschreibung von Hamburg und der Vorstadt St. Georg. Herausgegeben von F. H. Wichmann. Hamburg 1863

Zeitler 1967
Zeitler, Rudolf: Die Kunst des 19. Jahrhunderts (Propyläen Kunstgeschichte, Bd. 11). Frankfurt a.M. 1967

Zeitschrift für practische Baukunst
Romberg, Andreas (Hg.): Zeitschrift für practische Baukunst. Leipzig 1842 und 1848

Personenregister

Ortsregister

Abbildungsnachweis

Canadian Centre for Architecture, Montreal S.228, 230, 231
Hamburger Kunsthalle Tafel 3, 5; S.113 (Elke Walford)
Dietmar Katz, Berlin S.196
Aloys Kiefer, Hamburg Tafel 6, 8, 9
David Klemm, Hamburg S.177u., 180, 239
Landesmedienzentrum S.269, 270, 294
Museum für Kunst und Gewerbe Hamburg Tafel 22, 25, 26; S.4, 50, 87, 88, 89, 241, 257
Museum für Kunst- und Kulturgeschichte Lübeck S.111
Karen Röver, Hamburg S.79
Friedhelm Schneider, Kiel S.161o.
Staatsarchiv Hamburg Tafel 10, 11, 12, 13, 14, 15, 16, 17, 18, 19, 20, 21, 23, 24, 27, 28, 29, 33, 35; S.26, 30, 44, 46, 52, 56, 94, 96, 99, 106, 158, 167, 171, 185, 200, 205, 213, 214, 221, 242, 243, 246, 250o., 251, 256, 258, 264, 272, 278, 283, 284, 296, 297, 298o. (sämtliche Aufnahmen: Maria Thrun, Hamburg)
Stadtarchiv Oslo S.70, 302
Stadtmuseum Oslo S.10, 66, 68, 73, 193, 194, 206, 225, 240, 298u., 299, 300, 301, 304, 307, 311, 312
Elke Walford, Hamburg Tafel 3, 5; S.113
Michael Zapf, Hamburg Tafel 4, 7; S.78, 160, 161u., 237, 270u., 287
Alle anderen Abbildungen stammen aus Privatbesitz.

Aus Publikationen wurden folgende Abbildungen entnommen:

Bauzeitung, Chateauneuf, 1847 S.261, 266, 274, 275, 276, 289
Chateauneuf, Album, 1840 S.196
Chateauneuf, Börse, 1827 S.99, 167
Chateauneuf, Börse, 1838 S.30, 213, 214
Chateauneuf, Domestica, 1839 S.169, 173u., 174, 175, 176o., 182, 183, 184, 186, 187, 188, 189, 192, 202, 203u., 209, 210, 211, 215, 216, 217
Chateauneuf, Publica, 1860 S.56, 72, 304o., 305
Fox 1843 S.228, 230, 231
Girouard 1984 S.83
Kändler 1997 S.224
Lange 1965 S.36, 112, 161, 165, 177, 179, 197, 203, 212, 234, 250u., 280, 295
Lindley-Album 1852/1900 Tafel 22, 25, 26
Malsch 1979 S.253
Percier 1801 (Tafel 5) S.80
Rave 1941 S.153
Schumacher 1923 S.172, 225, 226, 236, 279
Sieveking 1899 S.176u.
Tschudi-Madsen 1965 S.58, 59, 62, 218, 303

Bauten und Projekte von Chateauneuf nach Sachgruppen